Ein vortreffliches Frauenzimmer

✫ ✫
✫

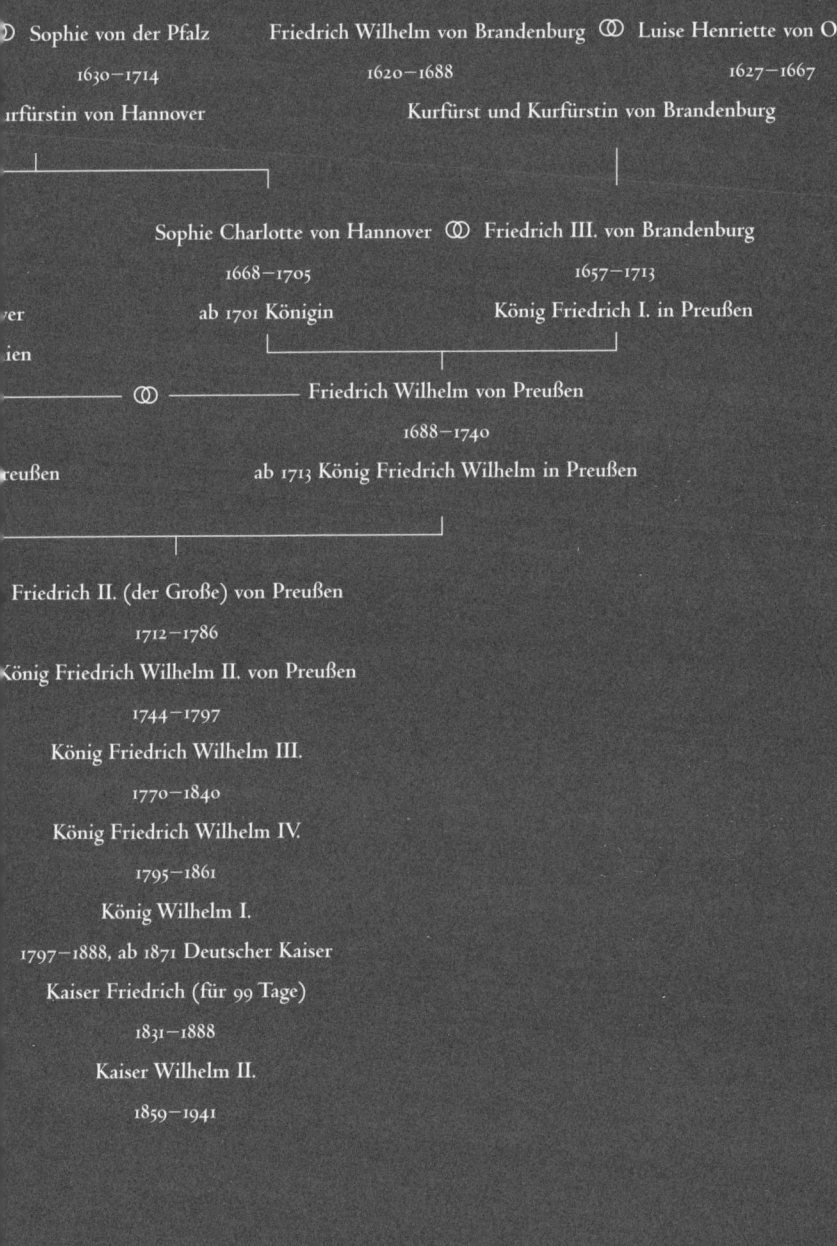

⟩ Sophie von der Pfalz   Friedrich Wilhelm von Brandenburg ⓞ Luise Henriette von Oranien

1630–1714   1620–1688   1627–1667

ırfürstin von Hannover   Kurfürst und Kurfürstin von Brandenburg

Sophie Charlotte von Hannover ⓞ Friedrich III. von Brandenburg

1668–1705   1657–1713

ver   ab 1701 Königin   König Friedrich I. in Preußen

ıien

—————— ⓞ ————————— Friedrich Wilhelm von Preußen

1688–1740

reußen   ab 1713 König Friedrich Wilhelm in Preußen

Friedrich II. (der Große) von Preußen

1712–1786

König Friedrich Wilhelm II. von Preußen

1744–1797

König Friedrich Wilhelm III.

1770–1840

König Friedrich Wilhelm IV.

1795–1861

König Wilhelm I.

1797–1888, ab 1871 Deutscher Kaiser

Kaiser Friedrich (für 99 Tage)

1831–1888

Kaiser Wilhelm II.

1859–1941

Renate du Vinage

Ein vortreffliches Frauenzimmer

Das Schicksal von Eleonore Desmier d'Olbreuse (1639–1722),
der letzten Herzogin von Braunschweig-Lüneburg-Celle

Sie war:
Aus französischem Landadel · Calvinistin
„Das Hirtenmädchen aus dem Poitou"
Dame de Compagnie · Hofdame · Hugenottin
Frau von Harburg · „Mausdreck"
„Dem Herzog seine Madame" · „La Parvenue"
Gräfin von Wilhelmsburg
Gemahlin des Herzogs von Braunschweig-Lüneburg-Celle
Herzogin von Celle
Mutter der „Gefangenen von Ahlden"
Schwiegermutter des Königs von Großbritannien
Kirchengründerin · Wohltäterin
Großmutter der Königin von Preußen und
des Königs von Großbritannien
Urgroßmutter des Prince of Wales
und Friedrichs des Großen

La Grandmère de l'Europe – Die Großmutter Europas

Otto Meissners Verlag Berlin

Allen, die mich bei der Arbeit an meinem Buch hilfreich unterstützt haben, möchte ich an dieser Stelle herzlich danken, ganz besonders meiner Familie und meinem Verleger Dieter Beuermann.

Renate du Vinage

Übersetzungen: René du Vinage M. A
www.renate-du-vinage.de

Abbildung auf dem Titel: Gedeon Romandeau (zugeschrieben):
Eleonore d'Olbreuse, nach 1675. Privatbesitz
Abbildung auf der Umschlagrückseite: Eleonore d'Olbreuse als
Hofdame der Prinzessin von Tarent. Museé Bernard d'Agesci, Niort

2. überarbeitete Auflage 2010
© Copyright 2000 by Otto Meissners Verlag & Co., Berlin
Alle Rechte vorbehalten
Satz und Reproduktionen: LVD GmbH, Berlin
Druck und Bindung: Druckhaus Köthen GmbH
Gestaltung und Herstellung: Atelier Fischer, Berlin
Gedruckt auf säurefreiem und chlorfrei gebleichtem Papier
Printed in Germany
ISBN 978-3-87527-117-1

Inhalt

Geleitwort

Vor dem Erscheinen des Buches *Ein vortreffliches Frauenzimmer* kannten nur wenige Menschen meine Vorfahrin, die Herzogin Eleonore von Celle, und ihre Bedeutung für die Geschichte der Welfen, des preußischen und des englischen Königshauses. Renate du Vinage hat das Schicksal dieser außergewöhnlichen Frau und das Leben an den barocken Höfen im 17. Jahrhundert interessant dargestellt. Als ich das Buch zur Hand genommen hatte, konnte ich nicht mehr aufhören zu lesen. Ich habe dabei auch einiges über meine Familiengeschichte dazu gelernt. Bei der Buchvorstellung im Celler Schloss am 9. November 2000 hatte ich die Gelegenheit, der Autorin persönlich meine Anerkennung für ihre Arbeit auszusprechen. Dank ihrer Biographie hat die Stadt Celle inzwischen eine Allee nach Eleonore benannt und ihr ein Denkmal gewidmet.

Ich freue mich, dass anlässlich der Ausstellung *Mächtig verlockend—Frauen der Welfen* im Residenzmuseum im Celler Schloss jetzt eine neue überarbeitete Auflage erscheint und wünsche diesem lesenswerten Buch viel Erfolg.

Heinrich Prinz von Hannover
Göttingen, im Januar 2010

Einführung
EUROPÄISCHE VERBINDUNGEN

Zwei Eisenbahnzüge gleiten langsam aufeinander zu. Sie sind das Modernste – auf dem neuesten Stand der Technik ihrer Zeit: stromlinienförmige Hochgeschwindigkeitszüge in Hellbeige mit Rot. Ihr Name: „Eurostar".

Wir schreiben den 6. Mai 1994. Ort des Ereignisses: Calais an der französischen Kanalküste.

Ganz sanft kommen die Züge zum Stillstand. Die beiden schnittigen Lokomotiven stehen sich jetzt gegenüber. Zwei Staatsoberhäupter und ihr Gefolge entsteigen den Wagen. Auf dem roten Teppich schreitet der französische Staatspräsident François Mitterand zur Begrüßung auf die Königin von Großbritannien zu. Elisabeth II. hat mit dieser Fahrt den „Chunnel"*, den neuerbauten Europatunnel unter dem Ärmelkanal, zum ersten Mal offiziell durchquert. Reden und Nationalhymnen erklingen zur Ein-

Einweihung des Europatunnels durch Präsident Mitterand und Königin Elisabeth II.

weihungszeremonie. Gleichzeitig durchschneiden die beiden Repräsentanten der durch diesen neuen Verkehrsweg verbundenen Länder das symbolische blau-weiß-rote Band. In diesem festlichen Moment war der Euro-Tunnel – ein Sinnbild des zusammengewachsenen Europas – feierlich eröffnet. Ein Jahrhundertbauwerk war vollendet, das von den Medien als „8. Weltwunder" gepriesen wurde. Dieses teure, gigantische Bauprojekt verknüpft Großbritannien und Frankreich erstmals seit der Eiszeit durch eine feste Landverbindung. Seit 1751 hatte man schon 27 Mal versucht, die Insel mit dem Festland zu verbinden. Nun ist es vollbracht!

---

* im Volksmund aus Tunnel und Channel = Kanal zusammengesetzt

8 Allerdings herrschen in England darüber gemischte Gefühle. Vergangen war nun die „splendid isolation", das Gefühl, allein unter seinesgleichen für sich auf einer Insel zu sein und dadurch etwas Besonderes darzustellen. So manchem Briten war der „Kontinent" auf einmal zu nahe gerückt. Schließlich hatten die letzten auswärtigen Eroberer mit William the Conqueror im Jahr 1066 den Boden der Insel betreten!

Auf dem Bahnhof von Calais legten die beiden Ehrengäste die Scheren, mit denen sie das Band durchschnitten hatten, auf ein ihnen dargereichtes Kissen zurück.

Als aufmerksamer Beobachter konnte man bei der Fernsehübertragung bemerken, daß François Mitterand ein Stückchen Band – wohl zur Erinnerung – behielt. Ob ihm oder der Königin an diesem historischen Tag auch in Erinnerung kam, daß sie beide verwandt sind? Ganz fern im 17. Jahrhundert liegen die Wurzeln zu dieser familiären Verbindung. Die Schlüsselfigur dazu ist eine französische Landadlige aus dem Poitou, die als Hugenottin nach Deutschland kam: Eleonore Desmier d'Olbreuse, die spätere Herzogin von Celle, die sogenannte Großmutter Europas. Ihren Nachkommen gehören die Königsthrone in vielen Ländern unseres Kontinents, und zahlreiche andere Adelshäuser stammen von ihr ab, so auch die folgenden europäischen Dynastien (in alphabetischer Reihenfolge): Bayern, Belgien, Dänemark, Frankreich, Großbritannien, Griechenland, Hannover, Italien, Luxemburg, Niederlande, Norwegen, Portugal, Preußen, Rumänien, Rußland, Schweden, Spanien und Württemberg. Auf diese Weise gab es auch schon vor Jahrhunderten eine Art vereinigtes Europa – durch Verwandtschaft.

Die Verbindung zwischen dem englischen Königshaus und dem französischen Präsidenten kam wie folgt zustande:

Die Tochter Sophie Dorothea der Eleonore d'Olbreuse und des Herzogs von Braunschweig-Lüneburg-Celle heiratete Georg Ludwig von Hannover, der später als Georg I. von Großbritannien der Stammvater der jetzt noch herrschenden britischen königlichen Familie und damit auch von Königin Elisabeth II. war. In einer Broschüre mit Dokumenten aus den Archiven des Schlosses Olbreuse im Poitou wird die Verwandtschaftsbeziehung von François Mitte-

rand zu der englischen Königsfamilie nachgewiesen. Der Ururgroß-
vater Eleonores, Jean II. de Barbezières, ist ein direkter Vorfahre
des französischen Präsidenten.

François Mitterand war diese verwandtschaftliche Beziehung durchaus bewußt: Château d'Olbreuse hat er dreimal besucht. Bei einem
Staatsbesuch in Niedersachsen besichtigte er auf seinen ausdrück-
lichen Wunsch außerhalb des offiziellen Programms auch das
Schloß seiner Vorfahrin in Celle.

Das Schicksal des Hugenottenflüchtlings Eleonore d'Olbreuse hat
eine ganze Reihe von Reaktionen an einigen Fürstenhöfen bewirkt,
hat Zuneigung, Liebe, Achtung und Toleranz ausgelöst, aber auch
Neid, Eifersucht und Standesdünkel. Diese Frau hatte wie viele andere Hugenotten, die in Deutschland aufgenommen worden waren,
einen bedeutenden Anteil an historischen und kulturellen Ereignissen unseres Landes.

Ein interessanter Zeitabschnitt europäischer Geschichte soll hier
anhand der Lebensgeschichte der Eleonore Desmier d'Olbreuse
aufgezeigt werden.

Kapitel 1

KINDHEIT UND JUGEND

Eleonore Desmier d'Olbreuse wurde am 9. Januar 1639 im väterlichen Schloß im Südwesten Frankreichs geboren. Wer heutzutage im Poitou im Südwesten Frankreichs den Stammsitz der Familie Desmier d'Olbreuse sucht, wird dieses vergebens tun. Denn als nach der französischen Revolution die Grenzen der Départements neu festgelegt wurden, befanden sich nun Schloß und Dorf Olbreuse in der Provinz „Les Deux Sèvres". Auch der Tag von Eleonores Geburt wird in den verschiedenen Biographien mit unterschiedlichen Daten angegeben: So werden z. B. der 3., der 7. oder der 9. Januar genannt. Unstimmigkeiten dieser Art lassen sich manchmal aus der Umstellung des Kalenders im 16. Jahrhundert erklären. Papst Gregor hatte 1582 den nach ihm benannten gregorianischen Kalender eingeführt, der den julianischen ablösen sollte. Es entstand ein Unterschied in der Zeitrechnung von sieben Tagen. Bis sich die Umstellung durchgesetzt hatte, dauerte es viele Jahrzehnte. In der Übergangszeit schrieb man oft beide Daten nebeneinander. Für das Geburtsdatum der Eleonore d'Olbreuse sollen hier die Angaben gelten, die aus ihrer Heimat vorliegen.

Sie stammte aus einer Familie, die einen ansehnlichen Rang im Landadel des Herzogtums Poitou besaß. Der älteste nachgewiesene Vorfahr väterlicherseits war Foucault Desmier, Seigneur de l'Obroire (1082). Die zahlreichen Nachkommen zählten im 14. Jahrhundert zur Ritterschaft und übten meist das Kriegshandwerk aus. 1355 wurde dem Ritter Jean Desmier von König Jean Le Bon das Familienwappen verliehen: Es ist in vier Felder aufgeteilt, abwechselnd in blau und silber. In jedem Feld befindet sich eine stilisierte Lilie.

Alte Bücher berichten ausführlich
über die verschiedenen Mitglieder der
Familie und deren verwandtschaftliche Verbindungen. In der Zeit, als es
darum ging, den Adel und eine even-
tuelle Ebenbürtigkeit Eleonores mit
ihrem herzoglichen Gemahl nach-
zuweisen, wurde viel nachgeforscht,
manchmal mit den eigenartigsten
Resultaten. Doch davon später. Jetzt
sollen nur einige wesentliche Ereignisse aus der Familiengeschichte erwähnt werden:

Wappen der Familie Desmier d'Olbreuse

Im 16. Jahrhundert, zur Zeit der Reformation, bekehrte sich die jüngere Linie des Hauses „Olbreuze" zum Calvinismus und hielt
durch Generationen treu daran fest.

Da sich das Stammschloß nicht weit von der Hugenottenhochburg
La Rochelle befand, wurde auch das Château d'Olbreuse zur Zeit
von Eleonores Urgroßvater während der verheerenden Religions-
kriege beschädigt und das Land verwüstet. Der Großvater Alexandre Desmier d'Olbreuse und sein ältester Sohn kämpften zur Verteidigung ihres Glaubens in den protestantischen Armeen unter den
calvinistischen Heerführern, den Prinzen Soubise und Condé. Vater und Sohn Desmier verloren zur gleichen Stunde ihr Leben in
diesem Krieg in einem Hinterhalt im Medoc.

Nachdem sein Vater und sein ältester Bruder gefallen waren, trat
Eleonores Vater, Alexandre Desmier II., das Erbe an. Er erhielt die
Titel: Chevalier et Seigneur d'Olbreuse, Ritter und Lehnsherr von
Olbreuse, außerdem von Antigny und später noch von Beugnon-
de-Sainte-Florence-de-l'Oie. Etwa 20 km südwestlich vom Schloß
d'Olbreuse (bei Surgères) lebte die hugenottische Adelsfamilie des
Joachim Poussard, Herr von Vandré. Seine beiden schönen Töchter wurden von zahlreichen Bewerbern umschwärmt. Elisabeth, die
ältere, heiratete Isaac Martel, Baron de Limbœuf. Die zweite Tochter Jacqueline (oder Jacquette) vermählte sich am 16. September 1631
mit Alexandre II. Desmier d'Olbreuse. Bei der schon erwähnten

Das Schloß der Familie Desmier d'Olbreuse

Ahnenforschung für Eleonore wird man herausfinden, daß die Familie ihrer Mutter von einer Schwester Karls des Großen abstammen soll.

Das jungvermählte Paar nahm seinen Wohnsitz auf Schloß d'Olbreuse. Bald wurde der erste Sohn geboren: Alexandre, der dritte dieses Namens, ihm folgten Charles, Angélique und Eleonore. Ob wohl ihr Vorname nach der großen Fürstin Eleonore von Aquitanien ausgewählt wurde? Diese spätere Königin von Frankreich und von England spielte im 12./13. Jahrhundert in dem Herzogtum eine große Rolle. Sie wurde an ihrem Hofe in Poitiers von Troubadouren verehrt und besungen. Man könnte doch wohl annehmen, daß in den gebildeten Adelshäusern ihres ehemaligen Reichs die Geschichte und der Ruhm dieser bemerkenswerten Frau noch bekannt waren und daß die Töchter gern nach ihr benannt wurden.

Das Schloß d'Olbreuse war Lehnsgut der Desmiers seit 1337. Das kleine Dorf in seiner unmittelbaren Nachbarschaft ist ungefähr zur gleichen Zeit entstanden. Das Schloß ist von vornehmer Schlichtheit. Der kompakte Bau, aus Granitsteinen errichtet wie das Dorf, fügt sich gut in die ländliche Umgebung. Flaches, weites Land ringsumher, Wiesen, Felder und etwas weiter entfernt zwei Wäldchen. So ähnlich wie jetzt mag es schon damals ausgesehen haben,

als Eleonore dort mit ihren Geschwistern aufwuchs. Ein schöner
weitläufiger Park mit altem Baumbestand umgibt das Schloß. Ge-
schützt von einer hohen Steinmauer konnten die Kinder dort bei
gutem Wetter spielen. Das Klima ist milde, oft weht ein heilkräfti-
ger Wind von der Atlantikküste her. Doch wenn der späte Herbst
beginnt, dann peitschen die Stürme vom Meer her kommend Regen über das ebene Land. Alles versinkt im grauen Dunst. Die fernen Wäldchen sind vom Schloß aus nicht mehr zu sehen.
Dann konnte Eleonore nur sehnsüchtig aus dem Fenster ihres
Zimmers hinausblicken. Am liebsten versammelte sich die Familie
in dieser Jahreszeit um den warmen Feuerplatz am Kamin. Fahr-
ten zu den Großeltern nach Vandré waren eine willkommene Abwechslung. Obwohl eine Fahrt in der Pferdekutsche über 20 Kilo-
meter auf den holprigen, aufgeweichten Wegen sicherlich kein reines
Vergnügen war, so entschädigte der herzliche Empfang in der warmen Familienatmosphäre für alle Strapazen.
Großer Reichtum war der Familie nicht beschert. Auch der Vater
hatte als Hugenotte Verluste erlitten. In einem französischen Text
wird die Situation der Familie als „bien pauvre" – recht arm – bezeichnet. Aber alles ist relativ. Vielleicht waren die Einkünfte aus
der Land- und Forstwirtschaft, aus Mühlen, Weinanbau und Fisch-
teichen für eine Adelsfamilie nicht allzu üppig. Jedoch wurde auf
eine gute Erziehung der Kinder Wert gelegt. Aus der Bibel und
dem Katechismus wurde ihnen der protestantische Glaube vermittelt. Wahrscheinlich haben sie auch aus diesen Büchern zusammen mit ihrem geistlichen Erzieher ihre Kenntnisse im Lesen und
Schreiben erworben. Es ist gut möglich, daß Eleonore auf dem väterlichen Gut ab und zu eine kleine Herde gehütet hat. Das gehört
zum Landleben, und Kinder haben Freude am Umgang mit Tie-
ren. Die standesbewußten Verwandten nannten sie später spöttisch
und abwertend „La Bergère du Poitou" – das Hirtenmädchen aus
dem Poitou, um sich über ihre niedere Herkunft zu mokieren.
Aber auch gut reiten lernte Eleonore in diesen weiten Ebenen
ihrer Heimat. Noch in Celle erinnerte sie sich gern an die wilden
Ritte ihrer Kindheit im Poitou. Später wird sie oft ihren Gatten
zu Pferde auf die Jagd begleiten.

14 Für das Tanzen zeigte schon das kleine Mädchen eine besondere Begabung. Anmut und graziöse Bewegungen waren ihr angeboren. Mit Freude erlernte sie die Reigen ihrer Heimat und die Tänze der Gesellschaft. Oft entzückte sie als junge Frau den Herzog, wenn sie ihm in der Landestracht die Tänze aus dem Poitou in Celle vorführte.

Jedoch schon im frühen Kindesalter erlitt Eleonore einen schweren Schicksalsschlag. Ihre Mutter starb, als das kleine Mädchen gerade acht Jahre alt war. Ihr Vater, nun Witwer mit vier Kindern, heiratete ein Jahr später, am 22. August 1648, die ebenfalls verwitwete Jeanne Beranger du Beugnon. Sie brachte eine Tochter aus ihrer ersten Ehe mit in die Familie. Zwei Söhne wurden dann noch geboren, zuerst Henri, dann Jean. Keines der Kinder aus beiden Ehen wird, außer Eleonore, Nachkommen haben.

Eine Familie mit sieben Kindern gut zu versorgen und ihnen eine standesgemäße Ausbildung zu geben, ist nicht so leicht. Nun war es in der damaligen Zeit üblich, sie in einer solchen Situation früh aus dem Hause zu geben. Oft dienten die Jungen einige Jahre im Heer und wurden dort ausgebildet. Die Mädchen wurden als Kammermädchen oder Hofdamen in adligen Häusern untergebracht.

Eleonore zeigte schon früh Zeichen ihrer Schönheit und Intelligenz. Ihr Vater versuchte, sie in hochgestellte Gesellschaftskreise einzuführen und gab sie schon in sehr jungen Jahren von zu Hause fort. Es wird berichtet: „Mit vierzehn Jahren kam Eleonore, bereits mit allen ‚Vorzüglichkeiten einer Hofdame‘ ausgestattet, in die Fänge der intriganten, amoralischen Dame du Plessis. Sie soll versucht haben, durch Eleonore ihr Vermögen aufzufrischen, indem sie die junge, zierliche Adelstochter an alte Herzöge, Roués und Wüstlinge verkuppeln wollte. Ganze Legionen französischer Salonhelden umlagerten den ‚Hof‘ der Dame du Plessis, um die schöne, glutäugige Eleonore Desmier d'Olbreuse zu gewinnen. Doch Eleonore hielt Abstand … Als die Dame … sah, daß mit der bockigen, verstörten, naiven und hölzernen‘ Eleonore aus dem Poitou kein Geschäft zu machen war, entließ sie die junge Hofdamen-Elevin.“

Geschichte und die Geschichten, die daraus erzählt oder darüber   15
geschrieben werden, können das Resultat seriöser Forschung, aber
auch die Wiedergabe von Klatsch sein, und durch Generationen
von Schriftstellern in ihren Büchern ständig weitergegeben werden.
Auch in Briefen und Memoiren vermitteln historische Persönlichkeiten oft ein gutes Bild ihrer Zeit. Doch manchmal sind die Sach-
verhalte sehr subjektiv gefärbt. Sich selbst möchte man in gutem
Lichte darstellen. Über Personen, die man wenig schätzt, wird oft
Nachteiliges, ja sogar Bösartiges verbreitet. Briefe, die eine hervorragende Geschichtsquelle sein können, wurden bisweilen bewußt
vernichtet, wohl auch, um unliebsame Geschehnisse zu vertuschen
und ins Vergessen geraten zu lassen.

Briefe von Eleonores Hand gibt es nur wenige. Memoiren hat sie
nicht geschrieben. Zeitgenossen, die sie persönlich gekannt haben
und über sie berichteten, sind rar. 1859 findet ihr Biograph I. F.
Neigebauer eine anerkennende Erklärung dafür: „Es ist auf diese
Weise wenig von der Herzogin Eleonore zu berichten gewesen.
Die besten Frauen sind bekanntlich die, von denen am wenigsten
gesprochen wird. Die Geschichte hat von ihr keine Scandale zu berichten gehabt, darum steht sie in jener Zeit der Verderbnis groß
da … und der verwöhnte Gaumen des Lesers findet ein Frauenleben – ohne große Schattenseite – fade. Doch der Humanität tut
es wohl, einen fleckenlosen Charakter zu finden."

In den zahlreichen Briefen der Sophie von Hannover findet man
Berichte über Eleonore. Das anfängliche Wohlwollen wich aber bald
feindlichen Bemerkungen, die dann auch von ihrer Nichte Liselotte
von der Pfalz wiederholt und drastisch vergröbert wurden.

Ganz anders sah das bei einem anonymen Verfasser aus, der über
Eleonore in einer kleinen Schrift berichtete, die 1679 in Paris veröffentlicht wurde. Sie ist eine Huldigung an ihre Schönheit und
ihre Tugenden. Man munkelt, daß die Auftraggeberin dieser Lob-
preisung Eleonore selbst gewesen sein könnte, um all den bösarti-
gen Verleumdungen, die über sie verbreitet wurden, etwas Positives
entgegenzustellen. Schon der Titel „Avanture Historique. Ecrite
par l'Ordre de Madame ✳✳✳, à Paris l'an 1679, mense Aug. Sonderbahre Geschicht dieser Zeit" zeigt, daß das Werk in französischer

16 und deutscher Sprache verfaßt worden war. Im Text deutet der Autor an, daß er Eleonore (hier unter dem Decknamen „Clorinde") gekannt habe, „… da sie sich noch in unserer Landschaft aufgehalten, mir schon bekannt gewesen" war, und daß er „… ehemals das Glück gehabt gnädigste Audienz bey ihr zu erhalten." Er bezeichnet sie „als eine mächtige Reichs-Fürstin".

Der große Universalgelehrte Gottfried Wilhelm Leibniz arbeitete von 1676 an viele Jahre in Hannover als Bibliothekar und Hofgeschichtsschreiber. Eleonore, die Herzogin von Celle, war ihm natürlich bekannt. Es sind noch einige Briefe erhalten, die sie sich in dieser Zeit geschrieben haben. Leibniz hatte versucht, den anonymen Verfasser des Büchleins zu ermitteln. In der Ausgabe aus der „Bibliotheca Regia Hannoverana" findet man den Vermerk in seiner Handschrift: „par le Baron de Mahrenholtz."* An anderer Stelle, nämlich auf dem Vorsatzblatt, steht: „Der Autor dieses Discours ist der Freiherr von Mahrenholtz, welcher seinen Sitz … (Handschrift unleserlich) im Lüneburgischen hat." Der weitere Text, der über die ganze Seite geht, ist schwer zu entziffern. Einiges ist auch im Original mit Papierstreifen überklebt.

Asche Christoph von Mahrenholtz war einige Jahre im Hofdienst beim Herzog von Celle (bis 1682). Er hatte vorher die damals übliche „Kavaliers-Reise" unternommen und war auch längere Zeit in Frankreich gewesen. Da er gut Französisch sprach, hatte er sicher auch Kontakt zur Herzogin. Daraus leiten sich Vermutungen ab, daß Eleonore die Auftraggeberin ihrer eigenen Biographie sein könnte, zumal damals Verhandlungen im Gange waren, ihre Tochter Sophie Dorothea zu verheiraten. Da war es wichtig, die Herkunft und Bildung der Mutter in einem guten Licht darzustellen. Dem Autor ist nicht wohl bei dem Gedanken, wie seine Schrift aufgenommen werden wird. Seine Befürchtungen beziehen sich wahrscheinlich vor allem auf die Reaktion der mächtigen Verwandtschaft in Hannover. Er schreibt: „Noch nie hat jemand gewagt, dieses Thema zu behandeln, solche Gedanken zur Kenntnis zu bringen und sich der Zensur des Publikums auszusetzen."

Trotz dieser Vorrede wagt der Autor unter dem Schutz der Anonymität fortzufahren: „… daß dieses vortreffliche Frauenzimmer aus

---

* Auch Marenholz und Mahrenholz

einem sehr alten Geschlecht unserer Landschafft entsprossen ist/
und wie es schiene als wenn der Himmel dadurch alle seine Schätze
ausgeschüttet hätte/da sie glücklich zur Welt gebracht war; so
wurde sie von ihren Eltern alsbald hertzlich geliebet/und weil dieselben in ihrer Person eine zunehmende Schönheit herfür leuchten
sahen/waren sie vor deren Erziehung und gute Unterrichtung sehr
bemühet/in sicherer Hoffnung/daß ihre vortreffliche Gestalt/und
täglich wachsender Verstand ihr einsten ein sonderbahres Glück zu
wege bringen würden."

Auf Seite 15 findet man erstmalig eine Beschreibung von Eleonores Aussehen, die auch mit den von ihr später bekannten Bildern
übereinstimmt: „Sie war aber ein Frauenzimmer von einer ausbün-
digen und fürtrefflichen Gestalt; Die Gliedmassen waren zart/
die Geberden holdselig/das Ansehen herrlich/und alles Ihr Thun
beliebt; Sie hatte große Augen/ein rundes Gesicht/schwärzliche
Haare/eine wohlgebildete Nase/und einen mit Alabaster weissen
Zähnen besetzten Mund/der Hals war sehr artig/die Farbe leb-
haft/die Arme und Hände aber etwas völlig. Alle ihre Geberden
waren ihrer Jugend nach nichts als Froligkeit/welche sie denn biss-
weilen zu einem anmutigen Schertz veranlasseten/doch also/daß
solcher sie nicht verhinderte/sich/wieder wen sie wollte/ernsthaft
zu bezeugen … Ihre herrlich Gemüths-Beschaffenheit/welche leb-
hafft/durchdringend und beliebt war/und ihren Leib übertraff/
hat auch zur ihrer Erhöhung ein großes Theil beygetragen. Dieses
von der Natur ihr erteilte Lob verursachte, daß sie allen, welchen
sie zu Gesichte kam/gefiel."

An anderer Stelle wurde Eleonore beschrieben: „Sie war nicht nur
von der Natur begabt mit einer wohlgestalteten und ansehnlichen
Länge, mit einer Schönheit des Gesichtes, mit einer gefälligen Beredsamkeit des Mundes, … sondern sie war auch mit vielen Glücksgütern gekrönt."

Eleonores Eltern waren sich der guten Gaben ihrer Tochter wohl
bewußt und versuchten, sie bei den Adelsfamilien in der Umgebung vorzustellen. Der Herzogin von Tremoille war bekannt geworden, welchen guten Ruf die Demoiselle hatte, sie gefiel ihr sehr,
und sie nahm sie als Kammerdame-Demoiselle d'Honneur zu sich

18 auf ihren Besitz in Thouars im Poitou, „… unter dem Versprechen /daß sie nicht allein wohl unterrichtet und zu allen anständigen Sitten angewehnet /sondern einsten wohl angebracht werden
sollte. Ihre Eltern /welche nichts mehr verlangeten als daß ihre
Tochter empor kommen möchte /nahmen dieses der Fürstin gnädigstes Versprechen mit großen Freuden und unterthänigster Danckbarkeit an".

In diesem strenggläubigen, calvinistischen Adelshaus der Marie de
la Tour d'Auvergne, verwitwete Herzogin de la Tremoille, wurde
Eleonore d'Olbreuse in höfischer Lebensweise unterwiesen. Auch
in Haushaltsführung, Gartenkunde, feinen Handarbeiten und etwas Krankenpflege wurde das junge Edelfräulein ausgebildet. Der
Anschluß an eine einflußreiche Dame, die sie bei Hof einführen
konnte, war für Eleonores Zukunft wichtig.

Als die Tochter der Herzogin heiratete, beschloß die Fürstin, ihren
Haushalt aufzulösen und sich auf einen Altersruhesitz in der Provinz zurückzuziehen. Aus diesem Grunde entließ sie ihre beiden
Kammerdamen. Sie sorgte jedoch dafür, daß Eleonore in der Familie ihres Sohnes, des Prinzen von Tarent, aufgenommen wurde.
Seiner Frau, der Prinzessin, gefiel Eleonore gleich beim ersten Gespräch. Eleonore nahm diese Stellung freudig an und war von nun
an ständig in der nächsten Umgebung der Prinzessin, die mit ihrem
fröhlichen, angenehmen Wesen sehr zufrieden war. Oft erfreute
sie die Prinzessin und deren Gesellschaft mit der Vorführung ihrer
Nationaltänze aus dem Poitou, welche sie schon in frühester Kindheit auf das Vortrefflichste gelernt hatte. „Alle diese guten Qualitäten machten sie dermaßen beliebt /und brachten bey ihrer gnädigen Fürstin ihr eine solche ungemeine Gunst zuwege /dass selbige
ohne sie fast nicht leben kunte /…"

Beim ersten Auftreten des hübschen Hoffräuleins in der Residenz
erwarb sie durch ihre Schönheit und ihren Geist allgemeine Bewunderung. Auf einem Ölgemälde aus dieser Zeit wurde die achtzehnjährige Eleonore als eine elegante, vornehme junge Frau portraitiert, die dem Hofe einer Prinzessin durchaus zur Zierde gereichen
konnte. So hatte sich für Eleonore im Hause des Prinzen von Tarent alles zum Besten gefügt.

„Eleonore d'Olbreuse, Hofdame der Prinzessin von Tarent". Ölgemälde aus dem Schloß d'Olbreuse

Die Lebensgeschichte dieses Prinzen ist interessant genug, um einen kleinen Abstecher in seine Vergangenheit zu machen: Er hieß Henri Charles de Tremoille, wurde im Jahr 1620 geboren und erbte später von seinem Onkel den Titel „Prinz von Tarent". Seine Mutter, die Herzogin, war eine strenge Protestantin. Ihr Mann dagegen war wieder katholisch geworden und ließ den Sohn zum Leidwesen seiner Mutter vom achten Lebensjahr an bei den Jesuiten in Poitiers erziehen. Mit siebzehn Jahren floh der junge Mann zu seinem Onkel, dem Prinzen Wilhelm von Oranien. Der Prinz von Tarent lernte die Tochter des Statthalters der protestantischen Niederlande kennen und lieben: Luise Henriette von Oranien (1627 – 1667). Sie war die Urenkelin von Admiral Gaspard de Coligny, des großen Hugenottenführers, der in Paris im Jahr 1572 das erste Mordopfer der Bartholomäusnacht geworden war.

Die jungen Leute verliebten sich ineinander. Der Prinz schien gute Aussichten zu haben, die Oranierin als seine Braut heimzuführen. Er hatte schon offiziell um die Hand von Luise Henriette angehalten. Doch unerwartet tauchte ein anderer mächtiger Bewerber auf: Friedrich Wilhelm von Brandenburg, der spätere Große Kur-

20 fürst. Er hatte vier Jahre an der Universität Leiden studiert und auch im Hause Oranien verkehrt. Luise Henriette interessierte ihn zu dieser Zeit noch nicht, denn er strebte eine andere Verbindung an: Sechs Jahre lang warb der Brandenburger um Christine von Schweden, die Tochter des protestantischen Königs Gustav Adolf. Als das schwedische Königshaus dem Kurfürsten ein endgültiges „Nein" zu seiner Brautwerbung übersandte, geschah das mit der Begründung, daß Christine und Friedrich Wilhelm zu eng miteinander verwandt seien. Sie waren Cousin und Cousine ersten Grades, denn ihr Vater war mit der Schwester von Friedrich Wilhelms Vater verheiratet. Das lange Zögern war eine Hinhaltetaktik gewesen, man wollte nicht aussprechen, daß man den Glaubensunterschied zwischen dem Calvinisten aus Brandenburg und der Lutheranerin aus Schweden zu groß fand. Daher die Ablehnung mit der Ausrede der nahen Verwandtschaft.

Nun wurden die Brautwerber aus Brandenburg in die Niederlande gesandt. Im Hause Oranien siegte die Staatsraison. Die Verbindung dieser beiden protestantischen Fürstenhäuser erschien vorteilhaft und politisch klug. Der Kurfürst von Brandenburg hatte einen höheren Rang und größere Macht als der Prinz von Tarent. Dem blieb weiter nichts übrig, als sich tief enttäuscht zurückzuziehen und nach Frankreich zurückzukehren. Wie es im Herzen der Luise Henriette aussah, danach fragte man nicht. Sie mußte sich wie die meisten Frauen ihres Standes den politischen Gründen fügen. Am 7. Dezember 1646 fand die Hochzeit statt, knapp zwei Jahre vor dem Ende des Dreißigjährigen Krieges. Die junge Kurfürstin war zu dieser Zeit 19 Jahre alt. Sie war zart, schlank und zierlich. Doch auf eine ruhige, aber hartnäckige Weise beeinflußte sie die politischen und personellen Entscheidungen ihres Ehemannes. Friedrich Wilhelm soll ihr sogar einmal im Zorn seinen Kurfürstenhut vor die Füße geworfen haben mit der Aufforderung, doch selber zu regieren, wenn sie doch alles besser wisse. Aber das könnte leicht ein falsches Bild geben, denn aus der politischen Vernunftehe war eine liebevolle, zärtliche Ehegemeinschaft geworden. Von den sechs Kindern, die Luise Henriette zur Welt brachte, überlebte nur ein Sohn: Friedrich, der spätere erste König in Preußen. Luise Hen-

riette starb mit 40 Jahren, erschöpft von vielen Geburten und Fehl-
geburten. Auch sie war – wie Eleonore d'Olbreuse – eine Urgroßmutter Friedrichs II. Der Prinz von Tarent heiratete 1647 Emilie, Landgräfin von Hessen-Kassel. Sie wird in Briefen der Madame de Sevigny und von
Liselotte von der Pfalz hoch gelobt: Sie sei von großer Herzensgüte, stolz auf ihre Herkunft, gefühlvoll und sentimental. Sie war
eine strenggläubige Calvinistin. Diese Prinzessin hatte Eleonore
d'Olbreuse in ihren Haushalt aufgenommen und sehr lieb gewonnen. Sie nahm sie mit nach Paris, wo das prinzliche Paar eine
Zeitlang am Hof von Ludwig XIV. verbrachte. Eleonore war zu
dieser Zeit Anfang zwanzig. Vollerblüht vereinigte sie Schönheit
und Charme mit vielen gesellschaftlichen Talenten. Lebhaft, voller
Fröhlichkeit blitzen ihre dunklen Augen. Ihre schönen braunen
Haare fielen in fülligen langen Locken über ihre Schultern und
umrahmten ihr makelloses Dekolleté. Selbst in der glänzenden
französischen Hofgesellschaft blieb sie nicht unbeachtet. Sie gefiel vielen. „Elle avait tout pour réussir", schrieb Beaucaire über
sie. Ja, sie hatte wirklich alles, um Erfolg zu haben. Doch am le-
benslustigen Hof des Sonnenkönigs, an dem man es mit der Moral nicht so ernst nahm, bedeutete es ein Hindernis, daß Eleonore im calvinistischen Glauben zur Keuschheit erzogen war. Sie
hielt getreulich zu ihren Grundsätzen. Voller Lebensfreude nahm
sie gern an vielen Veranstaltungen teil, doch sie verstand es, die
Kavaliere, die sie umschwärmten, auf Distanz zu halten. Sie ließ
sich von niemanden erobern, aber sie fand auch keinen Partner
fürs Leben, wie sie es vielleicht erhofft hatte. Sie erhielt keinen
seriösen Antrag.

Liselotte von der Pfalz, Herzogin von Orléans, schrieb in einem
Brief über diese Zeit: „… zudem war sie doch wahrlich von gerin-
gem stoff … alle ihre ambition war, hier (in Paris) meines herrn
S(elig) ersten cammerdiener (zu heiraten) so Colin (hieß), dessen
sohn mein haushoffmeister (ist). Also ist es eine sach, die ich weiss,
all wenn ichs gesehen hette." (20. 10. 1714).

Liselotte konnte es aber weder gesehen noch miterlebt haben, denn
sie kam erst zehn Jahre später 1671 nach Frankreich, das Eleonore

22 1661/62 bereits verlassen hatte. Diese adelsstolze Fürstin, die Eleonore nie kennengelernt hatte, zeigte eine große Voreingenommenheit und Abneigung gegen diese „nicht standesgemäße Person" und brachte dieses oft sehr drastisch zum Ausdruck, z. B. bezeichnete sie Eleonore als „Mausdreck", „das Stück Fleisch" u. a. m. Sie behauptete, daß „der 1. cammerdiener sie nicht gutt vor sich fandt. Ich schäme mich recht, wenn ich davon reden höre". In der französischen Sprache ist „Colin" ein bekannter Speisefisch aus der Familie der Dorsche. Dieser „Fisch" hatte also nicht „angebissen", aber Eleonore wollte ihn wahrscheinlich gar nicht „angeln". Sicherlich hatte sie eine ganz andere Vorstellung von ihrem zukünftigen Ehemann. Ihr gutes Aussehen und die hervorragende Erziehung ließen sie hoffen, eine bessere Verbindung zu finden. Jedoch stellte eine Hofdame aus kleinem Landadel, bei der noch nicht einmal eine Mitgift zu erwarten war, keine interessante Partie für ehrgeizige Höflinge dar. Kühl wies sie alle zurück, die nur auf ein galantes Abenteuer mit ihr aus waren. Ihre strenge Tugendhaftigkeit mißfiel den höfischen Glücksrittern und löste Verärgerung aus. Überliefert ist der maliziöse Ausspruch des Grafen von Gramont: „Wenn wir ihrer am Hofe überdrüssig sind, so ist sie immer noch gut genug für einen deutschen Fürsten." Diese unfreundliche Bemerkung eines wahrscheinlich abgewiesenen Bewerbers gewinnt aus späterer Sicht beinahe eine prophetische Bedeutung. Über Eleonores Verhalten schrieb auch ihr erster Biograph: „... aber alle ihre schmachtenden Bewerber sah sie mit mitleidlosen Augen an und machte jedem von ihnen klar, daß man ihr Unrecht täte, wenn man glaube, daß sie ein liebesbedürftiges Naturell habe. Der Himmel hatte sie zu etwas Größerem ausersehen, und eine geheime Vorahnung ihres zukünftigen Glückes, bestärkte sie in ihrem Stolz ..."

Mit 22 Jahren erfuhr sie mitten im Trubel der höfischen Feste vom Tod ihres Vaters. Am 16. März 1661 erhielt sie ihren Anteil vom väterlichen Erbe.

Im selben Jahr starb auch Kardinal Mazarin, der mächtige französische Minister und frühere Erzieher des Königs. Ludwig XIV. übernahm nun die absolute Herrschaft über Frankreich. Als from-

mer Katholik drang er mit Nachdruck darauf, daß all seine Untertanen nur seinem Glauben angehören sollen. Die Privilegien, die
den Hugenotten in Frankreich von seinem Großvater Henri IV
im Edikt von Nantes vom 13. April 1598 zugesichert worden waren, waren bereits von dessen Sohn Ludwig XIII. erheblich einge-
schränkt worden. Am Hof von Ludwig XIV. waren die Calvinisten nicht mehr gern gesehen. Der Prinz von Tarent sah das als
schlechtes Vorzeichen an und fürchtete, seines Glaubens wegen
beim König in Ungnade zu fallen. Er nahm eine hohe militärische Stellung in den Niederlanden an und verließ Frankreich mit
seiner Gemahlin und deren Hofdame Eleonore, „… weil sie dafür
hielte/daß sie ihrer gnädigen Gönnerin überall zu folgen verbunden wäre; und also unterliess sie nicht, dieselbe auf einer langen
Reise zu begleiten und ihr in einem fremden Lande fleißig aufzu-
warten".

Auch für Eleonore als gläubige Calvinistin war es sicher besser, ihr
Heimatland rechtzeitig zu verlassen. Da ihr Vater gestorben war,
hielt sie nichts mehr in Frankreich. Sie empfand Liebe und Verehrung für die Prinzessin, die wie eine Mutter für sie sorgte. Allerdings blieben die eigenen Kinder der Familie Tarent in Frankreich
bei der Großmutter.

In den protestantischen Niederlanden fanden zu dieser Zeit viele
Glaubensflüchtlinge aus verschiedenen Ländern Zuflucht. Die aus
England vertriebenen Stuarts waren dorthin emigriert. Die Schwester des englischen Königs Charles I., die Witwe des „Winterkönigs", hielt hier Hof. Ihre jüngste Tochter Sophie wird noch
eine bedeutende Rolle in der Lebensgeschichte Eleonores spielen.
Den Haag war der Mittelpunkt gewisser politischer Kreise, die in
der Verbannung auf eine Rückkehr in die Heimat und zur Macht
hofften. Eleonore, die mit 24 Jahren Frankreich verließ, sollte ihre
Heimat nie wiedersehen. Obwohl sie das für damalige Zeiten un-
gewöhnliche Alter von 83 Jahren erreichte, bot sich für sie keine
Gelegenheit mehr, dorthin zurückzukehren.

Im Winter 1663/64 besuchte die Prinzessin von Tarent ihre Familie in Kassel. In ihrer Begleitung zwei Hofdamen, eine davon
war Eleonore. Hier fand ihre erste schicksalhafte Begegnung mit

24 dem Herzog Georg Wilhelm statt. Sie gefiel ihm nicht nur durch ihre Schönheit, sondern auch wegen ihrer Fröhlichkeit und ihres Esprits.

„In dieses großen Herrn Gemüthe nun verursachten ihre unvergleichbaren Tugenden und rühmlichen Verhalten eine so starcke Einbildung/daß er seiner heftigen Liebe nicht widerstehen noch ihr zu eröffnen umbhin kunte/mit was vor einer inbrünstigen Zuneigung er ihr beygethan wäre." Auch Eleonore gefiel der Herzog. Lachend vertraute sie einer Freundin an: „Wenn ich jemals fähig wäre, eine Torheit zu begehen, dann wäre es aus Liebe zu ihm." Diese Worte wurden wahrscheinlich Georg Wilhelm hinterbracht und steigerten noch seine Verliebtheit. Durch ihr bescheidenes und wohlerzogenes Benehmen erwarb Eleonore schon bald seine Achtung. Auch sein jüngerer Bruder Johann Friedrich machte dem schönen Fräulein den Hof. Im Februar kehrten die Damen nach Breda in den Niederlanden zurück. Der in Liebe entbrannte Herzog folgte Eleonore überall hin. Sein Bruder und Rivale war nach Italien abgereist und schrieb Eleonore sieben Monate lang galante, werbende Briefe. Die Antwortbriefe der jungen Eleonore geben Aufschluß über ihr Wesen und ihre Art, mit einem hochgestellten Bewerber umzugehen und ihn liebenswürdig und höflich auf Distanz zu halten.

Horice de Beaucaire, der 1884 eine Biographie Eleonores veröffentlichte, konnte in der Königlichen Bibliothek von Hannover einige dieser Briefe im Original lesen. Sie waren zu dieser Zeit 220 Jahre alt. Auch er mußte zum Teil schon auf Sekundärquellen zurückgreifen, und zwar auf die „Zeitschrift des Historischen Vereins für Niedersachsen" der Jahrgänge 1879 und 1882. Diese im vorigen Jahrhundert veröffentlichten Dokumente leisten uns heute gute Dienste. Die Originalbriefe wären jetzt mehr als 335 Jahre alt. In dieser langen Zeitspanne und vor allem durch zwei Weltkriege ist vieles verlorengegangen. Im Niedersächsischen Hauptstaatsarchiv in Hannover war in den Findbüchern kein Hinweis auf den Briefwechsel zu entdecken.

In der Biographie von Beaucaire schreibt der Übersetzer der deutschen Ausgabe, Freiherr Emmo Grote, „daß die Ansichten des

Übersetzers sich nicht überall mit denen des Herrn Verfassers zu decken vermögen …". Den Titel „Une Mesalliance dans la Maison de Brunswick" läßt er völlig weg. Anstatt ihn in „Eine Mesallianz (oder eine Mißheirat) im Hause Braunschweig" zu übersetzen, nennt er das Buch „Die letzte Herzogin von Celle". Handelte Freiherr Emmo Grote auf diese Weise, weil seine Familie mit dem fürstlichen Haus Braunschweig-Lüneburg durch acht Jahrhunderte eng verbunden war?

Das würde auch erklären, warum er bereits im ersten Brief des Herzogs Johann Friedrich an „Mademoiselle d'Olbreuze" einige Worte wesentlich distanzierter übersetzt, z. B. für „l'amitié et toute l'estime" schreibt er „Achtung und Verehrung". Es müßte aber „Freundschaft und Wertschätzung" heißen. Zuviel Herzlichkeit erschien wohl dem Freiherrn nicht angemessen zwischen einem Herzog aus dem Welfenhaus und einem Landedelfräulein in dienender Stellung. Johann Friedrich dagegen wollte unbedingt mit ihr in Kontakt bleiben, denn er schrieb ihr bereits aus Augsburg, seiner ersten Zwischenstation auf der Reise.

Herzog Johann Friedrich zu Braunschweig-Lüneburg an Eleonore Desmier d'Olbreuse:

Augsburg, den 25. Mai 1664

„WENN ICH IHNEN erst von Venedig schriebe, könnten Sie glauben, mein Fräulein, daß es der Personen bedurft hätte, die ich dort treffen soll, um an Sie erinnert zu werden, und ich möchte nicht, daß Sie eine schlechte Meinung von meinem Gedächtnis für Sie bekämen.

Wenn man Sie sieht, verliert man Sie nicht so leicht aus der Erinnerung, und Sie sind recht dazu gemacht, Leuten, die ursprünglich ohne Gedächtnis waren, solches zu verschaffen. Ihre Gefährtin, welche ich in acht bis zehn Tagen zu sehen gedenke, wird Ihnen das bestätigen können, und Sie kennen dieselbe zu gut, um ihr zu mißtrauen.

Seien Sie versichert, daß ich immer eifrig jede Gelegenheit wahrnehmen werde, Sie der Achtung und Verehrung zu versichern, welche man Ihnen allgemein schuldet und niemand mehr als ihr Diener. *J. F."*

26 Eleonore antwortete sehr höflich und förmlich auf sein Schreiben. Sie schien sich hinter zeremoniellen Floskeln zu verschanzen. Diese sonst so liebenswürdige junge Frau, die in heiteren Gesprächen oft keck und übermütig sein konnte, wahrte beim geschriebenen Wort äußerste Vorsicht. Sie wollte dem leidigen Gerede über sich keine Nahrung geben, falls ihr Brief in falsche Hände gelangen sollte. Eleonore Desmier d'Olbreuse an Herzog Johann Friedrich zu Braunschweig-Lüneburg:

Den Haag, den 30. Juni 1664

„GNÄDIGER HERR! VOLLER Erkenntlichkeit und mit schuldigem Respekt habe ich den Beweis davon empfangen, daß Eure Hochfürstliche Durchlaucht sich meiner, die ich kaum ein solches Glück erwarten durfte, selbst bei einem kurzen Aufenthalt erinnert haben, bei welchem es wegen der Beschwerlichkeit der Reise vielmehr geboten gewesen wäre, der Ruhe zu pflegen. Meine Freundin wird Eurer Hochfürstlichen Durchlaucht noch aussprechen, wie dankbar ich für solche Güte bin und mich in dem Bestreben unterstützen, Eure Durchlaucht davon zu überzeugen, daß niemand Demselben mehr Respekt zollt als dero sehr ergebene, gehorsamste Dienerin   *Eleonore Desmier d'Olbreuse.*"

Johann Friedrich gefiel dieses Schreiben nicht, und er notierte in seiner Antwort: (ohne Datum, Sommer vermutlich Juli 1664):

„AN IHREM AUFENTHALTSORT scheint das Zeremoniell an der Tagesordnung zu sein, denn Ihr Brief ist voller Förmlichkeiten, und ich bedaure Sie recht, wenn Sie Ihren Frohsinn zwischen Kassel und dem Haag verloren haben. Übrigens bezweifle ich nicht, mein Fräulein, daß Sie Ihre glückliche Laune wieder erlangen werden. Auch läßt der Brief, den Sie Ihrer Freundin nach Rückkehr von einem Spaziergange geschrieben, darauf schließen, daß Sie noch immer heiter zu sein vermögen.

Hier sind Vergnügung und Zerstreuung eine seltene Ware.

Sie werden von Ihren Bekannten und sogar von einigen Ihnen noch Fremden herbeigesehnt und wenn Sie hier wären, würde man die Zeit wahrscheinlich angenehmer verbringen.

Ich will mir keine Unannehmlichkeiten mehr zuziehen und wage daher nicht zu behaupten, daß hier niemand leidenschaftlicher als ich Ihre Gegenwart wünscht, aber ich kann mir die Versicherung nicht versagen, daß keiner Ihnen ergebener ist als Ihr   *J. F.*"

Trotz aller Umschreibungen spricht dieser Brief von Sehnsucht und Zuneigung – aber auch von Befürchtungen, sich Unannehmlichkeiten zuzuziehen.

Gab es vielleicht Ärger von seiten seines eifersüchtigen Bruders, der das Fräulein ganz für sich gewinnen wollte? Erstaunlicherweise zeigte sich Eleonore im nächsten Brief bereit, nach Venedig zu kommen.

Eleonore d'Olbreuse an Herzog Johann Friedrich:

Haag, den 15. August 1664

ICH WEISS NICHT, was ich Eurer Hochfürstlichen Durchlaucht geschrieben haben kann, daß Dieselbe daraus auf einen Stimmungswechsel bei mir schließen, aber ich bin gewiß, wäre ich auch mit Sorgen beschwert hier angekommen, die Beweise des Wohlwollens, welche ich die Ehre hatte von Demselben zu erhalten, würden Sie augenblicklich zerstreut haben. Auf welche Weise kann ich mich nur für alle mir von Eurer Hochfürstlichen Durchlaucht erwiesene Güte erkenntlich zeigen?

Von Herzen gern würde ich nach Venedig eilen, Demselben tausendfach ehrerbietigen Dank zu sagen; ich wüßte kaum jemand, der lieber dort wäre, und es bedarf keiner besonderen Mühe, mich herbeizurufen. Durch mein Kommen würde sich auch wohl alles ausgleichen lassen, was meine frühere Gefährtin verdorben hat; wie dem auch sei, ich schätze dieselbe glücklich in dem Zusammensein mit Eurer Hochfürstlichen Durchlaucht und einigen anderen.

Ich möchte gern wie sie dieser Ehre teilhaftig werden, um durch alle erdenkliche Unterwürfigkeit zu beweisen, daß ich in Wahrheit bin Eurer Hochfürstlichen Durchlaucht gehorsame Dienerin.

Eleonore d'Olbreuse."

28 Herzog Johann Friedrich an Eleonore:

Venedig, den 21. September 1664

„ICH BERÜHRE DAS Ihrer Freundin widerfahrene Unglück nicht näher; es möge Ihnen genügen, daß dieselbe völlig wiederhergestellt ist und sich der besten Gesundheit erfreut.

Sie sind gegenwärtig weit mehr zu beklagen, und die im Haag herrschende Krankheit läßt alle Ihre Bekannten für Ihr Wohl erzittern. Ich für mein Teil gestehe Ihnen aufrichtig meine Besorgnis, an welcher Sie ebenso wenig zweifeln dürfen als an meiner Freundschaft, welche Sie sich im höchsten Maße erworben haben. Von Herzen wünsche ich, daß Sie mir hier zu sagen vermöchten, ob Sie mir einigen Dank für die besondere Hochachtung wissen, welche ich stets für Sie gehegt.

Wenn ich wüßte, daß ich wörtlich zu nehmen hätte, was Sie mir über die Reise nach Italien schreiben, so würden Sie schon nach Wunsch bedient worden sein. Wollen Sie sich nur ernstlich hierüber erklären, um so mehr, als ich bald von hier abreise. Sie werden sich der Einsicht nicht verschließen können, daß bei diesem wie bei jedem anderen Anlaß niemand Ihnen dienstwilliger ist als ..."

Doch die schönen Pläne wurden nicht verwirklicht. Die Erklärung dafür gab das Nachwort von Eleonores nächsten Brief: Herzog Georg Wilhelm wurde erwartet! Neben ihm und seinem Charme verblaßte der Bruder. Außerdem plante Johann Friedrich, sich zu verheiraten. Um sich aus der Affaire zu ziehen, keine schroffe Absage zu erteilen und das Gesicht zu wahren, bewarb sie sich nun um eine Anstellung am Hof seiner zukünftigen Gemahlin.

Eleonore d'Olbreuse an Herzog Johann Friedrich:

Haag, den 20. Dezember 1664

„BEI MEINER ANKUNFT hierselbig empfing ich einen Brief, den Eure Hochfürstliche Durchlaucht mir vor zwei vollen Monaten die Ehre erwiesen haben, von Venedig aus zu schreiben ... Ich weiß nicht, wie ich Ihnen, gnädiger Herr, alle die Güte erwidern soll, die Eure

Hochfürstliche Durchlaucht mir erweisen. Wenn ich um Fortdauer
Ihrer gnädigen Gesinnung zu bitten wage, so geschieht es in der
Überzeugung, daß Ihr Wohlwollen von niemand dankbarer als von
mir empfunden wird. Ich würde Ihrer Güte und des gnädigen Ver-
sprechens mich bei Dero Frau Gemahlin anzustellen, unwürdig
sein, wenn ich jetzt eine andere Gebieterin suchte.

Daher werde ich bis nach Eurer Hochfürstlichen Durchlaucht Vermählung mit der Bitte warten, mich allein ohne meine Gefährtin,
Dero Versprechen gemäß, dem Hofstaat Dero Frau Gemahlin ein-
zuverleiben.

Trotz allem Ungünstigen, das man aus der Heimat Dero Frau Gemahlin über mich berichtet, werden Euer Durchlaucht, hoffe ich,
Ihr Versprechen halten. Diese über mich in Umlauf gesetzten nach-
teiligen Gerüchte sind völlig unwahr, obgleich sie von einer fürstlichen Dame ausgehen.

Wenn ich nicht unterlassen kann, dies Eurer Hochfürstlichen
Durchlaucht auszusprechen, so geschieht es aus dem dringenden
Wunsche, daß mich Dieselbe für ein tugendhaftes Mädchen und
Sich selbst überzeugt halten, daß Dieselbe bei niemand mehr Eifer
und Treue für Ihren Dienst finden werden als bei Ihrer untertänig-
sten ergebenen Dienerin   *d'Olbreuse.*"

Hier endete ihr Briefwechsel mit Johann Friedrich, denn der verliebte Verehrer, Georg Wilhelm, war wieder in Eleonores Nähe. Um
oft mit ihr zusammen zu sein, erwirkte er von der Prinzessin von
Tarent die Erlaubnis, bei ihrem Hoffräulein Französischunterricht
zu nehmen. Das gab einen guten Vorwand, häufig bei ihr zu sein.
Eleonore, die insgeheim die Gefühle des Herzogs erwiderte, blieb
zurückhaltend. Sein Ruf als unbeständiger Frauenheld schreckte
sie ab. Sie wurde gewarnt, daß zu viele Frauen im Leben des Vier-
zigjährigen schon eine flüchtige Rolle gespielt hätten. Auch in der
„Sonderbahre Geschicht" steht es geschrieben: „Es war aber dieser
Prinz zu selbiger Zeit wegen unbeständiger Liebe gar verdächtig /
und sein zu Venedig etliche Jahre her geführtes Leben verursachte /
daß ihrer viel sagten: Es wäre seine Gewohnheit / gerne veränder-
lich zu seyn / un würde ihm unmöglich fallen / einem Frauenzimmer

30 stets geneigt zu bleiben …, sie würde viel zu thun haben /wenn sie die itzt erlangte Gunst beständig erhalten wolte /und wäre dies eine sehr gefährliche Sache /welche ihre Ehre und Wohlfahrt in Gefahr setzen könte." So glaubte Eleonore, trotz der vielen Beweise seiner Zuneigung nicht daran, daß er zu einer dauerhaften Bindung fähig wäre. Denn der Herzog hatte vorher Entscheidungen getroffen und war Verpflichtungen eingegangen, die er jetzt schwer bereute. Er befand sich der Frau gegenüber, die er ernsthaft liebte und die auf eine Heirat hoffte, in einer äußerst schwierigen Lage. Er hatte schriftlich das Versprechen gegeben, sich niemals zu verheiraten.

Kapitel 2

VOM HERZOG, DER NICHT HEIRATEN DURFTE

Herzog Georg Wilhelm gehörte der Familie der Welfen an. Dieses mächtige Geschlecht läßt sich in der Geschichte um mehr als ein Jahrtausend zurückverfolgen. Der Name Welf wird von Wolf abgeleitet. Eine alte Sage erzählt, wie sich die Namensgebung zugetragen haben soll:

„Die Gräfin Irmentraut, Gemahlin des Besitzers des Schlosses Ravensberg in Schwaben, warf einer Mutter mit Drillingen vor, daß sie mit mehreren Männern zu thun gehabt hätte, worauf diese, um ihre Unschuld zu beweisen, der Gräfin Irmentraut so viel Söhne wünschte, als das Jahr Monate hat. Dies traf ein; worauf die Gräfin, ebenfalls besorgt, ihr Mann möchte den gleichen Verdacht der Untreue haben, nur einen Sohn behielt, die anderen elf aber durch die Hebamme in den Fluß zu werfen befahl. Diese, von dem Grafen befragt, als sie ihm begegnete, was sie trüge, antwortete, daß es junge Wölfe wären; er sah aber nach und ließ sie heimlich aufziehen; als sie 6 Jahr alt waren, eben so wie den von der Mutter behaltenen Sohn ankleiden, worauf alle 12 bei Tafel erschienen. Hier frug er die Irmentraut, was wohl eine Mutter verdiene, die 11 solche treffliche Wölfe ins Wasser zu werfen befohlen habe. Dieses soll der Ursprung des Namens Welf sein."

So ist es in alten Büchern nachzulesen. Eine andere Version lautet, es wären junge Löwenwelpen gewesen, nach denen das Geschlecht benannt worden war. Daher auch „Heinrich der Löwe".

Auch wenn noch ab und zu weiter in der Familiengeschichte der Welfen zurückgeblättert wird, beschäftigt sich dieses Kapitel eingehender mit der Lebensgeschichte des Herzogs Georg Wilhelm

32 und der Frage: „Warum durfte er eigentlich nicht heiraten?" Was hatte ihn bewegt, das verhängnisvolle Dokument zu unterzeichnen, das ihn zur Ehelosigkeit verpflichtete? Das Gelöbnis, sich niemals zu verheiraten, hatte er auf eigenen Wunsch und aus freiem Willen gegeben! Anders war es in der Generation seines Vaters Georg zugegangen. In dieser Familie gab es acht Schwestern und sieben Brüder. Sechs der männlichen Erben mußten sich zur Ehelosigkeit verpflichten. Denn es konnte nur einer das Land bekommen. Das Los mußte entscheiden, wer im Herzogtum regieren würde und sich verheiraten sollte. Das Land Braunschweig-Lüneburg konnte nur einen einzigen Herrscher haben und nicht in sieben kleine Länder zersplittert werden. Es gab genügend Beispiele dafür, wie Länder durch Teilungen verarmt waren.

Einst gehörten dem Welfengeschlecht riesige Ländereien: von der Meeresküste bis zu den Alpen und, wie es in einem alten Spruch hieß: „Von der Elbe bis zum Rhein, das hält er alles für das Sein." Einer der berühmten Vorfahren, Heinrich der Löwe, verlor im 12. Jahrhundert im Krieg gegen seinen Vetter Kaiser Friedrich Barbarossa weite Gebiete seines Besitzes. Nach der Zerschlagung seiner Herrschaft wurde durch Landesteilung eine verhängnisvolle Zersplitterung betrieben.

Im 13. Jahrhundert wurde das Herzogtum Braunschweig-Lüneburg gegründet. Im 15. Jahrhundert war es in zwei Linien geteilt worden: in die Wolfenbütteler und in die Lüneburger. Letztere wurde unter ihrem Herzog, Ernst dem Bekenner, zum protestantischen Glauben reformiert.

Doch nun zurück zu diesem traurigen Tage im Jahr 1592, der die sieben Brüder am Sterbebett ihres Vaters, Wilhelm des Frommen, im Schloß von Celle vereinte. Alle sieben waren bereit, sich an das Übereinkommen zu halten: Der Bruder, der das Los zog, sollte das Herzogtum erben, sich verheiraten und für Nachkommen sorgen. Die übrigen Brüder würden ehelos bleiben.

Die schicksalsträchtigen Lose waren vorbereitet: Georg, der jüngste, zog den richtigen Stab. Er hatte das Fürstentum gewonnen, aber er war erst zehn Jahre alt. Getreulich übernahmen vier der Brüder nacheinander die Regentschaft. Die von ihrem Vater eingeführte Ordnung blieb im Lande erhalten. Von einem neuen 33 Herzog wären eigentlich eine baldige Eheschließung und Erben erwartet worden. Doch dafür war Georg bei weitem zu jung. Ihn lockte erst einmal das Abenteuer, und der Jüngling zog davon, um Europa kennenzulernen. Seine sechs Brüder hielten sich an ihr Versprechen und arrangierten sich mit Maitressen oder in morganatischen Ehen. So konnten von vornherein Streitereien um Erbansprüche vermieden werden. Georg blieb viele Jahre von zu Hause fort. Als man schon munkelte, daß das Los wohl dem Falschen zugefallen wäre, kehrte er mit seiner Braut Anna Eleonore, der Tochter des Landgrafen von Hessen, zurück. Zwar zog es ihn auch noch als Verheirateten in die Ferne. Doch je mehr seine Familie wuchs, um so häuslicher wurde er. Vier Töchter und vier Söhne wurden geboren. Drei Töchter starben in frühester Kindheit. Die einzige, die heranwuchs, Sophie Amalia heiratete 1643 den König von Dänemark, Friedrich III.

Im Hause Braunschweig-Lüneburg war die Nachfolge nun durch die vier Söhne gesichert. Aber Herzog Georg hielt sich nicht an die weisen Maßnahmen seines Vaters, das Land zusammenzuhalten, sondern teilte es unter seinen beiden ältesten Söhnen, wobei dem Erstgeborenen das Wahlrecht eingeräumt wurde. So erbte Christian Ludwig 1641 das Fürstentum Calenberg (Hannover) mit Göttingen und nach dem Tod seines Onkels Friedrich 1648 Lüneburg (Celle) mit Grubenhagen. Georg Wilhelm, der Zweitgeborene, erhielt 1648 Calenberg (Hannover) mit Göttingen. Die Titel der Herzöge entsprachen ihrer jeweiligen Residenz. So gab es den Herzog von Celle und den von Hannover. Die beiden jüngeren Söhne Johann Friedrich und Ernst August wurden zunächst durch geregelte Jahreseinkommen und einige Güter versorgt. Diese Erbregelung war zum Teil die Ursache für die Konflikte und Probleme, die später zwischen den Brüdern entstehen sollten. Doch vorerst waren sie alle vier gute Freunde, hielten fest zusammen und unternahmen vieles gemeinsam. In Herrenhausen im Museum des Fürstenhauses gibt es ein Ölgemälde aus dem Jahr 1650. Es zeigt die vier Herzöge an einem reich gedeckten runden Tische sitzend, umgeben von einem großen Jagdgefolge und

34 einigen Hunden. Es scheint, daß die Herren einen Imbiß nach der Jagd einnehmen. Durch große Fenster blickt man auf eine weite, flache Landschaft unter einem Abendhimmel. Dieses Bild ist ein Teil der sogenannten „Herzberger Jagdtapete". Auch Portraits vieler in diesem Buch genannten Persönlichkeiten sind in diesem Museum zu besichtigen.

Nach dem Tod des Herzogs Georg im Jahr 1641 wurde sein ältester Sohn Christian Ludwig mit neunzehn Jahren Chef des Hauses. Er war ein lebensfreudiger Mann voller Sinnenlust, aber auch ein Haudegen. Geprägt durch die Jahre im Dreißigjährigen Krieg, konnte er oft barsch und schroff sein.

Georg Wilhelm war mit 24 Jahren ebenfalls Landesherr geworden. Versuchte er auch anfangs, sich mit den Regierungsangelegenheiten zu beschäftigen, so langweilte ihn das bald. Voller Sorglosigkeit vernachlässigte er seine Pflichten und überließ die Amtsgeschäfte seinem Minister von Bülow. Der Herzog war jung und lebenslustig. Was sollte er sich mühen? Die Welt stand ihm offen! Er hatte die Taschen voller Geld und wollte sich vergnügen. Er ging auf Reisen nach England, Frankreich, Spanien und Holland. Im Heerlager des Prinzen von Oranien erlernte er die Technik der Kriegsführung.

Wieder zurück in der Heimat begann er ein ausschweifendes Leben zu führen. Sein jüngster Bruder Ernst August war dabei sein treuer Begleiter. Das auffällige Treiben der beiden erregte Ärgernis bei der Bevölkerung und mißfiel auch dem ältesten Bruder. Der verwarnte sie, sie sollten sich zu Hause mit Anstand benehmen! Wenn jeder eine einzige Maitresse hätte, das wäre durchaus toleriert worden. Im Gegenteil, das gehörte in dieser Zeit dazu, um als rechter Mann zu gelten. Aber nicht diese ständig wechselnden Affairen! Zumal der Chef des Hauses plante, seine siebzehnjährige Braut Dorothea von Holstein-Sonderburg-Glücksburg zu heiraten und eine Familie zu gründen. Darum wurden die beiden übermütigen Brüder gleich nach den Hochzeitsfeierlichkeiten auf Auslandsreisen geschickt, auf die damals in Hofkreisen übliche „Kavaliers-Tour". Sie sollte in erster Linie der Weiterbildung von jungen Fürstensöhnen dienen, ihnen zu Weltgewandtheit und zur Kennt-

nis fremder Länder verhelfen. Aber sie konnten so auch fern der
Heimat unkontrolliert die tollsten Liebesabenteuer erleben.
So zogen Georg Wilhelm und Ernst August fröhlich gen Süden.
Sie waren glücklich, daß sie als jüngere Brüder zur Welt gekommen
waren und keine Verpflichtungen, aber Geld und Ansehen hatten.
Sie waren von der Schönheit Italiens und der südlichen Lebensart
begeistert. Ganz besonders wurden sie von dem Charme der Stadt
Venedig eingefangen. Sie war einer der bedeutendsten Kulturmit-
telpunkte Europas. Schon 1637 wurde dort das Teatro „San Cas-
siano" eröffnet, das erste öffentliche Opernhaus überhaupt. Sicherlich waren die beiden jungen Welfenbrüder schon damals bei vielen
Aufführungen zu Gast. Gewiß wurde hier der Keim gelegt zu ihrer
Liebe zum Theater. Beide haben später in ihren jeweiligen Residenzen Theater- und Opernhäuser von italienischen Architekten bauen
lassen und Schauspielertruppen aus Italien und Frankreich zu Gast-
spielen eingeladen. Noch viele Jahre lang hatte Herzog Georg Wilhelm ein Abonnement auf sieben (später 9) Logenplätze im venezianischen Theater.
Die romantische Lagunenstadt war ein faszinierender Anziehungs-
punkt für viele Menschen aus aller Herren Länder. Der leuchtende
Himmel des Südens, die hellen Reflexe des Lichtes über dem Wasser, die prachtvollen Bauten im Stile der Spätgotik und der Frührenaissance zog die Künstler an. Das bunte prächtige Treiben in den
Gassen, auf den Kanälen und den Märkten erfreute jedes Maler-
auge.
Venedig war der Umschlagplatz des Orienthandels. Die Stadt war
reich, und man wußte dort zu leben, wie nirgends sonst auf der
Welt! So zog sie auch viele junge Edelleute auf der „Kavaliers-
Tour" an, wie die beiden welfischen Herzöge aus dem Norden. Gemeinsam mieteten Georg Wilhelm und Ernst August einen Palazzo am Canal Grande, wahrscheinlich den Palazzo Foscari. Eine
Gondel, die leise vor sich hinschaukelnd an einem Pfosten vertäut
vor dem Palazzo auf dem Wasser lag, war ständig bereit, die Brüder zu allen Lustbarkeiten zu bringen. Bald waren die jungen deutschen Prinzen in die elegante Gesellschaft aufgenommen worden
und feierten die fröhlichen ausgelassenen Feste, wie sie nur diese

36 Stadt zu bieten hatte. Edle, erlesene Weine begleiteten köstliche Mahlzeiten mit Genüssen, die in ihrer Heimat unbekannt waren, wie z. B. frische Meeresfrüchte. Musik, Tanz und schöne Frauen, das Leben war herrlich im sonnigen Süden, man genoß es in vollen Zügen. Noch lange saß man in den lauschigen, warmen Nächten oben auf den Altanen der Palazzi unter dem klaren Sternenhimmel.

Georg Wilhelm hatte sich bald mit der schönen jungen Tänzerin Zenobia Buccolina liiert. Als sie zu ihm zog, räumte der verständnisvolle Bruder das Feld und suchte sich ein eigenes Haus. Er wollte keine feste Bindung, er favorisierte die Abwechslung in seinen amourösen Abenteuern.

Eine kleine Episode aus dieser Zeit ist uns überliefert worden: Es war in der Karnevalszeit im Jahr 1656. Fröhliche maskierte Menschen vergnügten sich auf den Kanälen und in den Gassen. Ein bettelnder Knabe hockte in einem zerlumpten Umhang am Boden und flehte die Vorübereilenden um einen „Soldi" an. Herzog Georg Wilhelm, der gerade vorbeischlenderte, warf ein großes Geldstück in die ausgestreckte Hand des Bettlers mit dem kurzen Befehl: „Wechsle!" Tatsächlich, nicht lange danach soll der Junge – ganz atemlos vom schnellen Laufen – das Wechselgeld zurückgebracht haben. Der Herzog stellte ihn daraufhin ab und zu für kleine Botengänge an. Es heißt, daß er dem vergnügungssüchtigen Fürsten gute Dienste als Liebesbote geleistet habe. Andere Quellen berichteten, daß der Junge als Sechzehnjähriger einen Mordanschlag auf seinen Herren vereitelt hätte. Aus welchem Grund auch immer, später nahm Georg Wilhelm den jungen Italiener mit nach Hannover, wo er sich durch allerhand Dienste unentbehrlich zu machen wußte.

Doch vorerst dachten die beiden Brüder so wenig wie möglich an ihr Heimatland. Alles lag so weit weg – in grauer Ferne. Über ihren ältesten Bruder hörten sie nur, daß er inzwischen zum Trinker geworden sei. Vergeblich erwarteten sie die Nachricht von der Geburt eines Erbens für das Herzogtum. Dagegen sah Georg Wilhelm Vaterfreuden entgegen. Ein Sohn, Lucas, wurde ihm geboren. In ihrer neuen Mutterrolle stellte die Maitresse höhere Ansprüche an den Herzog. Doch das verschwenderische Leben, das vom Heimat-

land bezahlt wurde, fand ein jähes
Ende. Georg Wilhelms unverzüg-
liche Rückkehr wurde gefordert.
Denn die Ärzte hatten die Ehefrau
des herrschenden Fürsten für unfruchtbar erklärt. Nie würde Dorothea ein Kind vom ihm empfangen können. So sollte nun Georg
Wilhelm als Zweitältester die
Pflichten für den Fortbestand des
Hauses übernehmen. Und das
bedeutete, daß er in seine Länder
zurückkehren mußte. Noch unerträglicher war ihm der Gedanke,
daß er damit auch die Verpflichtung eingehen mußte, sich stan-

37

„Georg Wilhelm, Herzog von Braunschweig-
Lüneburg". Vermutlich im Alter von 38 Jahren

desgemäß zu vermählen und seßhaft zu werden. Auch die italienische Geliebte machte ihm heftige Szenen. Der Herzog versprach
– nur allzu gern – bald zu ihr zurückzukehren. In der Zwischenzeit
wollte er für sie und das Kind gut sorgen. Schweren Herzens
verließ er, begleitet vom getreuen Bruder, das geliebte Land der
Sonne und der Lebensfreude.
Georg Wilhelm war zu dieser Zeit (im Jahr 1659) 35 Jahre alt. Er sah
gut aus, war groß und schlank, stets elegant gekleidet, mit natürli-
chem Charme ausgestattet, ein guter Tänzer, Musik liebend, leicht-
lebig und gutmütig, er gefiel überall!
Der dritte der Welfenbrüder, der rundliche Johann Friedrich, hätte
jetzt nur zu gern das Herzogtum übernommen. Er war ein kluger
Mann, der sich mit Wissenschaften beschäftigte. Dieser ernsthafte
Herzog glaubte, für das Regieren des Fürstentums für viel geeig-
neter zu sein als sein Bruder „Leichtfuß", der ständig abwesend
war, die Gelder des Landes vergeudete und alle Pflichten vernachlässigte. Wenn Johann Friedrich schon nicht durch das Geburtsrecht an der Reihe war, so hätte er wenigstens gern durchgesetzt,
daß das Los wie in der vorangegangenen Generation über das Erbe
entscheiden würde. Doch mit dieser Lösung war sein älterer

38 Bruder gar nicht einverstanden. Georg Wilhelm war sich bewußt, wenn dieser Bruder an die Macht käme, würde er bald die Geldzuwendungen an seine leichtlebigen Brüder kürzen. Das hätte ihm gar nicht gefallen, er wollte frei über alles verfügen können. So entschied sich Georg Wilhelm für die ihm nach Geburtsrecht zustehende Stellung als Chef des Hauses. Er verdrängte den Gedanken, nun seßhaft werden zu müssen, verbunden mit dem leidigen Projekt einer baldigen Heirat. Es mag überraschen, daß der „Herzog, der nicht heiraten durfte", nun auf einmal zur Ehe gezwungen werden sollte! Doch die Minister drängten. Sie wollten seine Zustimmung und duldeten keinen Aufschub mehr. Der Herzog wollte sich zuvor „teuer verkaufen" und bei diesem „Handel" wenigstens höhere Einkünfte für sich herausschlagen. Das sollte nun im Rat besprochen werden.

Die Minister hatten sich schon unter den heiratsfähigen, standesgemäßen jungen Damen umgesehen und schlugen Sophie von der Pfalz als zukünftige Ehefrau vor. Georg Wilhelm war eine so (wenig) recht wie die andere! Sophie war von vorzüglicher Herkunft: Von der Seite ihres Vaters, des Kurfürsten Friedrich V. von der Pfalz (des „Winterkönigs"), stammte sie von den Wittelsbachern ab. Ihre Mutter kam aus dem englischen Königsgeschlecht der Stuarts. Sophie war das zwölfte von dreizehn Kindern. Sie wurde im Exil in den Niederlanden geboren. Zwei Jahre später verstarb ihr Vater. Ihre Mutter verstand es, trotz der vielen Kinder und der knappen Mittel standesgemäß Hof zu halten. Jedoch eine Mitgift konnte Sophie nicht in die Ehe mitbringen. Ihr größtes „Kapital" war ihre Herkunft. Sie war erzogen worden, sich immer mit Stolz bewußt zu sein, daß sie die Enkelin des englischen Königs war. Mutter und Tochter hatten eine Zeit lang die ehrgeizigen Pläne, daß Sophie ihren Cousin, den späteren König Charles II., heiraten und eines Tages Königin von England werden sollte. Sie hätte den richtigen Rang und die richtige Religion dafür gehabt. Charles, der damals Prince of Wales war, kam als Flüchtling nach Den Haag. Seine Zukunft war ungewiß, an eine Heirat konnte er nicht denken. Um dem Klatsch über das gescheiterte Heiratsprojekt zu entgehen, nahm Sophie am Hof ihres ältesten Bruders in Heidelberg Zuflucht.

Karl Ludwig, Kurfürst von der Pfalz, war dreizehn Jahre älter als
seine Schwester. Doch so sehr die beiden sich auch liebten – das
Leben als arme, geduldete Verwandte war für Sophie nicht erfreu-
lich. Die Ehe ihres Bruders war unglücklich, und sie wurde oft
Zeugin von Streitereien.

So war es für Sophie ein angenehmer Gedanke, daß der Herzog
Georg Wilhelm um sie werben wollte. Sie war bereit, ihn zu heiraten, auch wenn er im Rang nicht so hoch stand wie ihr königlicher
Vetter. Sophie hatte ihn vor Jahren als Siebzehnjährige kennengelernt. Auf seiner Kavaliers-Tour durch Europa war er auch nach
Heidelberg gekommen. Sophie sah nett aus, sie hatte große dunkle
Augen, langes braunes lockiges Haar, ein munteres Wesen und eine
gute Figur, allerdings war sie ziemlich klein. Die jungen Leute mu-
sizierten und tanzten miteinander, die Konversation war höflich
und freundlich. Bald reiste der Herzog weiter. Einen tiefen Eindruck hatte Sophie nicht auf ihn gemacht.

Die Jahre waren ins Land gegangen. Sophie zählte in ihren Memoiren die Namen einiger Bewerber auf, die inzwischen um ihre
Hand angehalten hatten. Aber es schien nicht der Richtige dabei
gewesen zu sein. Sie schrieb: „Ich hatte in diesem Jahr die Pocken
gehabt, und obwohl sie meiner Schönheit großen Schaden getan
hatten, so gestattete es mir mein Ehrgeiz doch nicht, mich zu einem
Untertanen herabzulassen, nachdem ich daran gedacht hatte, einen
König zu heiraten …" Sie vermerkte auch, daß das Gerücht von
ihrer angeblichen Verlobung mit Prinz Adolf von Schweden zu
Georg Wilhelm gedrungen sei. Er „hatte die Neuigkeit ebenso wie
andere Leute erfahren, und zwar zu einer Zeit, wo die Stände seines Landes ihn dazu drängten, sich zu verheiraten, worauf er geantwortet hatte, er könne sich nur dazu entschließen, wenn sie seine
Einkünfte erhöhen würden. Während er noch über diesen Gegenstand verhandelte, konnte er sich keine Prinzessin denken, die ihm
mehr gefiele, als ich, wenn man ihn zu einem Schritt nötigte, gegen den er immer ein Widerstreben gefühlt hatte …" Das Widerstreben ihres zukünftigen Bräutigams war Sophie also durchaus bewußt. Die Angelegenheit mit dem anderen Bewerber war inzwischen
nicht weiter gediehen, obwohl sich der schwedische Prinz große

40 Hoffnungen auf eine Verlobung gemacht hatte. Von Seiten der Pfälzer gab es da einige Bedenken gegen ihn. Georg Wilhelm war willkommen. So begab er sich nun elf Jahre nach der ersten Begegnung mit Sophie erneut nach Heidelberg. Er hatte sich in sein Schicksal ergeben und sich auf der langen Reise in der Pferdekutsche alles überlegt. Er wollte versuchen, das beste daraus zu machen. So kam er als Brautwerber an den Hof des Pfalzgrafen, der als ältester Bruder die Vaterstelle bei Sophie einnahm.

Sie war inzwischen 28 Jahre alt geworden. Sie galt nach den Begriffen ihrer Zeit schon als „spätes Mädchen", das nun kaum noch einen Mann finden würde. Junge Frauen wurden damals oft mit fünfzehn, sechzehn Jahren verheiratet. Zu dem Zeitpunkt, an dem ein junges Mädchen seine Periode bekam, galt es damals als „mannbar".

Sophie wird auf den verschiedenen uns erhaltenen Portraits sehr unterschiedlich dargestellt. Doch hat jeder Maler die Pockennarben unterschlagen, von deren entstellender Wirkung sie selbst berichtet hatte. Wie es so üblich war, wurden von hochgestellten Personen schmeichelhafte Bilder erstellt. Trotzdem wirkt sie meist herb, streng und hochmütig. Auffallend ist ihre kräftige, spitze Nase. Von ihrer spitzen Zunge wird oft berichtet. Sie war ein intelligentes, hochgebildetes Mädchen, sprach und las vier Sprachen. Aus ihrem scharfen Verstand machte sie keinen Hehl.

Was mochte der Herzog bei der Begegnung empfunden haben, er, der an schöne, gefällige, leichtlebige Frauen gewöhnt war und eine bequeme Partnerin schätzte?

Bald darauf verließen die beiden Welfenbrüder Heidelberg. Es zog sie in das geliebte Land Italien. Der Staatsraison war genüge getan, man war sich einig geworden und hatte alles vertraglich geregelt. Aber es sollte vorläufig noch nicht bekannt gemacht werden. Georg Wilhelm hatte erst einmal seine Pflicht erfüllt. Jetzt konnten die angenehmen Seiten des Lebens wieder zu ihrem Recht kommen. Er wollte so schnell wie möglich in die Arme seiner Geliebten und zu seinem kleinen Sohn eilen. Daß er sich gerade verlobt hatte, störte ihn nicht dabei! Was kümmerte ihn die Zukunft? Jetzt wollte er leben und genießen! Vergeblich hatten seine Räte versucht, ihn von der Reise abzubringen, denn die verschwenderischen Ausgaben belasteten das Land schwer. Doch die Hoffnungen, die der Herzog auf diese Reise setzte, erwiesen sich bald als trügerisch. Die Situation in Venedig hatte sich inzwischen verändert. Georg Wilhelm hegte den begründeten Verdacht, daß ihn seine Geliebte während seiner Abwesenheit betrogen hatte und auch selbst jetzt, da er wieder mit ihr zusammen lebte, sich weiter mit anderen Liebhabern traf. Die Verlobung mit Sophie warf ebenfalls ihre Schatten auf das Beisammensein des Liebespaares.

Jetzt bemerkte er Spuren des Zerfalls an den Palästen, nun störte ihn der Schmutz in den Gassen und der faulige Geruch, der von den Kanälen ausging. Hatte ihn sonst der Anblick einer maskierten Schönen in einer Gondel erfreut und der Einblick in ihr nach venezianischer Mode äußerst freigebiges Dekolleté zu reizvollen Gedanken verführt, so erinnerte ihn es jetzt nur an die Untreue seiner Geliebten. „Frauen, sie sind doch alle gleich! ‚Così fan tutte‘", mag er gedacht haben, „wozu soll man sich binden an eines dieser treulosen, flatterhaften Wesen, das einen doch nur betrügt?" Dabei kam ihm sicher nicht in den Sinn, daß er bei seinem wechselhaften Liebesleben auch keiner Frau treu gewesen war. Aber für Männer galten ja sowieso ganz andere Maßstäbe. Jetzt erschien ihm alles schal und verächtlich. Mit Schaudern dachte er an die Gerüchte, daß in der Stadt des Karnevals und des leichten Partnertauschens die Syphilis grassierte. Damals ahnte er noch nicht, daß das Gerücht, sich angesteckt zu haben, auch über ihn verbreitet werden würde. Mit der Buccolina gab es täglich heftige Streitereien, und so beschloß Georg Wilhelm, Venedig zu verlassen und seinen kleinen Sohn nach Deutschland mitzunehmen. Die Mutter gab das Kind leichten Herzens her; es würde sie nur bei neuen Abenteuern stören.

Es deprimierte den Herzog sehr, zu einer Braut zurückzukehren, die er nicht liebte, und noch dazu in Begleitung seines kleinen italienischen Bastards. Das waren keine verlockenden Aussichten für den verwöhnten Lebemann! Er zerbrach sich den Kopf, wie er sich nur wieder aus der lästigen Verpflichtung lösen könnte. Wie gut, daß die Verlobung geheim geblieben war. Diese Ehe war ihm zutiefst zuwider. Um es ganz krass zu sagen: sie paßten einfach nicht zueinander. Er, der elegante Bonvivant und sie, der nicht mehr ganz

42 blütenfrische Blaustrumpf! Sein Plan war gefaßt. Er wollte Sophie nicht heiraten, er wollte überhaupt nicht heiraten!

Er schlug seinem Bruder Ernst August vor, ihm die Braut „abzunehmen" und Sophie an seiner Stelle zu heiraten. Sie würde dadurch ja auch in der Familie bleiben. Er versprach seinem Bruder, ihm, dem wenig besitzenden Jüngsten, ein gutes Einkommen zu garantieren und einige Ländereien zu überschreiben. Dieser Vorschlag kam für Ernst August völlig überraschend, aber er war nicht ohne Reiz für ihn. Als jüngster von vier Brüdern, als letzter in der Erbfolge, hätte er nun die unerwartete Chance, Chef des Hauses zu werden. Wenn er alle diese Vorteile bedachte, würde es ihm nicht schwerfallen, die gleichaltrige Sophie zu heiraten.

Bald brachen die Brüder von Venedig nach Hannover auf. Der kleine Lucas Buccolini reiste mit ihnen und wurde bei Pflegeeltern gut untergebracht. Georg Wilhelm wollte seine beiden anderen Brüder unverzüglich über den „Brauttausch" unterrichten, ihre Zustimmung einholen und über die Bedingungen diskutieren. Danach sollte alles schriftlich niedergelegt, unterschrieben und besiegelt werden.

Es brauchte einige Zeit, bis Christian Ludwig, der Älteste, nach reiflicher, kritischer Betrachtung der Angelegenheit zustimmte, Sophies Einverständnis war dafür Voraussetzung. Empört reagierte der Bruder Johann Friedrich. Nach seiner Meinung und Überzeugung war er als Drittältester vor dem Jüngsten an der Reihe, Braut und Besitz zu erhalten. Doch Georg Wilhelm wollte mit aller Macht die Regelung wie vereinbart durchsetzen. Hart griff er seinen Bruder an. Drei der Welfenbrüder waren sich einig und überstimmten den Vierten. Die handschriftliche Verzichtserklärung war von Georg Wilhelm schon vorbereitet und wurde von ihm am 11. April 1658 unterschrieben. Es waren fast zwei Jahre nach der Verlobung vergangen.

Der Heirats-Rezeß ist im Original im altertümlichen, heute schwer lesbaren Deutsch des 17. Jahrhunderts geschrieben. Darum wird er hier in unsere jetzt verständliche Sprache frei übertragen:

Heiratsverzicht des Herzogs Georg Wilhelm von Hannover: 43
„Nachdem ich eine hohe Notwendigkeit sehe, daß unser Haus in
dieser Linie mit Erben und Nachkommen versehen wird, so habe
ich mich zwar für meine Person zu einer Heirat bis jetzt nicht entschließen können, sondern vielmehr meinen Bruder Ernst August
dazu gebracht, daß er sich zu einer Heirat erklärt. Ich werde deshalb
und zu seinen Gunsten und seiner männlichen Leibeserben einen
schriftlichen Schein mit eigener Hand und Siegel ausstellen, mich
nimmer zu verheiraten ... Weil dann mein Bruder ... sich mit Prinzessin Sophie in ein Ehegelöbnis eingelassen hat und die Heirat in
Kürze vollziehen will, habe ich meinem gegebenen Wort zu Folge,
wie aus eigener Bewegnis und ganz freien Willen ... versprochen,
mich keineswegs in eine Heirat mit jemand einzulassen ... und be-
gehre auch nichts anderes, als die übrige Zeit meines Lebens gänzlich im Zölibat zu verbringen ... damit also der erwähnten Prinzessin und meines Bruders Erben ... zu einer oder beiden dieser
Fürstentümer Regierung gelangen mögen.
Ich habe diese Verzichterklärung mit eigener Hand geschrieben
und unterschrieben und mit einem Petschaft untersiegelt. So geschehen: Hannover, den 11./21. April, Anno 1658.
Georg Wilhelm Hertzog zu Braunschweig und Lüneburg m. p."
Ein wesentlicher Punkt in dieser Urkunde war, daß Georg Wilhelm
nun doch nicht seine Länder abtrat, aber daß nach seinem Tod die
Familie seines Bruders sein gesamtes Herzogtum erben sollte.
Ein Gesandter wurde mit der heiklen Aufgabe betraut und zum
Kurfürsten von der Pfalz geschickt, um seine Zustimmung zu dem
ungewöhnlichen Plan der Brüder zu erlangen. Sophies Bruder geriet
darüber in große Sorge. Wenn seine Schwester sich nicht zu dieser
Ehe entschließen würde, wäre es schwer, für sie noch einen standesgemäßen Ehemann zu finden. Sophie war inzwischen schon 28 Jahre
alt und damit schon weit über das damals übliche Heiratsalter hinaus. Bliebe sie unvermählt, hätte ihr Bruder für ihren Unterhalt auf-
zukommen. Rückfragen bei seiner Schwester ergaben, daß Sophie
keine Einwände zeigte gegen das Auswechseln der Heiratskandidaten, da sie niemals eine andere Neigung empfunden hatte, als die
für eine gute Versorgung. Sie fügte sich ins Unvermeidliche, zeigte

44 sich vernünftig: „Ich war zu stolz, um davon berührt zu sein." Mit diesen Äußerungen versuchte sie wohl zu verbergen, wie verletzt sie sich im Inneren fühlte. Daß sie unter der Kränkung litt, kann man aus einigen Zeilen eines Briefes herauslesen, die sie an ihren Bruder schrieb: „... die Königin (ihre Mutter) wird ohne Zweifel sehr verärgert sein, denn sie weiß noch nichts von dieser Affaire hier, und sie gibt allen, die mit ihr darüber sprechen, ein Dementi, denn man posaunt es schon überall herum in Den Haag ... Ich wollte, daß diese Peinlichkeit bald vorüber wäre ..."

Karl Ludwig, Sophies ältester Bruder, gab seine Einwilligung zur Auflösung der Verlobung mit Herzog Georg Wilhelm. Ein neuer Heiratsvertrag mit seinem jüngeren Bruder wurde aufgesetzt und unterzeichnet.

Georg Wilhelm war froh, daß sich alles so gut gefügt hatte. Nach seiner Ansicht konnten sie alle drei doch recht zufrieden sein! Er war wieder frei! Heiraten wollte er sowieso nicht. Da störte ihn das Ehelosigkeits-Versprechen überhaupt nicht. Er ahnte noch nicht, daß er diese Zusage eines Tages schwer bereuen würde.

Die Eheschließung zwischen seinem Bruder Ernst August und Sophie von der Pfalz fand am 17. Oktober 1658 in Heidelberg statt. Herzog Georg Wilhelm hatte in seinem Schloß in Hannover für das Paar einen Wohntrakt vorbereitet. So lebten alle drei zusammen unter einem Dach. Auch hier herrschte weiter ein gutes Einvernehmen zwischen den beiden Brüdern. „Die Unzertrennlichen" gingen wie gewohnt ihren gemeinsamen Vergnügungen nach. Beide liebten die Jagd, Theater, Opern und rauschende Feste. Maskenbälle zum Karneval führten sie ab 1661 in Hannover ein. Oft war Sophie die Dritte im Bunde.

Georg Wilhelm war charmant und liebenswürdig zu seiner Schwägerin, wie es seiner Art entsprach. Sophie schrieb über diese Situation: „Und da ich ihn (Ernst August) in engster Freundschaft mit seinem Bruder, dem Herzog von Hannover, verbunden sah, so begünstigte ich diesen Herzog mehr als seine beiden anderen Brüder, um ihm zu gefallen. Er wohnte allen unseren Unterhaltungen bei, Spiel, Jagd und Spaziergängen, und seinerseits vernachlässigte er nichts, um mir zu gefallen ..."

Ob Sophie die Art dieses Charmeurs und Frauenverführers miß-
verstanden hatte? Denn sie glaubte, daß Georg Wilhelm in Liebe
zu ihr entbrannt sei: „Wie dem auch sei, er konnte nicht umhin, mir
eines Tages zu sagen, daß er sehr unglücklich sei, mich seinem Bruder überlassen zu haben. Ich brach dies Gespräch kurz ab, als ob
ich nichts gehört hätte."

Es ist eigentlich nicht recht vorstellbar, daß Georg Wilhelm sich so
völlig in seiner Einstellung zu dieser Frau gewandelt haben sollte.
Hatte er doch so viele Opfer gebracht, nur um sie nicht heiraten
zu müssen! Es ist eher anzunehmen, daß er ihr, nun da sie die Gemahlin seines Bruders war, unbefangen und freundlich begegnet
war. Wahrscheinlich war Sophie an soviel Liebenswürdigkeit nicht
gewöhnt, wie sie der routinierte Herzensbrecher ausstrahlte. Doch
daß er sie dereinst verschmäht hatte, hatte ihren Stolz zutiefst verletzt. So war es Balsam für sie, zu empfinden und anderen mitzuteilen, wie sehr ihr seine Galanterien schmeichelten, und daß selbst
ihr Ehemann eifersüchtig sei.

Daher war es für alle drei eine Erleichterung, als das junge Paar nach
Schloß Iburg umziehen konnte. Ernst August war 1661 zum Bischof
von Osnabrück ernannt worden.

Georg Wilhelm war wieder allein in seinem großen, düsteren Schloß
an der Leine. Nichts hielt ihn mehr, wieder seiner Reiselust nach-
zugehen. Im Winter 1663/64 besuchte er zusammen mit seinem Bruder Johann Friedrich auch die liebenswürdige Prinzessin von Tarent,
die gerade bei ihren Verwandten in Kassel zu Besuch weilte.

Hier begegneten die Brüder der charmanten französischen Hofdame Eleonore d'Olbreuse. Beide verliebten sich in sie und machten ihr den Hof. Mit fast 40 Jahren lernte Georg Wilhelm zum
ersten Mal in seinem Leben die wahre Liebe kennen.

Schwer bereute der Herzog jetzt seinen Eheverzicht. Er versuchte
im Rahmen der ihm verbliebenen Möglichkeiten, Eleonore eine
einigermaßen würdige gesellschaftliche Stellung an seiner Seite zu
bieten.

Georg Wilhelm gab Eleonore die Zusicherung, daß er mit ihr eine,
wie er es nannte, „Gewissens-Ehe" eingehen wolle. Er wolle sie lieben und ehren, wie eine rechtmäßige Ehefrau, und für sie sorgen.

46 Nichts sollte ihr fehlen, alles sollte in einem schriftlichen Vertrag niedergelegt und beurkundet werden, um ihr nur jede mögliche Sicherheit zu geben.

Die Prinzessin von Tarent, mit der sich Eleonore über ihre Probleme aussprechen konnte, war überzeugt, daß ihre junge Hofdame doch eines Tages einer morganatischen Ehe zustimmen würde. Diese wäre, auch schon durch den Standesunterschied zwischen einem Herzog und einer jungen Frau aus dem Landadel bedingt, die einzig mögliche Form einer Verbindung in der damaligen, so standesbewußten Zeit. Die Prinzessin war entzückt von der romantischen Liebesgeschichte, die sie aus nächster Nähe miterleben konnte. Da sie überzeugt war, daß Eleonore den Herzog innig liebte, beschloß sie, ein wenig nachzuhelfen. Damit die beiden Liebenden sich näher kommen und sich nach Herzenslust aussprechen konnten, veranstaltete sie einen Ball an Eleonores 26. Geburtstag am 9. Januar 1665. Am Morgen schenkte ihr die Prinzessin ein mit Diamanten besetztes Medaillon mit dem Bildnis des Herzogs.

Der Ehrengast des Festes, Herzog Georg Wilhelm, und seine Auserwählte waren ein bezauberndes, viel beachtetes Paar. Voller Wohlwollen blickten die Gäste auf die charmante Schöne in den Armen ihres fürstlichen Verehrers. Beide waren hervorragende Tänzer. Das Glück der Liebenden, beieinander zu sein, strahlte aus ihren Augen. Beharrlich versuchte der Herzog, Eleonore von der Ernsthaftigkeit seiner Absichten zu überzeugen und ihr Jawort zu erlangen. Doch noch immer konnte die zu Sittsamkeit und Frömmigkeit erzogene junge Frau ihre Gewissenskonflikte nicht überwinden und sich entscheiden. Ganz besonders belastete sie der Gedanke an die Kinder, die aus dieser Verbindung hervorgehen könnten. Deren geringe gesellschaftliche Stellung und die mögliche Ächtung als illegitime Nachkommen ließ sie noch weiter zögern.

Nachdem einige Zeit vergangen war, ereigneten sich zwei Todesfälle, die indirekt auch das Schicksal Eleonores beeinflußten: In Frankreich starb die Schwiegermutter der Prinzessin von Tarent. Ihre beiden ältesten Kinder lebten bei dieser Großmutter und wurden dort im Sinne der Eltern nach der calvinistischen Lehre erzogen. Doch nun versuchte der katholische Großvater, sie mit Hilfe von

Lehrern und Priestern von seinem Glauben zu überzeugen. Die 47
verwirrten Kinder litten unter den zuweilen sehr drastischen und
bedrohlichen Methoden dieser Unterrichtung. Eilends reiste die
Prinzessin nach Frankreich. Eleonore mußte nun ohne ihren freund-
schaftlichen, mütterlichen Rat eigene Entscheidungen treffen.

Die Prinzessin hatte Schwierigkeiten, ihre Kinder zurückzubekom-
men. Die beantragten Reisepässe waren ihnen verweigert worden.
Das veranlaßte sie, mit den beiden unverzüglich zu entfliehen.
Durch die eingeschlagenen Umwege konnte sie den im Auftrag
Ludwig XIV. ausgesandten Häschern entkommen. Die Familie war
dann wieder in den Niederlanden glücklich vereint.

Der zweite Todesfall hatte sich in Celle ereignet. Am 15. März 1665
war Herzog Christian Ludwig kinderlos gestorben. Als Ältester
der vier Welfenbrüder war er Chef des Hauses gewesen. Nun kam
Georg Wilhelm in der Erbfolge an die Reihe. Unverzüglich sollte
er in die Heimat zurückkehren. Aber obwohl er schon vorher mit
Eilbriefen ans Sterbebett seines Bruders gerufen worden war, kam
er nicht rechtzeitig nach Celle. Sophie kannte den Grund und kommentierte die Situation in ihren Memoiren sehr kritisch:

„Ferner war die Nachlässigkeit des Herzogs Georg Wilhelm von
Hannover so groß gewesen, daß ihn alle Briefe, die er erhielt, und
worin man ihm den Wunsch seines älteren Bruders meldete, ihn
vor seinem Tode noch zu sehen, nicht abhielten, in Holland bei
seiner schönen d'Olbreuse zu bleiben. Er führte keine andere
Entschuldigung für den Fehler, den er gemacht hatte, an als den
nach meinem Ermessen sehr unhumanen und ungehörigen, daß
er gefürchtet habe, sein Herr Bruder würde ihm sterbend seine
Diener empfohlen haben, die ihm sehr unangenehm wären. Er
mußte diese übel angebrachte Vorsicht teuer bezahlen; denn man
bildete sich in der Welt ein sehr schlechtes Urteil über sein Benehmen. Der Herzog Johann Friedrich erwarb sich dagegen den
Ruf großer Geschicklichkeit, als ob er seit langem den Streich
vorbereitet hätte, während er nur die Gelegenheit beim Schopf
ergriffen hatte."

Da seine beiden Brüder nicht anwesend waren, hatte er sich bereits
das Schloß in Celle und alle Staaten des Verstorbenen angeeignet.

48 Er war nicht gewillt, alles wieder kampflos herauszugeben. Johann Friedrich hatte sich schon oft benachteiligt gefühlt, besonders gegenüber seinem weltgewandten älteren Bruder. Eifersüchtig war er auf Georg Wilhelms Erfolg bei der schönen Eleonore, die er auch umworben hatte. Sie hatte ihn in einem Briefwechsel zwischen Hoffnung und Zweifel hingehalten. Letzten Endes hatte sie sich nicht für ihn entschieden, obwohl er in der Lage gewesen wäre, sie zu heiraten. Andererseits war er 1661 auf seiner Romreise zum katholischen Glauben übergetreten. Es war daher unwahrscheinlich, daß die überzeugte Calvinistin Eleonore ihn geehelicht hätte. Auch bei Sophie war er übergangen worden, zugunsten seines jüngeren Bruders. Außerdem war Johann Friedrich der Meinung, daß sein reiselustiger Bruder das Land zu sehr vernachlässigte und die Gelder verschleuderte. Es war an der Zeit, daß er dafür eine Lektion erhielt! Deshalb hatte Johann Friedrich sich aufgelehnt. Er war überzeugt, der bessere Landesherr zu sein. Doch der treue Ernst August stand seinem Bruder Georg Wilhelm bei und eilte eiligst zu seiner Hilfe. Darüber schrieb Sophie in ihren Memoiren:

„Als sich der Herr Herzog (Ernst August) Hannover näherte, kam ihm der Herr von Hammerstein entgegen, der ihm genauen Bericht von allem, was sich begeben hatte, abstattete und ihn überreden wollte, schleunigst wieder umzukehren, um zwischen seinen Herren Brüdern neutral zu bleiben. Doch dieser Ratschlag war wenig der edelmütigen Gesinnung des Herrn Herzogs entsprechend. Er gab Hammerstein zu erkennen, daß er lieber alles wagen würde, als einen Bruder, dem er sich verpflichtet fühlte, in einer schwierigen Lage zu verlassen, zumal da das Recht auf seiner Seite stand. Denn durch das Testament des Herzogs Georg, des Vaters der Herzöge, das sie alle als ein Staatsgrundgesetz betrachteten, war bestimmt worden, daß der ältere Bruder die Wahl zwischen den Staaten Celle und Hannover haben solle, und da der Celler Anteil der bessere war, so war die Wahl leicht zu treffen. Der Herr Herzog begab sich also nach Hannover, wo er seinen Herrn Bruder sehr bestürzt mit Tränen in den Augen fand. Er ermutigte ihn nicht nur durch seine Ratschläge, sondern er zog auch Truppen zusammen, um offen seine Partei zu nehmen. Der Herzog Johann Friedrich war am Anfang seines Glückes sehr stolz geworden, aber da er voraussah, daß ein Bürgerkrieg der Ruin des Vaterlandes sein würde, und daß diejenigen, die sich einmischen würden, um dem einen oder dem andern beizustehen, ebenfalls nur das Land zugrunde richten würden, so sprach er von Verständigung und erklärte sich dahin, er wolle das Testament seines verstorbenen Herrn Vaters achten, das bestimmte, daß sein älterer Bruder zu wählen haben solle, aber auch daß die Teilung gleich sein müsse; wenn man sie so mache, könne sein älterer Bruder wählen. Der Graf von Waldeck übernahm die Vermittlung; man nahm die Teilung noch einmal vor, der Herzog von Hannover wählte den Anteil von Celle und der Herzog Friedrich wurde Herzog von Hannover. Der Herzog von Celle gab dem Herrn Herzog, meinem Gemahl, die Grafschaft Diepholz, um ihn für die Kosten zu entschädigen, die ihm durch diesen ganzen Vergleich entstanden waren."

Georg Wilhelm hatte eingesehen, daß er sich von jetzt an mehr um sein Land kümmern mußte. Das ständige Herumreisen und die damit verbundenen großen Geldausgaben sollten ein Ende haben. Er mußte seßhaft werden! Und das wollte er gern tun – aber mit Eleonore. In dem schönen Schloß von Celle wollte er mit seiner jungen Frau einen Hausstand gründen.

Georg Wilhelm mußte jetzt Eleonore endgültig von seinen guten Absichten überzeugen. Am liebsten wäre er sofort aufgebrochen und hätte sie zu sich geholt. Es war ihm aber zu diesem Zeitpunkt unmöglich, schon wieder sein Land zu verlassen, um seine Braut in Breda abzuholen. So schrieb er ihr lange beschwörende Briefe, die uns leider nicht mehr erhalten sind. Ebenso fehlen die Antworten Eleonores. Daher läßt sich nur aus einer unverbürgten Quelle berichten, daß sie ihm geschrieben haben soll, er möge sie vergessen. Sie wäre an den Pocken erkrankt – all ihre Schönheit wäre zerstört und für immer verloren.

Georg Wilhelm war entsetzt und traurig. Doch seine Liebe war nicht von Äußerlichkeiten abhängig. Ihre Schönheit war für ihn nicht das Wichtigste. Das schrieb er ihr und versuchte, sie zu bewegen, trotzdem zu ihm zu kommen. Seine Liebe für sie wäre stark genug, um solche Äußerlichkeiten zu überwinden.

50 Doch auch die Prinzessin von Tarent hatte inzwischen ein Brief-
chen an den Herzog geschickt. Sie konnte es nicht mehr mit ansehen, wie unglücklich Eleonore war. Denn die Geschichte mit den
Pocken hatte sie nur aus großer Liebe vorgetäuscht, um es ihm
leicht zu machen, sich von ihr zu lösen. Sie befürchtete, daß er in
seiner hohen Position durch eine Verbindung mit ihr in zu große
Schwierigkeiten geraten würde. Sie hatte es nur gut gemeint. Sie
war noch immer so schön wie zuvor.

Georg Wilhelm war erleichtert. Er fuhr nach Osnabrück, um seinen Bruder und seine Schwägerin um Hilfe zu bitten. Sie sollten
Eleonore bewegen, bald zu ihm zu kommen. Er hoffte, daß beide
ihm beistehen würden; Ernst August hatte bisher immer zu ihm
gehalten. Sophie, die inzwischen zwei Söhnen das Leben geschenkt
hatte, schien mit ihrem Schicksal zufrieden. Er bat sie, eigenhändig
an Eleonore zu schreiben, sie einzuladen und ehrenvoll bei sich zu
empfangen. Georg Wilhelm versprach sich viel davon, daß eine
weibliche Verwandte an Eleonore schrieb, um ihr zu zeigen, daß
sie auch bei seiner Familie willkommen sei. Es zeugte nicht von
großem Einfühlungsvermögen, daß er es ausgerechnet Sophie zu-
mutete, der Frau, die er verschmäht hatte, ihm bei der Eroberung
seiner Geliebten zu helfen. In seiner Verliebtheit machte er sich
keinerlei Gedanken über die Bedenken und Sorgen, die sein Entschluß in der Familie seines Bruders auslösen könnte. Sophie hatte
es tief getroffen, daß ihr Schwager so sehr in Liebe für eine andere
entbrannt war. Doch sie hatte gelernt, ihre Gefühle zu beherrschen.
So brachte sie nur zur Sprache, daß Georg Wilhelm unbedingt
den Vertrag einhalten müßte, den er vorher mit ihnen geschlossen
hatte. Eleonore konnte demnach niemals seine Frau werden. Sophie war entschlossen, sie nur als Maitresse des Herzogs gelten zu
lassen. Ihre gesellschaftliche Stellung sollte vorher auf das genaueste
vertraglich geregelt werden. Vor allem mußte noch einmal bestätigt werden, daß das Erbe des Herzogs unverrückbar für die Kinder seines Bruders erhalten bliebe. Denn die im Verzichts-Rezess
zugesicherte Erbschaft aller Güter des Herzogs für ihre Kinder
könnte gefährdet werden, falls er nun selbst Kinder aus dieser Beziehung bekäme. Diese Vereinbarungen durften nicht angetastet

werden, darüber sollte sich Georg Wilhelm im klaren sein und alle gegebenen Zusicherungen erneut bestätigen. Der verliebte Fürst war zu allem bereit. An Eleonore wurde nun das Schreiben abgesandt mit der Einladung von Sophie, zu ihr auf Schloß Iburg zu Besuch zu kommen.

Kapitel 3

Die Geschichte der
getauschten Braut

Die Herzogin Sophie spielte eine wichtige Rolle im Leben von Eleonore. Sie wurde am 14. Oktober 1630 als Sophie von der Pfalz in Den Haag geboren. Ein umfangreicher, interessanter Abschnitt europäischer Geschichte ist mit ihr und ihrer Familie verknüpft. So war sie u. a. die Urenkelin von Maria Stuart und die Urgroßmutter Friedrichs des Großen.

Ihr Vater Friedrich V. stammte von der protestantischen Linie Pfalz-Simmern ab. Durch seine Mutter, eine Tochter Wilhelms I. von Nassau-Oranien, war er mit der in den Niederlanden lebenden protestantischen Familie der Oranier verwandt. Sophies Mutter war eine englische Königstochter aus dem Hause Stuart. Schon sehr jung war Friedrich 1610 als Vierzehnjähriger zum Kurfürsten von der Pfalz ernannt worden. Vielleicht hätte sein Schicksal einen anderen Verlauf genommen, wenn er bei vielen wichtigen Ereignissen älter gewesen wäre. So ist manche Fehlentscheidung und manches tragische Mißlingen wahrscheinlich auch deshalb entstanden, weil er für sein Amt einfach zu jung war und ihm die Lebenserfahrung eines reiferen Mannes fehlte. Mit sechzehn Jahren hatte er die einzige Tochter des englischen Königs James I. geheiratet. Auch Elisabeth, die schöne Braut, war erst sechzehn Jahre alt. Sie war zu dieser Zeit die hochrangigste Erbin Europas. Die Union der protestantischen Fürsten, zu der auch Friedrich gehörte, versprach sich von dieser Verbindung zweier protestantischer Fürstenhäuser eine Festigung der Sache des Protestantismus in Europa. Besonders der calvinistische Erzieher des jungen Friedrichs, Gottfried von Bouillon, hatte sich stark dafür eingesetzt.

Am Valentinstag, dem 14. Februar 1612, stand das junge, strahlende
Paar vor dem Traualtar. Es war eine Märchenhochzeit, und die Londoner jubelten ihrer Prinzessin, „der Perle Britanniens", zu. Ihr
Vater hatte ihr die berühmten „Medici-Perlen" zur Hochzeit geschenkt, vier lange Reihen der erlesensten Perlen aus dem Heirats-
gut der Catharina de Medici. Elisabeth war ganz in Weiß gekleidet
– der Bräutigam in Schwarz –, beide übersät mit Brillanten. Für
das Paar, das aus Gründen der Politik und der Religionszugehörig-
keit zusammengefügt worden war, war es eine echte Liebeshoch-
zeit. Es heißt, daß sie ihr Leben lang in „Flitterwochen" verbrach-
ten. Ihre dreizehn Kinder in zwanzig Ehejahren können dafür als
Beweis gelten.

Die drei ältesten Kinder des Paares wurden noch in der Pfalz, in
Heidelberg, geboren. Der junge Kurfürst von der Pfalz war sehr
verliebt in seine schöne Gemahlin. Er verwöhnte sie und ließ ihr in
allem ihren freien Willen. So bestand er auch nicht darauf, daß sie
Deutsch lernte. Sie bediente sich lieber der an den Fürstenhöfen
üblichen französischen Sprache. Die Räte und die Geistlichen kri-
tisierten ihr „undeutsches und unbedachtes Betragen", und daß
sie, statt in der Bibel oder in den Klassikern zu lesen, französische
Unterhaltungsromane vorzog. Da kam es Elisabeth sicher sehr gelegen, daß sie die Pfalz verlassen konnte, als Friedrich im Jahr 1619
die böhmische Königskrone annahm.

Die protestantischen Böhmen waren 1618 gegen ihre Unterdrücker
aufgestanden. Die Calvinisten, die im Lande die Mehrheit hatten,
wollten einen König ihres Glaubens. Den bereits von den Reichsfürsten gewählten katholischen Habsburger Ferdinand hatten sie
kurzerhand abgesetzt. Beim „Prager Fenstersturz" warfen sie einige
widerspenstige Räte aus dem Fenster und lösten damit die ersten
Kriegshandlungen aus. Sie erwählten den 22-jährigen Kurfürsten
von der Pfalz zu ihrem Oberhaupt. Im Jahr 1619 nahm Friedrich V.
die Krone der aufständischen Böhmen an. Obwohl ihm viele von
diesem Schritte abgeraten hatten, hatte er sich dafür entschieden.
Er war überzeugt, damit dem protestantischen Glauben zu dienen.
Es heißt aber auch, daß die ehrgeizige Elisabeth ihn dazu gedrängt
habe: „wenn er schon eine Königstochter geheiratet hatte, so sollte

54 er auch nicht zögern, ihr eine Königskrone zu bieten." Die katholischen Reichsfürsten reagierten streng und unnachgiebig auf diese Entscheidung. Sie bedeutete den Beginn des Krieges, in dem sich Protestanten und Katholiken 30 Jahre lang bekämpften und der ungeheures Elend über eine Anzahl europäischer Staaten brachte.

Friedrich hatte anfangs die Lage nicht richtig eingeschätzt. Prachtvolle Feste wurden auf der Prager Königsburg, dem Hradschin, gefeiert, auch die Taufe des im gleichen Jahre geborenen Sohnes Rupert. Doch sehr bald waren die Hoffnungen des böhmischen Königspaares zerstört. Die „Schlacht am Weissen Berge" am 8. November 1620 besiegelte ihre Niederlage. Obwohl der König von England seinem Schwiegersohn Truppen in der Stärke von 2000 Mann zur Hilfe sandte, wurde Friedrich V. von Maximilian von Bayern und seinem Feldherrn Tilly vernichtend geschlagen.

Dem Königspaar von Böhmen blieb nur die Flucht. So überstürzt und kopflos verließen sie Prag, daß sie fast ihr kleines Kind vergessen hätten. Auch die wertvollen Kronjuwelen waren liegengeblieben. Ein Getreuer brachte sie ihnen im letzten Moment an die Kutsche. Die Krone rollte zu Boden und wurde hastig wieder aufgerafft. Das war ein Glück, denn diese Preziosen sicherten ihnen später viele Jahre lang die Existenz im Exil. Zuerst versuchten die Flüchtlinge, in Schlesien Truppen zu Hilfe zu holen, aber vergebens. Weiter ging die Flucht. Elisabeth war mit ihrem fünften Kind schwanger. Sie ertrug alle Strapazen mit Haltung und Tapferkeit. Doch wohin sollten sie sich wenden? Die Pfalz hatten sie inzwischen verloren. Zuerst war sie von Spaniern besetzt worden, vor denen sich Friedrichs Mutter noch in letzter Minute mit ihren drei Enkelkindern nach Brandenburg retten konnte. Dort war ihre Tochter mit dem Kurfürsten Georg Wilhelm von Brandenburg vermählt.

Dahin wandten sich nun auch die heimatlosen Flüchtlinge. Aber der Kurfürst versuchte, in diesem Krieg neutral zu bleiben. Er befürchtete politische Verwicklungen, wenn er die Protestanten aufnehmen würde. Er gestattete lediglich, daß Elisabeth bis zur Geburt ihres fünften Kindes Moritz in der düsteren Festung Küstrin ein karges Obdach erhielt. Weiter ging die Flucht ins Ungewisse. Erst in den Niederlanden, bei Friedrichs Verwandten aus dem Hause

Oranien, fand die Flüchtlingsfamilie freundliche Aufnahme. Dort war man immer bereit, bedrängten Glaubensgenossen zu helfen. Mit königlichen Ehren wurde der König ohne Land mit Frau und Kindern empfangen. In Den Haag wurde ihnen ein Palast zur Verfügung gestellt. Das junge Paar gewann in der neuen Heimat bald Freunde, wozu vor allem Elisabeths Charme beitrug. Man hatte ihr in Verehrung den Namen „Queen of the Hearts", die Königin der Herzen, gegeben. Ein leichter Spott klang in der Bezeichnung „Winterkönigin" mit. Ihre Feinde belegten sie mit dem übel gemeinten Beinamen „die Helena Deutschlands". Denn den erhielt sie nicht für ihre Schönheit, für die auch die klassische Helena berühmt war, sondern dafür, daß beide Frauen den Anlaß zu einem schrecklichen Krieg gegeben hatten.

Die Pfalz war für Friedrich 1623 endgültig verloren. Der Bayern-Herzog Maximilian war vom Kaiser zum Dank für seine Waffenhilfe mit der Pfälzer Kur auf Lebenszeit belehnt worden. Als Teilentschädigung für die Kriegskosten, zu denen der Papst beigetragen hatte, sandte Maximilian die Bestände der prachtvollen Bibliothek aus Heidelberg an den Vatikan, die „Biblioteca Palatina".

Im holländischen Exil erblickten noch acht Kinder von Elisabeth und Friedrich das Licht der Welt. Sophie wurde als Vorletzte am 14. Oktober 1630 geboren. Kurz zuvor war ihr ältester Bruder bei einem Schiffsunglück ums Leben gekommen, und ein dreijähriges Schwesterchen war an einer Krankheit gestorben. Diese traurigen Ereignisse belasteten Elisabeth während der Schwangerschaft besonders schwer. Sie war so niedergeschlagen, daß sie noch nicht einmal einen Namen für die neugeborene Tochter fand. Sophie schrieb später in ihren Memoiren, „daß meine Ankunft ihnen weiter keine Freude bereitete, als daß ich nicht mehr den Platz einnahm, den ich vorher inne hatte. Man war sogar in Verlegenheit, welchen Namen und welche Paten man mir geben sollte, denn alle Könige und Fürsten von Ansehen hatten dieses Amt schon bei den Kindern, die mir vorangegangen waren, übernommen. Man befand es für gut, verschiedene Namen auf verschiedene Zettel zu schreiben und auf's Geratewohl den daraus zu ziehen, den ich haben sollte. Der Zufall erteilte mir dabei den Namen Sophie". Der Zufall hatte es gut

56 getroffen, denn Sophia ist das griechische Wort für Weisheit. Sophie wurde zu einer der wissensdurstigsten und gebildetsten Frauen ihrer Zeit.

„Kaum war ich soweit, daß ich fortgeschafft werden konnte, als die Königin, meine Mutter, mich nach Leyden schickte, das nur drei Stunden von Den Haag entfernt liegt, und wo Ihre Majestät alle ihre Kinder fern von sich erziehen ließ, denn der Anblick ihrer Affen und ihrer Hunde war ihr angenehmer als der unserige."

Man spürt in diesen Zeilen, die Sophie als reife Frau schrieb, noch immer die Sehnsucht, die das kleine Mädchen nach Mutterliebe empfunden hatte. Sie fühlte sich abgeschoben und vermißte so sehr die Wärme und Geborgenheit. Auch später machte sie ihrer Mutter bei anderen Gelegenheiten Gefühlskälte und Oberflächlichkeit zum Vorwurf. Dabei hätte sie nach vierzig Jahren bei der Niederschrift ihrer Memoiren wissen müssen, daß es an Fürstenhöfen üblich war, die Kinder hauptsächlich Erziehern zu überlassen, und daß sie ihre Eltern wenig sahen. Wahrscheinlich hatte Sophie durch diese schmerzlichen Erfahrungen früh gelernt, ihre Gefühle zu verbergen und mehr ihren Verstand einzusetzen. Wenn sie auch nicht zeigte, daß sie sich gekränkt fühlte, so vergaß sie das ihr Leben lang nicht. In der Beziehung zu ihrer Mutter ließ sie sich stark von ihren Gefühlen leiten. Es mußte ihr doch später bewußt geworden sein, daß die charmante Elisabeth nur nach außen hin ein glänzendes Leben führte, aber ihre innere Not verbergen mußte, um den Schein zu wahren.

Elisabeths Gatte war bereits mit 36 Jahren ein gebrochener Mann, der durch seine Niederlagen und Sorgen frühzeitig gealtert war. Mitten im großen Krieg, im Jahr 1632, wollte er wieder einmal versuchen, sein Land, die Pfalz, zurückzuerhalten. Mit der Hoffnung auf den Sieg der protestantischen Seite war er zum Lager von König Gustav Adolf aufgebrochen. Schon auf dem Wege erkrankte er in Mainz an der Pest. Dort erreichte ihn die Nachricht vom Tod des Schwedenkönigs am 16. November 1632 in der Schlacht von Lützen. Das nahm ihm seine letzte Hoffnung und den Lebensmut. Er starb knapp zwei Wochen später, am 29. November 1632. Elisabeth, die ihr dreizehntes Kind erwartete, brach bei der Nachricht vom Tod ihres geliebten Mannes völlig zusammen. Die letzten Zeilen, die er an sie schrieb, lauteten: „Treu bis zum Grabe." Auch bei diesem tragischen Geschehen trafen für Friedrich wieder die Worte zu: „Zu jung – zu früh!" Das galt ebenso für seine 36-jährige Witwe, die nun mit elf Kindern im Exil mit ungewissem Schicksal zurückblieb. Sie versuchte, ihr schweres Los mit Haltung und Geschick zu meistern. Ihr Bruder Charles I., König von England, unterstützte sie mit finanziellen Zuwendungen und lud sie ein, mit ihren Kindern nach England zu kommen. Doch auch Elisabeth wollte im Sinne ihres Mannes weiter versuchen, die Pfalz zurückzugewinnen, um den Kindern eines deutschen Kurfürsten dort eine Heimat zu schaffen. Sie alle erhielten eine hervorragende Erziehung und Bildung, ebenso eine intensive calvinistische Religions-Unterweisung. In den Niederlanden herrschte eine geistig aufgeschlossene Atmosphäre. Es gab für junge Leute hervorragende Möglichkeiten, sich zu bilden und interessante Menschen zu treffen. Viele junge Fürstensöhne besuchten auf ihrer Bildungsreise die pulsierende, attraktive Stadt Den Haag.

Als Sophie mit ihrem jüngsten Bruder in der Stadt zu Besuch weilte, hörte sie, wie eine Dame bemerkte: „Er ist sehr schön, aber sie ist mager und häßlich; ich hoffe, sie versteht nicht englisch." Doch Sophie notierte in ihren Memorien: „Aber ich verstand es nur zu gut, um mich darüber zu ärgern, und ich war sehr traurig, weil ich glaubte, daß es gegen mein Übel kein Mittel gäbe. Es war trotzdem nicht so groß wie das meines armen Brüderchens, das bald nachher unter schrecklichen Schmerzen starb. Ich war sehr gerührt und betrübt darüber."

„Im Alter von neun bis zehn Jahren kam ich nach Den Haag an den Hof der Königin, meiner Mutter, und meine Unwissenheit ließ mich alles bewundern. Ich glaubte Paradiesesfreuden zu genießen, als ich so viel Abwechslung und so viele Menschen und meine Lehrer nicht mehr sah. Es machte mir nichts aus, daß ich drei Schwestern dort fand, die viel schöner und gebildeter als ich waren, und die die Bewunderung aller Leute erregten; ich war zufrieden, daß meine Lustigkeit und meine Witze ihnen Spaß machten … Ich hatte mir angewöhnt, alle Leute zu verspotten. Die Geistreichen

58 amüsierten sich darüber, und die anderen fürchteten mich. Zu den letzteren gehörte unter anderem auch der Fürst von Tarent, der mich floh wie die Pest, da er nicht genug Witz besaß, um sich zu verteidigen." Viele Jahre später war Eleonore d'Olbreuse als Hofdame bei der Gemahlin dieses Fürsten. Dort hätte sie schon vor der spitzen Zunge und dem scharfen Witz ihrer späteren Schwägerin Sophie gewarnt werden können.

Die englische Königin Henriette Maria kam mit ihrer Tochter Mary, die mit dem Prinzen Wilhelm von Oranien verlobt war, in die Niederlande. Sophie war von dieser Begegnung enttäuscht: „Die schönen Portraits von van Dyck hatten mir so eine wunderbare Vorstellung von allen Damen Englands gegeben, daß ich überrascht war, daß die Königin, die ich so wohlgestaltet auf dem Gemälde gesehen hatte, eine sehr kleine Frau war, die sich durch Korksohlen erhöhte, mit langen, mageren Armen, ungleichen schiefen Schultern und mit Zähnen, die ihr wie Hauer aus dem Munde hervorstanden …"

Sophie, der Realistin, bot sich hier die Gelegenheit, die Wirklichkeit mit dem schönen Schein zu vergleichen, den der „schmeichelhafte Pinsel" eines Hofmalers in der damals üblichen idealisierten Darstellung seines Auftraggebers kunstgerecht abgebildet hatte. Sophie notierte erfreut die schmeichelhaften Worte der englischen Herrn im Gefolge der Königin: „Ich hörte auch, wie die Mylords untereinander sagten, ich würde, wenn ich erwachsen wäre, alle meine Schwestern übertreffen. Das gab mir eine starke Zuneigung zu der ganzen Nation. So sehr liebt man es, schön gefunden zu werden, wenn man jung ist …"

Jung und aufgeschlossen, empfänglich für alles Neue, lernte Sophie nun am „Musenhof" der „Drei Grazien" erst jetzt ihre drei älteren Schwestern richtig kennen. Elisabeth, die älteste (1618–1680), deren Schönheit viele Bewerber anzog, lebte vollständig für ihre wissenschaftlichen Neigungen. Schon mit zwanzig Jahren wurde sie als gelehrteste Frau ihrer Zeit bezeichnet. Der Philosoph René Descartes (1596–1650) war überrascht, in Den Haag eine junge schöne Fürstentochter kennenzulernen, die sein Werk verstand und mit der er seine Gedanken mündlich und später auch in Briefen aus-

tauschen konnte. Descartes widmete Elisabeth 1644 sein Buch
„Principia Philosophiae", „Prinzipien der Philosophie". Im Vor-
wort dieses Werkes erwähnte er voller Anerkennung, daß niemand
das Mathematische und Methaphysische seiner Gedanken so vollständig verstanden habe, wie diese junge Prinzessin. Sophie, die von
Elisabeth miterzogen wurde, nahm auch am Gedankenaustausch
mit dem Philosophen teil. Sein systematisches Denken und sein
Rationalismus formten ihre Geisteshaltung und halfen ihr, auch
in ihrem Leben Kummer und Leid mit Vernunft zu meistern und
zu überwinden.

Die zweitälteste Schwester Louise Hollandine war als erstes Kind
des vertriebenen Königspaares im holländischen Exil geboren. Sie
gaben ihr deshalb „Hollandine" als zweiten Vornamen. Die Provinz Holland übernahm für sie die Patenschaft und unterstützte
sie mit einem regelmäßigen Einkommen. Diese Prinzessin hatte
ein großes Maltalent und wurde von dem holländischen Künstler
Gerard van Honthorst ausgebildet. Im Museum von Herrenhausen
hängt ein großes Ölgemälde von ihr. Darauf stellt sie sich selbst
zusammen mit ihren Schwestern Elisabeth und Sophie dar, wie sie
ihrer Mutter helfen, die Frisur zu richten. Louise war anmutig,
fröhlich und charmant, eine unbeschwerte Künstlernatur.

Diese beiden ältesten Schwestern Sophies haben nicht geheiratet.
Beide wurden Äbtissinnen: Elisabeth vom protestantischen Stift
Herford, Louise, die heimlich katholisch geworden war, vom Klo-
ster Maubuisson in Frankreich. Die Dritte der „drei Grazien" war
Henriette. Mit 25 Jahren wurde sie mit dem Fürsten Sigismund von
Rakoczy vermählt. Doch schon sechs Wochen nach der Hochzeit
starb die junge Frau, tiefbetrauert von ihrem Gatten, der ihr einige
Monate später in den Tod nachfolgte.

Die verhängnisvolle Entwicklung des Schicksals von Charles I. von
England hatte auch ihre Auswirkungen auf die Familie seiner Schwester Elisabeth im holländischen Exil. Sie war nicht nur in Sorge um
ihren Bruder, sondern auch um ihre Söhne, die zeitweilig zu Gast
an dem von Machtkämpfen erschütterten englischen Hof waren.
Die beiden Ältesten Karl Ludwig und Rupert, die vorher in Leyden
studiert hatten, erhielten in Oxford den Doktorhut. Rupert, „the

60 cavalier", und sein Bruder Moritz zogen auch in den Kampf für die Sache des Stuart-Königs, ihres Onkels. Als Befehlshaber des englischen Heeres stürmte der exzentrische Rupert im prunkvollen roten Barockgewand mit zwei weißen Doggen an seiner Seite gegen Cromwells gefürchtete „Ironsides". Doch das alles half nicht, den König zu retten, 1649 wurde er hingerichtet. Rupert gelang es, der Königinwitwe Henriette zur Flucht zu verhelfen. Er brachte sie und die Kronjuwelen sicher nach Holland.

Für Elisabeth von der Pfalz flossen nun keine Gelder mehr aus ihrer englischen Heimat. Ihre Schulden und ihre Sorgen wuchsen. Die holländischen Gläubiger fingen an zu murren und wurden ungeduldig. Das Volk spottete über die „pennyless Palatines." Die „Pfälzer ohne einen Pfennig" wurden jetzt auch als „Vagabunden" bezeichnet. Elisabeths jüngere Söhne wollten diese Beschimpfungen nicht hinnehmen und wurden oft in Raufereien und sogar Duelle verwickelt.

Einen großen Lichtblick in dieser schlimmen Zeit bedeutete es, daß der Dreißigjährige Krieg zu Ende gegangen war. Beim Friedensschluß von Münster und Osnabrück war der älteste Sohn Karl Ludwig wieder als Kurfürst von der Pfalz eingesetzt worden. Nicht alles bekam er zurück, was sein Vater verloren hatte. Das Land hatte unter Krieg und Besatzung gelitten. Der neue Kurfürst begann sofort tatkräftig mit der Aufbauarbeit und ergriff sinnvolle Maßnahmen für seine Landeskinder. Sehr bald wurde auch die Heidelberger Universität wieder eröffnet.

Karl Ludwig heiratete Charlotte von Hessen-Kassel. Sie hatten einen Sohn Karl und eine Tochter Elisabeth Charlotte, die bis heute noch berühmte Liselotte von der Pfalz.

Sophie war inzwischen herangewachsen, und es war an der Zeit, einen passenden Ehemann für sie zu finden. Als sie in Holland von ihrem charmanten Cousin Prinz Charles von England umworben wurde, bemerkte sie bald seinen Leichtsinn und andere Schwächen. Der lebenslustige Charles war gerade neunzehn Jahre alt. Er ließ sich das Exil von seiner Geliebten Lucie Walters verschönern. Es gab Gerüchte, daß er sie insgeheim geheiratet hätte. Der Sohn aus dieser Verbindung, der am 16. April 1649 geboren wurde, der

spätere Herzog James Fitzroy Monmouth, hielt sich deshalb für
den legitimen Erben seines Vaters.

Nach den Wünschen ihrer Mutter wäre der englische Thronfolger die beste Partie für Sophie gewesen. Charles war auch oft mit
Sophie zusammen. Sie fand ihn „wohlgebildet an Geist und Körper ... Er hatte immer als guter Vetter mit mir verkehrt, womit ich
sehr zufrieden war." Als er auf einmal anfing, „verliebte Dinge zu
sagen" durchschaute ihn die kluge Sophie sehr bald, denn er hätte
das nur getan, um ihre Fürsprache bei einem reichen Geldgeber zu
gewinnen.

Der Klatsch über die nicht zustande gekommene Verbindung mit
dem zukünftigen englischen König verletzte Sophies Stolz. Sie war
eine Stuart-Enkelin. Sie hätte den richtigen Rang und die passende
Religion gehabt, um eine würdige Königin von England zu werden.
Inzwischen war die materielle Not am Hof ihrer Mutter immer
größer geworden. So war Sophie froh, daß sie einer Einladung ihres
Bruders nach Heidelberg folgen konnte. Sophie, die vaterlos aufgewachsen war, sah in ihrem dreizehn Jahre älteren Bruder eine
Art Vaterersatz und nannte ihn liebevoll „mon petit Papa".

Ein junger Fürstensohn kam zu Besuch. Ihm widmete Sophie einige
Zeilen in ihren Memoiren: „Zu dieser Zeit kam der Herzog Ernst
August von Braunschweig und Lüneburg auf seiner Rückreise durch
Heidelberg. Ich hatte ihn sehr jung in Holland gesehen, sein schönes Aussehen hatte noch zugenommen, er gefiel jedermann. Aber
da er der jüngste von vier Brüdern war, so sah man ihn nicht als
einen zum Heiraten geeigneten Prinzen an. Wir spielten Gitarre
zusammen, wobei er die schönsten Hände der Welt zeigte, und auch
beim Tanz tat er Wunderdinge." Als Ernst August mit Sophie einen
Briefwechsel beginnen wollte, ließ sie sich nicht darauf ein: „Ich
hatte Angst, die Welt möchte sagen, meine Freundschaft für ihn
wäre zu stark." Der Verstand verdrängte bei Sophie von Anfang an
aufkeimende Gefühle, da dieser junge Mann für sie zu wenig Rang,
Ansehen und finanzielle Mittel zu bieten hatte. Aber das sollte sich
später gründlich ändern. Doch da sein älterer Bruder, der Herzog
von Hannover und Chef des Welfenhauses war, war seine Werbung
für Sophie schon interessanter.

62   Obwohl sie genau wußte, daß Georg Wilhelm sie nur aus Gründen der Staatsraison heiraten sollte, war sie, die ihre Situation mit nüchternem Verstand einschätzte, mit dieser Verbindung sehr einverstanden. Sophies Bericht über dieses Treffen:

„Kurze Zeit später kam der Herzog selbst mit seinem Herrn Bruder, dem Herzog Ernst August, in Heidelberg an, um nach Italien durchzureisen. Er schloß sich folglich an mich an, fragte mich nach meiner angeblichen Heirat und sagte mir tausend verbindliche Dinge, worauf ich, um die Wahrheit zu sagen, nicht gerade ungünstig antwortete. Endlich ließ er das große Wort fallen und fragte mich, ob ich es gütigst gestatten würde, daß er um mich bei dem Kurfürsten anhalte. Ich antwortete nicht wie eine Romanheldin; denn ich zögerte nicht, ja zu sagen … Ich wußte auch, daß der Kurfürst mich genug liebte, um meine Wahl zu billigen, bei der auch der Verstand auf meiner Seite stand … Der Kurfürst wartete auch nicht, bis er mich zweimal gefragt hatte, er bewilligte sogleich seine Bitte, und man entwarf den Heiratskontrakt, den wir alle drei unterzeichneten, der Kurfürst, der Herzog und ich. Darauf setzte er seine Reise nach Venedig fort; er wünschte Geheimhaltung, um inzwischen mit seinen Ständen verhandeln zu lassen; denn er sagte, wenn sie wüßten, daß er schon verlobt wäre, so würde er nichts mehr aus ihnen herauspressen können, um sein Einkommen zu vergrößern. Der Kurfürst wünschte es seinerseits ebenfalls … so daß niemand von dieser Angelegenheit etwas wußte als der Herzog Ernst August …"

In weiser Voraussicht schien Herzog Georg Wilhelm Geheimhaltung des Ehevertrages verlangt zu haben. Mit dem Gedanken, sich durch eine Ehe an eine Frau zu binden, die er nicht liebte, konnte er sich anscheinend immer noch nicht anfreunden. Verzweifelt suchte er nach einem Ausweg, grübelte, wie er sich wieder lösen könnte.

Seine Braut hatte auch schon etwas bemerkt. Sie notierte die „neuesten Informationen" aus Italien:

„Inzwischen hatte der Herzog von Hannover sich bei seiner Ankunft in Venedig an die erste Kurtisane gemacht, die ihm begegnet war, nämlich eine Griechin, die weiter nichts Schönes an sich hatte als ihre Kleider. Sie hatte ihn in einen für die Heirat sehr ungeeigneten Zustand versetzt. Er sah mich nicht mehr; die Ausschweifungen Venedigs hatten unüberwindliche Reize für ihn; die Stände seines Landes verstanden sich nicht dazu, seine Einkünfte zu erhöhen. Alles das zusammen ließ ihn sein Versprechen bereuen, das er mir mündlich und schriftlich gegeben hatte. Seine Briefe wurden kälter; er selbst kam nicht, wie man vereinbart hatte, was den Kurfürsten beunruhigte, aber ich war zu stolz, um dadurch gekränkt zu sein."

Doch Sophies Stolz mußte noch viel mehr hinnehmen, denn der Herzog hatte seinem Bruder ein „Geschäft" angeboten: „Du nimmst mir die Braut ab, ich gebe Dir jährlich eine stattliche Summe aus meinem Vermögen dafür, damit Du eine Familie unterhalten kannst, verzichte dafür darauf, jemals zu heiraten, und Deine Kinder erben später alle meine Länder."

Hier Sophies Aufzeichnungen zu diesem Thema: „Indessen befand sich der Herzog von Hannover in Sorge, auf welche Art und Weise er mit Ehren den getanen Schritt zurücktun könne. Es fiel ihm ein, seinem Herrn Bruder Ernst August als seinem andern Selbst vorzuschlagen, mich zu heiraten. Mit mir bot er ihm alle seine Staaten an, unter der Bedingung, daß er ihm eine genügend große Pension überließe, um seine Neigungen befriedigen zu können. Er versicherte ihm auch, daß er ihm ein mit eigener Hand unterzeichnetes Schriftstück geben wolle, daß er niemals heiraten und sein ganzes Leben ein seiner Neigung entsprechendes Zölibat bewahren werde. Der Herzog Ernst August hörte diesen Vorschlag mit Vergnügen."

So wurde aus dem „nicht zum Heiraten geeigneten Prinzen" nun doch ein akzeptabler Bräutigam, der Sophie davor retten konnte, als sitzengelassene Braut ins Gerede zu kommen.

Sophies Bruder war mit seiner Geliebten nach Frankenthal gereist. Die Szenen, die ihm seine Frau ständig machte, waren ihm unerträglich geworden, und er wollte einige schöne Tage in Ruhe verbringen. Doch diese friedliche Idylle wurde nun durch die überraschende, bestürzende Botschaft empfindlich gestört, die ihm von Hannover durch Herrn von Hammerstein zugestellt wurde. Sophie: „Ihr Inhalt war in wenig Worten, daß wenn der Kurfürst mich dem

64   Herzog Ernst August geben wolle, der Herzog von Hannover für
      immer auf eine Heirat verzichten, die Einkünfte seines Herrn Bru-
      ders beträchtlich vergrößern und mir ein Wittum* aussetzen würde,
      gleichwie wenn ich ihn geheiratet hätte; daß überdies der Herzog
      Ernst August durch den Frieden von Münster Koadjutor des
      Bistums Osnabrück wäre, wo ich in Zukunft ganz nach meinem
      Gefallen leben könne, wo ich die Herrin sein würde, da meine Kin-
      der, wenn Gott mir solche schenken solle, Thronerben aller Staa-
      ten der Herzöge von Braunschweig und Lüneburg sein würden;
      daß der Herzog von Celle, der älteste Bruder Christian Ludwig,
      sehr lange verheiratet wäre, ohne Nachkommenschaft erzeugt zu
      haben, daß der Herzog Johann Friedrich zu dick wäre, um solche
      zu haben, daß ich so die Mutter des Vaterlandes sein würde; und
      daß ich dies ebenso gut sein könnte, als wenn ich den Herzog von
      Hannover geheiratet hätte.

      Der Kurfürst hatte das alles mit einigem Erstaunen gehört und
      antwortete ihm unter anderem, daß er nur geringe Sicherheit in
      dem Versprechen des Herzogs von Hannover, Ehelosigkeit zu be-
      wahren zu wollen, sähe, da er so unbeständig in seinen Entschlüs-
      sen wäre, daß, wenn er abermals seine Absicht änderte, es in unserer
      Religion kein Gesetz gäbe, das ihn verpflichten könne, sein Wort
      zu halten. Um sein Ziel zu erreichen, versicherte Hammerstein, daß
      von dieser Seite nichts zu fürchten wäre, da die Ausschweifungen
      den Herzog von Hannover so sehr ruiniert hätten, daß er unfähig
      wäre, Kinder zu erzeugen; daß dies der Grund wäre, der ihn wün-
      schen ließe, daß sein Herr Bruder mich heiraten möchte. Der Herr
      Kurfürst sagte ihm, daß er mir über die Angelegenheit schreiben
      und ihm Antwort geben würde, wenn er die meinige hätte. Er er-
      wies mir demnach die Ehre, mir alles zu schreiben, was Hammer-
      stein ihm gesagt hatte, und fügte hinzu, daß ihm die Person des
      Herzogs Ernst August ansehnlicher erschiene als die seines Herrn
      Bruders, der ihm weniger gefiele, und den er nicht so verständig
      finde. Ich antwortete ihm, daß ich niemals eine andere Neigung
      empfunden hätte, als die für eine gute Versorgung, und wenn ich
      diese bei dem jüngeren finden könne, so würde ich keine Trauer
      darüber empfinden, den einen um des anderen willen zu verlassen;

      *Vermögen zur Versorgung im Witwenstand

daß ich mit Vergnügen alles tun würde, was er für gut und meinen
Vorteil hielte, und daß ich mich ganz und gar ihm anvertraute, den
ich wie meinen Vater achtete. Nachdem der Kurfürst diese Antwort erhalten hatte, schloß er einen Vertrag …"
In diesen Aufzeichnungen wiederholte Sophie ein Gerücht, das
überall verbreitet wurde, um Georg Wilhelms Rücktritt von der
Verlobung zu begründen. Bei seinem ausschweifenden Leben habe
sich der Herzog eine schlimme, ehrenrührige Krankheit zugezogen. Er sei dadurch nicht mehr in der Lage, Kinder zu zeugen und
das Land mit Erben zu versorgen.
Woher Sophie das wohl so genau wußte? Ihre Memoiren hatte sie
mit 50 Jahren geschrieben. Was sie hier im Jahr 1680 berichtete,
müßte eigentlich wider besseres Wissen und Gewissen von ihr aufgezeichnet worden sein. Denn bereits am 8. April 1666 schrieb sie
in einem Brief an ihren Bruder Karl Ludwig:

„WAS DIE SCHWANGERSCHAFT der Signora (Eleonore) des Herzogs
Georg Wilhelm betrifft, so glaube ich wohl …. daß sie von ihm
kommt. Außerdem kenne ich niemand, der jemals an der (Zeu-
gungs-)Kraft Georg Wilhelms gezweifelt hat. Das, was man Ihnen
damals gesagt hat, war nur dazu da, um Ihre Zustimmung zu meiner Heirat zu erlangen. Und obwohl derjenige (der Gesandte von
Hammerstein), der Ihnen dieses Argument geliefert hat, ein sehr
guter Christ war, unterließ er es nicht, in einer Viertelstunde tausend Lügen zu erzählen, um seinem Herrn zu dienen und seine
Geschäfte, die er für ihn unternommen hatte, voranzutreiben …"

Hatte sich Sophie eigentlich beim Schreiben ihrer Memoiren überlegt, was sie dem Herzog Georg Wilhelm und seinen Nachkommen mit diesem bösen Gerücht antat? Versuchte sie nur, das Gesicht
zu wahren, nachdem ihr der fatale „Umtausch wegen Nichtgefal-
lens" zugemutet worden war? Eigentlich hatte sie sich, zumindest
nach außen hin, damit zufrieden gegeben. Sie hatte sich bereit erklärt, Ernst August als Bräutigam zu akzeptieren, da es ihr – nach
ihren eigenen Worten – nur um „eine gute Versorgung" ging. Auch
an anderer Stelle merkte man Sophies Voreingenommenheit gegen

66 ihren ehemaligen Verlobten. Zwar meinte sie, „… daß Georg Wilhelm die versprochenen Zahlungsverpflichtungen gegenüber seinem Bruder mit ‚großem Vergnügen' erfüllt haben würde, wenn er seiner eigenen Regung gefolgt wäre. Aber sobald die Räte sich hineinmischten, trugen sie Sorge dafür, seinen guten Willen einzuschränken, und veranlaßten ihn, zwanzigtausend Taler jährliche Revenuen von der Summe abzuziehen, die er seinem Bruder versprochen hatte; und das war keine Kleinigkeit. So zeigte dieser gute Fürst seine Schwäche und seine Unbeständigkeit bei allen Gelegenheiten, und der Herzog Ernst August war nicht imstande, dagegen aufzutreten, denn er war schon mit mir verlobt." Sophie dachte in diesem Fall nicht logisch, denn es geht doch aus ihrem Text hervor, daß die finanziellen Entscheidungen nicht vom Herzog abhingen und daß sie ihn in diesem Punkt zu Unrecht als unzuverlässig bezeichnet. Im Prinzip hatte sie ja recht, bedenkt man, wie sie von ihm einfach im Stich gelassen worden war!

Sophie konnte von Glück sagen, daß Ernst August, der genau so vergnügungssüchtig und abenteuerlustig war wie sein älterer Bruder, nun nicht auch noch von der Verlobung zurücktrat, weil sich die finanziellen Bedingungen verschlechtert hatten.

Wie viele bittere Gedanken und sorgenvolle Stunden mag Sophie wohl im „stillen Kämmerlein" gehabt haben? Nicht auszudenken, wenn ihr Stolz noch ein zweites Mal verletzt worden wäre!

Im Hause ihres Bruder hatte es inzwischen eine Veränderung gegeben, die das Leben für Sophie noch schwieriger machte. Karl Ludwig hatte am 21. April 1658 seine Geliebte, die Hofdame Louise von Degenfeld, geheiratet, obwohl seine erste Frau nicht in eine Scheidung eingewilligt hatte. Die junge Frau war Sophie durchaus sympathisch, aber es war eine peinliche Situation. Das Zusammenleben mit den beiden Frauen erforderte von ihr viel Taktgefühl.

Aus dieser zweiten Ehe gingen vierzehn Kinder hervor, die den Titel „Raugräfinnen" bzw. „Raugrafen" erhielten.

Ein halbes Jahr nach der Verzichtserklärung des Herzogs Georg Wilhelm traten Sophie und Ernst August am 17. Oktober 1658 in Heidelberg vor den Traualtar. Der Bruder der Braut, Kurfürst Karl Ludwig, hatte darauf bestanden, das Hochzeitsfest für seine

Schwester in ihrem pfälzischen Stammland auszurichten. Vor der Trauungszeremonie mußte sich die im calvinistischen Glauben erzogene Sophie verpflichten, ihre Kinder nach dem lutherischen Bekenntnis aufzuziehen. Sophie schilderte die Festlichkeiten. Wer könnte das besser als die Braut selbst: „Als die Zeit zur Hochzeit gekommen war, begab er (Ernst August, der Bräutigam) sich, wie vereinbart, begleitet von wenigen

Sophie von der Pfalz

Leuten mit der Post nach Heidelberg. Und ich war sehr froh, ihn liebenswürdig zu finden, da ich entschlossen war, ihn zu lieben. Am Tage der Feier kleidete man mich nach deutscher Mode in ganz weißen Silberbrokat, die aufgelösten Haare geschmückt mit einer großen Diamantkrone des Hauses. Meine vier Hofdamen trugen meine Schleppe … Der Kurfürst und mein Bruder, der Prinz Eduard, führten mich, und der kleine Kurprinz* und der Herzog von Zweibrücken führten den Herzog Ernst August. Vierundzwanzig Edelleute gingen vor uns her mit Fackeln in der Hand, die mit Taffet in den Farben unserer Wappen geschmückt waren, die meinigen blau und weiß und die des Herzogs rot und gelb. Zahlreiche Kanonen wurden in dem Augenblick, als der Geistliche uns miteinander verbunden hatte, abgefeuert, und man setzte uns unter verschiedene Thronhimmel einander gegenüber … während man das Tedeum sang. Darauf führte man uns in unsere Gemächer, wo ich auf die Pfalz Verzicht leisten mußte, wie es die Herzogin von Orléans, Liselotte von der Pfalz … auch bei ähnlicher Gelegenheit getan hat**. Nach dem Souper wurde nach deutscher Weise getanzt. Die Prinzen tanzten mit Fackeln in der Hand vor und hinter uns wie gewöhnlich. Einige Tage später kehrte der Herzog mit der Post ebenso nach Hannover zurück, wie er gekommen war, es sei denn, daß sein Herz anders für mich fühlte, als er vorher gedacht

---

* der spätere Kurfürst Karl II. von der Pfalz, 1651–1685

** Als Liselottes Bruder ohne Erben starb, beanspruchte Ludwig XIV. die Pfalz für seine Schwägerin, obwohl sie auf das Erbe verzichtet hatte. 1688 begann der Pfälzer Erbfolgekrieg gegen den Willen von Liselotte.

68 hatte. Das meinige ging auch sehr viel weiter als bis zu der Achtung, die seine Vorzüge mich immer für ihn hatten empfinden lassen, denn ich fühlte alles, was eine wahre Leidenschaft nur einflößen kann. Er hatte mir alsbald ein großes Gefolge geschickt, um mich nach Hannover zu geleiten.

Unter Kanonendonner zog ich in die Stadt Hannover ein, und meine Frau Schwiegermutter, die Herzogin (Anna Eleonore) von Celle, und eine Herzogin von Braunschweig-Wolfenbüttel, die Gemahlin des Herzogs Anton Ulrich, empfingen mich am Wagen. Der Herzog, mein Gemahl, gab mir die Hand und führte mich in eine sehr schöne Wohnung, die der Herzog (Georg Wilhelm) von Hannover für mich hatte einrichten lassen. Alle Herzöge und Herzoginnen erwiesen mir die Ehre, mich dorthin zu begleiten, und am folgenden Tage feierten wir das große Zeremonienfest unter einem mit Kupfer überzogenen Thronhimmel, dessen Einrichtung ich sehr bewunderte, denn ich hatte noch nie einen derartigen gesehen. Am selben Abend wurde getanzt, am Tage darauf mußte ich die Honneurs des Hauses machen und alle Fürstinnen bei ihrer Abreise aus der Stadt begleiten. Ich erinnere mich noch mit Vergnügen der Freude, die wir darüber empfanden, uns in voller Freiheit einander angehören zu dürfen, nachdem alle Fürsten und Fürstinnen abgereist waren, und der Leidenschaft, die der Herr Herzog für mich zeigte. Bevor er mich heiratete, hatte er geglaubt, ich sei ihm gleichgültig, da er mich nur aus Eigennutz heiratete. Jetzt aber zeigte er sich derartig für mich eingenommen, daß ich mir einbildete, er würde mich sein ganzes Leben lang lieben, und ich betete ihn derartig an, daß ich mich verloren glaubte, wenn ich ihn nicht sah. Wir waren immer zusammen ..."

Aber auch noch ein Dritter war ständig mit ihnen zusammen, Herzog Georg Wilhelm. Sophie schrieb zwei Monate nach der Hochzeit an ihren Bruder: „Mein Ehemann und mein Schwager sind mit mir. Es ist die Heilige Dreieinigkeit, die hier regiert." Aber so einig waren sich diese Drei nun doch nicht, wie Sophie es gerne hinstellen möchte. Denn sie fühlte sich von der angeblichen Verliebtheit ihres Schwagers bedrängt. Ihr Mann wurde von quälender Eifersucht geplagt, und für Georg Wilhelm, falls er nun tatsächlich für seine noch vor kurzem verschmähte Braut entflammt wäre, würde das auch kein „heiliger", glücklicher Zustand gewesen sein. Selbst Sophie konnte das in ihren Memoiren nachempfinden: „… die Partie war nicht gleich. Nachdem wir uns den Tag über vergnügt hatten, fand sich mein Herzog während der Nacht wohl versorgt, während sein Bruder nichts hatte, um ihn zufrieden zu stellen."

Einig waren sich die beiden Brüder in ihrer Sehnsucht nach Italien. Sophie sollte mitreisen. Doch kurz nach der Abreise erlitt sie eine Fehlgeburt und mußte umkehren. Später nach einer erneuten Schwangerschaft brachte sie ihren ersten Sohn zur Welt. Der Stammhalter Georg Ludwig wurde am 28. 5. 1660 geboren, sein Bruder Friedrich August am 3. 10. 1661, ebenfalls in Hannover. Im Jahr 1659 hatte sich der fürstliche Haushalt schon um ein kleines Mädchen vergrößert: die siebenjährige Nichte Sophies, Liselotte von der Pfalz, war von ihrem Vater für einige Jahre zu ihrer Tante geschickt worden, um sie den unerquicklichen Szenen im Heidelberger Haushalt zu entziehen. Diese glückliche gemeinsame Zeit schuf zwischen den beiden eine lebenslange Bindung.

Beim Friedensvertrag 1648 am Ende des Dreißigjährigen Krieges war u. a. die Regelung beschlossen worden, daß das Hochstift von Osnabrück im Wechsel einen katholischen und einen protestantischen Bischof haben sollte. 1661 war es soweit, daß Ernst August in dieses hohe Amt eingesetzt wurde. Im September 1662 zog der prunkliebende Herzog in einem glanzvollen Festzug in die Stadt Osnabrück ein, wo er als Bischof feierlich inthronisiert wurde. Ein Gemälde aus dieser Zeit zeigt ihn im prachtvollen Ornat, die großen Augen blicken ernst und würdig aus dem ebenmäßigen Gesicht, umrahmt von einer üppig wallenden, dunkel gelockten Allonge-Perücke. Seine Familie lebte in der alten bischöflichen Residenz, auf der Iburg. Die vorgeschichtliche Burg aus dem 11. Jahrhundert hatte Benno II., Bischof von Osnabrück, zu seiner Residenz ausgebaut. An das Schloß schließen sich die großen Gebäude eines Benediktinerklosters an. Da im Dreißigjährigen Krieg vieles in der Burg zerstört war, wurde sie 1656 restauriert. Ernst August ließ als erster evangelischer Bischof aus Paritätsgründen 1664 eine Kapelle für den protestantischen Gottesdienst errichten. So hatte die bi-

70 schöfliche Familie eine prachtvolle Residenz erhalten, die aber bald für die ständig wachsende Familie zu wenig Raum bot. Deshalb entstand der Plan, in Osnabrück ein Schloß zu errichten. Erst 1668 begann der italienische Baumeister P. Carato mit dem Bau des viergeschossigen Palastes. 1672 konnte die fürstliche Familie dort einziehen.

Inzwischen hatte Sophies Mutter Elisabeth, die ehemalige Königin von Böhmen, die Niederlande verlassen, nachdem ihre Kinder alle aus dem Hause waren. Sie war einer Einladung ihres Neffen Charles Stuart gefolgt und 1660 wieder nach England gezogen. In diesem Jahr hatte der geflüchtete Thronfolger als König Charles II. den englischen Thron bestiegen. Nur noch zwei Jahre lebte Elisabeth in ihrem Heimatland. Sie starb 1662 und wurde in London in der Westminster Abbey in allen Ehren beigesetzt. Sophies Bruder Rupert war vom englischen König, seinem Cousin, in den Geheimen Rat nach London berufen worden. Rupert war vielseitig begabt und interessiert. Er wurde auch zum Mitglied der „Royal Society" (der ältesten englischen Akademie der Wissenschaften) ernannt und später zum Admiral der englischen Flotte.

An den Höfen der Welfenherzöge wurde erneut eine Reise in den Süden geplant. Sophie konnte dieses Mal mitreisen und suchte noch zwei Hofdamen als Reisebegleiterinnen: „Er (Ernst August) hatte den Herzog von Hannover ein Mädchen sehr rühmen hören, das bei der Fürstin von Tarent war. Sie hieß d'Olbreuse, und er hatte sie bei ihr in Kassel gesehen. Der Herzog Johann Friedrich hatte sich für eine andere Dame interessiert, die auch bei dieser Fürstin war, namens La Motte, die er mir empfohlen hatte, und die sie nicht liebte, weil sie sehr klug war. Und da der Herr Herzog wünschte, daß mein Hof in einem fremden Lande durch schöne Mädchen Aufsehen erregte, so befahl er mir, diese beiden Mädchen bei der Durchreise durch Kassel anzusehen und zu versuchen, sie mit mir zu nehmen, falls ich es für der Mühe wert hielte. Aber als ich dort ankam, waren sie und ihre Fürstin nicht mehr dort; und ich mußte daher die La Motte im Vertrauen auf den Herzog Johann Friedrich kommen lassen, was ich nicht zu bereuen hatte, denn ich fand sie sehr verständig. Die d'Olbreuse wollte nicht zu mir kommen und zog es vor, ihrer Herrin nach Holland zu folgen, wohin sich auch der Herzog von Hannover begab, der leidenschaftlich in sie verliebt schien."

Einige Zeit später berichtete Sophie über Georg Wilhelm: „Indessen besuchte er oft die La Motte, die eine intime Freundin der d'Olbreuse war, für die er eine so große Zuneigung in Holland an den Tag gelegt hatte. Er sagte ihr, die Fürstin von Tarent habe dieses Mädchen mit ihrer Begleiterin, namens La Manselière, ganz allein in Herzogenbusch gelassen, während sie nach Frankreich gereist wäre. Diese Mädchen hätten die größte Lust, zu kommen und mich zu besuchen. Ebenso sprach er auch zu dem Herrn Herzog davon, und zwar so, daß dieser mir befahl, sobald ich wieder nach Iburg zurück wäre, solle ich die La Motte mit einem Wagen mit sechs Pferden nach Herzogenbusch schicken, um sie zu holen. Da der Herr Herzog wußte, daß der Herr Herzog von Celle die eine liebte, so wollte er nicht vernachlässigen, was ihm Vergnügen machen könnte, und mir war es ebenfalls ganz recht, ihn einen Zeitvertreib finden zu sehen, um dessen willen er nicht mehr an mich denken würde. Die La Motte reiste also von Iburg ab, sobald ich dort angekommen war, um die Mädchen zu holen."

Sophie hoffte, daß ein „kleines amusement" mit einer nicht standesgemäßen Maitresse die Garantie dafür bieten würde, daß das Erbe der Staaten des Herzogs für ihre Kinder gesichert bliebe. Dadurch wäre es Georg Wilhelm leichter gefallen, sein Versprechen der Ehelosigkeit einzuhalten. Er würde nun nicht mehr Sophie umschwärmen, sondern seine Geliebte, und es könnte vielleicht ihrer Ehe guttun. So wird es aus Sophies Blickwinkel dargestellt.

Später kam die Version auf, daß Ernst August wegen der angeblichen Eifersucht auf seinen Bruder so verärgert gewesen wäre, daß seine Frau ihm gleichgültig geworden war. Von da an betrog er Sophie ganz offen mit anderen Frauen. Daraufhin wurde Georg Wilhelm der unglaubliche Vorwurf gemacht, das junge Eheglück seines Bruder zerstört zu haben! So ein Vorwand und ein Schuldiger sind schnell gefunden, um die eigenen Fehler zu rechtfertigen, seine Laster zu beschönigen. Ernst August war schon von frühester Jugend an ein leidenschaftlicher Frauenheld und Schwerenöter gewesen. Warum sollte er nicht dem Beispiel von so vielen Fürstenhöfen folgen, an denen die Maitressenwirtschaft blühte? Ohne Liebesaffairen galt man nicht als richtiger Mann! Schließlich war er mit Sophie keine Liebesheirat eingegangen, und er sorgte pflichtgemäß dafür, daß sie mit schöner Regelmäßigkeit ein Kind nach dem anderen bekam. Die Familie vergrößerte sich noch um vier Söhne und eine Tochter, Sophie Charlotte, die spätere preußische Königin. Zwischen Mutter und Tochter entwickelte sich eine liebevolle enge Bindung. Aber dennoch dankte Sophie Gott dafür, daß sie nur ein einziges Mädchen hatte, „denn in Deutschland haben die Männer so große Vorteile vor dem weiblichen Geschlecht". Die Einkünfte des Bischofs waren für seine große Familie nicht allzu reichlich. Sophie mußte gut haushalten – man lebte einfach, aber immer standesbewußt. Die beiden Brüder ihres Mannes besaßen Länder, die groß genug waren, um ihnen gute Einkünfte zu sichern, doch Sophie klagte: „… aber unser kleines Bistum, was das einbringt, kann schon unser Hof ganz allein verzehren, wir haben nur Ausgaben, keinen Profit."

Sophie hatte sich auch in bezug auf ihre Kinder eine eigene Lebensphilosophie ersonnen: „Unsere Kinder sind nur Zufallstreffer, es liegt nicht an ihnen, nicht an uns, wenn sie nicht so geraten, wie man es wollte – man liebt sie deswegen nicht weniger – und ich liebe ein jedes meiner Kinder in seiner speziellen Art." Ebenso mußte Sophie ihren Ehemann hinnehmen, wie er war. Ihre Liebe zu ihm wurde oft auf eine harte Probe gestellt. Doch die kluge Fürstin hatte bald erkannt, daß sie gegen sein flatterhaftes Wesen und seine häufigen amoureusen Abenteuer nichts ausrichten konnte. Widerstand, Diskussionen und Streit vermied sie mit philosophischer Gelassenheit. Ihr war bewußt, daß sich ihre Situation sonst verschlechtert hätte und ihre Ehe in Gefahr geraten wäre. So hatte sie beschlossen, alles zu tolerieren, solange ihr ureigenster Bereich nicht angetastet wurde. Sie schuf sich ihre eigene Welt, einen „Musenhof" an dem musiziert wurde und geistvolle Menschen diskutierten. Sophie liebte die Künste und die Wissenschaft. Sie las viele philosophische Werke und zeitgenössische Literatur, wie z. B. den „Simplicissimus" von Grimmelshausen, und führte einen regen

Briefwechsel mit Gelehrten und ihren weitverstreuten Familienmitgliedern. Doch sie liebte auch den Aufenthalt in der freien Natur. Die Anlage von Gärten bereitete ihr große Freude, und sie beschäftigte sich intensiv damit. Ihre kritische Bemerkung „Ich habe
mehr als hundertmal bei mir gedacht: Wie ist es nur möglich,
daß man Fürst sein und nur an Jagd und Liebesabenteuer denken
kann …" gilt nicht speziell nur ihrem Gemahl, sondern auch dem
Treiben an anderen Fürstenhöfen. „Aber was soll dann aus den
Höfen werden, wo die Tafel und der Keller das Hauptpläsir aus-
machen?"
Sophie hatte ihre Stellung als Fürstin frühzeitig gefestigt und dafür
gesorgt, daß an ihrem Hofe ein reges kulturelles Leben herrschte —
dessen glanzvoller Mittelpunkt später in Hannover der Philosoph
Leibniz wurde.
Was wäre, wenn? Diese Frage ist zwar einerseits müßig, andererseits kann es manchmal recht reizvoll sein, die verschiedenen Möglichkeiten gedanklich durchzuspielen. Was wäre geschehen, wenn
die junge Sophie von der Pfalz ihren Cousin Charles, den späteren
englischen König, hätte heiraten können? Zweifellos wäre es die
beste Partie für sie gewesen. Ihr Ehrgeiz wäre befriedigt gewesen.
Als protestantische Stuart-Enkelin hätte sie eine würdige Königin
von England werden können. Bis ins hohe Alter war es ihre stete
Hoffnung und ihr größter Wunsch, Englands Thron zu besteigen.
In der Linie der Erbfolge kam sie direkt nach Königin Anne. Doch
die Geschichte wäre anders ausgegangen, wenn sie Charles II. geheiratet hätte. Denn Sophie wäre in der Lage gewesen, dem englischen
Königshaus Kinder zu schenken, und dadurch wäre die Erbfolge
verändert worden. Sophie hatte sechs Söhne und eine Tochter,
Charles hatte keine Kinder mit seiner Königin, dafür aber um so
mehr von zahlreichen Maitressen. Genau wie in ihrem wirklichen
Leben wäre Sophie von diesem fiktiven Ehemann, dem lebenslusti-
gen Charles, ständig betrogen worden. Aber auch hier hätte sie
das wohl mit Vernunft und Würde hingenommen. Sie hätte auch
Charles davon abhalten können, mit dem Katholizismus zu lieb-
äugeln und heimlich zu konvertieren, denn das englische Volk wollte
keinen katholischen Monarchen. Auch die Sorge um die Zukunft

74 ihrer Kinder, die eine mächtige Triebfeder ihres Handelns war, wäre entfallen. Doch statt auf einem reichen Thron Einfluß und Macht zu haben, mußte sie sich mit einem kleinen, ständig verschuldeten Fürsten begnügen und sich auch noch von einer einflußreichen Maitresse auf den zweiten Platz verweisen lassen. Das war bitter!

Und viel Bitternis wäre auch aus der zweiten Heiratschance für Sophie gekommen. Eine Ehe mit dem wohlhabenden, gutmütigen Georg Wilhelm hätte ihr ein viel schöneres Leben bieten können. Finanzielle Sorgen wären entfallen; ihre gesellschaftliche Stellung an der Seite eines regierenden Fürsten wäre angesehener gewesen. Georg Wilhelm wäre von ihr leicht zu lenken gewesen. Er hatte große Achtung vor ihr und ihrem Urteil. Ob Georg Wilhelm allerdings der herben Sophie, die er damals aus Staatsraison heiraten sollte, so treu geblieben wäre wie seiner charmanten Eleonore, die er aus Liebe erwählt hatte, ist wohl zweifelhaft. Die stolze Sophie hat es im Leben nicht leicht gehabt. Ob sie mit einem der beiden anderen Heiratskandidaten glücklicher geworden wäre, wer weiß das zu sagen? Doch sie hat ihr Schicksal mit Klugheit und philosophischer Gelassenheit hingenommen: „Wenn man nicht hat, was man liebt, muß man lieben, was man hat." So zitiert sie aus einem Lied in ihren Memoiren.

Kapitel 4

DIE LIEBE BESIEGT ALLES

Es gibt ein Bildnis der jungen Eleonore d'Olbreuse, das sie in ihrem Liebreiz, aber auch in einer gewissen schüchternen Zurückhaltung zeigt. Wenn man dieses schöne, klare Antlitz und die bei aller Bescheidenheit stolze Haltung betrachtet, kann man die Faszination des Herzogs Georg Wilhelm verstehen, dem in dieser jungen Frau ein so ganz anderer Frauentyp begegnete, als er ihn bisher in seinem leichtlebigen Umgang gewohnt war.

Das Bild wurde im Jahr 1665 von Jan Mijtens dem Älteren gemalt, vermutlich als das Paar noch gemeinsam in den Niederlanden weilte. Es ist möglich, daß der verliebte Herzog dem Maler den Auftrag für das

„Allegorie des Hirtenlebens (Jungfer d'Olbreuse)“.
Gemälde von Jan Mijtens d.Ä.

Gemälde gegeben hatte und es dann mit nach Deutschland nahm. Denn Eleonore, die zu dieser Zeit 26 Jahre alt war, konnte sich nicht entschließen, Georg Wilhelm nach Celle zu begleiten. Seiner beharrlichen Werbung um sie standen ihre moralischen Bedenken entgegen. Wie konnte sie mit ihm ohne Heirat leben?

Eleonore hatte die wichtigste Entscheidung ihres Lebens zu treffen. Sie war damit ganz allein auf sich gestellt. Niemand war für sie da, dem sie ihr Herz ausschütten, bei dem sie Rat holen konnte. Die liebenswürdige Prinzessin von Tarent mußte im März 1665 in gro-

76 ßer Eile zu ihren Kindern nach Frankreich abreisen. Ihre beiden Hofdamen Eleonore d'Olbreuse und Suzanne de La Manselière waren in Holland zurückgeblieben. Eleonores in Liebe entbrannter Verehrer, Herzog Georg Wilhelm, sollte dringend in seine Heimat zurückkehren. Sein ältester Bruder war verstorben. Georg Wilhelm hatte nun als Ältester Pflichten zu übernehmen. Es gab bereits Erbstreitigkeiten. Doch der Herzog war dermaßen verliebt und so intensiv bemüht, Eleonores Gunst zu gewinnen, daß er seine Abreise immer wieder aufschob. Dadurch geriet er in Gefahr, sein Erbe zu verlieren, das ihm schon sein jüngerer Bruder streitig machte.

Wie sehr hatte der Herzog seine Eleonore beschworen, doch gleich mit ihm zu kommen! Er beteuerte ihr, daß er sie immer lieben werde, bis ans Ende seines Lebens nur mit ihr zusammen sein wollte und daß ihn keine andere Frau mehr interessierte. Wenn sie ihm doch nur glauben würde, wie sehr er sich geändert hatte! Die Liebe zu ihr hatte ihn in einen anderen Menschen verwandelt! Sein größter Wunsch war, nur mit ihr allein in Liebe und Treue zu leben! Er würde der beste „Ehemann" (!) der Welt werden und sie lieben und ehren wie eine rechtmäßige Ehefrau.

Doch dieses kleine Wörtchen „wie" war der kritische Punkt, um den Eleonores Gedanken ständig kreisten. Georg Wilhelm konnte sie nicht heiraten. Die Gründe dafür waren ihr nur zu gut und schmerzlich bekannt. Konnte sie, eine zu Sittsamkeit und Anstand erzogene Calvinistin, ohne den Segen der Kirche mit einem Mann zusammenleben?

Es ist gut vorstellbar, daß die gläubige junge Frau in ihrer Gewissensnot die große ehrwürdige Kathedrale „San Jin" in Herzogenbusch aufsuchte. Mit den Menschen im Gotteshaus konnte sie sich zwar nicht verständigen. Doch Gott würde ihr inbrünstiges Gebet verstehen, aber würde er auch ihren Herzenswunsch billigen? Ihre Sehnsucht, mit dem geliebten Mann für immer zusammenzuleben, obwohl er sie nicht heiraten konnte, widersprach doch allen ihren eigenen religiösen und moralischen Grundsätzen. Auch wenn die Liebe noch so groß war, wäre es nicht ein Leben in Sünde? Wie würden die Menschen in Celle sie ansehen – und wie seine Ver-

wandten? Und ihre Geschwister – würden sie sich in Verachtung
von ihr abwenden? Aber vielleicht wäre es ihre Rettung vor der
Versuchung, wenn sie nach Hause, nach Frankreich, zurückkehren
könnte.

So wandte sich Eleonore um Rat und Hilfe an zwei ihrer Brüder.
Doch wagte sie nicht, die Probleme in ihren Briefen direkt darzustellen. Sie schrieb am 26. März 1665 an ihren ältesten Bruder
Alexandre, Château d'Olbreuse. Sie bat ihn flehentlich um Geld
für die Reise in ihre Heimat:

„Ich glaube, mein lieber Bruder, daß ich Dir bereits mitgeteilt
habe, daß Seine Gnaden, der Prinz, Gouverneur von Herzogenbusch ist. Ihre Hoheiten wollen in einem Monat Besitz von diesem Gouvernement nehmen und sich für ihr ganzes Leben hier
niederlassen. Da es mir nicht so erscheint, daß Madame, die Prinzessin, nach Frankreich zurückkehrt, denke ich, dorthin zurückzukehren, denn es ist mir nicht möglich, weiterhin in diesem Lande
zu leben. Das ist es, warum, mein lieber Bruder, ich Dich inständig bitte, mir bei meiner Rückkehr zu helfen und meinen Bruder
(Henri) du Beugnon zu veranlassen, im Mai zu kommen, um mich
abzuholen …
Es fehlt nur das Geld, das wir kaum haben, aber ich hoffe auf Dich,
daß Du mir einen Vorschuß auf meine Einkünfte für dieses Jahr
geben würdest, um diese Reise unternehmen zu können. Es ist eine
Gunst, um die ich Dich bitte, damit ich mich nicht schlecht befinde, wenn ich Ihre Hoheit von Tarent verlasse. Schließlich sind
wir ja nicht verheiratet und verpflichtet, unser Leben lang dort zu
bleiben. Ich will es lieber mit Euch allen verbringen …
Ich hoffe, daß Du meinen Vorschlag nicht mißbilligst und mir nach
Deinen Kräften helfen wirst. Das ist es, um was ich Dich anflehe,
und glaube mir, mein lieber Bruder, daß Dir Deine Schwester sehr
verbunden sein wird, die Dich mehr als ihr eigenes Leben liebt.
Adieu … ich küsse sehr ergeben die Hände meiner Schwägerin."

Eleonores Halbbruder, Henri du Beugnon, hatte schon vorher einmal den Wunsch geäußert, daß er gern seine Schwester besuchen

78 würde. Sie griff das freudig auf und schrieb ihm auch am selben Tag:

„Es IST MIR eine große Freude, daß Du wünschst, mich wiederzusehen, denn wenn es wahr ist, daß Du dazu Lust hast, wirst Du, mein lieber Bruder, mir nicht die Gunst verweigern, um die ich Dich in der nächsten Zeit bitten werde. Ich wäre Dir mein Leben lang dafür sehr verbunden … Ich wäre in Verzweiflung, wenn ich mein ganzes Leben hier (in Herzogenbusch) verbringen müßte, und ich würde mich kaum darüber trösten können, falls Du mir verweigerst herzukommen, um mich abzuholen. Du kannst die Reise in aller Bequemlichkeit unternehmen. Ich möchte, daß sie Dich nichts kostet. Ich habe an meinen Bruder (Alexandre) geschrieben, daß er Dir gibt, was Du für unsere Reise brauchst. Du könntest mit dem Kurier nach Paris kommen, wo Du Dir einen schönen adretten Rhingrave* anfertigen lassen solltest. Das wird Dich nicht viel Geld kosten. Dann buchst Du einen Platz in der Kutsche, die einmal wöchentlich von Paris nach Brüssel fährt, von da geht es dann direkt weiter nach Herzogenbusch. Die Reise wird knapp 2 Tage dauern. Ich werde Dir Holland zeigen … Komm so früh, wie möglich. Ich wünschte, es wäre im Monat Mai, damit Du mit mir endlich 1000 Dinge besprechen kannst, die ich sonst niemand mitzuteilen wage … wir kehren dann gemeinsam zurück … Bitte meinen Bruder um alles Geld, das er mir senden kann … unsere Reise wird 400 ecus kosten … Verweigere mir nicht, um was ich Dich bitte. Komm so früh, wie möglich, ich brauche Dich dringend. Kurz gesagt, mein lieber Bruder, komm, auf welche Art auch immer, Du wirst hier sehr gut empfangen werden …"

Eleonore war sich durchaus bewußt, daß ihre Heimkehr nach Frankreich auch religiöse Probleme aufwerfen würde. Sie schrieb am Ende des Briefes: „Ich weiß auch gut Bescheid über das Elend, dem diejenigen ausgesetzt sind, die zu unserer Religion gehören. Gott wird dafür Sorge tragen; man muß sich seiner Gnade überlassen … Adieu, mein lieber Bruder, glaube mir, ich bin ganz die Deine …"

Obwohl es auf der Rückseite des ersten Briefes einen handschrift-

---

* Ein Rhingrave war zu dieser Zeit eine hochmodische Herrenhose. Sie war so weit wie ein Hosenrock, daher kommt vielleicht der Name „Beinkleid".

lichen Vermerk von Alexandre d'Olbreuse gibt, daß sein jüngerer
Bruder das Geld erhalten und quittiert habe, unternahm dieser
nicht die vorgesehene Reise. So blieb Eleonore weiter allein in ihrer Gewissensnot. Niemand war da, mit dem sie vertraulich über
ihre Probleme reden konnte. Wie angenehm war es doch gewesen,
als sie sich mit ihrer Herrin aussprechen konnte. Die Prinzessin
von Tarent, die Eleonore in mütterlicher Freundschaft zugetan
war, hatte sie zu dieser Verbindung ermutigt, war sie doch Zeugin
ihrer großen Liebe geworden.

Nachdenklich und liebevoll betrachtete Eleonore das schöne Medaillon mit dem Bildnis von Georg Wilhelm. Die Prinzessin hatte es
ihr am Morgen ihres 26. Geburtstags geschenkt. Sie hatte auch einen
Ball für das verliebte Paar veranstaltet. Wie glücklich war Eleonore
an diesem Tage gewesen. Fast war sie schon bereit, ihrem Herzen
zu folgen und ihre moralischen Grundsätze zu vergessen. Wieder
blickte sie auf das Bildnis des Mannes, den sie so sehr liebte und
dessen Liebe sie sich so gern sicher fühlen würde. Er hatte ihr eine
„Gewissensehe" versprochen, ihr ewige Liebe und Treue geschworen
und ihr einen Vertrag zugesichert, in dem alle Garantien für sie
schriftlich niedergelegt würden. Der Herzog war reich, er konnte
ihr ein angenehmes Leben in Luxus bieten, sie würde in Celle mit
ihm zusammen in seinem schönen Schloß leben. Würde sie vielleicht später das Gefühl haben, sich verkauft zu haben, und sich
schämen?

Eleonore betrachtete das Medaillon in ihrer Hand. Das geliebte
Antlitz war von kostbaren Brillanten umrahmt, die funkelten und
sprühten. Ja, es würde äußerlich ein glanzvolles Leben sein an der
Seite dieses Fürsten. Aber wie würde es ihr ergehen, wenn die
Stimme ihres Gewissens mahnte? Eleonore war arm. Sie konnte
wegen der Hugenottenverfolgungen kaum mehr in ihre Heimat zurückkehren. Ihre Schönheit und ihr Charme, ihr Stolz und vor allem
ihre Tugend, waren ihr einziger Besitz.

Nicht auszudenken, wenn auch sie nur ein flüchtiges Abenteuer für
den in schlechtem Ruf stehenden Frauenverführer wäre! Sie durfte
gar nicht daran denken, welches schreckliche Gerücht über Georg
Wilhelm im Umlauf war. Man munkelte, daß er sich in Venedig

80 eine unaussprechliche, furchtbare Krankheit zugezogen hätte und deshalb das Verlöbnis mit der Prinzessin Sophie auflösen mußte. Diese Fürstin, deren Großvater, Onkel und Cousin englische Könige waren, hatte inzwischen den jüngsten Bruder von Georg Wilhelm geheiratet. Wie würde ihr eine Verwandte von so hohem Rang begegnen? Schon allein die Tatsache, daß Eleonore zwar aus guter Familie stammte, aber nur von französischem Landadel war, würde einen beträchtlichen Standesunterschied bedeuten. Aber wenn sie dann noch nicht einmal richtig mit Sophies Schwager verheiratet wäre, welche Verachtung, welche Kränkungen würde sie zu spüren bekommen? Würde man ihr nachsagen, daß sie sich auf diese Verbindung nur aus Berechnung wegen der glänzenden Versorgung eingelassen hätte? Daß sie mit 26 Jahren kaum noch eine Chance hätte, einen Ehemann zu finden? Daß ihre Zukunft sonst nur so aussehe, daß sie allmählich als alte Jungfer im Hofdienst der Prinzessin altern und welken würde?

Sorgenvoll dachte Eleonore an den Erbstreit zwischen den beiden Welfenbrüdern. Würde es zu einem Kampf um das Erbe kommen? Der jüngste Bruder Ernst August, der immer treu zu Georg Wilhelm hielt, hatte ihm bereits seine Truppen angeboten. Wie schrecklich wäre ein Bruderkrieg! Daher war Eleonore sehr erleichtert, als sie die Nachricht vom Einlenken der streitenden Parteien erhielt. Die Verhandlungen zogen sich lange hin. Der ganze Sommer ging vorüber. Erst am 12. September 1665 wurde der Bruderzwist mit dem Vertrag von Hildesheim endgültig beigelegt. Georg Wilhelm war jetzt Herzog von Celle geworden. Doch er mußte sich verpflichten, im Land zu bleiben und die vernachlässigten Regierungsgeschäfte zu übernehmen. Er konnte seinem Herzen nicht folgen und zu Eleonore reisen, um sie endgültig zu sich zu holen. In seinen Briefen bestürmte er sie, sich zu entscheiden und mit ihm einen gemeinsamen Hausstand in seinem Schloß in Celle zu gründen. Er wollte nun endgültig mit ihr zusammen seßhaft werden. Sophie schrieb auf Veranlassung Georg Wilhelms eine Einladung an Eleonore.

Wenn Georg Wilhelm auch seine Schwägerin und ihre Motive zu diesem Schreiben nicht durchschaute, seine Herzallerliebste kannte

er nur zu gut. Die Wirkung, die dieser Brief auf Eleonore haben
würde, war von ihm richtig eingeschätzt worden. Eine höfliche Einladung auf das Schloß dieser stolzen Fürstin bedeutete für Eleonore die Hoffnung, in die Familie aufgenommen und anerkannt
zu werden. So war dann dieser Brief tatsächlich der letzte Anstoß,
der nötig war, um die Entscheidung zugunsten des geliebten Mannes zu treffen.

Am 10. 9. 1665 schrieb Sophie an ihren Schwager Johann Friedrich:
„Die d'Olbreuse wird vermutlich nach Iburg kommen." Wenige
Tage darauf wurde Fräulein de la Motte mit einer sechsspännigen
Kutsche abgesandt, um Eleonore in Herzogenbusch abzuholen. Die
beiden jungen Hugenottinnen waren schon seit längerer Zeit be-
freundet.

Es wird berichtet, daß der Herzog ein schönes Geschenk für Eleonore als Unterpfand seiner Liebe ihrer Freundin mitgegeben hatte.
Was es war, verschweigen alle Chronisten. Oder wissen sie es nicht?
Vermutlich war es ein Schmuckstück. Bei Beaucaire befindet sich
eine Liste der Juwelen aus dem Nachlaß der Herzogin von Celle.
Da anzunehmen ist, daß Eleonore dieses frühe Zeichen der Liebe
ihres späteren Gemahls in Ehren gehalten hatte, so könnte man
wagen, einige der Preziosen dafür in die engere Wahl zu ziehen:
Als erstes ist auf der Liste verzeichnet:
„1) Ein Kreutz in den Halß mit Sechs großen Diamanten und
einem großen Coulant." (Ein Coulant ist ein beweglicher Ring, der
wohl zum Befestigen des Anhängers an einer Kette gedient haben
wird). Ein Kreuz wäre sicher ein passendes, dezentes Geschenk für
ein frommes Mädchen gewesen. Ein Ring, ein Symbol der Bindung,
käme ebenfalls in Frage. In der Liste sind mehrere zu finden:
„4) Zwey Ringe, ein jeder mit einem großen Diamant." Einer der
beiden könnte der Ring sein, den Ludwig XIV. später zum Dank
für ihre Vermittlung an die Herzogin Eleonore übersandte. War
der andere vielleicht das mitgebrachte Geschenk? Falls jedoch der
Herzog am Beginn seiner Liaison noch nicht so großzügig war,
sandte er wohlmöglich einen der unter 6) verzeichneten:
„Noch zween kleine güldene Ringe. ..."?
Was es auch immer war, auf jeden Fall war Eleonore hocherfreut

darüber. Vor ihrer Abreise suchte sie den Prinzen von Tarent auf, der Gouverneur von Herzogenbusch war. Sie schilderte ihm ihre neue Situation und erhielt von ihm die Erlaubnis, ihre Stellung zu verlassen.

Drei junge Frauen bestiegen frohen Mutes die hochherrschaftliche Kutsche. Die sechs schönen Rösser stampften ungeduldig mit den Hufen. Die Reise nach Deutschland konnte beginnen!

Die Entfernung zwischen Herzogenbusch in den Niederlanden und der Iburg in Niedersachsen beträgt ungefähr 300 km. Welche Strecke mag wohl in damaliger Zeit eine Pferdekutsche an einem Tag zurückgelegt haben? In der zeitgenössischen Literatur finden sich einige Beispiele, aus denen sich Schlußfolgerungen ableiten lassen: So berichtete die Tochter der Prinzessin von Tarent, daß ihre Mutter die Reise von ca. 600 km von Herzogenbusch nach Thouars im Poitou in zwei Wochen geschafft hätte. Sie hatte sich aber außerordentlich beeilt, um ihren Kindern zu Hilfe zu kommen.

Von der Herzogin Sophie erfahren wir, daß einer ihrer Söhne von Venedig nach Hannover mit der Post nur sechs Tage gebraucht hatte! Sicherlich war die Postkutsche Tag und Nacht unterwegs, mit schnellen Pferdewechseln an den einzelnen Poststationen.

Es ist zu vermuten, daß die drei jungen Hofdamen in der privaten Kutsche mit eigenen Pferden nur am Tage gereist sind. Nachts schliefen sie wohl lieber in einem sicheren Quartier, denn schließlich wollten sie schön und ausgeruht in der fürstlichen Residenz eintreffen.

Nach gut zwei Wochen, also ungefähr in der zweiten Oktoberhälfte, mögen sie sich ihrem Ziel genähert haben. Vor ihren Blicken erhob sich ein einzeln stehender Bergkegel inmitten einer flachen Landschaft. Von dort oben blickte die Iburg weit über das Münsterland. Noch eine letzte Anstrengung der Pferde, den Berg hinauf, dann in den Burghof hinein. Sie waren am Ziel angekommen!

Für Eleonore war es ein aufregender Moment, den Verwandten ihres zukünftigen Mannes gegenüber zu treten. Es läßt sich gut vorstellen, daß sie der Begegnung mit der Herzogin Sophie mit Herzklopfen entgegen sah. Auch Sophie, die Eleonore erst einmal allein

empfing, war voller gespannter Erwartung. Es wäre für Eleonore
leichter gewesen, wenn ihr liebenswürdiger Verehrer auch gleich von
Anfang an dabei gewesen wäre. Doch der Herzog und sein Bruder
hatten noch gemeinsam in Hannover zu tun.
Vielleicht war es sogar beabsichtigt, daß sich die beiden Frauen
erst einmal allein in aller Ruhe kennenlernen sollten. Da standen
sie sich nun gegenüber: hoheitsvoll und streng die Schloßherrin,
in ihrer Würde als Ehefrau und Mutter – und Eleonore, neun
Jahre jünger, Sophie um Haupteslänge überragend, aber in der un-
sicheren Position einer Frau, die ohne Ehe mit ihrem Geliebten
zusammen leben wollte. Doch sie wurde sehnsüchtig und voller
Liebe erwartet – von dem Mann, den sich Sophie eigentlich zum
Gemahl erwählt hatte. Diese Gemeinsamkeit stand wie ein dunk-
ler Schatten über der Begegnung.
Aber beide hatten vorzügliche Umgangsformen, und so fand die
Begrüßung mit höflichen Worten und freundlichem Lächeln statt.
Eleonore wird wohl mit einem anmutigen Hofknicks der Herzogin ihre Reverenz erwiesen haben. Sophie war jedoch fest entschlossen, das Fräulein vom Landadel von vornherein auf den ihr zustehenden Platz zu verweisen. Es wird über eine Einladung Eleonores
in die Privatgemächer der Herzogin berichtet. Dort wurden Kaffee
und Salzbisquits gereicht. Von symbolischer Bedeutung erscheint,
daß die herbe Fürstin für ihren Gast nicht das sonst übliche süße
Gebäck servieren ließ. In diesem Gespräch unter vier Augen machte
Sophie ihren Standpunkt klar und „versalzte" Eleonore restlos
alle Hoffnungen, daß vor ihrem Einzug in das Celler Schloß vielleicht doch noch eine Hochzeit stattfinden könnte. Außerdem unterließ es Sophie nicht, ihr liebstes Thema ins Gespräch zu bringen.
Sie betonte ihren hohen Rang, ihre Abkunft aus der englischen
Königsfamilie und wies damit Eleonore erneut auf den großen
Standesunterschied zwischen ihnen hin. Auch auf das Ehelosigkeits-Versprechen des Herzogs pochte sie gern und immer wieder.
Das Gespräch mit der Herzogin machte Eleonore erneut das Herz
schwer, denn die illegitime Verbindung mit dem Herzog war für
sie durchaus kein leichtfertiger Schritt.
Dabei hätten die beiden Damen einige Gemeinsamkeiten finden

84

„Eleonore d'Olbreuse".
Ölgemälde von Daniel Mijtens, o.J.

können, die den Kontakt zueinander erleichtert hätten. Beide waren calvinistisch erzogen, während ihre Partner dem lutherischen Glauben angehörten. Beide hatten längere Zeit in den Niederlanden in der Emigration gelebt und dort gelernt, sich mit geringen materiellen Mitteln einzurichten. Sie hatten keine Mitgift in ihre Ehen eingebracht. Sowohl die stolze Sophie als auch die charmante Eleonore erhielten finanziellen Zuwendungen von Herzog Georg Wilhelm. Mit schriftlichen Verträgen hatte er beiden ein jährliches Einkommen zugesichert und ihnen Ländereien überschrieben. Über ihren ersten Eindruck von Eleonore berichtete Sophie:

„MAN HATTE MIR die d'Olbreuse als sehr mutwillig und sehr lustig geschildert, sie schlüge den einen und stäche den andren; das wären die Talente, wodurch sie zu gefallen suchte. Sie hatte in Kassel großen Erfolg gehabt, und der Landgraf hatte sich so in sie verliebt, daß er seine Gemahlin gar nicht mehr liebte. Der d'Olbreuse machte es Vergnügen, die Einzelheiten dieser Geschichte zu erzählen als einen Triumph ihrer Schönheit und eine Wirkung ihrer Keuschheit, daß sie einem so großen Fürsten habe widerstehen können; und sie glaubte, daß dies alle bösen Nachreden ersticken müsse. Aber ich fand sie ganz anders, als man sie mir geschildert hatte. Sie spielte sehr die Ernsthafte, ihr Benehmen war gemessen, sie sprach wenig und sehr angenehm; ihr Gesicht war sehr schön, ihre Figur schlank; ich fand sie sehr liebenswürdig. Der Herr Herzog, der mit seinem Herrn Bruder in Hannover war, als sie in Iburg ankam, schrieb mir einen Brief und beschwor mich, der d'Olbreuse einen so guten Empfang zu bereiten, wie ich nur könne, aus Gründen, die er mir sagen würde, wenn er wieder bei mir wäre. Ich gehorchte ihm ohne Widerstreben; denn jenes Mädchen bequemte sich ganz meiner Art und Weise an, und ich hielt sie ganz für die, als die sie erschien, da man wollte, daß ich das täte, und ich wollte alles vergessen, was ich von ihr hatte sagen hören, sogar die Bosheiten, die sie gegen ihre Gefährtinnen begangen hatte, wovon die Manselière nach den Erfahrungen, die sie mit ihr gemacht hatte, ein ganzes Register besaß. Ich behandelte das alles als Kleinigkeiten, um mich der Meinung anzupassen, die ich, wie der Herr Herzog wünschte, von ihr haben sollte."

Das Thema Eleonore d'Olbreuse beschäftigte die Herzogin Sophie sehr. In ihren Memoiren berichtete sie seitenlang über die Frau, gegen die sie recht voreingenommen war. Scharfe, spitze Bemerkungen über Eleonore sind überall in ihre Notizen eingestreut. Nur mühsam brachte Sophie einige nette Worte zustande – und die auch nur mit Einschränkungen. Das wirkt wie ein wenig Zucker auf einer bitteren Pille.

In einem Brief des Kurfürsten von der Pfalz wird Eleonores Ankunft in der bischöflichen Residenz beschrieben: „Meine Schwester (Sophie) schreibt mir, daß zwei sehr unterhaltende Damen trotz ihrer Schönheit, aber bescheiden und ohne Gefallsucht, angekommen seien. Eine ist die d'Olbreuse, von welcher Sie ohne Zweifel schon gehört haben werden. Ich versichere Sie, daß dieselbe ganz nach meinem Geschmack ist. Ihr Aussehen erinnert sehr an die Signora, sie hat ungefähr deren Figur, auch ihre Haare und Augen, sie ist sehr gut erzogen, ohne Künstelei, und sehr respektvoll, wo es erforderlich ist." (Als „Signora" wurde die zweite Frau des o. a. Kurfürsten bezeichnet, die Hofdame Louise von Degenfeld).

Wie froh und erleichtert wird Eleonore gewesen sein, als endlich der von ihr sehnlichst erwartete Herzog Georg Wilhelm auf der Iburg eintraf. In seiner liebevollen Zuneigung und zärtlichen Rücksichtnahme konnte sie sich geborgen fühlen. Die Begrüßung vor allen anderen mußte erst einmal in aller Förmlichkeit stattfinden. Doch Sophie bemerkte: „… das Einverständnis, das zwischen die-

86 sem und der d'Olbreuse herrschte, zuerst an dem Spiel ihrer Augen, und wie sie den Plan hatte, ihn noch viel weiter zu bringen. Sie ging dabei sehr vorsichtig zu Werke und setzte sowohl die Leidenschaft ins rechte Licht, die sie, wie sie ihn zu überzeugen wußte, für ihn empfand, als auch ihre Zurückhaltung. Er sprach dem Herrn Herzog (Ernst August) gegenüber in den stärksten Ausdrücken von ihrer Sittsamkeit und von seinem Wunsch, sie zu besitzen, worauf dieser ihm erklärte, daß man für Geld alles haben könne, aber daß er aus den Reden der La Motte gemerkt habe, die d'Olbreuse mache Anspruch darauf, ihn zu heiraten. Darauf antwortete der Herzog von Celle: ‚Wenn sie das will, dann kann sie nur dahin zurückkehren, wo sie hergekommen ist. Eine solche Torheit werde ich niemals begehen. Aber wenn sie mit mir leben will, so werde ich sie gut halten und ihr eine gute Pension geben, solange ich lebe und auch nach meinem Tode.' Er bat darauf seinen Herrn Bruder, ihm beizustehen und dieses Übereinkommen, das vielleicht schon zwischen ihnen geschlossen war, seiner Geliebten annehmbar zu machen."

Diese harten Äußerungen über seine so sehnsüchtig erwartete Liebste würde man dem liebenswürdigen Herzog gar nicht zutrauen. Wenn Sophie diese Sätze in ihren Memoiren fünfzehn Jahre später wirklich wortgetreu zitiert haben sollte, dann mag Georg Wilhelm sie vielleicht in gereizter Stimmung gesagt haben, um seine ständig auf sein Ehelosigkeitsversprechen pochenden Verwandten zu beschwichtigen und abzuwimmeln. Bei nachgiebigen, gutmütigen Menschen kann es leicht zu einer Überreaktion kommen.

Am 11. November 1665 trafen alle Verwandten des Welfenhauses zur Beisetzungsfeier für Herzog Christian Ludwig zusammen. Er war bereits am 15. März 1665 verstorben. Die lange Frist zwischen diesen beiden Daten ist wohl mit dem Streit um das Erbe zwischen seinen Brüdern zurückzuführen, der erst im September beigelegt wurde. Nun begaben sich die wieder versöhnten Brüder zur Trauerfeier nach Celle in die Evangelische Stadtkirche. Auch Eleonore fuhr mit in die Stadt, in der sie von nun an 40 Jahre leben sollte. Sophie hatte ihr den „einem Fräulein aus dem Poitou" zustehenden Platz zugewiesen – bei ihrem Gefolge. „Die d'Olbreuse

reiste mit meinen Damen dorthin, und die Fürsorge, womit der
Herzog von Celle sie umgab, schien alle Tage größer zu werden."
Bei dieser ernsten, würdigen Feier hatte Georg Wilhelm als neuer
Chef des Welfenhauses Repräsentationspflichten. Sein Platz war
an der Seite der Witwe seines ältesten Bruders. Es ist nicht anzunehmen, daß Eleonore bei den herzoglichen Familienmitgliedern
sitzen durfte. Sie wird wohl bescheiden irgendwo an der Seite mit
ihrer Freundin Platz genommen haben.
Die große Hallenkirche hatte zu dieser Zeit noch ihre gotische
Holzdecke. Doch auch das Barock hatte schon Einzug gehalten.
Von Herzog Christian Ludwig war 1653 eine prachtvolle Orgel gestiftet worden. Sie füllt in Höhe und Breite fast eine Schmalwand
der Kirche aus. Auf hellem Grund wird sie von Goldornamenten
und Engelsköpfen verziert, in der Mitte ein rotes Medaillon mit
den Initialen des Stifters. Ungewöhnlich bemalte Orgelpfeifen sind
gruppenweise in verschiedenen Größen über das gewaltige Instrument verteilt, man nennt sie auch klingende Prospekte. Sie haben
bunte, abenteuerliche Gesichter. Der grimmig wirkende Mund ist
die Öffnung, aus der der Ton herausströmt. Alles das, was Eleonore
schon vor über 330 Jahren bewundern konnte, erfreut noch heute
die Besucher des Gotteshauses.
Getreu der Tradition Martin Luthers wurde die Predigt zur Beisetzungsfeier wohl in deutscher Sprache gehalten. Als Leitmotiv
hätte an diesem Tage gut die Zeile aus Psalm 133,1 gepaßt: „Siehe,
wie fein und lieblich ist es, daß Brüder so einträchtig beieinander
wohnen."
Da Eleonore kaum Deutsch verstand, hatte sie Zeit und Gelegenheit, die steinernen Figuren der Vorfahren aus dem Welfenhaus
zu betrachten. Im Halbrund des Hohen Chores um den Altar
(von 1613) waren für die in der Gruft der Kirche beigesetzten Celler Herzöge Grabmonumente errichtet worden. Der Älteste in der
Ahnenreihe war der Urgroßvater des Herzogs Georg Wilhelm und
seiner Geschwister: Ernst der Bekenner (1497–1546). Er hatte die
Reformation im Herzogtum Celle eingeführt. Bei seinem Studium
in Wittenberg hatte er Martin Luther kennengelernt, seine Lehre
angenommen und unterstützt. Er unterzeichnete auch das „Augs-

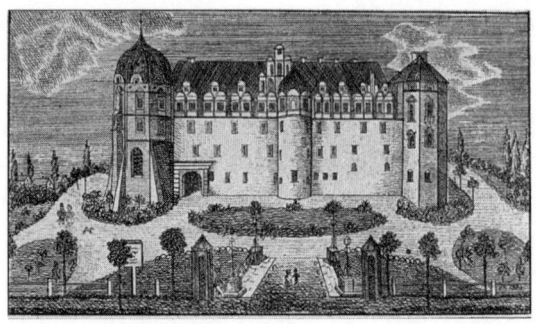

Das Schloß in Celle. Der Herzogssitz vor dem Umbau, der nach 1837 stattfand

burgische Bekenntnis." Sein 1576 errichteter Epitaph zeigt den Herzog und seine Gemahlin rechts und links neben einem Kruzifix kniend.

Auch sein Sohn Wilhelm der Jüngere und der Enkel Georg sind mit ihren Gemahlinnen dargestellt. Es sind die Großeltern und Eltern der zu dieser Zeit amtierenden Herzöge. Ob Eleonore schon aus der Familiengeschichte wußte, daß in der vorigen Generation durch das Los entschieden worden war, wer das Herzogtum erben sollte? Und daß sich die anderen Brüder zur Ehelosigkeit verpflichten mußten? Welche Gedanken mögen ihr wohl durch den Kopf gegangen sein, als sie die Denkmäler der vier unverheirateten Brüder betrachtete. Jede Statue steht allein in ihrer prunkvoll geschmückten Nische im Hohen Chor.

Als der Gottesdienst beendet war, brachten schwarzverhängte Kutschen die Trauergemeinde in das Celler Schloß. Zum ersten Mal fuhr Eleonore durch die Straßen ihrer neuen Heimatstadt. Schöne, zum Teil 100 Jahre alte Fachwerkhäuser säumten ihren Weg. Die zu einer Straße umgebaute Stechbahn, der ehemalige Turnierplatz, führte direkt zum Schloß. Auf der rechten Seite stand und steht noch heute die um 1530 erbaute Löwenapotheke. Schon kam das Celler Schloß in Sichtweite. Es liegt auf einer Anhöhe, ist von Grünanlagen umgeben und wird von Wasserläufen der Aller umflossen. Im Jahr 1292 war an dieser Stelle eine Burg errichtet worden. 1378 wurde sie Residenz der Herzöge von Braunschweig-Lüneburg, die mit den Jahren einige bauliche Erweiterungen vornahmen. In der Mitte des 16. Jahrhunderts ließen Ernst der Bekenner und seine Söhne die Anlage im Stil der Frührenaissance zu einem Vierflügelbau erweitern. Die mittelalterlichen Ecktürme erhielten die für diesen Baustil typischen Kuppeln. Außerdem entstanden im dritten Stockwerk des Ostflügels zinnenartig aufgereiht „Zwerchflügel", im Volksmund „welsche Gevels" (Giebel) genannt.

Gut 100 Jahre vor Eleonores schlichtem, unauffälligem Einzug in das Schloß war die dänische Prinzessin Dorothea 1561 im vergoldeten Prunkwagen und mit einem 600 Mann starken Gefolge nach Celle gekommen, wo mit großem Aufwand die Hochzeit mit Herzog Wilhelm gefeiert wurde. Die Kosten dafür waren so hoch, daß die gesamte große Mitgift hierfür verbraucht wurde.

Herzog Wilhelm nahm auch Umbauten im Schloß vor und ließ 1564 die Schloßkapelle von einem Schüler Tintorettos prachtvoll gestalten.

Im November 1665 hatte die 26jährige Eleonore d'Olbreuse ihr endgültiges Ziel erreicht. Die große entscheidende Wende in ihrem Leben hatte begonnen. Alle Zweifel begannen zu verblassen. Sie vertraute der Liebe und Treue des Mannes, den sie auch von ganzem Herzen liebte.

Im Schloß herrschte Hochbetrieb. In der weitläufigen gotischen Küche im Erdgeschoß hatten die Bediensteten alle Hände voll zu tun, um für die große Trauergemeinde ein festliches Mahl zu richten und in die Bankettsäle hinauf zu tragen. Später am Abend traf man sich im engsten Familienkreise, um den von Georg Wilhelm vorbereiteten Vertrag für eine „Gewissens-Ehe" zwischen ihm und Eleonore abzuschließen und zu unterzeichnen. Sophie hat ihn in ihren Memoiren zitiert:

„Da ich aus Zuneigung für meinen Bruder mich entschlossen habe, zu seinen und seiner Kinder Gunsten nicht zu heiraten, und hiervon niemals abgehen werde, und da Fräulein d'Olbreuse sich bereitgefunden hat, mit mir zu leben, so verspreche ich, sie niemals zu verlassen und ihr jährlich 2000 Taler, nach meinem Tode aber 6000 Taler jährlich zu gewähren, womit sie hierdurch versprechen wird, ebenso wie ich zufrieden zu sein, und nachdem wir alle beide mit der Zustimmung meines genannten Bruders diesen Entschluß

90   gefaßt haben, hat er versprochen, ihn mit mir zu unterzeichnen.“ Weiter berichtete Sophie: „Das war der Inhalt des Heiratsvorvertrages, den wir alle vier, der Herzog Georg Wilhelm und die d'Olbreuse, der Herr Herzog (Ernst August) und ich (Herzogin Sophie), unterzeichneten. Abends gingen die beiden Liebenden ohne weitere Feier gemeinsam zur Ruhe. Um ihn weich zu stimmen, fing sie darauf an zu weinen und sagte, wenn sie einen einfachen Edelmann geheiratet hätte, würde sie doch wenigstens den Titel gnädige Frau haben, und wünschte, daß man sie Frau von Celle nennen solle. Der Herzog widersetzte sich dem ebenso wie ich. Die Herzoginwitwe von Celle fand sich dadurch beleidigt, daß ihr Name einem einfachen Fräulein gegeben werden solle, und der Herzog Georg Wilhelm erklärte sich in sehr verbindlicher Weise für uns, indem er sagte, daß er sich um eines Titels willen nicht mit uns veruneinigen wolle, um seiner Geliebten zu gefallen, und stellte ihr die Wahl zwischen den Namen von Hoya und von Harburg. Sie wählte den letzteren, so daß sie darauf länger als zehn Jahre Frau von Harburg genannt wurde.“

Woher wußte Sophie von den Tränen der Braut und den gewiß nicht für fremde Ohren bestimmten Gesprächen des liebenden Paares? Wie sind die Szenen aus der Intimität des herzoglichen Schlafgemaches wohl nach draußen gedrungen? Aus Celle schrieb Sophie am Tag nach der Vertragsunterzeichnung „… daß die ‚Gewissensehe‘ zwischen Georg Wilhelm und Eleonore jetzt bekannt sei, obwohl der Vollzug ganz heimlich im Stillen stattfand, ohne Kerzen – ohne Zeugen.“

Reimte sich Sophie da etwas aus späteren Erzählungen zusammen, oder wurde ihr der Klatsch von Bediensteten zugetragen? Es wäre auch gut möglich, daß Sophie die „Sonderbahre Geschicht dieser Zeit“ bereits gelesen hatte. Folgendes hätte sie dort finden können: „Die kluge Clorinde (Eleonore) wuste wohl / daß man einem verliebten / welchen man zu ehelichen gesonnen ist / niemahls die letzte Gunst verwilligen müste / und sie in dem verliebten Stande / in welchen sie ihren Agesilaum (Georg Wilhelm) gesetzt hatte / alles, was sie zur ihrer Erhöhung wünschete / erhalten könte. Demnach begunte diese so grosse Liebe und aufrichtige Zuneigung Sie ewig zu

verbinden / iedoch unter dem Beding / daß sie nur den Titul von
dem besten Leibgeding im Lande führen solte. Da ist sie also auf
eine Ehren=Staffel über ihr Herkommen erhoben / und hat eines
mächtigen Fürsten Hertz und Sinn dermassen eingenommen / daß
sie ihren Freunden dienen / und Feinden schaden kan. Sie lebete
mit ihrem Hrn. Gemahl in höchster Freyheit und Glückseligkeit /
Sie hatte alle Vergnügungen einer erwünschten Ehe / und genoß aller Hof=Freude / so die Zeit und des Landes Gelegenheit geben
kunte …"

Diesem Text zufolge hätte sich Eleonore dem Herzog anfangs verweigert, um erst eine Rangerhöhung für sich durchzusetzen. Sie
wollte nicht unter ihrem Mädchennamen mit dem Herzog zusammen leben. Es ist verständlich, daß sie in der Unsicherheit ihrer
Lage die Gunst der Stunde nutzen wollte. Aber es ist erstaunlich,
daß ihr zeitgenössischer Biograph, der sonst ihr Lob in den höchsten Tönen singt, so offen darüber schreibt.

Eleonore war glücklich und zufrieden mit ihrem Leben an der
Seite des geliebten Mannes. Das bestätigt ein Brief, den sie an einen
Freund und Landsmann, Monsieur Genebat, schrieb. Die Herzogin Sophie hatte eine Abschrift davon in ihre Memoiren aufgenommen. Verwunderlich ist nur, wie der Brief in die Hände der
Herzogin gelangen konnte. Ließ sie Eleonores Post abfangen und
kontrollieren, um sie dann zu kopieren? Auch das ist eine „Sonderbahre Geschicht"!

Eleonore schrieb u. a.:

Celle, 14. März 1666

„Ich war ganz sicher, daß Sie meine Heirat billigen würden, und
das war mir genügend. Denn der Beifall eines Menschen, wie Sie
es sind, genügt bei einem solchen Ereignis. Was man auch darüber
sagen mag, daß ich mich über die kirchliche Feier in Gegenwart
eines Priesters hinweggesetzt habe, ich vermag es nicht zu bereuen;
denn ich bin die Glücklichste der Welt, und nur die Treue macht
die Ehe aus. Seine Hoheit hat mir solche in Gegenwart aller seiner Angehörigen gelobt, die den Vertrag mit unterzeichnet haben,
worin der Fürst mir verspricht, niemals eine andere Frau zu nehmen als mich, mich als Fürstin zu halten und mir jährlich zweitau-

92 send Taler für meine Kleidung und, falls er vor mir sterben sollte, ein Landgut als Wittum zu geben, das eine Rente von fünf- bis sechstausend Talern abwirft.

Sie würden Freude daran haben, unsere Ehe zu sehen; sie ist die beste von der Welt ... Leben Sie wohl, mein Herr, geben Sie mir bisweilen Nachricht von sich und halten Sie mich so wahrhaft, wie ich es bin, für Ihre ganz ergebene Dienerin, *d'Olbreuse, Frau von Harburg.*"

Sophie kommentierte Eleonores Schreiben:

„Aus diesem Brief kann man entnehmen, daß sie sehr zufrieden mit ihrer Lage war, und daß sie es verstand, dem Entschluß, den sie gefaßt hatte, eine gute Wendung zu geben, die in der Tat sehr ehrenvoll für eine Person von ihrem Herkommen war.

Denn um seinem Bruder gefällig zu sein, erwies der Herr Herzog ihr tausend Aufmerksamkeiten, und sie wiederum, um sich in der Gewogenheit ihres Herzogs zu behaupten, zeigte uns alle Ehrerbietung, die sie uns schuldete. Denn anfangs überschritt ihr Einfluß noch nicht alle Grenzen."

Es ging bei Sophie nie ohne einige Spitzen ab. Ihre Nichte Liselotte von der Pfalz drückte sich über Eleonore da allerdings viel derber und direkter aus: „Herzog Georg Wilhelm hat viele Jahre lang mit diesem Mensch ohne Heurath gehaust." Die Verbindung dieser unebenbürtigen Frau mit dem Herzog empfand sie, „wie wenn man Mausdreck mit Pfeffer mischt." Dazu ist zu bemerken, daß Pfeffer in der damaligen Zeit sehr kostbar war. Liselotte war Eleonore nie begegnet. Das meiste, was sie von ihr wußte, hatte sie den Briefen ihrer Tante Sophie entnommen. Diese sind leider nicht mehr erhalten. Doch die Art und Weise, in der Liselotte in ihren zahlreichen Briefen an Sophie reagiert, läßt vermuten, daß diese in dem regen, sehr privaten Gedankenaustausch so manche bittere Gedanken und scharfe Bemerkungen vertraulich mitteilte, die sich dann in den Antwortschreiben widerspiegeln.

Die Tochter der Prinzessin von Tarent berichtet in ihren Memoiren: „Als sie in Celle angekommen war, schrieb der Herzog an meine Mutter, daß Fräulein d'Olbreuse und er entschlossen wären, miteinander zu leben, einige Zeit darauf ließ er sie zur Frau von Harburg ernennen und gab ihr ein ansehnliches Einkommen." An vielen Höfen interessierte man sich für die Frau, die mit dem wohlbekannten und beliebten Herzog von Celle zusammenlebte. Der Klatsch über das „französische Fräulein aus dem Poitou" blühte. Man tuschelte über des „Herzogs seine Madame", sie sei eine Abenteuerin, sicher auch nur eine Maitresse von vielen, die bald wieder durch eine Neue ersetzt werden würde!

Auch von Herzogin Sophie gab es für Eleonore oft kleine Demütigungen und verschleierte Sticheleien. Herzog Ernst August war freundlich und höflich zu Eleonore, um seinem Bruder gefällig zu sein. Die Brüder kamen nach wie vor oft und gern zusammen. Für ihre beiden Damen, die meist mit dabei waren, gestalteten sich diese geselligen Zusammenkünfte nicht so einfach und angenehm. Um ihrem Mann die Freude nicht zu verderben, ertrug Eleonore die Kränkungen stillschweigend. So gab ihr Sophie z. B. zu verstehen, daß sie nicht in der herzoglichen Kutsche mitfahren dürfte. Auch galt sie nicht als hochrangig genug, um bei den Mahlzeiten oben an der Fürstentafel Platz zu nehmen. Es wurde ihr erlaubt, weiter unten mit ihrer Schwester Angélique das Essen einzunehmen. Die Herzogin gewährte ihnen als besondere Gunst, daß sie sitzen bleiben durften, während die hohen Herrschaften speisten, derweil alle anderen stehen mußten. Die beiden Französinnen sollen sich heimlich über das schwere deutsche Essen mokiert haben. Es heißt, daß sie kaum etwas zu sich nahmen und sich später kleine pikante Mahlzeiten in ihrem Zimmer zubereiteten. Die Hauptbestandteile der Gerichte, die damals an deutschen Tafeln serviert wurden, waren: Knackwurst, Schinken, Schwarzbrot, Speck, Kohl und Bier. Der Große Kurfürst hat diesen Brauch einmal bei einer Tischrede als Gleichnis angewandt: „Braunschweig und Brandenburg gehören zusammen, wie Speck und Kohl."

Am 16. Dezember 1665 schrieb Herzogin Sophie an ihren Bruder, daß die beiden Brüder mit ihren Partnerinnen in der Weserstadt Nienburg für einige Zeit zusammen waren: „Wir sind hier und bewundern die wechselseitigen Zärtlichkeiten Georg Wilhelms und seiner Signora; das ist wirklich zu stark; ich weiß nicht, wie lange das von Dauer sein wird, und man könnte sagen, daß Venus den

94 stärkeren Einfluß auf seinen Geist hat, als Pallas und Mars ...“ Etwas später konstatierte Sophie, „... daß es drei Arten von Menschen auf der Welt gibt: die einen haben alles durch Geburt, ohne es nötig zu haben, eine Hand zu rühren, wenn sie in einer friedlichen, ruhigen Zeit geboren wurden; andere erreichen das durch ihre Tüchtigkeit, Regsamkeit und Fleiß; und die dritten sind von anderen dorthin gestoßen worden und erfreuen sich aller Güter ohne Mühe und ohne Ansehen und sind nicht minder glücklich als die ersteren. Aber das ärgert mich!“ Damit ist natürlich Eleonore gemeint, und Sophies Verstimmung gegen sie fing an, sich deutlicher zu zeigen, vorerst nur in ihrer privaten Korrespondenz. Sie fand es eben einfach ungerecht, daß ein simples Fräulein mit dem reichen, mächtigen Herzog, der eigentlich für sie bestimmt gewesen war, in Glück und Harmonie lebte, während sie in ihrer Ehe unter der häufigen Untreue ihres Gemahls zu leiden hatte. Sie, die selbst von königlichem Geblüt war, wurde vernachlässigt, und sie beneidete in ihrem tiefsten Inneren Eleonore um die Liebe und Zärtlichkeit, mit der sie umsorgt wurde.

Acht Tage blieben die beiden Paare in Nienburg zusammen. Sie gingen gemeinsam zu Weihnachten in die Kirche und hörten beim Gottesdienst die Predigt des Geistlichen. An den anderen Tagen versuchte man, sich die Zeit mit Kartenspielen zu vertreiben.

Aber nicht immer war das Leben so beschaulich. Die drei Welfenherzöge mußten mit ihren Truppen in den „Bremischen Krieg“ ziehen.

Eleonore war inzwischen in das Schloß in Celle eingezogen. Es befand sich in keinem guten Zustand. Der Dreißigjährige Krieg hatte zwar die Stadt Celle verschont, aber in diesen schlechten Zeiten war nichts repariert worden. Das Schloß war ziemlich verwohnt und baufällig. Darum hatte der Herzog auch so lange gezögert, dort zu residieren. Eleonore übernahm die hausfraulichen Pflichten und versuchte, die Räume umzugestalten und zu verschönern. Georg Wilhelms Möbel, die vom Leineschloß in Hannover nach Celle gebracht worden waren, bildeten die Grundausstattung. Der rührige Stechinelli, stets zu Sonderdiensten bereit, beschaffte kostbare Tapeten und Stoffe aus Paris, Flandern und

Brabant. Eleonores guter Geschmack bewährte sich. Samttapeten, schöne Gobelins, wertvolle Möbel verwandelten die Gemächer, so daß sich der an Prunk und Pracht gewöhnte Herzog jetzt auch wohl fühlte. Es waren noch bauliche Änderungen notwendig. Gleich nach dem Einzug berief Georg Wilhelm den italienischen Architekten Lorenzo Bedogni aus Venedig für den Umbau des Schlosses. Eleonore engagierte für ihren nach französischem Vorbild geführten Haushalt in Frankreich neues Personal: Lakaien, Köche, Barbiere, Perückenmacher, Tapezierer, Gärtner und eine Bademutter.

Zur Freude des weitgereisten und verwöhnten Herzogs führte Eleonore die feine französische Küche in ihrem Haushalt ein. Bisher in Deutschland unbekannte Gemüsesorten wie Spargel und Artischocken bereicherten ihre Tafel. Leckere Konditorei- und Süßwaren erfreuten die Feinschmecker. Die Bäcker in Celle lernten bald, französisches Backwerk von bester Qualität zu produzieren.

Der Herzog war sehr glücklich mit seiner jungen, schönen Frau, die ihn immer wieder mit neuen Talenten überraschte und erfreute. In einem ausführlichen Brief schrieb er seinen langjährigen Freunden, dem Prinzen und der Prinzessin von Tarent, wie gut er sich mit Eleonore eingerichtet hatte und daß er nun endlich ein Heim mit ihr habe, in dem er seßhaft werden würde.

Sophies Kommentar zum jungen Familienglück: „Es gibt kaum etwas zu sagen von Celle, es gibt weiter nichts Gutes, als daß man dort gut tafelt und Madame von Harburg schwanger ist. „(Osnabrück, 17. 3. 1666) Man beachte die Reihenfolge der Ereignisse und die Art der Formulierung! Weiter berichtete sie, nicht ohne eine gewisse maliziöse Genugtuung über den Besuch von Eleonores Halbbruder, Henri Desmier, Seigneur du Beugnon, in Celle. „Im Glauben, daß sie verheiratet sei, wollte er ihr den Kleidersaum küssen. Als er dann besser informiert war, verließ er den Hof mit dem Plan, dorthin nie mehr zurückzukehren." Dabei blieb es aber nicht, denn er wurde später Oberstallmeister am celleschen Hof.

Als Herzog Georg Wilhelm mit seinem Bruder zur Jagd in Bruchhausen war, bat Eleonore die Herzogin Sophie zu gestatten, daß in dieser Zeit ihre Freundin Nymphe de la Motte zur ihr kommen dürfe, um ihr Gesellschaft zu leisten. Sophie: „Das habe ich ihr er-

96 laubt, denn Sie können mir ohne weiteres glauben, daß ich alles tun muß, um Georg Wilhelm in guter Stimmung uns gegenüber zu erhalten." Nicht nur die Schwester und die Freundin kamen zu Eleonore nach Celle. Sie umgab sich mit der Zeit gern mit Verwandten und Freunden aus ihrer Heimat. Das erleichterte ihr das Einleben in der noch ungewohnten Umgebung. Der Bevölkerung von Celle mißfielen anfangs die vielen Fremden am Hofe. Denn es waren nicht nur Franzosen gekommen, sondern Georg Wilhelm hatte auch eine Vorliebe für Italiener, die er zu künstlerischen Arbeiten an seinem Schloß engagierte.

Einen Italiener, Francesco Maria Capellini-Stechinelli, hatte der Fürst nach Celle mitgebracht. Es war der ehemalige Betteljunge aus Venedig. Er war inzwischen 25 Jahre alt und hatte es mittlerweile zu Geld und Ansehen gebracht. Er war mit einer Hugenottin verheiratet: Philippine Marchand, Kammerfrau bei der Herzogin Sophie. Sophie schätzte die Talente des wendigen Italieners und holte ihn oft, wenn es Feste u. a. zu organisieren gab. Als schlauer Kaufmann wußte er sich Handelsprivilegien zu verschaffen. Er wurde Großunternehmer, hatte auch Anteil an der fürstlichen Finanzverwaltung und machte im Laufe der Jahre eine beachtliche Karriere. Er wurde Oberpostmeister, bewährte sich im diplomatischen Dienst und wurde später in den Adelsstand erhoben. Er verstand, sich überall nützlich und unentbehrlich zu machen.

Ein anderer Italiener in Celle war Lucas de Bucco, der natürliche Sohn des Herzogs aus der Verbindung mit der venezianischen Tänzerin Zenobia Bucolina. Ihre häufige Untreue soll den Herzog damals so schwer getroffen haben, daß er den Entschluß gefaßt haben soll, nie zu heiraten. Zu dieser Zeit war auch das Gerücht von der venerischen Krankheit in Umlauf gekommen, durch die der Herzog zeugungsunfähig geworden sein soll. Als er allerdings in Liebe zur schönen Eleonore entbrannte, existierte die Krankheit wunderbarerweise nicht mehr.

Eleonore war schwanger! Sie war glücklich, ein Kind zu erwarten. Der Herzog freute sich mit ihr und umgab sie mit Zärtlichkeit und Fürsorge. Doch diese Schwangerschaft gab erneut Anlaß zu bösartigem Gerede. Man kann sich gut vorstellen, wie in den Gängen des Schlosses die Kammerjungfer dem Lakaien zutuschelte: „Stell Dir vor, die Madame Harburg erwartet ein Kind!" „Ja, aber von wem denn?" „Na, der Herzog kann ja wohl nicht der Vater sein, der hat sich doch so eine Krankheit in Italien geholt!" „Ja, richtig, deshalb hat die Herzogin Sophie auch lieber seinen Bruder geheiratet." „Stimmt, sie war zwei Jahre mit unserem Herzog verlobt, und dann war plötzlich Schluß." „Und nun hat diese hergelaufene Französin unseren guten Herrn betrogen! Dabei ist der so lieb zu ihr und überschüttet diese undankbare Person mit Geld und Geschenken! Was für ein schlechtes Frauenzimmer! Sicher wird er sie bald zum Teufel jagen."

So oder ähnlich mag der verleumderische Klatsch geklungen haben, der sich wie ein Lauffeuer in Celle, dann weiter nach Hannover, nach Osnabrück und Heidelberg verbreitete. Der Kurfürst von der Pfalz hatte wohl bei seiner Schwester brieflich nach der Vaterschaft von Eleonores Kind gefragt, denn Sophie antwortete ihm, daß sie sicher sei, daß das Kind von Georg Wilhelm sei und daß es keine Zweifel an seiner Zeugungsfähigkeit gebe. Das mit der Krankheit wäre damals nur ein Vorwand gewesen, damit er sich von seinem Heiratsversprechen ihr gegenüber lösen konnte. (8. April 1666).

In diesem Brief an ihren Bruder läßt Sophie ihrer Schwägerin Gerechtigkeit widerfahren und stellt sich dem Klatsch entgegen. Hier zeigte Sophie eine gute Gesinnung und Fairness gegenüber Eleonore, die sie damit von dem schweren, unehrenhaften Verdacht der Untreue freisprach. Ihr Gerechtigkeitssinn, aber auch der Wunsch, sich mit ihrem Schwager gutzustellen, ließen sie wohl auf diese Art reagieren. Sie war zu dieser Zeit ebenfalls am Beginn einer Schwangerschaft. Vielleicht hat sie auch das der anderen werdenden Mutter gegenüber milde gestimmt?

Für Eleonore müssen die Verleumdungen, das Getuschel und die schiefen Blicke außerordentlich deprimierend gewesen sein. Es war für sie ohnehin nicht leicht, daß sie ein Kind aus einer Verbindung ohne kirchlichen Segen erwartete. Schwer lastete dieser seelische Kummer auf ihr und vermehrte die körperlichen Beschwerden der Schwangerschaft. Doch ihre Liebe und Treue waren fest und unerschütterlich. Georg Wilhelm stand ihr getreulich zur Seite. Er

98   liebte Eleonore von ganzem Herzen. Sie hatte ihn in einen anderen Menschen verwandelt. „Sie gewann solche Herrschaft über ihn, daß aus dem wankelmüthigsten Menschen ein Muster an Beständigkeit ward", schrieb Amélie de Tremoille. Immer enger wurde die Bindung zwischen dem liebenden Paar, immer neue liebenswerte Eigenschaften entdeckte der Herzog an Eleonore, die ihn durch ihre Natürlichkeit und ihr charmantes, fröhliches Wesen immer wieder entzückte.

Die mißachtete „Maitresse", wie sie immer noch von Sophie bezeichnet wurde, hatte sich bewährt. Mit ihrem tadellosen Benehmen, ihrer Freundlichkeit und gütigen Wohltätigkeit hatte sie viele Herzen gewonnen. Sophie war sehr unzufrieden, daß diese Frau immer mehr Einfluß über den Fürsten gewann und ihn klug, aber bescheiden beriet.

Über die Geburt der Tochter schreibt Eleonores erster Biograph voller Mitgefühl, daß sie „... bey ihrer ersten Niederkunft dermassen hart angegriffen wurde /daß ihr zu gehen unmüglich war/ wenn sie nicht auf zweyer Personen Armen lehnete /die ausgestandenen Schmerzen nahmen sie so mit /und verderbeten ihre Schöne dermassen /daß auch das Alter /der Tyrann aller Dinge /ihr keinen grausamen Schaden hätte zufügen können. Dennoch ertrug ihr Gemahl /welchen man etliche Jahre vorher vor unbeständig hielte / dieses Unglück mit höchster Gedult /und war so mitleidig bey ihrer Schwachheit /daß er sie hertzlich gern /wenn es müglich gewesen wäre /mit ihr getheilet /und ihr einige Linderung verschaffet hätte. Sie verwieß ihm gar artig /daß die Liebe /welche sie zu ihm getragen hätte /sie in diesen elenden Stand gesetzet, und dennoch wolte sie frölich sterben /wenn sie wüste /daß er iederzeit ein wenig ihr Gedächtnis und das Kind /so sie ihm als Pfand ihrer Liebe und Treue hinterliesse /väterlich lieben würde ..."

Eleonore hatte es sehr schwer bei der Geburt ihrer Tochter gehabt. Sie war noch lange krank, ihre Schönheit hatte gelitten. Doch nun zeigte sich, daß Georg Wilhelm es wirklich ernst mit ihr meinte, mit allem Verantwortungsgefühl und in Treue zu ihr hielt, und sie nicht nur ein „hübsches Amusement" für ihn war. Liebevoll und geduldig umsorgte er die Kranke.

Eine Eintragung im Celler Stadtkirchenbuch beurkundet die Geburt der Tochter des Herzogs. Allerdings ist sie nicht im Geburtsjahr 1666 zu finden, sondern ist erst an dem Tag vermerkt, als der Sarg Sophie Dorotheas ins Grabgewölbe gestellt wurde, am 24. Januar 1727: „Jit Unser Allergnädigsten Fr. Hertzogin S o p h i a D o r o t h e a Herz. Wilhellms Glorwürdigsten Andenken eintziger Princessin, die auf diese Welt, Anno 1666 d. 10. Sept. geboren und den 11. dit. durch H. Mag. Horst, damaliger Hofprediger die Heil. Taufe empfangen …"*

Das Kind erhielt den Namen Sophie Dorothea. Das waren die Namen der beiden Schwägerinnen des Herzogs: Sophie, Gemahlin seines jüngsten Bruders Ernst August, und Dorothea, Witwe des verstorbenen ältesten Christian Ludwig. Ob die beiden Herzoginnen die Patinnen des kleinen Mädchens waren, ist nicht gewiß. In einer englischen Biographie wird berichtet, daß die Taufe mit großen Zeremonien gefeiert wurde: mit Glockenläuten, Freudenfesten und Geschenken an die Einwohner von Celle. Obwohl die kleine Sophie Dorothea nach striktem Recht keine Person von Rang war, wurde sie geehrt, als ob dem Herzogtum eine Erbin geboren wäre. Ernst August war über all den Aufwand verärgert. Denn dieses Neugeborene, das wie eine Prinzessin gefeiert wurde, war schließlich doch nur das illegitime Kind der „Madame" seines Bruders. Ihr Name müßte doch wohl heißen: „Sophie Dorothea von Harburg!"

Die Herzogin Sophie soll Eleonore am Wochenbett besucht haben. Aber mehr als die kranke „Maitresse und ihr Bastardlein" interessierten sie die dramatischen Vorgänge in London. Sie war ganz erfüllt davon und berichtete von der großen Feuersbrunst, die in der Pudding Lane ausgebrochen war und sich in Windeseile über die Stadt ausbreitete. Stolz erzählte Sophie, daß ihre beiden Cousins, der englische König Charles II. und sein Bruder James, den Löschtrupps höchstpersönlich beistanden und mit großem Mut und Eifer bei der Bekämpfung des Feuers halfen. Es war für Sophie eine große Erleichterung, daß Eleonore „nur" ein Mädchen zur Welt gebracht hatte. Ein Sohn hätte unter Umständen die Erbregelung, die zugunsten ihrer Familie getroffen war, ins Wanken

---

* Siehe auch S. 407

bringen können. Es wäre zu befürchten, daß der stolze Vater dann wieder seine Meinung ändern, die zugesicherten Verträge nicht einhalten würde und Sophies Kinder nicht das Herzogtum erben würden. So war es für Sophie zusätzlich eine Beruhigung, daß sich Eleonore lange Zeit in einem schlechten Gesundheitszustand befand und deshalb eine erneute Schwangerschaft nicht so bald zu erwarten war.

Über das Verhältnis ihres Mannes zu seinem Bruder schrieb Sophie:

„Ihre Einigkeit war in dieser Zeit so vollkommen, daß sie nichts ohne einander taten und man fast immer zusammen war. Um seinen Bruder zu genießen, begab sich der Herr Herzog mit seinem ganzen Hofe während des Winters nach Lüneburg, wo Komödie, Spiele, Bälle und Feste abwechselnd dazu dienten, uns zu unterhalten. Indes begann man zu bemerken, daß der Einfluß von Frau von Harburg immer mehr stieg, und daß ihr Herzog allen ihren Worten Glauben schenkte, die jedoch keineswegs immer in den Schranken der Wahrheit zu bleiben pflegten. Das tat uns leid, und man zuckte die Achseln darüber. Sie machte ihm weis, sie stamme aus einem sehr angesehenen und sehr wohlhabenden Hause und sei bei der Fürstin von Tarent nur als Freundin und nicht als Dienerin gewesen. Einer ihrer Brüder kam auch nach Celle, um den Herrn Herzog von Celle zu überreden, sie zu heiraten; doch dieser ließ ihm durch den Oberst du Villiers alle Gründe mitteilen, aus denen er dies niemals tun würde, und man glaubte ihm, daß er unfähig sein würde, seinen Entschluß zu ändern."

Ein halbes Jahr später berichtete Sophie von einem Besuch ihres Schwagers und Madame von Harburg: „Der erstere ist immer noch der Gleiche, er bezeugt uns die dieselbe Freundschaft, die er immer für uns gehabt hat, die andere (Eleonore) hat sich im Gesicht und Körper stark verändert, denn sie ist nur noch Haut und Knochen … um sich zu heilen, nimmt sie eine Stahlessenz ein. Man sagt, daß diese etwas ganz Besonderes sein soll …" Anscheinend hatte diese Medizin, die Eleonore regelmäßig einnahm, wirklich eine gute Heilwirkung, denn zwei Monate später ging es ihr nach

Aussagen Sophies schon besser „… hätte sie das Stahlpräparat nicht eingenommen, denke ich, daß sie bereits tot wäre …"
Eine andere Verwandte der Herzogin Sophie war sterbenskrank: Luise Henriette, die Gemahlin ihres Cousins, des Großen Kurfürsten von Brandenburg. „… um ihren Geist schließlich von dieser Welt zu lösen, hat sie sieben Ärzte um sich, die werden sie wohl nach allen Regeln der Kunst unter die Erde bringen …" Viel hielt Sophie nicht von den Medizinern, seitdem sie als kleines Mädchen miterlebte, wie ihr Brüderchen qualvoll sterben mußte, weil keiner die richtige Diagnose gestellt hatte und die entsprechende Behandlung vornahm. Am Ende ihres Briefes äußerte sie die Befürchtung, daß Ludwig XIV. ganz Deutschland unterwerfen wollte: „… ich bin nachdrücklich für die germanische Freiheit, … und ich bete zu Gott: Gieb friden in vnseren dagen." (Bruchhausen, den 3. März 1667).
Über Eleonore gab es wieder neuen Stoff zum Klatsch. Man zog darüber her, daß sie einen zu großen Hofstaat hätte, unangemessen für ihren niedrigen Rang. Dabei war einzig und allein ihre Schwester Angélique als Hofdame bei ihr, außerdem hatte sie drei Stubenmädchen. Sophie bemerkte ironisch:
„Wenn die sogenannte Dame (Eleonore) ausfährt, hat sie nur eine Karosse mit sechs Pferden … Ich habe niemals mit ihr zusammen ein zeremonielles Mahl eingenommen, wir speisten nur gemeinsam an einem runden Tisch, sie zu meiner Linken, der Herzog rechts von mir. Sie setzt sich nie in meiner Gegenwart auf einen Armstuhl, wie es sich gehört, denn sie ist sehr gut erzogen und weiß, wie sie sich in Gegenwart von Standespersonen benehmen muß. Dagegen ist ihre Schwester sehr unangenehm und ländlich, sie gleicht ihr überhaupt nicht. Ich habe bei ihr nur einen Lakai gesehen, ich weiß nicht, ob sie zwei davon hat, und einen Kammerdiener und einen Pagen. Aber ich habe bei ihr großen Prunk niemals bemerkt. Sie wäscht sich außerdem nie die Hände vor den Prinzen, weder als sie in Hannover war, noch in meiner Gegenwart. Ich wäre im Unrecht, wenn ich etwas gegen ihr Benehmen sagen würde, denn sie beherrscht sich sehr gut gegenüber Georg Wilhelm und allen anderen. Sie hat Esprit und sehr viel geschmeidige Fügsamkeit. Wenn sie nicht diese angenehmen Eigenschaften

hätte, denke ich mir, daß Georg Wilhelm sie bald über hätte, denn
sie ist nicht mehr schön und wirkt sehr ungesund … Ich weiß nicht,
ob ihre Schönheit und ihre Figur jemals wiederkommen werden,
denn zur Zeit ist sie gekrümmt wie eine Viola da Gamba", eine Art
Baßgeige.

Eleonore förderte die Heiratspläne ihrer Freundin Nymphe de la
Motte mit dem Stadtkommandanten von Celle, einem Schotten
namens de Melville. Als Soldat geschah ihm das Unglück, daß er
von einer Kanonenkugel schwer verletzt wurde und dabei seinen
Arm und einen Teil seiner Brustseite verloren hatte. Sophie konnte
sich das Spotten nicht verkneifen: „Wenn sie ihn will, ich bin damit zufrieden, es stört mich nicht. Es scheint, daß sie es vorzieht,
einen halben Mann zu haben, als überhaupt keinen."

Doch Sophie hatte eigentlich ganz andere Sorgen. Vom Staatsrat
der Niederlande wurde sie gedrängt zu veranlassen, daß den Gläu-
bigern ihrer verstorbenen Mutter nun endlich die vielen Schulden
bezahlt würden, die die ehemalige Königin von Böhmen hinterlassen hatte.

Eigentlich war dem Botschafter der Niederlande vom englischen
König Charles II. mündlich zugesagt worden, daß er alles regeln
würde. Aber das schien nicht wie geplant zu erfolgen. Sophie fühlte
sich als Jüngste der vielen Geschwister auch nicht dazu verpflichtet.
Sie schob die Verantwortung ihrem ältesten Bruder zu und meinte,
„daß er als Chef der Familie aus Barmherzigkeit etwas tun sollte,
denn es würden sonst mehr als hundert Familien ruiniert …" (Iburg,
den 17. Juli 1667).

Jedoch wußte man an den Höfen der drei Welfenherzöge gut zu
leben und sich zu unterhalten. Georg Wilhelm hatte eine Truppe
von französischen Komödianten engagiert, die von den drei Brüdern gemeinsam finanziert wurden. Sophie legte sehr viel Wert
auf Etikette. Bei den Theateraufführungen mußte dafür gesorgt
werden, daß sie auf einem Armstuhl sitzen konnte, während Eleonore nur ein Platz auf einer Bank zustand. Die Frage, ob jemand
auf einem Stuhl mit Rücken- oder Armlehne oder auf einem
Hocker, einem Tabouret sitzen durfte, spielte im damaligen höfischen Leben eine sehr wichtige Rolle. Eleonore hatte sich allem

Anschein nach ruhig und taktvoll diesen Regeln unterworfen
und sich gefügt, immer den Platz einzunehmen, der ihr zugewiesen wurde. Nie hörte man, daß sie oder der Herzog sich dagegen
aufgelehnt hätten, obwohl beide die Herabsetzung ständig empfanden. Immer wieder machte sich der gutherzige Herzog Vorwürfe, daß er den Heiratsverzicht unterzeichnet hatte und nun
Eleonore nicht die standesgemäße Stellung an seiner Seite bieten konnte.

Aber wie dramatisch hätte es werden können, wenn er damals die
ungeliebte Sophie geheiratet hätte und erst danach Eleonore, seiner großen Liebe, begegnet wäre!

An einem dieser Theaterabende aber passierte es, daß die stolze
Sophie allein inmitten von vier leeren Armstühlen saß. Die waren
eigentlich für die beiden Herzöge und zwei ihrer Söhne aufgestellt
worden, ohne daß sie sich ihrer bedienten. Eleonore hatte man wieder einen Platz weiter hinten auf einer Bank neben der Gouvernante
mit Sophies kleineren Kindern und einigen Hofdamen zugewiesen. Die vier Herren setzten sich – aus großer Bescheidenheit, wie
Sophie meinte – mit auf die Bank. Was war wohl der wahre Grund?
Sicherlich hatte sich Georg Wilhelm als erster zu seiner Eleonore
gesetzt, einmal um mit ihr zusammen zu sein, aber auch damit sie
sich nicht gedemütigt fühlte. Sein jüngster Bruder war gewohnt,
seinem Beispiel zu folgen, die beiden Söhne blieben beim Vater.
„Das hatte ich nun von all meiner Großartigkeit", schrieb Sophie
in leiser Selbstironie, „und in der Komödie saß ich allein zwischen
vier Armstühlen …"

Der andere Bruder in Hannover, Johann Friedrich hatte eine italienische Musikkapelle engagiert und veranstaltete Opernauffüh-
rungen, die seine Brüder und ihre Familien oft und gern besuchten. Sophie machte sich lustig über ihren korpulenten Schwager
Johann Friedrich: „… über seine allerschönste Taille, denn sein
Bauch hängt so tief, wie bei einer Frau kurz vor der Niederkunft."
Seine Behäbigkeit ließ Sophie hoffen, daß er nie eine Frau und Kinder haben würde, denn das wäre für ihre Kinder „so gefährlich, wie
der Antichrist in Person!" Ständig sorgte sich Sophie, daß ihnen
eine Erbschaft entgehen könnte. Wie sehr hegte sie die Hoffnung,

daß Johann Friedrich unverheiratet bleiben würde, denn seine Heiratspläne zogen sich schon viele Jahre hin, und er wirkte nicht übermäßig interessiert daran. Schließlich kam er doch zu einem Entschluß: Im November 1668 heiratete er Benedikte, die Tochter von Sophies Bruder Eduard. Der war katholisch geworden und hatte Anna Gonzaga aus einer mächtigen, reichen Familie aus Mantua geheiratet. So zerschellten Sophies Hoffnungen, denn schon bald war ihre hübsche, bescheidene Nichte in anderen Umständen. Obwohl sie dann zu gegebener Zeit „nur" ein Mädchen zur Welt brachte, das nach den damaligen Regeln das Herzogtum nicht erben konnte, blieben Sophies Sorgen bestehen. Denn die beiden Frauen ihrer Schwager, der potentiellen Erbonkel, konnten immer noch Söhne bekommen. Die Versorgung ihrer sieben Kinder aus den Einkünften ihres Vaters, des Bischofs, würde ohne die erhofften Erbschaften recht dürftig ausfallen. Sophie befürchtete: „mit dem Gelde, het wil haperen."

Noch eine Hochzeit im gleichen Jahr fand große Aufmerksamkeit: Der verwitwete Kurfürst von Brandenburg heiratete die Herzogin-Witwe Dorothea von Holstein-Glückstadt-Sonderburg. Sie war vorher mit dem ältesten der vier Welfenbrüder Christian Ludwig verheiratet gewesen. Als damals die Ärzte sicher zu sein glaubten, daß diese Ehe kinderlos bleiben würde, wurde Georg Wilhelm von Italien nach Hause gerufen. Er mußte die Regierungsgeschäfte übernehmen, sollte heiraten und einen Erben für das Land zeugen.

Seine Schwägerin Dorothea galt als unfruchtbar. Der Gedanke, daß an der Kinderlosigkeit einer Ehe auch der Mann schuld sein könnte, war wohl in der damaligen Zeit nicht vorstellbar. Dorothea, die mit zweiunddreißig Jahren nun Kurfürstin von Brandenburg geworden war, bewies sehr bald das Gegenteil: Sieben Kinder erblickten das Licht der Welt.

Eleonore war lange Zeit bettlägerig. Sie war krank und geschwächt durch die schwere Entbindung. Wie schlecht sie sich noch nach über einem Jahr nach der Niederkunft fühlte, belegt ein Brief, den Eleonore am 29. Januar 1668 an ihren Bruder Charles, Seigneur du Parc, schrieb:

„Ich bin überzeugt, daß ich bald in einer anderen Welt sein werde, mein armer Bruder du Parc, so daß ich Sie einlade, mein lieber Bruder, zu mir zu kommen, um mir Adieu zu sagen, denn ich würde es bedauern, zu sterben, ohne Sie gesehen zu haben. Ernstlich, Sie sind durch Ihr Gewissen verpflichtet, an diesen Ort zu kommen, um meiner Schwester und mir einen Besuch abzustatten … Wenn Sie Zuneigung für mich empfinden, woran ich letzten Endes nicht zweifle, habe ich nicht die Absicht, daß Sie diese Reise auf Ihre Kosten unternehmen; ich werde Ihnen hier alle Auslagen erstatten, die Sie dafür haben werden. Entscheiden Sie sich also abzureisen. Sie haben die Versicherung, daß es Sie nichts kosten wird, ich zahle Ihnen alle Kosten zurück und Sie werden verwöhnt werden, wie ein Prinz … In 15 Tagen könnten Sie hier eintreffen … Außerdem, ich habe eine kleine Tochter, in die Sie sich verlieben werden; denn niemals hat es einen Engel gegeben, der so schön war wie mein Kind. Sie hat Verstand für vier, und mit sechzehn Monaten spricht sie schon Deutsch und Französisch und tanzt ganz entzückend. Schon sie allein verdiente, daß Sie sich der Mühe unterziehen würden herzukommen, um sie zu sehen …"

Eleonore war glücklich über ihre Tochter, doch der Gedanke an die gesellschaftliche Stellung, die dieses Kind im späteren Leben haben würde, ließ ihr keine Ruhe. Während ihrer Erkrankung hatte sie viel Zeit zum Nachdenken und Grübeln gehabt und sich überlegt, wie sie Abhilfe schaffen könnte. Sie hatte sich in Vieles gefügt, für sich selbst manche Kränkung stillschweigend hingenommen. Aber ihr Kind, ihr kleines Mädchen, sollte doch davon verschont bleiben. Sie wollte versuchen, sie davor zu beschützen.
Eleonores Verbindung mit dem Herzog hatte sich bewährt – in guten und in schlechten Tagen. Ihre gegenseitige Liebe hatte sie fest verbunden, ihre Treue war unverbrüchlich. Mit Rücksichtnahme und Toleranz wurden die unangenehmen Situationen, die aus dem Standesunterschied und der „Gewissensehe" entstanden, überwunden. Sie fühlten sich als Mann und Frau, auch ohne den Segen der Kirche, obwohl beide diesen Zustand nur allzugern abgeändert hätten. Aber dagegen standen der Bruder Ernst August und vor

allem seine Gemahlin Sophie wie ein Bollwerk. Beide beharrten immer wieder auf der Einhaltung der abgeschlossenen Verträge.

Im Frühjahr 1670 ließ Herzog Georg Wilhelm mit dem Umbau seines Schlosses in Celle beginnen. Sein erster italienischer Architekt war zwar gerade gestorben, aber man hielt sich an seine Zeichnungen und Modelle. Die künstlerische Bauleitung wurde nun dem Italiener Giuseppe Arighini übertragen. Die Vorliebe des Herzogs für Venedig bewirkte einen starken Einfluß auf seine Baumaßnahmen. Drei Flügel des alten Schloßbaus erhielten Barockfassaden, während beim Ostflügel die schöne Renaissancefassade erhalten blieb.

Prunkvoll ließ der Herzog die Wohnräume gestalten, besonders durch die herrlichen Stuckdecken, die im Stile des Hochbarocks vom italienischen Künstler Giovanni Battista Tornielli und seinen Mitarbeitern ausgeführt wurden. Überall im Stuck üppige Akanthusranken, Blumen und Früchte. Antike Büsten und wertvolle Gemälde schmückten die Räume. Kunstvolles Parkett wurde gelegt, gewaltige Kronleuchter aus funkelnden venezianischem Kristall beleuchteten die Pracht. Barocke Treppen führten zu den im ersten und zweiten Stockwerk gelegenen Prunkräumen. Überall waren kunstvolle Kamine, der wertvollste im Eleonorenzimmer. Ihr Himmelbett stand in einer Nische, neben der sich an beiden Seiten jeweils eine kleine Tür befand. Von der einen führte eine Treppe zum darunter liegenden Schlafgemach der Herzogs, so daß das Paar sich jederzeit unbemerkt besuchen konnte. Für das Töchterchen waren zwei zusammenhängende Zimmer liebevoll eingerichtet worden.

Im Schloß von Celle wuchs die kleine Sophie Dorothea zu einem hübschen, liebreizenden Kind heran. Sie lebte mit ihren Eltern in einer harmonischen Familie, sie wurde geliebt und verwöhnt. Eleonores besondere Stellung brachte es mit sich, daß sie nur selten gesellschaftliche Verpflichtungen hatte. So hatte sie mehr Zeit als Mütter an anderen Fürstenhöfen, sich ihrem Kinde zu widmen, es zu leiten und zu erziehen. Es entstand eine enge Bindung zwischen Mutter und Tochter, die ihr Leben lang halten und sich bewähren sollte.

Wenn auch Eleonore anfänglich von der Bevölkerung Celles mit Ablehnung und Mißtrauen betrachtet wurde, so hatten ihre charmante Art, ihre Bereitschaft zuzuhören und zu helfen und nicht zuletzt das niedliche, lebhafte kleine Mädchen die Herzen der Menschen gewonnen. Als eine nicht näher bestimmte Landgräfin in Celle weilte, war sie so entzückt von der kleinen Sophie Dorothea, daß sie sie immer wieder vor Begeisterung abküßte. Der Amme schenkte sie drei Taler, berichtete Sophie: „Ich denke, sie hätte die gleichen Zärtlichkeiten für Madame d'Harburg gehabt, wenn sie da gewesen wäre, obwohl sie immer von ihr als dem ‚grässlichen Weibsbild' spricht ..." (26. 6. 1664)

Sophie nahm nur zu gerne auf, wenn auch andere schlecht über Eleonore sprachen, und als eifrige Briefschreiberin verbreitete sie solche Gehässigkeiten. Auch Georg Wilhelm wurde nicht verschont. Sie griff zur Feder, um ihrem Bruder mitzuteilen, „... daß man das Herzogtum von Celle das ‚Königreich der Kanaille' nennt, wo die Noblesse weniger zu sagen hat, als der Koch, der wahrscheinlich eine höhere Gage bekommt, als ein Staatsminister ..." (14. 5. 1670)

Starke, böse Worte! Es war eigentlich einer Frau vom Format der Herzogin Sophie nicht würdig, so ihre Ablehnung Eleonores überall zu verbreiten und ihre Abneigung gegen sie bei jeder Gelegenheit durch Schikanen vor Augen zu führen.

Sophie war eine gebildete, intelligente Frau, die trotz ihres stark ausgeprägten Standesbewußtseins auch tolerant und kompromißbereit sein konnte. Das bewies sie ständig, indem sie über die Maitressen-Abenteuer ihres Mannes stillschweigend hinwegsah. Es zeigte sich auch in der Einstellung zur zweiten Frau ihres ältesten Bruders und deren zahlreichen Kindern. Karl Ludwig von der Pfalz war eine Verbindung mit einer Hofdame eingegangen, die er als Ehe bezeichnete, obwohl er von seiner ersten Frau nicht geschieden war. Sophie hatte kein böses Wort für diese Frau, die Raugräfin, und liebte deren Kinder ebenso wie die standesbewußte Liselotte, Herzogin von Orléans, die ihre Halbgeschwister voll akzeptierte und ins Herz geschlossen hatte. Viele liebevolle Briefe wurden mit der raugräflichen Familie gewechselt, und nach dem Tod des Kurfürsten wurde auch finanziell für sie gesorgt.

108 Auch daß Sophies Bruder Rupert in England mit einer nicht standesgemäßen Frau eine Tochter hatte, störte Sophie nicht. Hatte doch sogar ihr königlicher Cousin James Stuart eine Hofdame, Anne Hyde, geheiratet. Da diese bald starb, wurde sie zwar nicht Königin von England an der Seite ihres Gemahls. Aber ihre beiden Töchter folgten ihm auf dem Thron: zuerst Mary, später dann Anne.

Warum zeigten die beiden Pfälzer Fürstinnen nur diese haßerfüllte Abneigung gegen die charmante Eleonore, die sich wohlerzogen und bescheiden in alles fügte? War bei Sophie die durch ihre verschmähte Liebe entstandene Eifersucht stärker als jede Vernunft? „Scorned Woman" – „Verschmähte Frau"- heißt in den Südstaaten Amerikas die schärfste aller Chili-Soßen. Sie brennt wie Höllenfeuer im Munde und treibt Tränen in die Augen. Der Volksmund hat hier eine treffende Bezeichnung gefunden. Frauenfeindschaften können eine furchtbare Schärfe haben. Wie verheerend und sogar tödlich sie sein können, zeigt ein Blick zurück in die Geschichte. Die Zeitalter und die Kostüme wechselten – aber die starken Leidenschaften blieben bestehen. Wir finden sie schon im Nibelungenlied bei Kriemhild und Brunhilde, später bei Elisabeth I. und Maria Stuart, bei Catharina de Medici und Jeanne von Navarra, um nur einige Beispiele von Intrige und Haß mit tödlichem Ende zu nennen.

Die ständigen Sticheleien ihrer Schwägerin ließen das Paar in Celle nachdenklich werden. Es bedrückte sie. Ob das wohl immer so weiter gehen würde? Der Herzog machte sich Sorgen, wie es seiner Frau und Tochter ergehen könnte, falls er früh und unerwartet sterben sollte. Er wollte für beide Vorsorge treffen und trug sich mit dem Gedanken, seine Tochter vom Kaiser legitimieren zu lassen. In dieser Zeit schenkte er Eleonore schönen, kostbaren Perlenschmuck im Wert von 2000 Talern. Außerdem überschrieb er die Einkünfte der Bezirke Scharnebeck und Büttlingen auf Eleonores Namen, um sie als Witwe abzusichern. Im gleichen Jahr vermachte er mit einer Urkunde vom 1. September 1671 die Einkünfte der Städte und Ämter von Dannenberg und Hitzacker Frau von Harburg und ihrer Tochter. Dadurch wurde die noch nicht sechsjährige Sophie Dorothea zu einer reichen Erbin. Sie hatte eines Tages eine große Mitgift zu erwarten. Ein Vetter des Herzogs, Anton Ulrich von Wolfenbüttel, war als jüngerer Sohn in seiner Familie nicht vermögend. So wollte er für seinen ältesten Sohn ein Ehebündnis mit der Kleinen in Aussicht stellen, vorausgesetzt, daß Sophie Dorothea eines Tages für ebenbürtig erklärt würde. Anton Ulrich und der Kanzler Johann Helwig Sinold, Baron von Schütz, versuchten, die gesellschaftliche Stellung Eleonores und ihrer Tochter zu verbessern. Diese Entwicklung störte und beunruhigte die Herzogin Sophie, und sie verfolgte „diese Person" und ihre Tochter mit noch größerem Haß. Die Eltern in Celle waren dadurch um die Zukunft ihrer Tochter dermaßen besorgt, daß sie den König von Frankreich um Schutz für Sophie Dorothea baten, damit sie im Notfall Asyl in Frankreich finden könnte. Die Urkunde, die Ludwig XIV. umgehend ausstellte, ist hier in den wesentlichen Punkten auszugsweise übersetzt:

„NATURALISATIONSPATENT
für Sophie Dorothea zu Braunschweig und Lüneburg
Ludwig von Gottes Gnaden König von Frankreich und Navarra
Auf die sehr demütige Bitte der Damoiselle Sophie Dorothea von Braunschweig und Lüneburg, die der protestantischen Religion angehört, erlauben Wir, daß sie nach Frankreich kommen darf, um sich dort niederzulassen. Wir bezeugen ihr gern Unseren guten Willen, den Wir schon immer für Jene, die ihren Namen tragen, hatten und geben ihr gern Zeichen Unserer Wertschätzung und Wohlwollens in diesen und in anderen Fällen, erweisen ihr Unsere spezielle Gnade. Mit der vollen Macht und der königlichen Authorität haben Wir die genannte Damoiselle Sophie Dorothea … anerkannt, beurteilt und schätzen sie wegen ihres guten Rufs. Wir haben durch die Unterschrift von Unserer eigenen Hand sie als Unsere wahre, natürliche Untertanin anerkannt. Es ist ihr freigestellt, an jedem Ort Unseres Königreichs zu leben, den sie wünscht und sich dort der gleichen Privilegien und Freiheiten zu erfreuen, die Unsere Untertanen haben. Sie untersteht nicht den Bestimmungen für Ausländer, sie darf durch Unsere Beamten keine Behinderung erfahren. Sie soll weder an

110 Uns noch an Unsere Nachfahren Bargeld oder Abstandsummen bezahlen. Wir lassen diese Urkunde von allen Behörden registrieren, und ihr Inhalt möge dazu dienen, daß Sophie Dorothea von Braunschweig und Lüneburg in Frieden und auf Dauer ohne Störung und Behinderung hier leben kann. Denn das ist Uns eine Freude, daß die Angelegenheit abgeschlossen und haltbar sei und Wir haben unser Siegel darunter gesetzt.

Gegeben zu Lille im Monat Mai im Jahr der Gnade 1671 und dem 29. unseres Regimes. Unterschrift: Louys"

Ebenfalls im Auszug die Anweisung an die Behörden:

„Diese Anfrage wurde uns präsentiert als Gesuch im Namen unseres teuren und sehr geliebten Cousins des Herzogs von Braunschweig und Lüneburg und der Dame d'Arbourg (Harburg), Vater und Mutter der erwähnten Damoiselle, die z. Zt. zwischen fünf und sechs Jahren alt ist.

Fontainebleau, den 10. 8. 1671 Louys."

Auch in diesem Schreiben werden die verschnörkelten Floskeln wie in der ersten Urkunde verwandt, es wurde mit dem großen Siegel aus gelbem Wachs versehen, das aus dem Schriftstück heraushängt.

War es ein besonderer Akt der Höflichkeit des französischen Königs, daß er Sophie Dorothea den Namen „von Braunschweig und Lüneburg" gab? Denn 1671 hatte sie noch kein Recht auf diesen Titel. Ihre Eltern glaubten, mit dem Naturalisationspatent eine beruhigende Garantie für die Zukunft ihrer Tochter zu besitzen. Doch konnte diese Urkunde Sophie Dorothea nicht zur Flucht nach Frankreich und zu einem Leben in Freiheit verhelfen, als sie sich viele Jahre später in allergrößter Not befand.

Ludwig XIV. benötigte in dieser Zeit starke Verbündete. Er hatte gerade den Devolutionskrieg gegen Spanien beendet (1667–1668) und stellte Ansprüche an die spanischen Niederlande, die er dann auch von 1672–78 mit einem Krieg überzog. Der Herzog von Braunschweig-Lüneburg-Celle hatte starke, gut ausgebildete Truppen, die der französische König lieber auf seiner Seite gesehen hätte als auf der seiner Gegner. Durch Eleonore war Georg Wilhelm durchaus für Frankreich eingestellt, und daher zögerte er, gegen den französischen König zu kämpfen. Doch als der Angriff der Franzosen auf die Niederlande erfolgte, schloß sich der Herzog von Celle dem Braunschweiger Abkommen vom 22. September 1672, dem großen protestantischen Bündnis, an und zog mit seinen Truppen ins Feld.

Vorher hatten die drei Welfenherzöge den Besuch ihrer Schwester, der Königin von Dänemark, empfangen. Im August 1671 befand sie sich mit ihrer Tochter Wilhelmine Ernestine auf der Durchreise nach Heidelberg. Dort wurde die Hochzeit mit dem Kurprinzen von der Pfalz, dem Sohn von Sophies ältestem Bruder, vorbereitet. Zum ersten Mal durfte auch Eleonore an der Fürstentafel speisen. Die Herzogin Sophie berichtete darüber ausführlich in ihren Memoiren:

„Zu dieser Zeit wurde Frau von Harburg schwanger, und der Herr Herzog (Ernst August) und ich reisten nach Altona, wohin sich die Königin von Dänemark mit ihrer Prinzessin-Tochter begeben hatte, die ihre Majestät unter meine Obhut stellen wollte, um sie nach Heidelberg zu geleiten. Der Herzog von Celle wünschte, daß seine Geliebte der Königin ihre Aufwartung mache. Ihre Majestät machte einige Schwierigkeiten, aber der Herr Herzog wußte, um seinem Herrn Bruder gefällig zu sein, die Sache so gut bei ihr zu vertreten, daß sie einwilligte, sie zu sehen. Frau von Harburg kam also in Altona an. Sie begrüßte die Königin, die sie zwar nicht küßte, aber sie doch mit sich speisen ließ. Die Dame war darüber pikiert und, um sich zu rächen, spottete sie über die schlechte Bewirtung, die es an der Tafel der Königin gegeben habe. Denn sie hatte zu niedrige Ansichten, um es verstehen zu können, daß die Götter dieser Erde sich von erhabeneren Dingen als von Ragouts nähren, und daß sie sich des Fleisches nur bedienen, um ihr Leben zu erhalten.

Während der Reise waren der Herzog von Celle, der Herr Herzog und ich immer in einem Wagen mit der Prinzessin. Und Frau von Harburg folgte in einem andern mit dem französischen Gesandten, Herrn Verjus, und mit andern Damen. Sie teilte der Prinzessin und vielen andern im Vertrauen mit, der Herzog von Celle würde sie heiraten, wenn sie ihm einen Sohn schenken würde. Der

Kanzler wagte es auch, dem Herrn Herzog die Vermählung dieser Dame mit seinem Herrn Bruder vorzuschlagen, um ihre Tochter völlig legitim zu machen. Für dieses Mal parierte der Herr Herzog diesen Hieb noch, obwohl es ihm großen Kummer bereitete, seinen Bruder so schwanken zu sehen."

Unter den hochrangigen Persönlichkeiten war sich Eleonore ihrer unbefriedigenden Stellung besonders schmerzlich bewußt. Sie, die sonst so taktvoll und zurückhaltend war, ließ sich zu dieser Äußerung hinreißen, wohl um sich ein wenig Ansehen zu verschaffen. Vielleicht war sie provoziert worden, vielleicht hatte jemand abfällige Bemerkungen über ihre erneute Schwangerschaft ohne eine richtige Ehe gemacht. Eine werdende Mutter ist in diesem Zustand besonders empfindlich und verletzlich. Es war manches Mal einfach zu schwer für eine wohlerzogene, gläubige junge Frau mit dem Mann, den sie liebte, zusammenzuleben, ohne vor Gott und den Menschen verheiratet zu sein. Damit hatte sie sich im tiefsten Inneren nicht abgefunden und empfand deshalb Schuld- und Schamgefühle. Vielleicht um das zu kompensieren, plauderte sie darauf los und sprach von einer eventuellen baldigen Heirat. Wie schrieb doch ihr zeitgenössischer Chronist bei einer anderen Gelegenheit über Eleonore? „... so glaubete sie, was sie wünschte." Nach Sophies Aussage soll der Herzog Georg Wilhelm sehr zornig darüber gewesen sein: „... und sagte mir, er könne nicht glauben, daß sie eine so große Dummheit gesagt haben solle. Wenn sie ihm einen Sohn schenkte, würde er sie um so weniger heiraten. Und er versicherte mir, daß er niemals heiraten würde, und er wollte sie in meiner Gegenwart beschämen und ihr Vorwürfe machen. Aber ich bat ihn inständig, keinen Lärm zu machen, und versicherte ihm, daß ich durch seine feierlichen Beteuerungen ganz zufriedengestellt sei."

Aber Sophie war nun einmal nicht freundlich gesinnt gegenüber der „Dame mit den zu niedrigen Absichten."

Ihre eigene Lage war in dieser Zeit auch nicht ganz einfach. Sophie war im achten Monat schwanger. Die Empfänge, Geselligkeiten und die beschwerliche Reise von Altona nach Heidelberg erforderten von ihr viel Kraft und Haltung. Außerdem machte es sie sicherlich nicht glücklich, daß ihr Gemahl ohne Rücksicht auf ihren Zustand wieder einmal eine lange Italienreise unternahm, um dort eine fröhliche, ausschweifende Zeit mit seinen Geliebten zu verbringen – und viel Geld auszugeben! Ende September 1671 kam ihr Sohn Christian in Heidelberg zur Welt. Ernst August wurde erst im Frühjahr 1672 zurückerwartet.

So lange blieb Sophie bei ihrem Bruder und war daher dabei, als die entscheidende Wende im Leben ihrer Nichte Liselotte von der Pfalz beschlossen wurde. Es spielten auch hier wieder politische Erwägungen die ausschlaggebende Rolle, sowohl auf der pfälzer als auch der französischen Seite. Der Kurfürst von der Pfalz entschied, daß seine Tochter den Bruder von Ludwig XIV. heiraten sollte. Er glaubte, damit sein Land vor Einfällen der französischen Truppen zu schützen. Liselotte hätte viel lieber einen Bewerber erhört, der nicht so fern von ihrer Familie lebte und sie nicht zum Religionswechsel gezwungen hätte. Aber sie mußte sich fügen.

Im November 1671 wurde die traurige neunzehnjährige Braut von ihrem Vater und ihrer Tante nach Straßburg begleitet. Dort wurde das naive junge Mädchen vom Lande ihren französischen Reisebegleitern übergeben. Ihr Ehemann wurde Philipp von Orléans, ein eleganter Prinz mit ausschweifendem Lebenswandel. Seine erste Frau war unter nie ganz geklärten Umständen durch Gift ums Leben gekommen.

Liselottes umfangreicher Briefwechsel mit ihren deutschen Verwandten zeugt von ihrem Heimweh und von ihrer kritischen Beobachtungsgabe des Lebens am französischen Hof. Sie ist bekannt für ihre derbe, drastische Schreibweise.

Eleonores Wunsch nach einem Sohn und die damit verknüpften Hoffnungen auf eine Heirat erfüllten sich nicht. Zu ihrem großen Schmerz kam ihr Kind – ein kleines Mädchen – tot auf die Welt. Nach dieser Entbindung hatte ihre Gesundheit erneut gelitten. Sie war noch lange bettlägerig. Auch ihre Zähne sollen großen Schaden genommen haben – doch das ist eine „Meldung aus dem gegnerischen Lager." Etwas später spöttelte Sophie in einem Brief über Eleonore, die ihren Gemahl in ein Feldlager begleitet hatte: „Madame von Harburg, welche die Schweden nicht beißen wird, denn sie hat keine Zähne mehr …"

Trost und Freude in dieser Zeit war für Eleonore ihre kleine Tochter Sophie Dorothea. Sie war ihr erhalten geblieben. Das hübsche Mädchen war lebhaft und aufgeweckt und entwickelte sich prächtig. Das mußte sogar Sophie lobend anerkennen: „Die Achtjährige sei recht artig, spilt auf dem instrument und knüpfelt ein spitz vor ein schnüpdug vor mir (sie knüpft eine Spitze für ein Taschentuch für mich).“ Selbst Eleonore fand ein wenig Anerkennung, „weil sie so unterhaltend ist, selbst wenn man sie nicht mag, ihre Konversation gefällt immer.“ (Celle, 22. März 1673.)

Doch der freundliche Wind sollte sich bald legen. Hatte Sophie sich und ihre Kinder in Sicherheit geglaubt, um eines Tages das versprochene Erbe anzutreten, so bereiteten ihr jetzt die Bestrebungen, Sophie Dorothea zu legitimieren, große Sorgen:

„Indessen verlautete es in Wolfenbüttel, daß der Herr Herzog Anton Ulrich seinen Sohn mit der Tochter der Frau von Harburg vermählen wolle. Anton Ulrichs älterer Bruder fühlte sich dadurch verletzt. Denn er hatte seinem Bruder sehr viele Vorteile gewährt, weil dieser ihn hatte hoffen lassen, daß sein Sohn seine Tochter heiraten würde, und fand es höchst schimpflich, daß man die Tochter der Frau von Harburg, die nur ein Bastard war, einer Prinzessin seines eigenen Hauses vorzog. Der Herzog Anton Ulrich befand sich in Verlegenheit, aber der Wunsch, eine sehr reiche Schwiegertochter zu besitzen, trug bei ihm den Sieg davon über den Ehrenpunkt, woran sein Bruder ihn erinnern wollte, indem er ihm sagte, er würde sich schämen, in ihrem Hause eine illegitime Tochter zu haben. Er wollte ein Mittel dagegen finden und konnte nichts besseres tun, als sich an den Kanzler Schütz zu wenden, um einen Vermittler zu finden, der im übrigen nur eine gute Gelegenheit suchte, um die Brüder miteinander zu entzweien. Deshalb schlug er dem Herzog von Celle, seinem Herrn, vor, die Dame von Harburg zu heiraten, um seine Tochter völlig zu legitimieren, und versicherte ihm, er könne dies tun, ohne seinem Herrn Bruder irgendwelchen Nachteil zu bereiten. Der Herzog von Celle hörte diesen Vorschlag mit Vergnügen und ließ sich so gut überreden, dies sei möglich, ohne dem Herrn Herzog und dessen Kindern unrecht zu tun, daß er sich ohne Mühe dazu bestimmen ließ.“

Die Aufregung und der Zorn waren groß im Hause des Bischofs von Osnabrück! Es war tatsächlich die Situation eingetreten, die Ernst August und Sophie schon immer insgeheim befürchtet hatten. Wie oft hatten sie sich, trotz der schriftlichen Verträge, von Georg Wilhelm zusichern lassen, daß er niemals heiraten würde. Wie hatten sie gehofft, daß er und Eleonore sich mit der sogenannten Gewissens-Ehe zufrieden geben würden.

Und jetzt dieser Vertrauensbruch! Georg Wilhelm war schwankend geworden, er zog in Erwägung, seine Eleonore zu heiraten. Ernst August war zutiefst enttäuscht! Sein Bruder hatte zwar auch schon andere Verträge nicht eingehalten, doch auf dieser brüderlichen Zusage hatte der Jüngere vertrauensvoll seine Ehe und die Zukunft seiner Kinder aufgebaut. Was war da jetzt noch von den verbrieften und versiegelten Zusicherungen zu halten, daß seine Kinder eines Tages das Herzogtum Braunschweig-Lüneburg-Celle als Erben erhalten sollten? Das mußte erneut unangreifbar garantiert werden. Ernst August beauftragte seine juristischen Berater, alles zu überprüfen und alle Vorkehrungen zu treffen, daß die Verträge zuverlässig abgesichert waren. Zähe Verhandlungen begannen.

Kapitel 5

LANG ERSEHNT — ENDLICH ERREICHT

Eleonores Rangerhöhung und Heirat
Am 12. April 1676 wurden in der Schloßkapelle zu Celle getraut:
HERZOG GEORG WILHELM VON BRAUNSCHWEIG-LÜNEBURG-CELLE
und ELEONORE DESMIER D'OLBREUSE, FRAU VON HARBURG, GRÄ-
FIN VON WILHELMSBURG.

Ihre Trauzeugen waren Herzog Anton Ulrich von Wolfenbüttel
und Gemahlin und der Kanzler Schütz.

Alle Widerstände waren überwunden, alle bestehenden Vorurteile
konnten nun abgebaut werden. Ihrer Tochter Sophie Dorothea war
vom Kaiser das Recht gewährt worden, den Titel Prinzessin von
Braunschweig-Lüneburg-Celle zu tragen und das Wappen des Hauses zu führen (ohne den Balken, das Zeichen für illegitime Geburt),
wenn sie mit einem Prinzen aus einem angestammten Fürstenhause
eine Verbindung eingehen würde. So fand am gleichen Tage die Verlobung der fast Zehnjährigen mit dem Prinzen Friedrich August
von Wolfenbüttel statt. Der Heiratsvorvertrag war am 2. April 1676
besiegelt worden.

Eleonore war am Ziel ihrer Wünsche: Sie war mit Herzog Georg
Wilhelm kirchlich getraut, ihre Tochter anerkannt und legitim. Es
war ein langer, mühsamer Weg gewesen, der zu diesem glücklichen
Tag geführt hatte. Warum konnte das Paar nun doch heiraten?
Georg Wilhelm hatte schließlich die Ehelosigkeit versprochen und
mehrfach beurkundet. Er hatte mit „... einem schriftlichen schein
mich nimmer zu verheuraten unter meiner eigenen Hand und sigel"
bestätigt, daß „... ich mich keines wegens in einigen heurat mit
iemand einlassen (werde und) die übrige zeit meines Lebens in Coe-
libatu gentzlich zu (ver) bringen". Ebenso war in dem sogenann-

ten „eheähnlichen" Vertrag mit Eleonore am 11. November 1665 festgelegt worden: „… nicht zu heiraten und (daß ich) hiervon niemals
abgehen werde", was auch von Eleonore unterzeichnet wurde. Das
hatte er seinem jüngeren Bruder dafür versprochen, daß der in den
Brauttausch einwilligte und Sophie heiratete. Seit der Eheschließung 1658 hatte Ernst August Jahr für Jahr großzügige finanzielle
Zuwendungen von seinem älteren Bruder erhalten. Georg Wilhelm
stellte dem jungverheirateten Paar einen Wohntrakt im Leineschloß
zur Verfügung. Später war die bischöfliche Familie in den Herbst-
monaten regelmäßig in den Jagdschlössern Georg Wilhelms zu Gast
und in der Winterzeit zur Theater-, Ball- und Karnevalssaison dabei.
Georg Wilhelm liebte es, alles mit seinem Bruder gemeinsam zu unternehmen. Er lud ihn gern ein, denn er hatte viel Familiensinn, war
gutmütig und großzügig. Außerdem war er sehr vermögend.

Doch wie sehr hätte es ihn erfreut, wenn nun auch seine geliebte
Eleonore als vollgültiges Familienmitglied mit Freundlichkeit akzeptiert worden wäre. Wie schon vorher geschildert, mußte Eleonore
viele Kränkungen hinnehmen. Es verletzte nicht nur die hochmütig-
herablassende Art Sophies, auch der freundliche kleine Bruder hatte
sich verändert. Früher sah er in Verehrung zu seinem großen Bruder auf und folgte in allem seinem Beispiel. Inzwischen war er ehrgeizig geworden, war sehr hinter dem Gelde her. Denn in einem
hatte er sich nicht verändert: Er liebte den Prunk, das Vergnügen
und teure Maitressen. Mit ihnen hatte er einige „natürliche" Kinder, die auch versorgt sein sollten.

So wachte er scharf darüber, was Georg Wilhelm mit seinem Privatvermögen tat. Alles, was er Eleonore oder Sophie Dorothea als
Schenkung überschrieb, wurde von Ernst August kontrolliert, um
festzustellen, daß sein Erbe nicht angetastet wurde. Er genehmigte
die Urkunden durch seine Gegenzeichnung und ließ sich diese
Gunst jedes Mal gut bezahlen.

Wenn man den Lebenswandel von Ernst August betrachtet, stellt
sich die Frage, wann er eigentlich sein Amt als Bischof von Osnabrück ausübte – für das er ja schließlich seine Pfründe erhielt? Ständig liest man von seinen Reisen, monatelang war er zu seinem Vergnügen unterwegs, manchmal sogar ein ganzes Jahr in Italien.

118 Das gute Einvernehmen zwischen den beiden Brüdern hatte sich vermindert. Georg Wilhelm hatte gehofft, daß sein Bruder für seine Wünsche Verständnis zeigen und sich als großmütig erweisen würde, denn er sorgte sich um die Zukunft seiner Tochter. Durch die Legitimierung sollte seinem Kind nur eine angesehene Stellung im Leben zugebilligt werden. Das Herzogtum, das er Ernst August und seinen Kindern als Erbe mit Brief und Siegel überschrieben hatte, würde davon unangetastet bleiben.

Doch das Paar in Osnabrück ließ sich nicht erweichen. Es sollte nicht schon wieder ein Vertrag aufgelöst werden, weil sie befürchteten, daß sich das dann eines Tages auch auf weitere vertragliche Absprachen auswirken könnte. Besonders Sophie bestand darauf, daß die Zukunft ihrer Kinder finanziell gesichert blieb. Ebenso war es Eleonores höchster Wunsch, ihrer Tochter in der Zukunft alle Wege zu ebnen und ihr ein besseres Leben zu verschaffen. Beide Mütter wollten für ihre Kinder das Beste, doch diese Gemeinsamkeit brachte ständige Reibungen und ließ die Kluft zwischen Celle und Osnabrück größer werden.

Der dritte Bruder in der Welfenfamilie, Herzog Johann Friedrich von Hannover, hielt sich aus den Konflikten seiner Brüder heraus. Er feierte zwar des öfteren mit ihnen, ging aber vielfach seine eigenen Wege. Durch seine Gemahlin, die in Paris geboren und aufgewachsen war, wurden auch an diesem Hof viele französische Bräuche eingeführt. Das Paar hatte drei Töchter. Solange kein Sohn geboren wurde, konnte Bruder Ernst August nach herrschendem Recht hoffen, eines Tages auch das Herzogtum Hannover zu erben und dann später mit Celle noch mehr Reichtum und Macht zu erlangen.

Johann Friedrich war sehr gebildet und förderte das wissenschaftliche und kulturelle Leben in seinem Herzogtum. In Hannover gründete er u. a. ein Theater, ein Museum und eine Bibliothek. 1676 gelang es ihm, den großen Gelehrten Gottfried Wilhelm Leibniz an seinen Hof als Bibliothekar zu berufen. Der erhielt damals ein Anfangsgehalt von 400 Talern jährlich.

Herzog Georg Wilhelm hatte die Absicht, seine Frau und seine Tochter bestens zu versorgen. Er konnte den beiden nur Grund-

besitz außerhalb seines Herzogtums überschreiben, da sein jüngerer Bruder Erbansprüche auf das Stammland hatte. Mit Geldern
aus seinem Privatvermögen kaufte er 1672 die Halbinsel Stillhorn
an der Elbe bei Hamburg, der er den Namen „Wilhelmsburg" gab.
Er unterrichtete seinen Bruder darüber, denn Georg Wilhelm wollte
sicher sein, daß dieser Besitz nach seinem Tod unangetastet als Wittum für Eleonore blieb. Ernst August war erst nicht zur Gegenzeichnung der Urkunde bereit, doch sein Protest wurde mit einer
Zahlung an ihn von 18 000 Talern aus der Welt geschafft.
Durch die vorsorglichen Verfügungen ihres Vaters wurde Sophie
Dorothea zu einer der reichsten Erbinnen auf dem Kontinent. Aber
noch hatte sie nicht den erwünschten gesellschaftlichen Rang, um
in ein fürstliches Haus einzuheiraten. Darum gab Georg Wilhelm
ein genealogisches Gutachten in Auftrag. 1677 erstellte der land-
gräfliche Hessische Rath und Historiograph J. J. Winkelmann den
„Stamm- und Regentbaum der Herzöge zu Braunschweig-Lüneburg". Später war dann Christoph Nicolaus von Greiffenkranz zu
intensiven Nachforschungen nach Frankreich gereist. 1688 übergab
er Leibniz einen Teil seines Manuskriptes mit folgendem Schreiben: „Für das Haus d'Esmiers (Desmier) und die Beobachtungen,
die ich dafür zusammengetragen habe, hielte ich es für eine große
Ehre, es den Augen vorzulegen, die sich dafür interessieren und vor
allem einer so erleuchteten und gut unterrichteten Person, wie Sie,
mein Herr, daß Sie sich die Mühe geben würden, meine Arbeit ein
wenig auf ihre Wahrhaftigkeit zu überprüfen …"
Leibniz, der zu dieser Zeit gerade in Wien weilte, schrieb nach
Hannover, daß der Bericht Könige von Frankreich und England
als Eleonores Vorfahren vorweise, ebenfalls Herzöge von Burgund,
der Provence, von Toulouse und der Bretagne. Alles hochrangige
Fürsten aus den größten Häusern Europas. In der Tat beginnt
Greiffenkranz seine Aufstellung der Ahnenreihe im 9. Jahrhundert
mit Karl dem Großen, Eleonore ist an 36. Stelle in der Erbfolge verzeichnet.
Das Manuskript wurde auch dem Minister von Bernstorff in Celle
vorgelegt, der aber war Eleonore nicht wohlgesinnt und gab es nicht
an sie weiter. Er äußerte dazu: „Ich glaube, die Frau Herzogin küm-

120 mert sich nicht viel um solche Angelegenheiten, die sie als Eitelkeiten ansieht …" Daraufhin schrieb Leibniz am 15. 3. 1701 an Eleonore einen langen Brief, in dem er ihr die Arbeit von Greiffenkranz vorstellte. Fünf Tage später anwortete die Herzogin: „Ich erinnere mich gut, mein Herr, daß man mir vor einigen Jahren von einem Mann berichtete, der angeboten hatte, eine glänzende Ahnenreihe meiner Vorfahren aufzustellen, wenn ich wollte. Doch da ich eine Gegnerin allen eitlen Ruhms bin und das Ganze vielen Leuten „ suspekt gewesen wäre, wünschte ich nicht, daß darüber weiter gesprochen würde. Da ich sicher bin, von edler Geburt zu sein und von tugendhaften Menschen abzustammen, genügt mir das, und frage nicht nach mehr …"

In einem Gespräch mit Leibniz bestätigte sie dasselbe: „… sie sei jetzt mehr denn je fern von allem, was den Schein von Eitelkeit haben könnte …" Besonders wehrte sie sich gegen die Behauptung, daß sie ebenfalls von den Stuarts abstammen sollte „… man würde sich in Hannover und anderswo darüber lustig machen, wenn man das dort hören würde!"

Doch es war schon etwas durchgedrungen, und Sophie mokierte sich heftig darüber, daß Eleonore von französischen Königen abstammen sollte. Ihre Nichte Liselotte glaubte, „… daß sie ohne weiteres für die gleiche Summe für ihren Koch königliche Vorfahren herausfinden lassen könnte." Sophie soll auch geschrieben haben: „Wir werden bald Madame la Duchesse zu diesem kleinen Stückchen Dreck sagen müssen, denn das ist der treffende Name für diese gemeine Intrigantin, die von nirgendwo her stammt." Antwort: „Meine liebe Tante, da bist Du im Irrtum, wenn Du mir das erlaubst zu sagen: Sie stammt aus einer französischen Familie und daher von Hochstaplern und Schwindlern."

Diese üblen Worte wurden bald darauf Georg Wilhelm zugetragen. Doch je öfter Eleonore angegriffen wurde, desto mehr unternahm er zu ihrem Schutz und ihrer Verteidigung.

Um eine Rangerhöhung und die Legitimierung zu erreichen, wandten sie sich jetzt an Kaiser Leopold I., die höchste Instanz im Deutschen Reich. Eleonore soll den Brief selbst geschrieben haben, in dem sie dem Kaiser ihre Lage und die ihrer Tochter schilderte und ihn ersuchte, ihr durch die Verleihung eines Titels zur Legitimierung Sophie Dorotheas zu verhelfen. Außerdem schickte Georg Wilhelm einen Gesandten, Herrn Tobias Sebastian von Praun, nach Wien, um sein Bittgesuch vorzutragen.

Zu ihrer großen Freude erhielten die Celler bald ein gnädiges Antwortschreiben, in dem der Kaiser Wohlwollen für Eleonores Anliegen bekundete und die Bereitschaft zeigte, ihr zu helfen. Nur sei er zur Zeit von zwei kriegerischen Unternehmungen zu sehr in Anspruch genommen. Er mußte gegen die Türken und gegen Frankreich kämpfen und brauchte dringend Waffenhilfe. Wenn der Herzog von Celle ihn mit Truppen unterstützen könnte, würde er alles tun, um diese Hilfe zu belohnen. Georg Wilhelm war bereit, diesen Pakt einzugehen und führte 1674 selbst die braunschweigischen Truppen der kaiserlichen Armee zu. Die stand im Elsass den Truppen des Marschalls Turenne gegenüber.

Leopold I. wußte den neuen Verbündeten mit seinen starken, gutausgebildeten Kompanien zu schätzen und zeigte sich bald erkenntlich dafür. Der Kaiser war im Deutschen Reich der Schiedsrichter über Rang und Ehre. Häufig verlieh er Adelstitel an Personen, die er für würdig erachtete. Für jedes Patent mußten große Summen an den Wiener Hof übersandt werden. Die kaiserlichen Finanzen, die sehr unter den Kosten für die Feldzüge gelitten hatten, wurden dadurch wieder saniert. Nicht nur das Kriegführen gegen Frankreich verschlang viel Geld. Ständig mußten auch Truppen gegen die Einfälle der Türken in Niederösterreich bereitstehen, die auch Wien bedrohten.

Eleonore wurde in den Reichsgräfinnenstand erhoben. Durch das kaiserliche Patent vom 22. Juli 1674 erhielt sie den Titel „Gräfin von Wilhelmsburg", der auch ihrer Tochter verliehen wurde.

Das Patent ging sogar noch weiter und sorgte für die Nachkommen: „Wir haben nicht allein Eleonore von Harburg, sondern die mit Seiner Liebden erzielten Tochter Sophie Dorothea und von dieser hiernächst erzielende eheliche Kinder, Manns- und Frauenpersonen, in des Heiligen Römischen Reiches Grafen – und Gräfinnenstand erhoben und gesetzt und sie mit den Prädikaten Hoch- und Wohlgeboren, neben diesen aber absonderlich gedachte Sophie Dorothea und der künftig verhoffenden Leibeserben beiderlei Geschlechts absteigender Linie mit dem Ehrentitel Grafen und Gräfinnen zu Wilhelmsburg erhoben ..."

Zur gleichen Zeit wurde die neuernannte Gräfin Eleonore von der Kaiserin Eleonore, Gemahlin von Kaiser Leopold I., mit einem hohen Orden ausgezeichnet, der bisher nur Fürstinnen verliehen worden war. Dieses besondere Ehrenzeichen trug den wohlklingenden Namen „Orden der Sklavinnen der Tugend"!

So hatten Eleonores Liebe und Treue eine hohe Anerkennung erhalten. Jetzt war sie endlich eine standesgemäße Gefährtin für den Herzog, und der ersehnten kirchlichen Trauung stand nun nichts mehr im Wege. Daß die Legitimierung von Eleonore und ihrer Tochter 15 000 Ecus gekostet haben soll, kümmerte den wohlhabenden Celler Fürsten nicht im geringsten.

Dankbar erwies sich Georg Wilhelm weiterhin als nützlicher Alliierter des Kaisers. Sein Bruder Ernst August und er verfügten zusammen über 12 000 Soldaten. Gemeinsam erfochten sie einen vielbeachteten Sieg bei Trier an der Conzer Brücke. Sie nahmen viele Feinde gefangen und machten große Beute. Ernst August schrieb an Sophie:

Vom Schlachtfeld, den 11. August 1675

„Es IST, UM Ihnen zu sagen, daß wir heute den vollkommensten Sieg von der Welt erfochten haben. Wir haben den Herrn von Crequi völlig aufgerieben ... meine Garden, die mit denen meines Bruders eine Schwadron bildeten, haben Wunder verrichtet ... Kurz gesagt, niemals ist ein vollkommener Sieg errungen worden. Wir haben die ganze Bagage erbeutet, eine große Menge Fahnen und Standarten und außer Herrn von Crequi alle Generäle und ihr Geschütz; wir sind in ihrem Lager, wo wir gegenwärtig kampieren. Es war sehr ruhmvoll, und ich bin sicher, daß man in Zukunft die Truppen von Osnabrück ein wenig schätzen wird. Letztendlich aber, bin ich so zufrieden, wie nur möglich mit meinen Leuten, und ich habe gesehen, daß nicht alle Soldaten gerade Helden sind ..."

Sophie hatte den Brief, der viele Einzelheiten über die Kämpfe und die Schicksale von einzelnen Personen enthält, in ihre Memoiren aufgenommen, beendete ihn aber mit „usw." Er ist demnach nicht vollständig veröffentlicht, und man kann nicht feststellen, warum Sophie im folgenden Brief an Eleonore den Herzog von Celle so schlecht darstellt. Man weiß auch nicht, auf wen sich der Schlußsatz, „Daß nicht alle Soldaten gerade Helden sind", bezieht.

Ihr Kommentar dazu: „Ich freute mich so über diese Nachricht, daß ich alles, was ich wußte, Frau von Harburg mitteilte, und ich schrieb ihr, daß alle Leute des Herrn Herzogs ihre Sache sehr gut gemacht hätten, die von Celle jedoch nicht, und … daß ich wünschte, der Herr Herzog möchte sich mit diesem Sieg zufrieden geben, damit es ihm nicht ginge wie beim Bassettspiel, wo er immer zuerst gewann und gegen Ende verlor.

Da diese boshafte Person (Eleonore) bei dieser Gelegenheit ihr Gift nicht verbergen konnte, so drehte sie meinen Brief so, als ob ich den ganzen Ruhm der Schlacht dem Herrn Herzog (Ernst August) zuschreiben wollte, den sie um sein Glück beneidete, weil ich nicht von ihrem Herzog sprach, von dem sie mir doch hätte Nachricht geben müssen. Sie wollte mich mit ihm in Händel verwickeln und antwortete mir sehr anzüglich. Ich schickte ihren Brief dem Herzog von Celle, um den üblen Dienst, den sie mir zu leisten beabsichtigte, vorzubeugen. Er befahl ihr, mich mit folgenden Worten um Verzeihung zu bitten: ,wenn sie so unglücklich gewesen sei, etwas geschrieben zu haben, das mir mißfallen hätte, so täte es ihr leid.' Aber da sie meine Briefe so übel ausgelegt hatte, so schrieb ich ihr nicht wieder, um mir diesen Ärger zu ersparen."

All diesen Ärger hätte sich Sophie ersparen können, wenn sie ihren Brief wirklich aus guten Motiven geschrieben hätte. Die Freude über die Tüchtigkeit ihres eigenen Mannes, die sie so gerne mitteilen wollte, artete in Schadenfreude aus, als es um den Mann der Rivalin ging. Es war doch fürwahr nicht nötig, Eleonore zu provozieren. Diese unfreundliche Aktion war kleinlich und darauf angelegt, Unfrieden zu stiften. Eleonore, die sonst bei allen Kränkungen, die sie selbst betrafen, geschwiegen hatte, war wohl zu Recht sehr verärgert, weil dem Mann, den sie liebte, unrühmliches Verhalten nachgesagt wurde. Der „üble Dienst", die andere „in Hän-

124   del (zu) verwickeln", ging doch wohl mehr von Sophie aus, und
die Bezeichnung „diese boshafte Person" könnte eigentlich eher
auf sie selbst, als auf Eleonore zutreffen. Der friedfertige Georg
Wilhelm versuchte die Wogen zu glätten. Da er Eleonores Antwortbrief zu Gesicht bekommen hatte, und sie darin vielleicht wirklich hart zurückgeschlagen hatte, veranlaßte er sie, einige entschul-
digende Worte an Sophie zu schreiben, um noch mehr Streit in der
Familie zu vermeiden.

Nach der Eroberung der Stadt Trier kehrten beide Herzöge gemeinsam heim. Aber jetzt war es Georg Wilhelm selbst, der Ärger
und Verstimmung bei seinem Bruder auslöste. Denn er verfolgte
ständig das Ziel, der Frau, die er liebte, die Position zu sichern, die
ihr nach seiner eigenen Wertschätzung zustand.

Sophie: „Der Herzog von Celle ungeduldig, seine Geliebte zufrieden zu stellen, überraschte den Herrn Herzog auf das höchste, als
er ihm sagte: ‚Ich glaube, daß ich jetzt meine Hochzeit feiern kann.'
Der Herr Herzog wollte ihm nicht widersprechen, aus Furcht, sich
eine kränkende Äußerung von seinem Bruder zuzuziehen, woge-
gen er sehr empfindlich war. Aber er ließ ihn fragen, er hoffe, daß
er vor seiner Hochzeit alles das tun würde, was er ihm versprochen
habe, so wie es verabredet sei. Das verzögerte die Heirat, worüber
die Dame Harburg sehr in Zorn geriet. Der Herzog Anton Ulrich
ärgerte den Herrn Herzog durch die Bitte, die er an ihn richtete,
er möge gestatten, daß Frau von Harburg den Titel Prinzessin
führen könne, was er mit dem Kanzler (Schütz) verabredet hatte.
Der Herr Herzog schlug es rundweg ab und kehrte in sehr schlechter Laune nach Osnabrück zurück. Er unternahm eine Tour nach
Holland einiger Geschäfte wegen und um sich zu zerstreuen."

Da sich ihr Gemahl verärgert auf Reisen begab und nichts gegen
die unerfreulichen Ankündigungen seines Bruders unternahm, ergriff Sophie nun selbst die Initiative. Das Gerücht, daß Eleonore
bald eine Prinzessin sein würde, veranlaßte sie zu Protestbriefen
an ihren Schwager Georg Wilhelm. Sie warf ihm vor, seine schriftlichen und mündlichen Versicherungen nicht einzuhalten, und widersetzte sich dem neuen Titel für Eleonore „ganz und gar". „Es
heißt, daß sie schwanger ist, und so gute Absichten Sie auch haben

mögen, so werden Sie doch niemals dafür bürgen können, wie sich ihre Kinder gegen die meinigen benehmen würden, wenn sie sich als Kinder eines Fürsten und einer Fürstin aus legitimer Ehe geboren wüßten ..." (Osnabrück, den 1. Februar 1676).

Georg Wilhelm antwortete drei Tage später und versuchte, sie zu beruhigen. Aber er war nicht bereit, seine guten Absichten gegenüber Eleonore zu ändern. Er versicherte Sophie, daß das Sukzessionsrecht nicht geändert würde, wenn Frau von Harburg der Titel einer Fürstin verliehen wird, „... jedoch auf eine Weise, die Ihnen sicher kein Unrecht zufügt, da Sie und Ihre Kinder dabei vollkommene Sicherheit finden werden."

Noch am gleichen Tage schrieb Sophie an ihren Bruder Karl Ludwig:

„WAS DIE AFFAIRE von Fräulein Sophie (Dorothea) betrifft, so bin ich sehr beruhigt, daß auch Sie das kaiserliche Patent gesehen haben, das ohne Zweifel ihre Legitimation beurkundet, also hatte sie diese nötig! Denn Herzog Anton Ulrich (von Wolfenbüttel) möchte, daß man glaubt, daß Madame Harburg schon immer mit Georg Wilhelm verheiratet war, so daß sein Sohn ein legitimes Kind heiraten wird. Aber um das Kind legitim zu machen, hat er Georg Wilhelm überzeugt, daß er Madame d'Harburg heiraten könnte ... ohne die Erbfolge an seinen Staaten meinen Kindern zu entziehen.

Ernst August hat über diesen Sachverhalt Wissenschaftler konsultiert, und man ist übereingekommen, daß, wenn der Kaiser die Sukzession für Ernst August und seine Nachkommen bestätigt, und die Behörden in Speyer die Anordnung erhalten, niemals etwas anderes zuzulassen, und wenn in den Staaten von Braunschweig die Staatsdiener und das Militär einen Treueid auf Ernst August leisten würden, so daß selbst wenn Georg Wilhelm Söhne hätte, diese niemals die Erbfolge antreten könnten.

Wenn das alles so ausgeführt sein wird, wird Ernst August die Zustimmung geben, daß Georg Wilhelm seine Dame heiraten kann. Die Bestätigung vom Kaiser ist bereits eingetroffen, aber die Anordnungen an Speyer stehen noch aus. Man glaubt, daß auf diese Weise Ernst August viel sicherer sei, als wenn Georg Wilhelm oder

126 sie sich durch irgendeine Leidenschaft hinreißen ließen, ganz ohne diese Bedingungen zu heiraten, wie es durchaus möglich wäre. So mußte Ernst August von zwei Übeln das kleinere wählen, aber Georg Wilhelm gewinnt dadurch kaum an Wertschätzung, denn seine Unbeständigkeit ist erneut offenkundig geworden ... Die Legitimierung hat ihn 15 000 Ecus gekostet, von denen, wie mir Herzog Anton Ulrich sagt, der Kanzler Schütz 8 000 für sich zurückbehalten habe.

Ich bitte um Verzeihung, falls ich ein wenig zu viel über die ‚Burleske unseres Chefs‘ ausgeplaudert habe. Man zweifelt nicht an seinem guten Willen, aber er wurde sehr schlecht beraten ...“

Auch wenn Sophie anderen die Hauptschuld an der ihr unangenehmen Entwicklung gab, das Vertrauen zu Georg Wilhelm war unwiederbringlich dahin. Das nimmt auch nicht Wunder bei den Erfahrungen, die sie bereits mit seinen Versprechungen gemacht hatte. Jedes Mal waren seine Zusicherungen verbrieft und besiegelt worden, und doch wurden im Laufe der Jahre einige wieder umgestoßen. So ist es verständlich, daß Ernst August sich übervorsichtig nach allen Seiten absicherte. Doch es schien damit immer noch nicht genug getan. Denn nur wenige Jahre später wurde eine neue Entscheidung zur Sicherung des Erbes getroffen, die zu einer dramatischen Entwicklung vor allem für Sophie Dorothea führen sollte.

Doch vorerst erlebte das kleine Mädchen eine glückliche Kindheit. Sie wurde von ihren Eltern mit zärtlicher Fürsorge umgeben und auch von ihrer Umgebung verwöhnt und bewundert. Die Neunjährige sah entzückend aus. Dunkelbraune Locken umrahmten das feine Gesicht. Sie war heiter und temperamentvoll und zeigte viele gute Anlagen, die ihre Eltern wohl zu fördern wußten. Eleonore sorgte für eine gute Erziehung ihrer Tochter und fing schon frühzeitig mit der religiösen Unterweisung an. Ihre Eltern gaben ihr ein gutes Vorbild. Sie lebten in Liebe, Treue und Harmonie zusammen. Diese moralischen Ansprüche konnte man kaum an einen anderen Fürstenhof der damaligen Zeit stellen. Sophie Dorothea sprach und schrieb Deutsch und Französisch fehlerlos. Die meisten ihrer Zeitgenossen waren dazu nicht in der Lage. Sie lernte vorzüglich Tanzen, Klavierspielen und Singen. Sie war ein „vrai bijoux", ein wahrer Schatz, und bekam das auch oft zu hören. So blieb allerdings auch nicht aus, daß sie durch die ständige Bewunderung und die vielen Schmeicheleien ihrer Umgebung ein etwas eitles und kokettes Persönchen wurde und wie viele kleine Mädchen Freude an schönen Kleidern, an Putz und Tand hatte.

Einer ihrer Spielgefährten war ein sechzehnjähriger schöner Jüngling, der am Hof von Celle seine militärische Ausbildung erhielt. Sein Name: Philipp Christoph Graf von Königsmarck. Seine Familie war von altem deutschen Adel und stammte aus der Altmark. Philipps Großvater Johann Christoph Königsmarck kämpfte im Dreißigjährigen Krieg in den Diensten des Schwedenkönigs Gustav Adolf und brachte es zu militärischem Ruhm und großem Reichtum. Königin Christine, Gustav Adolfs Tochter, erhob ihn in den Adelsstand, schenkte ihm mehrere Güter und ernannte ihn zum Statthalter der schwedischen Besitzungen in der Gegend von Bremen. In der Nähe von Stade erbaute der Graf die Agathenburg. Dort lebte später die Witwe seines Sohnes Konrad Christoph mit ihren Kindern Philipp, Amalia und Aurora. Im nahegelegenen Celle tat der junge Philipp als Fähnrich seinen Dienst am herzoglichen Hof. Die kleine, reizende Tochter des Herzogs gefiel ihm sehr. Auch Sophie Dorothea zeigte bald eine schwärmerische Zuneigung für den jungen Grafen, der sie scherzhaft neckend „meine kleine Verlobte" nannte. Doch dieses Getändel ging dem Herzog dann etwas zu weit. Er war auf den guten Ruf seiner Tochter bedacht, und so mußte der junge Fähnrich seine Ausbildung an einem anderen Hof fortsetzen.

Kaum anders erging es später einem verliebten Pagen. Seine glühenden Liebesbriefe an die Kleine wurden entdeckt, und der Knabe mußte Celle verlassen, damit Sophie Dorothea frei von jedem Makel bliebe. Doch der Klatsch darüber wurde bis nach Paris getragen. Sophie benutzte den kleinen Zwischenfall, um in einem Brief an ihre Nichte erneut über ihre Schwägerin herzuziehen: „Ist es nicht schade, daß Ernst August und ich so eine Dummheit gemacht haben, dieses kleine Stück Dreck an unseren Hof zu ho-

128 len …" Sie schrieb auch von einer anderen Frau, die Georg Wilhelm früher angeblich ebenfalls ganz gern hatte „… aber sie war nicht so faszinierend, wie seine französische Xantippe, die wirklich ein prachtvolles ‚Stückfleisch' ist. Sie hätte sehr gut daran getan, wenn sie auf dem ihr zustehenden Platz geblieben wäre. Aber es macht nichts – Sophie Dorothea wird uns alle rächen – sie ist eine kleine Kanaille – wir werden schon sehen!" Ihr Haß läßt Sophie schon weit in die Zukunft hinein planen. Wie der weitere Verlauf der Geschichte zeigen wird, hatte Herzogin Sophie viel zu dem unglücklichen Schicksal von Sophie Dorothea beigetragen, um sich über die Tochter an Eleonore rächen zu können.

Im Jahr 1675, just zur rechten Zeit, waren die Umbauarbeiten am Schloß fertiggestellt worden. Für die Gräfin Eleonore war fast gleichzeitig mit ihrer Rangerhöhung ein Palast entstanden, der zu den schönsten Residenzen Deutschlands zählte. Er war mit allem erdenklichen Luxus ausgestattet. Obwohl vieles im italienischen Stil rekonstruiert war, hatte sich Georg Wilhelm auch die Prachtentfaltung am französischen Hof zum Vorbild genommen, wie es an vielen anderen Höfen üblich war.

Das Schloß bot nun einen würdigen Rahmen für die herzogliche Familie. Viele Besucher wurden von dem prächtigen und aufwendigen Lebensstil des Herzogs angezogen und nahmen an den Lustbarkeiten des Celler Hofes teil. Vornehme Franzosen kamen, wurden herzlich willkommen geheißen und blieben für längere Zeit. Meistens waren es Glaubensgenossen Eleonores, die dann gute Stellungen im Hofdienst erhielten. Die französische Lebensart am Hof hatte mehr Eleganz, mehr Komfort und bessere Manieren in die kleine Residenz gebracht. Die Menschen in Celle gewöhnten sich daran und lernten es zu schätzen. Viele Einheimische hatten bei den Umbauarbeiten zur Verschönerung des Schlosses Arbeit gefunden und es zu einem gewissen Wohlstand gebracht. Sie berichteten zu Hause begeistert von der charmanten Schloßherrin, die sich für ihre persönlichen Probleme interessierte. Man fing an, an der Romanze des Paares im Herzogtum Gefallen zu finden, und man stellte Vergleiche an zu anderen Höfen, an denen die Maitressen, aber nicht die Moral regierte.

In der Residenz wurden schöne Gärten angelegt, teils im französischen, teils im italienischen Stil. Im Nordturm wurde 1674/75 ein Theater errichtet. Vorher belustigten die von Georg Wilhelm engagierten Schauspieltruppen die Hofgesellschaft im großen Bankettsaal. Schauspiele, Konzerte und die neue Kunstgattung Oper kamen zur Aufführung.

Währenddessen wurde immer weiter zäh um einen Heiratsvertrag für das Celler Paar verhandelt. Am 22. August 1675 stand er dann in endgültiger Form zur Unterzeichnung bereit. Alles war genau in 18 Direktiven festgelegt. Im Grunde wurde in diesem Heiratsvertrag noch einmal alles dokumentiert, was schon so oft besprochen und beurkundet worden war.

Wegen der Ablehnung durch das Herzogpaar Ernst August und Sophie durfte Eleonore nicht den Titel „Herzogin von Braunschweig und Lüneburg" tragen, womit sie sich aus Entgegenkommen gegenüber ihrem fürstlichen Gemahl einverstanden erklärte. Ebenso durften die gemeinsamen Kinder nicht den Titel und das Wappen des fürstlichen Hauses tragen. So war es mit dem Bischof von Osnabrück verabredet, um das Fürstentum für ihn und seine Kinder als Erbe zu sichern.

Die Kinder des Herzogs Georg Wilhelm und Eleonores werden als in legitimer Ehe erzeugt anerkannt. Ihnen steht der vom Kaiser verliehene Titel Graf und Gräfin von Wilhelmsburg zu. Dagegen erhält Sophie Dorothea als besondere Gnade Seiner Kaiserlichen Majestät die Erlaubnis, den Titel Prinzessin von Braunschweig und Lüneburg zu tragen und das Wappen des hohen Hauses zu führen, wenn sie einen Prinzen aus einem alteingesessenen Fürstengeschlecht heiraten sollte.

In den anderen Paragraphen geht es vorwiegend um das Allodialvermögen des Fürsten, also um seinen und Eleonores Privatbesitz. Es wird festgelegt, wie das Erbe im Falle des Todes eines der beiden Ehepartner verteilt werden soll, und daß die Gräfin als Wittum 8.000 Reichstaler jährlich erhalten soll.

Außerdem wird Vorsorge getroffen, daß die Beamten in den Ämtern der herzoglichen Witwe „die geringste Hinderung nicht machen" und „von der Gräfin in Bezug auf ihre Renten und Güter

130 Schaden abwenden sollen". Es wurde alles sorgfältig bedacht und vertraglich festgelegt. Alle Vereinbarungen waren dazu bestimmt, Eleonores Zukunft abzusichern, für den Fall, daß der Herzog vor ihr sterben und sein Bruder oder dessen männlicher Nachkomme das Herzogtum übernehmen würde.

Um alle aufgeführten Punkte zu bestätigen und zu beurkunden haben die drei Herzöge zu Braunschweig und Lüneburg den Vertrag unterschrieben: Georg Wilhelm, Ernst August, Anton Ulrich.

Für Eleonore war noch hinzugefügt: „Im Glauben und Zusicherung von allem, was oben festgelegt wurde, habe ich diesen Akt für mich und meine Kinder unterschrieben, und ich habe mein Siegel darauf setzen lassen, geschehen zu Celle, den 22. August 1675, eleonor Desmier Frau von Harburg Gräfin von Wilhelmsburg."

Für die vier Unterzeichner war je ein Siegel an die Urkunde angehängt.

Mit welchem Gefühl der Freude und Erleichterung wird Eleonore dieses so langersehnte, wichtige Dokument für sich und ihre Kinder unterzeichnet haben. Endlich war die kirchliche Trauung in greifbare Nähe gerückt. Zehn Jahre lang hatte sie geduldig, aber beharrlich darauf hingewirkt und versucht, durch ihre untadelige Haltung Achtung zu gewinnen, um für sich und ihre Tochter eine angesehene Stellung im Leben zu erreichen. Und welche starken Mächte hatte sie die ganze Zeit gegen sich! Es war nicht allein das ausgeprägte Standesbewußtsein und die strenge Etikette an den deutschen Fürstenhöfen, die einen Aufstieg einer Landadligen zur Herzogin schier unmöglich machte, sondern auch die Ablehnung und die Feindschaft der Verwandten ihres Mannes. Aber eines war ihr die ganze Zeit sicher: die Liebe Georg Wilhelms, der ihr so gern ein schönes Leben an seiner Seite bereiten wollte. Eleonore verstand es aber auch, ihren gutmütigen Mann zu leiten und zu beeinflussen. Ebenso gewann sie mit ihrer freundlichen und taktvollen Lebensart die Herzen der Bevölkerung. Sie konnte die anfangs herrschenden Vorurteile abbauen. Selbst ihre schärfsten Kritiker mußten zugeben, daß sie es auf wunderbare Weise verstanden hatte, den Herzog zum Guten zu verändern, ihn seßhaft zu machen und in ihm Interesse für die Belange seine Landes zu wecken.

Obwohl ihr der eheähnliche Vertrag einige Sicherheiten geboten hatte, obwohl ihre Verbindung mit dem Herzog von vielen als Gewissensehe angesehen wurde, blieb für Eleonore immer das Bewußtsein, daß sie letzten Endes im „Stande der Sünde" mit ihrem geliebten Mann zusammen lebte. Solange sie nicht den Segen der Kirche erhalten hatte, war auch ihre Tochter ein illegitimes Kind. Doch durch die Verträge galt Sophie Dorothea nun als ehelich und ebenbürtig. Sie konnten daraufhin einen Verlobungsvertrag mit dem Prinzen Friedrich August aus dem herzoglichen Hause von Wolfenbüttel für sie abschließen.

Was für eine glückliche Fügung, daß es nun endlich möglich war, in der Kirche ihren Bund besiegeln zu lassen und die Trauung zu vollziehen. Das bedeutete für Eleonore als gläubige Calvinistin so unendlich viel. Sie war von Herzen dankbar, glücklich und erleichtert, denn von nun an durfte sie niemand mehr verächtlich ansehen.

Georg Wilhelm war zu dieser Zeit, Anfang 1676, immer noch in kriegerischen Unternehmungen unterwegs. Jedoch konnte er sich während der Belagerung der schwedischen Städte Bremervörde und Stade die Zeit nehmen, nach Celle zu eilen.

Jetzt wollte er seine Eleonore heiraten. Denn was zu dieser Zeit noch niemand außer den beiden wußte, Eleonore war erneut schwanger. So drängte der Termin, weil dieses Kind ehelich geboren werden sollte. Eine besondere Rolle spielte wahrscheinlich der Gedanke dabei, daß es ein Sohn werden könnte.

Die Herzogin Sophie war schon seit langem in großer Sorge, daß eine ihrer beiden Schwägerinnen einem männlichen Erben das Leben schenken könnte und daß dann die Herzogtümer Hannover oder Celle nicht ihrer Familie zufallen würden. Denn ob Georg Wilhelm als stolzer Vater eines Sohnes dann seine Verträge noch einhalten würde, war zu bezweifeln. Diese Hochzeit war ein eklatanter Beweis dafür, wie er gegebene schriftliche Zusicherungen zu umgehen verstand.

Über die Vermählung des Herzogs mit Eleonore ist kaum etwas geschrieben worden, außer daß sie am 12. April 1676 in der Schloßkapelle in Gegenwart von zwei Trauzeugen stattfand.

Eleonore zur Zeit ihrer Hochzeit

Doch aus der Kenntnis der Personen und des Ortes läßt sich manches vermuten und kombinieren:

Die Braut Eleonore, Gräfin von Wilhelmsburg, war 37 Jahre alt. Von ihrer Schwangerschaft war in diesem frühen Stadium noch nichts zu bemerken. Es ist zu hoffen, daß sich Eleonore längst von den Leiden nach ihren schweren Entbindungen gut erholt hatte, so daß die Beschreibungen über ihr Aussehen, die früher Sophie gegeben hatte, nicht mehr zutrafen:

„Eleonore sei nur noch Haut und Knochen, so krumm wie eine Baßgeige, und sie hätte kaum noch Zähne im Munde." Damals kannte man auch schon Zahnersatz. So kann man z.B. auf dem Gemälde von Sophies Mutter bei der Morgentoilette ein Gebiß auf dem Frisiertisch liegen sehen.

Jedenfalls hatte Georg Wilhelm schon in einer früheren Situation bewiesen, daß sich seine Liebe über Äußerlichkeiten hinwegsetzen konnte.

Doch im allgemeinen wird Eleonore immer als Schönheit beschrieben. So stellen wir sie uns vor: groß, schlank und elegant, dezent nach neuester französischer Mode gekleidet, mit wenig, aber erlesenem Schmuck. Sie war eine glückliche, strahlende Braut, als sie am Arme des Herzogs zu der im Parterre des Celler Schlosses gelegenen Kapelle schritt. Georg Wilhelm war jetzt 52 Jahre alt, ein stattlicher, würdevoller Fürst, prunkvoll gekleidet. Eine gelockte Allonge-Perücke umwallte sein Haupt und floß über Brust und Schultern. Eleonore trug ihr eigenes tiefschwarzes Haar etwas toupiert, von Agraffen zusammen gehalten, bis auf zwei lange Locken auf jeder Seite, die auf ihr Dekolleté fielen.

Dem Hochzeitspaare folgten die zehnjährige Tochter mit ihrem sechzehnjährigen Verlobten und dessen Eltern, Herzog Anton Ulrich von Wolfenbüttel mit seiner Gemahlin und Kanzler Schütz. Es wird so dargestellt, als ob die Trauung nur in diesem kleinsten Kreise stattfand. Doch Eleonore wollte an diesem festlichen Tage sicher nicht auf die Anwesenheit ihrer Schwester Angélique verzichten, auch nicht auf ihre Freundin Nymphe de La Motte und deren Ehemann, den Stadtkommandanten von Celle, und auf ihre Hofdamen. Ebenso wird der Herzog ihm nahestehende Herren aus seinem engsten Gefolge eingeladen haben. Allerdings hatte man auf

Georg Wilhelm Herzog zu Braunschweig-Lüneburg-Celle

die so feindlich eingestellten Verwandten aus Osnabrück wohlweislich verzichtet.

So versammelte sich nun die kleine erlesene Hochzeitsgesellschaft in der protestantischen Schloßkapelle. Sie war vom Großvater Georg Wilhelms prachtvoll ausgestattet worden und gilt als ein bedeutendes Zeugnis der deutschen Hochrenaissance. Sie ist noch heute hervorragend erhalten und enthält kunstvoll geschnitztes Gestühl und ungefähr 97 Gemälde. Das Bild in der Mitte des Altars stellt die Kreuzigung Christi dar. Auf den Seitenflügeln sind die beiden knienden Stifterfiguren mit zum Gebet erhobenen Händen abgebildet: links Herzog Wilhelm der Jüngere und rechts seine Gemahlin, Herzogin Dorothea von Dänemark. Unter den Bildnissen seiner Großeltern gab der Herzog Georg Wilhelm seiner Eleonore sein feierliches Eheversprechen und das Jawort. Und man kann gewiß sein, daß Eleonore ihr „Ja" mit vor Freude übervollem Herzen aussprach. Nachdem die Ringe gewechselt waren, sprach der Hofprediger die Trauformel und den Segen über das neuvermählte Paar und segnete die jungen Verlobten, deren Bündnis nun durch die Kirche offiziell anerkannt war. Nach Küssen, Umarmungen und Glückwünschen verließ die Gesellschaft bei feierlichem Orgelspiel

134 die Kapelle. Man begab sich in den großen Festsaal, und es wurde fürstlich getafelt. Reden wurden gehalten und Geschenke überreicht, wie das so der Brauch war und noch heute ist. Die Hofkapelle spielte zum Festbanquett und sicher auch danach zum Tanz. Bereits 1667 hatte der Herzog von Celle dem Vorbild des französischen Hofes folgend Musiker aus Frankreich engagiert. Es war damals die einzige französische Musikkapelle Norddeutschlands. Als Johann Sebastian Bach Schüler an der Michaelis-Schule in Lüneburg war, soll er zu Fuß nach Celle gewandert sein, um diese Art von Musik kennenzulernen.

Von dem, was in der Mitte des 17. Jahrhunderts ein prunkvoller Fürstenhof zum feiern brauchte, zeugen einige Rechnungen, die aus dieser Zeit erhalten sind. Im Niedersächsischen Hauptstaatsarchiv ist in einem Findbuch eine Eintragung über „Unterschiedliche Waren und Sachen, so zur fürstlichen Hofhaltung angeschafft und herbeigebracht:" (Celle 21 Nr. 15)

„Schwalbacher Sauerbrunnen, ,Hindbeerwein', Halberstädter Broihan (Bier), Brabantische Tapezereien, Grönlandboot, d. h. e. Eskimokayak, kristallene Gläser, Elentiere aus Schweden, Papageien, ein Mohr, fürstliche Kleider aus Frankreich u. a. m."

Daß die Heirat so im Stillen stattfand und wenig darüber veröffentlicht wurde, hängt wohl damit zusammen, daß der Öffentlichkeit nicht ins Bewußtsein gerufen werden sollte, daß das Paar schon zehn Jahre ohne kirchlichen Segen zusammengelebt hatte und daß die Tochter illegitim geboren war. Das sollte jetzt alles ausgelöscht und vergessen werden.

Doch die Neuigkeit von der Hochzeit in Celle verbreitete sich in Windeseile an allen Höfen. Die eifrige Briefschreiberin Sophie trug auch ihren Teil dazu bei. Sie war sehr aufgebracht über diese Entwicklung und schrieb voller Empörung an ihren Bruder: „Sie wissen, daß er (Georg Wilhelm) mir schriftlich versprochen hat, sich niemals zu verheiraten; er hat es mir vor 2 Jahren erneut versichert. Inzwischen war Ernst August genötigt, seine Zustimmung zu geben unter der Bedingung, daß ihm eine ausreichende Versicherung über die Erbfolge von seinen Staaten gegeben würde und daß Madame Harburg immer nur als Gräfin von Wilhelmsburg behandelt werden würde. Dem wurde zugestimmt, es wurde von beiden Parteien unterschrieben und die Bestätigung des Kaisers ist eingetroffen ... Währenddessen hat er (Georg Wilhelm) sich vor 8 Tagen im geheimen verheiratet, und es wurde gleich in der Kirche für seine ‚Gemalin‘ gebetet und alle Welt nennt sie ‚Ihre Hoheit‘ und ‚Herzogin von Braunschweig‘ genau entgegengesetzt von dem, was er schriftlich Ernst August zugesichert hatte. Er sagt zur Entschuldigung, daß er es nicht angeordnet habe, ebenso könnte er argumentieren, wenn seine Kinder sich in den Besitz des Landes setzen würden, daß er es nicht angeordnet hätte.

Wir müssen weiter versuchen, oben zu schwimmen ... darum bitte ich Dich untertänigst, diesen Brief zu verbrennen ...“ Was ihr Bruder aber nicht tat, denn sonst läge uns dieser Brief heute nicht vor.

In ihren Memoiren beanstandete Sophie:

„Als der Herr Herzog (Ernst August) alles das, was in Celle vorging, erfuhr, ließ er darüber bei seinem Herrn Bruder (Georg Wilhelm) Klage führen und seine Überraschung darüber aussprechen, daß man das gegebene Versprechen bei einem Gegenstand von solcher Wichtigkeit so bald vergessen habe. Man erfuhr auch, daß Frau von Harburg schwanger war, und daß sie es verheimlicht hatte, um zuvor den jungen Prinzen von Wolfenbüttel mit ihrer Tochter zu verloben. Als der Herzog es erfuhr, wünschte er, daß die Untertanen ihm den Treueid leisten sollten, wie es mit seinem Herrn Bruder abgemacht war. Aber der Kanzler verschob es unter nichtigen Vorwänden. Er spielte auch noch einen anderen Schurkenstreich, indem er aus der kaiserlichen Kanzlei den Befehl des Kaisers an das Reichskammergericht zu Speyer ergaunerte, der bestimmte, daß dieses niemals einen Prozeß, der dem Herrn Herzog die Nachfolge streitig machte, annehmen solle, und er ließ ihn niemals an das genannte Kammergericht gelangen. Der Herr Herzog erkannte also deutlich den Plan dieses Menschen, falls Frau von Harburg, einen Sohn gebären sollte.

Das aber, die beiden Brüder zu entzweien, war ihm sehr wohl gelungen. Er überredete den Herzog, seinen Herrn, sein Bruder wolle nur aus Eigensinn seine Frau nicht als Herzogin behandeln, und daraus könne er hinreichend sehen, wie wenig Freundschaft und

136   Achtung er vor ihm habe, daß er ihm um seines Titels willen zuwider sei. Es war jedoch eine wichtige Angelegenheit, und der Herr Herzog konnte es nicht tun, ohne selbst den ganzen Vertrag umzustoßen, den der Kaiser bestätigt hatte. Aber der Herzog von Celle hörte auf keine Vernunftsgründe mehr; er war vollständig von seiner Frau und dem Kanzler eingenommen, die ihn immer mehr erbitterten.

Als diese schöne Heirat des Herzogs von Celle und der Frau von Harburg bekannt wurde, wollten diejenigen, die einige Achtung vor dem Herzog hatten, es nicht glauben." So erging es auch Sophies Nichte Liselotte. Sie schrieb aus Paris, falls es wahr wäre, daß der Herzog „jene Kreatur" geheiratet hätte, würde man bei Hofe über die große Torheit des Herzogs von Celle spotten. Selbst die Kammerdiener machten sich darüber lustig. Doch Sophie bestätigte in ihrem nächste Brief das Gerücht. Es stimmte: Eleonore war die Gemahlin von Herzog Georg Wilhelm geworden. Sophie fügte noch hinzu: „Man schlug die Vermählung seiner Tochter mit meinem ältesten Sohn vor, doch fand der Herr Herzog (Ernst August) dies so sehr unter der Würde seines Sohnes …"

Alle bösen Worte Sophies halfen nichts, der Sieg Eleonores war vollkommen. Die Eheschließung wurde etwa zwei Wochen später öffentlich bekannt gegeben. Eleonores Name wurde von nun an in den Kirchengebeten genannt. Am 27. April 1676 berichtet der französische Gesandte am Hof von Hannover, Monsieur Rousseau, dem Außenminister von Frankreich, Marquis de Pomponne: „Ich hatte vor einiger Zeit die Ehre, Ihnen zu berichten, daß der Kaiser die Tochter des Herrn Herzog von Celle und der Frau von Harburg in den Rang einer Prinzessin erhoben hat, und daß man vor wenigen Tagen in der Kirche von Celle veröffentlicht hat, daß bisher einige Gründe den Herrn Herzog daran gehindert hatten, seine Ehe publik zu machen, obwohl sie vor langer Zeit geheiratet hatten. Diese Gründe haben jetzt aufgehört zu existieren, und er wollte, daß jeder sie anerkennt und sie in Zukunft als Prinzessin und als seine legitime Gemahlin behandelt … wenn Frau von Harburg, die schwanger ist, einen Sohn zur Welt bringt, dann würde dieser zwangsläufig Herzog von Braunschweig und Erbe des Herzogs von

Celle werden, ungeachtet, der Versicherungen, die er dem Bischof
von Osnabrück hinsichtlich der Erbfolge gegeben hat … So ist es
zu erwarten, daß dieses Vorgehen das gute Einvernehmen stören
wird; und wenn der Herzog von Hannover ebenfalls einen Sohn
bekäme, so wäre der Bischof von Osnabrück, der sich auf diese
Weise von der Erbfolge des einen, wie des anderen ausgeschlossen
sehen würde, in einer schlechten Situation, denn außer, daß er eine
große Anzahl von Kindern und wenig Einkommen hat, glaubt man,
daß er stark verschuldet sei …"
Die großen Geldschwierigkeiten ihres Mannes wagt Sophie in einem
Brief an ihren Bruder nur in einer fremden Sprache zu erwähnen:
„Ernst August hat sehr gute Truppen – hett is ehn gutt herr, mar
he hett ken geld (Er ist ein guter Herr, aber er hat kein Geld). Er
hat Platen zum Prinzen von Oranien gesandt, und ich glaube, er
wird nicht weiter marschieren, … denn es wäre nicht gut, so viele
brave Leute vor Hunger sterben zu lassen …"
Am Hof von Osnabrück hatte sich in der Zwischenzeit eine ehrgeizige, raffinierte junge Frau den Platz als „Maitresse en titre" bei
Herzog Ernst August erobert und große Macht über ihn gewonnen. Sie hieß Clara von Meisenburg und war die Ehefrau von
Herrn von Platen geworden. Er war durch die Liebesdienste seiner Frau zu einem hohen Ministerposten und dem Grafentitel gekommen. Die anspruchsvolle Maitresse war mit ein Grund, wahrscheinlich sogar der Hauptgrund dafür, daß der Schuldenberg
des Herzogs immer mehr anwuchs. Auch bei Hofe war sie einfluß-
reich. Wer etwas beim Herzog erreichen wollte, ging zu Clara von
Platen und nicht zur Herzogin, deren erste Hofdame sie war. Sophie ertrug den Zustand – zumindest nach außen hin – mit philosophischer Gelassenheit und widmete sich ihren Kindern und ihren
geistigen Interessen. Doch auch ihr ältester Sohn, der mürrische
und verschlossene Georg Ludwig, eiferte schon mit sechzehn Jahren auf diesem Gebiet dem Vorbild des Vaters nach. Der hatte volles
Verständnis für amouröse Abenteuer und ließ seinen jungen Sohn
gewähren. Clara hatte ihre jüngere Schwester Marie für ihn vorgesehen, um so bei Hofe alles fest in die Hand zu bekommen. Marie
war mit dem Prinzenerzieher Herrn von dem Bussche verheiratet

138 worden. Der Plan der beiden leichtfertigen Damen gelang zu ihrer vollen Zufriedenheit, nachdem Georg Ludwig nach einiger Zeit von einer Bildungsreise aus dem Ausland zurückgekommen war. Dagegen herrschten am Hof von Celle Moral, Anstand und Sitte. Der Herzog liebte das häusliche Leben mit Frau und Kind – und er liebte die Jagd. Die Familie zog dann gemeinsam in eins der Jagdschlösser. Und sie lebten friedlich und harmonisch zusammen. Eleonore hatte den Höhepunkt ihres Glückes erreicht!

Kapitel 6
DOCH MIT DES GESCHICKES MÄCHTEN

Bald nach der Hochzeit kehrte Herzog Georg Wilhelm zu seinen Truppen zurück. Dieses Mal mußte er auf die Unterstützung seines jüngeren Bruders verzichten. Dem fehlte erstens das Geld, um seinen Regimentern den Sold zu zahlen, und zweitens bestand nach den jüngsten Ereignissen kein gutes Einvernehmen mehr zwischen den beiden Brüdern. In seinem Vetter aus Wolfenbüttel und dem Bischof von Münster fand Georg Wilhelm neue Verbündete. Die militärische Lage war für ihn günstig, denn der Große Kurfürst hatte die in sein Land eingefallenen Schweden in der Schlacht von Fehrbellin im Juni 1675 geschlagen und drang weiter siegreich in schwedisches Gebiet in Pommern ein. Auch Georg Wilhelm und seine Verbündeten eroberten schwedische Städte im Bistum Bremen. Der Herzog war mit dem Erreichten sehr zufrieden. Die letzten Monate hatten ihm viel Gutes beschert: seine Hochzeit hatte endlich stattgefunden, seine Tochter war standesgemäß verlobt und außerdem hatte er einen siegreichen Feldzug mit viel Landgewinn geführt. Vielleicht war auch in Kürze ein Stammhalter zu erwarten.

„Doch mit des Geschickes Mächten
Ist kein ew'ger Bund zu flechten,
Und das Unglück schreitet schnell …" (Schiller)

Ein Eilkurier überbrachte die tragische Nachricht, daß Eleonore im Sterben läge. Die Entbindung von einer totgeborenen Tochter hatte ihr alle Lebenskräfte geraubt, und in ihrer Umgebung hatte man sie bereits aufgegeben. Georg Wilhelm eilte zu seiner geliebten Frau und versuchte verzweifelt, die mit dem Tod ringende zurückzuho-

140 len. Matt und bleich lag Eleonore in den Kissen. Sie war nur noch ein Schatten ihrer selbst, so entsetzlich hatte sie in den drei Tagen und Nächten unter den schweren Wehen gelitten. Den letzten Lebenswillen hatte sie verloren, weil ihr Kind nicht am Leben geblieben war. Georg Wilhelms liebevolle Fürsorge hatte einen großen Anteil an ihrer Genesung, aber sicherlich hatte er auch gute Ärzte herbeigerufen. Ganz so romantisch, wie es die alte Biographie beschreibt, ging es wohl nicht zu: „Als ... ihm die Post gebracht wurde / daß Madame*** in Kindes=Nöthen mit dem Tode runge / kam er ihr alsbald zur Hülffe / und schaffte durch seine Gegenwart / daß / nechst GOtt / ihr zu ihrer Genesung wieder verholffen / und aus den Todes=Händen / in welchem sie seine Bedienten schon verlassen hatten / gerissen wurde ..."

Sophie schrieb am 27. August 1676 an ihren Bruder: „Die Hebamme, die aus Frankreich zur Niederkunft der Madame d'Harburg gekommen war und die sonst der Herzogin von Hannover bei ihren Entbindungen beigestanden hat, ist auf der Rückkehr hier vorbeigekommen. Sie sagte, daß Madame d'Harburg sie beschuldigte, ihren Tod und den des Kindes geplant zu haben, und sie hätte ihr beim Abschied gesagt, daß sie Gott bitten wird, ihr zu verzeihen, wie sie ihr auch verziehen habe. Sie hat ihr 50 ecus für die Reise gegeben, nachdem sie zur Abreise gedrängt hatte. Das ist wirklich lächerlich! Obwohl man sagt, daß Georg Wilhelm zu seinen Truppen zurückkehren wird, wird er zur Kur nach Pyrmont gehen ..." Vermutlich begleitete der liebevolle Ehemann seine leidende Gemahlin dorthin. Dagegen berichtete der französische Botschafter Rousseau: „... daß die Frau Herzogin von Celle, vorher Madame von Harburg, nach drei Tagen Wehen von einer totgeborenen Tochter entbunden wurde, und der Herzog von Celle ist sobald wie möglich abgereist, um in sein Feldlager vor Stade zurückzukehren." (1. August 1676). Stade gehörte zu dieser Zeit zu Schweden.

Über die Heilerfolge durch eine Kur in Bad Pyrmont berichtete Eleonore ihrem Bruder Alexandre. Dieses Heilbad war im 17. Jahrhundert sehr in Mode. Viele Fürsten suchten es auf, um in dem prächtigen Kurmittelhaus in den sechs verschiedenen Quellen zu baden und Heilung zu suchen.

„DIE HEILQUELLEN VON Pyrmont haben mich wieder vollkommen
hergestellt, und ich habe mich seit langem nicht mehr so wohl gefühlt. Ich bin Ihnen sehr verbunden, mein lieber Bruder, daß Sie
sich darüber freuen, und dankbar für die guten Wünsche für meine
Gesundheit, die Sie mir gesandt haben. Ich versichere Ihnen, daß
ich mit viel Freude die Zeichen Ihrer Freundschaft empfangen habe,
deren Fortdauer ich verdiene durch die zärtliche Zuneigung, die ich
für Sie empfinde und das Verlangen, das ich habe, Ihnen mitzuteilen, daß ich Ihnen ganz ergeben und vollständig die Ihre bin.

Eléonor D. de Harburg"

Zehn Tage später ereignete sich ein Schicksalsschlag, der die Familien in Wolfenbüttel und Celle in tiefe Trauer versetzte. Der Verlobte der jungen Sophie Dorothea war nur wenige Monate nach
der offiziellen Verlobung gefallen. Friedrich August von Wolfenbüttel hatte am 18. 8. 1676 bei der Belagerung von Philippsburg in
kaiserlichen Diensten sein Leben verloren. Eleonore war darüber
sehr betrübt. Sie schrieb ihrem Bruder Alexandre einen Brief, der
von ihrer Trauer, ihrer Frömmigkeit und ihrem Gottvertrauen zeugt:

19. Oktober 1676

„ES IST GEWISS, mein lieber Bruder, daß es für mich ein wirklich
schwerer Verlust ist, daß der Tod uns den Prinzen entrissen hat,
denn abgesehen davon, daß er für meine Tochter bestimmt war,
liebte er mich und war äußerst liebenswert – alle schönen und guten Qualitäten waren in ihm vereinigt – er war zu vollkommen für
diese Welt. Gott wollte ihn bei sich haben, ich finde ihn dabei selig, und ich hoffe, daß Gott durch neue Segnungen meine Tochter
und mich trösten wird. Nach all der Gnade, die er mir erwiesen hat,
darf ich alles erwarten, denn niemals hat er menschliche Wesen so
mit Gutem überhäuft, wie mich, und ich habe so viele Gründe zur
Zufriedenheit. Ich muß mein Leben nutzen, um dem Herrn ständig für seine Gnadenbeweise zu danken. Aber leider, mein lieber
Bruder, auf Erden wird das oft vergessen, sowohl in Deutschland
als auch in Frankreich. Doch Gott wird die nicht vergessen, die auf

142 Erden sind. Er nimmt uns in seinen heiligen Schutz. Ich wünsche mir von ganzem Herzen von ihm – und ich hoffe, er erfüllt mir diese Freude – daß ich Sie noch einmal in meinem Leben umarmen und Ihnen selbst meine zärtliche Freundschaft versichern kann, die ich für Sie empfinde.

Eleonore, Herzogin von Celle, von Braunschweig und Lüneburg.“

Für die kindliche Verlobte des jungen Gefallenen brachte dieses traurige Ereignis eine entscheidende Wende in ihrem Leben. Sophie Dorothea war wieder auf dem „Heiratsmarkt“ als begehrte, schöne und reiche Fürstentochter. Es wird von einer Mitgift von 100 000 ecus berichtet.

Wieviel glücklicher wäre das Leben von Sophie Dorothea verlaufen, wenn der Tod ihr nicht den Bräutigam entrissen hätte. Der liebenswürdige August Friedrich war ihr von früher Kindheit an vertraut. Alle Voraussetzungen, daß das junge Paar gut harmoniert hätte, waren gegeben. Eine enge Freundschaft verband die Höfe von Celle und Wolfenbüttel. Sie hätte dort als junge Ehefrau mit freundlichen, verständnisvollen Schwiegereltern leben können, die ihr in ihrer kindlichen Unreife sicher oft hilfreich und charakterbildend zur Seite gestanden hätten. Sie hätte in Harmonie und Geborgenheit zu einer erwachsenen Frau mit vielen Qualitäten heranreifen können. Dafür hätte sich noch einmal eine Chance geboten, denn die Wolfenbütteler strebten nun eine Verbindung mit ihrem zweitältesten Sohn an. Dieses Heiratsprojekt fand Eleonores volle Zustimmung. Doch Georg Wilhelm zog es vor, jetzt erst einmal abzuwarten und alles gut abzuwägen. Er fand seine Tochter noch viel zu jung und verschob alle Entscheidungen auf spätere Zeiten. Denn es war immer noch Krieg.

Der Herzog mußte zu seinen Truppen zurückkehren. Zum Ende des Jahres 1676 stellte er dem Kaiser 5 000 Mann zur Verfügung. Im nächsten Jahr verbündete er sich mit dem Großen Kurfürsten und schickte ihm Truppen von insgesamt 8 000 Mann unter der Führung des celleschen Generals Chauvet. Sie waren an der Eroberung von Stralsund beteiligt. So gelang es dem Herzog von Celle, ein bedeutendes Gebiet der Schweden mit zu erobern. Er gewann da-

durch eine gute Position bei den Friedensverhandlungen von Nimwegen. Dort saßen auch die Franzosen als mächtige Bundesgenossen
Schwedens mit am Verhandlungstisch. Der französische Gesandte
auf dem Kongreß war ein Verwandter Eleonores, der Maréchal
d'Estrades. So ergab es sich, daß Eleonore einen regen Briefwechsel mit ihrem Verwandten begann, in dem sie mit Geschick die Interessen des Herzogtums Celle vertrat. Dadurch konnte sie ihre
diplomatischen Fähigkeiten unter Beweis stellen. Die verunglimp-
fenden früheren Gerüchte über ihre angeblich schlechte Bildung werden eindeutig widerlegt, wenn man ihre Briefe aufmerksam liest.
Allerdings sollte man die Orthographie der französischen Texte als
für damals üblich ansehen. Man schrieb eben so, wie man sprach!
Der erste aus dieser Korrespondenz bekannte Brief enthielt noch
vorwiegend persönliche Mitteilungen aus der Familie. Nur kurz
klingt an, daß Eleonore ihren Gemahl von einigen Ratschlägen der
Franzosen in Kenntnis gesetzt hatte – aber auch, daß sie nicht alles
einem Brief anvertrauen konnte:
Herzogin Eleonore von Braunschweig-Celle an den Marschall
d'Estrades.

Celle, den 10. September (1676)
„NACHDEM ICH MICH einigermaßen von dem überstandenen
schweren Wochenbett erholt habe, möchte ich Ihnen für die bei
diesem Anlaß gezeigte Güte danken. Sie würden aber auch in der
Tat durch meinen Tod jemand verloren haben, der eine sehr hohe
Meinung von Ihnen hat und mit Freuden zu jedem Dienst für Sie
bereit ist.
Ich habe dem Herzog, meinem Gemahl, Kenntnis von den ihn be-
treffenden Stellen Ihres Briefes gegeben. Er schien sehr dankbar,
sagte mir unendlich viel Verbindliches mit Bezug auf Sie und erwidert Ihre freundschaftliche Gesinnung vollkommen. Es würde
zu meiner höchsten Befriedigung gereichen, wenn er auch Ihre mir
übermittelten Ratschläge befolgen wollte, denn es ist für mich stets
ein großer Kummer, dem ich nur zu oft ausgesetzt bin, ihn in den
Krieg ziehen zu sehen …
Ich möchte mich gerne mit Ihnen über etwas freuen, daß ich diesen Zeilen nicht anvertrauen darf.

144 Seien Sie überzeugt, daß ich an allem, was Sie betrifft, stets Anteil
nehme als Ihre ergebene Dienerin   *Eleonore, Herzogin von Celle.*"

Von September 1676 bis April 1677 verhandelten verschiedene.
Agenten und Abgesandten Frankreichs mit der Herzogin von Celle,
von der bekannt war, daß ihr Herz noch immer für ihr Heimatland schlug. Eleonore wollte sich gern den Weg dorthin offen halten, daher war ihr auch das Wohlwollen des Sonnenkönigs wichtig.
Denn falls sie eines Tages Witwe sein würde, wären die Verwandten in Osnabrück die Erben des Herzogtums ihres Gemahls. Dem
Paar in Celle war bewußt, daß Eleonore von dieser Seite nicht viel
Hilfe und Freundlichkeit zuteil werden würde. Der Herzog hatte,
wie bereits beschrieben, durch Landkäufe außerhalb seines Herzogtums, ein Erbe für Frau und Tochter gesichert. Auch in Frankreich sollte Land gekauft werden. Eleonore beauftragte ihren Bruder Alexandre in Olbreuse, die Baronie Mauzé in seiner direkten
Nachbarschaft für sie zu erwerben, und schrieb ihm: „Wenn die
Erben von Mauzé es (das Land) für 20 000 ecus abgeben wollten,
könnte ich mich entschließen, es zu kaufen. Sie hätten nur die Lage
zu sondieren und dann den Handel abzuschließen. Ich würde die
o. a. Summe in bar geben, aber nicht mehr." Doch der geforderte
Preis war zu hoch, und so scheiterte dieses Projekt. Obwohl Eleonore sicherlich in der Lage war, auch einen höheren Preis zu zahlen,
so war sie doch nicht willens, für ein Grundstück mehr auszugeben, als es in ihren Augen wert war. Falls Eleonore bei Schwierigkeiten in Deutschland den Wunsch haben würde, sich in Frankreich
niederzulassen, wäre sie auf die Erlaubnis von Ludwig XIV. angewiesen gewesen. Für Sophie Dorothea existierte dafür bereits der
Schutzbrief vom Jahre 1671.
Im Briefwechsel mit den französischen Diplomaten ließ Georg Wilhelm seiner Frau bald freie Hand, über seine Interessen zu verhandeln. Er hatte erkannt, wie sie mit ihrem diplomatischen Geschick
zum Wohle des Herzogtums beitragen konnte, und daß ihre französische Herkunft und ihre verwandtschaftlichen Beziehungen ihnen Vorteile verschaffen konnten. Je älter Georg Wilhelm wurde,
desto unentbehrlicher wurde ihm seine Frau. In diplomatischen

Kreisen wurde Eleonore voller Hochachtung anerkannt. Es war dort auch eine selbstverständliche Höflichkeit, sie mit dem Titel „Herzogin von Celle" anzureden – was ihr die Osnabrücker Verwandten noch immer verweigerten. Im Gegenteil, die Herzogin Sophie nannte sie in ihren Briefen noch nicht einmal Gräfin von Wilhelmsburg, obwohl ihr der Titel mit dem kaiserlichem Patent zuerkannt worden war, sondern bezeichnete sie immer noch geringschätzig als Frau von Harburg.

Es bereitete Sophie viel Verdruß, daß Eleonore sogar am Kaiserhof als echte Herzogin behandelt worden war. In den Briefen an ihren Bruder berichtete sie mehrmals aufgebracht darüber. Aber sie ließ nicht locker, bis diese ärgerliche Angelegenheit bereinigt worden war: „Graf von Königsegg (der Kaiserliche Vize-Kanzler) hat versichert, daß der Kaiser niemals den Titel Herzogin an Frau von Harburg geben wird ..." und am 29. Juli 1677 schrieb sie: „Man hat sich dafür in Wien entschuldigt; es geschah durch die Unwissenheit des Sekretärs der Kaiserin Eleonora, daß Seine Majestät Frau von Harburg als Herzogin von Braunschweig und Lüneburg behandelt hatte ... die beste Sicherheit für Ernst Augusts Erbfolge ist, daß Frau von Harburg keinen Sohn hat ..." Ab und zu benutzte Sophie dann doch den Titel Gräfin von Wilhelmsburg für Eleonore, denn sie war sich der Verträge wohl bewußt. Ständig mahnte sie, daß Georg Wilhelm all die Schwüre halten sollte, die er unterschrieben hatte.

Doch Eleonore hatte durch ihre neuen wichtigen Aufgaben genügend Selbstbewußtsein gewonnen, um ihre Briefe mit „Eleonore, Herzogin von Braunschweig und Lüneburg" zu unterzeichnen. Das war wohl auch nötig, um in diplomatischen Kreisen anerkannt und ernst genommen zu werden. Alle Partner in diesem Briefwechsel benutzten den Titel in Adresse und Anrede. Obwohl der Herzog von Celle mit seinen Bundesgenossen sehr unzufrieden war, konnte er seine Bündnisverpflichtungen nicht außer acht lassen. Er war jedoch auch für Vorschläge der anderen Seite offen. Deshalb ließ er Eleonore in geheimer Korrespondenz mit den Franzosen die Fühler ausstrecken. Wiederholt bat die Herzogin um strikte Geheimhaltung in ihren Briefen.

146   An den Maréchal d'Estrades. Celle, den 29. Dezember 1676

„ICH WEISS NICHT, wie Sie so zeitig haben erfahren können, daß er (Georg Wilhelm) Grund zur Unzufriedenheit mit seinen Verbündeten hat. Unter uns gesagt, ich merke, daß er es empfindet und daß es jetzt an der Zeit sein würde, Verhandlungen mit ihm anzuknüpfen, ehe die anderen dem zuvorkommen. Da ich weiß, daß er den König sehr verehrt und dem Abschluß des Friedens geneigt ist, so teilen Sie mir mit, ob und auf welche Weise er das Zustandekommen des letzteren befördern kann. Am liebsten erhielte ich Ihre Antwort mündlich, man verständigt sich besser als durch Briefe und die Dinge werden rascher erledigt."

In ganz wichtigen und heiklen Fragen wurde nichts schriftlich weitergegeben, sondern ein vertrauenswürdiger Unterhändler zur mündlichen Berichterstattung ausgesandt. Eleonore war ganz auf der Seite ihres Gemahls, argumentierte vehement für ihn und verteidigte seinen Standpunkt: „Ich muß Ihnen indess im voraus sagen, daß sich mein Herr Gemahl zu nichts verstehen wird, was dem Interesse des Reiches zuwiderliefe, darauf bitte ich Sie, Ihre Maßnahmen einzurichten …"

Eleonore versuchte aber auch, Georg Wilhelm für die französischen Vorschläge zu gewinnen. Im selben Brief beteuerte sie: „Ich hoffe, daß die Affaire, die ich bei Ihnen in guten Händen weiß und an der ich so lange gearbeitet habe, Erfolg haben wird. Das würde mich voll Freude erfüllen, denn ich werde immer den Gefühlen für meinen König und Souverain treu bleiben …"

Aber es waren Vorsicht und Geheimhaltung geboten. Deshalb sollte nur mündlich verhandelt werden. Eleonore schrieb am 9.2.1677 an ihren Verwandten: „Dem Überbringer dieses Billets, welcher Staatssekretär meines Gemahls ist, können Sie in allem, was er sagt, vollen Glauben schenken. Er wird Sie über des Herzogs Meinungen und Wünsche betreffs der in Vorschlag zu bringenden Bedingungen unterrichten …" Doch das Gespräch hatte noch immer keine vollständige Klarheit gebracht: „Der Herzog von Celle wird nicht eher jemand schicken, bis er zuerst eine Antwort des Königs auf die drei vorgeschlagenen Punkte hat. Man kann keine Person mit allen Vollmachten absenden, ohne von einem positiven Ausgang versichert zu sein. Daher lassen Sie mich klar und deutlich den aufrichtigen Willen des Königs wissen, damit man alles zu einem guten Abschluß bringen kann …" (23. Februar 1677) Es bereitete Eleonore Sorgen, daß schon einiges von ihren Geheimverhandlungen durchgesickert war. Der französische Gesandte in Hannover, M. Rousseau hatte sie darauf angesprochen und seine Mithilfe in der Angelegenheit angeboten. Doch das herzogliche Paar wollte nicht mit einem Mann verhandeln, der „… an einem verdächtigen Ort residiert …"

Eleonore an Maréchal d'Estrades:

„Er (Rousseau) hat mir vor vier Tagen unter der Hand eine Besprechung der drei von Ihnen bekannt gegebenen Punkte angeboten, und er macht sich stark in allem, was Ihnen schwierig erscheint … Er behauptet, die Vorteile zu kennen, die wir von dem Vertrag hätten … Ich möchte nur mit Ihnen verhandeln und bitte Sie, mir so bald wie möglich Nachricht zu geben, denn der Herzog von Celle wird von verschiedenen Seiten zur Antwort gedrängt …"
(Vom 13. März 1677)

Fast unmittelbar nach diesem Schreiben muß ein Brief des Maréchal d'Estrades eingetroffen sein, dessen Inhalt nicht bekannt ist. Jedenfalls hatte ihn Eleonore postwendend beantwortet:

Den 15. März 1677
Ihren Brief, welcher dem Herzog von Celle Antwort auf die drei von ihm in Vorschlag gebrachten Punkte gibt, habe ich erhalten. Er kann nicht darein willigen, alle seine teuer erkauften Eroberungen gegen die einfache Gewährung von Subsidien aufzugeben. Durch Annahme letzerer würde er überdies die großen rückständigen Gelder verlieren, welche ihm seine Alliierten schulden und welche dieselben zu entrichten versprechen, wenn er in dem gegenwärtigen Feldzuge mit seinen Truppen zu ihrem Heere stoßen würde. Ich gestehe, daß ich geglaubt habe, der König werde es für vorteilhaft halten, den Herzog von Celle von dessen Partei zu trennen und

148 daß er ihm von seinen Eroberungen ohne weitere Schwierigkeiten die beiden an des Herzogs Land grenzenden Städte zusprechen werde, wenn es zum Frieden käme. Der Herzog ist durchaus nicht in Verlegenheit wegen seiner Truppen, der niedersächsische Kreis ist seinem Feldherrn so ergeben, daß es an Mitteln zu deren Unterhalt nicht fehlt. Ich bin recht betrübt, die Erfüllung meiner Wünsche in so weite Ferne gerückt zu sehen.

Ich bitte um Geheimhaltung, denn überall verbreitet sich das Gerücht von dieser Angelegenheit."

Mit dem folgenden Brief endete die Korrespondenz Eleonores mit ihrem Verwandten, dem Maréchal d'Estrades. Sie mahnte, daß die Zeit drängt. Es klingt eine leise Enttäuschung aus ihren Zeilen, daß ihre Verhandlungen doch nicht zu dem erhofften Erfolg geführt hatten:

Den 16. April 1677

„Wie Sie wissen, sagte ich Ihnen schon, daß man sich beeilen müsse, wenn man mit dem Herzog von Celle verhandeln wolle, da demselben von allen Seiten die vorteilhaftesten Bedingungen gemacht wurden. Die Stände des niedersächsischen Kreises sind für die Unterhaltung seines Heeres zusammengetreten. Wir hatten geglaubt, der König würde sich über die dem Herzog von Celle und dem Herzog von Wolfenbüttel zu gewährenden Subsidien aussprechen. Man würde eine höhere Summe, als die dem Herzog von Hannover bewilligte, beanspruchen, wobei man den Nutzen für den König in Rechnung bringt, seinen Feinden eine Armee zu entziehen. Ich fürchte, daß meine Wünsche wegen der dringenden vom Kaiser und den Generalstaaten an den Herzog meinen Gemahl ergehenden Bitten, das Bündnis mit ihnen zu erneuern, nicht in Erfüllung gehen werden. Letzeres wird bald abgeschlossen werden, denn es ist unwahrscheinlich, daß der Herzog von Celle die alte Bundesgenossenschaft aufgeben sollte, ohne Vorteil in einem neuen Bündnis zu finden."

Welche drei Punkte waren es eigentlich, über die man in den vorangegangenen Briefen verhandelt hatte? Sie wurden immer nur erwähnt, ihr Inhalt aber blieb geheim. Man könnte allerdings aus den verschiedenen Berichten und Texten folgende Schlüsse ziehen:

War es Punkt 1, daß die Trennung des Herzogs von Celle von seinen Verbündeten erreicht werden sollte, von dem Kurfürsten von Brandenburg, dem Herzog von Wolfenbüttel und dem Bischof von Münster?

Wie Eleonore in einem Brief erwähnte, sollte auch das Bündnis mit dem Kaiser und den Generalstaaten erneuert werden. Ludwig XIV. aber wollte Georg Wilhelm zumindest neutralisieren, wenn nicht sogar lieber ganz auf seine Seite ziehen, um mit ihm eine Allianz einzugehen.

Punkt 2 könnte die Verteilung bzw. Rückgabe der im Krieg vom Herzog eroberten Gebiete betreffen. Der französische König wünschte, daß der Herzog von Celle auf diese Gebietsansprüche verzichtet, weil seine Verbündeten, die Schweden, diese Ländereien im Vertrag von Münster und Osnabrück 1648 zugesichert bekommen hatten. Durch eine Einigung im Sinne des Königs könnte ein baldiger Friedensschluß erreicht werden.

Punkt 3 wäre dann die Entschädigung für die Rückgabe der eroberten Länder gewesen, sowie die Festsetzung der Höhe der Summe Geldes, die in vernünftigen Grenzen sein sollte und vom Großmut des Königs abgehangen hätte.

Diese Bedingungen finden sich auch in der Instruktion für Herrn Grandchamps während seiner „Celler Mission", die er vom französischen Ministerium des Auswärtigen erhalten hatte, und immer wieder wird hervorgehoben, daß dem Herzog und der Herzogin die Hochschätzung und Freundschaft des Königs versichert werden soll.

„Seine Majestät möchte ihr gern wirkliche Beweise seiner Zuneigung geben ..."

Aus Versailles teilte der König am 26. Oktober 1678 dem Seigneur de Gourville mit, was er der Herzogin von Celle zu schreiben habe. Auch hier sollte die gute Gesinnung und die Achtung des Königs bezeugt werden. Mit Beendigung des Kriegs möchte er dem Herzog seine alte Zuneigung wieder zukommen lassen. Die Abtretung der von Schweden eroberten Gebiete und die Entschädigung wird erwähnt, aber im Hintergrund steht auch die Drohung, daß der König die Macht und die Mittel – und starke Truppen – hätte um den Herzog zur Herausgabe der Gebiete zu zwingen. „Es würde daher für den Herzog vorteilhafter sein, den Krieg durch einen baldigen Friedensschluß zu beenden, denn ihn fortzuführen, würde die Staaten des Herzogs erschöpfen und ruinieren. M. Gourville soll ihm zu bedenken geben, daß zur Zeit die Truppen des Königs nicht mehr gegen Spanien und gegen Holland beschäftigt sind und dadurch in der Lage wären, sich auf Deutschland zu konzentrieren. Der Herzog müßte um seine Staaten fürchten, da der Kaiser in den Nimweger Friedensverhandlungen versprochen hatte, nicht mehr einzugreifen und in keiner Weise die Feinde Schwedens zu unterstützen ... Das sind die Gründe und die Angebote ... die über die Herzogin dem Herzog vermittelt werden sollten. Die gleichen Argumente soll er auch dem Bischof von Osnabrück darlegen."

Diese Instruktionen zeigen deutlich, daß König Ludwig XIV. nicht gewillt war, von seinen Forderungen abzugehen, und sogar bereit war, sie mit Waffengewalt durchzusetzen.

Am 22. November 1678 übermittelte der Seigneur de Gourville die Wünsche des Königs an Eleonore in einem langen Brief aus Versailles. Als guter Diplomat bediente er sich der größten Höflichkeit und Liebenswürdigkeit, ohne die bedrohlichen, negativen Aspekte zu erwähnen. Im Gegenteil weckte er die Hoffnung, daß der Tochter des Herzogs aus einem nützlichen Friedensschluß Vorteile erwachsen würden. „Der Herzog könnte einen Schwiegersohn in ganz Europa auswählen, und wenn ihm das so am Herzen liegt, wie ich annehme, so ist das Geld hierfür mehr wert als ein Teil von Bremen ..." Aber noch war nichts entschieden, der Herzog war noch weiterhin nach beiden Seiten offen.

Auch die Wahl zwischen den verschiedenen Bewerbern um die Hand der jetzt elfjährigen Prinzessin von Celle war noch nicht getroffen. Der Agent Bidal berichtete dem französischen Außenminister Pomponne am 14. 8. 1677 von den Heiratskandidaten, die bei den Eltern von Sophie Dorothea um sie warben:

„Und da dieser Hof ganz und gar französisch ist, wird daher darüber gesprochen, daß die Prinzessin an einen französischen Prinzen verheiratet werden könnte, an den Herrn Grafen von Soissons oder einen anderen ... das würde auch der Frau Herzogin von Celle eines Tages eine vorteilhafte Rückkehr (in ihr Heimatland) sichern ... Dieser Vorschlag wurde angehört und ist sehr erwünscht, man bezeugt, daß man alles tun würde, um erfolgreich zu sein, diese Herzogin hat sich sogar über den Standpunkt gegenüber der (anderen) Religion ausgesprochen und der Herr Herzog von Celle sagte, er liebte seine Tochter so sehr, ganz egal, ob sie katholisch oder lutherisch wäre ... ich glaube es wäre von Nutzen, wenn Euer Gnaden den König davon benachrichtigen würden, der in seiner bewundernswerten Klugheit sehen wird, daß das in seinem Interesse sei und die Friedensverträge Deutschland betreffend erleichtern würde ... M. Gourville wird von dem Herrn Herzog von Celle hoch geschätzt und könnte viel dazu beitragen, diese Angelegenheit zu einem guten Abschluß zu bringen, auch wenn der Krieg in Deutschland noch weiter geht ... Ich bin sehr sicher, daß man bald erfolgreich sein wird in dieser Affaire, die dem König von Nutzen sein kann. Die Prinzessin sieht gut aus, ist wohlerzogen und wurde als Prinzessin, wie auch ihre Mutter, vom Kaiser anerkannt, ebenso wie die Heirat (ihrer Eltern) ..."

Jean Heraud de Gourville, den der Herzog von Celle schon aus Holland kannte, und dem er vertraute, war von Ludwig XIV. zu Verhandlungen nach Celle gesandt worden. Er war ein berühmter, erfolgreicher Diplomat, der mit Esprit und Geschick verstand, angesehene, bedeutende Freunde zu gewinnen. „Des Geschickes Mächte" meinten es in dieser Zeit noch einmal gut mit Eleonore. Ihr Verhandlungstalent hatte ihr höchste Anerkennung gebracht. Aber nicht nur in diplomatischen und politischen Angelegenheiten ist ihre Korrespondenz erhalten. Auch mit ihren Geschwistern in Frankreich hielt Eleonore gute Kontakte. Einige ihrer Briefe mit persönlichen, familiären Mitteilungen sind sorgfältig von ihren Verwandten aufgehoben worden. Eleonores Cousine Elisabeth Martel hatte Louis du Fay geheiratet. In ihrem Schloß de la Taillée fanden Nachkommen u. a. ein Portefeuille, eine kleine Brieftasche mit Seidenstickereien von Eleonores eigener Hand. Darin waren achtzehn Briefe aufbewahrt. Zwölf davon hatte Eleonore geschrieben, acht an

152 ihren Bruder Alexandre, zwei an den Verwandten du Fay u. a. Es enthielt ferner einen Brief des Herzogs von Celle und zwei von der Schwester Angélique. Die Briefe sind zum Teil noch in den Umschlägen, teilweise nur mit einem Siegel verschlossen und jeweils sorgfältig mit einem farbigen Seidenband zusammengebunden. 1875 wurde diese Korrespondenz im Poitou veröffentlicht. Es wurden auch einige Faksimiles publiziert: ein Brief von Eleonore in ihrer schwer lesbaren Schrift in großen Buchstaben, je ein Schreiben von Herzog Georg Wilhelm und Angélique, Gräfin von Reuß, die etwas klarer und deutlicher geschrieben sind. Die Lektüre wird dadurch noch erschwert, daß die Briefe alle in dem für den Stil der damaligen Zeit typischen Französisch geschrieben und ohne jegliche orthographische Regeln zu Papier gebracht wurden. Man schrieb die Worte einfach phonetisch. Wenn z. B. Eleonore das Wort „larjan" benutzte, so kann man es verstehen, wenn man es laut ausspricht, daß sie „l'argent", das Geld meinte. In den kleinen Dingen des Alltags, über die Eleonore in diesen familiären Mitteilungen schrieb, zeigen sich ihre liebenswerten Charakterzüge. Wie sie sich teilnahmsvoll um ihren Bruder kümmerte und tröstende Worte zum Tod seiner ersten Frau fand; wie sie ihm liebevoll gute Ratschläge gab, als er erkrankte: „Halten Sie sich schön warm und reiben Sie sich tüchtig den Brustkorb mit einem guten Eau de Vie ein." Es bereitete ihr Kummer, daß sich Alexandre in einem mitleiderregenden Zustand befand.

Am 15. Februar 1678 heiratete Eleonores Schwester Angélique den Grafen Heinrich V. von Reuß. Wahrscheinlich hatte sie durch die Standeserhöhung ihrer Schwester ebenfalls bessere Chancen bekommen, in hohe Adelskreise einzuheiraten. Ihr Ehemann war General in kaiserlichen Diensten. Ob er jemals nach Paris gekommen und der Herzogin von Orleáns begegnet war, ist zweifelhaft. Dennoch weiß die unermüdliche Briefschreiberin Liselotte über ihn zu berichten: „Ein hesslicher schatz, ein großer, dicker grober Esel", spottete sie. Aber sie hatte ja ständig über alles, was mit Eleonore zusammenhing, spitzzüngig hergezogen.

Für die kleine Prinzessin von Celle reisten die Bewerber an. Der Prinz Georg von Dänemark kam zu Besuch an den Hof seines

Onkels. Seine Mutter Sophie Amalia war die einzige Schwester der
vier Welfenbrüder. Georg war der jüngste Sohn des Königs, es erwartete ihn nicht die glänzende Zukunft eines Thronfolgers. So war
es verständlich, daß er sich eine reiche Erbin als Ehefrau suchte.
Wenn sie dann auch noch so hübsch, charmant und aufs beste erzogen wie seine Cousine Sophie Dorothea war, da lohnte es sich doch,
öfter einmal die Verwandten zu besuchen und sich ein bißchen mit
der Lage der Dinge vertraut zu machen. Auch der Herzog von Celle
schien einer solchen Verbindung gegenüber nicht abgeneigt.

Sophie schrieb am 22. Juni 1678: „Der Prinz von Dänemark ist immer noch in Celle. Man hatte gehofft, ihn einzufangen, aber er will
nicht anbeißen. Indessen belustigt man ihn durch Spiel, die Jagd
und die Komödie." Es lag nicht am Willen des jungen Prinzen, daß
diese Heiratspläne nicht zustande kamen. Sehr bald wurde ihm ein
Strich durch die Rechnung gemacht, und vorbei waren die amü-
santen Zerstreuungen am Celler Hof. Denn die beiden Schwägerinnen hatten es anders beschlossen. Sophie hatte sich eingemischt und
Sophie Amalia an ihr einziges Zusammentreffen mit Eleonore erinnert. Auch die Königin hatte es nicht vergessen. Sie war bei ihrem Besuch in Deutschland 1671 von ihren Brüdern gedrängt worden, auch
die „Herzensdame" von Georg Wilhelm einzuladen. Amalia hatte
bei der Begrüßung Eleonore den sonst üblichen ehrenvollen Kuß
verweigert. Die junge Französin fühlte sich zurückgesetzt und mokierte sich verärgert über das schlechte Essen an der Tafel der Königin. Das hatte ihr diese nicht vergeben. Zornig und voller Abneigung
intervenierte die Königin, und sie erreichte, daß die Verhandlungen
fehlschlugen. Sie legte ihrem Sohn nahe, sich zurückzuziehen. Georg
war ein gutmütiger Junge. Er liebte ein bequemes Leben in Ruhe.
Sein Hauptvergnügen waren die Tafelfreuden, so war er rundlich
und gemütlich. Der leicht zu beeinflußende Sohn gehorchte sofort
den Weisungen seiner Mutter. „Gut so!" kommentierte Sophie,
„Stell Dir vor, ein Königssohn für so ein Stückchen Bastard! Auf
mein Wort, da muß schon eine vom Poitou kommen, um so un-
verschämt zu sein!" Der Hohn zielte natürlich auf Eleonore.

Für Sophie Dorothea wäre Georg ein bequemer Ehemann gewesen, mit dem sie leicht und gut hätte auskommen können. Aber ob

154 das lebhafte, temperamentvolle Mädchen bei ihm ihr Glück gefunden hätte? Georg heiratete dann eine Prinzessin, die ihm in vielen seiner Eigenschaften sehr ähnlich war: Anne, die spätere Königin von England.

Eine Verwandte Eleonores war zu Besuch nach Celle gekommen, die Herzogin Elisabeth Charlotte von Mecklenburg. Sie war eine geborene de Montmorency. Durch eine gemeinsame Urgroßmutter, Claude de St. Gelais, waren die beiden Fürstinnen Cousinen zweiten Grades. Man munkelte, daß sie eine Heirat für den französischen Dauphin vermitteln wollten. Eventuell mit der Tochter des Bischofs von Osnabrück? Madame de Sevigné „... vermutete eine List hinter dieser Reise ... Es gibt Menschen, die so geheimnisvoll sind, daß man niemals glauben kann, daß ihre Unternehmungen es nicht ebenfalls sind."

Auch ein junger Diplomat, François de Pas, Vicomte de Rebenac, war mit den beiden Herzoginnen verwandt. Er sollte als französischer Abgesandter geheim am Hof von Celle verhandeln. Sein offizieller Auftrag wurde also als Verwandtenbesuch getarnt, und er konnte in Ruhe die Lage sondieren. Er wurde sehr freundlich empfangen und konnte gleich am Tage nach seiner Ankunft ausführlich über offene Gespräche berichten. So schrieb er am 30. November 1678 an den französischen Außenminister Marquis de Pomponne: „Ich glaube Monsieur, indem ich Ihnen Wort für Wort erzähle, wie es stattgefunden hat, werden Sie besser die Gefühle des Prinzen erkennen ..." Zum Ende des Briefes bittet er um Nachsicht, „... daß ich Ihnen die kleinen Bagatellen einer Konversation mitteile ... Ich glaube bei einer wortgetreuen Wiedergabe werden Sie besser die Grundlagen erkennen, auf die man bauen sollte ..." Insofern kann dieser Bericht als ein getreues historisches Stimmungsbild angesehen werden, der die Ansichten und Meinungen des Celler Herzogspaares authentisch vor Augen bringt:

„Am Vorabend meiner Ankunft am 28. November war der Herr Herzog auf die Jagd gegangen. Die Frau Herzogin wollte in Gegenwart der Herzogin von Mecklenburg offenherzig mit mir sprechen und begann damit, ihren Respekt und ihre Zuneigung für den König und ihr Heimatland etwas übertrieben zu betonen, sowie ihren leidenschaftlichen Wunsch, ihre Tochter in Frankreich zu verheiraten. Alle ihre Wünsche gingen in diese Richtung. Seit mehr als sechs Jahren arbeiteten sie und ihr Ehemann unermüdlich daran, sich für die Interessen des Königs einzusetzen und sich außerdem dadurch für die Ehre seiner Protektion würdig zu erweisen. Schließlich kann sie versichern, daß sie in dieser Richtung erfolgreich war, da er (ihr Gemahl) so unzufrieden mit seinen Alliierten sei. Er wolle davon nichts mehr hören, und er hat sich sogar geweigert, sich bei dem Treffen mit dem König von Dänemark und dem Kurfürsten von Brandenburg einzufinden. Ich übertreibe ein wenig die Gründe, die er hatte, die Interessen des Königs den anderen vorzuziehen, denn nur die Protektion des Königs könnte sie in Sicherheit bringen vor den Beleidigungen des Bischofs von Osnabrück. Wenn der Herzog eines Tages sterben sollte, welche Genugtuung wäre es für sie, wenn sie dann die Mutter einer Prinzessin von Geblüt in Frankreich wäre, falls die Heiratswünsche sich erfüllen würden. Aber es wäre noch viel bedeutsamer, wenn sie ihren Rang durch große Einkünfte aufrecht erhalten könnte. In Wahrheit wäre das eine leichte Sache, bei den Verhandlungen an diese Mittel zu kommen, denn all der Grundbesitz in Bremen würde nur dem Bischof von Osnabrück zugute kommen, während für sie und ihre Tochter, Geld wesentlich nützlicher wäre. Sie hielt es für angebracht, Monseigneur, mich zu bitten, direkt mit ihrem Gemahl darüber zu sprechen.

Er trat gerade in diesem Moment in den Raum und mischte sich mit soviel Offenheit in die Konversation, daß nichts mehr hinzuzufügen ist. Er sagte: ‚Es ist recht hart, das zurückzugeben, das man seit langem besitzt, aber da es nun nötig ist, finde ich darin Vergnügen, den einzigen Fürsten, der die Hochschätzung und Verehrung der Welt verdient, zufrieden zu stellen. Man hat mir gesagt, daß er mir Geld angeboten hätte, aber das berührt mich nicht, denn ich habe genug davon, und in zwei Jahren gutem Wirtschaften kann ich mehr zusammen bringen, als er mir geben will. Es geht nur darum, meine Ehre zu sichern, und finden Sie mir, M. le Comte‘, sagte er, ‚einen vernünftigen Grund, und ich gebe nach‘.

‚Nun gut, Monseigneur‘, sagte ich zu ihm, ‚ich werde ihn bald finden. Aber ist es nicht wahr, daß Eure Hoheit auf die Liebe zum

156 Ruhm als höchste Tugend Anspruch erhebt? Sie haben Bremen, das ist eine Provinz, die Ihnen zu Lebzeiten sehr gut Ihre Länder vervollständigen würde. Aber später geben Sie alle die Güter an andere, aber nicht an die Frau Herzogin und Ihre Tochter ... Ich bin sicher, daß wenn Eure Hoheit den Ruhm und den Gewinn gleichsetzen würden, hätten Sie keine Mühe, sich zu entscheiden. Und außerdem, diese schönen Alliierten, die Sie haben, die Ihnen niemals die Belehnung geben wollten, was tun die jetzt zu dieser Stunde, wo sie dazu in der Lage wären, oder merken Sie etwas davon?' ,Die Pest über diese Lümmel, die mich leimen wollen', wetterte er, ,aber mit Garantie! Ich will nichts mehr von ihnen hören, noch von ihrem Kram. Es gibt nur allein den König, der einen solchen Diener, wie mich verdient hat, und wenn er mich nicht will, sage ich mich von allem los.'

Endlich nach vielen anderen heiteren Reden sagte die Frau Herzogin: ,Nun gut, anstatt an einige miserable Dörfer zu denken, sollte man lieber mich und meine Tochter berücksichtigen. Folgen Sie in gutem Glauben dieser Neigung, mit der Sie auch dem König zu Gefallen sind, und Sie werden sehen, für uns ist das Geld mehr wert als ein Haufen armseliger Alliierter, die das große Wort führen, aber uns nur ruinieren werden.' ,Mon Dieu, wie gut Sie zu reden wissen, Madame', sagte ich lachend. ,Ah! Ah!', sagte der Herr Herzog von Celle, ,Ich sehe schon, daß ich in die Enge getrieben bin, es bleibt mir nur, mich gut zu verteidigen. Sehen Sie nur, wie verteufelt gut diese Frauen zu reden verstehen!' Der Herzog von Celle, der mich mit vielen Gunstbezeigungen und Vertrauen ehrt, hat mit mir mehrere Male in voller Offenheit gesprochen. Einiges bezog sich auf die speziellen Angelegenheiten seines Hauses in Bezug auf den Herrn und die Frau von Osnabrück und deren Ansichten über seine Frau und seine Tochter, zum anderen, was seit seinem Engagement gegen die Interessen des Königs geschehen ist ... Die eine Angelegenheit, die ihn am schwersten trifft, ist, daß man ihm die Schuld gibt an der Kluft zwischen den beiden Häusern. Man mißtraut ihm noch immer und sieht ihn als einen Fürsten an, der gerade gut genug für die Jagd ist, und man versucht ihn, über den Bischof von Osnabrück wie ein Kind zu beherrschen."

Nun war in der Tat die Jagd die Lieblingsbeschäftigung von Georg
Wilhelm. Fast täglich unternahm er Jagdausflüge in die Göhrde,
nach Wienhausen, Bruchhausen, Ebstorf und in andere Orte, wo er
Jagdschlösser oder Häuser besaß. Besonders die Reiherjagd führte
ihn in die waldreichen Gegenden um Celle an der Aller. In seiner
Residenz standen mehr als 100 Pferde im Stall. Es wurde eine Meute
von mindestens 400 Jagdhunden gehalten. Doch so mancher Jagdausflug diente auch als Vorwand, um mit einem wichtigen Partner
geheime Besprechungen unbemerkt an einem verschwiegenen Ort
zu führen. So trafen sich z. B. im kleinen Jagdhaus in der Göhrde
die Gesandten des Kaisers sowie die Herrscher von Brandenburg,
Hessen und Wolfenbüttel mit Georg Wilhelm. Der Herzog war
ein gesuchter Bündnispartner. Dafür, daß er Eleonore vorwiegend
die Verhandlungen mit ihren Landsleuten und Verwandten überließ, hatte er berechtigte Gründe. Der vorliegende Bericht von Gesprächen im engsten, vertrauten Kreise zeigt, wie realistisch und
tatkräftig Eleonore die Zukunft für sich und ihre Tochter plante
und versuchte, die Angelegenheiten zu ihrem Vorteil zu gestalten.
Auch das war im Sinne des Herzogs, der unter der feindlichen Haltung der Familie seines Bruders in Osnabrück litt und die Seinen
schützen wollte.

Comte de Rebenac war sichtlich zufrieden mit dem, was er schon
in so kurzer Zeit in Celle erfahren und erreicht hatte. Noch am selben Abend setzte er sich an seinen Schreibtisch und berichtete seinem König darüber: „Die Frau Herzogin von Celle vertritt vor allem
die Interessen Eurer Majestät mit solchem Feuereifer, daß ihr Herr
Gemahl ihr voll vertraut, und es scheint so, daß sich seine Gefühle
von den ihren nicht unterscheiden. Seit den zwei Tagen, die ich
hier bin, zeigt der Herzog von Celle in allen Handlungen eine beispiellose Aufrichtigkeit und Offenheit und geht schon über die allgemeinen Redensarten hinaus … er wünscht, zu einem Vergleich
zu kommen unter der Berücksichtigung allein nur von Eurer Majestät … Er hofft sehr, daß Eure Majestät etwas für die Prinzessin
tun wird. Um die Wahrheit zu sagen, Sire – obwohl sie noch nicht
dreizehn Jahre alt ist, besitzt sie schon so viel Schönheit und Geist,
daß sie zu dem Vollkommensten von ganz Europa zu zählen ist. Es

158 scheint, Sire, daß ihre Frau Mutter sich stark die Allianz mit einem Prinzen wünscht, von der Hand Eurer Majestät gegeben. Sie würde diese Partie jeder anderen vorziehen. „(Celle, den 30. November 1678). Wenn Eleonore den Inhalt dieses Briefes gekannt hätte, wäre sie sicherlich sehr stolz und zufrieden gewesen.

Am 16. Januar 1679 berichtete Rebenac dem König erneut von dem großen Eifer, mit dem Eleonore seine Argumente unterstützte. Seine Befürchtungen, daß das einen schlechten Eindruck machen könnte, bewahrheiteten sich, denn die Herzogin bekannte ihm in ihren Appartement im Schloß unter vier Augen, daß ihr Gemahl ihr deshalb Vorwürfe gemacht habe. „Ich sagte ihr, daß Eure Majestät mir den speziellen Auftrag gegeben hätten, ihr seine Freundschaft und seine Wertschätzung zu versichern. Sie empfing die Worte mit Respekt und Dankbarkeit."

So war Eleonore inzwischen in den höchsten Kreisen Europas bekannt und geschätzt. Kaiser Leopold I. hatte ihr sein Wohlwollen bewiesen und mit der Rangerhöhung und der Zustimmung zu ihrer Heirat einen unschätzbaren Beistand geleistet. Auch die Freundschaft und Wertschätzung des Sonnenkönigs war ihr wiederholt versichert worden. Eleonore hatte ihre kleine Rolle im großen Weltgeschehen gut gespielt. Es war für sie eine befriedigende Aufgabe, zwischen den feindlichen Parteien zu vermitteln und mitzuhelfen, den Frieden zu stiften.

Der Friedensvertrag von Celle wurde am 26. Januar 1679 unterzeichnet: für die französische Seite vom Comte de Rebenac und von deutscher Seite von den bevollmächtigten Ministern Bernstorff für Celle und Heimburg für Wolfenbüttel. Dem Herzog von Celle wurde in dem Vertrag eine Entschädigung von 300 000 Talern zugesichert. Außerdem erhielt er die Vogtei Thedinghausen. Wie froh waren alle in Celle, daß der Frieden wieder eingekehrt war! Freudenfeste wurden ausgiebig gefeiert – mit Feuerwerk, Böllerschüssen und festlichen Umzügen.

Eleonore war glücklich und zufrieden. Ihr Familienleben war harmonisch und voller Liebe. Ihre Tochter entwickelte sich prächtig und hatte vielversprechende Zukunftschancen. Das Leben am Hof von Celle war glanzvoll und attraktiv für viele illustre Gäste, die freundlich empfangen und mit prächtigen Festen und anderen Lustbarkeiten unterhalten wurden. Der Lebensstil dieses hochangesehenen Hofes war stark vom französischen Einfluß geprägt. Das Hoftheater war fertiggestellt worden, durchreisende französische Theatergruppen und italienische Commedia dell'arte-Truppen erfreuten mit ihrem Spiel die Gäste des Hofes.

Das alles gefiel der feindlich gesinnten Sophie wenig, und sie kommentierte: „Ich denke, daß die Gazetten Ihnen schon mitgeteilt haben, daß Georg Wilhelm einen Frieden geschlossen hat durch die Vermittlung der schönen Herzogin (Eleonore) und ihrem Cousin, dem Grafen von Rebenac, Neffe ihres guten Freundes, des Herzogs von Gramont. Ernst August hat daran keinen Anteil, er machte sich nur die Mühe, dem anwesenden (celleschen Minister) Hedemann zu sagen: ‚das wird zu weiter nichts dienen, als daß der König von Frankreich mächtig wird durch die Dummheit anderer' …“

Der Vertrag regelte eigentlich nur die Ansprüche zwischen Schweden und Celle. Diese beiden Parteien profitierten davon. Georg Wilhelm ließ seinen Bruder an dem Gewinn teilhaben, wenn auch dessen ständig unzufriedene Gemahlin Sophie den Anteil für zu klein hielt. Auch andere Fürsten hatten Separatfrieden abgeschlossen. Noch im Jahr 1679 wurde der 2. Eroberungskrieg, den Ludwig XIV. 1672 begonnen hatte, mit dem Vertrag von Nimwegen endgültig beendet.

Zu dieser Zeit begann der Minister Bernstorff seine gezielte Kampagne gegen Eleonore. Er war eifersüchtig auf ihren Einfluß auf den Herzog. So wurde das Gift ganz leise und heimlich geträufelt, das den Herzog in seinem Stolz verletzen und gegen seine Frau aufbringen sollte. Es wurde in Umlauf gebracht, daß er von seiner Umgebung als „Pantoffelheld“ angesehen würde. Auch Sophie schlug ähnliche Töne an. In einem Brief (vom 29. 3. 1679) bezeichnete sie Eleonore als „die Regentin“, die beim Herzog alles durchsetzen würde, was sie nur wolle! Die Erfolge ihrer Rivalin mochten Sophie einfach nicht gefallen!

Denn nun hatte Eleonore auch noch eine ganz besondere Anerkennung dafür erhalten, daß sie am Gelingen der Friedensverhandlun-

160 gen einen wesentlichen Anteil gehabt hatte. Von Ludwig XIV. wurden kostbare Geschenke an sie und ihren Gemahl übersandt.

Diese hohe Auszeichnung durch den mächtigsten Monarchen Europas erhöhte das Ansehen Eleonores. Ihre Schwägerin Sophie ärgerte das ungemein! Der Comte de Rebenac war nahe am Geschehen. So war er gut informiert und berichtete dem französischen Außenminister von den Querelen der verfeindeten Verwandten. Denn Sophie hatte in ihrem Groll öffentlich vor mehreren Personen ihr Mißfallen geäußert: „Ein Ring im Wert von 2 000 Talern hätte doch auch schon für das Fräulein aus dem Poitou ausgereicht" hatte sie gereizt verkündet. Als diese Bemerkung dem Celler Herzogpaar zugetragen wurde, waren sie beide empfindlich gekränkt. Doch es war ihnen eine Genugtuung, daß der französische König Eleonore prachtvolle Diamanten von großem Wert geschenkt hatte. Voller Freude darüber konterte der Herzog: „Der König hat mir mit dieser Freundschaftsbezeugung für meine Gattin mehr Freude gemacht, als wenn er mir ganz Bremen gelassen hätte. Es ist mir dies mehr wert als 500 000 Taler, und ich rechne es mir zur größeren Ehre an, ein ‚Fräulein von Poitou' zu besitzen, welche so vom König ausgezeichnet wird, als ‚die Tochter eines Scheinkönigs'". Diese Anspielung zielte darauf, daß Sophies Vater der in Böhmen gescheiterte „Winterkönig" war, der so bald seine Krone verloren hatte. Von Sophies Mißfallen zeugen auch einige Zeilen an ihren Bruder: „… wir sind nicht weit entfernt davon, Sklaven von Frankreich zu werden. Das spielt aber am Hof von Celle keine große Rolle, es genügt ihnen, daß Frau von Harburg (!) von Ludwig XIV. ein Geschenk im Wert von 50 000 Talern erhalten hat, zusammen mit einem Brief, in dem sie mit dem Titel ‚Herzogin' angeredet wird. Sie sehen daraus, wie es uns ergehen könnte, wenn diese Kreatur Söhne haben würde …"

Obwohl Sophies Abneigung gegen Eleonore so groß war, wurden in ihrer Familie erneut Überlegungen angestellt, ob nicht ihr ältester Sohn die Tochter „dieser Kreatur" heiraten sollte. Denn Ernst August war oft krank und fürchtete, bald zu sterben und dann seine Familie unversorgt zurückzulassen. Die Einkünfte aus dem Amt des Bischofs würde dann der katholische Nachfolger beziehen. Es käme also kein Geld mehr herein. Im Gegenteil, er hatte auch noch Schulden „bis über beide Ohren"! Das viele, viele Geld, das das „Bastardlein" mitbekommen sollte, war doch zu verlockend! Man hatte vor einiger Zeit von 50 000 Talern Jahresrente gesprochen und außerdem 100 000 in bar als Mitgift angeboten. Sophie stellte ihre Überlegungen an, ob man nicht noch mehr herausholen könnte: „Was meinen Sie, wenn man 80 000 jährlich an Ernst August gäbe, dürfte er darum seine Ahnenreihe verderben?" fragte sie bei ihrem Bruder an. „Unser Sohn hat einen Widerwillen gegen eine Heirat und wir gegen eine Allianz mit der d'Olbreuse."

Gerade der Bruder Sophies, der Kurfürst von der Pfalz, konnte doch eigentlich nichts gegen das Kind einer ehemaligen Hofdame sagen, hatte er doch selbst eine geheiratet. Seine Ehe war glücklich und mit vierzehn Kindern gesegnet. Es gab auch noch genug andere Fälle in der Geschichte, in denen Hofdamen durch Heirat in ihrem Rang erhöht und ihre Kinder hoch geachtet wurden. Da war z. B. Amalia von Solms-Braunfels. Sie war Hofdame bei Sophies Mutter, der „Winterkönigin", im Exil in den Niederlanden. Sie hatte einen Prinzen aus dem Hause Nassau-Oranien geheiratet. Ihre Tochter Luise Henriette war die erste Frau des Großen Kurfürsten und somit die Stammmutter der preußischen Könige. Amalias Sohn Wilhelm II. bekam die Tochter des englischen König Charles I. zur Gemahlin. Diese Mary Stuart hatte allerdings von Anfang an starke Vorurteile gegen ihre Schwiegermutter. Sie ließ sie ständig spüren, wie niedrig doch ihr Rang im Vergleich zu einer englischen Königstochter war. Aber Mary Stuart konnte nicht verhindern, daß sich ihr Onkel James in ihre hübsche Hofdame Anne Hyde verliebte und sie heiratete. Anne erlebte allerdings nicht mehr, daß ihr Mann für einige Jahre König von England wurde, und später ihre beiden Töchter, erst Mary, dann Anne den englischen Thron bestiegen. Alle diese ehemaligen Hofdamen, wie auch Eleonore d'Olbreuse, stammten aus angesehenen Adelsfamilien. Sie zeichneten sich durch gute Bildung, beste Manieren und einen untadeligen Ruf aus. Darin, daß sie auch noch hübsch und charmant waren, bestand aber wohl ihre Hauptanziehungskraft für ihre hochgestellten Bewerber. Das alles war der Herzogin Sophie wohlbekannt. Es hatte sich schließ-

162   lich in ihrem engsten Familienkreis abgespielt. Auch der hochan-
gesehene Wilhelm von Oranien konnte König von England werden,
obwohl seine Großmutter Amalia eine Hofdame war. Und wie
war das doch mit dem Großvater Sophies? Wenn das böse Gerücht
stimmte, daß James I. von England der Sohn von Maria Stuarts
italienischem Sekretär war, dann wäre ja auch Sophies Stolz auf
ihre Ahnenreihe nicht ganz berechtigt gewesen, und sie hätte ein
wenig toleranter gegenüber Eleonore sein können. Aber trotz alledem – Sophie hatte nun mal eine starke Abneigung gegen „diese
Person", doch dafür gab es noch ganz andere Gründe.

Eleonore war weder glücklich noch geehrt, daß ihre Tochter mit
einem Prinzen aus diesem feindseligen Hause verheiratet werden
sollte. Im Gegenteil, es packte sie das schiere Entsetzen, daß ihr ver-
hätscheltes kleines Mädchen einem unfreundlichen, groben Mann
ausgeliefert werden sollte, der selbst in seiner eigenen Familie nicht
sehr beliebt war. Auch Sophie, seine Mutter, kannte die schlechten
Seiten ihres Ältesten und zog seine Brüder vor. Hoffnungslos waren ihre Versuche – und die der Erzieher – aus dem sturen, linki-
schen Jungen einen gebildeten Prinzen mit angenehmen Manieren
zu formen. Dessen Hauptinteressen, aber auch seine Talente, lagen
im Soldatentum. Im Feldlager fühlte er sich wohl, und dort begann
er schon sehr jung mit sexuellen Abenteuern. Ein uneheliches Kind
des Sechzehnjährigen war selbst seiner Mutter bekannt. Ernst
August hatte seinem Sohn, wohl in Gedanken an seine eigenen
amourösen Abenteuer, schon sehr früh einen „Freibrief" gegeben:
„Er kann schlafen mit wem er will, vorausgesetzt, es erfährt niemand davon." Doch mit der Zeit sickerte einiges durch, aber bei
einem jungen Mann wurden diese „Beweise seiner Männlichkeit"
von seiner Umgebung augenzwinkernd toleriert. Für ein junges
Mädchen sah es da ganz anders aus. Sie mußte einen untadeligen
Ruf haben, mußte beschützt und behütet werden und eine sorgfältige Erziehung erhalten. Es wurde so schnell geklatscht, auch wenn
alles noch so harmlos war. Man war bestrebt, junge Mädchen rechtzeitig zu verheiraten. Die Frühreife der jungen Sophie Dorothea
war gewiß auch ein Grund, daß es für sie schon im Kindesalter
Heiratspläne gab. Mit zwölf Jahren hatte sie bereits ihre erste Pe-

riode bekommen. Sie wäre in der Lage zu empfangen und Kinder
zu bekommen. Um einen Begriff ihrer Zeit zu benutzen: Sie war
„mannbar". Die vielen Bewerber und Verehrer, die sich am Hof von
Celle einstellten, konnten einem jungen eitlen Mädchen durchaus
den Kopf verdrehen. Ein verliebter Page mußte den Hof verlassen,
als seine glühenden Liebesbriefe bei der Kleinen entdeckt wurden.
Gleich verbreitete sich der Klatsch. Sophie trug dazu bei mit den
Worten: „Georg Wilhelm läßt jetzt seine Tochter in seinem Zimmer schlafen seit ihrer Liebelei mit dem jungen Haxthausen."
Schon vorher hatte sie dem Osnabrücker Gesandten von dem
Bussche diesen Hofklatsch mit einer gewissen Schadenfreude mitgeteilt: „Es gab da eine Liebesgeschichte in Celle zwischen dem jungen Fräulein und dem jungen Haxthausen, der ja wohl von etwas
anderem Schlag war; er ist in Ungnade gefallen für sein ganzes Leben, und es scheint mir, daß er das wohl verdient hat ... es wurden
auch Liebesbriefe in der Tasche des Kindes gefunden, daß doch zu
dieser Zeit gerade zwölf Jahre alt war. Sie beginnt schon ganz schön
jung mit ihren intriganten Machenschaften ..." Böse Zungen können schnell den guten Ruf eines jungen Mädchens verderben, besonders wenn es schön und kokett ist und von vielen Verehrern
umschwärmt wird. Das bereitete den Eltern große Sorgen. Sie hü-
teten ihr „Kleinod" sorgfältig, aber es wäre beruhigend gewesen, die
reizende, temperamentvolle Kleine bald im sicheren Hafen der Ehe
zu wissen.
Herzog Georg Wilhelm gefiel der Gedanke, daß seine Tochter ihren
Cousin aus Osnabrück heiraten könnte. So würde er sie schön in
der Nähe behalten. Außerdem lag es ihm sehr am Herzen, mit der
Familie seines Bruders wieder freundschaftlich verkehren zu können. Doch für Ernst August und seine Gemahlin ging es nur um die
große Mitgift, die verlockenden Jahresrenten und vor allem darum,
daß diese Heirat ihnen eines Tages das Herzogtum Celle als Erbe
sichern würde. Sophie Dorothea und Georg Ludwig hatten eine
starke gegenseitige Abneigung und wollten auf keinen Fall heiraten. Sie paßten einfach nicht zueinander. Die hohen Geldforderun-
gen, die das Haus Osnabrück stellte, verärgerten den Herzog von
Celle. Sophie Dorothea war ja so jung. Das Heiratsprojekt hatte

164 noch Zeit. Man brauchte keine Veränderungen in Celle, man war zufrieden, alles hatte sich zum besten gefügt.

Durch die hugenottische Herzogin Eleonore waren einige ihrer Landsleute und Glaubensgenossen an den Hof gekommen und fanden dort Anstellungen. Schon bald bildete sich eine kleine Gemeinde, die sich im Schloß zu Französisch-reformierten Gottesdiensten traf.

An vielen ausländischen Höfen waren jetzt Gesandte aus dem Herzogtum Celle akkreditiert. Das bedeutete eine große Ehre für das kleine Fürstentum, ebenso daß in Celle Diplomaten aus Frankreich, England, Brandenburg und Holstein lebten. Sie alle wurden bei Hofe ehrenvoll aufgenommen und nahmen an den glanzvollen höfischen Veranstaltungen teil. Wenn ein Diplomat wieder abberufen wurde, soll er zum Abschied vom Herzog edle Rassepferde aus seinem Marstall erhalten haben – ein im wahrsten Sinne des Wortes fürstliches Geschenk.

Da wieder Frieden im Lande eingekehrt war, hatte das herzogliche Paar nun die Zeit auszuspannen und etwas für die Gesundheit zu unternehmen. Der Herzog litt unter geschwollenen Beinen, besonders zum Abend verschlimmerte sich sein Leiden. Eleonore hatte einige Kenntnisse in der Heilkunde. Ihre Hausmittelchen, mit denen sie ihrem Gemahl Linderung verschaffen wollte, muten heutzutage etwas seltsam an. Sie stellte eine Paste her, die sie allabendlich auf die Beine Georg Wilhelms strich: Sie bestand aus Hundekot, zerquetschten Ameisen, Essig und Honig. Obwohl dieses Gemisch – wie man sich vorstellen kann – sehr übel roch, ließ sich der Herzog damit behandeln. Er hatte das Gefühl, daß es ihm guttat. Essigumschläge zur Förderung der Durchblutung werden auch in unserer Zeit noch als Hausmittel verwandt, der Honig sollte wohl eine mildernde und schützende Wirkung für die Haut haben. Ameisensäure ist oft ein Bestandteil der heutigen Rheumamittel. Bis auf den Hundekot war Eleonores Heilmittel also nicht so abwegig. Auf die kranken Beine wirkte sich auch noch ungünstig aus, daß der Herzog übergewichtig war. „Er ist dick und fett!" äußerte Sophie, die es in ihrer drastischen Ausdrucksweise durchaus mit ihrer Nichte Liselotte aufnehmen konnte.

Die herzogliche Familie aus Celle fuhr zur Kur nach Bad Pyrmont, 165
wo sich prompt ein Bewerber um die Hand der Tochter einstellte:
Friedrich Karl von Württemberg. Aber er war wohl nicht der Richtige.

Eleonores Cousine, die Herzogin von Mecklenburg, wollte wieder
nach Frankreich zurückkehren. Man hatte gemunkelt, daß sie als
Heiratsvermittlerin für den französischen Kronprinzen, den Dauphin, in die deutschen Fürstentümer gereist sei. Als sie wieder zurück nach Paris reiste, schlossen sich Sophie und ihre Tochter an.
Sophie wollte hoch hinaus mit Sophie Charlotte. Der Erbprinz von
Frankreich war eine der besten Partien von ganz Europa. Da sollte
doch nichts unversucht bleiben!

Für Sophie Charlotte hatte ihre Mutter von Anfang an besondere
Pläne. Obwohl Sophie bei ihrer Hochzeit gelobt hatte, ihren Kindern eine religiöse Erziehung im Sinne Martin Luthers zu geben,
war ihre Tochter ohne Religion aufgewachsen. In kühlem Kalkül
wollte Sophie ihrer Tochter alle Möglichkeiten für die vorteilhaf-
teste Heirat offenlassen. Wenn der Bräutigam und seine Konfession
eines Tages feststehen würden, dann bekäme die junge Braut schleunigst die entsprechende religiöse Unterweisung. Sophie hatte miterlebt, wie schwer es ihrer Nichte Liselotte von der Pfalz gefallen
war, zwangsweise vom festen Glauben ihrer Kindheit zum Katholizismus zu wechseln, um den Bruder des französischen Königs heiraten zu können. Sophies Tochter sollte Konflikte dieser Art gar
nicht erst durchleiden.

Die Reise nach Frankreich begann Anfang August 1679. Für Sophies Nichte Marie Louise, die Tochter des Herzogs von Orléans,
waren ihre gleichzeitige Verlobung und Trauung mit dem spanischen König Karl II. geplant. Der König ließ sich durch einen Bevollmächtigten vertreten. Im Schloß von Fontainebleau versammelte
sich der französische Hof zu dieser Feier. Dadurch hatte Sophie
die Gelegenheit, viele interessante Persönlichkeiten zu beobachten
und kennenzulernen, allen voran den französischen König. Sophie,
die sich gerade in ihren letzten Briefen mokiert hatte, daß der Celler
Hof zum Sklaven Frankreichs werden könnte, fühlte sich hochge-
ehrt, als Ludwig XIV. ihr einige huldvolle Sätze zukommen ließ.

166   „Der König wandte sich mir zu und machte mir das verbindlichste
       Kompliment von der Welt, in dem er mich von der Hochschätzung
       wissen ließ, die er für das Haus Braunschweig hatte, insbesondere
       für den Herrn Herzog, meinen Gemahl", vermerkte sie voller Stolz
       in ihren Memoiren.

       Auch ein Abschiedsgeschenk wurde ihr im Namen des Königs vom
       Gatten Liselottes überreicht. Sie beschreibt es als eine Schachtel mit
       mehreren schlechten Diamanten und flachen Perlen für ihre Toch-
       ter. Der relativ geringe Wert ärgerte den Herzog von Orléans, und
       er schämte sich für seinen Bruder, von dem er vorher gesagt hatte,
       daß er Geschenke mache, um seine Großzügigkeit und Pracht zu
       zeigen. Das war in diesem Fall nicht gelungen. Doch Sophie tat
       das als unwichtig ab. Es wäre doch nur als ein Ausdruck des Wohl-
       wollens und als kleine Aufmerksamkeit anzusehen und nicht als
       Lohn für geleistete Dienste. Sicher dachte sie bei dieser Gelegen-
       heit an das wertvolle Diamantengeschenk, das Eleonore von diesem
       König erhalten hatte, und mußte dann doch wohl eine gewisse Ent-
       täuschung überwinden.

       Auch ihre Heiratspläne für ihre Tochter Sophie Charlotte mit dem
       18jährigen Dauphin hatten sich nicht verwirklichen lassen. Lud-
       wig XIV. hatte schon andere Projekte für seinen Sohn. Er wollte
       ihn mit einer bayerischen Prinzessin verheiraten. Die enttäuschte
       Sophie bemerkte jetzt, daß der junge Prinz doch eigentlich recht
       maulfaul und verschlossen war und sich außerdem zu sehr von sei-
       nem Vater dominieren ließe.

       Sophie und ihre Tochter nahmen Abschied vom französischen Hof
       und traten Mitte Oktober 1679 die Heimreise an. Zu Hause krän-
       kelte der Ehemann. Er litt außerdem an tiefen Depressionen und
       Todesangst. Auch Sophies ältere Geschwister Elisabeth und Karl
       Ludwig waren schwer erkrankt.

       Bei all dem Kummer und den Sorgen fand Sophie wahrscheinlich
       kaum die Zeit, ein neu erschienenes Buch zu beachten. Es war im
       August 1679 in Paris von einem anonymen Verfasser unter dem Ti-
       tel „Avanture Historique" veröffentlicht worden. In der deutschen
       Übersetzung hieß es „Sonderbahre Geschicht unserer Zeit". Es war
       eine verschlüsselte Biographie, und für Eingeweihte war gut erkenn-

Herzogin Sophie von Hannover und ihre Tochter Sophie Charlotte, um 1679

bar, daß sie von Eleonore handelte. Sie war voll von bisweilen etwas überschwenglichen Lobpreisungen der „Madame***". Da das Buch Eleonores Leben auch noch einige Jahre nach dem Erscheinungsdatum beschrieb, wird die Geschichte von da an unglaubwürdig. Sie beruhte dann nur noch auf reiner Fantasie und falschen Vermutungen.

Der Gedanke an eine Heirat zwischen der reichen Erbtochter von Celle und dem ältesten Sohn Ernst Augusts wurde in der Familie in Osnabrück wieder erwogen und durchdacht. Die Erkrankung des Bischofs und die Überlegung, daß er sieben heranwachsende Kinder zu versorgen hatte, förderte die Neigung zu dieser Verbindung. Am wenigsten gefiel sie Sophie: „Das ist eine recht bittere Pille, um sie herunter zu schlucken, aber wenn man sie ver-

168   goldet mit 100 000 Talern jährlich zur uneingeschränkten Verfügung, dann würde man die Augen schließen, um sie einzunehmen. Doch ich finde die ganze Angelegenheit sehr unangenehm, und ich würde die Tochter von Johann Friedrich mit 30 000 Talern vorziehen ...“

Aber noch war nichts entschieden. Ernst August und Johann Friedrich brauchten erst einmal Erholung und ein bißchen Vergnügen. „Man muß mit den beiden Brüdern Geduld haben,“ bemerkte Sophie noch im selben Brief an ihren Bruder, „er will sich in Italien eine gute Zeit machen“. Denn „sie glauben dort das Paradies auf Erden zu finden“. Sie möchten zum Karneval nach Venedig, obwohl der Dezember keine angenehme Zeit zum Reisen war. Daß Ernst August knapp bei Kasse war und daß die beiden Ehefrauen mit den vielen Kindern zu Weihnachten nun allein sein würden, spielte keine Rolle. Das Vergnügen ging vor. Die Brüder starteten erst einmal getrennt, um sich dann später zu treffen. Doch bereits in Augsburg war für Johann Friedrich am 28. 12. 1679 die Reise zu Ende. Er starb nach übermäßigem Biergenuß! Sophie fand: „Er starb als ein echter Deutscher, mit einem Glas in der Hand.“

Dieser Todesfall brachte bedeutende Änderungen. Die Osnabrücker erbten das Herzogtum Hannover und hatten nun eine gute Versorgung. Es war ein bemerkenswerter Aufstieg, er brachte ihnen Würde und Wohlstand. Ernst August wurde regierender Herzog von Hannover und blieb Bischof von Osnabrück bis an sein Lebensende. Das Herzogtum würde von nun an als Erbe in seiner Familie bleiben. Sophie zeigte sich zufrieden mit dieser Entwicklung: „Jetzt sind meine Kinder in Sicherheit! ... und ich habe allen Grund, Gott dafür zu danken, daß er dadurch den Herrn Herzog und seine Kinder vor seinen Feinden schützt, das ist für uns der gesamte Hof von Celle ...“

Herzog Ernst August wurde durch einen Kurier vom Tod seines Bruders benachrichtigt und kehrte eiligst von der Reise zurück nach Osnabrück. Sophie berichtete: „Das erste, das er mir achselzuckend sagte, war: ,Ich bin sehr zufrieden, daß nicht ich es bin, der gestorben ist‘. Er war betrübt darüber, einen Bruder verloren zu haben, den er geliebt hatte, und er beschloß nun alles zu tun, um mit dem einzigen Bruder, der ihm noch geblieben war, gut zusammen zu leben. Um Georg Wilhelm einen Gefallen zu erweisen, entschied er sich, nun Eleonore als Herzogin anzuerkennen."

Eleonore konnte mit der Entwicklung der Dinge sehr zufrieden sein. Daß die Verwandten nun geerbt hatten, ließ sie aufatmen, und sie wird wohl gedacht haben: „Jetzt ist meine Tochter in Sicherheit vor diesem unglückseligen Heiratsplan. Sie hätten sie doch nur um ihres Geldes willen akzeptiert. Jetzt sind sie selbst wohlhabend und brauchen uns nicht mehr." Nach der feierlichen Beisetzung von Johann Friedrich und der Übernahme des Herzogtums Hannover hielt es Ernst August nicht länger mehr zu Hause. Er startete erneut zu seiner Italienreise.

Sophie verbrachte die Wintermonate allein in Hannover, bis ihr Gatte nach dem Karneval Ende Februar aus Venedig zurückkehrte. Sie war sehr deprimiert und in Trauer über den Tod ihrer Schwester Elisabeth und den ihres älteren Bruders Karl Ludwig von der Pfalz. Er hatte ihr besonders nahe gestanden. Ausführlich und regelmäßig hatte sie über alles, was sie bewegte, mit ihm korrespondiert. Mit dem Ende dieses Briefwechsels versiegte eine wichtige Informationsquelle über die großen und kleinen Ereignisse im Leben der Herzogin und ihrer Umgebung. „Er hatte mich immer wie eine Tochter geliebt und mir die Ehre erwiesen, so großes Vertrauen zu mir zu haben, daß er mir an jedem Posttag schrieb, und das so warm und unterhaltsam, daß dieser Briefwechsel eine der größten Freuden meines Lebens war. Dieser Verlust hat mein Milzleiden verschlimmert, daß ich jetzt, wo ich fünfzig Jahre alt bin, denke, daß es nicht lange dauern wird, bis ich meiner Schwester und meinem Bruder folge. Dazu noch die Abwesenheit des Herrn Herzogs ...", schrieb Sophie im abschließenden Kapitel ihrer Memoiren. Sie hatte begonnen, ihre Lebensgeschichte aufzuschreiben, um sich zu beschäftigen und Rückschau zu halten. Es ist zu vermuten, daß sie die Briefe, die sie an ihren Bruder geschrieben hatte, nach seinem Tod zurückerhielt und als Gedächtnisstütze benutzte. Es wäre auch möglich, daß Sophie ihre Memoiren als Gegendarstellung zu der Biographie verfaßte, die im August 1679 über Eleonore veröffentlicht worden war.

170 Ernst August hatte seinen ältesten Sohn, der dringend etwas welt-
männischen Schliff nötig hatte, an den französischen Hof gesandt
in der Hoffnung, daß er bessere Manieren lernen würde. Doch
Georg Ludwig hatte sich nicht verändert. Er war immer noch so
verschlossen und mufflig wie vor seiner Abreise. Er hatte am eleganten Hof des Sonnenkönigs keinen Anklang gefunden. Seine Patin
Liselotte urteilte über ihn: „Er redet gar nichts, er ist so drucken wie
von Eis, so daß alles in seiner Nähe auch zu Eis erstarrt." Trotzdem soll sie bei Hofe laut zu ihrem deutschen Verwandten gesagt
haben: „Ich liebe Euch deswegen, weil Ihr Frankreich mit Freuden
verlaßt, wo man Euch nicht die Ehren erweist, die man Euch schuldig ist." (Brief vom 24. 9. 80)
Liselotte war in Frankreich oft unglücklich. Ihr Mann vernachlässigte sie. Mit ihrer Natürlichkeit, ihrem freimütigen, offenen Wesen eckte sie häufig an. Charakteristisch für ihre Einstellung war eine
andere Bemerkung: „Die hunde seind die besten Leute so ich in
ganz Frankreich gefunden habe, habe deren auch allzeit 4 bey und
um mich."
Bei beiden Welfenbrüdern war der Versöhnungswille so stark,
daß ihre Verhandlungen zu einem guten Ende führten. Wohlweislich hatten sie beschlossen, die beiden feindlichen Schwägerinnen nicht daran zu beteiligen. Am 23. Juli 1680 kam es zu
einem neuen Erbvergleich zwischen Hannover und Celle. Eleonore wurde der Titel Herzogin zugestanden. In einer Einwilli-
gungserklärung in französischer Sprache verzichtete sie erneut
für sich und ihre Kinder auf die Erbschaft des Herzogtums ihres Gatten. Dafür wurden ihre Wittumseinkünfte erhöht und
gesichert. Im Mai 1681 traf dann die kaiserliche Bestätigung dieses Erbvertrags ein. Sophies Kommentar zu dem Vertragswerk
der beiden Brüder: „Es ist dasselbe Lied wie damals, nur in
einer anderen Tonart ..." Das Mißtrauen gegen die Vertrags-
treue ihre Schwagers saß noch immer tief bei Sophie. Zu oft
hatte er verstanden, Verträge zu umgehen und nichtig zu machen. „Die größte Sicherheit ist, daß die Dame (Eleonore) keinen
Sohn hat", schrieb sie aus Hannover an ihren Bruder (9./19. Juli
1680).

Das Schloß zu Hannover im 17. Jahrhundert

Seit Anfang März 1680 lebten Sophie und ihre Familie in Hannover im Leineschloß. Das lag mitten in der Stadt von Häusern eingeengt und war düster und verwohnt. Sophie hatte sehr bedauert, ihr Schloß und die Gärten in Osnabrück verlassen zu müssen. Doch mit der Zeit wurde durch Abriß der am nächsten stehenden Häuser mehr Freiraum für das Schloß geschaffen. Später erhielt Sophie das Schloß und den Park von Herrenhausen, wo sie ihrer Freude an der Gartengestaltung eifrig nachging. Sie schuf sich dort einen Musenhof, ein Refugium vor der Maitressenwirtschaft ihres Mannes. Mittelpunkt wurde der von ihr bewunderte Gelehrte Leibniz.

Am Hof von Celle stellten sich immer wieder Bewerber um die Hand der jungen Sophie Dorothea ein. Eleonore versuchte unermüdlich, einen besseren Ehemann als den Sohn aus der feindlichen Familie in Hannover für ihr Kind zu finden. Aber dort gingen jetzt die Pläne mit dem Ältesten in eine andere Richtung. Sophies Bruder Rupert, der am englischen Hof eine hohe Stellung inne hatte, schrieb einen informativen Brief mit neuen Aussichten:

Whitehall, 9. Jan. 1680

„Erst in diesem Augenblick, liebe Schwester, kann ich Ihnen Mitteilung machen von einer Angelegenheit, wovon Ihnen Kenntnis
zu geben man mich ermutigt hat. Ich möchte Ihnen also in wenig
Worten sagen, daß man mir den Vorschlag einer Heirat gemacht
hat, zwischen Ihrem Herrn Sohn und des Herzogs von York Tochter. Das ganze Königreich würde es wünschen. Denken Sie darüber nach, und wenn Sie es für passend finden, schicken Sie ihn
hierher und befürchten Sie keine Umstände. Er wird mich zwar
im Bett sehen, aber ich würde alles übrige für ihn tun, wie es meine
Pflicht ist."

Georg Ludwig sollte also um die englische Prinzessin Anne werben. Sie war die dritte in der Thronfolge, nach ihrem Vater James
und ihrer Schwester Mary, die mit Wilhelm von Oranien verheiratet war. Für Sophie war dieser Gedanke hochwillkommen. Sie war
stets stolz auf ihre „Stuart-Abstammung" gewesen, und sie sah es
als günstige Chance an, daß ihr Sohn eines Tages die englische Krone
gewinnen könnte.

Diese Verbindung mit England war in Frankreich nicht gern gesehen, und man versuchte, sie zu durchkreuzen. Auch die Maitresse
Ernst Augusts war dagegen. Clara von Platen hatte gerade so schön
arrangiert, daß ihre Schwester ein Verhältnis mit Georg Ludwig ein-
ging, um ihren Machteinfluß bei Hof noch zu vergrößern. Auch
Wilhelm von Oranien gefiel dieser Plan nicht. Seine Frau war die
zweite in der Thronfolge, er selbst war durch seine Mutter ein
Stuart-Nachkomme. Die Hannoveraner waren zwar vom Thron
einen Schritt weiter entfernt, denn bei Georg Ludwig ergab sich
die verwandtschaftliche Bindung durch seine Großmutter Elisabeth
Stuart. Trotzdem wollte Wilhelm keine Konkurrenz riskieren und
begann unverzüglich mit seinen Intrigen, sowohl in London als
auch in Celle. Er bestärkte seinen Freund, den Herzog von Celle,
darin, seine Tochter mit seinem Neffen aus Hannover zu verheiraten.
Den Minister Bernstorff brachte Wilhelm auf seine Seite, ebenso
die hannoversche „Maitresse en titre". Als der unliebenswürdige Bewerber nach England kam, waren die Fäden und Fallstricke schon

gespannt. Er war linkisch und un-
beholfen und wußte sich nicht
zu benehmen. Englisch konnte er
nicht sprechen. Es soll nur zu einer
einzigen halbstündigen Begegnung
zwischen Anne und Georg Ludwig gekommen sein. Da man ihm
eingeredet hatte, daß es ein englischer Brauch sei, die Prinzessin
auf den Mund zu küssen, er-
schreckte er die schon durch Einflüsterungen voreingenommene
Prinzessin derartig, daß sie ein Le-

Sophia Dorothea von Celle mit 16 Jahren

ben lang eine Abneigung gegen ihn behielt. So kehrte er erfolglos
nach Hause zurück, zur großen Enttäuschung seiner Mutter. Die
unternahm dann noch einen letzten Versuch, um der so unangenehmen Verwandtschaft mit der d'Olbreuse zu entgehen. Sie reiste
mit Sohn und Tochter nach Berlin, um Georg Ludwig mit der
Tochter Maria des Großen Kurfürsten zu verbinden. Aber auch
diese Mission scheiterte.

Eleonore, die diese Aktivitäten hoffnungsvoll beobachtet hatte,
mußte nun ihre Bemühungen verstärken, recht bald einen anderen
Ehemann für ihre Tochter zu finden. Im Frühjahr 1682 fand ein re-
gelrechter Wettstreit unter den zahlreichen Freiern statt, die sich
in Celle eingefunden hatten. Selbst der dänische Prinz, der schon
einmal zum Aufgeben gezwungen worden war, sandte einen offiziellen Brautwerber, ebenso der schwedische König für seinen Sohn.
Der Erbprinz von Ostfriesland, Christian Eberhard, wurde als zu
jung abgelehnt.

Gut „im Rennen" lagen noch der Sohn von Herzog Anton Ulrich,
Ludwig Rudolf von Wolfenbüttel, und Heinrich Kasimir von Nassau, Statthalter von Westfriesland, obwohl er ein körperliches Gebrechen hatte. „Wäre wohl schade", schrieb die Tante des ostfriesi-
schen Prinzen, „daß solch häßlich Männchen mit so einem Bissen
soll durchgehen und ist es der Schlimmste unter allen, die sich präsentiert haben. Das ist wohl, wenn es angeht wahr, wie das Sprich-

174 wort heißt: ‚Die Sonne scheint sowohl auf einen Kuhdreck als eine Rose‘."

Trotzdem wurde der schiefgewachsene Prinz von Nassau-Westfriesland der Favorit. Eleonore mußte wohl an ihm gute Qualitäten erkannt haben, daß sie sich für ihn so stark machte. Getrieben von der Angst, daß ihr Kind sonst an Hannover „ausgeliefert" werden würde, hatte sie dem Nassauer schon einige Zusagen und Versprechungen gemacht. Außerdem hatte sie sich von ihm die Zusicherung geben lassen, daß sie als Witwe in den Niederlanden Zuflucht finden könnte.

Prinz Max Emanuel von Bayern hatte gehört, daß es an den Höfen von Hannover und Celle je eine schöne, heiratsfähige Tochter gebe. Er sandte Boten aus, die ihm darüber Bericht erstatten sollten. Sie kamen nach Hannover, doch dort hatte es Sophie zu verhindern gewußt, daß sie nach Celle weiterreisten. Sie hätte nur zu gern den charmanten, gebildeten Prinzen für ihre Tochter „eingefangen". Andererseits war die große Mitgift in Celle immer noch ein verlockendes Ziel für die Hannoveraner, die wollte Ernst August lieber für sich selbst einstreichen.

„Ich sehe, in dem Jahrhundert, in dem wir uns befinden, läßt der Gedanke an Geld jede andere Art von Überlegungen ausschließen," stellte der Prinz von Oranien fest. Das wird nicht nur durch Sophies berühmten Ausspruch von der „vergoldeten, bitteren Pille" bestätigt, sondern auch in einem anderen ihrer Briefe: „... aber hier fragt man: Ist bares Geld vorhanden? Und man wird nichts ohne das tun, das heißt, nicht ohne wohl versichert zu sein, von dem was man haben soll. Ich werde nicht widerstehen können zum Wohle meiner Kinder, doch die Kameradschaft, ebenso eine Verwandtschaft (mit Eleonore), wird mir äußerst unangenehm sein."

Doch sie hätte sich dabei in puncto Verwandtschaft in allerbester Gesellschaft befunden, denn selbst der Sonnenkönig redete Eleonore in einem Brief mit „Ma Cousine" an. Ludwig XIV. versuchte, Georg Wilhelm als Bundesgenossen zu gewinnen. Da auch der protestantische Wilhelm von Oranien für ein Bündnis gegen Ludwig warb, gab sich der französische König Mühe, die Celler auf seine Seite zu ziehen. Dazu dienten erneut kostbare Geschenke.

Georg Wilhelm erhielt von ihm 1681 einen Degen, dessen Griff   175
prunkvoll mit Diamanten besetzt war. Aus demselben Grund ehrte
seine Majestät Eleonore mit einem huldvollen Schreiben: „Meine
Cousine, ich habe mit Vergnügen die Versicherungen erhalten, die
Sie mir gegeben haben über Ihre gute Gesinnung für alles, was mich
angeht. Sie dürfen nicht bezweifeln, daß ich immer bereit bin, Ihnen
die Zeichen der Hochachtung und Zuneigung, die ich für Sie habe,
zu geben. Möge Gott Sie, meine Cousine, in seinen heiligen und
erhabenen Schutz nehmen." 31. April 1682.
Weil Ludwig anfangs vermutete, daß der Celler Hof mit seiner
Vorliebe für Frankreich die Hannoveraner auf seine Seite ziehen
könnte, befürwortete der französische König die Verbindung der
beiden Häuser durch eine Heirat und ließ sich ständig von seinen
Gesandten über den neuesten Stand der Dinge informieren. Doch
auch Briefe ganz anderen Inhalts wurden im Jahr 1681 zwischen
Frankreich und Celle gewechselt.
Unter dem Einfluß von Madame Maintenon ließ Ludwig schärfere
Maßnahmen gegen die Hugenotten in seinem Lande ergreifen.
Die ersten Dragonaden hatte 1681 Eleonores Heimat, der Poitou
und das benachbarte Land Aunis, zu erleiden. Dragoner wurden
zwangsweise in die Häuser der protestantischen Bürger einquartiert.
Durch Gewalttätigkeiten sollten die gläubigen Menschen zur Ab-
schwörung ihres Glaubens und zur Konversion zum Katholizismus erpreßt werden. Diese religiösen Verfolgungen trugen dazu bei,
daß Eleonore sich vom französischen König distanzierte. Trotzdem versuchte sie schriftlich, bei Ludwig XIV. für ihre Familie in
Olbreuse Vorteile zu erreichen. Sie hatte damit auch für einige Zeit
Erfolg, denn der König hoffte, daß Georg Wilhelm dann wenigstens Neutralität gegen ihn wahren würde. So erreichte Eleonore,
daß einige Tempel* in der Region offen bleiben durften. Der französische Diplomat Heraud de Gourville versicherte ihr in einem
Schreiben vom 26. 7. 1682, „… daß in Bezug auf den Tempel von
Marsay der König angeordnet hätte, diese Affaire als Letztes aufzu-
sparen und daß Seine Majestät immer die größte Rücksicht nähme
auf alles, was Ihre durchlauchigste Hoheit wünschen würde. Das
scheint mir, Madame alles zu sein, was man nach Lage der Dinge

---

* Die französischen Reformierten, die Hugenotten, nannten ihre Gotteshäuser „Tempel", um sich
von den katholischen Kirchen zu unterscheiden.

176 erhoffen könnte. Und da man glauben kann, daß man noch nicht
so bald alle Tempel beschlagnahmen wird; so hoffe ich, daß zu
Eurer Hoheit Zufriedenheit, derjenige, den Sie beschützen wollen, weiter bestehen wird ...“

Im Nachbarort von Olbreuse lebte der protestantische Schulmeister Jean Migault mit seiner kinderreichen Familie. Er hatte die vielen Jahre der Verfolgung und des Versteckens in seinem berühmten Tagebuch für seine Kinder beschrieben. Zeitweilig waren seine Kinder, später auch er, im Schloß d'Olbreuse untergekommen. Er gedachte in Dankbarkeit der Hilfe, die er und andere Glaubensgenossen durch Eleonore erfahren haben: „Gott hat sich, um uns in den letzten Jahren zu erhalten, der Vermittlung und des Schutzes der Herzogin von Celle bedient. Diese fromme Fürstin hatte immer eine besondere Hochschätzung für unsere Kirche. Sie erinnert sich, daß sie im Schoße dieser Kirche geboren wurde und dort die heilige Taufe erhielt, ebenso wie M. d'Olbreuse, ihr hochgeachteter Bruder und M. de la Forest, unser Pastor. Sie informieren sie von Zeit zu Zeit von den Leiden, die man uns antut und empfinden läßt. Ihre durchlauchtigste Hoheit gibt nicht auf, von ihrer Seite her bei Hofe zu versuchen, alle Verfolgungen zu mildern, und sie hatte selbst die Güte, den König um unsere Erhaltung zu bitten ...“

So gelang es ihr tatsächlich, den Tempel in Mauzé bis 1685 offen zu halten. Dann aber wurden nach der Aufhebung des Edikts von Nantes alle Tempel geschlossen. In den Jahren zuvor hatte noch die Vermittlung Eleonores geholfen.

Zu Hause in Celle war Eleonore auch voller Sorge um die Zukunft ihrer Tochter. Doch die Hannoveraner überspitzten ihre materiellen Forderungen in einer Weise, die dem Herzog mißfiel. Sie verlangten statt der von ihm angebotenen Rente von 50000 ecus im Jahr das Doppelte, außerdem sämtliche Festungen im Fürstentum Lüneburg. Georg Wilhelm sollte sich verpflichten, seinen jüngeren Bruder bei der Erreichung der Kurwürde zu unterstützen, die eigentlich ihm als dem älteren zustehen würde. Die Verhandlungen wurden abgebrochen. So stiegen wieder die Chancen des Nassauers. Der sah sich bereits als den Verlobten der Schönen. Freudig begann er die Hochzeit vorzubereiten, kaufte Brautschmuck und bestellte schon die Hochzeitskutsche. Doch er gelangte nicht an das Ziel seiner Wünsche, denn die Stände in seinem Land Westfriesland genehmigten nicht die zur Eheschließung erforderlichen Mittel.

Sophie und Ernst August waren durch die vielen Bewerber, die sich um Sophie Dorothea bemühten, sehr irritiert. Die Befürchtung, daß ihnen das Herzogtum von Celle als Erbe doch noch entgehen könnte, erwachte wieder. In Sorge und großer Eile entwickelten sie erneut eifrige Regsamkeit und luden Eleonore und Georg Wilhelm im August 1682 abermals zu neuen Verhandlungen über die Heirat ihrer Kinder ein. Der Marquis d'Arcy berichtete dem König, daß sie mit „unglaublicher Wärme" in Hannover empfangen worden waren und daß Herzog Ernst August stundenlang auf seinen Bruder eingeredet hatte, um seine Konditionen durchzusetzen. Herzogin Sophie sei nachts dreimal aufgestanden, in Eleonores Zimmer geeilt, um ihre Zustimmung zu erlangen. Auch Gräfin Reuß, Eleonores Schwester, wurde um Unterstützung gebeten. Doch es kam noch immer zu keiner Einigung. Die vom hannoverschen Minister von Platen vorbereiteten Papiere mit den Heiratsbedingungen nahm Georg Wilhelm ungelesen mit nach Hause. Eleonore fürchtete, daß diese Heirat sie zu sehr in Abhängigkeit vom Hause Hannover bringen würde, wo man sie nicht liebte. Sie war entschlossen, alles zu tun, um das zu verhindern. Sie glaubte, daß die Forderungen von Ernst August für ihren Gemahl kaum zu erbringen wären und ihn ruinieren könnten.

Eleonore hatten die Aufregungen und bangen Vorahnungen so erschöpft, daß sie erkrankte. Doch das einzige, was sie bei ihrem Gemahl erreichen konnte, war eine halbherzige Zusage, daß am kommenden sechzehnten Geburtstag Sophie Dorotheas die schon seit langem geplante Werbung des jungen Fürstensohnes aus Wolfenbüttel angenommen und die Verlobung bekannt gemacht werden sollte. Aber in Celle hatte Minister Bernstorff eifrig seine Ohren gespitzt und sandte einen Eilboten mit der Nachricht von dieser neuesten Entwicklung an den Hof in Hannover. Dort war man alarmiert — so lange hatte man hin und her verhandelt, und nun sollte diese fabelhafte Mitgift an andere gehen? Hätte Bernstorff dieses Komplott der Herzogin nicht entdeckt, wäre für Hannover

178 alles verloren gewesen. Nun hieß es eiligst handeln! Die herzogliche Familie aus Wolfenbüttel war schon fast auf dem Weg, und
Eleonore bereitete ein großes Fest für den sechzehnten Geburtstag und die glückliche Verlobung ihrer Tochter vor. Freudig und
erwartungsvoll legten sich Mutter und Tochter zu Bett. So nahe
war Eleonore dem Ziel ihrer Wünsche. Sie glaubte, ihre Tochter
vor einem schlimmen Schicksal bewahrt zu haben und daß Sophie
Dorothea einen netten, ihr vertrauten Ehemann aus einer ihr freundlich gesinnten Familie bekommen würde. Doch über Nacht wen-
dete sich das Geschick, „und das Unglück schreitet schnell".

Kapitel 7

DIE HEIRAT WIDER WILLEN

Das Schicksal hatte als Unglücksbringerin die Frau auserkoren, die durch ihre Feindseligkeit und ihren Haß gegenüber Eleonore und ihrer Tochter dafür prädestiniert war: Die Herzogin Sophie von Hannover.

Als sie am Vorabend von der geplanten Verlobung Sophie Dorotheas mit dem Prinzen von Wolfenbüttel erfuhr, war nur ein kurzes Gespräch mit ihrem Gemahl von Nöten. In allergrößter Hast war sie mit ihrer Pferdekutsche durch die Nacht gejagt. Sie kam nicht so schnell voran, wie sie wollte. Ungeduldig spornte sie den Kutscher zur Eile an. Doch sie erreichte Celle noch früh genug, um ihre Pläne durchzusetzen. Um sechs Uhr morgens ließ sie den Herzog aus seinem Schlafgemach holen. Sofort begann sie, auf ihn einzuwirken und ihre Argumente für eine Heirat zwischen ihren Kindern eindringlich darzulegen. Wohlweislich bediente sie sich einer Sprache, die Eleonore im Nebenzimmer nicht verstehen konnte.

Bei Georg Wilhelm war gute Vorarbeit geleistet worden. Es brauchte nicht viel, um ihn zu überzeugen. Kleine Anspielungen seines Freundes Wilhelm von Oranien, häufige leicht dahin geworfene Bemerkungen des Ministers Bernstorff hatten ihre Früchte getragen. Das Prinzip der hämmernden Wiederholung und der gefühlsmäßigen Steigerung sind Gesetze der Publizistik, die auch hier gut gewirkt hatten. Eigene Wünsche des Herzogs kamen hinzu. Er wollte seine Tochter gern in der Nähe behalten. Das wäre sie allerdings auch in Wolfenbüttel gewesen. Noch viel wichtiger war für ihn, daß dann wieder ein gutes verwandtschaftliches Verhältnis zu seinem Bruder bestehen würde. Die Hannoveraner waren bereit, die ursprünglich überhöhten Geld- und Sachwertforderungen zurückzunehmen.

180 Georg Wilhelm hatte großen Respekt vor Sophie und vielleicht auch noch einen Rest von schlechtem Gewissen? Sie verstand es glänzend, ihn zu überreden, und erhielt die gewünschte Zusage. Sein Entschluß war gefaßt, schließlich war er doch der Herr im Hause! Alle Welt sollte es sehen; niemand sollte mehr über ihn spotten. Was er beschlossen hatte, sollte geschehen!

Inzwischen hatte sich Eleonore in größter Hast angekleidet und drängte voll böser Ahnungen ihren Gatten, ihr zu sagen, um was es hier eigentlich ginge. Sie wurde vor die vollendete Tatsache gestellt: Verlobung und Heirat waren vereinbart und sollten in den nächsten Stunden veröffentlicht werden. Voller Entsetzen eilte die verstörte Mutter zu ihrer Tochter. Sophie und ihr Schwager frühstückten erst einmal gemütlich nach dem „glücklich vollbrachten Werk!"

Im Zimmer des Geburtstagskindes gab es ein böses Erwachen. Fassungslos vernahm Sophie Dorothea die Nachricht, daß sie den Mann heiraten sollte, den sie von ganzem Herzen verabscheute. Vergebens flehten sie Georg Wilhelm an, seinen Entschluß wieder zu ändern. Eleonore wird ihn leidenschaftlich daran erinnert haben, daß er selbst doch auch nicht zu einer Heirat aus Staatsraison bereit gewesen war. Er hatte sich damals nicht zu einer Verbindung mit einem ungeliebten Menschen überwinden können. Und das wollte er jetzt seiner innigst geliebten Tochter zumuten! Wie oft hatten sie doch Feindschaft und Abneigung von Sophie zu spüren bekommen. Deren Sohn hatte diese Gefühle schon als Kind kennengelernt und mitempfunden. Er verabscheute seine Cousine und ihre Mutter. Warum nur sollte Sophie Dorothea geopfert werden, um die Freundschaft der Brüder wieder herzustellen und zu festigen? Sicher rührten Georg Wilhelm diese Klagen. Er war im Grunde seines Herzens ein gutmütiger Mann, und vielleicht hatte er sogar den Gedanken, doch noch alles rückgängig zu machen. Aber da kamen ihm das Gerede und die Einflüsterungen in den Sinn; er hätte zu Hause nichts zu sagen, seine Frau wäre die eigentliche Regentin im Herzogtum, alles ginge nach ihrem Willen, er sei ein Pantoffelheld. Nein, das sollte ihm keiner nachsagen! Seine Entscheidung war ein für alle Mal getroffen. Wie würde das aussehen, wenn er erneut wortbrüchig würde? Die beiden Frauen hatten sich zu fügen. Schließlich war es üblich, daß Töchter aus Fürstenhäusern eine arrangierte Ehe zum Nutzen ihres Hauses eingehen. Georg Wilhelm wollte auch auf diese Weise seiner Tochter und ihren Kindern den Anspruch auf sein Herzogtum sichern, den er vorher für seine Liebe zu Eleonore aufgegeben hatte.

Es war inzwischen für Sophie Dorothea Zeit geworden, die Gratulationscour des Hofes entgegenzunehmen. Ob sie es wollte oder nicht, mit völlig verweintem Gesicht nahm sie die Glückwünsche zu ihrem sechzehnten Geburtstag an der Seite ihrer betrübten Mutter entgegen.

Die fürstliche Familie aus Wolfenbüttel fuhr in freudiger Erwartung der Verlobung ihres Sohnes am Schloß von Celle vor. Doch als sie die Neuigkeit hörten, daß sich die Dinge so plötzlich gewendet hatten, kehrten sie auf der Stelle schwer gekränkt und enttäuscht um und fuhren wieder nach Hause.

Sophie, die Schwiegermutter in spe, hatte für Sophie Dorothea zum Geburtstag ein Geschenk mitgebracht. Es war ein brillantengeschmücktes Medaillon mit dem Portrait ihres zukünftigen Bräutigams. Für ihn hatte das junge Mädchen schon immer den Spitznamen „das Monster" benutzt. Voller Zorn warf sie das unwillkommene Geschenk so temperamentvoll in die Ecke, daß es zerschellte. Doch das half ihr alles nichts. Bald darauf stand der ebenfalls heiratsunwillige Georg mit seinem mürrischen Gesicht vor ihr. Auch er hielt nicht viel von seiner Cousine. In Anspielung auf die nicht standesgemäße Herkunft ihrer Mutter hieß sie bei ihm „das Halbblut". Seine Abneigung hatte sich unter dem Einfluß seiner Mutter schon von Kindheit an gebildet. Außerdem mochte er keine Französinnen mit ihrem „gezierten Getue". Doch Sophie Dorothea war von ihrer Mutter völlig in der französischen Lebensart erzogen worden.

Georg zog einen anderen etwas deftigeren Frauentyp vor. Durch die nachlässige Großzügigkeit seines Vaters war er schon in frühester Jugend ein Lebemann geworden. Seine Frostigkeit und Gefühlskälte waren auch ein Resultat seiner Erziehung ohne elterliche Liebe und Wärme. Er war mit Sicherheit nicht der richtige Mann, der ein le-

182   benslustiges, verwöhntes Kind in einer unter Zwang geschlossenen Ehe glücklich machen konnte. Doch die Neigungen und Gefühle der jungen Leute spielten keine Rolle. Sie wurden nicht gefragt. Es wurde alles nach den Erfordernissen der „Staatsraison" ausgehandelt. Diese Heirat stand schon von Anfang an unter schlechten Vorzeichen.

Die Charaktere und Eigenschaften der in diesem beginnenden Drama handelnden Personen sind aus überlieferten Geschehnissen bekannt. Sie wurden allerdings in der vorangegangenen Erzählung mit ein wenig Phantasie ausgeschmückt.

Doch nun zurück zu den harten Tatsachen. Denn jetzt ging es um Geld – um das große Geld – um die Höhe der Mitgift, die endgültig ausgehandelt und mit dem Heiratsvertrag beurkundet und besiegelt werden sollte. Die Verhandlungen zogen sich noch einige Wochen hin, bis der Heiratskontrakt am 24. Oktober 1682 unterzeichnet werden konnte.

Vorher wurden aber erst einmal Briefe geschrieben, um das wichtige Ereignis zu verkünden. Die erste, die zur Feder griff, war die Herzogin Sophie. Sie schrieb am 10. September 1682 nach Mantua an den Abbé Aloysius Balati, der des öfteren vom Herzog mit diplomatischen Missionen betraut worden war:

Linsburg, den 10./20. Sept. 1682.

„Die Zeitungen werden Ihnen ohne Zweifel die Verlobung meines ältesten Sohnes mit der Prinzessin von Celle gemeldet haben, aber da sie nicht immer die Wahrheit sagen, so muß ich Ihnen zu wissen tun, daß es fest beschlossen ist, nachdem man ziemlich lange verhandelt hat, um es ebenso zuträglich für den Staat wie für die Familie zu machen. Man muß also in Zukunft Hannover und Celle als eins rechnen, was vorteilhaft genug für das Haus ist, so daß man sich über die Skrupel der Deutschen hat hinwegsetzen können, die wünschen, daß ihre Stammbäume ebenso erlaucht sind von der einen Seite wie von der andern. Ich glaube, die Hochzeit meines Sohnes wird bald ohne große Förmlichkeit gefeiert werden. Er ist gegenwärtig bei seiner Gebieterin. Der gute Herzog von Celle hat vor Freude und Zärtlichkeit geweint Mein Sohn hat am 1./11. Sep-

tember den Entschluß gefaßt. Ich will hoffen, daß es unter einer 183
günstigen Konstellation geschehen ist."

Ihrem Schwager in Celle versicherte Sophie schriftlich in einer poe-
tischen Metapher: „Ich sehe voraus, daß unsere Kinder gemeinsam
keimen werden, wie die Zedern im Libanon." In verschiedenen
Briefen äußerte sie: „Ich würde alles tun, um Ihre Frau Tochter zufrieden zu stellen."… und „ja lieber das Geld beim Juden lenen
(leihen) als die zwee Kinder voneinander lassen." „Georg Ludwig
ist fest entschlossen, sich der Ehre würdig zu erweisen, Georg Wilhelms Schwiegersohn zu werden. Gott segne diesen Ehebund!"
„Georg Ludwig ist aus Celle zurück, höchst beglückt durch die Aufnahme, die ihm dort zuteil wurde und ganz verliebt in die Prinzessin." Nie hätte Sophie geglaubt, daß ihr so steifer und verschlos-
sener Ältester zu einer solchen Passion fähig wäre.
Wie hatte sich die Tonart geändert! Fast kann man es nicht glauben, daß Sophie das geschrieben hatte! Und der Bräutigam, so verliebt? Doch noch war der Heiratvertrag nicht unter Dach und
Fach. Da kostete es doch nichts, ein paar schöne Komplimente zu
machen und die größte Zuneigung zu versichern.
Auch der Brief der jungen Braut ist ein Meisterwerk der Diploma-
tie. Sicherlich hatte sie ihn nicht allein aufgesetzt, man wird ihr
wohl geholfen, wenn nicht gar Wort für Wort diktiert haben. Denn
das, was in dem Schreiben steht, widerspricht so ganz ihrem offenen, freimütigen Wesen:
Prinzessin Sophie Dorothea von Celle an Sophie:

Celle, 21. Okt. 1682

„Madame! Ich habe so viel Achtung vor dem Herrn Herzog, Ihrem
Gemahl, und vor meinem Herrn Vater, daß ich immer sehr zufrieden sein werde, was sie auch in betreff meiner tun mögen. Ew.
Hoheit wird mir wohl die Gerechtigkeit erweisen, es zu glauben,
und daß man nicht empfänglicher für die Beweise Ihrer Güte sein
kann, als ich es bin. Mein ganzes Leben lang werde ich mich mit
der größen Sorgfalt befleißigen, sie zu verdienen und Ew. Hoheit
durch meinen Respekt und meine ergebensten Dienste erkennen

184 zu lassen, daß Sie keine Tochter hätten wählen können, die es besser als ich verstünde zu tun, was sie Ihnen schuldig ist. Hieraus
werde ich mir ein ebenso großes Vergnügen machen, als Ihnen
durch meine Ergebenheit zu beweisen, daß ich bin, Madame, Euer
Hoheit, ganz untertänige und sehr gehorsame Dienerin Sophie
Dorothea."

Eleonore zögerte fast einen Monat, bevor sie ihrem Bruder Alexandre nach Frankreich schrieb, um ihm die Verlobung ihrer Tochter mit dem Erbprinzen von Hannover mitzuteilen. Wahrscheinlich hatte sie lange überlegt, wie sie sich dazu äußern sollte. Ihren
Kummer und ihre bangen Vorahnungen unterdrückte sie und
überwand sich, ein Glück zu heucheln, das sie nicht empfand:

Celle, den 9. Oktober 1682
„ENDLICH, MEIN BRUDER, ist meine Tochter dem schönsten und
reichsten Prinzen von Deutschland versprochen, dem Erben des
stolzen Welfenhauses, dem Erbprinzen Georg Ludwig von Hannover, dem Neffen des Herrn Herzogs Georg Wilhelm. Da meiner Tochter kein günstigeres Geschick zufallen konnte, hoffe ich,
daß Sie an meiner Freude über diese Angelegenheit teilnehmen."

Pour Monsieur d'Olbreuse
a Olbreuse
A Cell le 9ᶜ octobre 1682
Enfain mon frere ma fille est
acordee avec le plus joly
prince dAlmagne et le plus
riche cest leritier de cette
maison le prince dHannover
neveu de monsieur le duc
comme il ne pouvoit ariver a
ma fille rien plus avantageus
je ne doute pas que vous ne
prenies part a la joye que me
donne cette afaire.

*Brief der Herzogin Eleonore
an ihren Bruder
Alexander d'Olbreuse
vom 9. Oktober 1682*

Eleonores Worte vom „schönsten und reichsten Prinzen" waren derart überzogen, daß Alexandre d'Olbreuse eigentlich durchschaut haben müßte, daß seine Schwester nur den Schein wahren wollte. Ähnliches vermerkte auch der französische Gesandte am Celler Hof, Marquis d'Arcy, am 14. September 1682 in einem ausführlichen Bericht an seinen König: „Sire, ich glaube, daß ich kaum bis zum nächsten Freitag warten sollte, um die Ehre zu haben Euer Majestät zu vermelden, daß die Heirat der Prinzessin von Celle mit dem erstgeborenen Prinzen von Hannover gestern abend beschlossen wurde. Am Tage davor war der (hannoversche) Minister von Platen in Celle angekommen, … und dieser Minister hat mit den Vertretern des Herzogs von Celle erfolgreich gearbeitet. Ich wurde als Gesandter Eurer Majestät und als spezieller Freund vom Herzog und der Herzogin ins Vertrauen gezogen, daß die Heirat eine beschlossene Sache sei … Später hat mir die Herzogin von Celle gestanden, daß sie sich entschieden habe, nicht mehr gegen dieses Heiratsprojekt zu opponieren, da sie inzwischen erfahren hatte, daß der Prinz von Nassau aus finanziellen Gründen ihre Tochter nicht heiraten könne, und sie vertraute mir an, daß sie in Wahrheit darüber gar nicht erbaut sei. Da ich dieselben Befürchtungen wie sie für die Interessen Eurer Majestät habe, imitiere ich ebenfalls die geheuchelte Freude der Herzogin, da uns sonst keine anderen Mittel bleiben …"

M. d' Arcy berichtet weiter über die Höhe der Mitgift, über die aber noch verhandelt wurde. „Es scheint so, daß er (der Herzog von Hannover) das Geld nötig hat für den Unterhalt seiner Truppen, er drängt zu einer baldigen Heirat ohne Zeremonie … Ich bezweifle nicht, Sire, daß diese beiden Höfe von nun an stark zusammengehören werden, und deshalb erwarte ich, wenn es Eurer Majestät gefällt, neue Order über die Richtlinien für mein weiteres Verhalten. Ich habe bereits gehört, daß die Staaten von Celle und Hannover eines Tages in der Person des Erbprinzen vereinigt werden …"

Der französische König fand diese Nachricht nicht vorteilhaft für seine Projekte, wie er in seinem Antwortbrief vom 30. 9. 1682 schrieb, „… das wird unweigerlich die Macht des Herzogs von Hannover über die Denkweise des Herzogs von Celle vergrößern. Nichts

186 desto weniger haben Sie sehr gut daran getan, dem letzteren im voraus zu bezeugen, daß ich Anteil nehme an seiner Zufriedenheit, und Sie können ihm nach Erhalt dieser Depesche aufs neue von meiner Seite Zusicherungen geben ...“

Die geplante Heirat war zwar „zuträglich für den Staat und die Familie“, wie Sophie es formuliert hatte, doch sie schuf auch neue politische Konstellationen und ließ Europas Fürsten aufhorchen. Wilhelm von Oranien, der mit dem Herzog von Celle gut befreundet war, glaubte, daß die Verbindung der beiden Höfe deren politische Position zum Vorteil des protestantischen Bündnisses stärken würde. Genau das wollte Ludwig XIV. absolut nicht! Auch aus England kam ein Brief, der beinahe alle Pläne wieder umgestürzt hätte.

Pfalzgraf Rupert an Sophie:

Whitehall 21. Sept. 1682

„ICH WAR GERADE im Begriff, Ihnen zu schreiben, um Ihnen mitzuteilen, daß die Angelegenheit ganz zur Zufriedenheit verläuft, als ich von dem gutem Mylord Craven Ihren Brief vom 4./14. erhielt, worin Sie mir mitteilen, daß die Heirat Ihres Herrn Sohnes nicht mehr in Frage steht ... Der liebe Gott segne Sie und alles, was Ihnen angehört. Ich muß Ihnen jedoch sagen, daß die hiesigen Bedingungen sehr gut und sicher waren. Der Herzog von York verpflichtet sich, 10 000 Stück jährlich zu zahlen, und weist den Rest von 40 000 auf Kaufleute ganz nahe an. Die Herzogin von Portsmouth hat die Sache sehr in Ihrem Interesse unterstützt. Aber trotz alledem bereue ich nicht die Mühe, die ich mir in Ihrem Dienst gegeben habe.“

Nachdem Sophie diesen Brief ihres Bruders gelesen hatte, war sie in große Zweifel geraten, ob sie das Richtige getan hatten. Das Projekt der englischen Heirat ihres ältesten Sohnes mit der Prinzessin Anne hatte ihr so sehr am Herzen gelegen. Es schien nun doch nicht gescheitert zu sein. Ihre Wünsche hätten in Erfüllung gehen können. Aber nun war es zu spät! Ernst August war sowieso mehr für die Verbindung mit Celle, die ihm so viel Geld einbringen würde.

Die Summen, die aus England angeboten wurden, waren zwar ganz   187
beachtlich. Doch der Herzog hatte die Befürchtung, daß er durch
die englische Heirat in die Zwangslage geraten könnte, eines Tages
dem Vater der Braut und dessen Familie Zuflucht gewähren zu
müssen. Dadurch wären erhebliche Kosten auf ihn zugekommen.
Diese Sorge sollte sich als berechtigt erweisen, denn als der Herzog von York als König James II. 1685 den englischen Thron bestieg, konnte er sich wegen seines katholischen Glaubens dort nicht
lange halten. Er mußte fliehen und wandte sich nach Frankreich.
Ludwig XIV. nahm ihn mit königlichen Ehren im Exil auf.
In Hannover war eine englische Heirat des ältesten Sohnes sowieso
nicht mehr im Gespräch. Die Verhandlungen mit Celle liefen auf
Hochtouren. Der Ehevertrag sollte fertig werden. Folgendes enthielt die endgültige Fassung: In der Einleitung wurden noch einmal
die Erbverträge von 1675 und 1680 bestätigt, durch die das Herzogtum Celle nach dem Tod des Herzogs Georg Wilhelm dem Hause
Hannover zufallen würde. Herzog Ernst August erhielt das Amt
Koldingen zurück, das er für ein Darlehen von 80 000 Talern an seinen Bruder verpfändet hatte. Ferner wurden ihm andere Ländereien
– sieben Ämter, die an Hannover grenzten – überlassen, durch die
ihm ein jährliches Einkommen von 50 000 Talern sicher war, außerdem trat ihm sein Bruder die von Holland und Spanien zugesagten
Subsidiengelder ab. 100 000 Taler Mitgift zahlte der Herzog für seine
Tochter aus seinem Privatvermögen, 150 000 Taler wurden von seinen
Staaten aufgebracht, zahlbar im Verlauf von sechs Jahren.
Das gesamte Vermögen Sophie Dorotheas, ihre Einnahmen aus
den Besitzungen, die ihr Vater ihr und ihrer Mutter überschrieben
hatte, das zu erwartende Erbe und die große Mitgift kamen durch
diesen Vertrag ausschließlich zur Verfügung und Nutznießung
ihres Gemahls.
Der Vertrag wurde in Celle von Ernst August und seinem Sohn für
die eine Seite und für die andere von Georg Wilhelm und seiner
Tochter unterschrieben. Die Prinzessin gab mit ihrer Unterschrift
nicht nur ihre Freiheit auf, sondern auch ihr Vermögen. Georg
Ludwig konnte in jeder Hinsicht völlig über sie verfügen. Sophie
Dorothea wurde voll und ganz – auf Gedeih und Verderb – von

188 diesem kalten, verschlossenen Mann abhängig, der für sie weder Liebe noch Zuneigung empfand.

Am 3. November 1682 wurden die Verträge zwischen den beiden Höfen ausgetauscht. Warum nur hatte der Herzog von Celle einen Vertrag gebilligt, der alle Vorteile für die andere Seite brachte, seiner Tochter aber keinerlei Rechte und Ansprüche ließ? War er ein schlechter Verhandler, bedingt durch seine Gutmütigkeit, seine Großmut oder durch das immer noch vorhandene Schuldgefühl wegen der früher nicht eingehaltenen Verträge? Überwog sein Wunsch, in Harmonie mit seinen Verwandten zu leben alle anderen Bedenken? Eine wichtige Rolle spielte für ihn, daß seine Nachkommen nun durch seine Tochter doch das Herzogtum Celle erben würden. Glaubte er vielleicht, mit den großen Summen seine Tochter derart zu „vergolden", daß man sie am Hof von Hannover akzeptieren und gut behandeln würde?

Es war wohl auch etwas Starrsinn dabei, daß er Eleonore nicht mitverhandeln ließ. Er wollte als Herr im Hause bestimmen. Eleonore, die vorher in politischen Angelegenheiten so gute diplomatische Verhandlungen für ihren Gemahl geführt hatte, durfte dort, wo es um das Lebensglück ihrer Tochter ging, nicht mitreden. Sie hatte durch das Werk der Intriganten – aber vielleicht auch weil sie älter geworden war – an Einfluß über ihren Mann verloren. Um sie wohlgesinnt zu stimmen, wurde sie jetzt auf Empfehlung von Wilhelm von Oranien auch vom hannoverschen Hof offiziell als Herzogin anerkannt. Die einzige Bedingung, die Eleonore zum Wohl ihrer Tochter stellen durfte, war die, daß die Maitresse des jungen Bräutigams, Marie von dem Bussche, noch vor der Hochzeit aus Hannover verschwinden sollte. Dadurch hatten Eleonore und ihre Tochter gleich von Anfang an eine erbitterte Feindin, die Schwester der Fortgeschickten, Clara von Platen, die mächtige Maitresse des Herzogs Ernst August. Auch der Ehemann in spe war verärgert, daß man so über seine Liebschaft verfügte, was ihn nicht gerade freundlicher seiner Braut gegenüber stimmte! Doch der Hochzeitstag rückte unaufhaltsam näher. Man hatte es eilig, die jungen, widerspenstigen Leute zu verheiraten. Es hätte ja noch etwas dazwischenkommen können!

Für die kindliche Braut gab es keinen Ausweg mehr. Die Zeit 189
drängte. Es mußte die Garderobe, der Schmuck ausgesucht und die
Aussteuer zusammengestellt werden.

Am 2. Dezember 1682 war es soweit. Nach dem Abendessen begab
man sich in das Appartement der Prinzessin, wo ein Pfarrer bereit
stand, um das Brautpaar ohne große Zeremonie zu trauen. Es ist
unverständlich, warum der reiche Brautvater für seine einzige geliebte und verwöhnte Tochter nicht eine große offizielle Hochzeit
ausrichtete mit allem Prunk und der Pracht, die er doch so sehr
schätzte. Auch die Bevölkerung von Celle, die ihre kleine Prinzessin von Kindheit an verehrte, hätte sicher gern mitgefeiert. Man
wagte wohl nicht, mit dem Brautpaar in die Öffentlichkeit zu gehen. Fürchtete man einen Eklat? War man der „Widerspenstigen
Zähmung" doch nicht so sicher? Wäre es möglich, daß das temperamentvolle, impulsive Töchterchen ein lautes „Nein" vor dem Altar
herausschmettern könnte? Denn letzten Endes war Sophie Dorothea das Opfer eines Handels, bei dem es nur um Land, Macht
und Geld ging.

Georg Ludwig heiratete eine junge Frau von großer Schönheit, Bildung und Anmut, die ihm völlig als Eigentum ausgeliefert wurde.
Er konnte über sie verfügen – und als Mann seine eigenen Wege
gehen. Auch er war mit seinem mürrischen Gesicht in der Öffentlichkeit nicht als glücklicher Bräutigam vorzeigbar. Da blieb man
lieber im kleinsten Kreise. Noch nicht einmal die schöne Kapelle
im Schloß von Celle wurde für die Hochzeit genutzt. Gleich im
Appartement der Prinzessin, in dem die Trauung stattfand, wurde
das junge Paar ins Bett geleitet.

Ob wohl Eleonore ihre junge Tochter auf diesen Moment vorbereitet hatte? Es ist nichts herausgedrungen aus dem Brautgemach.
Das junge Paar blieb noch siebzehn Tage in Celle. Brauchten die beiden Zeit, um einigermaßen zueinander zu finden, um in der Lage
zu sein, in der Öffentlichkeit als glückliches Brautpaar zu erscheinen? Konnte Sophie Dorothea noch für einige Tage den Rat und
den Zuspruch ihrer Mutter nicht entbehren? Warum ließ man das
junge Paar nicht auf eine schöne Hochzeitsreise fahren, z. B. nach
Venedig? Dort hätten sie erst einmal nur zu zweit zueinander fin-

190   den können. Nein, die einzige Reise, die unternommen wurde, war die Fahrt nach Hannover. Das bedeutete für die junge Braut, gleich unter das Regiment der Schwiegermutter zu kommen.

Als Augenzeuge schreibt der Marquis d'Arcy in einem Brief an seinen König am 4. 12. 1682 über diese Hochzeit: „… seit meiner Rückkehr von der großen Wildschweinjagd mit dem Herrn Herzog von Celle hat man an diesem Hof alle Sorgfalt und alle Gedanken angewandt für die Hochzeit der Prinzessin von Celle und dem erstgeborenen Prinzen von Hannover. Die Hochzeit selbst wurde vorgestern ausgeführt und die Ehe vollzogen, fast zur gleichen Zeit. Es geschah ohne irgendeine Zeremonie und fast unbemerkt von der Außenwelt, so wie man es schon immer vermutet hatte. Denn vorgestern abend, nachdem die Hoheiten von Celle und Hannover wie gewohnt soupiert hatten, zogen sie sich gegen 10 Uhr abends in ihre Gemächer zurück, um sich dann im Appartement der Prinzessin zu versammeln, wo sich ein Priester befand. Die Ehe wurde geschlossen in Gegenwart Ihrer Hoheiten von Celle und Hannover und der Herren Podewils (hannoverscher Heerführer und Mitglied des geheimen Rates) und Chauvet (der die gleichen Ämter in Celle innehatte) und einiger anderer Offiziere aus dem Gefolge, die man insgeheim benachrichtigt hatte, sich dort einzufinden. Endlich endete die Angelegenheit gegen 11 Uhr abends damit, daß man das Brautpaar zu Bett brachte. Gestern fand hier eine Art von kleinem Ballett zusammen mit einer Oper statt, um die Hochzeitsgäste zu erfreuen, und es wird ein ganz schönes Feuerwerk vorbereitet, das man, glaube ich, heute abend abbrennen wird …

Der Prinz von Hannover wird hier noch eine Weile mit seiner Frau, der Prinzessin, bleiben. Der Herzog und die Herzogin von Celle werden sie dann nach Hannover begleiten …"

Mit fast den gleichen Worten berichtet d'Arcy dem Marquis de Vitry, einem Gesandten Ludwigs XIV. in Schweden, von der Hochzeit, die „… zu wichtig ist an diesen Höfen, als daß ich Ihnen nicht darüber berichten sollte …" Der Brief endete mit dem Hinweis: „Nachdem diese Hochzeit mit dem ältesten Prinzen von Hannover stattgefunden hat, glauben Sie mir, Monsieur, wird es das beste von allem sein, das man an diesem Hof im Dienste

„Sophie Dorothee, Prinzessin von Braunschweig-Lüneburg". Lithografie von Jul. Giere, 1837

des Königs tun kann, den Herzog von Celle dazu zu bringen,
Neutralität zu wahren …"
Im Grunde hätte Georg Ludwig in ganz Europa kaum eine bessere Verbindung eingehen können. Einmal aus finanziellen Gründen, zum anderen hätte er keine schönere und charmantere Braut
finden können als seine Cousine aus Celle. Eine Lithographie
von 1837 zeugt von ihrer Schönheit: Üppiges, lockiges, dunkles
Haar umrahmt das makellose Oval ihres Gesichts. Feingezeichnete
Augenbrauen über ihren großen, dunklen Augen verschönern
ihren sanften Blick. Eine wohlgeformte Nase, ein zierlicher Mund
vervollständigen das Portrait. Ihr etwas nachlässig fallendes Gewand läßt durch seinen großen Ausschnitt ein makelloses Dekolleté erkennen. Sie verstand, sich elegant zu kleiden. Sie war eitel
und kokett, liebte es, sich zu schmücken und viel Zeit vor dem
Spiegel zu verbringen. Ihre Manieren und ihr Geschmack waren
gut ausgebildet. Sie war begabt für Tanz und Musik, spielte gut

„Georg Ludwig von Hannover".
Zum Rechteck übermalt, Gemälde von
Geoffrey Kneller, vermutlich 1680/81

Klavier und Harfe und fertigte schöne Handarbeiten an. Sowohl in der deutschen wie in der französischen Sprache wußte sie sich mündlich und schriftlich gut auszudrücken.

Von einem Ölgemälde schaut der Bräutigam Georg Ludwig ernst und kalt auf den Betrachter. Der strenge Gesichtsausdruck wird auch nicht durch die wallende, pompöse Lockenperücke gemildert. Nach französischer Mode trägt er kostbaren Brokat und ein Jabot aus feinster Spitze als Hofkleidung. Georg Ludwig war als ein guter Soldat anerkannt, er liebte das rauhe Lagerleben im Felde. Als Ehemann war er für ein liebliches, verspieltes Kind in seiner verschlossenen, selbstsüchtigen Art nicht der Richtige. Doch die Hochzeit war vollzogen. In Hannover war schon ein Teil des alten Palastes für das Erbprinzenpaar umgebaut und eingerichtet worden. Man war bereit, das junge Paar zu empfangen.

Herzog Georg Wilhelm schrieb an seinen Schwager Alexandre d'Olbreuse am Tag, bevor seine Tochter nach Hannover geleitet wurde: „Ich zweifle nicht, Monsieur, daß Sie sehr zufrieden sein werden, die Nachricht von der Hochzeit meiner Tochter erfahren zu haben. Sie steht Ihnen so nahe, daß ich gern überzeugt bin, daß Sie Freude an ihrer Versorgung empfinden. Ich bin Ihnen besonders verbunden für die guten Wünsche, die Sie zu meiner Genugtuung ausgesprochen haben …"

Leibniz notierte in seinen Aufzeichnungen: „Kunfftigen Dingstag wird vnser Printz mitt der Princessin den einzug allhie halten."

Am 19. Dezember 1682 hielt das jungvermählte Paar einen prunkvollen Einzug in Hannover. Sie fuhren in einer cremefarbenen Staatskutsche, die von sechs Pferden aus dem Marstall des Herzogs gezogen wurde. In Begleitung der fürstlichen Familie von Celle,

von Ministern, Hofdamen und Beamten, Pagen und von einem Regiment Kavallerie eskortiert, hielt
Sophie Dorothea an der Seite ihres Gemahls als Erbprinzessin von
Hannover Einzug in die Haupt-
stadt des Herzogtums ihres
Schwiegervaters.

Viele Menschen säumten die geschmückten Straßen, um einen
Blick auf die Braut zu erhaschen
und ihr zuzujubeln. Die offenkun-
dige Herzlichkeit und die Bewunderung ihrer Schönheit berührten
Sophie Dorothea und hoben ihre

*„Sophie Dorothea als Braut" (?). Gemälde von
Henri Gascar, Venedig 1686*

Stimmung. Sie winkte mit strahlendem Lächeln zurück. Jetzt war
sie bereit, das neue Leben zu akzeptieren und zu versuchen, das beste
daraus zu machen. Das Hochzeitsfest wurde mit üppiger barocker
Pracht gefeiert. Strahlender Mittelpunkt war die schöne Braut.

Ein bisher unveröffentlichtes großes Gemälde der Braut aus Privatbesitz wurde in den letzten Jahren bekannt. In ein weißes Gewand
gekleidet sitzt die Prinzessin auf einem Armstuhl. Sie trägt auf
dem Kopf eine hohe Krone, die mit Perlschnüren verziert ist. Ein
weißer Schleier, der vom Kopf aus über den Rücken fällt, ließ darauf schließen, daß Sophie Dorothea als Braut gemalt worden war.
Nach neueren Forschungen deutet man das Bild als im Karneval
gemalt, in „katholischer Verkleidung", da die Prinzessin ein mehr-
reihiges Armband mit einem Kreuz daran trägt, das auch ein Ro-
senkranz sein könnte. Es wurde der Nachweis erbracht, daß der
Maler Henri Gascar das Ölgemälde 1686 in Venedig zur gleichen
Zeit wie die „Flora-Bilder" malte.

Zur Hochzeitsfeier in Hannover hatte der Philosoph Gottfried
Wilhelm Leibniz ein langes Festgedicht in französischer Sprache
verfaßt und vorgetragen. Es besteht aus 56 Zeilen und preist den
hannoverschen Erbprinzen in der verschnörkelten Form des Ba-
rocks.

193

194 Das Poem glorifiziert den Erbprinzen Georg Ludwig, rühmt seinen Wert, seine Weisheit, seinen Kampfesmut, seine Größe in Gefahr, seine Siege für sein Vaterland – „unser Germanien". Für Leibniz ist er ein „Würdiger Sohn eines Helden" (Ernst August), der „Neffe des Mars auf Erden" (Georg Wilhelm). Auch die weiblichen Mitglieder der Familie werden gepriesen: „Durch das pfälzer Blut der bewunderungswürdigen Sophie habt Ihr Euren Geist, aber auch das Leben erhalten." Dann schwelgt das Gedicht in Allegorien von Venus und Mars und beschreibt die Braut: „Die göttliche Schönheit, die Euer Herz unterwarf ... wir verdanken sie vor allem den Reizen Frankreichs, von wo die Quelle dieses Einflusses zu uns kam, die bewundernswerte Herzogin (Eleonore), die zu diesem Rang erhoben wurde, als die Tugend sich Bahn brach zum allerhöchsten Geblüt." Es wird Eleonore sehr erfreut und wohlgetan haben, daß sie von dem großen Philosophen mit so hohem Lob bedacht wurde.

Das Hochzeitsgedicht endet mit den vier Zeilen:

„Europa verspricht sich von dieser großen Hochzeit
die Früchte der Schönheit, die Auswirkungen des Mutes.
Prinz, geliebt von den Himmeln, Euer Schicksal sei so lieblich,
daß es die Könige, ja selbst die Götter, eifersüchtig machen wird!"

Sophie Dorothea war an den Lehren des großen Philosophen nicht interessiert. Vielleicht war sie dafür noch zu jung oder ein bißchen zu oberflächlich? Sie hatte die übliche gute Ausbildung einer Fürstentochter genossen und war für ihre Zeit recht gebildet.

Das französische Gesellschaftsblatt „Le Mercure galant" rühmte im Dezember 1684 ihre Talente: „Ihre reichen geistigen Anlagen erweitert durch gute Lektüre, angeborene Lebendigkeit gehen bei ihr Hand in Hand mit glücklicher Erfindungsgabe, und der natürliche gute Geschmack, den sie besitzt, ist durch eine sorgfältige Erziehung noch verfeinert und gebildet. Mancher Mann könnte zufrieden sein, mit dem Wissen, das sie beherrscht. Sie weiß über alles zu sprechen und geht gewandt auf jeden Gegenstand der Unterhaltung ein."

Allerdings fehlte Sophie Dorothea die wissenschaftliche Ausbildung,
die ihre Schwiegermutter Sophie von Jugend an erhalten hatte und
die sie an ihre Tochter Sophie Charlotte weitergab. Doch diese beiden Frauen bildeten eine Ausnahme unter ihren Zeitgenossinnen.
Die vierzehnjährige Schwägerin Sophie Dorotheas hatte ebenfalls
von ihrer Mutter die Abneigung gegen die „d'Olbreuse" und ihre
Tochter eingeimpft bekommen. So wurden die beiden fast gleich-
altrigen keine Freundinnen, eher gab es kleine Rivalitäten zwischen
ihnen, z. B. wer die Schönste auf einem Fest war. Unkomplizierter
war das Verhältnis der fünf jüngeren Brüder ihres Mannes zu der
hübschen jungen Schwägerin. Für Sophie Dorothea, die als Einzel-
kind aufgewachsen war, war es eine neue angenehme Erfahrung, Mitglied einer großen Familie zu sein.
Sophie Dorothea war in eine Stadt, an einen Hof gekommen, an
dem alles noch viel großartiger als in Celle war. Freilich verstand
man auch im Schloß ihrer Eltern, prachtvoll zu feiern, aber alles fand
in einem rechtschaffenen, gediegenen Rahmen statt. Das gute Vorbild, das Georg Wilhelm und Eleonore in ihrer Liebe und Treue
gaben, ließen die moralischen Ansprüche in Celle höher sein als in
Hannover. Dort nahm man es auf der einen Seite mit der Moral
nicht so ernst, denn Herzog Ernst August gab mit seinen Maitressen kein gutes Vorbild. Auf der anderen Seite legte Herzogin Sophie größten Wert auf strenge Etikette, wie sie in Celle nicht üblich war. Die unerfahrene, noch so junge Ehefrau eckte manchmal
mit ihrer natürlichen und spontanen Art an. Denn sie wurde nicht
von ihrer Schwiegermutter geleitet und in die Bräuche eingeführt,
sondern erntete nur herbe Kritik und Tadel, wenn sie z. B. den
schlimmen Faupas beging, mit einer Person von niedrigerem Rang
zu plaudern und Höherrangige zu übergehen. Sophie Dorothea
fügte sich nur widerwillig und setzte sich oft über die starren Regeln hinweg. Es entstand keine Zuneigung zwischen Schwiegermutter und Schwiegertochter.
Einen Monat nach der Hochzeit war Sophie Dorothea schwanger.
Ihr Gemahl zog bald im Dienste des Kaisers in den Krieg. Auf
einem Feldzug gegen die Türken führte er die hannoverschen Truppen in Ungarn an. So war Sophie Dorothea ziemlich auf sich ge-

196 stellt an einem Hof, an dem ihr nur wenige Wohlwollen entgegen-
brachten.

Doch es gab viel Unterhaltung und Ablenkung bei Hofe. Italieni-
sche Opern und französische Komödien wurden aufgeführt, Bälle,
Kostümfeste und Bankette veranstaltet. Herzog Ernst August liebte
es, sich zu amüsieren, und so wurden ständig Feste gefeiert und viele
Gäste eingeladen. Im Sommer ging der gesamte Hof auf Reisen.
Manchmal waren es bis zu 80 Kutschen, mit denen die Gesellschaft
zu einem der Jagdhäuser oder in das von schönen Gärten umgebene
Schloß Herrenhausen fuhr. Auf halbem Wege lag die Residenz
„Mon Plaisir" der Maitresse von Platen, sehr günstig gelegen für
ihren fürstlichen Liebhaber und auf seine Kosten reich und luxu-
riös ausgestattet. Clara fühlte sich von der Jugend und Schönheit
Sophie Dorotheas bedroht, denn der Herzog schwärmte oft von
seiner charmanten Schwiegertochter und benahm sich ihr gegenüber sehr ritterlich. Bei Clara von Platen dagegen zeigten sich die
ersten Spuren des Alterns, gegen die sie einen erbitterten Kampf
führte. Ihre Schönheit konnte sie nur noch mit zeitaufwendigen
Schminkkünsten aufrechterhalten. „Wohltätig" verteilte sie die
Milch, in der sie täglich ihre Bäder nahm, an die Armen. Von ihrer
füllig gewordenen Figur sollten prachtvolle Roben und kostbares
Geschmeide ablenken. Sie war noch immer wütend darüber, daß
ihre Schwester Marie bei der Hochzeit des Erbprinzen vom Hofe
fortgeschickt worden war, und er sie auch nicht wieder als Maitresse
haben wollte. So versuchte Clara, eine neue, ihr gefügige Maitresse
für Georg Ludwig zu finden, über die sie ihn dann wieder beherrschen könnte. Denn Georg Ludwig würde als der erstgeborene Sohn
des Hauses eines Tages der alleinige Erbe des Herzogtums sein. Er
war der zukünftige Herrscher, mit dem man sich beizeiten gut-
stellen mußte.

Im Herzogtum Hannover war das Erbrecht am 1. Juli 1683 durch
das Primogeniturgesetz festgelegt und vom Kaiser genehmigt
und bestätigt worden. Es bestimmte das Recht des erstgeborenen Sohnes auf das gesamte Erbe des Herzogtums und die Un-
teilbarkeit der braunschweigischen Länder. Die fünf jüngeren
Söhne des Herzogs Ernst August, die dadurch nur noch mit ge-

ringen Abfindungen zu rechnen hatten, sollten durch einen Schwur
bestätigen, daß sie dieses Gesetz anerkennen und achten würden.

Der zweitälteste Sohn Friedrich August sah sein Erbrecht mißachtet,
wie es bisher von seinem Großvater Georg festgelegt worden war.
Danach standen die Herzogtümer Celle und Hannover jeweils den
beiden ältesten Söhnen des Hauses zu, und er hatte fest damit gerechnet, später eines der beiden zu erben. Der sich übergangen füh-
lende Sohn lehnte sich gegen das neue Gesetz auf und wollte es nicht
anerkennen. Er rebellierte gegen seinen Vater. Doch Herzog Ernst
August konnte keine Auflehnung in seiner Familie gebrauchen. Er
verwies seinen Sohn des Landes, er sollte sich auch seinen Unterhalt selbst verdienen. Friedrich August trat in die Dienste der kaiserlichen Armee ein.

Ernst August hatte ehrgeizige Pläne. Er strebte die Kurfürstenwürde
an. Er war ein mächtiger Fürst geworden, war Bischof von Osnabrück, Herzog von Hannover, und das Herzogtum Celle war ihm
als Erbe verbrieft und besiegelt zugesagt, so daß er ein großes starkes Land vorzuweisen hatte. Er unternahm große Anstrengungen,
den Kaiser und die Kurfürsten zu gewinnen, damit sie ihn mit der
neunten Kur belehnen. Er ließ es sich viel Geld kosten und stellte
dem Kaiser seine gut ausgebildeten Truppen für den Krieg gegen
die Türken (1683–1699) zur Verfügung. Oft zogen einige seiner
Söhne als Kommandeure mit ins Feld.

Herzogin Sophie litt sehr unter der Benachteiligung ihrer jüngeren Söhne. Obwohl sie mehrmals versuchte, auszugleichen und zu
vermitteln, hatte sie keine Möglichkeit, ihnen zu helfen. Die Verbannung Friedrich Augusts bereitete der Mutter großen Kummer:
„Arm Gustchen wird ganz verstossen, sein Herr Vater will ihm gar
keinen Unterhalt mehr geben. Ich lache den Tag und schreie die
ganze Nacht hierüber, denn ein Kind ist mir ebenso lieb als das
andere; ich habe sie alle unter meinem Herzen getragen, und die
unglücklich sein, jammern einem am meisten. Was Gott will, damit
muß man zufrieden sein; aber dieses ist ein harter Sturz für mich,
denn ich bin ein Narr mit meinen Kindern" schrieb Sophie an Herzog Rudolf August am 30. 10. 1685.

198   Zwei Todesfälle an europäischen Fürstenhäusern ließen Hoffnungen auf vorteilhafte neue Verbindungen für heiratsfähige Töchter
aufkommen. Am 7. Juli 1683 verstarb Elisabeth Henriette, Kurprinzessin von Brandenburg, an den Pocken. Mit ihr starb ihr un-
geborenes Kind. Sie hinterließ eine dreijährige Tochter und einen
tiefbetrübten Ehemann, der sie sehr geliebt hatte: Friedrich von
Brandenburg, Sohn und Erbe des Großen Kurfürsten. Am 30. Juli
des selben Jahres verstarb Maria Theresia, die Königin von Frankreich „… durch die ignorance der doctoren, welche sie ums Leben
gebracht, als wenn sie ihr einen Degen durchs herz gestoßen hätten …", klagte ihre Schwägerin Liselotte. Niemand hatte mit dem
Tod der Königin gerechnet, denn sie hatte lediglich an einem Ge-
schwür am Arm gelitten.

Zwei Fürsten aus mächtigen Ländern waren Witwer geworden. Be-
gehrlich richteten sich die Wunschvorstellungen der Mütter von
standesgemäßen heiratsfähigen Töchtern auf den König von Frankreich und den Kurprinzen von Brandenburg. Auch Herzogin Sophie von Hannover war entschlossen, schnell zu handeln. Ehrgeizig
wie sie war, hätte Sophie ihre fünfzehnjährige Tochter am liebsten
mit dem höchstrangigen Monarchen Europas, dem 45jährigen Ludwig XIV., vermählt. Schon einmal hatte sie versucht, für Sophie
Charlotte die Krone Frankreichs zu erlangen. Doch ihre Bemühungen, vor vier Jahren eine Ehe mit dem französischen Kronprinzen
zu arrangieren, waren damals gescheitert. Diesmal war es noch
schwieriger, denn Sophies Nichte Liselotte hatte ihren Einfluß auf
den König eingebüßt, weil Madame Maintenon eine Machtposi-
tion erlangt hatte.

An ihre Tante schrieb Liselotte am 29. August 1683: „Was unseren
König ansonsten anbelangt, so weiß ich zwar nicht gewiß, ob er sich
wider verheuraten wird, glaube es doch. Ich bin leyder nicht in so
großer faveur als man Euer Liebden geschrieben hat; wenn ich solches wäre, würde ich mein patgen baldt auffs saltzfaß setzen (mein
Patenkind in die richtige Stellung bringen) undt sie predestinieren,
ihrem gehabten gou(t) zu folgen, denn E. L. können wohl gedenken, daß ich ihr besser als jemandes in der welt gönne; der platz ist
von großem rang und eclat, aber unter uns geredt, ich weiß nicht,

ob man am glücklichsten darinnen lebt …" Doch trotz der vorsichtigen Warnung wurde der Gesandte Ballati von Hannover nach Frankreich geschickt. Offiziell, um das Beileid des Welfenhauses zum Tod der Königin auszusprechen, aber auch um zu erkunden, wie wohl die Heiratschancen für die hannoversche Prinzessin stehen könnten. Er erreichte nichts und schrieb in einer etwas derben Manier am 22. November 1683: „… es scheine, westfälischer Schinken sei nicht das geeignete Fleisch für Leckermäuler und also wohl dem gleichen Landstrich vorbehalten …"! Wahrscheinlich war das eine Anspielung auf die mollige Figur der Sophie Charlotte.

So wählte man in Hannover den sicheren Weg und blieb in deutschen Landen. Die Hoffnungen und Wünsche richteten sich nun auf eine Vermählung mit dem nicht so ranghohen Kurprinzen, Friedrich von Brandenburg. Bereits in ihrem Kondolenzschreiben vom 20. Juli 1683 zum Tod seiner Gemahlin deutete Sophie an, daß der junge Witwer „hier etwas finden könnte, um sich damit zu trösten", und sie lud Friedrich nach Hannover ein. Seine Antwort lautete jedoch: „Nichts würde mir lieber sein, als Gelegenheit zu haben, Euer Liebden sowohl als auch Ihrem Herrn Gemahl und Prinzessin Tochter meine Aufwartung zu machen und mich um Ihrer aller Neigung noch mehr zu bewerben. Ich muß aber gestehen, daß die Traurigkeit bei mir noch so groß ist, daß ich fürs erste keinen beßeren Trost als in der Einsamkeit am hiesigen Ort finden kann." (Köpenick, den 31. 7. 1683)

Friedrichs Vater, der Große Kurfürst, hegte eine Abneigung gegen das Haus Hannover. Auch Sophie konnte ihn, ihren Cousin, nicht besonders leiden. Trotzdem wurde verhandelt. Ernst August strebte nach der Kurwürde für sein größer gewordenes Land, und dafür brauchte er die Unterstützung Brandenburgs. So bemühten sich die Hannoveraner um den „schiefen Fritz", wie er im Berliner Volksmund hieß, denn Prinz Friedrich hatte durch eine Nachlässigkeit bei seiner Geburt einen dauerhaften Schaden an seiner Wirbelsäule erlitten und war von zarter Gesundheit. „Der Courprins ist eben nicht schön von tallie, aber ser gutt von humor und hatt gutt verstandt, sein gesicht ist auch nicht hesslich; es ist ein gelück, daß sie ihn so wol leiden mag und nach das Üsserliche nicht fragt …",

200 beschrieb Sophie ihren zukünftigen Schwiegersohn. Sophie Charlotte, die im Familienkreise „Figelotte" genannt wurde, war ein kluges, charmantes Mädchen. Sie war sehr gebildet und sprach neben ihrer Muttersprache fließend Französisch, Englisch und Italienisch und hatte Grundkenntnisse in Latein.

Friedrich hatte sich für sie entschieden, doch politische Probleme und die Erwägungen des Hofes, eventuell doch eine andere Heiratskandidatin zu wählen, verzögerten die Verhandlungen. Nach Sophies Aussagen hatte ihre Tochter „allzeit amitié und estime vor ihm spüren lassen". Jedoch hatte Sophie Charlotte einmal dazu geäußert: „Wohin ich auch gehe, ich werde mich wohl zwingen müßen." Es zog sich alles lange hin, doch „man sollte das Ende der Komödie mit Geduld erwarten", bemerkte Sophie im April 1684 in einem Schreiben an Oberberg. Aber sie glaubte wohl fest an ein gutes Ende, denn sie ließ ihre Tochter bereits in die calvinistische Religion des Brandenburger Herrscherhauses einführen. Erfreut reagierte der Kurprinz: „Im übrigen bin ich Euer Liebden äußerst dankbar, daß sie die Prinzessin in unserer Religion haben zum Abendmahl gehen lassen, worüber ich denn eine herzliche Freude habe und wünsche tausendmal Glück und Segen dazu …" (11./21. April 1684). Hätte Sophie Charlotte Ludwig XIV. geheiratet, wäre sie eben katholisch geworden.

Am 2. August 1684 wurde ein Defensivbündnis zwischen den Staaten Brandenburg und Hannover vereinbart. Der Große Kurfürst gab seine Einwilligung zur Eheschließung seines Sohnes mit der einzigen Tochter aus dem Hause Hannover. „Gott sei Dank, unser Roman ist nun zu Ende gekommen; ich kann meine Freude nicht genugsam ausdrücken, die ich über das so langersehnte Jawort meines Herrn Vaters habe, indem er es mir nun vollkommen gegeben hat …", schrieb Friedrich an Sophie am 20./30. August 1684.

Am 8. Oktober 1684 fand die prunkvolle Hochzeit in Herrenhausen statt. Etwas später bereitete der Große Kurfürst seiner Schwiegertochter einen triumphalen Empfang in Berlin, indem er u. a. 10 000 Mann zum Spalierstehen antreten ließ. „Die schönste Truppe, die ich je in Deutschland gesehen hatte", berichtete begeistert der französische Gesandte Graf Rebenac nach Paris. Kurfürst Friedrich Wilhelm war bei den Hochzeitsfestlichkeiten in so guter Stimmung, daß Sophie nach Hause mitteilte: „Der gute Kurfürst war alle Tage in Spitzen gekleidet und immer vergnügt und froh wie ein Mann von 40 Jahren. Ich gab ihm mit Vergnügen einen Kuß"! So verlief alles in bester Harmonie, und alle früheren Abneigungen und Verstimmungen schienen vergessen. Für den Brautvater Ernst August war mit diesem Tag ein mächtiger Verbündeter gewonnen, der ihm zu der so sehr erstrebten Kurwürde verhelfen könnte.

In Celle war indessen in der einst so glücklichen Ehe des Herzogspaares ein Bruch entstanden, wenn auch nach außen hin alles intakt zu sein schien. Die unerbittliche Härte, die Georg Wilhelm gegen seine Tochter gezeigt hatte, konnte Eleonore weder verstehen noch verzeihen. Daß ihr sonst so liebevoller Ehemann trotz ihrer Bitten und ihres Flehens eine so harte, schicksalsschwere Entscheidung gegen seine geliebte Tochter getroffen hatte, lastete wie ein unheilvoller Schatten über dem Paar. Denn daß hier eine Mißheirat geschlossen worden war, war den meisten der Beteiligten von Anfang an bewußt, und doch hatten sie alle ihre Gründe, diese Verbindung zu fördern. Etwas milder und versöhnlicher wurde die Stimmung, als Sophie Dorothea am 16. Oktober 1683 einem Sohn das Leben schenkte. Der neugeborene Erbprinz von Hannover erhielt bei der Taufe die Namen seiner beiden Großväter: Georg und August. Doch die junge Ehe wurde durch das erste Kind auch nicht glücklicher, weil Georg Ludwig wieder seine Zeit mit häufig wechselnden Maitressen verbrachte.

Diese erzwungene Heirat zwischen Cousin und Cousine ließ von Anfang an ein schlechtes Ende befürchten.

In Frankreich ballten sich zur gleichen Zeit dunkle Wolken über den Menschen protestantischen Glaubens zusammen. Die Angehörigen der „angeblich reformierten Religion (la réligion pretendue reformée)", wie sie von offiziellen Stellen im Lande bezeichnet wurden, waren immer häufiger grausamen Verfolgungen ausgesetzt. 300 000 Menschen, die ihrem Glauben treu bleiben wollten, flohen aus ihrer Heimat.

Kapitel 8

Ein König – ein Gesetz – ein Glaube

Der absolutistische Herrscher Frankreichs, König Ludwig XIV., hatte in seinem Königreich die Macht und das Recht fest in seinen Händen. Nur im Glauben war sein Land nicht einig. Es gab Katholiken und Reformierte. Von den ca. 20 Millionen Einwohnern Frankreichs gehörten 1,2 Millionen der protestantischen Glaubenslehre Calvins an. Das sollte jetzt anders werden. Der König hatte entschieden, daß alle seine Untertanen nur noch einer einzigen Religion angehören sollten, dem katholischen Glauben ihres Monarchen.

Ludwig war schon immer ein frommer Mann gewesen. Er besuchte täglich die Messe, wenn es ihm auch in seinen früheren Jahren mehr um den Pomp und die Zeremonien in der Kirche ging als um seinen Glauben. Er hatte ein sündiges Leben geführt, mit seinen vielen Maitressen oft das Sakrament der Ehe gebrochen. Nun glaubte er, sich unter dem Einfluß seines Beichtvaters Père La Chaise und der Madame Maintenon von seinen Sünden freikaufen zu können, wenn er sein Land dem „wahren Glauben" zuführen würde. Er wollte keine Calvinisten mehr in seinem Land und vor allem nicht an seinem Hof. Seine Worte zu einer hugenottischen Delegation wurden vom Curé Hebert aus Versailles überliefert: „Der König, mein Großvater, liebte Euch, der König, mein Vater fürchtete Euch; was mich angeht, ich liebe Euch nicht und fürchte Euch nicht."

Obwohl er durch diese Religionsgemeinschaft nichts zu fürchten hatte, wollte er sie in seinem Königreich nicht mehr dulden. So ordnete er Zwangsmaßnahmen gegen die Hugenotten an. Die fromme Madame de Maintenon beinflußte den König in diesem Sinne. Sie war eine geborene Françoise d'Aubigné. Ihr Großvater Agrippa d'Aubigné gehörte zu den führenden Persönlichkeiten des calvinistischen Glaubens an der Seite des Königs Henri IV. Ihr Vater dagegen war häufig straffällig geworden und verbrachte viele Jahre in den verschiedensten Gefängnissen. Sein ehrwürdiger Vater hatte ihn daraufhin als „den Zerstörer des Ansehen und der Ehre" seines Hauses verflucht. Françoise wurde 1635 im Gefängnis von Niort geboren. Ihre Mutter ließ sie katholisch taufen und gab sie zu Verwandten im Poitou und später in ein Kloster. Hier wurde sie nun endgültig katholisch erzogen. Doch sie gehörte nirgendwo richtig hin, sie hatte kein Zuhause, keine Wurzeln. Mit sechzehn Jahren heiratete Françoise den um 25 Jahre älteren satirischen Dichter Paul Scarron, mit dem sie zuvor einen interessanten Briefwechsel geführt hatte. Es war eine seltsame Ehe, denn der Ehemann war vollständig gelähmt, verkrümmt und verwachsen. Aber er galt als einer der geistreichsten Köpfe von Paris, man nannte ihn den berühmten Kranken („L'illustre malade"). In seinem Salon drängten sich täglich viele Intellektuelle. Françoise, die keine richtige Schulbildung genossen hatte, holte jetzt voller Wissensdrang alles nach und wurde für ihre Bildung gerühmt. Nachdem sie Witwe geworden war, verhalf ihr das auch zu einer Anstellung als Gouvernante bei Hof. Sie erzog und umsorgte die unehelichen Kinder des Königs und der Madame Montespan. Die Witwe Scarron bewies Intelligenz und Einfühlungsvermögen. Diskret hielt sie sich stets bescheiden zurück. Sie besaß eine ganz besondere Fähigkeit, sich anzupassen und für sie Ungünstiges zu verschleiern. Die Kinder liebten ihre Gouvernante und machten gute Fortschritte. Der König besuchte sie oft und lobte die Wohlerzogenheit ihrer Zöglinge. Er unterhielt sich gern mit der gebildeten und intelligenten Erzieherin, die seinen Kindern mehr Liebe gab als ihre eigene Mutter. Durch ihre außerordentliche Geschicklichkeit gewann sie bald einigen Einfluß auf Ludwig. Eigentlich zeichnete sich die Witwe Scarron nicht durch besondere Schönheit aus. Es waren hauptsächlich ihre ausdrucksvollen Augen, für die man sie rühmte. Sie war eher eine bescheidene Erscheinung unter den prächtigen Damen des Hofes. Trotzdem wurde sie vom König als Maitresse erwählt.

Er brauchte eine Frau, der er vertrauen konnte, denn am Hof hatten Streitigkeiten und ein Giftskandal die Atmosphäre verdorben. Die abgeschobene Maitresse Madame de Montespan stand unter dem Verdacht, die neue Favoritin des Königs, Mademoiselle Fontanges, vergiftet zu haben. Außerdem war aufgedeckt worden, daß die Verschmähte versucht hatte, durch die Teilnahme an Geisterbeschwörungen und durch mit Drogen angereicherten Pralinen die Gunst des Königs wieder zurückzugewinnen. Ludwig war erschüttert und abgestoßen. Doch die Affaire wurde niedergeschlagen und verheimlicht, da Madame de Montespan die Mutter der geliebten Kinder des Königs war, die er inzwischen hatte legitimieren lassen. Madame de Montespan konnte sich daher ungehindert und ungestraft vom Hofe zurückziehen. Doch an den Drogenaffairen und den Geheimsitzungen mit Teufelsaustreibungen waren auch noch weitere hochgestellte Persönlichkeiten des Hofes beteiligt. Es wurden über dreihundert Personen verhaftet, aber nur etwa ein Viertel davon in Prozessen verurteilt. Viele wurden des Landes verwiesen. Unter ihnen auch Olympia Mancini, eine frühere Geliebte des Königs. Der Sohn aus ihrer Ehe mit dem Prinzen von Savoyen kämpfte später im Dienste des Kaisers Leopold I. gegen die Franzosen und bewährte sich in den Türkenkriegen. Sein Name: Prinz Eugen von Savoyen.

Ludwig XIV. war entsetzt über das, was an seinem Hof geschehen war. Ihm hatten sich Abgründe aufgetan. Er suchte Trost und Beruhigung im Glauben und in den Armen der frommen Witwe Scarron. Bald ernannte er seine Geliebte zur Marquise de Maintenon. „Madame la Maintenante", die „jetzige Madame", spotteten die Höflinge, denn sie gaben dieser in ihren Augen so seltsamen Verbindung auf längere Sicht keine Chance. Doch nach dem Tod der Königin heiratete Ludwig seine drei Jahre ältere Maitresse in aller Stille. Sie war zu der Zeit 49 Jahre alt und blieb in den letzten drei Jahrzehnten im Leben des Königs als Ehefrau an seiner Seite, sehr zum Leidwesen seiner Schwägerin Liselotte. Die beiden Frauen verstanden sich nicht, und Liselotte fiel in Ungnade beim König. Kritisch berichtete sie in einem Brief an ihre Tante Sophie über die neue Situation bei Hofe:

Versailles, den 11. August 1686

„DER KÖNIG BILDET sich ein, er sei fromm, weil er bei keinem jungen Weibsmensch mehr schläft und alle seine Gottesfurcht besteht in ‚gritlich'* sein, überall Spione zu haben, die über alle Menschen falsches zutragen. Das alte Weib, die Maintenon, hat ihren Spaß daran, alles was vom königlichen Haus ist, dem König verhaßt zu machen und darüber zu regieren … Ich für mein Teil muß also in der Defensive leben, denn alle Tage macht man mir neue Händel, welche ich jedoch durch mein Verhalten zu vermeiden suche, soviel es mir nur möglich ist … Durch die Post hätte ich E(uer) L(iebden) dies alles wohl gar nicht schreiben dürfen, wie Sie sich wohl denken können, allein durch diese sichere Gelegenheit habe ich es nicht lassen können. Wenn E. L. noch wissen wollen, wie ferner der Hof beschaffen ist, so muß ich sagen, daß alle Minister dem Weib schmeicheln und durch 1000 Unterwürfigkeiten und Niedrigkeiten versuchen, in ihrer Nähe zu sein, alle anderen Leute, die in einem vernünftigen Alter und ehrliche Männer sind, sind traurig, sie haben kein Geld, sie fürchten sich alle vor Spionen, die zahllos sind. Sie sind unzufrieden und können sich doch nicht helfen …"

Liselotte glaubte nicht daran, daß der König Madame Maintenon geheiratet hatte, solange das nicht öffentlich verkündet worden war. Eingeweihte Hofkreise wußten auch von der schlechten Herkunft der ersten Dame des Königreiches, da half auch der Titel „Marquise" nicht. Auch wenn man nur wagte, hinter vorgehaltener Hand darüber zu tuscheln, ließ sich nicht verleugnen, daß der Schwiegervater des Königs mehrfach straffällig geworden war. Er soll sogar seine erste Frau ermordet haben und verbrachte dafür viele Jahre im Gefängnis. Françoises Bruder Charles war ein Spieler und Verschwender, der ständig von seiner Schwester protegiert und finanziell unterstützt wurde.

Ludwig XIV. und seine fromme, glaubensstrenge Gemahlin waren beide Enkelkinder von großen, berühmten Hugenotten. Ludwig stammte von König Henri IV. ab, der mit seinem Toleranzedikt den Menschen in seinem Land die Religionsfreiheit gegeben hatte. Des-

---

* Gemeint ist hier wohl „krittlich" sein = mäkelig, nörgelnd, alles beanstandend

sen treuer Freund und Weggefährte Agrippa d'Aubigné war der Großvater der Marquise.

Auch ihre Verwandten waren noch immer ihrem reformierten Glauben treu geblieben. Madame de Maintenon hätte das gern geändert und versuchte, Einfluß auf ihre Familie zu nehmen. Sie ging sogar so weit, daß sie die kleine Tochter ihres Cousins de Villette heimlich und voller List entführen ließ, um sie im katholischem Glauben aufzuziehen. Sie nannte das „ein gutes Werk, ein Zeichen der Zuneigung, die ich für meine Nächsten habe, meine Absichten sind gut und gerechtfertigt". Am. 5. 4. 1682 schrieb sie an den Vater des entführten Mädchens: „… es wäre eine Dummheit, wenn ich sie zurückgäbe. Geben Sie mir lieber auch noch ihre anderen Kinder aus Zuneigung für sie, denn wenn Gott den König weiterhin wohl erhält, wird es hier keinen einzigen Hugenotten mehr in 20 Jahren geben."

Andere junge Verwandte ließ sie nach Paris zu sich kommen, um sie zum Glaubenswechsel zu überreden. Über einen Mißerfolg berichtete Madame ihrem Bruder am 5. Februar 1681: „M. de Sainte-Hermine wird am Sonntag mit seinen Schwestern abreisen. Sie haben alle eine gute Widerstandskraft bewiesen und machen nun einen schönen Rückzug. Ich bin sicher, daß sie es noch bereuen werden."

Das Resultat ihres Widerstands fanden die Geschwister bei der Rückkehr in ihrem Elternhaus vor. Es war von Soldaten besetzt, die das Hauspersonal malträtierten, um es zum Abschwören vom reformierten Glauben zu bringen. Das geschah, bevor die ersten Dragonaden im Land begonnen hatten, und es war vermutlich eine ganz persönliche Rache der enttäuschten Marquise. Am französischen Hof machte sich der Einfluß der frommen Marquise mit der Zeit immer mehr bemerkbar. Diese wiederum wurde von ihrem Beichtvater beraten und gesteuert, um den König zum Bereuen seiner Sünden zu bewegen, damit er die Vergebung des Himmels durch gottgefällige Werke erlangen könnte.

Für die Macht, die die Marquise de Maintenon über ihren Ehemann erlangte, gibt es ein zutreffendes Sprichwort in Frankreich: „Ce que femme veut, Dieu le veut! (Das, was eine Frau will, will auch Gott!)" Die Marquise setzte nicht nur ihre Weiblichkeit, sondern auch ihre Frömmigkeit ein, um alles, was sie wollte, bei Ludwig zu erreichen. Ihr wird ein großer Einfluß auf die Hugenottenpolitik des Königs zugeschrieben.

Schon vor der Marquise de Maintenon hatten in der französischen Geschichte andere hochgestellte Frauen einen unheilvollen Einfluß auf das Geschick der Hugenotten ausgeübt, nämlich die beiden Königinnen aus dem Hause Medici. Catharina beeinflußte ihren schwachen, schwankenden Sohn König Charles IX. dermaßen stark, daß er letzten Endes doch den Massakern der Bartholomäusnacht zustimmte. Marie de Medici war die zweite Gemahlin des Hugenottenkönigs Henri IV. Sie hatte ihre gemeinsamen Kinder streng katholisch erzogen. Vor allem nach der Ermordung des Königs besaß sie völlig freie Hand, ihre Kinder zu beeinflussen. Unter ihrem Sohn Ludwig XIII. fanden zwei Hugenottenkriege statt. Dessen Sohn, Ludwig XIV., erklärte dann auf seine Weise den Hugenotten den Krieg, indem seine Truppen friedliche Familien drangsalierten, die hilflos den Gewalttätigkeiten der Soldateska ausgeliefert waren.

Wie grausam wirkungsvoll die Dragonaden waren, beweisen die Zahlen der Zwangskonvertierten im Poitou. 1681 waren es innerhalb von wenigen Wochen 38 000 Menschen, die aus Angst vor den schrecklichen Geschehnissen ihrem Glauben abgeschworen hatten. Sie konvertierten, um Leben und Existenz ihrer Familien zu retten. Es gibt manches bewegende Zeugnis von der Gewissensnot von Familienvätern, die ihrem Glauben schweren Herzens entsagten, um ihre Frauen und Kinder zu schützen. Aber auch dann ließ man die Neukonvertierten nicht in Ruhe. Denn man merkte bald, daß diese Menschen schlechte Katholiken waren, die ihren neuen Glauben nur nach außen hin demonstrierten, doch im Innern noch ihrer ursprünglichen Religion anhingen. In Erlassen der Regierung wurden strenge Kontrollen der Neu-Konvertierten angeordnet. Denn es gab eine heimliche Resistance bei den ehemaligen Hugenotten. Im engsten Familienkreise wurde der alte Glaube bewahrt, und man veranstaltete geheime Gottesdienste und Bibellesungen.

Wenn bei den geheimen Zusammenkünften der glaubensstarken Menschen aus der Bibel vorgelesen wurde, erbauten sie sich sicher

208 auch oft an den tröstenden Worten aus der Bergpredigt: „Selig sind, die um der Gerechtigkeit willen verfolgt werden, denn ihrer ist das Himmelreich. Selig seid Ihr, wenn Euch die Menschen um meinetwillen schmähen und verfolgen ... Seid fröhlich und getrost, denn Euer Lohn ist groß im Himmel." (Matthäus 5/10)

Die Kinder erhielten von den Eltern zuhause einen anderen Religionsunterricht als den, der offiziell in den Schulen erteilt wurde. Bei den Pflichtmessebesuchen wurde bei gewissen zeremoniellen Handlungen, die den Neu-Konvertierten merkwürdig vorkamen, „das hugenottische Grinsen" übel vermerkt. Alle Bücher religiösen Inhalts in französischer Sprache, seien es Bibel-, Gebets- oder Psalmenbücher, mußten abgeliefert werden und wurden vernichtet. Es gab Berufsverbote für alle nicht konvertierten Ärzte, Anwälte, Ratsangestellten, selbst für einen Kolonialwarenhändler. Noch nicht einmal vor den Sterbenden und den Toten machten die strengen Gesetze Halt. Es war Vorschrift, einen katholischen Geistlichen an ein Sterbebett zu rufen. Die Ärzte hatten Meldepflicht. Oft verzichteten die Angehörigen auf eine ärztliche Betreuung des Kranken, um diesem Zwang zu entgehen. Doch war jemand ohne die Heilige Kommunion gestorben, so wurde der Leichnam abgeholt, völlig entkleidet durch den Schmutz der Straßen geschleift und auf den Schindanger geworfen.

Familien, die ihrem Glauben nicht abgeschworen hatten, wurden die Kinder fortgenommen, die Frauen in Klöster verschleppt, die Männer kamen entweder ins Gefängnis, auf die Galeeren oder wurden als Sklaven in die überseeischen Kolonien deportiert.

In dieser verzweifelten Lage der reformierten Franzosen war es umso erstaunlicher, daß die hugenottischen Verwandten der Marquise de Maintenon verschont blieben. Sie standen unter dem speziellen Schutz der mächtigen Frau an der Seite des Königs. Sie hatte nicht vergessen, daß sie von dieser Familie als kleines Mädchen liebevoll aufgenommen worden war und dort ihre schönsten Kinderjahre verbracht hatte. So war das Schloß „La Laigne", in dem ihre Cousine Madeleine de Sainte-Hermine und ihre Familie lebte, wie eine hugenottische Schutzburg. Die Tochter aus dieser Familie, Madeleine Sylvie, heiratete 1683 den verwitweten Alexandre Desmier d'Olbreuse. Dadurch erhielt auch das Château d'Olbreuse neben dem Schutz durch die Herzogin von Celle zusätzlich die Protektion der Marquise.

Am 19. Mai 1681 schrieb Madame de Maintenon an ihren Bruder, Charles d'Aubigné, der inzwischen Gouverneur von Cognac geworden war: „Ich glaube, außer unseren Verwandten gibt es keine Hugenotten mehr im Poitou. Mir scheint, als ob das ganze Volk konvertiert ist." Und in späteren Briefen: „Man verschenkt fast die Länder im Poitou, und die Verzweiflung der Hugenotten wird sie dazu bringen, noch anderes zu verkaufen. Surimeau (ehemaliger Familienbesitz der Aubignés), Saint Pompain und viele andere werden durch einen Regierungsbeschluß zur Verfügung stehen … Sie könnten sich jetzt leicht aufs angenehmste im Poitou niederlassen. Sie könnten nichts besseres tun, als Land im Poitou oder in der Gegend von Cognac zu kaufen; man wird es fast verschenken, nachdem es die Hugenotten fluchtartig verlassen haben …"

Ein schweres Los hatte auch der hugenottische Schulmeister Jean Migault. Er war nebenbei als Lektor an den reformierten Kirchen in Mauzé und Mougon, den Nachbargemeinden von Olbreuse, tätig. Es ist im reformierten Gottesdienst üblich, daß ein Gemeindemitglied vor der Predigt einen Abschnitt aus der Bibel vorliest. Migault hatte elf Kinder. Er war mit seiner Familie ständig auf der Flucht und auf der Suche nach Verstecken. Er vermerkte in seinem Tagebuch: „Der gesamte Adel unserer Region, sowohl in den Provinzen Aunis, Poitou und Saintonge, wurde von den Dragonern niedergedrückt und überwältigt. Es bleiben im ganzen Lande nur die beiden Häuser Olbreuse und La Laigne, die nicht den Plünderungen ausgesetzt waren …"

In beiden Häusern fand Migault in seiner Not für seine Kinder zeitweilig Zuflucht und Hilfe, vom Oktober 1681 bis Oktober 1682 auch für seine gesamte Familie. Eindrucksvoll berichtete er in seinem Journal darüber: „M. d'Olbreuse hatte die Güte, zu Personen, die von mir sprachen, zu sagen, daß er mich in seinen Diensten zurückgehalten hätte und daß ich ihm sehr nützlich sei. Das war ebenso gut, wie wahr. Er hatte Mitleid mit dem Kummer und den Lasten, die ich in den drei ganzen Monaten ertragen mußte, als ich nicht aufhören konnte, von Ort zu Ort zu eilen, aber nicht tagsüber, sondern des Nachts, um von den Dragonern nicht entdeckt zu werden und von den Priestern und Papisten, die mich nicht mochten. Außerdem wußte er (A. d'Olbreuse) gut, daß nach Gott ich nur durch seine Protektion eine Zuflucht hatte.

Dieser wohltätige Ernährer gab nicht nur mir und meinen Kindern Unterstützung und Zuflucht, sondern auch allen Personen, die ihn wegen der Verfolgungen in den verschiedenen Provinzen um Hilfe und Unterschlupf baten.

Seine Wohltätigkeit und die von Madame d'Olbreuse, seiner Gattin, waren ohne Beispiel, da sie niemals jemand den Zutritt zu ihrem Hause verweigerten, der sich vor dem fürchterlichen Gewitter, das überall niederging, in Sicherheit bringen wollte.

Sie boten besonders einer kleinen Anzahl von Einwohnern von Mauzé Asyl, die dort bleiben konnten, wenn sie wollten. Um das Übermaß ihrer Güte voll zu machen, besorgten sie für jeden, der sich in ihrem Hause versteckte, alle lebensnotwendigen Dinge. Die Zimmer, die Dachböden und sogar die Scheune waren gefüllt mit Menschen aus allen Ständen. Sie kamen aus dem Saintonge, dem Aunis und dem Poitou, wenn sie von einem Tag auf den anderen benachrichtigt wurden, daß die Dragoner kommen würden, um ihr Haus aufzusuchen …"

Auch Eleonore schrieb in einem Brief vom 16. März 1685 an ihren Bruder Alexandre voller Anerkennung über ihre neue Schwägerin:

„In der Art, wie ich von Mademoiselle de la Laigne sprechen hörte, erscheint sie mir sehr gut geeignet, einen betrübten Mann zu trösten und ihn allen Kummer der Welt vergessen zu lassen. Man muß sich mit Ihnen freuen, mein Bruder, über die Wahl, die Sie getroffen haben, und über das Glück, daß Sie haben werden, sie zu besitzen. Sie hätten nichts besseres tun, noch besser wählen können, denn ihre Vorzüge sind mir bekannt, und ich weiß seit langem, wie sie den Vorteilen widerstanden hat, die ihr von Madame de Maintenon angeboten wurden, wenn sie ihre Religion aufgeben würde. Die Festigkeit, die sie bei dieser Begegnung zeigte, hat ihr die Wertschätzung all derer zugezogen, die darüber wußten. Was mich betrifft, ich habe ihr auch die meinige gegeben, und seit dieser Zeit liebe ich sie, ohne sie zu kennen. Ich wünsche Ihnen, mein Bruder, alle Arten von Glück und Zufriedenheit in dieser zweiten Ehe, und ich bitte Sie zu glauben, daß man nicht ergebener sein kann, als ich Ihnen bin.   *Eleonore, Herzogin von Braunschweig und Lüneburg*

Der Herr Herzog, dem ich Ihre Grüße übermittelte, bittet mich, Ihnen dafür zu danken und Ihnen zu sagen, daß er Ihnen alles Glück des Himmels und der Erden wünscht."

Die intensiven Bemühungen der Herzogin von Celle, die ihrer Familie in Frankreich Schutz und Ausnahmebedingungen geschaffen hatte, kamen durch die außergewöhnliche Hilfsbereitschaft von Alexandre d'Olbreuse und seiner Frau auch vielen anderen bedrängten Glaubensgenossen zu Gute.

Die Nachricht von der Not der reformierten Christen drang auch in die protestantischen Nachbarländer Frankreichs und weckte das Mitleid und den Protest ihrer Fürsten. Im Herzogtum Braunschweig-Lüneburg-Celle war durch die aus Frankreich stammende Herzogin die Anteilnahme und die Hilfsbereitschaft besonders groß. Auch hier hatte sich Eleonores Einfluß auf ihren Gemahl segensreich für ihre französischen Landsleute ausgewirkt. Bereits am 9. August 1684 erließ Herzog Georg Wilhelm ein Edikt, das den zu erwartenden Glaubensflüchtlingen in seinem Lande Aufnahme und Hilfe versprach.

Das Edikt enthält 17 Artikel, die u. a. Glaubensfreiheit zusichern. Die Prediger erhalten in den ersten zwei Jahren eine finanzielle Unterstützung. Hilfe beim Bau eines Kirchengebäudes wird in Aussicht gestellt. Bürgerrechte, Freiheit der Berufsausübung für Handel und Handwerk, Zollfreiheit für die Ein- und Ausfuhr von Waren für 20 Jahre, Unterstützung der Armen werden zugesagt. Vorläufige Unterkünfte werden zur Verfügung gestellt, ebenso wie Grundstücke zu „civilen Preisen" und günstige Baumaterialien.

1684 verschärften sich die Verfolgungen. Frankreich hatte seit dem Vertrag von Regensburg vom 15. August 1684 Frieden mit seinen Nachbarn. Der Kaiser und seine Verbündeten kämpften weit ent-

212 fernt gegen die Türken. Der Zeitpunkt war günstig, sich um die inneren Angelegenheiten Frankreichs zu kümmern. Staatsräte setzten sich zusammen, um die schon seit langem beschlossene Aufhebung des Edikts von Nantes zu Papier zu bringen und zu ratifizieren. Im Grunde war das Edikt von Nantes schon seit der Übernahme der absoluten Macht 1661 von Ludwig XIV. ständig nach und nach, Stück für Stück abgeschafft worden. Alle Gnaden und Privilegien, die Henri IV in seinem Edikt von 1598 gewährt hatte, waren im Lauf der Jahre durch andere harte Vorschriften gegen die Hugenotten abgelöst worden. So war eigentlich der Erlaß des Edikts von Fontainebleau nur noch die letzte Konsequenz, die Bestätigung eines Zustandes, der schon seit Jahren existierte.

Der Titel lautet: „Edikt des Königs, enthaltend die Verbote einer jeglichen öffentlichen Ausübung der reformierten protestantischen Religion in seinem Königreich."

Mit diesem Edikt sollten „alle inneren Unruhen, Konfusionen und das Übel gelöscht werden, die der Fortschritt dieser falschen Religion im Königreich ausgelöst hatte. Der Beweis der Gnade Gottes für die gute Sache war, daß sich zu dieser Stunde bereits der beste und größte Teil unserer Untertanen der sogenannten Reformierten Protestantischen Religion zum Katholizismus bekannt haben".

Alle noch verbliebenen Tempel sollten unverzüglich zerstört werden. Auch private und geheime Treffen wurden verboten. Pastoren, die sich weigerten, ihrem Glauben abzuschwören, mußten binnen zwei Wochen das Land verlassen. Allen konvertierten Hugenotten wurden Steuervorteile, Pensionen und Befreiung von der Zwangseinquartierung von Soldaten zugesagt. Für die rechte Erziehung der Kinder wurden spezielle Schulen eingerichtet. Wer schon ins Exil gegangen war, sollte sein enteignetes Gut zurückbekommen, wenn er innerhalb von vier Monaten nach Frankreich zurückkehren würde.

Das Edikt von Nantes vom 13. April 1598 wurde am 18. Oktober 1685 durch das Edikt von Fontainebleau aufgehoben. Die Marquise de Maintenon hatte ihren ganzen Einfluß geltend gemacht, um den König dazu zu bewegen. Der König hatte sie 1681 heimlich geheiratet. Der mit 47 Jahren bereits stark alternde Monarch neigte zur

Frömmelei und wurde von seiner Frau und dem Pater Père La Chaise darin bestärkt, seine Sünden zu bereuen und Gutes für sein Seelenheil zu tun.

Liselotte von der Pfalz, die Schwägerin des Königs, schrieb in ihrer drastischen Art in einem Brief über die „Maintenon": „Bevor die alte Schlampe hier regierte, war die Religion in Frankreich ganz vernünftig … Der Teufel in der Hölle kann nicht schlimmer sein, als sie … diese alte Vettel, die er obendrein geheiratet hat. Sie ist die Ursache aller Verfolgungen, denen die Hugenotten ausgesetzt werden … und für die gestiegenen Getreidepreise und Hungersnöte."

Mit dem neuen Edikt wurde die Ausübung der reformierten Religion bei Todesstrafe verboten, alle reformierten Geistlichen aus Frankreich verbannt. Allen anderen wurde die Auswanderung bei Androhung der Galeerenstrafe verboten. Die Tempel der Reformierten wurden niedergerissen. Damit hatte der König den Gläubigen die letzte Hoffnung auf Religionsfrieden und Glaubensfreiheit genommen.

Über die Drangsale der Hugenotten schrieb Theodor Fontane in einer Strophe seines Festgedichts zur 200-Jahrfeier der Berliner Hugenottengemeinde im Jahr 1885:

„So geht der Trost. Da sinkt die letzte Hoffnung –
einflüsternd siegreich in das Ohr des Königs
sprach die Marquise, sprach die Maintenon –
Und das Edikt, das Henri quatre gegeben,
Louis quatorze hebt es wieder auf.
Der Freibrief ist vernichtet, ist zerrissen –
der Calvinist steht außer dem Gesetz,
und rechtlos worden nimmt er seinen Stecken –
und läßt sein Land, Gott mit Dir, Hugenott!"

Die Aufhebung des Edikts von Nantes bestimmte das Schicksal von Hunderttausenden. Die Hugenotten gehörten zum besten Teil des französischen Volkes. Der harte Selbstbehauptungskampf, die strenge Religion, die Prüfungen, die das katholische Frankreich ihnen auferlegte, hatte die, die im Glauben ausharr-

214 ten, zu engen Gemeinschaften zusammengeschlossen, in denen die Pastoren eine besondere Rolle spielten. Obwohl die schwersten Strafen drohten, zogen ganze Gemeinden geschlossen ins Exil. Andere, die nicht die Mittel und die Möglichkeiten zur Auswanderung hatten, gingen in die Resistance. Es gab jahrelange kriegerische Auseinandersetzungen in den Cevennen. Im großen „Kamisardenkrieg" war ihr bekannter Anführer Jean Cavalier. In den Schlupfwinkeln zwischen den Felsen der Cevennen trafen sich die Gläubigen heimlich in der „Kirche in der Wüste" zum Gottesdienst. Als in den Cevennen die sogenannte prophetische Bewegung einsetzte, entwickelte sich eine Vorliebe für das Hugenottenkreuz. Es war 1688 von dem Goldschmied Maystre aus Nîmes entworfen worden. Seinen Ursprung hat es im Malteserkreuz, es gibt auch Ähnlichkeiten mit dem „Ordre du Saint Esprit", der von Henri III gestiftet worden war. Die Lilien, die es umgeben, waren das Symbol des Hauses Bourbon. Dies könnte bedeuten, daß sich die verfolgten Protestanten weiter als königstreue Bürger verstanden. Die Taube, als Symbol des Heiligen Geistes, hängt mit dem Kopf nach unten am Hugenottenkreuz, mit ausgebreiteten Flügeln vom Himmel zur Erde fliegend. Die protestantischen Frauen wählten das Hugenottenkreuz als Schmuckstück und als Erkennungszeichen. Es war ein geschickter Kompromiß zwischen Glauben und Königstreue.

Als Vorbild für alle hugenottischen Frauen gilt Marie Durand. Sie war 30 Jahre lang aus Glaubensgründen zusammen mit anderen protestantischen Frauen im „Tour de la Constance" in Aigues Mortes (am Mittelmeer) eingesperrt. Ein Widerruf ihres Glaubens, ein Übertritt zum Katholizismus hätte ihnen sofort ihre Freiheit wiedergegeben. Marie war eine eifrige Verteidigerin des reformierten Gedankens und bestärkte ihre Mitgefangenen, im Glauben auszuharren. In einen Steinquader im Boden des Gefängnisses ritzte sie in mühevoller Arbeit in großen Druckbuchstaben das Wort „RESISTER" (Standhalten)! Man kann dieses anrührende Zeugnis ihres Glaubens noch heute im Turm bewundern. Die Aufhebung des Edikts von Nantes war auch ein Signal für Europa. Konnte man vorher über die Verfolgungen und die Dragonaden mit dem

Argument hinwegsehen, daß es sich um rein französische Maßnahmen gegen unbotmäßige Staatsbürger handelte, so hatte nun ein französischer König das Wort gebrochen, das sein Großvater Henri IV unverbrüchlich und unwiderruflich gegeben hatte. Obwohl Ludwig XIV. mehrfach bestätigt hatte, dieses Gesetz zu achten, hatte er es aufgehoben und damit gegen den Willen seines berühmten Vorfahren verstoßen.

Victor Hugo (1802–1885), einer der größten Dichter Frankreichs, schrieb in seinem Gedicht „La Révolution" über das Schicksal der Hugenotten, das er als eine der frühen Ursachen der Französischen Revolution ansah, folgende Zeilen:

„Wozu sind christliche Könige nicht imstande,
wenn sie Gott schützen wollen vor denen,
die das Verbrechen begehen,
nach ihrer Weise zu beten.
Pastoren, Gelehrte, Richter, unter dem Knüppel,
auf den Galeerenbänken, Hunderttausend verbannt,
Tausende gefoltert, ermordet, verbrannt."

Im Nachbarort von Olbreuse, in Mauzé, stand der Tempel unter dem Schutz der Herzogin von Celle. Zu den Gottesdiensten, die ihr Verwandter, der Pastor Louis de la Forest, noch abhalten konnte, kamen Menschen aus vielen Städten der Umgebung, deren Kirchen zerstört waren. Doch eines Tages im September 1685 half auch Eleonores Protektion nicht mehr. Die Dragoner kamen nach Mauzé. Jean Migault hatte vorsichtshalber drei seiner Kinder und die beiden Töchter des Pastors Chaufpié im Schloß d'Olbreuse in Sicherheit gebracht und auch einen Koffer mit dem Archivmaterial des Konsistoriums gerettet. Die anderen Kinder von Migault, Chaufpié und de la Forest hatten Unterschlupf bei den Eltern der Marquise d'Olbreuse im Schloß La Laigne gefunden. Etwas später brachte Migault alle seine Kinder auf nächtlichen Schleichwegen nach Olbreuse. Jedoch die Verwandtschaft mit der Herzogin von Celle war auch keine absolute Garantie mehr für die Sicherheit der Verfolgten.

216   Eleonore war in großer Sorge um ihren Bruder, wie der folgende Brief vom 6. November 1685 zeigt: „Ich habe soviel Angst, mein Bruder, daß Sie von den Dragonern belästigt werden könnten, und ich hätte es gern, daß mir mit jeder normalen Postzustellung aus Frankreich zuverläßliche Neuigkeiten gebracht werden, daß Sie noch immer verschont geblieben sind. Wenn ich vorausgesehen hätte, daß man sich dieses Mittels bedienen würde, um den Adel Frankreichs zur Messe zu führen, hätte ich Vorsorge getroffen, damit Ihnen völlige Schonung garantiert würde, was ich nicht getan habe. Aber ich bekenne, daß ich diese grausame Art nicht erwartet hatte, zumal sie in vollem Gegensatz zum Christentum steht. Sie können aus dem beigefügten Brief ersehen, daß ich meine Pflicht getan habe, damit man Sie verschont, und daß man mich hoffen läßt, daß es Ihnen garantiert sei, daß Sie nichts zu fürchten haben, falls nicht doch schon etwas Schlimmes passiert ist. Sie sehen wieder, wie schwierig es ist, mit seinem Besitz das Königreich zu verlassen. Sie werden sehen, das Ganze könnte doch leichter sein, läßt man mich hoffen. Wenn Sie unter dem Vorwand Geld nach Holland schicken würden, indem Sie als Grund dafür sagten, daß die Gräfin Reuß (die gemeinsame Schwester Angélique) ihren rechtmäßigen Anteil (am Erbe) beansprucht, und daß Sie verpflichtet seien, für sie und für mich Land zu verkaufen, um uns beiden auf diese Weise das zu geben, was uns zusteht. So könnten Sie ohne Risiko verkaufen, und ich verspreche Ihnen, daß Sie, welche Summen Sie auch immer nach Holland schicken werden, unter dem Vorwand, daß das Geld mir und meiner Schwester von Ihnen zusteht, daß es Ihnen auf Ihren Namen und auf den Ihrer Frau zur Verfügung stehen wird …"

Ob der Bruder noch dazu gekommen war, Eleonores listenreiche Ratschläge umzusetzen, ist fraglich. Denn schon einen Monat später wurde von Paris aus einem Dienststellenleiter (wahrscheinlich in Rochefort) der Auftrag erteilt, Eleonores Verwandte ernsthaft zu verwarnen. Das bezeugt ein Brief vom 11. November 1685 von M. Seignelay an den Leiter des Marineamtes, Arnoul: „Was die Herren de La Laigne und d'Olbreuse angeht, wünscht Seine Majestät, daß Sie in Ihrem Auftrag mit ihnen nachdrücklich sprechen, und daß Sie ihnen erklären, dem einen, sowohl als dem anderen, daß wenn sie (hugenottischen) Edelleuten Zuflucht geben oder sich in Konvertierungen in irgendeiner Art einmischen, dann wird Seine Majestät die Truppen zu ihnen schicken."

Eleonores Befürchtungen und Sorgen um ihre Verwandten waren durchaus berechtigt. Auch für sie spitzte sich die Lage immer mehr zu.

Madame de Maintenon war verärgert, daß im Schloß d'Olbreuse so vielen Flüchtlingen Obdach geboten wurde. Sie drohte damit, daß die Ausnahmebedingungen, die sie durch die Herzogin von Celle erhalten hatten, aufgehoben würden, und sie bald das Haus voller Dragoner hätten, wenn die Flüchtlinge nicht umgehend das Schloß verlassen würden.

Als erster wurde der Herr de La Laigne arretiert und im Schloß von Loches eingesperrt. Alexandre d'Olbreuse kam zwar nicht ins Gefängnis, aber er wurde nach Paris abgeführt. Er erhielt den Befehl, sich bei Hofe zur Verfügung zu halten, bis der König etwas anderes anordnen würde.

Voller Angst und Besorgnis um das ungewisse Schicksal ihres Gemahls konnte Madame d'Olbreuse nun den Flüchtlingen kein Obdach mehr gewähren, ebensowenig ihre Mutter, die nach der Verhaftung ihres Gatten auch allein und hilflos war. So blieb den Flüchtlingen nichts anderes übrig, als die Schutz bietenden Häuser Ende 1685 – mitten im Winter – zu verlassen. Sie mußten ein anderes Versteck finden. Doch das war äußerst schwierig, denn die Menschen waren alle verschreckt und eingeschüchtert. Keiner wagte mehr, Hugenotten aufzunehmen, da schwere Strafen darauf standen.

In seiner Not erinnerte sich Jean Migault an Höhlen im Wald von Olbreuse. Zusammen mit einem anderen Mann schlich er dorthin, um zu erkunden, ob es sich dort für eine Weile leben ließe, denn sie wollten ihrem Glauben auf jeden Fall treu bleiben. Den Eingang zu den unterirdischen Höhlen bildete ein schmaler, versteckter Schlund. Er war sehr eng, man mußte sich in aufrechter Haltung fast zwei Meter tief hinablassen wie in einen Brunnenschacht. Die Höhlen waren wohl früher künstlich angelegt worden. Viele

218 Räume waren durch schmale Durchschlupflöcher miteinander verbunden. Die Höhlen waren so ausgedehnt, daß die beiden Männer nicht alle erforschen konnten.

Nachdem sie vier Räume gereinigt hatten, wurden die Flüchtlinge im Morgengrauen des 1. Februar 1686 geholt. Es waren Migaults zweite Frau, sieben seiner Kinder, deren Großmutter und noch etwa zwölf bis fünfzehn andere Personen. Besonders für die Kinder war es eine schlimme Zeit. Sie hatten noch gar nicht begriffen, warum sie ständig heimlich von einem Versteck zum anderen gebracht werden mußten. Und nun saßen sie in den dunklen Höhlen, verängstigt, mit ungewissem Schicksal. Die Gefahr, entdeckt zu werden, war stets gegenwärtig. Sicherlich mußten sich alle sehr ruhig verhalten und durften nur ganz wenige Lichter anzünden, um sich nicht zu verraten. Zuverlässig wurden die Höhlenbewohner auf Veranlassung von Madame d'Olbreuse ganz im geheimen jede Nacht mit Lebensmitteln und allen anderen notwendigen Dingen versorgt. Diese brachte ein katholischer Kammerdiener, der der Familie treu ergeben diente, denn am 11. Januar 1686 war eine Verordnung erlassen worden, die den Hugenotten verbot, Diener ihrer eigenen Religion zu beschäftigen.

Jedoch konnte das Leben in den unterirdischen Höhlen für die 25 Versteckten nur als ein Provisorium gelten. Es war ungesund, in der Dunkelheit und fern von frischer Luft zu leben. Eine andere Lösung mußte gefunden werden. So verließ Jean Migault den Unterschlupf, um sich auf Schleichwegen nach La Rochelle zu begeben. Er wollte versuchen, dort ein Schiff zu finden, das ihnen allen zur Flucht in ein protestantisches Land verhelfen konnte, sei es nach England oder in die Niederlande. Obwohl Migault so gewandt und erfahren war, wurde er dieses Mal gefangen genommen und in den Tour de La Lanterne am Hafen von La Rochelle gesperrt, wo bereits viele Hugenotten inhaftiert waren.

Voller Besorgnis um das Schicksal seiner Familie drängte Jean Migault auf seine Entlassung. Als er einen Monat später in ein Kloster gebracht wurde, um seinem Glauben abzuschwören, erkaufte er sich unter größter Gewissensnot die Freiheit durch seine Unterschrift. Doch er konnte und wollte seine Kinder nicht im Stich

lassen, denn nur in Freiheit konnte er sie aus der Not erretten. Es
war höchste Zeit! Als er sie aus der Höhle befreite, waren sie mehr
tot als lebendig. Trotzdem war Migault in großer Verzweiflung über
die Sünde, die er gegen seinen Glauben begangen hatte. „Ich klagte
mich selber an, wagte kaum zu Gott zu beten und meine Augen
zum Himmel zu erheben", schrieb er in sein Tagebuch, das er begonnen hatte, um seinen Kindern später diese Zeit verständlich zu
machen. Er versuchte, seine schlimme Situation zu erklären, aber
auch sich zu rechtfertigen. Das Original umfaßt 191 Seiten und ist
in einer schönen klaren Schrift mit roter Tinte geschrieben, die mittlerweile verblaßt ist. Obwohl sich der Schreiber für seine schlechte
Orthographie entschuldigt, haben seine Aufzeichnungen nichts von
ihrer Unmittelbarkeit eingebüßt und geben ein lebendiges Zeugnis von den Nöten und Ängsten der Hugenotten in dieser Zeit.
Auch die gute Gesinnung und die große Hilfsbereitschaft der Familie d'Olbreuse bestätigt dieser Zeitzeuge. Er zeigt keinen Haß auf
seine Verfolger, ist frei von Rachegedanken und erkennt dankbar die
Hilfe an, die er von seinen katholischen Nachbarn erhalten hatte.
In seinem Journal beschreibt er ein dramatisches Ereignis aus dem
Jahr 1681, das für ihn auch eine besondere Motivation war, seinem
Glauben abzuschwören, um seine hilflosen Kinder nicht dem sicheren Verderben auszuliefern.
Sehr bewegend und detailliert schildert Jean Migault die Heimsu-
chungen seines Heimatortes Mougon durch die Dragoner:
„Als am Morgen des 22. August 1681 die reformierte Gemeinde
ihren Tempel nach der Morgenandacht verließ, warteten schon die
Reiter auf dem Friedhof. Das ließ auch die Unerschrockensten zittern, denn jeder ahnte und fürchtete das, was jetzt auf sie zukommen würde." Das Ehepaar Migault hatte seine zwölf Kinder vor-
sorglich bei verschiedenen Bekannten versteckt. Das Neugeborene
war bei einer katholischen Amme. Zuerst drang ein Quartierma-
cher in die Häuser ein. Als erstes stellte er die Frage, ob sie bereit
seien zu konvertieren. Doch trotz der zu befürchtenden Repressa-
lien weigerten sich Jean Migault und seine Frau, ihre Religion zu
wechseln. Eine andere Möglichkeit, von der Einquartierung verschont zu bleiben, wäre eine tägliche Zahlung an den Anführer der

220 Truppe gewesen. Dafür war die Familie zu arm. So drangen nach und nach insgesamt fünfzehn Dragoner in ihr kleines Haus ein, besetzten alle Räume und verlangten gutes, reichliches Essen für sich und Heu und Futter für ihre Pferde.

Da die Soldaten Lebensmittel forderten, die es im Dorf nicht gab, schickten sie Jean nach Niort, um alles zu besorgen. Migault hatte große Angst, seine Frau mit dieser schlechten Gesellschaft allein zu lassen, zumal sie sich noch nicht vom letzten Wochenbett erholt hatte. So bat er die Nachbarn, die Einkäufe für ihn zu erledigen, Aber die glaubten, daß er in Lebensgefahr wäre, wenn er in sein Haus zurückkehren würde, und rieten ihm, sich in der Nähe zu verstecken. Sie wollten sich um seine Frau kümmern.

Doch die brutalen Soldaten ließen ihre Wut bereits an der armen Frau aus, die ihnen nur mühsam ein wenig zu essen richten konnte. Mit Fußtritten trieben sie sie in die Ecke eines Kamins, in dem sie ein Feuer mit zertrümmerten Möbeln anzündeten. Sie fluchten und drohten der Frau, sie zu verbrennen, wenn sie nicht ihrem Glauben abschwören würde. Obwohl ihre Folterer sie immer mehr leiden ließen, gewannen sie keine Macht über ihre Seele und ihre standhafte Gesinnung. Durch die starke Hitze wurde sie ohnmächtig. Auch den hinzugeeilten Nachbarinnen gelang es nicht, die Dragoner umzustimmen und Madame Migault aus der gefährlichen Nähe des Feuers zu befreien. Im letzten Moment kam ihr der katholische Vikar voller Mitleid zur Hilfe und konnte sie ihren Henkern entreißen, indem er versprach, daß er sich um ihre Konversion kümmern wolle. Die Nachbarinnen fanden es sicherer, mit ihr durch einen Hintereingang zu flüchten. Sie brachten die zu Tode Erschöpfte auf einen Dachboden und versteckten sie unter alten Kleidern. Dem Vikar sagten sie, daß sie ihnen fortgelaufen sei, und der gute, anständige Mann wünschte: „Möge Gott sie geleiten", dann verschwand auch er eiligst aus der Sicht der Dragoner.

Als der Morgen graute, hatten 500 Gemeindemitglieder von Mougon unter dem furchtbaren Druck ihrem Glauben abgeschworen. Anfang Oktober kamen die Dragoner erneut in die Nachbargemeinde Thorigné, und es war dort noch viel schrecklicher als beim ersten Mal. Die Familie Migault floh mit ihren Kindern in Angst und Schrecken aus der Gegend. Aber sie mußten das Neugeborene, das krank war und von seiner Amme gepflegt wurde, zurücklassen. Es starb jedoch nach einigen Tagen. Der Priester, von seinem Zorn gegen Migault zum Äußersten getrieben, verlangte vom Ehemann der Amme, den kleinen Leichnam den Hunden vorzuwerfen. Aber dieser Mann, obwohl ein guter Papist, war christlicher als der barbarische Priester. Er sorgte für ein Begräbnis auf dem Friedhof der reformierten Gemeinde.

Mit der grausamen Geschichte der Hugenotten in dieser Zeit hat sich auch der Schweizer Dichter Conrad Ferdinand Meyer beschäftigt und sie in einigen seiner literarischen Werke verarbeitet. Da er die französische Sprache beherrschte und bekannt ist, daß er für seine Arbeit in Paris recherchierte, ist anzunehmen, daß er das aufschlußreiche Dokument dieses Zeitzeugen, „Le Journal de Jean Migault", aufmerksam studiert hat.

Das schreckliche Erlebnis der ersten Frau Migault im brennenden Kamin könnte den Dichter zu seiner Ballade: „Die Füße im Feuer" angeregt haben, in der er ein ähnliches tragisches Schicksal einer Hugenottin beschreibt.

Trotz der wirklich edlen und guten Gründe, die Jean Migault zur Konversion gebracht hatten, schämte er sich zutiefst dafür und wagte erst nach einiger Zeit, sich wieder bei Madame d'Olbreuse sehen zu lassen. Sie nahm ihn gern erneut in ihre Dienste, denn sie kannte ihn als einen von Grund auf redlichen Mann. Er war ja nun auch kein Protestant mehr. Das Verbot galt für ihn nicht. Er war ihr eine große Stütze in der Zeit, da sie ohne ihren Mann das Schloß verwalten mußte. Doch das war nicht von langer Dauer. Migault berichtete in seinem Journal: „Kurz danach kam das Osterfest, das uns Madame d'Olbreuse entführte. Sie reiste nach Paris, um Monsieur zu treffen, der sie dort erwartete, um mit ihr nach Deutschland auszureisen. Der König hatte ihnen einen Passierschein ausgestellt, mit dem sie das Königreich verlassen konnten. Diese Abreise betrübte mich sehr, obwohl diese wohltätige Dame mir tausend Beweise ihrer Zuneigung gab, und als Höhepunkt dessen wollte sie gern (meinen Sohn) Philémon mit sich nehmen, indem

222   sie mir versicherte, daß Monsieur es nicht daran mangeln lassen würde, für sein Wohl zu sorgen …"

Migault begleitete die Marquise noch eine Wegstrecke, dann nahm er in „sehr ergebener Dankbarkeit" Abschied von ihr und seinem Sohn.

Der Passierschein von Ludwig XIV. war für vier Personen ausgestellt:

„VOM KÖNIG,

Seine Majestät hat dem Herrn Marquis d'Olbreuse, seiner Gemahlin und der Demoiselle Breuillac, seiner 80jährigen Tante gestattet, das Königreich mit einem gewissen Guillemin … zu verlassen, um nach Celle zu reisen. Auf jeden Fall muß dieser Paß vom Gouverneur der Grenzstadt, die sie passieren, mit einem Sichtvermerk versehen werden, oder falls er abwesend sein sollte, durch den Richter der genannten Stadt.

Ausgestellt in Versailles, den 2. Mai 1686. Louis (und etwas tiefer) Colbert" (Der Staatsminister Jean Baptiste Colbert war 1683 verstorben. Es wird sich hier um seinen Bruder Charles Colbert, Marquis de Crossy, handeln. Er hatte verschiedene Staatsämter inne. Er war auch für die Ausführung der Befehle des Königs im Poitou eingesetzt worden).

Die Behörden im Poitou waren in einem Schreiben vom 20. April 1686 darüber unterrichtet worden, daß das Ehepaar d'Olbreuse auf Empfehlung des Herzogs von Celle die Genehmigung zur Ausreise aus Frankreich von Seiner Majestät erhalten hatte. Auf die Fürbitte Eleonores hatte sich ihr Gemahl für ihre Verwandten eingesetzt. Doch für die Familie ihrer Schwägerin reichte der Einfluß aus Celle nicht aus. Im selben Schreiben hieß es: „Seine Majestät will, das Sie sie (Mutter und Schwester der Marquise d'Olbreuse) verhaften lassen." Nach einer Zwangseinweisung in ein Kloster konvertierten beide und kamen wieder frei. Der Vater blieb seinem Glauben treu. Er starb in der Gefangenschaft. Der Bruder wurde nach längerer Haft in der Bastille als unbelehrbar und unerwünscht aus Frankreich abgeschoben. Er diente dann auf protestantischer Seite in der Truppe des Generals Schomberg.

Auch Jean Migault gelang es, aus dem intoleranten Frankreich zu entkommen. Sieben Jahre lang (von 1681–1688) war dieser geplagte Familienvater ständig auf der Flucht; hetzte durch das Land, um seine Kinder in immer wieder neuen Verstecken in Sicherheit zu bringen. Am 8. Mai 1688 erreichte er die Niederlande zusammen mit einer Gruppe von Flüchtlingen aus dem Poitou. Darunter waren fünf seiner Kinder. Drei andere waren schon vorher dorthin entkommen und vier nach Celle. Migault fand eine Stelle als Lehrer. Später zog er nach Emden.

Diese Einzelschicksale von Eleonores Verwandten und den Menschen aus deren Umgebung stehen hier symbolisch für die vielen Hugenotten, die in Frankreich unter den schrecklichen Verfolgungen zu leiden hatten. Sie waren loyale, königstreue Untertanen und sind doch gnadenlos verfolgt worden. Sie hielten fest zusammen, halfen sich in selbstloser Weise untereinander und fanden oft Hilfe bei ihren katholischen Nachbarn. Die waren toleranter und menschlicher als die Obrigkeit.

Am französischem Hof war seit einigen Jahren ein Gesandter aus Celle akkreditiert: Jacques Rosemont, Seigneur de Boucoeur. Er stammte aus Frankreich, war Protestant und hatte vorher im Dienst der Herzogin in Celle gestanden. Auch für ihn und seine Familie hatte Herzog Georg Wilhelm 1685 versucht, eine Ausreisegenehmigung aus Frankreich zu erhalten. Der König lehnte diesen Antrag ab. Die Ereignisse eskalierten, 1686 wurde der herzogliche Diplomat in der Bastille gefangen gesetzt. Wieder intervenierte der Herzog von Celle bei Ludwig XIV., doch die Antwort lautete, Freilassung nur gegen einen Bündnisvertrag zwischen Frankreich und dem Herzog. Das gab dem verärgerten Herzog den letzten Anstoß, dem Bündnis von Augsburg (1686) gegen Frankreich beizutreten. Auch Eleonore hatte seit den furchtbaren Ereignissen in ihrem Heimatland nur noch feindliche Gefühle gegenüber dem französischen König. Der französische Gesandte in Celle berichtete seinem König:

„Die Herzogin von Celle, die einen außerordentlichen Eifer für ihre Religion beweist, trägt viel dazu bei, auch den Herzog, ihren Gemahl in den gleichen Gefühlen zu bestärken …"

„Der Herzog von Celle ist sogar so weit gegangen zu sagen, als er von Eurer Majestät sprach, daß ein Fürst, der sein Wort nicht hält, das er seinen Untertanen gegeben hat, diesen das Recht gibt, sich einen anderen Herren zu suchen ..." Am Hof von Celle wurden zahlreiche Adlige, die aus Frankreich geflohen waren, in den Dienst des Herzogtums genommen.

Die Flüchtlinge, die in den protestantischen Ländern Aufnahme gefunden hatten, glaubten anfangs, daß ihr Aufenthalt in den Gastländern nur vorübergehend wäre. Sie hofften, bald wieder in ihre Heimat zurückkehren zu können, eine Hoffnung, die sich nicht erfüllen sollte.

Der Katholizismus in Frankreich hatte sich als offizielle und einzige Religion durchgesetzt. Reformierte Christen konnten sich nur unter Gefahr im Geheimen treffen.

In England war 1685 nach dem Tod von Charles II. auch ein katholischer König auf den Thron gekommen – sein Bruder James II. Nach drei Jahren mußte dieser ins Exil nach Frankreich gehen. In England hatte die protestantische Partei wieder die Macht erlangt. Wilhelm von Oranien, der als William III. englischer König wurde, war ein unermüdlicher Verfechter des protestantischen Glaubens. Das Herzogspaar von Celle war mit ihm befreundet und ganz auf seiner Seite. Wie Eleonore für ihn Partei nahm und ihm den Sieg wünschte, zeigt ihr Brief an die Herzogin von Hannover:

Herzogin Eleonore von Celle an Sophie, ohne Datum (Ende 1688):

„ICH WEISS NICHT, Madame, wer der Berichterstatter von Ew. Hoheit ist. Es scheint mir ein sehr guter Papist zu sein, der Ihnen die Nachrichten aus England nicht der Wahrheit gemäß meldet, sondern darüber nach den Wünschen seines Herzens spricht, denn in Wahrheit, Madame, steht die Sache des Prinzen von Oranien nicht so schlecht, wie man es Sie glauben machen will. Was mich betrifft, so sehe ich ihn als einen zweiten Josua* an, den Gott seinem Volke erweckt hat, um dessen Verteidiger zu sein. Ich hoffe, daß die Unternehmung zum Ruhme Gottes ausschlagen wird, zum Trost der Kirche und zur Ruhe für so viele guten Seelen, die unter der Tyrannei der Verfolger in Zellen schmachten. Wie Gott einst dem Jo-

---

* Josua war der Nachfolger von Moses, er führte das Volk der Hebräer in das Land Kanaan und vollbrachte zahlreiche Wunder.

sua an einem Tage drei Könige in seine Hände lieferte, so bin ich
überzeugt, daß er ebenso dem Verteidiger seiner Kirche diejenigen
in seine Hände geben wird, die sich ihr entgegenstellten, denn,
Madame, Gott läßt sich nicht spotten – die heilige Schrift lehrt es
uns – und daß die Meineidigen bestraft werden und kein Gedei-
hen haben. Aber mir scheint, daß ich mich zu sehr in den Gegenstand vertiefe, ich bitte Ew. Hoheit um Verzeihung und gestehe
freimütig, daß er mir sehr am Herzen liegt."

Daß Eleonore in ihrem frommen Eifer wagte, ihrer stolzen Schwägerin vorsichtige Ermahnungen zu geben, ließ Sophie etwas kon-
sterniert antworten. Der katholische König James II. gehörte wie
sie zum Hause Stuart, er war ihr Cousin. Sie hielt ihn für einen Fürsten von großem Verdienst und bedauerte sein Unglück.
Sophie an Herzogin Eleonore von Celle, ohne Datum (Ende 1688):

„UM DIE WAHRHEIT zu sagen, Madame, so prüfe ich nicht die Religion meiner Berichterstatter, und da ich mir mit keinen falschen
Hoffnungen schmeichle in betreff der Sachen, die ich wünsche, so
habe ich alles, was man mir über den Prinzen von Oranien mitgeteilt hatte, für bare Münze genommen; jetzt schreibt man darüber
bessere Nachrichten. Was ich für gefährlicher für den König halte,
ist das Parlament, das sein Volk von ihm verlangt, und das er nicht
bewilligen könnte, ohne sich zugrunde zu richten. Was mich betrifft, so tut es mir außerordentlich leid, daß sein Unglück unserer
Partei in Deutschland zum Vorteil gereicht, wo es doch nicht mit
der Religion vermischt ist, denn der König von Frankreich hat dort
drei katholische Kurfürsten überwältigt, und ich würde dem König von England alles wünschen, was sein Herz begehrt, wenn wir
nicht bei der anderen Partei interessiert wären … was mich betrifft,
so möchte ich wohl, daß der Herr Prinz von Oranien in Frankreich den Josua spielte, wo die Leute von unserer Religion gar sehr
malträtiert werden, aber in England werden sie mit außerordentlichen Wohltaten aufgenommen, sogar die Königinwitwe und die
Katholischen haben ihnen Geschenke gemacht. Ich finde nicht, daß
es eine Sache Gottes ist, dort mit einem Heere einzufallen, und es

226   wäre wohl möglich, daß ich nicht die einzige bin, die so denkt, denn es sind mehr als dreihundert Refugiés im Dienste des Königs, und da ich nichts davon gehört habe, daß der Herr Prinz von Oranien besondere Offenbarungen gehabt hat wie Josua, so hoffe ich, daß er ihn nicht darin nachahmen wird, daß er Könige aufhängen läßt, man sieht wohl, daß keine Verwandten von Ihnen darunter sind, da Sie ihnen ein so übles Schicksal wünschen. Indessen leugne ich nicht, daß ich weltlich genug bin, um zu wünschen, daß ich vor meinem Tode noch alle die ungerechten Grausamkeiten des Königs von Frankreich bestraft sehen möchte. Gefiele es Gott, daß das durch den Prinzen von Oranien geschähe, so würde ich mich sehr darüber freuen, besonders wenn es so geschehen könnte, daß jedermann wieder in seinen Besitz eingesetzt würde."

Sowohl Sophie von Hannover als auch Eleonore von Celle hatten sich von dem früher von ihnen so verehrten französischen Monarchen abgewandt und brachten das in ihren Briefen deutlich zum Ausdruck. Für Eleonore stand „diese grausame Art" der Maßnahmen gegen die Hugenotten „im vollen Gegensatz zum Christentum".

Der große Sonnenkönig, dessen prachtvolle Hofhaltung Vorbild für viele deutsche Fürsten war, hatte an Glanz eingebüßt. Seine ehemaligen Bewunderer hatten sich nun gegen ihn verbündet. Nicht nur die protestantischen Fürsten waren abgestoßen und entsetzt darüber, was seinen reformierten Landeskindern in seinem Namen angetan worden war. Auch Ludwigs Überfall auf die Pfalz, die er unberechtigterweise für seine Schwägerin Liselotte als Erbe beanspruchte, empörte die europäischen Fürsten, wie auch die unerbittlichen Zerstörungen von Heidelberg, Mannheim, Worms und Speyer. Ein langjähriger Eroberungskrieg begann. Der „Pfälzische Erbfolgekrieg" von 1688 bis 1697 brachte auch dem französischen Volk viel Not und Leiden. Außerdem hatte Frankreich durch die Massenflucht der Hugenotten viele fleißige, tüchtige Menschen verloren. Seit der Bartholomäusnacht 1572 sollen insgesamt 500 000 Protestanten das Land verlassen haben.

Kapitel 9

Das Herz hat seine eigenen Gründe

Schon viel wurde über die tragische Liebesgeschichte von Sophie Dorothea von Hannover mit dem Grafen von Königsmarck geschrieben. Das reicht von sensationslüsternen, kitschigen Romanen, von phantasievollen Erfindungen und Fälschungen bis zu ernsthafter Literatur, wie z. B. dem Dramenfragment „Die Prinzessin von Zelle" von Friedrich von Schiller. Professoren verschiedener Nationen, Archivare und Wissenschaftler haben zu diesem Thema langjährige Forschungsarbeiten unternommen und veröffentlicht.

Trotzdem gehört in diese Biographie der Eleonore d'Olbreuse ein Bericht über das traurige Los ihrer Tochter, das auch auf Eleonores Schicksal einen sehr großen Einfluß hatte.

Über Schuld und Unschuld der jungen Sophie Dorothea gibt es auch heute noch unterschiedliche Meinungen. Hatte sie wirklich die Ehe mit dem Grafen Königsmarck gebrochen? Hatte sie bei ihm die echte Liebe, die Wärme und Zuneigung gefunden, die in ihrer Ehe so völlig fehlten? Oder war sie auf einen routinierten Frauenverführer hereingefallen, auf „einen lockeren Vogel", wie ihn der englische Gesandte Stepney nannte? War er nur der ritterliche Freund aus ihrer Kindheit, der ihr lediglich zur Flucht aus einer erzwungenen, unglücklichen Ehe helfen wollte? Im alten Familiensitz, dem Château d'Olbreuse, war die letzte Schloßherrin, die noch den Namen d'Olbreuse als Mädchennamen trug, fest von der Reinheit der Beziehung ihrer Vorfahrin überzeugt: „Das war eine platonische Liebe, falls Sie diesen Ausdruck in Deutschland kennen", sagte Madame Maingueneau. Auch Schiller sah es ähnlich: „Die rührende

228

Die rührende Situation ist, dass sie sich mit einem gewißen Feuer von Vertrauen und Freundschaft an den Grafen Königsmark anschließt, der sie liebt und ihrer nicht werth ist – dass sie, in größter Unschuld, sich dem schwersten Verdacht mit ihm aussetzt und der unwiderleglichste Anschein von Schuld auf sie fällt, indem sie rein ist wie die Unschuld.

Friedrich Schiller,
„Die Prinzessin von Zelle".
Manuskript von eigener Hand

Situation, dass sie sich mit einem gewißen Feuer von Vertrauen und Freundschaft an den Grafen Königsmarck anschließt, der sie liebt und ihrer nicht werth ist – dass sie, in größter Unschuld, sich dem schwersten Verdacht mit ihm aussetzt und der unwiderleglichste Anschein von Schuld auf sie fällt, indem sie rein ist wie die Unschuld." In ihrem Scheidungsprozeß wurde Sophie Dorothea einzig und allein wegen des versuchten Fluchtversuchs angeklagt. Heute würde man das als böswilliges Verlassen bezeichnen. Aber hätte sie eigentlich eine Flucht nötig gehabt, um aus der verhaßten Ehe freizukommen?

Sie hatte keine Hilfe bei ihren Eltern gefunden, als ihr Leben immer unerträglicher wurde. Ihr Vater blieb hart. Er wollte keine Auflösung der Ehe. Zuviel stand für ihn auf dem Spiel, zu viel hatte er eingesetzt, um seine Tochter in diese Position zu bringen, ihre Zukunft zu sichern und ihr sein Herzogtum als Erbe zu erhalten. Eleonore hatte keine Möglichkeit, ihr zu helfen. Später legte Schiller ihr die Worte in den Mund: „Dulden sei des Weibes Loos, es ist doppelt das Loos der Fürstentöchter."

Der Ehemann Georg Ludwig, der sich nichts aus seiner Ehefrau machte, der längst mit seinen Maitressen so viel glücklicher war, hatte die ständigen Vorwürfe und Szenen Sophie Dorotheas satt.

So hatte er ihr im Sommer 1694 vor seiner Abreise nach Berlin ge-
sagt: „Es ist zu viel geschehen, um uns weiter Zwang aufzuerlegen —
ich werde nach meiner Rückkehr an Ihren Herrn Vater schreiben
und ihn ersuchen, uns zu trennen."
Hätte sie doch nur darauf gewartet. Wieviel einfacher wären ihre
Wünsche dann in Erfüllung gegangen!
Doch die Intrigen, die sie zum Fall bringen sollten, wurden schon
eifrig gesponnen. Zu unwichtig war sie geworden, nachdem sie ihre
Pflicht erfüllt und dem Herzogtum einen Erben geschenkt hatte.
Sollte sie, „das Halbblut", nun auch noch an allen Erfolgen, an allen
Rangerhöhungen teilhaben, die vom Hause Hannover angestrebt
wurden oder in Aussicht standen? Herzog Ernst August setzte alle
Mittel und Kräfte ein, um die Kurwürde zu erlangen. Für Sophie
und ihre Nachkommen gab es sogar die Hoffnung auf die englische
Königskrone. Sollte das alles eines Tages der Tochter der „anmaßen-
den Person", dem „Emporkömmling aus dem Poitou" zugute kommen?
Sophie Dorothea hatte sich in ihrer unvorsichtigen, spontanen Art
am Hof von Hannover Feinde geschaffen. Zu oft hatte sie sich mit
spöttischen Bemerkungen gegen die unfreundliche Atmosphäre in
ihrer neuen Umgebung gewehrt. Sie war so gar nicht diplomatisch,
nicht ein wenig geschickt. Sie war zu natürlich und arglos. So hatte
sie sich selbst noch mehr in eine Isolation getrieben. Auch die Geburt einer Tochter am 16. März 1687 konnte nicht mehr dazu beitragen, ihre zerrüttete Ehe zu kitten.
Das Kind erhielt den Namen der Mutter, Sophie Dorothea, und
wurde später als Gemahlin des Soldatenkönigs Königin in Preußen. Ihr berühmtester Sohn war Friedrich der Große.
Sophie Dorothea konnte ihre Kinder nicht oft sehen. Die Pflege
und Erziehung hatten andere unter der Leitung der Herzogin Sophie übernommen. Sophie Dorothea hatte sich damit abgefunden,
daß ihr Mann sie nicht liebte. Es kränkte sie, daß er sich in aller
Öffentlichkeit mit seiner Maitresse Ermengard Melusine von der
Schulenburg zeigte und daß diese bei Festen den eigentlich ihr, der
Ehefrau, zustehenden Platz einnahm. Sie war es leid, an allen Lustbarkeiten des Hofs allein teilzunehmen. Vorwürfe und heftige Sze-

Philipp Graf Königsmarck, nach einem alten Stich gemalt von Carl Oesterley jun.

nen, die Sophie Dorothea ihrem Mann machte, verbesserten ihre Lage auch nicht.

Wie ein rettender Engel muß ihr da der liebenswürdige Jugendfreund, Graf Königsmarck, erschienen sein. Sie verstanden sich so gut, hatten so viele Gemeinsamkeiten. Beide waren fröhlich, elegant, leichtsinnig und tanzten gern und formvollendet. Kann man es ihr verdenken, daß sie nun wieder mit Vergnügen auf den Festen erschien? Auch wenn man bemerken konnte, wie gut beide nicht nur beim Tanzen harmonierten, so geschah doch nichts Unrechtes. Natürlich fielen sie auf. Elegant und schön anzusehen, tanzten sie auf dem Ball in Hannover ihr erstes gemeinsames Menuett. Die 22jährige bezaubernde Prinzessin, in der vollen Blüte ihrer Jugend, war ganz in weiß gekleidet und hatte als einzigen Schmuck frische Blumen am Dekolleté und in ihrem vollen dunkelbraunen Haar. Der attraktive Kavalier Königsmarck war 26 Jahre alt. Er trug einen prachtvollen Anzug in rosé und silber. Alles, was geschah, fand in angemessener Form öffentlich vor aller Augen statt. Doch was auch immer Sophie Dorothea tat, es wurde gleich über sie hergezogen. Alles wurde ungünstig für sie ausgelegt und von ihren Neidern als Klatsch verbreitet.

Schon auf ihrer Italienreise wurde sie nicht von übler Nachrede verschont. Sie war 19 Jahre alt, als sie von ihrem Schwiegervater die Einladung erhielt, zum Karneval in Venedig nachzukommen. Dort war Hochsaison, und es herrschte fröhliches, ungezwungenes Treiben, in das sich alle im Schutz der Masken und Dominos voller Begeisterung stürzten. Wie wunderbar muß es für die junge Frau gewesen sein, nach den grauen, kalten Wintertagen in Norddeutschland nun die milde Sonne des Südens zu erleben. Welch ein Kontrast, aus dem strengen, etikettebetonten Regiment der Schwiegermutter zu den ausgelassenen Festen des Schwiegervaters zu kommen! Auch ihr Ehemann wurde in Venedig erwartet. Das Paar hatte sich ein Jahr lang nicht gesehen, weil Georg Ludwig in den Krieg gezogen war. Sophie Dorothea hatte von der Welt kaum mehr gesehen als Celle, Hannover und die Jagdschlösser in der näheren Umgebung. Und nun war sie in der schönsten und romantischsten Stadt der Welt und wurde auf den Karnevalsfesten umschwärmt und bewundert. Doch auch die Gräfin von Platen war dort. Sie hatte eine starke Abneigung gegen die Jüngere und soll in Gesellschaft Anspielungen auf Sophie Dorotheas uneheliche Geburt gemacht haben. Voller Empörung konterte die Prinzessin in ihrer spontanen Art: die Platens wären ja schließlich nur Dienstleute des Herzogs und könnten jederzeit entlassen werden. Das gab böses Blut! Die Gräfin schmiedete Pläne, um Sophie Dorothea ins Verderben zu stürzen. Wie eine böse Spinne im Netz lauerte sie auf die Gelegenheit, die harmlos fröhliche, kokette Prinzessin zu umgarnen. Ein französischer Lebemann erschien ihr dafür der Richtige zu sein. Es brauchte nicht viel Überredungskunst, man verständigte sich rasch unter seinesgleichen. Der Marquis von Lassay begann, Sophie Dorothea nach allen Regeln der Kunst zu umwerben.

Gut fünfzig Jahre später veröffentlichte der ungalante Kavalier in seinen Memoiren Liebesbriefe, die er angeblich an Sophie Dorothea geschrieben hatte. Wohlgemerkt, nur seine! Von ihr konnte er keine Zeile vorweisen. Diese dreizehn Briefe galten als gefälscht. Er hatte sie wohl aus Eitelkeit und, um ein wenig zu renommieren, nachträglich erfunden. Doch selbst wenn sie echt gewesen wären, hätten sie die junge Frau nicht belasten können, denn sie enthalten hauptsächlich seine Liebesbeteuerungen und Klagen darüber, daß sie ihn nicht erhörte und zur Abreise zwang.

Die feindlich gesinnte Herzogin von Orléans, die immer alles ganz genau wußte, obwohl sie nicht dabei gewesen war, gab ihren bissigen Kommentar dazu: „Wäre sie nur allzeit von Mannsleuten umringt gewesen, hätte sie nichts Böses tun können, aber nur einen allein zu sehen, ist gefährlich, wie es sich ausgewiesen hat." An Sophie schrieb sie später: „Mich däucht, sie war zu jung, auf ihre eigen Hand allein zu reisen, man hätte besser getan, sie bei Euer Liebden

232 zu lassen, als sie nach Venedig zu führen." Selbstverständlich war die Prinzessin nicht allein gereist. Der Herzog hatte den General-intendanten von Ilten und seine Frau als Reisebegleiter geschickt, um sie abzuholen. Auch war mindestens eine Hofdame ständig bei ihr. Ihr Ehemann war inzwischen in Venedig eingetroffen. Er zeigte weder Eifersucht noch Mißbilligung, es schien ihm sogar zu gefal-len, daß seine Frau umschwärmt und bewundert wurde. In einem Brief an seine Mutter erwähnte er, daß Sophie Dorothea dem Groß-herzog von der Toscana, ihrem Gastgeber, gefiel und gleich guten Kontakt zu ihm hatte. Während ihres Aufenthalts in Italien 1686 wurden farbenfrohe Portraits von Sophie Dorothea von dem Künst-ler Henri Gascar gemalt. Die mit frischen Blumen geschmückte junge Frau stellt darauf die Blumengöttin Flora dar. Die Prinzes-sin selbst fand ihr Konterfei so gelungen, daß sie davon gleich noch fünf Kopien beim Maler in Auftrag gab.

Später in Hannover versuchten ihre Gegner, Sophie Dorothea in eine politisch gefährliche Angelegenheit hineinzuziehen. Es ging um ein Komplott der Söhne des Herzogs gegen die Einführung des Pri-mogeniturgesetzes, das das Erstgeborenenrecht neu regeln sollte. Der zweitälteste Sohn des Hauses Hannover, Friedrich August, war im Krieg gefallen, nun kämpfte der dritte Sohn Maximilian um das Erbrecht. Gegen die hannoversche Politik gab es eine Verschwö-rung, die bald entdeckt wurde. Herzog Ernst August ließ seinen Sohn und den Oberjägermeister von Moltke als Hauptanstifter ge-fangen nehmen. Moltke wollte fliehen, aber der Fluchtversuch miß-glückte. Ernst August verurteilte ihn zum Tod durch Enthaupten. Er hinterließ eine Frau und sieben Kinder. Weil Sophie Dorothea mit den jüngeren Brüdern ihres Mannes oft freundschaftlich zu-sammen war, wurde auch sie verdächtigt, an dem gefährlichen Kom-plott beteiligt zu sein. Aber es ließ sich nichts beweisen. Das ein-zige „Indiz" war, daß sie in einem Brief an ihren Schwager die Anrede „Mon bon Ami" benutzt hatte!

Dafür war ihre Schwiegermutter, die Herzogin Sophie, in die Ver-schwörung verstrickt. Sie hatte für ihre jüngeren Söhne Partei ge-nommen, weil sie empfand, daß sie stark benachteiligt wurden. „Ich bin Mutter, urteilen Sie, ob ich dagegen gleichgültig sein

„Sophie Dorothea als die Blumengöttin Flora", gemalt in Venedig von Henri Gascar 1686

konnte …", schrieb sie am 15.2.1692 an Herrn von dem Bussche, bei dem sie sich zu rechtfertigen versuchte. „Alles, was ich über die Gerechtigkeit seiner Sache habe sagen hören, habe ich dem Herrn Herzog nach Italien geschrieben, da ich Furcht hatte, seine Verfügung möge Unordnung in das Haus bringen, aber er ist böse auf mich geworden, weil er wollte, daß seine Entscheidung die seiner Söhne ohne Widerrede zu bestimmen habe … Wenn meine Mutterliebe darin gefehlt hat, so habe ich das Recht, dafür Verzeihung von dem Herrn Herzog zu verlangen, da sie mich gegen seine Meinung, aber keineswegs gegen seine Person hat handeln lassen … Ich leugne keineswegs, daß er (Maximilian) mir alles gesagt hat, ausgenommen … daß sie eine Armee der Verbündeten haben bilden wollen … Sie sehen also, mein Herr, daß mein Verbrechen nur darin besteht, daß ich ihren Plan nicht enthüllt habe … und an zweiter Stelle, daß ich zuviel Liebe für meine jüngeren Söhne gehabt habe, in der Meinung, daß man ihnen Unrecht täte. Ich habe das dem Herrn Herzog gesagt, der es für ein Verbrechen gegen

234 seine Person hält und glaubt, ich habe einen Sohn gegen den anderen treiben und das ganze Land in Blut und Feuer stürzen wollen, woran ich nie gedacht habe; aber da jeder Bauer in diesem Lande sein Recht finden kann, so habe ich geglaubt, daß auch meine jüngeren Söhne mit guten Freunden ihre Sache vertreten könnten. Die Teilung zwischen dem Herzog von Celle und seinem Herrn Bruder hat auch kein Blut gekostet … so habe ich geglaubt, daß es ebenso gehen könnte … Inzwischen ist das ganze Ministerium in corpore versammelt gewesen, um über meine Sache zu befinden … aus Furcht, an allem meinem Kummer zu ersticken, habe ich mich durch diese Schrift bei Ihnen davon befreien wollen, denn es ist gegenwärtig ein Verbrechen, mit mir zu sprechen …" Die Herzogin Sophie war tief in Ungnade gefallen und lebte in großer Furcht. Ihre Schwiegertochter war von allem Verdacht befreit. Hinzu kam, daß sie die Ehefrau des alleinigen Erben, des Nutznießers des Primogeniturgesetzes war.

Drei Generationen später ereignete sich bei den Nachkommen dieser Familie im Jahr 1730 eine ähnliche Tragödie wie die von Prinz Maximilian und seinem Freund Moltke. Der Großneffe des Prinzen, der junge Kronprinz Friedrich von Preußen konnte die harten Erziehungsmethoden seines Vaters, des Soldatenkönigs nicht mehr ertragen. Er wollte den ständigen Kränkungen und Erniedrigungen entfliehen. Sein Freund Katte, der ihm bei den Fluchtplänen half, wurde hingerichtet. Der junge Prinz, der spätere Friedrich der Große, kam wie der Bruder seines Großvaters mit einer relativ geringen Strafe davon. Friedrichs Großmutter Sophie Dorothea wurde viel härter dafür bestraft, daß sie nur geplant hatte, aus ihrer unglücklichen Ehe zu entfliehen. Auch für sie war das Leben am herzoglichen Hof in Hannover unerträglich. Sie hatte unter Kränkungen, Beleidigungen und boshaften Unterstellungen zu leiden.

Liselotte, die Herzogin von Orléans, ging in ihrer Abneigung sogar so weit, Sophie Dorothea die Schuld am Tod ihres Halbbruders Karl-Ludwig zu geben: … „denn hette die ihm nicht so mitt ihrer verfluchten coquetry verfolgt, were er zu Hanover blieben undt nicht umbkommen." (27. Juli 1702) Es ist nicht erwiesen, ob ihr Lieblingsbruder Karl Lutz aus Verzweiflung wegen seiner unerfüll-

ten Liebe in den Krieg gezogen war. Er fiel auch nicht in einer
Schlacht, sondern starb an einer Krankheit. Wie viele junge Fürstensöhne war er in den Türkenkrieg gezogen und nicht mehr zurückgekommen. Sophie von Hannover verlor drei Söhne, Liselotte vier
Halbbrüder.

Es wurden auch Zweifel an der legitimen Geburt der Kinder Sophie Dorotheas geäußert. Es gilt als erwiesen (durch eine Notiz
des hannoverschen Hofmarschalls von Malortie), daß Philipp von
Königsmarck erst im März 1688 am Hof von Hannover eintraf –
also ein Jahr nach der Geburt des zweiten Kindes des Erbprinzen-
paares. Somit war jeder Verdacht in dieser Richtung unbegründet,
aber er kam immer wieder auf. Jedoch mit dem schönen, tapferen,
leichtfertigen, spottlustigen, brillanten jungen Schweden war ein
geborener Abenteurer und Frauenheld eingetroffen, der durch seinen Luxus und seine Prachtentfaltung die Hannoveraner verblüffte
und begeisterte. Er stammte aus der schwedischen Linie einer alten
Adelsfamilie. Auch seinen Vorfahren lag schon das Abenteuer im
Blut, auf allen Kriegsschauplätzen waren sie dabei. Philipp Christoph Graf von Königsmarck hatte sich in der Nähe des herzoglichen Palastes ein prächtiges Haus gekauft. Herzog Ernst August
fand in dem jungen Grafen einen charmanten, guten Unterhalter,
der sich auch bei der Jagd, den Bällen und anderen Festen auszeich-
nete, der im Spiel hohe Summen setzte und ohne mit der Wimper
zu zucken verlor. 1689 ernannte der Herzog ihn zum Hauptmann
der Garde und verschaffte ihm damit ungehinderten Zugang zum
Schloß.

Die Maitresse des Herzogs, Gräfin von Platen, hatte ebenfalls Gefallen an dem verführerischen jungen Mann gefunden. Ihre Affaire
mit ihm war keineswegs platonisch. Königsmarcks Schwester Aurora
hat in deutscher Handschrift undatierte Aufzeichnungen über „Die
Gräfin Platen und der Graf Königsmark" hinterlassen: „Auf einem
großen Balle … machte Sie Ihm die Declaration d'Amour, worüber
Er sehr süprenirt (erstaunt) worden, weil Er sich so jung gegen Sie
befunden und Sie überdies eine Maitresse vom K. F. (Kurfürsten)
war … Doch aus Furcht, Sie möchte es ihm übel vergelten … antwortete er so obligeantment (zuvorkommend), wie Er gekonnt. Sie

236 begehrte aber mehr als Worte- (Obscönitäten) (dann) hat Sie ihm den Vorschlag gemacht, des Nachts zu ihr zu kommen ... durch eine kleine Windeltreppe, so zu ihrem Schlafgemache, nahe bei Ihrem Bette führt ... Daruf ist er öfter des Nachts zu Ihr gegangen ... Sie hat Ihn allenthalben mit aufs Land genommen oder heimlich zu sich kommen lassen. Zu Linden* wäre kein Baum, keine Hecke, keine Bank, so sie nicht - ... Dieses hat etliche Jahre gewährt. Einst soll Sie schwanger gewesen seyn ... Aus dieser Gefahr aber ist Sie errettet worden durch einen gewissen Feldscher, dem K. (Königsmarck) 100 Pistolen dafür geschenkt. (Eine Pistole war ca. 20 Goldfranken wert). Dem K. F. (Kurfürsten) machte Sie weiß, Sie zöge K. so an sich, daß er Ihre Tochter heirathen sollte. Unter diesem Pretexte gingen die Sachen ganz wohl ..." Doch als Königsmarck sich in Sophie Dorothea verliebte und das Verhältnis mit der Gräfin beendete, schuf er sich eine gefährliche Feindin.

Liebesbriefe, die Graf Königsmarck und Sophie Dorothea von 1691 bis 1694 gewechselt hatten, waren zu Beginn des 20. Jahrhunderts an der schwedischen Universtät Lund entdeckt worden. Anfangs gab es Zweifel an der Echtheit der Korrespondenz, besonders bei Handschriftenvergleichen mit anderen Briefen von Sophie Dorothea im Archiv von Hannover. Um sich vor Entdeckung zu schützen und um falsche Spuren zu legen, hatte sie sowohl mit der rechten als auch mit der linken Hand geschrieben. Manchmal ließ sie auch Briefe von ihrer vertrauten Hofdame Eleonore von dem Knesebeck zu Papier bringen. An deren Adresse sandte Königsmarck oft seine Zeilen.

Im Jahr 1900 hatte ein Historiker aus Cambridge, Professor William Henry Wilkins, die Authentizität des Briefwechsels anhand der Aufzeichnungen des englischen Gesandten in Hannover, Sir William Dutton Colt, bewiesen. Mit seinen fast täglich geführten Protokollen stimmen die in den Liebesbriefen am Rande erwähnten Ereignisse und Aufenthalte an verschiedenen Orten an vielen Stellen überein.

Professor Wilkins übersetzte den „Königsmarck-Briefwechsel" aus dem Französischen ins Englische und veröffentlichte ihn erstmalig. Auch wie die Briefe nach Schweden gekommen waren, hatte er erforscht und darüber berichtet:

---

* Ein Landsitz der Familie von Platen

Königsmarcks schöne Schwester Aurora war mit Sophie Dorothea befreundet. Da die Liebenden wußten, daß ihre Briefe gefährliche Dokumente waren, wenn sie in falsche Hände gerieten, wollten sie sie vor der Entdeckung schützen und vertrauten sie Aurora an. Der sicherste Weg wäre gewesen, alle Zeugnisse ihrer Liebe zu verbrennen, aber das brachten sie beide nicht übers Herz. Aurora hatte keinen festen Wohnsitz, und so fand sie es sicherer, das ganze Bündel ihrer in Celle lebenden Schwester, der Gräfin Lewenhaupt, zu übergeben. Als diese Familie wieder nach Schweden zog, wurden die Briefe mitgenommen und mehrere Generationen lang sorgfältig verwahrt.

Der hannoversche Archivar und Geschichtsprofessor Dr. Georg Schnath hat die Briefe mit größter Akribie jahrelang analysiert, kommentiert und die vielen, die ohne Datum waren, zeitlich eingeordnet. Er hat durch Proben des Papiers, der Wasserzeichen, der Schriften und Unterschriften, durch Adressenangaben, Siegel und Postvermerke die Echtheit der in Lund in Schweden aufbewahrten Briefe nachgewiesen. Von den 679 Bogen stammen etwa ein Drittel von der Hand Sophie Dorotheas, die anderen vom Grafen Königsmarck. In Berlin gibt es weitere 65 Blätter, davon vierzehn von der Prinzessin. Einige wurden im Nachlaß ihres Enkels, Friedrichs des Großen, gefunden, versehen mit einer von seiner Hand geschriebenen Notiz: „Lettres d'Amour de La Duchesse D'alden au Conte Königsmarc" (Liebesbriefe der Herzogin von Ahlden an den Grafen Königsmarck). Friedrich hat diese Worte sehr neutral gehalten, nichts daran verrät, daß es sich um seine Großmutter handelte. Sophie Dorotheas Existenz sollte aus der Geschichte gelöscht werden, und so hatte ihre sehr standesbewußte Tochter gleichen Namens ihren Kindern wahrscheinlich wenig über den „Schandfleck der Familie" erzählt. Die preußische Königin hatte ihnen mitgeteilt, daß die „Herzogin von Ahlden weniger schuldig, als nur unvorsichtig gewesen sei". Friedrich, der Kronprinz, bemerkte dazu: „Ihre eigene Tugendhaftigkeit würde ihr nicht erlauben, anders von ihrer Mutter zu sprechen, und jedes Kind, das denkt, wie es sich gehört, muß so gut wie möglich großen Wert auf die Illusionen über die Fehler und Tugenden seiner Vorfahren legen."

238 Seine Schwester Wilhelmine von Bayreuth erwähnt in ihren ausführlichen Memoiren ihre Großmutter nur ganz beiläufig im Nebensatz einer Fußnote: „… Philipp v. Königsmarck, welcher im Schlosse zu Hannover gemordet wurde, als er mit der Kurprinzessin flüchten wollte."
Doch Familiengeheimnisse, die gern vertuscht werden sollen, üben eine gewisse Faszination auf die nachkommenden Generationen aus, und man versucht, ein wenig Licht in das Dunkel zu bekommen. Wie dieses Bündel Briefe an Friedrich den Großen gelangte, ist ebenfalls interessant: Über Aurora von Königsmarck kamen sie mit ihrer Schwester nach Schweden. Eine Enkelin Sophie Dorotheas wurde Königin von Schweden. Angeblich soll sie die bewußten Briefe heimlich an sich genommen und ihrem Bruder nach Preußen übersandt haben. Die militärische Stellung von Königsmarck erforderte, daß er des öfteren Hannover verlassen mußte, um an Feldzügen teilzunehmen. In dieser Zeit begann er seine Korrespondenz mit der Prinzessin. Die Briefe sind mit ganz wenigen Ausnahmen in französischer Sprache geschrieben. Der erste Brief Königsmarcks zeigt die harmlosen Anfänge der Verehrung des Grafen für die Prinzessin. Auch Sophie Dorothea war anfangs zurückhaltend und bewahrte Distanz. Doch später beweisen die glühenden Liebesbeteuerungen und die leidenschaftlichen Erinnerungen an gemeinsam erlebte Liebesnächte, daß die in der älteren Literatur betonte Unschuld Sophie Dorotheas nicht der historischen Wahrheit entsprach. Aber selbst im Jahr 1999 wird noch an der Echtheit der Korrespondenz gezweifelt. Im Katalog zur Ausstellung „Sophie Charlotte und ihr Schloß" wird geäußert, daß die Liebesbeziehung der Prinzessin zu Königsmarck nur unterstellt und der als Beweis dienende Briefwechsel gefälscht worden sei.
Auszüge aus der Korrespondenz sollen in den eigenen Worten der Liebenden einen Einblick in die Freuden und Leiden geben, die sie in den drei dramatischen Jahren von 1691 bis 1694 erlebten.
Den ersten bekannten Brief schreibt Graf Königsmarck am 1. Juli 1691 aus Ath im Hennegau vom Feldzug in Flandern, an dem er in hannoverschen Diensten teilnimmt. Der Liebeskummer hat ihn an den Rand der Verzweiflung getrieben, nur „ein Wort von Ihrer un-

vergleichlichen Hand" könnte ihn retten. Er hofft auf ihre Barmherzigkeit, um ihn zu trösten. Er versichert ihr seinen Respekt und
seine Liebe, wagt aber nicht, mehr über seine Leidenschaft zu schreiben, um sie nicht zu kränken. Einzig und allein bittet er sie, an ihren
getreuen Sklaven zu denken. Aus einem Brief vom 24. Juli ist zu
ersehen, daß Sophie Dorothea ihm geantwortet hatte. Sie macht
ihm Mut, auf ein Wiedersehen zu hoffen.
Königsmarck versteht es, eine romantische junge Frau zu betören,
die unter einem rauhen, ungalanten Ehemann litt. So verbindet er
sein Liebeswerben auch des öfteren mit Poesie:

„Hast Du mein Herz gestohlen /
So behalt's jetzunder auch /
Ich mag's nicht wieder holen /
Dieweil ich's nicht mehr brauch' /
Ich kann's nicht länger halten /
Denn bei mir / Wird es nicht bleiben können /
Weil es allzeit ist bei Dir."

So beginnt er einen Brief, in dem er hofft, sie am kommenden
Sonntag zu sehen. „Denken Sie ein wenig daran, mich glücklich zu
machen, und erwarten Sie mich also."
Doch die Prinzessin hält ihn auf Distanz. Königsmarck fühlt sich
von ihrer „verächtlichen Art und Weise zu dem Entschluß veranlaßt, übermorgen fortzugehen". Er beschwört sie, ihm „die einzige
Gnade" zu erweisen, ihn zu treffen: „… denn ich hoffe, daß der
liebe Gott mich lieber aus der Welt fortnimmt, als mich derartig leiden zu lassen." Sehr melancholische Vorahnungen klingen in dem
Gedicht an, mit dem er den Brief beendet:

„Und also lieb ich mein Verderben
Und heg ein Feuer in meiner Brust,
An dem ich noch zuletzt muß sterben,
Mein Untergang ist mir gar wohl bewußt.
Das macht, ich habe lieben wollen,
Was ich doch nur hab anbeten sollen."

240   Am 20./30. August schreibt er aus Braunschweig:

> „Nie hat ein Sterblicher größere Freude empfunden als ich, als ich
> Ihren Brief bei meiner Ankunft hier erhielt. Ich schmeichle mir, daß
> ich jetzt in Ihrer Gunst und Ihrer Huld bin … zweifeln Sie nicht
> an meiner Liebe, Gott ist mein Zeuge … Ich bin bereit, Ihnen alles
> vor die Füße zu legen, mein Leben, meine Reputation, mein Schick-
> sal und mein Hab und Gut. Andere Frauen gibt es nicht mehr für
> mich, außer Ihnen erscheinen mir alle anderen verabscheuungs-
> würdig …"

Der Liebhaber wird immer feuriger und wagemutiger. Seiner „liebenswerten Brünetten" umarmt er in Gedanken die Knie! („Adieu
aimable brune … Je vous embrasse le jenous.")
Es gelingt dem Paar anfangs nicht oft, sich zu sehen. Sie fühlen
sich beobachtet, und obwohl es ihm schwer fällt, hält sich Königsmarck vorsichtig zurück. Nur ein vertrauter Bote taucht ab und zu
an einer verabredeten Stelle auf, um Briefe in Empfang zu nehmen
und weiterzuleiten. Königsmarck berichtet, daß sein Vorgesetzter,
der Feldmarschall von Podewils, ihm eine geheime Warnung gab:
„Als er mir Lebewohl sagte, flüsterte er mir ins Ohr: ‚Mein lieber
Freund, der liebe Gott behüte Dich, und nimm als grundsätzlichen
Rat von mir an, daß Deine Liebe Dich niemals verhindern möge,
an Deine Fortune zu denken.‘ Er ließ mich mit den schrecklichsten
Vermutungen von der Welt … Ich antwortete ihm, Zufriedenheit
sei besser als Ehrgeiz …"
Auch andere am Hof von Celle beobachten das Paar. Die Prinzessin wird verunsichert und bittet ihn abzureisen. Königsmarck ist
enttäuscht, daß seine Hoffnungen nicht erfüllt werden. Doch ein
Brief von ihrer Hand läßt ihn wieder aufleben: „… nichts kann mich
bei meiner Krankheit mehr trösten, als Ihr charmanter Brief, den
ich voller Zuneigung für mich finde … Er kam aber gerade noch
zur rechten Zeit, denn ich wollte Sie schon des schwärzesten Ver-
rates bezichtigen, ich bin nicht zufrieden mit Ihrem kalten Benehmen, das Sie gestern mir gegenüber zeigten … Ich hatte solchen
Kummer, daß ich weinte. Alle diese Aufregungen brachten das Fie-

ber für drei Stunden zurück. Ich kann Ihnen versichern, meine göttliche Schönheit ... daß ich mich noch nie in einem solchen Zustand befunden habe ..." Es folgen viele weitere Klagen und auch Beschwörungen, um das Herz der Geliebten zu erweichen.

Sophie Dorothea besucht ihre Eltern in Celle, duldet aber nicht, daß Königsmarck ihr folgt. So zieht er dann ins Lager zu seinem Regiment. Eleonore bemerkt mit ihrem mütterlichen Instinkt, daß sich ihre Tochter verändert hatte. Ihr Verdacht fällt auf den schönen Grafen Philipp von Königsmarck, und sie versucht mit allen Mitteln, diese Verbindung aufzulösen. Sie warnt Sophie Dorothea vor den Gefahren. Die junge Frau befallen Zweifel, noch ist es Zeit, noch war nichts Unrechtes geschehen. Um sich aus der Verstrickung zu retten, schlägt sie Königsmarck vor, eine andere zu heiraten. Er schreibt zutiefst verletzt: „... mein Todesurteil ist von der Hand, die ich anbete, geschrieben worden. Warum ist Ihnen nicht ein weniger grausames Herz gegeben worden und mir ein weniger zärtliches? Dann hätten wir besser zusammen gepaßt."

Sophie Dorothea läßt sich nur zu gern von seinen heftigen Worten erweichen und nimmt ihren Vorschlag zurück. Seine Freude darüber zeigt sein Dankesbrief:

„... es ist wahr, Sie lieben mich und schwören mir, daß es so bleiben wird ... Ich habe Sorge, daß meine Freude zu sehr sichtbar sein wird und alle an meinen Augen erkennen können, daß das nur von Ihnen kommen kann ..."

In diesem Briefwechsel schreiben sich die beiden ganz offen ihre Liebesschwüre, die sie doch viel mehr als ihre Augenkontakte verraten könnten. Besonders da Philipp die Indiskretion begeht, ihr leidenschaftlich zu versichern: „Welche Wonne habe ich in Ihren Armen verspürt. Gott was für eine Nacht habe ich erlebt! Die Erinnerung daran läßt mich allen Kummer vergessen, und ich zähle mich jetzt zu den glücklichsten Menschen der Welt. Sie sehen, es liegt an Ihnen, mich glücklich zu machen, und wenn ich nicht glücklich bin, sind nur Sie die Ursache dafür."

Doch die Glückseligkeit weicht sehr bald der schlimmsten Eifersucht. Da ihr Ehemann an Masern erkrankt ist, pflegt ihn Sophie Dorothea hingebungsvoll. Vielleicht will sie ihr schlechtes Gewis-

242 sen beruhigen und den Verdacht der Untreue von sich ablenken, vielleicht um doch noch in ihrer Ehe Schutz und Zuflucht vor ihrer gefährlichen Leidenschaft zu finden. Es scheint, als hätten sich Georg Ludwig und seine Frau wieder einander genähert. Man sieht sie jetzt öfter zusammen.

Königsmarck ist von großem Kummer niedergeschmettert. Er wirft ihr vor, in den Armen eines anderen gelegen zu haben! Paradoxe Situation, wenn man bedenkt, daß es sich um den Ehemann der Prinzessin handelt.

Als Sophie Dorothea wieder nach Celle fährt, folgt Königsmarck ihr dieses Mal auch gegen ihren Wunsch. Doch seine Kühnheit wird durch das Eingreifen Eleonores gehemmt. Denn die Mutter beschwört ihre Tochter, den galanten Schweden fortzuschicken und nicht mit ihm ein großes Risiko einzugehen, das sie ins Unglück stürzen wird. Sophie Dorothea weiß, daß ihre Mutter in ihrer Liebe nur das Beste für sie will, und möchte ihren Galan ins Feld schicken. Doch der gibt so schnell nicht auf. Er hat seine eigenen Methoden, die bei ihr nicht die Wirkung verfehlen:

„So bleibt mir nur, nach Morea zu ziehen und einen ruhmreichen Tod zu suchen." Sein letzter Wunsch ist, daß die Prinzessin auf seinem Grab ein Monument errichten solle, auf dem der Grund seines Hinscheidens eingraviert sei. „... schreiben Sie darauf, daß ich den Tod mit Freuden willkommen hieß, weil es mir verboten wurde, in Ihre wunderschönen Augen zu sehen. Ah, Madame! Wie lassen Sie mich leiden! Sind das die Freuden der Liebe? Wann werden Sie Mitleid mit mir haben ... Wollen Sie mich für immer berauben, die vollkommensten Freuden zu erleben? Ich suche sie in Ihren Armen ... und wenn ich nicht mit Ihnen glücklich sein darf, will ich überhaupt kein Glück ... Werden meine neidischen Feinde Erfolg haben mit ihren infamen Machenschaften? Wollen Sie mich verlassen?"

Das kann ihr zartfühlendes Herz nicht ertragen. Sie bittet ihn zu bleiben und will von nun an nicht mehr auf die Reden ihrer Eltern hören. Beide beteuern erneut ihre Liebe. Ein flüchtiger Kuß, den er von ihr heimlich erhaschen konnte, gibt ihm den Mut zu schreiben: „Hören Sie auf Ihr Herz, wenn es mir treu ist, wird es Sie er-

mutigen, etwas zu wagen. Courage, Madame, besuchen Sie mich einmal, aber nicht nur für eine halbe Viertelstunde."

Königsmarck erhält ihre Zusage, und voller Ungeduld beschreibt
er seine Vorfreude: „Heute Abend werde ich die liebenswürdigste
Person der Welt umarmen, ich werde ihre reizenden Lippen küssen. Ich werde ihre Augen anbeten, diese Augen, die mich versklavt
haben, ich werde die Freude haben, ihre Knie zu umfangen; meinen Tränen wird es erlaubt sein, über ihre unvergleichlichen Wan-
gen zu fließen. Ich werde den schönsten Körper der Welt in meinen Armen halten. Wahrlich, Madame, ich werde vor Freude
sterben …"

Nun war es also geschehen: Sophie Dorothea hatte gewagt, zum
Grafen zu gehen, bei ihm zu bleiben und sich ihm hinzugeben. Die
letzte Schranke war gefallen. Die Liebenden hatten alle Vorsicht
außer acht gelassen, denn „das Herz hat seine eigenen Gründe, die
die Vernunft nicht kennt". Ein altes deutsches Sprichwort trifft
hier ebenfalls vortrefflich zu: „Sitzt die Lieb' im Kamisol, dann, oh
Klugheit, fahre wohl!" Die Liebe und die Verzauberung hatten beide
überwältigt. Doch die Tatsache bleibt bestehen, Sophie Dorothea
hatte Ehebruch begangen! Die Gefahr einer Entdeckung ist groß
und kann die schlimmsten Folgen haben. So heimlich und raffiniert
das Paar seine Treffen zu tarnen glaubt, es sickert doch schnell
etwas durch. Die Späher der Feinde spionieren in ihrer engsten Umgebung.

Die Gerüchte erschrecken Sophie Dorothea. Sie beauftragt ihre vertraute Hofdame, Königsmarck darüber zu berichten und ihn zu
noch größerer Vorsicht zu ermahnen. Dem gefällt das gar nicht,
auch nicht daß die Herzogin von Celle ihre Tochter so scharf beobachtet. Es beunruhigt ihn, daß ihre Mutter ihr schon wieder
Moral predigt: „… sie mag ja auf Ihrer Seite sein … aber wenn sie
mehr Verdacht schöpft, fürchte ich, daß sie alles dem Herzog berichten wird. Sie sollten versuchen, das zu vermeiden, oder wir sind
verloren … Sie sind so süß und charmant, es ist nicht mein Fehler,
Sie müssen es sich selbst zuschreiben, daß Sie mit mir so eine falsche Wahl getroffen haben. Es ist grausam zu denken, während jeder Sie verehren und mit Ihnen sprechen kann, daß ich der einzige

244 bin, der davon ausgeschlossen ist ... Da Ihre Mutter ... Ihnen verbietet, mit mir zu sprechen, bin ich so wütend, daß ich sie niederstechen könnte. Wenn doch die Erde sich öffnen und sie ... verschlingen würde ... wie ich sie hasse! Wäre ich der Herr über Blitz und Donner, ich würde viele Grauköpfe zerschmettern ... alle, die gegen mich arbeiten und Sie drängen, mich zu vergessen." Er fleht sie an, ihm zu schreiben, ihn zu lieben und ihm sein feuriges Temperament zu verzeihen.

Eleonore sorgt sich immer mehr um ihre Tochter. Denn mit ihren hohen moralischen Grundsätzen kann sie einen Ehebruch auf keinen Fall gutheißen. So versucht sie unermüdlich, Sophie Dorothea auf den rechten Weg zurückzubringen. Sie redet ihr ins Gewissen, nicht nur an sich selbst, sondern auch an die Zukunft ihrer Kinder zu denken. Auch wenn es ein hartes Los ist, in einer freudlosen Ehe auszuharren, gegen die ihre Mutter von Anfang an war, so ist doch das Liebesverhältnis ihrer Tochter ein großes Unrecht. Wahrscheinlich hatte Sophie Dorothea nach neun Jahren Ehe zum ersten Mal Erfüllung in den Armen eines Mannes erlebt. Die Bindung zwischen Mutter und Tochter ist sehr eng, so daß die junge Frau genau weiß, daß aus ihren Vorhaltungen nur die Mutterliebe spricht. Eleonore versucht auch, den Grafen in ihrem Sinne zu beeinflussen. Doch mit ihm muß sie diplomatisch sein, sie kann nicht so frei und direkt aussprechen, was ihr am Herzen liegt.

Königsmarck sah das anders: „Ich habe eine lange Unterredung mit der Herzogin von Celle gehabt; ich glaube, sie ist die falscheste Frau der Welt; sie sagt mir tausend zuvorkommende Dinge, und währenddessen versucht sie Kraft ihrer Autorität, mich bei Ihnen schlecht zu machen. Aber es wäre falsch zu glauben, daß es Ihnen möglich sei, Böses von mir zu denken, nachdem Sie mir den Vorschlag machten, daß Sie alle Pracht und Herrlichkeit aufgeben wollen, um sich mit mir in irgendeinen Winkel der Welt zurückzuziehen ... Ich nehme Ihr Angebot mit Freuden an, Sie haben nur zu bestimmen, ich bin zu allem bereit ... Adieu, unvergleichliche Frau, seien Sie mir treu." Sie dagegen zweifelt an seiner Treue. Am Hof von Celle weilt als Gast die Prinzessin von Sachsen-Eisenach, auf die Sophie Dorothea eifersüchtig wird. Königsmarck beteuert, daß

er die Dame kaum ansieht und nur kurze Antworten gibt, wenn sie
ihn anspricht. „Ich habe Ihre hochmütige Miene nicht verdient. Geben Sie Pardon, Prinzessin und arrangieren Sie, daß wir uns morgen sehen." Die Verzeihung wird gewährt, denn der unvorsichtige
Graf bestätigt die erlebten Liebesfreuden: „Ich habe in meinem
Leben noch keine Stunde besser verbracht, und wenn Sie Barmherzigkeit mit mir haben und mir erlauben, morgen Abend zurückzukehren, geben Sie mir das Leben zurück. Adieu!"

Königsmarck muß bald danach Abschied nehmen und ins Feld
nach Flandern ziehen. Aus den verschiedenen Lagern schreibt er
an seine Angebetete, und von dieser Zeit an sind auch ihre Antworten erhalten geblieben. Vorher hatten die beiden Decknamen
vereinbart, um ihre Briefe zu verschlüsseln. Im ersten Brief ist Sophie Dorothea erfreut, daß ihr „La Gouvernante", ihre Hofdame,
einen Brief von Königsmarck bringt, der sie aus dem Abschieds-
schmerz reißt. Aber was nützt alles Verschlüsseln der Namen, wenn
die Botschaft des Briefes eindeutig ist: „Ich werde keine Gelegenheit versäumen, Sie von meiner Leidenschaft und von der ernst-
haften Zuneigung, die ich für Sie hege, zu überzeugen." Wenn sie
könnte, würde sie sich mit Vergnügen für die Zeit seiner Abwesenheit einschließen. „Le Reformeur", ihr Mann, findet, sie sei verändert und niedergeschlagen. Es geht ihr nicht gut, doch sie tröstet
sich: „… aber mein Leiden kommt nur vom Lieben, davon möchte
ich niemals geheilt werden. Adieu, mein Angebeteter, nur der Tod
kann mich von Ihnen trennen."

Als Königsmarck einmal die Möglichkeit hat, kurz nach Hannover
zu kommen, ist sie in Celle. Man paßt zu gut auf sie auf, und es
gibt kein Wiedersehen. Später schreibt er ihr: „… ich habe fröhliche
Gesellschaft bei der Gräfin (von Platen) gefunden, das Glas in der
Hand, bei Pauken und Trompeten habe ich mich nicht gut unterhalten und mich weit weg gewünscht … Ich fand ein Eckchen, um
meinen Träumen nachzuhängen, während die anderen tanzten, sich
entkleideten und auf die Tische sprangen …" Es ist nicht gerade
taktvoll, einer liebenden Seele solche Szenen zu beschreiben.

Sie dagegen sendet ihm Briefe voller Gefühl und schildert ihre freiwillig auferlegte Zurückgezogenheit, sogar daß sie nie mehr mit

246   Männern spricht, sondern nur noch mit Frauen! Immer wieder versichert sie ihm ihre Treue und Zärtlichkeit. Sie ist im Jagdschloß Bruchhausen mit ihren Eltern. „… und bin froh in der Einsamkeit, denn meine einzige Zerstreuung ist, an Sie zu denken, Sie beschäftigen mich ausschließlich. ,Le Pédagogue et le Grondeur'* reden oft mit mir, ohne daß ich ihnen zuhöre, mein Herz und meine Gedanken sind immer bei Ihnen, und seit Ihrer Abreise hatte ich keinen Moment der Freude. Wenn ich daran denke, daß es immer noch vier oder fünf Monate sein werden, bis ich Sie wiedersehe, gerate ich in tiefe Melancholie, die ich kaum verbergen kann … Welch triste Nächte seit ihrer Abreise! Wenn ich an die Freuden denke, die ich mit Ihnen erlebte, bin ich in einem Zustand tödlichen Leidens …" Doch trotz aller liebevollen Zusicherungen, die sie ihm in reichem Maße gibt, ist er eifersüchtig darüber, daß sie z. B. in die Oper gegangen ist und mit anderen gesprochen hat, anstatt sich, wie versprochen, in ihr Zimmer zurückzuziehen und zu weinen. „Es ist also wahr, Sie haben mich vergessen, und die Unterhaltungen mit Komödien, Musik und fremden Menschen sind der Grund."

Im nächsten Brief: „Es ist mit Seufzen und Zittern, daß ich Ihnen dies schreibe, ich weiß nicht, woran ich mit Ihnen bin, da ich nicht einen einzigen Brief von Ihnen erhalten habe … Wenn ich an die vergangenen Freuden denke, erscheint mir mein Unglück noch größer. Ich träume: Wie, Du wirst nicht mehr diese durchdringenden Augen küssen, diesen feinen, göttlichen Mund, diesen unvergleichlichen Busen … Ich sehe mich nicht mehr zwischen Ihren Armen, die mich mit Vergnügen umfangen … Nein, ich will Sie nicht verlieren …" Ihre lange Antwort beginnt mit dem Satz: „Ich verdiene Ihre Vorwürfe nicht, ich verdiene sie niemals."

So gehen diese leichtsinnigen, leidenschaftlichen Briefe hin und her. Sie sind voll von Liebes- und Treueschwüren, zeugen von Sehnsucht, aber auch von Eifersucht, Unsicherheit, Angst, den anderen zu verlieren, und von Furcht vor Entdeckung. Anstatt sich von ganzem Herzen zu lieben, weil es nun einmal wie ein Naturereignis über sie gekommen war, machen sie sich beide das Leben mit Anschuldigungen und kränkenden Verdächtigungen schwer. Sie fühlen sich unsicher, weil ihre Situation instabil ist.

---

* Die Decknamen für ihre Eltern waren: „der Pädagoge" für ihre Mutter und „der Brummbär" für ihren Vater.

Ständig muß sich Sophie Dorothea rechtfertigen: „… ich bin weit
entfernt von der Koketterie, derer Sie mich anklagen. Was war nur
der Anlaß, daß Sie so eine schlechte Meinung von mir haben? Ist
es, weil ich Sie bis zur Anbetung liebe, weil ich alle Freunde ver-
nachlässige, daß ich mich nicht um die Vorhaltungen meiner Eltern sorge, noch um das Unglück, das mir zustoßen könnte? … Ich
bin bereit, alle Eide zu leisten, um Ihnen zu gefallen und Sie von
meiner Unschuld zu überzeugen … Suchen Sie einen Vorwand,
um mich zu verlassen? Ich zittere, denn Sie könnten doch wohl nicht
glauben, daß ich mich ändern könnte … Sie sind der liebenswerteste
aller Männer … Ich werde kaum Ruhe finden, bis ich weiß, woran
ich mit Ihnen bin. Wenn die zärtlichste Leidenschaft der Welt und
eine unverbrüchliche Treue Sie zufrieden stellen kann, sollten Sie
es sein …"
Königsmarck ist zugetragen worden, daß Sophie Dorothea auf
dem Ball des englischen Gesandten getanzt hat. Aber sie konnte
diesem offiziellen Ereignis nicht fernbleiben. Doch seine Eifersucht ist groß, zumal er keine Post von ihr erhält. Bedingt durch
das ständige Hin und Her während des Feldzugs erreichen ihn
ihre Briefe nicht. Auch Sophie Dorothea wartet sehnsüchtig auf
Nachrichten von ihm: „Wenn ich nichts finde, bin ich verloren.
Adieu, niemand hat Sie so geliebt, wie ich Sie liebe. Meine Leidenschaft wächst täglich, und ich werde eher sterben, als sie verlieren."
Da Sophie Dorothea keine Briefe bekommt, glaubt sie an einen
Verrat, hinter dem die Gräfin von Platen stehen könnte. Doch als
nach zwölf Tagen endlich wieder ein Brief eintrifft, ist sie zwar
hocherfreut, aber mehr als den Verrat fürchtet die Prinzessin die
bevorstehende Belagerung von Mons. Sie beschwört ihn: „Erhalten
Sie sich für mich … und denken Sie daran, daß mein Leben nur von
Ihrem abhängt …"
Doch Königsmarck glaubt nicht an Verrat, er hat über Antwerpen
einen Brief erhalten, es scheint keiner zu fehlen. Nur findet er ihre
Briefe zu kurz und blickt oft ihr Portrait an, um sich zu trösten.
„Ich sehe häufig im Geiste Ihr Bett vor mir und Sie darin, ich sehe
Sie sehr oft ‚à Cheval' (rittlings auf mir sitzen)". Er würde am lieb-

248 sten den Krieg aufgeben und Bürger von Hannover werden, um seiner Geliebten ständig nahe zu sein.

Ein längeres Ausbleiben der Post von Königsmarck beunruhigt Sophie Dorothea, denn von ihrem Ehemann, der ebenfalls in Brüssel ist, bekam sie mehrere Briefe. „Inspiriert Sie die Luft von Brüssel, so kalt zu mir zu sein, oder hat eine neue Leidenschaft mich aus Ihrer Erinnerung gelöscht?" Aber unermüdlich schreibt sie weiter von ihrer Liebe und ihren Befürchtungen. Sehr naiv erscheint eine neue Verschlüsselung, die sie anwendet. Bei Namen von Städten oder Personen setzt sie „jlli" oder „jlly" zwischen die einzelnen Silben. Doch wie leicht ist zu erkennen, daß „jlliFranjllifortjlly" Frankfurt bedeutet. Sie soll mit zur Messe nach Frankfurt reisen, und die „Boule", ihre rundliche Schwägerin Sophie Charlotte von Brandenburg, in JlliLinsjllibourgjlly (Linsburg) treffen.

Am Vorabend einer Schlacht in Flandern kommt der Ernst des Lebens auf das Paar zu, und alle kleinlichen Verdächtigungen fallen fort. Königsmarck schreibt:

Aus dem Lager bei Hall, den 23. Juli 1692

„ICH WERDE GELIEBT von der Einzigen, die ich jemals wert gefunden habe zu lieben ... Aber, meine Geliebte, ich muß das Leben wagen und werde Sie vielleicht niemals wiedersehen ... wenn es in den Kampf gehen heißt, so werde ich mich benehmen, wie ich muß ... Aber mein Herz, gestatten Sie mir eine Bitte! Wenn mein Schicksal es will, daß ich verstümmelt, eines Arms oder Beins beraubt werde, so vergessen Sie mich nicht und seien Sie ein wenig gütig gegen einen Unglücklichen, dessen einziges Glück darin bestanden hat, Sie zu lieben. Nein, meine Geliebte, vergessen Sie ihn nicht, es ist ein Mensch, der wahre Zuneigung zu Ihnen gehabt hat und sein ganzes Leben lang haben wird, mag er noch so sehr zum Krüppel werden. Meine Augen, die von den Ihrigen bezaubert wurden, werden Sie vielleicht nicht mehr wiedersehen. Ich kann nicht daran denken, ohne Tränen zu vergießen. Ach, wie wenig kann ich es genießen, daß ich von Ihnen geliebt werde, und wieviel Qualen bereiten Sie mir. Von dem Kirchturm in Hall schlägt es Mitternacht; man bringt Kugeln, Pulver und Lunten. Das ist der

Prolog zu dem Stück, das wir morgen aufführen werden. Ich muß
mich an meine Pflicht begeben. Adieu, geliebtes Kind, ach, wie bin
ich zu beklagen!"

Sophie Dorothea erfährt zu ihrem Entsetzen, daß die Truppen von
Celle und Hannover in Flandern am 24. Juli 1692 eine Schlacht
verloren haben und daß viele Gefallene zu beklagen sind. Daher
befindet sie sich „in einer Unruhe und in einer unbeschreiblichen
Erregung". Sie schreibt: „… ich werde nicht eher ruhig sein, als bis
ich Sie außer Gefahr weiß. Der Zustand, in dem ich bin, ist bemit-
leidenswert, es scheint mir, als ob kein Schuß abgefeuert würde, der
nicht Ihnen gelte … Ich weiß, daß Sie in der größten Gefahr der
Welt waren, und ich weiß noch nicht, wie es Ihnen geht. Es ist, um
daran zu sterben, und ich bin in einer Betrübnis ohnegleichen. Ich
beschwöre Sie, mich nicht mehr in der Zukunft solchen Ungewiß-
heiten auszusetzen. Verlassen Sie mich nie mehr, ich beschwöre
Sie, und wenn es wahr ist, daß Sie mich lieben, bereiten Sie sich
das Vergnügen, Ihr Leben mit mir zu verbringen. Sie haben mich
schon so viele Tränen gekostet seit Ihrer Abreise, und ich sehe voraus, daß es damit nicht bis zu Ihrer Rückkehr aufhören wird, denn
Sie werden während des gesamten Feldzuges Gefahren ausgesetzt
sein. Wie ich den König William (III.) hasse, der die Ursache von
allem ist, er bereitet mir tödliche Leiden, da er den, den ich anbete,
in Gefahr bringt … Mein Leben ist mit dem Ihrem fest verbunden,
und ich will nicht einen Augenblick ohne Sie leben."
Am 24. Juli 1692 hatte eine schreckliche, blutige Schlacht bei Steen-
kerke in Flandern stattgefunden. Die Truppen von Ludwig XIV.
hatten William III. von England und seine Verbündeten vernichtend geschlagen. Es waren 6 000 Tote zu beklagen.
Königsmarck schreibt: „Da bin ich also noch einmal davon gekommen, obwohl unsere Truppen nicht am Gefecht beteiligt waren, so
bin ich doch zwei Stunden lang im schrecklichsten Feuer gewesen … Der Herr Herzog von Celle hat sehr viele Leute dabei verloren … Ich muß Ihnen noch sagen, welche Vorsichtsmaßnahmen
ich in Bezug auf Ihre Briefe getroffen habe. Am Abend vor der
Schlacht versiegelte ich alle Ihre Briefe und das Portrait und gab sie

250   Daniel (dem Diener) und einem Offizier meines Regiments mit
dem Befehl, sie zu verbrennen, wenn ich fiele. Aber ich kann sie
noch lesen, und meine Augen werden noch oft das Vergnügen haben, darauf zu ruhen …"
Sophie Dorothea erhält zwei Briefe von Königsmarck, die sie beglückt beantwortet: „Welche Freude für mich, Sie außer Gefahr zu
wissen. Man muß so lieben, wie ich, um nachzuempfinden, wie ich
fühle. Ich habe zwei Tage und zwei Nächte in tödlicher Ungewis-
sheit verbracht, und ich glaube, es hat noch nie jemand so gelitten,
wie ich. Ich bitte Sie flehentlich, nie mehr ähnliche Torheiten zu
begehen. Ich danke Ihnen, daß Sie Sorge getragen haben um meine
Briefe und mein Portrait, das war ganz unnötig, denn wenn Sie gefallen wären, hätte mein Schmerz sowieso alles verraten … Gott
sei Dank, ich bin von den trüben Gedanken befreit … Alle Welt
macht mir heute abend Komplimente wegen meiner Fröhlichkeit.
Diese Einfaltspinsel glauben, daß es wegen des Reformateurs (ihres
Ehemannes) sei. Jedoch, um die Wahrheit zu sagen, ich habe nicht
ein einziges Mal an ihn gedacht, wenn nicht im Zusammenhang
mit Ihnen …" Denn sie kämpften beide in derselben Schlacht. Sophie Dorothea denkt nur an ihr persönliches Glück, an ihre Freude,
daß ihr Geliebter unversehrt geblieben war, während an den Höfen
von Hannover und Celle die schweren Verluste bei den Truppen
betrauert wurden.
Erst am 4./14. August 1692 erhält sie den Brief, den Königsmarck
am Vorabend der Schlacht an sie geschrieben hatte und antwortet:

„Er hat mir das Herz zerrissen, und ich bin entzückt von allem,
was Sie mir sagen. Seien Sie überzeugt, welcher Unfall Ihnen auch
zugestoßen wäre, Sie würden nicht weniger geliebt werden. Meine
Zärtlichkeit hält allen Proben stand, und wenn Ihnen nichts als
der Kopf geblieben wäre, Sie wären immer aufs leidenschaftlichste
geliebt worden. Währenddessen bin ich doch stark erleichtert, daß
Sie völlig ganz und heil zurückgekehrt sind, denn alles an Ihnen ist
so schön und liebenswert, daß man nichts davon verlieren sollte …"
Königsmarck bedauert sehr, daß die Prinzessin verreisen muß und
dadurch ihre Pläne scheitern, sich bald zu treffen. „Ich kenne einen

Gefangenen, der sich danach sehnt, aus seinem Gefängnis und in ihren Händen zu sein, doch nun müssen wir noch wochenlang Geduld haben. Wie bin ich zu bemitleiden!" „Morgen muß ich für 6–7 Wochen verreisen. Ich hoffe, daß wir beide ungefähr zur gleichen Zeit zurück sein werden", antwortet Sophie Dorothea. „Ich will Ihnen erneut meine Zärtlichkeit versichern. Auch ich kenne ein Gefängnis, das mit großer Ungeduld auf seinen Gefangenen wartet … Bewahren Sie mir Ihr liebendes Herz, ich erhalte Ihnen das meine so vollständig, daß für nichts anderes auf der Welt der kleinste Platz bleibt …"

Sophie Dorothea reist mit ihrer Mutter und ihrer Schwiegermutter, die sie streng beobachten, nach Wiesbaden. Allein die Fahrt dauert zwölf Tage, der Aufenthalt ist für sechs Wochen geplant.

Immer wieder sind die Briefe auf beiden Seiten voller Eifersucht und Vorwürfe. Königsmarck ist seit zwei Jahren so leidenschaftlich verliebt, doch nie fühlt er sich ihrer sicher. „Warum sind Sie nur so schön!" Er wirft ihr eifersüchtig vor, daß sie auf die Frankfurter Messe geht, wo sie den Blicken so vieler netter Leute ausgeliefert sein wird. Doch das schlimmste ist, daß sie einen neuen Verehrer hätte, den Prinzen von Hessen, der ihr in seinem eigenen Land so leicht näher kommen kann. Königsmarck droht: „Lieber gehe ich nach Indien, als so etwas mitanzusehen. Es wäre sehr unangenehm für mich, einen Liebhaber in Ihrem Schlafzimmer zu finden, während ich, der Sie anbetet, nicht eintreten darf. Aber ich vergaß, er ist ein Prinz, und sein hoher Rang gibt ihm Vorrechte." Doch dann tut es ihm wieder leid: „Ich fürchte, dieser Brief wäre kränkend, wenn ich alles glauben würde, was ich da schrieb, aber nein, mein lieber Engel, ich kenne Ihre Tugendhaftigkeit und Ihre treue Beständigkeit. Doch ich warne Sie, vorsichtig zu sein. Zwei Frauen sind mit Ihnen zusammen, die eine, ihre Mutter, hat bereits alles getan, Sie dazu zu bringen, mich zu hassen … Vom ersten Tage an, da ich Sie gesehen habe, war mein Herz von Ihnen angerührt, obwohl ich nur ein Junge war und nicht in der Lage, Ihnen meine Leidenschaft zu erklären …"

252 Auch Sophie Dorothea ist aufgebracht: „Man bringt mir Ihr Portrait, ich kann es nicht ohne Tränen ansehen … Wieviel Vergnügen bereitet mir dieses Souvenir, und wieviel Unglück und Betrübnis läßt es mich befürchten. Sie schreiben mir, daß Sie nach Brüssel reisen wollen, um sich dort zu amüsieren. Kann man die Grausamkeit haben, so etwas einer Person mitzuteilen, die so sensibel und so zärtlich ist, wie ich es bin?"

Königsmarck verteidigt sich, daß seine Kameraden nach den harten Kriegszeiten etwas Zerstreuung suchen und er sich nicht ausschließen kann. In Kürze sollen die Truppen ins Winterquartier verlegt werden, und er hofft, daß er dann auch bald zu ihr nach Hannover kommen kann.

Herzog Ernst August unternahm unterdessen weiter große Anstrengungen, um die Kurwürde zu erlangen. Aus diesem Grund hatte er seine Tochter Sophie Charlotte und seinen Schwiegersohn, den Kurfürsten von Brandenburg, nach Hannover eingeladen, von dem er eine Vermittlung und Unterstützung für seine Kandidatur beim Kaiser erhoffte. Bei den aus diesem Anlaß stattfindenden Festen ist Sophie Dorotheas Anwesenheit unerläßlich. Sie hofft sehr, daß auch Königsmarck kommen kann. Sie fühlt sich von Gefahr umgeben, glaubt sich beobachtet von der haßerfüllten Gräfin von Platen. Auch ihre Schwägerin Sophie Charlotte gibt ihr eine Warnung und rät ihr, sich mit der Maitresse des Herzogs gut zu stellen. Sophie Dorothea ist verzweifelt. Sie beschwört Königsmarck, doch nicht zu kommen und sich nicht so großen Gefahren auszusetzen.

Ihr Liebhaber antwortet: „Sie sprachen davon, sich von der Welt zurückzuziehen, ich hoffe doch in meine Arme, oder an einen Ort, an dem ich bis ans Ende meiner Tage mit Ihnen leben kann …"

Königsmarck erhält keinen Urlaub. Er zweifelt nicht daran, daß der ihm nur verweigert wird, um ihn von Hannover fernzuhalten. Außerdem wird seiner Schwester Aurora nach einem Streit mit der mächtigen Gräfin von Platen von Ernst August mit höflichen, aber eindeutigen Worten nahegelegt, nicht mehr nach Hannover zu kommen, „da sie ihn vergangenen Karneval mit seinem Hause entzweit hätte (augenscheinlich rechnet er die Gräfin von Platen auch zu seinem Hause)". Königsmarck fährt fort: „Sie sehen, wie weit die Macht dieser Frau geht und daß wir sie alle zu fürchten haben … Sie können sich leicht denken, wie mir solche Dinge zu Herzen gehen und mich zur Verzweiflung bringen". Voller Wut sieht Königsmarck überall die Machenschaften dieser Frau, deren Liebesleidenschaft und Begierde für ihn in Haß umgeschlagen war, weil er sie später Sophie Dorotheas wegen verschmäht hatte. Königsmarck schreibt:

Charleroi, 20/30. Oktober (1692)

„NEIN, WENN ICH sterben muß, so will ich denn sterben, indem ich mich an denjenigen rächen, die mich zwingen, meine Eroberung aufzugeben, das heißt, ich will mich rächen an der Prosperina (Gräfin von Platen), sie ist es, die mir dafür zahlen soll, und der ich mein ganzes Unglück zuschreiben muß. Das erste, was ich tun werde ist, daß ich ihren Sohn aufsuche, mit ihm Streit anfange und ihn, wenn möglich, in die andere Welt sende. Dann werde ich die ganze Erde davon in Kenntnis setzen, wie sie mich verfolgt hat, und von den Torheiten, die ich mit ihr begangen habe … Aber diese Rache ist nur gering im Vergleich zu dem Übel, das sie mir bereitet. Sie beraubt mich des einzigen Trostes, den ich in der Welt hatte. Ich lebte nur für die kleine Schielerin („la petite louche", ein Kosename für Sophie Dorothea aus der Kindheit) … Stellen Sie sich nun vor, was die alte Vettel mir antut. Wäre ich der Herr der Schöpfung. Ich würde sie von den Bären auffressen lassen, die Löwen sollen ihr teuflisches Blut trinken, die Tiger sollen ihr falsches Herz herausreißen. Ich verbringe Tage und Nächte, um mir neue Qualen für sie auszudenken, um sie für die finsterste Bosheit der Welt zu strafen, weil sie einen Mann, der bis zum Wahnsinn liebt, von seiner Geliebten zu trennen sucht. Du sollst es bereuen, Barbarin! Aber das macht mich nicht glücklicher, denn deswegen werde ich Sie nicht wiedersehen."

Doch hier irrt er sich, denn bald kann er nach Hannover zurückkehren und seiner Geliebten begegnen. Beide wollen nun versuchen, sich mit der gefährlichen Gegnerin gutzustellen, wenn er auch dagegen aufbegehrt: „Indessen will ich gern bei Ihrem Plan behilf-

254 lich sein, da Sie sich mit der Hoffnung auf einen guten Erfolg schmeicheln. Ich will ihr gern tausend Höflichkeiten erweisen und mich freundlich zeigen wie früher, wenn sie es ebenso macht, aber niemals werde ich ihr sagen, daß ich sie liebe … während ich sie hasse … Die Freude, die ich empfand, Sie in meinen Armen zu halten, hinderte mich, über Ihren Vorschlag nachzudenken, aber ich finde ihn so unter meiner Würde, daß ich ihn völlig verwerfe … Im übrigen, mein Engel, wie soll ich Worte finden, die stark genug wären, Ihnen für all Ihre Güte zu danken! Sie machen mich zum glücklichsten Mann der Welt und zu dem treuesten, mich, der es niemals glaubte zu sein."

Schon bald gibt es wieder neue Probleme für den feurigen Liebhaber, den Hitzkopf, der sein übersprudelndes Temperament so wenig zügeln kann. Der Anlaß brauchte eigentlich das Verhältnis der beiden Liebenden nicht zu berühren. Am 9./19. Dezember 1692 wurde dem Herzogtum Braunschweig-Lüneburg von Kaiser Leopold I. in Wien feierlich die neunte Kurwürde verliehen.

Nun packt Königsmarck wieder rasende Eifersucht, und er höhnt: „Kurprinzessin (Princesse Electorale)! Man kann Sie von nun an so nennen, denn offensichtlich hat Ihnen der Kurprinz in der letzten Nacht diesen Ehrentitel verliehen. Sind die Umarmungen charmanter, wenn man diesen Rang bekleidet? … Ich kann vor Wut nicht schlafen, daß ein Kurprinz mich des Vergnügens beraubt, mit meiner charmanten Maitresse zusammen zu sein …", und er fragt, „ob wohl die kurfürstlichen Vergnügungen den unsrigen vorzuziehen seien? Hélas, ich wage es nicht, Sie an die zu erinnern, die wir gemeinsam hatten, denn sie werden Ihnen jetzt unbedeutend erscheinen."

Im Dezember reist der Kurfürst mit seiner Familie nach Berlin, um sich bei seinem Schwiegersohn für seine Hilfe zu bedanken. Sophie Dorothea schützt im letzten Moment eine Erkrankung vor, um nicht mitreisen zu müssen, denn auch ihr Ehemann verläßt mit den anderen Hannover. Nun ist der Weg frei für Königsmarck. Als er diese Nachricht von seiner Geliebten erhält, hat er nur noch Zeit für eine kurze Mitteilung: „En route!" Närrisch vor Freude verläßt er seinen Posten, obwohl er keinen Urlaub hat. Sorglos, ohne an die Folgen zu denken, eilt er in die Arme seiner Angebeteten. Er kann von Glück sagen, daß sein Vorgesetzter sein Freund ist und die Angelegenheit mit Nachsicht behandelt und vertuscht. Bald müssen die Truppen wieder nach Flandern ziehen und Königsmarck mit ihnen. Da er immer gern dramatische Worte verwendet, nennt er es die „retour funeste", eine unheilvolle Rückkehr, die ihm wie ein Todesurteil vorkommt. Vorher möchte er nun noch die Knie der Prinzessin in seinen Tränen baden, die dieser Aufbruch ihn kosten wird.

Ein Brief von Sophie Dorothea ist verloren gegangen. Das versetzt die Liebenden in große Aufregung und Furcht vor Entdeckung. „Unsere Nachlässigkeit ist unser Verderben, nur mit Gottes Hilfe können wir aus dieser Affaire herauskommen." Königsmarck ergreift daraufhin neue Vorsichtsmaßnahmen. Er sendet ihr im Januar einen neuen umfangreichen Chiffre-Schlüssel. Jetzt sollen dreistellige Zahlen für Personen- und Ortsnamen eingesetzt werden.

In Hannover wird sechs Wochen lang die neue Kurwürde Ernst Augusts gefeiert. Doch seine Rangerhöhung wird nicht von allen gebilligt. Einige Fürsten sind dagegen und erkennen sie nicht an. Auch die Herzogin von Orléans meint, daß ihr Onkel auch ohne die Kurwürde schon seit Jahren ein großer Herr ist und mit diesem Stand zufrieden sein sollte. Außerdem hätte er lieber sein Geld für ein lustiges Leben ausgeben sollen, „... als solches vielen Plackscheißern – mit Verlaub – zu geben ..." Sie glaubt, daß es besser gewesen wäre, die Einigkeit im Hause zu erhalten und den Verdruß mit den Söhnen zu vermeiden.

Auch bei Sophie scheinen nur gedämpfte Gefühle zu herrschen, sie sieht ihre Lage durch die Kurwürde nicht verbessert. Zwar unterschreibt sie von nun an jeden Brief mit: „Sophie Courfürstin", doch setzt sie einmal hinzu: „Disen tittel vergesse ich jha nicht zu setzen, da es ist alles was ich von Courfürstendum habe." (8./18. April 1693)

Eine ausführliche Beschreibung der prunkvollen üppigen Feste in Hannover enthält ein langer Brief vom März 1693 von Aurora von Königsmarck an die Königin von Schweden:

256

„Sophie Kurfürstin von Hannover". Kupferstich

„Es war sehr passend, nach dem glücklichen Erfolge einer ebenso ruhmreich beendeten Angelegenheit, wie die Kurfürstenwahl, dieses erlauchte Haus in voller Freude zu sehen, und berechtigte Vergnügungen mußten nur noch angenehmer erscheinen. Die Anwesenheit mehrerer durch Verdienst oder Schönheit hervorragender Fürstinnen, verbunden mit dem, was der hannoversche Hof umschließt, machte diesen zu dem schönsten und prächtigsten, den man vielleicht jemals gesehen hat …

Die Kurfürstin von Brandenburg (Sophie Charlotte) … ist vollendet schön und geistreich, sie ist gut und von der besten Gemütsart, das sind Eigenschaften, die eine Fürstin sehr anziehend machen.

Die Frau Kurprinzessin von Braunschweig (Sophie Dorothea) verdient nicht minderes Lob. Ihr Geist ist groß und stark, ihr Benehmen sehr edel, ihr Wesen ist etwas ernst und zurückhaltend, aber sanft und gleichbleibend. Sie besitzt Güte und Seelengröße, und es fehlt ihr nichts an dem, was einen vollkommenen Wert ausmacht. Wer sich für eine der beiden Prinzessinnen entscheiden sollte, würde in große Verlegenheit geraten …

Ich werde es nicht unternehmen, zu Ew. Majestät über die großen Eigenschaften des Herrn Kurfürsten von Braunschweig noch über die Frau Kurfürstin, seiner Gemahlin, zu reden. Sie kennen sie selbst, sie lieben, sie achten sie, das genügt. – Ich werde auch nicht wagen, das Verdienst des Herrn Herzogs von Celle zu berühren, obwohl mich meine Neigung dazu verleiten möchte. Er ist ein bezaubernder Fürst … Je öfter man ihn sieht, desto mehr liebt man ihn …

Die Frau Herzogin von Celle wird sich immer durch echte Tugend und einen sehr klaren Geist auszeichnen, glücklich und achtungswert, verdient sie das Glück, das sie genießt ...“ Aurora beschreibt noch einige von den vielen Gästen, „... die weniger von der Schönheit des Gepränges, als in Bewunderung für den Fürsten, der solches veranstaltet, angezogen werden. Es ist wahr, daß die Zuvorkommenheit, mit der die Fremden bei Hofe empfangen werden, eine ganz besondere ist. Man bewirtet, man ergötzt sie, und außer den zehn Tafeln, die immer auf das leckerste bei Hofe gedeckt sind, stehen ihnen Häuser mehrerer Privatpersonen, wo Pracht und gute Verpflegung herrschen, immer offen.

257

„Ernst August Kurfürst von Hannover".
Schabkunstblatt

Die Schönheit der Zerstreuungen setzt durch ihre Verschiedenartigkeit und ihren Zauber in Erstaunen und jeder Tag hat seine besonderen Freuden. Alle diese Belustigungen begannen mit einer großen ‚Wirtschaft', auf der nach der gewöhnlichen Art solcher Feste, die Personen durch Zettel füreinander bestimmt waren. Man war hinsichtlich der Art der Kleidung übereingekommen, die alten Moden dienten dieser Maskerade zum Vorbild. Die Halskrausen, die Federbüsche, die Reifröcke wurden wieder in Gebrauch genommen ... die Damen ... sahen noch schöner aus, als in ihrer gewöhnlichen Kleidung. Hierauf setzte man die Vergnügungen in folgender Ordnung fort: an einem Tage Oper, am anderen Lustspiel, am folgenden Redoute und von Zeit zu Zeit einen großen Ball oder einen Galatag ...

Diese verschiedenen, während sechs Wochen festgesetzten Vergnügungen endeten am Fastnachts-Dienstag ... mit einer großen ‚Wirtschaft'. Aber weder die Anordnung, noch die Kleidung waren der ersten ähnlich. Man bildete vier Quadrillen mit vier Hauptpersonen ...“ Sophie Charlotte führte eine Gruppe mit antiken Götterfiguren begleitet von Nymphen und Bacchantinnen mit Glöckchen

258 an den Kleidern und Tambourinen an. Ihr schritt ein Musikzug voran. „Die andere Quadrille, welche die türkische Nation darstellte, schritt bei den Tönen der Dudelsäcke, Hoboen, Trommeln und Pauken ..." Diese Gruppe wurde von Sophie Dorothea im Kostüm einer Sultanin angeführt. Ihr folgen u. a. als Großvezier der Graf Königsmarck, auch Aurora war dabei. „... Es ging an Pracht und Großartigkeit nichts mehr über diese Quadrille. Wenn die der Frau Kurfürstin von Brandenburg fein, heiter und voller Anmut erschien, so war die der Frau Kurprinzessin sehr majestätisch und glänzend durch die verschwenderische Menge von Edelsteinen, den Reichtum der Kleidung, die große Zahl der Personen, die Anordnung des Zuges, die man nicht ohne Bewunderung ansehen konnte ...

Der Herr Kurfürst, gefolgt von den Großen seines Hofes und mehrere Damen (waren) als Bauern und Bäuerinnen verkleidet ...

Die Frau Kurfürstin (Sophie) ... führte eine Bande von Narren ..."

Eine weitere Quadrille wurde von der Fürstin von Ostfriesland angeführt, sie traten als Vestalinnen und Oberpriester auf. Eine Orakelmaschine schuf Verwirrung und Gelächter, es wurde gesungen und musiziert. Zettel mit Versen zum Lobe der Fürstlichkeiten wurden ausgeteilt. So lautete eine Prophezeiung für die Herzogin von Celle:

„Der schöne Stern, der für dich glänzt,
Steht mit deinen Tugenden in Einklang.
Ein Gatte, eine erlauchte Tochter
Werden immer dein Geschick segnen.
Das unabwendbare Gebot des Schicksals
Verheißt die Glückseligkeit.
Wahres Glück ist nur das,
Das man verdient hat."

Der Kurprinzessin Sophie Dorothea überreichte man folgende Prophezeiung:

„Königin über Herzen und Sultane
Alles wird von deinem Zauber unterjocht.

Niemals haben die türkischen Heere
So viele Sklaven in Fesseln geschlagen.
Du zwingst jeden, dich zu lieben.
Nichts zu tun, als zu siegen und zu bezaubern,
Könige deine Fesseln tragen zu sehen,
Ihnen Tod und Leben zu schenken,
Das, o Sultanin, ist dein Geschick.“

Nach den wochenlangen Festlichkeiten war dieser Maskenball am
28. Februar 1693 der letzte der Saison. Er endete im Morgengrauen
des Aschermittwochs.

Aurora hatte begeistert mitgefeiert. In ihrem Brief bewundert sie
die prachtvolle Ausstattung und ist voll des Lobes für die fürstlichen Verwandten der Königin. Wahrscheinlich ist auch ein Teil
Schmeichelei dabei, Aurora möchte sich wohl beliebt machen.

Genau das Gegenteil wird in einem Theaterstück unserer Tage dargestellt, das am 12. März 1997 in Hannover uraufgeführt wurde:
„Jesabels Rache“ von Harald Kuhlmann. Ort der Handlung ist
ebenfalls das Karnevalsfest, auch die Personen sind fast die gleichen,
werden jedoch mit ätzender Schärfe karikiert. Zeitlich sind Geschehnisse von zehn Jahren in diesen einzigen Tag hineingepreßt:
Die Verleihung der Kurwürde an Herzog Ernst August 1692, das
erste Erscheinen des erwachsenen Königsmarcks am Hof von Hannover im März 1688 (ihn begehren nicht nur die Damen in diesem
Stück).

Seine Ermordung am 1. Juli 1694, die Scheidung und Verbannung
der Kurprinzessin Ende 1694 und die Anwartschaft auf den englischen Thron, das alles wird hier dargestellt. Die schlechten Sitten
und die Unmoral werden angeprangert, wie auch Haß, Intrigen
und üble Gelüste. Resignierend spricht die Prinzessin den Schluß-
monolog, der mit dem Satz endet: „Das Spiel ist aus, herabgebrannt
die Kerzen, die Wahrheit hat gesiegt auf ganzer Linie.“ Doch was
ist hier die Wahrheit? Wahrscheinlich liegt sie in der Mitte zwischen den beiden Extremen.

Nach Aschermittwoch beginnt wieder der Ernst des Lebens. Der
Krieg hatte erneut begonnen, Georg Ludwig kehrt zur Armee nach

260 Flandern zurück. Seine Frau wird von ihren Schwiegereltern scharf bewacht. Die Liebesaffaire scheint ihnen bekannt zu sein, und man versucht weitere Treffen zu verhindern. In Linsburg wird sie fast wie eine Gefangene gehalten. Ihre Schwiegermutter ist bei ihr und beschreibt den Ort: „Allhier sein wir in einer sehr großen Wildernis, da ich wenig Freude habe …" Auch Sophie Dorothea ist „im traurigsten Zustand der Welt" und klagt: „… alle Leiden, die man sich vorstellen kann, sind nichts im Vergleich zu dem was ich leide, seitdem Sie mich verlassen haben … Meine Vernunft würde mir jetzt sagen, nach Bruchhausen (zu meinen Eltern) zu gehen, doch mein Herz zieht es dorthin, wo Sie sind, ich weiß nicht, ob mein Herz über meine Vernunft siegen würde …" Das hatte ihr Herz doch schon längst getan!

Auch in Gesprächen bei den einsamen Spaziergängen mit ihrer Schwiegermutter geht der verliebten jungen Frau das Herz über. „Die Kurfürstin spricht mit mir jedes Mal über Sie, wenn ich mit ihr spazieren gehe, denn ich habe Ihnen ja bereits berichtet, daß ich immer mit ihr ganz allein bin. Ich weiß nicht, ob sie das aus Zuneigung zu Ihnen tut, oder um mir eine Freude zu bereiten. Aus welchem Grunde es auch immer sei, sie bereitet mir damit viel Freude. Ich kann noch nicht einmal meine Begeisterung meistern, wenn ich nur Ihren Namen höre! Sie sagt nur Gutes über Sie und lobt Sie mit soviel Vergnügen, so daß ich, wenn sie jünger wäre, nicht verhindern könnte, eifersüchtig zu sein, denn ich glaube ganz im Guten, daß sie eine herzliche Zuneigung für Sie empfindet …" Die arglose Sophie Dorothea merkt in ihrem Gefühlsüberschwang nicht, daß sie in eine Falle tappt, denn sie verrät sich durch ihre Freude, über Königsmarck zu sprechen. Sophie weiß natürlich längst über die Affaire Bescheid. Es ist ein leichtes für sie, ihre Schwiegertochter auszuhorchen, denn sie ist ihr an Klugheit und Lebenserfahrung weit überlegen. Hätte sie ein wenig Zuneigung für die junge Frau ihres Sohnes, so könnte sie sie warnen, beraten und beschützen. Doch sie ist die Tochter der von ihr so gehaßten Eleonore d'Olbreuse. Sophie hat ihre Rache seit langem geplant und fein eingefädelt. Wenn die Tochter ins Verderben stürzt, wird ihre Mutter ebenso schwer getroffen. Vor langer Zeit schrieb Sophie schon über

das damals zwölfjährige Mädchen: „Sophie Dorothea wird uns alle rächen, sie ist eine kleine Kanaille, wir werden schon sehen …" Das Netz der Intrigen schließt sich immer enger um das unvorsichtige Liebespaar. Doch in ihrer Leichtfertigkeit wechseln sie weiter schriftlich ihre Liebesbeteuerungen und planen geheime Rendezvous. Ein Brief Königsmarcks bereitet Sophie Dorothea großen Kummer. Er war bei der Gräfin von Platen zum Souper! Obwohl sie ihm selbst geraten hatte, aus taktischen Gründen ihre Gegnerin zu hofieren, wirft sie ihm vor, daß er, kaum daß er sie verlassen hat, sich mit Damen tröstet, die sie tödlich hassen … „Ich gestehe Ihnen, das war wie ein Faustschlag für mich …" Doch sie liebt ihn zu sehr, um nicht seine Entschuldigung anzunehmen und sehnt sich danach, ihn bald zu sehen. Die Gelegenheit ist günstig: …" Von meiner Seite her ginge es ganz leicht, die Knesebeck hat das Zimmer direkt neben mir. Sie könnten durch die Hintertüre eintreten, ohne gesehen zu werden und Sie könnten ohne das geringste Risiko 24 Stunden hier bleiben … Ich gehe jeden Abend allein mit der Knesebeck unter den Bäumen rund ums Haus spazieren. Man wird sie dort von 10 Uhr bis Mitternacht erwarten. Machen Sie sich durch unser übliches Signal bemerkbar. Die Pforte des Palisadenzaunes ist immer offen …" Allen Warnungen zum Trotz eilt Königsmarck zu seiner Geliebten. Von weitem pfeift er das vertraute Signal: „Les Folies d'Espagne", ein damals bekanntes Lied, dessen Titel symbolträchtig für die Situation erscheint, denn „folies" sind nicht nur Leidenschaften, sondern auch Torheiten. In der Nacht vom 16. Juni 1693 verleben die Liebenden gemeinsam die langersehnten Stunden des Glücks. Doch die Gefahr der Entdeckung lauert überall. Wenige Tage später schreibt Königsmarck: „Als ich aus der Palisade herauskam, sah ich zwei Männer nur sechs Schritte von mir entfernt spazieren gehen. Ich habe nicht gewagt, den Kopf zu wenden, was mich verhinderte, zu wissen, wer sie waren. Auch eine von Ihren Kammerfrauen hat, als ich vorbeikam mit der Kerze geleuchtet. Ich weiß nicht, welche es war, ich habe auch hier nicht gewagt, mich umzudrehen …"
Er müßte dringend nach Schweden reisen, um sich um seine Güter zu kümmern. Königin Christine von Schweden hatte in früheren

262 Zeiten Ländereien an die Großen ihres Reiches verschenkt. Ihr Nachfolger König Karl XI. ließ Königsmarck mitteilen, daß alles konfisziert würde, falls er in hannoverschen Diensten bliebe. Doch der Graf kann nicht von seiner Liebsten lassen und will in ihrer Nähe bleiben. Die Familie Königsmarck erleidet dadurch große finanzielle Verluste. „Einliegender Brief wird Sie vom Stand meiner Angelegenheiten in Schweden unterrichten, er ist ziemlich kläglich, aber ich habe ein unendlich größeres Gut gewonnen, und ich biete jenem barbarischen Könige Trotz, es mir zu entreißen, das ist Ihre vielgeliebte Person und der Besitz Ihres Herzens. Wenn ich Leonisse (poetischer Kosename für S. D.) nicht hätte, um mich zu trösten, würde ich vor Verzweiflung sterben, nun aber ertrage ich alles ganz ruhig und mit großer Festigkeit. Ich glaube, gegen Ende des Monats marschieren zu müssen; man gibt mir eine Abteilung von tausend Fußsoldaten, und ich kommandiere dieses kleine Korps …"

Im nächsten Brief berichtet Königsmarck über neue Sorgen: „… Marschall Podewils war der Erste, der mir einen Wink gab, ich möchte auf mein Benehmen achtgeben, da er aus guter Quelle wüßte, daß man mich beobachten würde … Er hat mir nichts weiter sagen wollen, als daß es sich um Damen des Hofes handelte. Sie sehen wohl, wohin es zielt … L'Innocent (Prinz Ernst August) hat mich ebenfalls davon benachrichtigt … daß die Unterhaltungen, die ich von Zeit zu Zeit mit Ihnen gehabt habe, mir schlimme Folgen zuziehen könnten …" Der Schock ist so groß, daß Königsmarck fürchtet, „… nach derartigen Nachrichten ohnmächtig zu werden". Für Sophie Dorothea wird die Situation immer unerträglicher. Sie will nicht mehr mit ihrem Ehemann zusammenleben, sondern mit ihrem Geliebten. Da Königsmarck viel Geld verloren hatte, versucht sie nun die Mittel aufzutreiben, die ihr ermöglichen sollen, ihre Freiheit zu erlangen. Ihr gesamtes Vermögen untersteht laut Heiratsvertrag ausschließlich ihrem Gemahl. Im Juni 1693 beschreibt sie ihre Lage: „Ich beschäftige mich nur mit meinen Plänen. 227 (meine Mutter) hat eine Sache begonnen, die mir sehr gut erscheint, wenn sie gelänge. Sie will, daß die Stände von 305 (Celle) mir ein Geschenk von 30 000 Talern machen sollen. Sie hat darüber mit 129 (dem Premierminister von Celle, Bernstorff) gesprochen ... der versprochen hat, alles zu versuchen ... Es ist sicher, wenn ich 129 für meine Interessen gewinnen könnte, dann würde 101 (mein Vater) alles tun, was man wollte. Man muß alles auf jede Art und Weise probieren. Die Angelegenheit liegt mir zu sehr am Herzen, um nicht alles zu berücksichtigen, denn davon hängt das Glück meines Lebens ab ... Ich liebe Sie zu sehr, um nicht empfindlich von Ihren Angelegenheiten und dem Stand der Dinge angerührt zu sein. Würde es Gott gefallen, daß ich ein Königreich hätte, um es Ihnen zu schenken. Welche Wonne, welches Vergnügen wäre das für mich! Aber in Ermangelung dessen, denke ich nur daran, wie ich 101 (meinen Vater) gewinnen kann. 227 (meine Mutter) ist vollständig auf meiner Seite ...

227 (meine Mutter) hat den Armen 2 000 Taler versprochen, wenn 102 (mein Gemahl aus dem Krieg) nicht zurückkommt; das verdoppelt meine Liebe ..." Zu groß ist der Wunsch der Tochter, von diesem Ehemann befreit zu werden und legal mit ihrem Liebhaber zusammenzuleben. Eleonore, die sich in ihrem eigenen Leben in so vieles gefügt hatte, ist nun bereit, sie mit allen Mitteln zu unterstützen. Beinahe wäre der Wunsch von Mutter und Tochter in Erfüllung gegangen, denn Georg Ludwig geriet in der Schlacht von Neerwinden in Lebensgefahr.

Sophie Dorothea hat keine günstige Zeit gewählt, um mit ihrem Vater zu verhandeln. Er hatte ganz andere Sorgen. Die Dänen marschieren in großer Übermacht auf Ratzeburg zu und bedrohen das Herzogtum Celle. Da hilft ihr auch die Vermittlung Eleonores nichts. Sophie Dorothea schreibt: „Ich war gestern Zeugin einer Konversation zwischen meinem Vater und meiner Mutter, die mich recht nachdenklich machte. Man kann sich nichts Unerfreulicheres, Schärferes vorstellen, als das, was sie sagten ... Ich habe gezittert, daß Menschen, die allein die Liebe vereint hat, sich über so geringfügiges aufregen können und so weit gehen, zu drohen, sich zu trennen. Endlich nach zwei Stunden haben sie sich wieder versöhnt, aber meine Mutter ist sehr verärgert über meinen Vater, denn sie war nicht im Unrecht. Sie beurteilen das richtig, sie hat wenig Macht, und so kann sie sich auch nicht durchsetzen in einer

264 Sache, die ihr am Herzen liegt. Das gibt mir eine schlechte Vorahnung für meine Angelegenheit, denn alle meine Hoffnung stützt sich auf sie ... Mein Vater ist über alle Begriffe hart, auf ihn kann ich nicht bauen, denn das habe ich erkannt an der Art, wie er meine Mutter behandelte, daß man kaum auf Güte bei ihm rechnen kann ..."

Wie sich zeigt, bekommt es Eleonore schlecht, sich für ihre Tochter einzusetzen. Ihre Ehe leidet darunter. Georg Wilhelm hat sich mit dem Älterwerden verändert, seine Gutmütigkeit und Weichheit hatten sich in Unnachgiebigkeit und Härte verwandelt. Sophie Dorothea wird durch die Krisen in ihrem Elternhaus entmutigt. Sie ist niedergeschlagen, ihre Sünden bedrücken sie. Religiöse Bedenken lösen Schuldgefühle bei ihr aus. Königsmarck versucht, sie zu trösten und wieder aufzurichten: „Der Himmel selbst ist für uns, und wenn unsere Wünsche in Erfüllung gehen, dann sündigen wir doch nicht mehr gegen das 6. Gebot. Leisten Sie Gott diesen Schwur, und er wird Ihre Gebete erhören. Mit welcher Freude würde ich bereuen, nachdem ich gesündigt habe ..."

Königsmarck berichtet, daß er am Hof jeden Abend mit einer entzückenden Dame spielt. Es bereitet ihm viel Freude, weil sie Sophie Dorothea so sehr gleicht. Sie durchschaut die Neckerei sofort, denn sie weiß, daß es sich um ihre kleine Tochter handelt. Auf einem Gemälde von 1691 ist die Prinzessin mit ihren beiden Kindern dargestellt, die Ähnlichkeit zwischen den Dreien ist wirklich groß. Die Kinder werden in dem Briefwechsel des Paares fast nie erwähnt. Woran mag das liegen? War Sophie Dorothea so ausschließlich von ihrer großen Liebe erfüllt, daß selbst ihre Kinder nicht mehr für sie wichtig waren? Vielleicht fehlte ihr auch eine echte Bindung zu ihnen, weil man sie ihr so früh fortgenommen hatte und andere über ihre Erziehung bestimmten? Oder hatte sie kein tieferes Gefühl, weil es auch die Kinder ihres ungeliebten Ehemannes waren? Dagegen war Eleonores enge Bindung zu ihrer Tochter eine Ausnahme, doch auch sie hatte nicht die Macht, in die Erziehung ihrer Enkel einzugreifen. Unter der Aufsicht der Herzogin Sophie erhielten die Kinder eine gute standesgemäße Bildung. Aber ist Mutterliebe zu ersetzen?

*„Sophie Dorothea mit ihren Kindern", dem späteren König Georg von Großbritannien und Sophie
Dorothea, der späteren Königin in Preußen. Gemälde von Jacques Vaillant (?), um 1691*

Eleonore versucht mit allen Mitteln, ihre Tochter vor einer Ent-
deckung der gefährlichen Verbindung zu schützen. Um von dem
Verdacht abzulenken, schlägt sie ihr vor, allerlei harmlose Tände-
leien mit netten jungen Männern ihrer Umgebung zu beginnen.
Das empört den eifersüchtigen Königsmarck: „... ich hasse Ihre
Mutter ... weil sie Sie ständig jemandem zum küssen geben will.
Ich staune, daß sie Ihnen noch nicht vorgeschlagen hat, mit Prinz
Max zu schlafen. Das fehlt gerade noch! ... Ich wünschte, Ihre Mut-
ter wäre im Land, wo der Pfeffer wächst, dann kann sie mir keine
Streiche mehr spielen ..." Später, am selben Tag: „Wir sind von al-
len die schwächere Partei, und wir können nichts mehr erhoffen.
Sie werden genötigt sein, sich mehr denn je mit dem Prinzen zu
verbinden, und ich, mir ein Eckchen irgendwo in der Welt zu suchen, wo mir jemand Brot gibt, damit ich nicht vor Hunger sterbe.
Ich gestehe Ihnen freimütig, daß das Benehmen Ihres Vaters mich
überrascht, doch es gibt kaum Zweifel, daß das nicht aus der Rich-

266 tung der Platen kommt, die völlig Bernstorff beherrscht, und dieser hat alle Macht über die Denkungsart Ihres Vaters … er (Bernstorff) ist so falsch wie der Teufel …"

Bei den Eltern Sophie Dorotheas ist alles in bester Ordnung, sie haben sich wieder versöhnt. „Mein Vater ist zärtlicher denn je zu mir, und meine Mutter … gibt mir täglich neue Zusicherungen, daß alles, was sie besitzt, für mich ist … Ich würde lieber sterben, als mich mit dem Prinzen erneut zu verbinden … Ich bin davon angerührt, daß Sie es nötig haben … jemand zu suchen, der Ihnen Brot gibt … Zähle ich denn überhaupt nicht mehr, und glauben Sie, ich würde Sie jemals verlassen, ganz egal was Ihnen passiert? … Ich will alles mit Ihnen erleiden … Vielleicht werden wir doch glücklicher, als wir erhoffen. Lieben wir uns unser ganzes Leben lang und trösten wir uns gegenseitig im Unglück …"

Immer wieder tauchen Zweifel auf, ob es jemals eine glückliche und gemeinsame Zukunft geben wird. Auch Königsmarck macht sich Sorgen. Die Gefahr der Entdeckung auf dem Rückweg nach dem letzten Rendezvous in Bruchhausen war doch größer, als er anfangs dachte. Er sieht es nicht mehr als Zufall an, daß in dieser Nacht so viele Leute in der Nähe des Hauses unterwegs waren. Nur seine schnellen Beine hatten ihn gerettet. Entmutigt äußert er seine Bedenken: „Es ist nur der Gedanke an die Gefahr, der ich Sie aussetze, der mich überlegen läßt, Sie aufzugeben, denn da uns keine Hoffnung bleibt, jemals zusammen zu leben, warum sollen wir soviel riskieren für so wenig, das heißt, um sich zwanzig Mal im Jahr zu sehen?"

„Da haben Sie ja wirklich einen schönen Grund, um mich zu verlassen", kontert Sophie Dorothea, „mich, die ich mich opfere und die ganze Welt dazu, um mit Ihnen zusammen zu sein, seien Sie überzeugt, daß die schrecklichen Gefahren und selbst der Tod … mich niemals daran denken lassen, mich von Ihnen zu trennen, denn ohne Sie ist es mir unmöglich zu leben. Sie sind meine Freude und mein Glück …"

Nach wie vor bezeugen zahlreiche lange Briefe die leidenschaftliche Liebe des Paares, aber auch immer wieder lodert die Eifersucht heftig auf. Königsmarck verdächtigt Sophie Dorotheas Schwager

Max, der bei den Familienereignissen oft in ihrer Nähe sein kann.
Seine Verliebtheit empfindet auch Sophie Dorothea als aufdringlich, sie versucht ihn zu entmutigen und ihm auszuweichen, was in den kleineren Jagdhäusern nicht gut möglich ist, so daß Königsmarck befürchtet, „ob nicht Prinz Max jedes Wort hört, das Sie sagen und daß er Sie durch irgendein Loch in der Wand im Hemd sehen kann oder gar ganz nackt …"

„Ich bin von Ihrer Ungerechtigkeit empfindlich getroffen", erwidert sie, „denn nie habe ich weniger Vorwürfe verdient als jetzt … Sie sollten sehr zufrieden sein mit meiner taktvollen Zurückhaltung in bezug auf Max. Wie ist es nur möglich, daß Sie die geringste Eifersucht in Verbindung mit mir haben können?"

Selbst daß Sophie Dorothea ins Theater geht, wird Anlaß zur Besorgnis für Königsmarck: „… es könnte doch jemand in Ihre Loge kommen und Ihnen Galanterien ins Ohr sagen." Sie entgegnet: „(Ich bin) … bis ins tiefste Herz betroffen von Ihrem ständigen Mißtrauen … es ist grausam, verdächtigt zu werden, wenn man unschuldig ist."

Um so mehr ist sie enttäuscht, daß Königsmarck ein Fest mit Clara von Platen und ihren Damen ausgerichtet hat: „Stubenvol (ein Gast des Festes) hat uns heute bei Tisch davon berichtet, daß alle Welt davon entzückt war. Man fand, daß es alles bisher dagewesene an Charme und Galanterie übertroffen hat. Ich bin kaum überrascht, daß Sie sich so überboten haben, der Zweck war die Anstrengung wert, und wenn man von soviel Charme (der Platen) angeregt wird, gelingt es immer zum besten." Sophie Dorothea ist voller Zorn, daß er ihr das antut, während sie alles versucht, um ihnen beiden eine gesicherte Zukunft vorzubereiten. „Mein Heiratskontrakt könnte nicht nachteiliger für mich sein, als er ist. Der Prinz ist der absolute Herrscher über mein gesamtes Eigentum. Selbst die Pension, die er mir geben muß, ist so schlecht verständlich erläutert, daß man sie mir leicht streitig machen kann. Ich war darüber sehr überrascht, denn so etwas hatte ich überhaupt nicht erwartet. Es hat mich derartig getroffen, daß mir die Tränen in die Augen kamen. Meine Mutter war voller Mitleid … sie bot mir an, alle ihre Edelsteine zu verkaufen und das Geld, wo immer ich will,

268 anzulegen … Es ist nötig, mit meinem Vater zu sprechen, damit er Ordnung schafft … seine Antwort war gut, und ich hoffe, daß ich erhalte, was ich wünsche. Meine Mutter verhält sich mir gegenüber aufs redlichste. Ich bin ärgerlich, daß Sie sie als Törin (votre folle de mère) bezeichnen, denn ich habe sie niemals mehr geliebt, als jetzt …"

Königsmarck verteidigt sich: „Ich bin Stubenvol sehr verbunden für den schönen Bericht, den er über diesen Abend gab. Wenn er bisher Lügengeschichten erzählte, hat mich das nicht weiter gestört … aber jetzt doch. Sie kennen doch diesen Mann, und Sie wissen nur zu gut, daß er leicht aus einem Pups ein Donnerwetter macht. Es ist nicht erstaunlich, daß er mein Fest so schön fand, denn er hat allein sechs Rebhühner gegessen und eine ganze Flasche Kirschwein (vin de Serisse) getrunken. Dadurch wurde es das schönste und prächtigste Fest für ihn. Gäben Sie ihm dasselbe Essen in einem Schweinestall, er würde daraus den schönsten Blumengarten Italiens machen."

Später berichtet Königsmarck von einem schweren Alptraum, in dem er mit der Prinzessin überrascht und dafür enthauptet wurde: „Ich war völlig durchnäßt und mein Kammerdiener sagt mir, daß ich ganz laut mit einer weinerlichen Stimme geschrien habe: ‚Wo ist sie, wo ist sie?' Ich fürchte nicht den Tod, aber den größten Schmerz bereitet mir, daß ich nichts von Ihnen weiß und was aus Ihnen geworden ist."

Obwohl der Traum Sophie Dorothea erschauern läßt, überwiegen auch in den nächsten Briefen ihre eifersüchtigen Gefühle: „Am Ende aller Festlichkeiten werden Sie sich wohl mit der Platen vollkommen ausgesöhnt haben oder durch einige neue Neigungen, die das Salz aller Vergnügungen sind, wird ihre Freude perfekt sein … Es scheint mir, daß der Zufall mir eine Gelegenheit zur Rache gibt. Heute ist hier ein junger Baron aus Mainz angekommen – gut gebaut und prächtig anzusehen. … Ich glaube, Sie sind noch zu sehr mein Freund, um mir diese kleine Tröstung nicht zu verweigern … Zu meinem Unglück hat sich trotz allem meine Zärtlichkeit für Sie nicht vermindert. Ich bin zu sanft, zu zärtlich. Lehren Sie mich, so indifferent, so gefühlskalt zu werden wie Sie …"

Es sieht nicht gut aus. Die Liebenden sind an einem Tiefpunkt
ihrer Beziehung angelangt. Mit einer sehr alten weiblichen List
versucht Sophie Dorothea noch etwas zu retten. Durch die Erfindung eines Liebhabers soll Königsmarcks Eifersucht angefacht und
seine Gefühle für sie neu erweckt werden. Er fällt auch prompt darauf herein: „Auf, Grausame, kosten Sie ihr Vergnügen aus mit Ihrem
neuen Liebling zum Kuscheln im Bett … Sie sind nicht nur zufrieden, mir die Ruhe in meinem Leben gestohlen zu haben, sondern
Sie haben mir die Ehre geraubt, meinen guten Ruf und alles, was
ich auf der Welt habe. War es nicht nur für Sie, daß ich alles aufgegeben habe? … jetzt bekomme ich eine schöne Belohnung dafür! …
Bleiben Sie (in Celle) und genießen Sie das Vergnügen mit einem
neuen Galan … Nein, Madame … folgen Sie Ihren Neigungen, man
kann den Gefühlen der Liebe keinen Zwang antun … Ich hoffe,
einen ehrenvollen Vorwand zu finden, um den Dienst zu quittieren.
Falls die Dänen meine Güter konfiszieren, würde mir das dazu dienen … Ich werde Ihnen alles, was Sie mir gaben, zurücksenden …
Sie wollen nun auch noch, daß ich mich (für das Fest) entschul-
dige, ich hätte es gern getan, aber gegenwärtig ist mein Herz zu
stolz, um eine solche Unterwürfigkeit zu begehen. Wie, ich sehe
mich verdrängt, verraten, mißachtet und soll noch um Pardon bitten! … Dies ist vielleicht der letzte Brief, den Sie von mir bekommen werden … Ich räume das Feld für den Herrn Baron …
Es ist genug, ich schließe, indem ich das ganze (weibliche) Geschlecht verfluche (en modisang tous le sexe)." Nun ist es aber
höchste Zeit für Sophie Dorothea einzulenken, doch sehr sanft
geht sie immer noch nicht mit ihm um: „Ich erwarte von Ihnen
unendliche Entschuldigungen und die schönsten Worte um mich zu
beruhigen … doch Sie spielen den Stolzen, anstatt mich um Verzeihung zu bitten. Ich konnte mich nicht enthalten zu lachen, als
ich merkte, daß ich Sie an der Nase herumführen konnte, und daß
‚mein Baron' Ihnen zu Herzen geht. Die Freude, die Ihr Zorn mir
gibt, hat mich vergessen lassen, was ich gegen Sie hatte. Ich bin froh,
mich gerächt zu haben … Ich hoffe, Sie sind nicht mehr beunruhigt, nachdem Sie diesen (Brief) erhalten haben … Ich wäre entzückt, wenn Sie sich wieder mit mir vertragen wollten …"

270 Als Sophie Dorothea in Hannover eintrifft, hat Königsmarck gerade den Befehl erhalten, noch in der selben Nacht zu seinem Regiment zurückzukehren. Nach ihren Streitereien hatten sie keine Gelegenheit gehabt, sich zu sehen und Abschied voneinander zu nehmen. So bleibt alles unausgesprochen, was zu ihrer Versöhnung hätte beitragen können. Sophie Dorothea ist darüber betrübt: „Mir scheint, wenn ich Sie auch nur einen kurzen Augenblick hätte sprechen können, so wären Sie vollkommen zufrieden mit mir. Ich bin auch sehr traurig, daß ich von Ihnen keine Zeile erhalten habe. Ich rede mir ein, daß Sie keine Gelegenheit dazu hatten, aber ich kann mich nicht daran hindern, zu befürchten, daß es an Ihrer Frostigkeit liegt und, vielleicht auch an Gleichgültigkeit. Ich verdiene weder die eine noch die andere. Ich liebe Sie voller Leidenschaft ..." Sophie Dorothea berichtet über eine dreistündige Unterredung mit der Gräfin von Platen, bei der auch viel von Königsmarck die Rede war. Der befürchtet, daß sie sich aushorchen ließ und warnt sie, mehr aufzupassen. Auch die Prinzessin hat Angst, ausspioniert zu werden. Sie fühlt sich unglücklich und von ihm verlassen, da Post von ihm auf sich warten läßt. Doch in den Kriegszeiten gibt es oft Verzögerungen. Ihre Niedergeschlagenheit wird so groß, daß ihre Vertraute, Eleonore von dem Knesebeck, es für ihre Pflicht hält, Königsmarck darüber zu informieren: „Ich bitte Sie, versuchen Sie die Prinzessin zu beruhigen ... Sie tut den ganzen Tag nichts anderes, als mal zu weinen, mal zu klagen und dann immerfort zu seufzen ..."

Durch die Kriegsereignisse verzögert sich die Post noch mehr. Sophie Dorothea klagt in langen Briefen über ihre Sorgen, ihre Sehnsucht und über die Ungewißheit, unter der sie furchtbar leidet.

Königsmarck liegt mit seinem Regiment an der Elbe den Dänen gegenüber. Sein Dienst läßt ihm selten Zeit zu schreiben, ständig muß er Patrouillenritte unternehmen. Gegen Ende August wird Ratzeburg von den Dänen bombardiert und liegt in Schutt und Asche. Die Niederlage löst bei Königsmarck hoffnungsvolle Überlegungen aus: „Vielleicht, wenn die Dänen bis Hannover vordringen würden, und die herzogliche (richtig: kurfürstliche) Familie Zuflucht in Brandenburg sucht, wäre das für uns beide der richtige

Augenblick zu fliehen ..." Noch eine andere Hoffnung hegt er, nämlich daß der hinderliche Ehemann seiner Geliebten in einer Schlacht fallen würde und der Weg ins Glück dann für ihn frei wäre.

Sophie Dorothea war erkrankt und fürchtet, ihre Schönheit zu verlieren. Doch der getreue Liebhaber versichert ihr: „Ich sorge mich kaum, daß Sie blaß und abgemagert sind. Ich wäre darüber unglücklich, wenn meine Liebe nur auf Ihre Schönheit gerichtet wäre ... sie ist auf viel solideren Qualitäten gegründet, und sie wird sich niemals ändern. Wären Sie auch 80 Jahre alt, die Schönheit der guten Eigenschaften dauern für die Ewigkeit ... Seitdem ich Sie kenne, gehöre ich Ihnen vollständig ... ich höre nicht mehr auf die Stimme der Vernunft ..." Er hat eine Vorahnung: „Der Schmetterling, der an der Kerze verbrennt, wird mein Schicksal sein. Ich kann meiner Bestimmung nicht entgehen." („Le papillon qui brûle à la chandelle, sera mon sort, je ne puis éviter mon destin")
Nach den Niederlagen der hannoverschen Truppen will man, daß die kurfürstliche Familie fester als je zuvor zusammenhält. Sophie Dorothea wird aufgefordert, ihren Pflichten als Ehefrau nachzukommen, denn auch ihr Ehemann war zurückgerufen worden. Sein Vater und sein Schwiegervater sind sich einig, daß es jetzt besser sei, sich zu Hause um Frau und Kinder zu kümmern, als im Felde zu stehen. Auch Eleonore hielt es für gut, wenn ihre Tochter sich fester an ihren Ehemann binden und das gefährliche Liebesabenteuer aufgeben würde. Königsmarck befürchtet, daß seine Geliebte nun zu Umarmungen mit ihrem Ehemann gezwungen wird. „Wenn es wahr ist, daß Sie eine so starke Aversion gegen den Prinzen haben, dann werden Sie noch mehr leiden als ich, und das ist nicht wenig. Wenn Ihr Ehemann Ihnen ein Kind macht, bin ich sicher, daß mich das töten wird. Ich werde mich in der Elbe ertränken ..."
Er schwelgt in erotischen Erinnerungen an die intimen Momente ihrer geheimen Treffen: „Wenn ich doch Ihre Augen wiedersehen könnte, die mir so oft die Freude zeigten, wenn Sie mich unter sich sterben sahen. Ich möchte Sie wieder ausrufen hören: ‚Mein geliebter Königsmarck, machen wir es zusammen!' Ach, wenn ich doch diese kleine Mitte küssen könnte, die mir so oft Vergnügen

272 gab. Oh, mein Blut gerät in Aufruhr, wenn ich daran denke!" Wenn Sophie Dorothea wieder bei Kräften ist, will Königsmarck zu ihr eilen. Er will „fliegen", um ihr auf die stürmischste Art seine Liebesglut zu beweisen. „Wer mir das streitig macht, dem werde ich den Hals abschneiden ..."

Das erneute eheliche Beisammensein mit Georg Ludwig ist der Prinzessin unerträglich. Es kommt zu heftigen Auseinandersetzungen zwischen den Eheleuten, bei denen Georg Ludwig gegen seine Frau gewalttätig wird. Er soll sie in Gegenwart seiner Schwester Sophie Charlotte gewürgt und geschlagen haben. Sophie Dorothea wünscht dringend die Scheidung. Erneut eilt sie nach Celle und fleht ihren Vater an, ihr Schutz zu gewähren, sie wieder aufzunehmen und ihre Ehe aufzulösen. Doch nicht Hilfe erhält sie von ihrem Vater, sondern Vorwürfe! Er will keinen Streit mit der Familie seines Bruders. Die Kriegszeiten sind zu ernst, der Herzog braucht die Unterstützung der Hannoveraner gegen die Dänen. Hart ist sein Verdikt, sie soll an den Platz ihrer Pflicht zurückkehren. Eleonores Bitten und Einwände helfen nichts, ihre Tochter muß zu ihrem Ehemann zurückkehren.

Nun möchte Sophie Dorothea mit Königsmarck fliehen, doch es wird immer schwieriger, Kontakt miteinander zu haben. Von allen Seiten werden sie beobachtet. Darum verfehlen sie sich oft bei vereinbarten geheimen Treffen. Häufig wartet Königsmarck stundenlang umsonst. Er ist verärgert, aber schreibt voller Sehnsucht: „Wann nur werde ich Sie wiedersehen? Wann werde ich noch einmal Ihre verlöschenden Blicke bewundern können, die mir beweisen, wieviel Wonne es Ihnen bedeutet, mich in Ihren Armen zu halten. Oh, geliebte Gebieterin, oh, charmante Göttin, retten Sie mich, zerstreuen Sie alle meine Befürchtungen ..."

Um Geld für eine gemeinsame Flucht aufzutreiben, reist Königsmarck nach Dresden. Dort ist 1694 August „der Starke" nach dem Tod seines Bruders Kurfürst geworden. Königsmarck ist mit ihm befreundet. Er hatte August auf ihrer gemeinsamen Europareise Geld geliehen, das er jetzt gern zurückhaben möchte. August lädt seinen Freund zwar ein und bewirtet ihn fürstlich, aber er gibt ihm kein Geld. Sie feiern üppige Feste zusammen. Nachdem der Graf dem Wein kräftig zugesprochen hat, plaudert er intime Details über den Hof von Hannover aus. Das wird natürlich weitergetragen. Solche Post reist schnell und schafft böses Blut.

Der Kurfürst von Sachsen bietet Königsmarck einen Posten als Generalmajor an. Er nimmt ihn an. Er sieht darin eine Hoffnung, sich eine Existenz mit seiner Geliebten aufzubauen. Dann kehrt er erst einmal nach Hannover zurück, offiziell, um dort seinen Dienst zu quittieren und seinen Haushalt aufzulösen. Im Geheimen werden jetzt für den 1. Juli 1694 konkrete Fluchtpläne geschmiedet. Das Paar will sich zuerst nach Wolfenbüttel wenden. Denn Herzog Anton Ulrich ist ein guter Freund des Hauses Celle. Mit seinen Verwandten in Hannover ist er zu dieser Zeit verfeindet.

Die Liebesbriefe des Paares, die verfügbar sind und veröffentlicht wurden, enden im November 1693. Danach hatten sie keine Gelegenheit mehr, ihre Korrespondenz an Aurora von Königsmarck zur sicheren Aufbewahrung zu geben. Alles, was nach diesem Termin geschrieben wurde, fand man bei Sophie Dorothea und in Königsmarcks Haus. Diese Briefe wurden als wichtige Beweismittel beschlagnahmt. Wahrscheinlich wurde ein Teil davon vernichtet, der Rest verschwand in streng gehüteten Archiven.*

---

* Die meisten in diesem Kapitel zitierten Stellen aus den Briefen wurden vom französischen Originaltext aus dem Buch „Correspondance de Sophie Dorothée …" übersetzt. Kürzungen und Auslassungen konnten ergänzt werden durch die Briefe, die in den folgenden Büchern veröffentlicht wurden: Wilkins „Love of an uncrowned queen …", Geerds „Die Mutter der Könige …" und Schnath „Der Königsmarck-Briefwechsel …"

„Nichts Ewiges kann das Glück uns geben,
denn flüchtiger Traum ist Menschenleben."
Calderon

Kapitel 10
HÖFISCHE INTRIGEN UND TRAGÖDIEN

Sophie Dorothea und Philipp von Königsmarck waren entschlossen, gemeinsam zu fliehen. Der 1. Juli 1694 wurde zum Schick-
salstag für das Liebespaar. Es war der Tag der Hoffnungen und
Befürchtungen, der Tag der wunderbaren letzten Stunden des gemeinsamen Liebesglücks, der Tag des Verrats, der Rache, des ge-
waltsamen Todes und des verzweifelten Wartens. Es muß ein schöner warmer Sommerabend gewesen sein, als Königsmarck zwischen
zehn und elf Uhr sein Haus verließ. Um sich vor Entdeckung zu
schützen, hatte er sich unauffällig gekleidet. Er trug ein Paar leichte
„griese Sommerhosen", ein „schlechtes weißes Kamisol" und hatte
einen braunen Regenrock über die Schultern geworfen. So hatte
ihn sein Diener zum letzten Mal gesehen und gab später diese Beschreibung zu Protokoll.

Sophie Dorothea wird sicherlich schon in freudiger Erregung ihr
leichtes Fluchtgepäck vorbereitet haben. Das Paar hatte verabredet,
daß sie sich aus Gründen der Vorsicht bis zur Stunde der Flucht
nicht mehr sehen wollten. In den frühen Morgenstunden sollte sie
sich auf sein Signal hin über die Hintertreppe zu der wartenden
Kutsche schleichen.

Der Termin schien günstig gewählt: Der Ehemann der Prinzessin
war nach Berlin gereist, die Hofgesellschaft verbrachte die schönen
Sommertage in Schloß Herrenhausen im Grünen.

Es ist verwunderlich, daß das Leineschloß stets so schlecht bewacht
wurde, so daß Königsmarck Sophie Dorothea des öfteren in ihrem
Appartement im zweiten Stock besuchen konnte. Die kurfürstliche
Familie wußte doch über das Liebespaar Bescheid. Warum griffen
sie nicht ein, um die Affaire zu verhindern? Es wäre doch ein leichtes gewesen, ein paar Wachen am Hintereingang und in den Gän-

gen aufzustellen. Seine Besuche wären auch vereitelt worden, wenn einige Diener im großen Rittersaal, den Königsmarck im zweiten Stock stets durchqueren mußte, gewacht hätten oder wenn der Hof eine verläßliche Kammerfrau in der unmittelbaren Umgebung der Kurprinzessin zum Aufpassen eingesetzt hätte. Kurfürst Ernst August hätte den als Offizier in seinen Diensten stehenden unerwünschten Liebhaber seiner Schwiegertochter ohne weiteres an einen entfernten Ort versetzen und zu strengem Dienst einteilen können, der ihm keine Zeit für seine Eskapaden gelassen hätte. Da Königsmarck seinen Dienst in Hannover quittieren wollte, um nach Sachsen zu gehen, wäre auch dieses ein zusätzlicher Grund gewesen, ihm keinen freien Zugang mehr zum kurfürstlichen Schloß zu gestatten.

„Es scheint beinahe, als ob mit Absicht keine Maßregel ergriffen worden sei. Die Strenge, mit welcher der Hannoversche Hof in der Folge die Umstände ausbeutete, läßt beinahe annehmen, daß diese sonst unerklärliche Nachlässigkeit, nicht ohne eine gewisse Berechnung war" (Beaucaire).

So war Königsmarck auch an diesem verhängnisvollen Abend scheinbar unbemerkt an das Ziel seiner Wünsche gekommen. Sophie Dorotheas freudige Überraschung über sein unerwartetes Kommen wich sehr bald der Bestürzung darüber, daß nicht sie es gewesen war, die ihn so dringend ins Schloß bestellt hatte. Das Billett war gefälscht, sie hatte es nicht geschrieben. Es war leicht gewesen, den Grafen zu täuschen, da sie ihre Handschrift oft aus Sicherheitsgründen verstellt und nie unterschrieben hatte. Doch wer mochte hinter dieser Fälschung stecken? Was war damit beabsichtigt? Sollten sie dadurch in flagranti entdeckt und ihrer Schuld überführt werden? Wo mochten die Spione lauern? Verängstigt berieten sie, wie sie sich aus dieser Falle befreien könnten. Es wäre vielleicht das beste gewesen, wenn Königsmarck die Prinzessin sofort verlassen hätte, um nicht in ihren Gemächern angetroffen zu werden. Aber wäre er dann nicht sofort gefaßt worden? Bei ihr zu bleiben, um Zeit zu gewinnen, wäre genauso gefährlich gewesen. Trotzdem beschlossen sie, in der Stunde der Not nicht voneinander zu lassen, sich gegenseitig zu trösten und Mut zuzusprechen. Und in seiner

276 grenzenlosen Verliebtheit nutzte das Paar das gefährliche Treffen für einige gemeinsame Liebesstunden.

Über die nun folgenden dramatischen Ereignisse kursierten sehr bald die verschiedensten Gerüchte an vielen Fürstenhöfen Europas. Besonders das Ungeklärte, das Geheimnisvolle regte immer wieder zu neuen Vermutungen, zu sensationellen Spekulationen an. So ist es in diesem Falle nicht einfach, Dichtung und Wahrheit voneinander zu trennen.

Es wird behauptet, daß die Intrige von der Gräfin von Platen ausgegangen sei, daß sie es war, die das Billett gefälscht hatte, um sich an Königsmarck zu rächen und auch Sophie Dorothea ins Verderben zu stürzen. Denn sowohl der Kurfürst als auch seine Gemahlin waren in letzter Zeit sehr krank gewesen. Sollte einer von beiden sterben, dann würde die Kurprinzessin Kurfürstin werden oder wenigstens den obersten Rang als erste Dame bei Hof bekleiden. Die Gräfin von Platen mußte befürchten, dann alle ihre Privilegien zu verlieren. Sie hätte möglicherweise sogar mit Bestrafung oder Verbannung rechnen müssen. Dem wollte die Intrigantin rechtzeitig vorbeugen. Für ihren Haß auf Königsmarck gab es mittlerweile auch genug Gründe. Wie seine Schwester Aurora berichtete, hatte sie den jungen, schmucken Grafen regelrecht umworben und eingeladen, des Nachts zu ihr zu kommen.

„Sie wüßte wohl, daß er die Kurprinzessin liebte", schrieb Aurora, „... sie wollte ihn für sich allein haben ..." Doch Königsmarck wandte seine ganze Liebe der Prinzessin zu und zog sich von der Gräfin von Platen zurück. „Also verwendete sich ihre Liebe in den blutgierigsten Haß ..."

Die Empörung der verschmähten Frau erreichte ihren Höhepunkt, als der Graf am Dresdener Hof über ihre Liebeskünste lästerte, als er sich über ihre üppig aufgetragene Schminke, ihre Milchbäder u. a. öffentlich mokierte. Auch die Indiskretionen, die Königsmarck über die kurfürstliche Familie von Hannover vor höfischen Zechern geäußert hatte, verärgerten den Kurfürsten Ernst August. Er fand das Benehmen dieses Mannes unerträglich. Jetzt verabscheute er ihn. Lange genug hatte er ein Auge zugedrückt und das Liebesverhältnis mit seiner Schwiegertochter toleriert. Bei aller Großzügigkeit

in Sachen Moral, die an diesem Hofe herrschte, das Maß war nun
voll! Diese öffentlichen Beleidigungen konnte er nicht hinnehmen.
Königsmarck sollte daran gehindert werden, sich weiter so zu verhalten. Deshalb hatte es die Gräfin von Platen nicht schwer, ihren
Liebhaber zu überreden, einen Haftbefehl gegen den Grafen auszustellen. Und sie wußte genau, wo man ihn in flagranti ertappen
konnte. Vier Hofkavaliere wurden ausgesandt, um Königsmarck
vor den Gemächern der Prinzessin aufzulauern, ihn gefangen zu
nehmen und diskret aus dem Palast zu entfernen. Alle vier wurden
unter Androhung der Todesstrafe zu strenger Geheimhaltung verpflichtet.

Um zwei Uhr morgens verließ Königsmarck die Gemächer der Prinzessin. Als er den großen Rittersaal durchqueren wollte, wurde er
von den vier Abgesandten des Herzogs gestellt. Was dann geschah,
ist bis heute nicht genau bekannt. Einzig und allein, daß er überwältigt und getötet wurde, scheint erwiesen. Aber auch der Name
des Mannes, der den tödlichen Hieb ausführte, ist bekannt: Don
Nicolo di Montalban, ein armer Geistlicher, der bald darauf vom
Hof 10 000 Taler erhielt. Bei der Tat anwesend waren die Herren
von Klencke, von Eltz und Stubenvol. Sie alle wurden in irgendeiner Form belohnt, z. B. mit hohen Staatsämtern.

Darüber, wo Königsmarcks Leiche verborgen wurde, gibt es man-
cherlei Vermutungen. Am häufigsten wird erwähnt, daß sie in einem
Sack mit Steinen beschwert an einer besonders tiefen Stelle der Leine
versenkt wurde. Daß sie noch in derselben Nacht im Schloß ein-
gemauert wurde, erscheint unwahrscheinlich, schon allein wegen
des Lärms, den das verursacht hätte. Eine französische Darstellung
berichtet, daß die Leiche in eine Kalkgrube geworfen wurde. Als
Georg II. das Schloß umbauen ließ, soll man ein Skelett, das in Ätz-
kalk gelegen hatte, im Bereich der Gemächer der Prinzessin gefunden haben. Durch Kleiderreste soll Königsmarck identifiziert worden sein. Es wird auch für möglich gehalten, daß der Baron von
Eltz die Leiche in einem Reisekoffer zu seinem 25 km entfernten
Schloß transportiert und den Koffer in eine tiefe Grube mit Kü-
chenabfällen versenkt hat. Kurze Zeit später wurde ein kellerloser
Neubau darüber errichtet.

278 Die Gerüchteküche und phantasievolle Romanautoren haben noch ganz andere skandalöse Details geliefert, wie die grausame Geschichte über die Gräfin von Platen, die verborgen hinter einem Kamin den Überfall beobachtet haben soll. Als Königsmarck schwer verwundet am Boden lag, galt auch dann noch seine einzige Sorge seiner Geliebten: „Verschont die Prinzessin, sie ist unschuldig", stammelte er. Da schoß die Gräfin wie eine Furie auf ihn zu und trat ihm mit dem spitzen Absatz ihres Schuhes heftig in den Mund, um ihn zum Schweigen zu bringen. Den entsetzten Männern befahl sie auszusagen, daß der Graf sie mit einer Waffe angegriffen habe, und sie nur in Notwehr gehandelt hätten. Doch als die Gräfin an einer furchtbaren Krankheit unter Qualen starb, soll sie der Schatten des Ermordeten noch auf dem Totenbett verfolgt haben.

Am Tag nach der Ermordung von Königsmarck wurde die ahnungslose Sophie Dorothea unter Hausarrest gestellt, und man durchsuchte ihre Gemächer. Zu ihrem großen Schrecken wurden ihre harmlosen Verstecke entdeckt. Zwischen Spielkarten und in den Gardinen fand man die kompromittierenden Briefe ihres Liebhabers.

Sophie Dorothea wurde über das, was geschehen war, weiterhin im Ungewissen gelassen. Man verhaftete ihre vertraute Hofdame. Zutiefst verängstigt fand sie kaum Schlaf und nahm fast nichts zu sich. Verstört wandte sie sich mit einem Schreiben an den Geheimrat von dem Bussche: „Ich zittere in dem Gedanken, daß Graf Königsmarck sich in den Händen der gewissen Dame befindet und daß hierdurch sein Leben bedroht ist. Haben Sie die Güte sich der Sache anzunehmen und lassen Sie uns einige Tage warten, bis wir über das Schicksal des unglücklichen Grafen unterrichtet sind. Inzwischen überlasse ich alles ihrer Umsicht, denn in meinem Zustande kann ich keinen klaren Gedanken fassen."

Nur der Gedanke an den Haß und die mögliche Rache ihrer schlimmsten Feindin verfolgte sie. Noch glaubte sie, daß ihr Geliebter nur gefangen sei und daß es noch die Möglichkeit gäbe, ihn zu retten.

In Königsmarcks Haushalt war man anfangs über sein Ausbleiben nicht beunruhigt. Man war daran gewöhnt, daß der lebenslustige

Graf ab und zu einige Nächte ausblieb. Nach drei Tagen fing aber
sein Sekretär Hildebrandt doch an, sich Sorgen zu machen. Er be-
nachrichtigte den Vorgesetzen des Grafen, Marschall Podewils. Der
versprach, sich der Sache anzunehmen.

Am 6. Juli 1694 schrieb Hildebrandt dann einen langen, sorgfältig
durchdachten Brief an die Schwester seines Dienstherren, die Gräfin Aurora von Königsmarck, den er aber nicht der Post, sondern
einem zuverlässigen Boten anvertraute:

„MADAME.

In einzig unglücklicher Lage, in der ich mich befinde, sehe ich mich
genötigt, Ihnen zuerst eine traurige Nachricht mitzuteilen; es ist
die, daß ich nicht weiß, was aus dem Herrn Grafen, Ihrem geliebten Bruder, geworden ist.

Er ging nach der Aussage seines Kammerdieners am Sonntag abend
nach 10 Uhr ganz allein aus seiner Wohnung, ohne bis jetzt zurückzukehren und versetzte mich in die größte Sorge, in die lebhafteste
Unruhe, die ein Sterblicher haben kann. Was mir das Herz zerreißt,
ist, daß ich in Ungewißheit über sein Schicksal ihn verlor; ich weiß
nicht, hat eine grausame und verräterische Hand geheim auf welsche Art durch einige Dolchstiche ihn mir geraubt, oder welches
bejammernswertes Los hat ihn getroffen ... Soll ich meinen Gedanken folgen und meinem Verdachte freien Lauf lassen, so finde
ich ihn nicht lebendig ... Sie dürfen auf meine Treue rechnen, auf
strenge Gewissenhaftigkeit, die ohne Eigennutz gottesfürchtig nur
auf Ehre und Redlichkeit sieht ... Noch gibt es viele Angelegenheiten zu ordnen, die sich besser mündlich besprechen lassen als in
gewagter Zuschrift, die im Zeitdrange eilig geschrieben ist, während jede Zögerung Gefahr bringt ...

Ein sächsischer General verliert das Leben auf eine schreckliche
Weise, vor der ich erbebe; er verliert es mitten in einer Residenz
in vollem Frieden an einem Orte, wo man ihn vor der Annahme
des neuen Dienstverhältnisses hätte treffen können, wenn man ihn
zu treffen beabsichtigte. Welche schwarze, schreckliche, grausame
Schandtat! Der letzte Königsmarck fällt unter der Hand eines elenden Meuchelmörders, und aller Glanz eines erlauchten Hauses er-

lischt mit ihm. Wie notwendig ist es, eine so verabscheuenswerte Fährte zu verfolgen! Zögern Sie noch, meine Damen, seine Schwestern, Ihre Stimme zu erheben, und treibt Sie nicht Ihr Inneres, hierher zu eilen, um den Schleier zu lüften, unter dem beispiellose Bosheit ihr Spiel treibt? Fordern Sie schleunigst Gerechtigkeit für eine Tat, die nicht unbestraft bleiben darf! Fordern Sie einen so plötzlich verschwundenen Bruder zurück …

Leben Sie wohl, meine Damen! Erwarten Sie keine Trostworte von dem, der über ein Unglück solcher Art untröstlich ist, der nur seufzend spricht und mit einem von tiefem Schmerz durchdrungenen Herzen sich nennt, meine Damen, Ihr ganz ergebener und ganz gehorsamer Diener *G. Hildebrand." (gekürzt)*

Dieser Brief des verstörten Sekretärs spiegelte die Situation wider, in der sich die Menschen im engsten Umkreis des Geschehens befanden: Einerseits befürchtete man das Schlimmste, nämlich daß Königsmarck einem Verbrechen zum Opfer gefallen und nicht mehr am Leben wäre – andererseits flammte immer wieder die Hoffnung auf, daß er nur verhaftet worden wäre und dann doch noch eines Tages aus der Gefangenschaft gerettet werden könnte. In Hannover wurden die Schloßwachen verstärkt. Das gab erneut Anlaß zu Getuschel und Spekulationen, ebenso, daß die Prinzessin nicht mehr zu sehen war. Offiziell verlautete, daß sie erkrankt sei.

Ein Diener des Grafen Königsmarck namens Rüdiger verfaßte einen schriftlichen Bericht: „Kurzer Entwurf, was mir zu End Unterschriebenen von des Herrn Grafen Disparitio wissend."

Von ihm stammt die Beschreibung der schlichten Bekleidung, in der Königsmarck am Sonntag, den 1. Juli 1694, am Abend sein Quartier verließ. Montag und Dienstag geschah nichts, man wartete erst einmal ab, denn der Graf war schon des öfteren länger ausgeblieben, ohne Bescheid zu sagen. Am Mittwoch, den 4. Juli, ging der Sekretär Hildebrandt zum Generalfeldmarschall Podewils, der die Anweisung gab, man solle noch Stillschweigen bewahren. Vorsichtshalber wurden Briefe in einem Kästchen, das mit einem gelben Band zugebunden war und „welches der Graf überaus wohl in Acht genommen" mit einem Lakaien nach Celle geschickt, wahrscheinlich an Aurora von Königsmarck oder an ihre Schwester, die Gräfin Lewenhaupt.

Freitag, den 6. 7., fand eine vom Kurfürsten angeordnete Hausdurchsuchung statt. Der Schreibtisch wurde von einem herbeigeholten Tischler aufgebrochen, und man beschlagnahmte die darin
vorgefundenen Briefe und andere Papiere. Rüdiger, der im Vorzimmer warten mußte, wußte darüber keine Einzelheiten. Die Gemächer wurden dann versiegelt.

Rüdiger schrieb danach nur noch Gerüchte auf, z. B. daß Königsmarck im Haus des Grafen von Platen gefangen wäre und er dort
enthauptet werden sollte. Zum Schluß berichtete er von der Hoffnung, daß der Graf noch am Leben sei. Ein militärischer Vorgesetzter wäre Zeuge eines Gesprächs geworden: Eine Dame erhielt
auf ihre Frage nach Königsmarck die Antwort: „Noch lebet er. Es
möchte aber nicht mehr lange währen."

Sehr dramatisch klingt die „Aussage" von „Bernhard Zeyer". Der war
„Wachspoussier und Künstler in Lack" und sollte die Kurprinzessin in seiner Kunst unterweisen. Weil er nun „kontinuierlich in der
Prinzessin Kammer gearbeitet" hat, traf er dort des öfteren den Grafen Königsmarck, der ihnen bei der Arbeit zusah. Zeyer will miterlebt haben, daß zwei maskierte Personen ins Zimmer der Prinzessin sprangen, den Grafen überfielen und mit Pallaschen auf ihn
einhieben.

Danach hat er sich „hinter dem Treppentritte" versteckt und durch
eine Ritze im Gewölbe alles beobachtet. Er sah, daß der Graf sich
wehrte und dabei einen der beiden Angreifer demaskierte: es war
der Kurprinz! Doch der andere stößt von hinten zu und verwundet Königsmarck schwer. Auf dessen Wunsch wird ein Seelsorger
herbeigeholt, aber mit ihm erscheint ein Scharfrichter. Nachdem
dem Grafen die Beichte abgenommen worden war, „... ist ihm in
des Prinzen seiner Präsenz der Kopf vor die Füße gelegt worden,
und haben die Leute schon Gerätschaften bei sich gehabt und in
dem rechten Winkel von dem Gewölbe haben sie ein Loch gegraben und ihn alsofort darin gestochen (gesteckt) allwo er noch wird
anzutreffen sein ..." Zeyer hat sich dann heimlich aus dem Schloß
geschlichen, „... denn er ward gleich in allen Vierteln des Hofes

282 und der Stadt aufgesucht, weil sie ihn noch in der Kammer gesehen bei dem Scharmützel ..."

In einem Brief vom 20. September 1695, der „von unbekannter Hand" geschrieben wurde, findet sich noch eine andere Version. Dort wird behauptet, „... daß ermeldeter Graf noch am Leben und in einem besonderen Zimmer in des Grafen Platen Hause verwahrlich gehalten würden, und nachdem er von seinen empfangenen Blessuren, worunter die am Halse die gefährlichste gewesen, nun wieder kurieret, möchte er wohl essen und trinken, und würde dieses so geheim gehalten, daß auch nicht einmal diejenigen, so in Gr. Platens Wohnung wären, etwas davon wissen, und bediente Frau von Platen den ermeldeten Graf selbst ... Es hätte auch das Absehen, wenn dieser gute Graf sich dahin erklären würde, des Herrn Grafen von Platen Tochter zu ehelichen, daß er alsdann gar leicht von seinem Arrest befreit werden dürfte ..."

Da auch die beiden Schwestern des Grafen Königsmarck glaubten und hofften, daß ihr Bruder noch am Leben und nur in Gefangenschaft sei, wandten sie sich hilfesuchend mit folgendem Schreiben an den Kurfürsten Ernst August, wahrscheinlich am 12. Juli 1694:

„MONSEIGNEUR
Die traurige Nachricht, die uns über das Verschwinden unseres Bruders aus der Residenz Eurer Kurfürstlichen Durchlaucht zugekommen ist, läßt uns seit zwölf Tagen in Ungewißheit über sein Schicksal. Wir stehen nicht an bei einem so außerordentlichen Unglück Ew. Kurfürstlichen Durchlaucht Schutz zu suchen, indem wir Ihre große Gnade und hohen Edelsinn, welche die ganze Welt bewundert, anflehen, um Ihren Beistand zur Auffindung eines Bruders, des letzten seines Stammes und der einzigen Hoffnung unserer unglücklichen Familie. Wir sind zwei über dieses schmerzliche Ereignis bis zum Tode niedergedrückte Schwestern; wir wissen nichts von etwa stattgehabten Vorfällen noch von getroffenen Anordnungen; doch glauben wir an die Schuldlosigkeit unseres Bruders nach der Lauterkeit und Rechtlichkeit seiner Gesinnung. Was ihm daher auch begegnet sein mag, so sind wir doch gewiß, daß er sich durch keine schlechte Handlung dieses Unglück zugezogen hat.

Desto größer ist unser Vertrauen auf Ew. Kurfürstliche Durchlaucht
bei der untertänigsten Bitte, mit erbarmenden Blicken auf unsere
erlöschende Familie zu schauen und uns zu sagen, was wir in dieser unglücklichen Lage zu tun haben.
Finden unsere Bitten und Tränen bei Ew. Kurfürstlichen Durchlaucht einige Beachtung, so wird Gott all Ihr Tun segnen zur Belohnung solcher Gnade, und wir werden bis zum Tode sein

Ew. Kurfüstl. Durchl ..."

Da die Schwestern trotz ihrer flehentlichen Bitten in wohlgesetzten Worten beim Kurfürsten nichts erreichten, wandte sich die tatkräftige Aurora hilfesuchend an den Kurfürsten von Sachsen. August der Starke war mit ihrem Bruder befreundet, und er hatte ihm einen Generalsposten in seiner Armee gegeben. Aurora galt unter ihren Zeitgenossen als eine der schönsten Frauen Europas. Voltaire nannte sie später „die bemerkenswerteste Frau zweier Jahrhunderte". Der vierundzwanzigjährige August von Sachsen war von ihrer Schönheit entzückt und erfüllte sofort ihre Bitte, indem er seinen Adjudanten Oberst Bannier am 13. Juli 1694 nach Hannover sandte. Der forderte den Kurfürsten mit massiven Drohungen auf, den Grafen freizugeben. Ernst Augusts Antwort war, er wolle dem Grafen den Abschied aus hannoverschen Diensten nicht verweigern, aber er wisse nichts über seinen Aufenthalt und habe ihn nicht in seiner Gewalt. Drei Monate lang wurde verhandelt. Es ging so weit, daß Sachsen fast zu einer Kriegserklärung bereit war. Hannover befand sich in einer außenpolitisch schwierigen Lage und wollte deshalb seine Truppen und die von Celle aus den Diensten des Kaisers zurückziehen. Der Kaiser versuchte durch seinen Gesandten in Dresden zwischen den beiden Kurfürsten Frieden zu stiften. Ernst August versicherte bei seinem „kurfürstlichen Wort", er könne nicht mehr sagen, als das, was er schon deklariert hätte. Der Kurfürst von Sachsen gab sich mit dieser Erklärung zufrieden. Doch sein Gesandter forschte trotzdem noch weiter in Hannover nach dem verschwundenen Königsmarck.
Alle diese politischen Verwicklungen und Schwierigkeiten waren nicht dazu angetan, Sophie Dorotheas Lage zu erleichtern. Erschwe-

284 rend kam hinzu, daß man am Hof von Hannover die beschlagnahmten Briefe sehr gründlich gelesen hatte. Darin mokierten sich
sowohl die Prinzessin als auch Königsmarck in bissigen Worten über
den Kurfürsten, seine Familie und seine Maitresse, auch über die
rundliche Sophie Charlotte (Kurprinzessin von Brandenburg). Über
sie hatte sich das Paar mit dem Spitznamen „la boule", die Kugel,
lustig gemacht. Sie spotteten über ihren kleinen verwachsenen Ehemann („le petit époux" – Kurfürst Friedrich III.) und verdächtigten sie, daß sie nicht nur die Kunst sehr liebe, sondern auch einige
namentlich genannte Künstler.

In den Gerichtsakten wird die beschlagnahmte Korrespondenz als
„skandalöse Briefe" bezeichnet. Auch Leibniz äußerte sich dazu:
„Ihr (Sophie Dorotheas) Tun war nicht ohne Bosheit ... Man würde
in Celle nie geglaubt haben, daß sie so schuldig ist, wenn ihre Briefe
nicht vorgelegt worden wären ... Sie belustigt sich scheinbar über
die Gutmütigkeit und Leichtgläubigkeit ihres Vaters: ‚Er schwatzt
viel, das ist ein Zeichen, daß er noch lange leben wird.'" Sophie
Dorothea hatte in ihrem Ärger und in der Enttäuschung über die
verweigerte Hilfe ihres Vaters ihrem Herzen Luft gemacht. Georg
Wilhelm konnte nun in den Briefen seiner Tochter nachlesen, mit
welchem scharfen Spott sie über ihn geschrieben hatte: Sein Deck-
name in den Briefen war „le grondeur", einer der zu Grollen liebt,
ein „Brummbär".

Auch über die Bezeichnungen „Hanswurst, Strohkopf (paillard)"
und „dieser alte dumme Schwätzer (ce vieux radoteur)" war der
Herzog dermaßen verärgert, daß er jede Regung von Gnade unterdrückte und seiner Tochter jegliche Hilfe verweigerte. In die Maßnahmen, die von seinem Bruder getroffen wurden, willigte er bedin-
gungslos ein.

Für Sophie Dorothea waren ihre spontan niedergeschriebenen, unvorsichtigen Worte fatal. Ihre eigenen Briefe waren nun in den Händen ihrer Feinde zu einer verhängnisvollen Waffe gegen sie geworden.
Obwohl sie ganz privat in geheimer Korrespondenz nur für einen
einzigen bestimmt waren, gingen sie jetzt durch viele Hände.

Für Ernst August kam zu dem Ärger noch hinzu, daß durch diese
Affaire auch politisch viel für ihn auf dem Spiel stand. Aus der aus-

sichtslosen Position des jüngsten von vier Brüdern war er durch
sein ehrgeiziges Streben und geschicktes Taktieren zu Macht, Besitz und hohem Rang gekommen. Er war Bischof und Kurfürst
geworden. Sein Land war groß und stark und würde durch das zu
erwartende Erbe des Herzogtums Celle noch größer und einfluß-
reicher werden. Eigentlich war ihm vom Schicksal nur eine kleine
Nebenrolle im Welfenhaus vorbestimmt. Jetzt war er mächtiger geworden, als seine drei Brüder es jemals waren. Das viele Geld, das er
zur Erlangung der Kurwürde in großem Umfang einsetzen konnte,
hatte ihm die Mitgift seiner Schwiegertochter eingebracht. Jetzt
hieß es, klug und vorsichtig zu taktieren, damit alles Errungene
erhalten blieb. Denn es gab den „Bund der korrespondierenden
Fürsten" unter der Leitung seines ihm feindlich gesinnten Vetters
Anton Ulrich von Wolfenbüttel, der seine Kurwürde nicht anerkennen wollte.

„Das Werk der Hauspolitik erschien gefährdet, die Prinzessin wurde
gleichsam ein Feind des Vaterlandes, und so rief Ernst August den
Beistand des Bruders herbei, welchen dieser nicht versagen konnte,
da es sich um die Größe des welfischen Namens handelte. Georg
Wilhelm war somit bei der Regelung des Loses seiner Tochter völlig in Ernst Augusts Händen und denen der Hannoverschen Räte.
Sophie Dorothea war verloren" (Beaucaire).

Aus der Sicht des Welfenhauses war es schon verständlich, daß diese
junge Frau, die so töricht und spontan beleidigende Äußerungen
von sich gab, nicht mehr in die Öffentlichkeit gelassen werden durfte.
Was könnte sie alles anrichten, wenn sie vielleicht noch von Feinden es Hauses unterstützt und aufgestachelt würde!

Wie früh das Schicksal der Prinzessin schon beschlossene Sache
war, lassen einige Hinweise in dem Brief der Kurfürstin Sophie an
die Raugräfin Louise vom 15. Juli 1694 erkennen: „Ich bin aber in
ziemlichem Kummer gewesen über Sachen, da ich kein Journal von
machen werde. Am Holzmarkt, wo man allhier alle die Zeitungen
hört, sagt man, daß die Hexen von Dresden Königsmarck wegge-
führt haben, denn seit mehr als vierzehn Tagen ist er weg, und es
weiß kein Mensch, wo er hingekommen ist. Fräulein Knesebeck sitzt
im Arrest … Mein Sohn, der Kurprinz vergnügt sich sehr wohl bei

286 seiner Schwester in Berlin, er weiß nichts von dem, was hier passiert ist. Er wird wohl überrascht sein, muß sich aber mit vielen anderen Helden trösten: es ist dem Prinzen von Condé nicht besser ergangen. Seine Gemahlin wird wohl dasselbe Schicksal haben, wie dessen Gemahlin gehabt hat … Sie wollen mir auf das, was ich hier schreibe nicht antworten, als wenn Sie etwas von mir gehört hätten …"

Trotz aller vorsichtigen Umschreibungen läßt sich aus diesem Brief folgern, daß bereits fünfzehn Tage nach Königsmarcks Ermordung feststand, daß Sophie Dorothea lebenslänglich in Gefangenschaft kommen würde. Denn die von der Kurfürstin zitierte Gemahlin des Prinzen von Condé wurde der Untreue mit König Henri IV. bezichtigt und dafür bis an ihr Lebensende im Gefängnis eingesperrt. So war das Urteil über die Kurprinzessin wohl schon verhängt, bevor die langen Verhandlungen und Verhöre begonnen hatten!

Sophie Dorothea drängte darauf, so bald wie möglich aus Hannover abzureisen. Als ihr die Nachricht vom Tod Königsmarcks überbracht wurde, soll sie in ihrem großen Schmerz ausgerufen haben, unter Barbaren und Mördern nicht mehr leben zu wollen.

„Sie ist außerordentlich ungeduldig, diesen Ort zu verlassen", meldete ein Brief des Grafen von Platen. „Die Abreise der Kurprinzessin kann aber nicht als Fluchtversuch ausgelegt werden, da sie ihren gesamten Hofstaat und alles, was ihr gehört, mitnimmt." Man wollte ihr nahelegen, „sie möge, um den Schein zu wahren, aussagen, daß sie nicht mehr mit dem Kurprinzen zusammen leben wollte, deshalb hätte sie gebeten, sich vor seiner Rückkehr zurückziehen zu dürfen. Doch wir finden es in dieser Angelegenheit besser, nur dieses Gerücht auszustreuen, aber doch lieber nicht der Prinzessin einzureden, so auszusagen" (Briefe des Grafen von Platen vom 13. und 15. 7. 1694, wahrscheinlich an den Minister Bernstorff in Celle).

Man wollte am Hof von Hannover so viel wie möglich von dieser peinlichen Angelegenheit vertuschen. Es gab niemals eine Erklärung über das Verschwinden Königsmarcks. Jeglicher Zusammenhang mit Sophie Dorotheas Abreise aus Hannover wurde geleugnet. Sie konnte am 17. Juli 1694 in das Herzogtum ihres Vaters zurückkeh-

ren, aber nicht zu ihren Eltern nach Celle, sondern in das Schlößchen bzw. Amtshaus Ahlden. Die Auslandsvertretungen von Hannover und Celle erhielten in einem Rundschreiben die Instruktionen, wie der Fall für Außenstehende offiziell darzulegen sei, wenn
dieser delikate Punkt berührt würde, selbstverständlich unter Aus-
lassung der Affaire Königsmarck.

Rundschreiben vom 23.7.1694 des Herzogs Georg Wilhelm von
Celle: „Nachdem die Prinzessin anfangs nur einige froideur (Kälte)
gegen ihren Gatten gezeigt hatte, wurde ihr durch Unserer Tochter
Liebden adliche Kammerjungfer Fräulein von Knesebeck allmählich ein solcher Widerwillen gegen denselben eingeflößt, daß sie
von ihrem Vater die Erlaubnis, in das elterliche Haus zurückzukehren, erbat. Der Vater mißbilligte diesen Entschluß und ermahnte die
Prinzessin, ihrem Gemahl zu vertrauen … Allein die Prinzessin
wurde durch die Umtriebe der Knesebeck in ihrem Widerwillen
gegen denselben bestärkt und beschloß daher, seine Rückkehr von
Berlin nicht abzuwarten. Sobald seine Ankunft bevorstand, brach
sie von Hannover zu ihrem Vater auf. Der aber entbot ihr durch
entgegengeschickte Personen, daß sie entweder zurückkehren oder
sich auf das unterwegens gelegene Amtshaus Ahlden bis auf weiteres zurückzuziehen hätte. Die Prinzessin zog das letztere vor, ihre
Verführerin aber, die Knesebeck wurde auf Wunsch des Herzogs
Georg Wilhelm arretiert."

In Wirklichkeit handelte es sich nicht um einen spontanen Aufbruch
Sophie Dorotheas aus Hannover, sondern es war schon vorher zwischen Celle und Hannover so ausgehandelt worden. Fräulein von
dem Knesebeck wurde zum Sündenbock gemacht, um die Prinzessin von den Vorwürfen ihrer Verfehlungen zu entlasten.

Sophie Dorothea wurde von Anfang an wie eine Strafgefangene behandelt. Ihr sollte jede Gelegenheit genommen werden, öffentlich
Aussagen zu machen, die die Länder Hannover und Celle belasten
könnten. So wurde sie im einsamen Wasserschloß Ahlden in strenger Gefangenschaft gehalten, für die ihr Vater dem Schloßkomman-
danten de la Fortière strikte schriftliche Anweisungen gab:

1. „Da es meine Absicht ist, daß meine Tochter in Ahlden bleiben
soll und keinerlei Verbindungen weder durch Briefe noch mit an-

288 deren Mitteln haben soll, mit wem auch immer, bis sie zu ihren Pflichten zum Kurprinzen, ihrem Ehemann zurückkehrt … Nur Briefe, die von meiner eigenen Hand abgezeichnet sind, dürfen ihr ausgehändigt werden, ebenso darf er keinen Brief meiner Tochter ohne meine ausdrückliche Erlaubnis befördern.

2. Auch das gesamte Personal soll angewiesen werden, daß jeder Brief, den sie erhalten oder der das Schloß verläßt, vorher dem Seigneur de la Fortière vorgelegt werden muß, bei Androhung der Todesstrafe (!)

3. Alle Briefe, die für irgend einen der Dienstboten ankommen oder abgesandt werden … müssen vom Kommandanten gelesen und mit seinem Siegel genehmigt werden. Beim geringsten Verdacht, werden die Briefe direkt an mich gesandt.

4. Der Kommandant kann alle Personen durchsuchen lassen beim leisesten Verdacht, daß sie versuchen könnten, verbotene Nachrichten oder Briefe zu überbringen.

5. Niemand außer denen, die meiner Tochter aufwarten, darf ohne meine spezielle Erlaubnis das Schloß betreten. Die Dienstboten dürfen keine Gespräche mit Fremden führen.

6. Das Personal darf nicht ohne Erlaubnis das Schloß verlassen.

7. Meine Tochter darf das Schloß nur für einen Spaziergang im Garten verlassen, dabei muß sie von Seigneur de la Fortière begleitet werden.

8. Falls meine Tochter ihre Mahlzeiten außerhalb ihrer Räume einnehmen möchte, hat sie die Erlaubnis, das unter Aufsicht des Kommandanten zu tun.

9. Seigneur de la Fortière hat die Befugnis, Wachoffiziere einzustellen, um die Befehle, die ich gab, auszuführen und strenge Maßnahmen für die exakte Ausführung des oben aufgeführten zu beachten."

Das können doch unmöglich die Anordnungen eines erzürnten Vaters sein, um seine Tochter zur Vernunft zu bringen, damit sie „zu ihren Pflichten zurückkehrt"? Diese Befehle klingen wie für einen gefährlichen Strafgefangenen angeordnet, wie für einen schlimmen Feind des Staates! War sie das? Was konnte sie wissen, was aussagen,

Das Amtshaus von Ahlden, Ort der 32jährigen Gefangenschaft von Sophie Dorothea

welchen Schaden könnte sie politisch anrichten? Hing es vielleicht
auch damit zusammen, daß Ernst August in seiner neuen Kurwürde von vielen Fürsten noch nicht anerkannt wurde? Wollte man
da nichts aufs Spiel setzen, auch nicht die hohe Mitgift, aus der
viele Gelder für diesen Zweck geflossen waren?
Schließlich ging es doch hier nur um eine Ehescheidung, um eine
reine Familienangelegenheit. Wären die strengen Anordnungen vom
gekränkten Ehemann oder vom Schwiegervater gekommen – es
wäre ein wenig verständlicher. Aber vom eigenen Vater?! In Eleonores gequältem Mutterherzen ging der letzte Funke von Liebe
und Zuneigung für ihren Gemahl verloren. Sie war von nun an nur
noch für ihre Tochter und ihre Enkelkinder da. Machtlos mußte
sie mit ansehen, was mit ihrer Tochter geschah.
Sophie Dorothea war jetzt in dem einsamen Schlößchen Ahlden
völlig auf sich gestellt. Eigentlich sah es mehr wie ein Gutshaus aus.
Das aus einem Haupthaus und zwei Flügeln bestehende Gebäude
war 1613 erbaut worden. Es ist rundherum von Wasser umgeben,
auf der einen Seite fließt die Aller, tiefe Wassergräben begrenzen
die anderen Seiten. Einziger Zugang war die Zugbrücke. Sophie
Dorothea bewohnte einen Flügel des Gebäudes. Alles war schlicht
und einfach, die Wände nur weiß getüncht. Im Erdgeschoß gab
es einen Speisesaal. Eine Holztreppe führte in ihren Wohn- und
Schlafraum. Beide Zimmer waren von mittlerer Größe mit je zwei
hohen schmalen Fenstern. Nach der einen Seite konnte die Gefangene über die Gärten hinweg das Dorf sehen, zur anderen schaute
sie auf ein flaches Sumpfgebiet und den Fluß. Die übrigen Schloß-

290 flügel wurden vom Gouverneur, den Wachmannschaften und dem Personal bewohnt.

Sophie Dorothea befand sich in tiefster Verzweiflung. Niemand von ihrer Familie, keine Vertraute, mit der sie sich aussprechen konnte, wurde zu ihr vorgelassen. Noch nicht einmal ihre Mutter durfte sie sehen. Doch Eleonore sandte ihrer Tochter den Geistlichen der Französisch-reformierten Gemeinde in Celle, dessen Zuspruch ihr ein wenig Trost in ihrem schweren Los bringen sollte. Am 18. August 1694 schrieb dieser Pastor, M. Casaucau, an Herzog Georg Wilhelm: „Als ich hier ankam, habe ich sie weit weg in Gedanken und am Rande der Verzweiflung vorgefunden. Sie ist zu dem sicheren Entschluß gelangt, sowohl ihren Fehler als auch die Gerechtigkeit der Strafe anzuerkennen, die ihr auferlegt wird."

So hatte sich die unglückliche Frau in ihr Schicksal ergeben, vielleicht allzu demütig. Wenn sie nur geahnt hätte, mit welcher Härte sie behandelt werden würde! Doch in ihrer Trauer über den Verlust des Geliebten und wegen der großen Abneigung gegen eine Rückkehr nach Hannover in die verhaßte Ehe, resignierte sie völlig und ließ apathisch alles mit sich geschehen. Doch nach Kenntnis der Sachlage ist es zweifelhaft, ob sie mit mehr Kampfesmut ihre Freiheit wiedererlangt hätte und ihr der Kontakt zu ihren Kindern erlaubt worden wäre. Denn auch ihrer Mutter, die mit allen Mitteln unermüdlich versuchte, das Los ihrer Tochter zu verbessern, gelang es nicht. Erst nach nach vier Jahren erreichte Eleonore, daß sie die Unglückliche besuchen durfte. Sophie Dorotheas Schicksal war von Anfang an besiegelt, die beiden fürstlichen Väter waren sich einig: Scheidung und Verbannung auf Lebenszeit. Die Verhandlungen und der Prozeß waren nur noch reine Formsache. Das Urteil stand schon vorher fest!

Wenige Tage nach ihrer Ankunft in Ahlden wurde Sophie Dorothea von den Ministern von Bernstorff und von Bülow aus Celle aufgesucht. Sie gaben den Verlauf der Verhandlung am 5. August 1694 schriftlich zu Protokoll:

„Der Anlaß der Reise wäre gewesen, der Prinzessin den wahren Zustand der Sache zu sagen, daß alles vollkommen aufgedeckt und also nicht abzuleugnen wäre ... 2. ihr zu sagen, was diesseits öffentlich vorgegeben würde und wie sie auch öffentlich sprechen müßte und bei der anstehenden Scheidung sich zu beherrschen habe. Sie bezeugte die größte Reue von der Welt, erklärte sich selbst für schuldig, anerkannte alles, was ihr geschehen und noch mehr verdient zu haben, sie bittet um Vergebung, setzt großes Vertrauen in den Kurfürsten, vor dem Kurprinzen scheint sie sich zu fürchten. Tatsächlich wollte sie leugnen, eine Missetat begangen zu haben, erkannte aber, daß die äußeren Anzeichen so beschaffen seien, daß jedermann sie selbst daraus verurteilen müßte, und ihre Unschuld in diesem Falle zu nichts anderem, als zu ihrer inneren Genugtuung dienen könnte, leugnete auch, daß er in ihrer Kammer nachts gewesen. In die Trennung gebe sie sich, erkenne, daß es wohl nicht anders sein könnte, meinte, die wenige Zuneigung, vielmehr Aversion, die der Prinz für sie seit vielen Jahren gehabt hat, hätte sie in dieses Unglück gebracht … (er) hätte vor seiner Abreise nach Berlin gesagt: ‚ … es ist zu viel geschehen, um uns weiter Zwang aufzuerlegen – ich werde nach meiner Rückkehr Ihrem Herrn Vater schreiben und ihn ersuchen, uns zu trennen.‘ Da er das schon vorher in Willen gehabt, wäre zu erachten, was er nun, da das Unglück dazu kommt, tun würde. Man sollte sagen, wie sie es machen sollte; das wollte sie tun. Hielte es für eine große Glückseligkeit, daß Gott sie durch dieses Unglück von der Welt, der sie ganz ergeben, abziehen und ihr Gelegenheit gegeben würde, auf Gott und ihr Seelenheil zu gedenken, daß sie hofft, nun ein Beispiel der Demut zu sein, so wie sie vorher das eines Skandals gewesen sei."

Sophie Dorothea gab zwar zu, daß der Schein gegen sie sprach, aber nicht, daß sie mit Königsmarck intim gewesen und es zum Ehebruch gekommen wäre. Auch der Satz „Alles ist vollkommen aufgedeckt!" konnte sie nicht einschüchtern. In diesem kleinen abgeschlossenen Kreis wurde doch noch von Königsmarck gesprochen, aber nach außen wurde jeder Zusammenhang mit ihm und der Scheidung der Prinzessin geleugnet.

Die strengen Maßnahmen gegen Sophie Dorothea ließen in ihrer Umgebung bald den Verdacht aufkommen, daß sie etwas sehr Schlimmes begangen haben müßte. Wie das auf Außenstehende, selbst auf Wohlmeinende, wirkte, zeigt ein Brief des Herzogs Anton

292 Ulrich von Wolfenbüttel an Eleonore, der ihr als treuer Freund der Familie auch in Notzeiten zur Seite stehen wollte:

„MADAME,

Wenn Sie noch immer überzeugt davon sind, wie ich glaube, daß trotz der Wandlungen der Zeit, ich immer für Sie und alle, die zu Ihnen gehören, eine Zuneigung und eine aufrichtige Freundschaft bewahrt habe, so werden Sie ohne weiteres verstehen, welchen Anteil ich gegenwärtig an dem Kummer nehme, der Sie betroffen hat. Wenn man durch Blut- und Herzensbande innig zu Personen hält, die in ein großes Unglück geraten sind, dann fühlt man den Schmerz wie seinen eigenen. Urteilen Sie selbst, Madame, wie lebhaft ich von dem Ihren betroffen bin. Es ist wahr, daß ich die wirklichen Gründe nur durch ungewisse Gerüchte kenne, doch wenn man nach dem Vorgehen urteilen sollte, das in Hinsicht auf die unglückliche Prinzessin unternommen wurde, so müßte man glauben, daß ihr Verbrechen groß sei und ungefähr dieser Art, wie man es veröffentlichen wollte, und es bereitet mir Kummer, das auszusprechen. Es fällt mir dennoch schwer, mir vorzustellen, daß eine solche kriminelle Anlage jemals in das Herz einer Person eindringen könnte, die wie sie hoch geboren und mit Sorgfalt erzogen wurde, und die ich immer mit einem außerordentlich guten Naturell gekannt habe, so daß ich mich geneigt fühle, Madame, zu glauben, daß die Angelegenheit nicht so schrecklich ist und daß vielmehr Fehler als ein Verbrechen begangen wurden. Im ersteren Falle, Madame, wünschte ich, daß ich auf gutem Fuße und in besserem Einvernehmen mit unserem Hause stünde, so daß ich mich nützlich einsetzen könnte, um die Ursache für Ihren Kummer zu mildern. Aber gegenwärtig kann ich zu meinem äußersten Bedauern nur das Unglück des Hauses beklagen und mit dem Ihren im besonderen Mitgefühl haben. Jedoch Madame, wenn Sie glauben, daß ich bei der gegenwärtigen Sachlage, ohne daß es einen Schatten auf Sie wirft und ohne Sie zu kompromittieren, nützlich sein könnte, um Ihren Kummer zu erleichtern, so haben Sie nur über alles, was von mir abhängt, zu verfügen. Sie kennen die Aufrichtigkeit meiner Handlungen und

daß ich mit außerordentlicher Zuneigung und ohne Vorbehalte
für Sie und die Ihren bin, Madame, Ihr ... *(Der Brief an die Herzogin von*
Celle wurde eigenhändig vom Herzog Anton Ulrich im Jahr 1694 geschrieben, wahrscheinlich in
den letzten Tagen des Juli oder Anfang August)

Dieses Schreiben eines treuen Freundes tat Eleonore sehr gut. Umgehend antwortete Eleonore dem Herzog:

Celle, den 9. August 1694:
„MONSIEUR,
ich bin Ihnen unendlich verbunden für die Ehre, die Sie mir durch
Ihre Teilnahme an meinem Kummer erweisen, und für die zuvor-
kommenden Worte, die Sie die Güte haben, mir über die Angelegenheit meiner Tochter zu sagen. Ich hoffe so sehr, daß der gütige
Gott alles für sie wieder in Ordnung bringen wird. Ich erwarte alles von Ihm in jeder Hinsicht und bitte Ihn inbrünstig, daß es Ihm
gefalle, dieses Haus in ein gutes Einvernehmen und Freundschaft
zurückzuführen. Ich hoffe, Monsieur, daß Sie von dieser Wahrheit
überzeugt sind, und daß Sie mir die Gerechtigkeit widerfahren lassen, mir zu glauben, daß ich mein ganzes Leben voller Dankbarkeit
bin, Monsieur, und Euer Hoheit sehr ergebene und untertänige
Dienerin   *Eléonore.“*

In drei Konferenzen (am 5., 9. und 29. August 1694 in Engensen)
trafen die leitenden Minister aus Hannover und Celle zusammen,
um die Bedingungen für die Ehescheidung zu entwerfen. Dazu gehörten auch die Verfügungen über die Gefangenschaft Sophie Dorotheas und die Kosten für ihren Unterhalt, die Bestimmungen über
ihre Apanage und ihr Erbe.
Ein außerordentliches Konsistorium wurde zusammengestellt, dem
die Scheidungsklage vorgelegt wurde. Gerichtsstand für den Scheidungsprozeß war das Kurfürstentum Hannover. Deshalb wurde
die Prinzessin mit Einwilligung ihres Vaters aus dem celleschen Gebiet unter strenger Bewachung ins hannoversche Lauenau überführt.
Kurfürstin Sophie hatte ihre eigene Art, ihre Verwandte, die Raugräfin Louise, über den Stand der Ereignisse zu informieren:

294   Herrenhausen, den 26. Aug./5. Sept. 1694

„… HIER DENKT MAN nicht mehr an verdrießliche Sachen. Denen, die mir darüber schreiben, gebe ich zur Antwort: weil die Kurprinzessin ihren Herren nicht hat leiden können, haben es beide Väter gut gefunden, sie von ihm zu tun, und sie allein wohnen zu lassen, nämlich auf Schloß Lauenau. Herr Wackerbart, seine Frau und ihre Familie werden ihr aufwarten, welches ihnen wohl bekommt, denn er wird das Amt dabei zu verwalten haben, also mit seinen vielen Kindern gut zu leben haben. ,A quelque chose malheur est bon' (Auch das Unglück ist zu etwas gut), sagt das Sprichwort. Der Verlust von Königsmarck muß aus guten Gründen für eine Sache für sich behandelt werden, obschon die ganze Welt weiß, was die Glocke geschlagen hat …"

Sophie hielt auch hier weiter daran fest, daß das Verschwinden von Königsmarck nichts mit ihrer Schwiegertochter zu tun hat, obwohl, wie sie zugab, jedermann die wahren Hintergründe kannte.

Sophie Dorotheas Gemahl, Kurprinz Georg Ludwig, forderte, daß seine Ehe wegen der „vorsätzlichen Desertation", deren sich Sophie Dorothea angeblich schuldig gemacht hätte, aufgelöst würde. Eine Gegenklage wurde ihr nicht gestattet, obwohl sie dazu berechtigte Gründe gehabt hätte.

Ein Ehegericht wurde einberufen, das sich aus je zwei weltlichen und zwei geistlichen Räten, sowohl aus Celle als auch aus Hannover, zusammensetzte. Den Vorsitz hatte der hannoversche Minister von dem Bussche. Die Mitglieder dieses Konsistoriums wurden durch einen besonderen Eid verpflichtet, „in dieser Sache redlich und aufrichtig mit ihrem besten Verstande nach göttlichen und weltlichen Rechten, auch Gewohnheit der christlichen evangelischen Kirche zu urteilen, um sich durch nichts, wie das auch Namen haben möchte, abhalten und hindern zu lassen".

Ob die hohen Herrn diesen Eid wohl mit reinem Herzen und gutem Gewissen schwören konnten? Wenn auch die acht Räte vielleicht nicht in die Intentionen der fürstlichen Brüder eingeweiht waren, so wußte doch ihr Vorsitzender über alles genau Bescheid. Zumindest sein Eid war nicht rechtens. Den Beweis dafür liefert ein

Brief des Ministers Bernstorff nach einer Konferenz am 8. September, an der auch von dem Bussche teilgenommen hatte: „Die Hauptsache ist, daß Niemand merkt, wie wir im Voraus den Wortlaut des Urtheils festgestellt haben."

Der Kurprinzessin wurde eine Anklageschrift vom Ehegericht zugesandt. Man verlangte von ihr eine mündliche oder schriftliche Stellungnahme. Doch eine mündliche Erklärung konnte man sich nach Lage der Dinge nicht leisten. Sie hätte zu Vieles ans Tageslicht bringen können, das für immer verschwiegen werden sollte. Sophie Dorothea hätte ihren Ehegemahl zu Recht des mehrfachen Ehebruchs während vieler Jahre und mit verschiedenen Frauen anklagen können. Seine Maitresse Melusine von der Schulenburg, mit der er wie mit einer Ehefrau zusammenlebte, hatte ihm bereits zwei Töchter geboren. Schon dadurch hätte er zum schuldigen Teil an der Zerrüttung der Ehe werden können. Aber der Kurprinz sollte von jeglichem Makel frei bleiben, darum mußte eine mündliche Aussage seiner Gemahlin unbedingt verhindert werden. Eine brauchbare schriftliche Erklärung wollte man zusammen mit Sophie Dorothea aufsetzen. Aus diesem Grund wurden zwei cellesche Räte nach Lauenau gesandt, sie sollten „Gelegenheit suchen, im Einklang mit Ihrer Liebden zuerst ganz im speziellen unter sich zu reden, und sich zu bemühen, sie vor allem daran zu erinnern, daß sie bedenken möchte, ihre Antwort in solchen Ausdrücken abzugeben, in denen jede weitere Schärfe so viel wie möglich vermieden wird." Der Hof- und Amtsrat Thies war von Herzog Georg Wilhelm zum Anwalt seiner Tochter berufen worden. Er wurde Sophie Dorothea vorgestellt, und sie bevollmächtigte ihn mit Unterschrift und Siegel, ihre Interessen zu vertreten. Nachdem sie die Scheidungsklage vom Anwalt ihres Ehegemahls erhalten hatte, verfaßte sie am 26. September 1694 gemeinsam mit ihrem Rechtsbeistand ihre erste schriftliche Erklärung. Darin hieß es u. a.: „Im übrigen aber deklarieren und erklären Wir, daß Wir ... wohlbedacht und freiwillig bei der schon viele Male abgegebenen Entscheidung bleiben, Unserem Ehegemahl, dem Kurprinzen, nimmer ehelich beiwohnen wollen, und selber nichts mehr verlangen, als daß die von Unserem Ehegemahls Anwalt gesuchte Ehescheidung gänzlich erfolgen möge."

296 Bevor diese Erklärung dem Ehegericht vorgelegt wurde, prüfte sie der bedeutendste Jurist des hannoverschen Hofs, Vize-Kanzler Hugo. Der hielt das Schreiben für nicht zufriedenstellend. Er änderte den Entwurf und schrieb am 2. Oktober 1694:

„Die Sache ist wirklich dieselbe geblieben, nur einige Worte sind geändert oder vielmehr nur umgestellt. Das Ganze wird hierdurch kürzer, einfacher und entspricht mehr dem Zweck, den wir im Auge haben."

Nach einigem Für und Wider wurde von den Räten die zweite Version anerkannt. Sophie Dorothea war ungeduldig, weil sich alles so lange hinzog. Als ihr Anwalt dieses Schreiben vorlegte, unterschrieb sie ohne zu zögern.

Sie konnte es kaum erwarten, ihre Freiheit zu erlangen – doch die Befreiung aus den Banden der verhaßten Ehe sollte sie ihr Leben lang die Freiheit kosten, so zu leben, wie und wo immer sie wollte. Während Sophie Dorothea auf ihren Scheidungsprozeß wartete, wurde ihre Hofdame im Gefängnis zwei Verhören unterzogen, deren Wortlaut eigenhändig von der Gräfin A(urora). M(aria). Königsmarck aufgezeichnet wurde. „Wegen der Kurprinzessin von Hannover. Aussage des Fräulein Knesebeck." Im Verhör durch den Grafen von Platen (G. P.) und Vize-Kanzler Hugo (V. K.) zeigte sich Sophie Dorotheas Vertraute zur Aussage bereit:

„Was ich weiß, will ich in Wahrheit bekennen.

Hugo: Wie lange ist es, daß G. K. (Graf Königsmarck) und die K. P. (Kurprinzessin) sich geliebtet?

Antwort: Sie haben sich von Jugend auf geliebet. Die Gräfin Reuß (Eleonores Schwester) hat mir wohl erzählet, wie sie noch Kinder gewesen, haben sie sich oft hinter einer Gardine verkrochen und haben sich da geküßt.

V. K. Wie alt sind sie da gewesen?

Neun oder zehn Jahre.

Und sie haben sich immer geliebt?

Ja, das hat immer gewähret und darum ist er hier in den Dienst gegangen.

Wie lange ist es, daß der Graf mit der Kurprinzessin ehelich gelebt?

Wie das? daß er bei ihr geschlafen hat?

Ja.

Das hat er niemals gethan. Sie haben sich ehrlich zusammen geliebt, aber so weit ist es nicht gekommen. Wie hätten sie das wagen dürfen? Zudem hatte er so eine schlimme Krankheit …"

Ihre Aussagen werden angezweifelt.

„Was kann ich thun, wenn sie es nicht glauben wollen."

Nicht ein einziges Mal wäre der Graf des Nachts bei der Prinzessin gewesen. Er hätte auch nie einen Schlüssel besessen. Doch es soll Zeugen geben, die das Gegenteil behaupten. Unerschrocken verlangte die Knesebeck eine Gegenüberstellung, um die Richtigkeit ihrer Aussagen zu bestätigen.

Immer wieder zielten die Fragen der Herren darauf, daß Königsmarck im Schlafgemach der Prinzessin gewesen wäre.

Knesebeck: „Wie wäre das wohl möglich, wenn drei Kammerfrauen so aus und ein gehen (und) zwei Kammerdiener …"

Vize-Kanzler: „Sie ist schlimm, schlimm, schlimm. Sie ist ein schlimm Mensch. Ich habe mich eingebildet, sie wäre so gut, aber nun sehe ich wohl, sie ist ein schlimm Mensch."

Antwort: „Ich habe noch niemand was Schlimmes erwiesen."

Ständig fragten sie nach dem Schlüssel und wer wohl die Möglichkeit gehabt hätte, den Grafen einzulassen.

Knesebeck: „Es ist niemals geschehen."

Sie gab lediglich zu, daß sie die Briefe zwischen den Liebenden befördert hatte. Doch der Inhalt war ihr nicht bekannt. Ihre Hartnäckigkeit verärgerte den Grafen Platen, und er fragte sie: „Mademoiselle Knesebeck, sie gedenkt nicht, wer wir sind."

Antwort: „Das weiß ich wohl, ich ehre und respectiere sie."

G. P.: „Ehren und respectieren ist nicht von Nöthen, aber sie bedenkt nicht, daß wir hier sitzen auf Befehl meines Herrn. Sie thäte wohl, wenn sie bekennt."

Antw.: „Was ich weiß, das habe ich schon bekannt. Wenn sie es nicht glauben, was kann ich thun?"

G. P.: „Ja, wir wollen schon Mittel finden, daß wir es herausbringen."

Antw.: „Ihre Kurfürst. Durchlaucht können mich sterben machen,

298   wenn sie wollen, ich bin in ihren Händen, aber das wird nichts helfen, daß ich was inventieren (erfinden) kann."

Selbst Drohungen schreckten die treue Seele nicht, auch nicht, als
die Herren sie ein zweites Mal befragten und mit scharfen Mitteln
drohten, „… sie werden nicht wollen, daß ich sage, was nicht geschehen ist", ist ihre Antwort.

V. K.: „Ist nicht der Graf schuld daran, daß die K(ur) P(rinzessin)
mit dem Kurprinzen so übel gelebet?

Antw.: „Sie hat schon vorher übel mit ihm gelebt … und haben sich
gar scheiden wollen."

Immer wieder kamen Fragen, ob sie noch Briefe hätte, aber die waren doch bereits gefunden worden, auch hätte sie keine verbrannt.

Man wollte noch mehr aus ihr herausbekommen mit der Behauptung: „Die Kurprinzessin bekannte viel mehr als Sie." Ihre knappe,
aber logische Antwort: „So muß sie mehr wissen."

Aurora von Königsmarck notierte auch Auszüge aus den Briefen
des Fräuleins von dem Knesebeck. „Sie können nirgensher erweisen, daß er bei ihr gewesen ist, auch nicht aus den Briefen (!). Viel
weniger, daß er bei ihr geschlafen, denn sie hat solches nicht thun
können und dürfen, weil er krank allzeit gewesen …"

Das Fräulein von dem Knesebeck machte ihrem in der Korrespondenz verwandten Decknamen „La Confidente" (die Vertraute)
alle Ehre. Schon seit der Kindheit der Prinzessin in Celle war sie
ihre enge Freundin gewesen. Sophie Dorothea konnte sich auf das
bucklige Fräulein, „Madame Krumbugeln", vollständig verlassen.
Sie hatte sich bei allen Verhören bewährt, selbst unter scharfen
Drohungen war sie fest dabei geblieben, daß ihre Herrin unschuldig sei. Auch Sophie Dorothea soll das Abendmahl darauf genommen haben, daß sie keine Sünde begangen habe. Was soll man
nun glauben? Gaben die beiden Frauen nur Schutzbehauptungen
ab, um sich um jeden Preis von aller Schuld rein zu waschen?

Auch Friedrich von Schiller möchte in seinem Dramenentwurf „Die
Prinzessin von Zelle" nur ihre Unschuld sehen und notiert dazu:
„Prinzeßin stellt dar eine edle Natur, welche gemeinen Verhältnißen
und Absichten aufgeopfert worden, sich mit allen Waffen der Unschuld und Natur dagegen vergebens wehrt. Die schlechten Men-

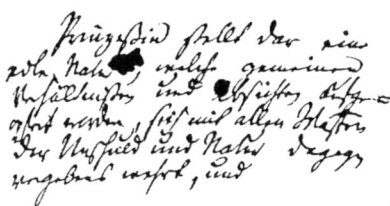

Prinzeßin stellt dar eine edle Natur, welche gemeinen Verhältnißen und Absichten aufgeopfert worden, sich mit allen Waffen der Unschuld und Natur dagegen vergebens wehrt, und

Friedrich Schiller, „Die Prinzessin von Zelle“.
Manuskript von eigener Hand

schen triumphieren, aber Unschuld und Seelenadel bleiben doch ein absolutes Gut. Das Edle siegt, auch unterliegend, über das Gemeine und Schlechte. Die höchste Verlaßenheit und Einsamkeit der Prinzeßin, die nun nichts mehr hat als das Bewußtseyn ihrer Unschuld und die Würde der Tugend.“

Immer wieder versuchte auch Eleonore, ihren Einfluß geltend zu machen, um für ihre Tochter bessere Bedingungen zu erreichen. Ein wenig Hoffnung gab ihr die Entscheidung des Ehegerichts, sich nicht mit der schriftlichen Erklärung Sophie Dorotheas zufrieden zu geben. Wieder wurde eine Delegation nach Lauenau gesandt, um die Ansichten der Prinzessin aus ihrem eigenen Munde zu hören. Danach wurde eine neue Sitzung einberaumt, und Eleonore versuchte, die Verzögerung zu nutzen. Doch auch in Hannover war man wachsam. Im Oktober 1694 war Kurfürst Ernst August täglich mit Georg Wilhelm im Jagdgebiet Göhrde zusammen, um mit ihm alles zu besprechen und dafür zu sorgen, daß sein Bruder nicht wieder wankelmütig würde. Denn man wußte nur zu genau, daß sich Eleonore immer wieder bemühte, ihren Gemahl zugunsten ihrer Tochter umzustimmen. Darum versuchten die Hannoveraner, sie für die Absichten ihres Hofes zu gewinnen: Der Kurfürst und sein Sohn unterzeichneten eine Urkunde, durch welche das Wittum der Herzogin von Celle um 12 000 Taler jährlich erhöht wurde. Doch daß Eleonore nicht „käuflich“ und nicht durch Gunstgeschenke zu manipulieren war, bezeugt ein Schreiben des Geheimrats von Hattorf im November: „Vorgestern kamen wir von der Göhrde zurück. Wir haben Seine Durchlaucht den Herzog von Celle in vorzüglicher Gesundheit und bezüglich der Familienangelegenheiten günstig gestimmt verlassen.

300 Gott wolle ihn bei seiner jetzigen Meinung erhalten, gegen welche übrigens die Frau Herzogin von Celle Himmel und Erde in Bewegung setzt ..."

Nach Beendigung der Jagdsaison war Georg Wilhelm nicht mehr täglich mit seinem Bruder zusammen, der ständig versucht hatte, ihn gegen seine Tochter einzunehmen. So hatte Eleonore mit ihren dringlichen Bitten um ein mildes Urteil für Sophie Dorothea ihren Gemahl inzwischen doch etwas beeinflussen können. Die Stimmung am Hof von Celle hatte sich verändert. Dort wollte man eigentlich nur noch eine Trennung des Paares anstelle eines offiziellen Scheidungsurteils. Eine Trennung wäre auch ohne ein Gerichtsverfahren möglich gewesen. In Hannover argumentierte man, daß doch bereits mit Zustimmung beider Seiten ein Ehegericht eingesetzt worden war und schon mehrere Beratungen und Verhandlungen stattgefunden hatten. Die hannoversche Seite verlangte ein Scheidungsurteil, und das sollte auch veröffentlicht werden.

Kurfürst Ernst August sandte nach Beratung mit seinen Ministern ein dringliches Schreiben nach Celle:

„Wie es wohl bekannt ist, war nach sorgfältigen Überlegungen entschieden worden, daß die Tatsachen auf Grund der Flucht vorgebracht werden, daß das hohe Ansehen des Kurprinzen, der Prinzessin selbst und ihrer Kinder bewahrt werden sollte und ebenso unser Allergnädigstes selbst und ihrer Eltern. Darum ist die Veröffentlichung des Urteils unvermeidlich, denn unter anderen Umständen wäre jede Möglichkeit, den Scheidungsfall zu interpretieren, der Ungerechtigkeit und dem Vorurteil der Personen ausgeliefert."

Das Argument, daß seine geliebten Enkelkinder Schaden in ihrem Ansehen leiden könnten, verfing bei Georg Wilhelm am meisten. Er war bereit, nun doch nachzugeben und einer Scheidung zuzustimmen.

Das Ehegericht gab sich noch nicht mit dem Verlauf des Verfahrens zufrieden. Die hohen Räte wollten ihre Reputation dafür nicht aufs Spiel setzen. Alles sollte nach den Regeln des Rechts zugehen — oder wenigstens der Schein der Legalität gewahrt bleiben. Es war ihnen bewußt, daß der Vorwurf eines Fluchtversuchs der Prinzessin nur ein fadenscheiniger Vorwand war, um ihr die Schuld zuzuweisen. Da es zu einem ordentlich geführten Scheidungsprozeß gehörte, daß beide Parteien zu Wort kommen, wurde Sophie Dorothea noch einmal von zwei Herren des Ehegerichts in Lauenau aufgesucht.

Es waren der Geheime Rat von dem Bussche und der Superintendent Molanus. Das war ein letzter Vermittlungsversuch in Anwesenheit des Anwalts Thies. Der wohlmeinende Geistliche erinnerte Sophie Dorothea an die Heiligkeit der Ehe und was deren Auflösung auch für ihre Kinder für Betrübnis bringen würde. „Ich wiederholete, man könnte eine solche Sache nimmer gnug überlegen", schrieb Molanus später in seinem Bericht, „und hätte man sich wohl in Acht zu nehmen, daß man dabei sich nicht ... in sein Unglück vorsätzlich hinein stürzen möge. Es wäre noch Zeit, allem Unheil zu entgehen ... vielmehr wäre es löblich von seiner gefaßten Meinung abzustehen, wenn man klärlich sehe, daß sie Gott und seinem Wort entgegen stünde ..." Die Kurprinzessin aber blieb bei ihrem Entschluß, wie der Geistliche berichtete: „... es wäre aber die Sache in ihrem Gewissen bereits genug überlegt und befunden, daß Sie bei einmal gefaßter Resolution wohl sicher sein könnte verbleiben. Sie wüßte zwar wohl, daß Sie dabei die unglücklichste sein und den größten Schaden leiden, es wäre aber besser für Ihre Seele, daß Sie alleine bliebe. Sie hätte bisher die Welt mehr als zuviel geliebet, nun aber zöge sie Gott davon ab. Die Strafe wäre all hart. Sie wollte sie aber gerne von der Hand des Herrn annehmen, weil Sie Ihrer Seele gut thäte. Wäre also Ihre beständige Meinung noch, nicht wieder zu Ihrem Gemahl zu gehen ..."

An dieser Stelle wäre die Frage nach dem Grund der starken Abneigung, in die Ehe zurückzukehren, fällig gewesen. Sie gehörte doch unbedingt auch zur Klärung des Sachverhalts und der Urteilsbegründung. Hatte man diese Frage peinlichst vermieden, durfte sie nicht gestellt werden oder durfte eine für den Kurprinzen ungünstige Aussage nicht mit in das Protokoll aufgenommen werden? Vieles wurde auch nachträglich vernichtet oder streng unter Verschluß gehalten. Nach etwa einem halben Jahr in der Einsamkeit hätte sich Sophie Dorothea eigentlich so weit gefaßt haben müssen, um ihre Argumente und Anklagen vorzubringen. Doch darüber

302 ist nichts bekannt. So war das Ergebnis dieser Unterredung lediglich, daß die Prinzessin eine dritte schriftliche Erklärung abgeben mußte, und zwar über „… ihren schlüssigen und beständigen Vorsatz, zu Ihrem Gemahl nicht wieder zukommen, sondern allein zu bleiben!" (Molanus in seinem Bericht vom 30.11.1694). Das war die letzte Chance für Sophie Dorothea, ihre Lage mit Hilfe des Geistlichen zu verbessern. Doch sie verkannte wahrscheinlich ihre Situation, sie wollte alles schnell hinter sich bringen und sich dann in aller Stille ins Privatleben zurückziehen.

Jetzt waren die letzten Weichen für die Scheidung gestellt.

Am 1. Dezember 1694 trat das Ehegericht zusammen und prüfte die Erklärung der Prinzessin und den Report der Kommission. Die Unterlagen wurden dem Prinzen von seinem Anwalt zugestellt. Zwei Tage später lag seine Antwort vor, sein Rechtsvertreter hatte sie aufgesetzt:

„Der Kurprinz habe lange vorher diese Angelegenheit reiflich und gewissenhaft bei sich überlegt. Er sei nicht ohne schmerzliche Empfindungen daran gekommen, sich zu seiner solchen Extremität zu entschließen, daher er nicht nur für sich nichts unversucht gelassen, ob möglich, die Kurprinzessin zu besseren Gedanken zu bringen, sondern auch dero Herr Vater und Schwiegervater hätten sich deshalb in hoher Person angelegentlich bemüht …", und es wird weiter festgestellt, „… daß die Kurprinzeß bei ihrer Intention verharren (wird), mithin deren Desertation klar am Tage liege … Der Anwalt der Kurprinzeß war aufgefordert, seine Schlußschrift beim Gericht einzureichen …"

Sophie Dorothea sollte wegen „böswilligen Verlassens" schuldig gesprochen werden. Auch eine Wiederverheiratung sollte ihr nicht erlaubt werden. Gegen dieses Verbot protestierte ihr Anwalt Thies im Namen des Herzogs von Celle in so heftigem Ton, daß die Richter unsicher wurden, die Urteilsverkündung aufschoben und weitere Beratungen anberaumten.

Georg Ludwig war also der arme, verlassene Ehemann mit „schmerzlichen Empfindungen", er hätte seine Frau so gern umgestimmt und mit offenen Armen wieder aufgenommen! Es ist nicht bekannt, daß ihr Ehemann, ihr Vater oder ihr Schwiegervater Sophie Doro-

thea auch nur ein einziges Mal nach ihrer Gefangennahme wieder-
gesehen und gesprochen haben. In der Begründung der Scheidungsklage wurde vorgetäuscht, daß auf Sophie Dorothea Rücksicht
genommen worden wäre. Es sollte nach außen hin und auch vor
den Richtern der Schein gewahrt bleiben, daß alles in fairer Weise
stattgefunden hatte. Dabei wurde ständig alles geschickt manipu-
liert. In Hannover war man über den Aufschub der Urteilsverkündung aufs höchste beunruhigt, wie auch ein Schreiben beweist, das
der Vize-Kanzler Hugo dem Scheidungsgericht und dem celleschen
Minister Bernstorff zustellen ließ:

(1.) „Die Kurprinzessin hat gar üble Absichten verspüren lassen, sie
hat, wie bewiesen, heimlich aus dem Lande ziehen wollen und hätte
sich selbst und das Haus in ewigen Schimpf und Schande gebracht.
Das hätte nicht geschehen können, ohne daß die am Ruin des Hauses interessierten mächtigen Gegner des Hauses dieses ausgenützt
hätten, um ihre üblen Absichten auszuführen. Das Haus (Hannover) wäre in solche Verwirrung und Gefahr geraten, daß man nicht
ohne Schrecken daran denken kann. Es ist nur der Güte Gottes zu
verdanken, daß dieses verhindert wurde. Es ist zu bedenken, was
von einer solchen Person zu erwarten wäre, die zu solchen Unge-
heuerlichkeiten entschloßen war und wie hochnötig es sei, daß ihr
die Wiederverheiratung verboten wird …
2. Die Herren Deputierten werden selbst festgestellt haben, wie
sehr die Kurprinzessin nach der Scheidung verlangt und wie sie
darüber Freude bezeigt, daß dieselbe bald erfolgen werde. Hätte
sie ein gutes Gemüt, müßte es sie sehr bedrücken, daß sie ihren eigenen Vater so hoch betrübt hat, daß sie denjenigen, die sie gleichsam
auf Händen getragen haben, so großes Übel zugefügt hat und ferner zufügen wird. Sie sollte auch bedenken, welchen hohen Rang
sie verlieren wird. Sie sollte sich ihrer Kinder erbarmen … denn
wenn eine Mutter über die Trennung von ihrem Mann, womit
auch die Trennung von ihren Kindern verbunden ist, Verlangen
und Freude bezeugt, so ist zu ermessen, was von ihr zu erwarten
ist. Man weiß, daß sie verschiedentlich gesagt hat, sie wolle lieber
eine Marquise in Frankreich als Kurprinzessin zu Braunschweig-

304 Lüneburg sein … Was kann man aus dem sehnlichen und freudigen
Verlangen nach Scheidung anders zu entnehmen sein, als die Absicht, sich in diesem Stand zu setzen, den sie vordem gewünscht
hat …" Der Entwurf zu diesem Schreiben befindet sich im Staatsarchiv von Hannover. Dort sind die Artikel 3 und 4 durchgestri-
chen. Sie sind aber trotzdem noch lesbar und lauten:
„3. Sie hat eine nachsichtige Mutter. Dieselbe begreift den Sachverhalt des Falles nicht, urteilt deshalb nicht richtig, zeigt wenig Zuneigung gegen dies Kurhaus (von Hannover) …
4. Kurprinzessin hat von der Mutter großen Geldmittel eine sehr
reiche Erbschaft zu erwarten. Der Herr Vater wird sie mit guten
Absichten gar wohl bedenken … Ein Mißbrauch wäre zu befürchten …"

Der Vize-Kanzler hatte mit eigener Hand hinzugefügt: „Es gibt
noch mehr wichtige Überlegungen anzustellen, die sich aber wohl
nicht sagen lassen." Das bezieht sich sicherlich auf die Pläne Hannovers, sich für immer der unbeliebten Prinzessin zu entledigen,
ohne ihr Vermögen, ihre Mitgift wieder herausgeben zu müssen.
Auch wollten sie die Erbansprüche auf das Herzogtum Celle legal
behalten. Ähnliches schrieb Hugo am 6. Dezember 1694 auch an
Bernstorff: „Man wird uns ja nicht verdenken, daß wir in diesem
betrübten, elenden Zustand ein wenig auf eine gesicherte Zukunft
reflektieren." Weiter geht es in dem Brief an das Ehegericht: „Die
Feinde des Hauses werden nicht ruhen. Man hat schon Nachricht,
daß sie darauf gespannet haben. Es ist eine Sache, mit der sie dem
Hause die sensibelsten Schmerzen und den größten Nachteil zufügen können …" (Bei diesem Absatz ist ein längerer lateinischer Text
im Entwurf gestrichen).
Zum Abschluß wendet sich das Gutachten mit hochtönenden Worten direkt an die Richter:
„Das hochehrenwerte Haus (Hannover) hat seine Sicherheit und
Würde in Ihre Hände gelegt, meine hohen Herrn Richter, im Vertrauen auf Ihre Lebensklugheit. Ihr Land und unschuldige Menschen haben Ihnen die Gefahren dargestellt, die sie bedrohen und
erbitten Ihre Hilfe für ihre Sicherheit …"

Welche großen, dramatischen Worte! Welche Perfidie steckt in diesem Schreiben! Die Prinzessin wird so ungünstig wie möglich, ja sogar als drohende Gefahr für ihr Land dargestellt. Sie wird als undankbare Tochter, als herzlose Mutter bezeichnet. Zu diesem Zeitpunkt hätte Sophie Dorothea noch gar nicht ahnen können, daß man ihr niemals mehr erlauben würde, ihre Kinder zu sehen. Daß sie lieber eine französische Marquise gewesen wäre, kann man ihr eigentlich auch nicht verdenken. Ihre Rangerhöhung hatte ihr nur eine unglückliche Ehe eingebracht. Aber als sie diese Bemerkung einmal so leicht hingesagt hatte, war die Empörung groß, denn zu der Zeit war Frankreich der Feind in einem langen Kriege. Die verbitterte junge Frau war manches Mal zu unklug in ihren spontanen Bemerkungen.

Das Schreiben versucht, die Richter stark zu beeinflussen und ihr Urteil zu manipulieren. Man will den Einfluß der Herzogin von Celle brechen und den wankelmütigen Herzog zum erwünschten Entschluß bringen. Die Prinzessin soll für immer in lebenslänglicher Haft verschwinden. Das wäre nur möglich gewesen, wenn Sophie Dorothea als der schuldige Teil rechtskräftig geschieden und das Urteil veröffentlicht worden wäre. Ihre Wiederverheiratung mußte auf jeden Fall verhindert werden, sie wäre viel zu gefährlich gewesen. Sie hätte die Ansprüche des Hauses Hannover in Frage stellen können, denn immerhin wäre es möglich gewesen, daß Sophie Dorothea einen mächtigen Fürsten heiratet, der sich dann für ihre Ansprüche stark gemacht hätte. Sie war eine schöne, begehrenswerte Frau von 28 Jahren mit einem großen Privatvermögen. An Bewerbern hätte es ihr sicher nicht gefehlt.

Ernst August zog es vor, seiner Schwiegertochter in sicherer Abgeschiedenheit eine jährliche Rente von 8 000 Talern zu zahlen, die er nach dem Tod ihres Vaters oder bei Erreichen ihres 40. Lebensjahr erhöhen wollte.

Das beträchtliche Vermögen, das Sophie Dorothea eines Tages von ihrer Mutter erben würde, sollte unangetastet bleiben. Dagegen entschloß sich ihr Vater, seinem Enkel das Land in seinem Privatbesitz zu vererben.

306 Trotz aller Einwände und Vorbehalte fällte das Ehegericht das endgültige Urteil:

„DEKRET DER KURFÜRSTL. KONSISTORIAL- UND KIRCHENRÄTE,
dat. 28. Dez. 1694

In Ehesachen des durchlauchtigsten Fürsten und Herrn, Herrn Georg Ludwig, Herzog zu Braunschweig und Lüneburg, entgegen und wider Dero Ehegemahl, die durchlauchtigste Fürstin und Frau, Frau Sophie Dorothea, Herzogin von Braunschweig und Lüneburg, Kurprinzessin erkennen und sprechen wir ... daß die von Seiten der Kurprinzeß Durchlaucht in actis angebrachten schriftlichen und mündlichen Erklärungen, samt anderen daselbst vorgekommenen Umständen, für eine beständige Denegation der ehelichen Treue und Beiwohnung, mithin für eine vorsätzliche Desertation zu achten sei. Als wir es dann dafür halten, erkennen, erklären ... (wir) eheliches Band hiermit gänzlich (zu) dissolvieren und auf(zu)heben. Nachdem auch in dergleichen Desertationsfällen dem unschuldigen Teil andererseits sich zu verheiraten erlaubt, dem schuldigen Teil aber ein solches zu tun verboten ist, so hat es auch im gegenwärtigen Falle dabei sein rechtliches Verbleiben und wird ... Ihrer Kurprinzlichen Durchlaucht (Georg Ludwig) ... anderweit sich zu verehelichen, Kraft dieses (Urteils) verstattet und zugelassen ..."

Das Urteil war trotz der Bemühungen einiger Richter um Gerechtigkeit schon von vornherein von den Fürstenhäusern festgelegt. Im Zeitalter des Absolutismus hatten die Fürsten alle Macht, auch in der Gerichtbarkeit. Die Nachwelt verurteilte es als „unerhörtes Scheinverfahren" (Köcher), als „eine zeremonielle Posse" („a solemn farce", Wilkins). Der englische Botschafter in den Herzogtümern, Cresset, schrieb: „Alle Dinge sehen tragisch aus, wir sollten darüber recht beschämt sein" („All Things look tragical, we are all to be quite ashamed").

Am letzten Tag des Jahres 1694 erhielt Sophie Dorothea von ihrem Anwalt das Dokument mit dem Urteil. Sie gab gleich eine schriftliche Erklärung ab, daß sie das Urteil annehme und mit ihrem Anwalt „in Gnaden zufrieden sei" und ihn aller weiteren Verantwortung enthebe. Sie hoffte auf die Nachsicht und Großzügigkeit ihres Vaters und Schwiegervaters, da sie sich mit ihren Aussagen deren Wünschen und Anordnungen gefügt hatte. Endlich hatte sie die lang ersehnte Befreiung aus der unglücklichen Ehe erreicht. Doch die Maßnahmen gegen Sophie Dorothea endeten nicht mit dem Scheidungsurteil. Sie wurde offiziell aus dem Kurhaus Hannover ausgestoßen. Auch ihr Vater schloß sie, wie vorher mit seinem Bruder vereinbart, vom celleschen Hof aus. Alle Titel wurden ihr aberkannt, aus allen Dokumenten des kurfürstlichen Hauses wurde ihr Name getilgt. Es sollte so sein, als ob es sie nie gegeben hätte! Durch diese Regelung war Sophie Dorothea nicht mehr Kurprinzessin von Hannover. Sie durfte weder den Familiennamen Braunschweig-Lüneburg tragen noch ihren Mädchennamen „Prinzessin von Celle" wieder annehmen, wie es sonst nach Scheidungen oft der Brauch ist. Sehr bald bürgerte sich für sie ein neuer Name ein. Der bezog sich auf ihren endgültigen Wohnsitz, ihr Gefängnis: das Amtshaus von Ahlden. Uneingeweihte Außenstehende sollten dadurch nicht ohne weiters erkennen können, daß es sich bei der „Herzogin oder Prinzessin von Ahlden" um ein Mitglied des Welfenhauses und um die Mutter der Erben der Kurwürde bzw. der Königskronen handelt.

In Hannover durfte ihr Name nie mehr erwähnt werden, vor allem nicht vor ihren Kindern. Sophie Dorotheas Sohn war zu dieser Zeit elf, ihre Tochter sieben Jahre alt. Die Erziehung der Kinder war der Prinzessin schon von jeher entzogen worden. Sie fand unter der Aufsicht der Kurfürstin Sophie statt. Sicherlich werden die Kinder nach ihrer Mutter, die so plötzlich verschwunden war, gefragt haben. Aber man gab ihnen wohl nur vage, ausweichende Antworten, und sie mußten lernen, daß diese Fragen unerwünscht waren. Nur wenn sie mit ihrer Großmutter Eleonore zusammen waren, wurde heimlich über ihre Mutter gesprochen und sie tauschten kleine, liebevolle Botschaften aus.

Das Jahr 1694, das Sophie Dorothea soviel Unglück gebracht hatte, war zu Ende gegangen. Sie befand sich immer noch auf hannoverschem Hoheitsgebiet in Lauenau. Trotzdem keimte ein winziger Hoffnungsschimmer bei der Gefangenen auf. Sicher würde sie nun bald frei sein und mit dem neuen Jahr ein neues Leben beginnen.

308 Am liebsten weit weg von allem Geschehen. In aller Stille wollte sie zurückgezogen ein ganz privates Leben führen. Jetzt gäbe es vielleicht die Möglichkeit, als Marquise in Frankreich zu leben, wie sie es sich einmal gewünscht hatte. Denn ihre Mutter Eleonore war nach dem Tod ihrer Geschwister Alleinerbin von Schloß d'Olbreuse und den dazugehörigen Ländereien geworden. Mit dem Schutzbrief von Ludwig XIV. aus dem Jahr 1671 war ihr garantiert worden, daß sie jederzeit und überall in Frankreich Aufnahme finden würde.

Auch der Herzog von Wolfenbüttel zeigte weiterhin Freundschaft und Zuneigung für Eleonore und ihre Tochter. In seinem Brief, vermutlich vom Ende Januar 1695, wiederholte er allerdings zuerst den Eindruck, den die strenge Behandlung Sophie Dorotheas auf ihn gemacht hatte:

„Man könnte glauben, daß eine Person sehr kriminell gehandelt hat, da sie von allen, die ihr am nächsten stehen, verlassen wurde ... Aber in dieser Stunde, Madame, in der ich erfahre, daß in den letzten Verhandlungen die Prinzessin, ihre Tochter, unter ganz anderen Anklagepunkten als schuldig verurteilt wurde, finde ich, daß sie sehr schlecht beraten war, aus Unzufriedenheit die Dinge so zum Äußersten kommen zu lassen ... Nichts desto weniger, in dem Zustand, in dem sie jetzt ist, von allen letzten Bindungen gelöst, scheint es mir, daß meine älteren Rechte wieder eingesetzt werden können, und ich betrachte sie auf die gleiche Art, wie ich es getan hätte, wenn die Verlobung mit meinem Sohn ... nicht durch den Tod gelöst worden wäre. Sie wissen, daß unter solchen Umständen das Herz sich bindet und verwandtschaftliche Gefühle für immer bestehen bleiben. Unter diesem Aspekt biete ich Ihnen an ... daß ich alles, was in meinen Kräften steht (tun werde), um ihre Angelegenheiten zu erleichtern ..." Nicht nur nach Wolfenbüttel hätte Sophie Dorothea fliehen können, sondern auch August der Starke in Sachsen hätte ihr Schutz gewährt. Dort wäre sie ihrer Freundin Aurora von Königsmarck wiederbegegnet, die inzwischen die Geliebte des Kurfürsten geworden war und auf der Moritzburg bei Dresden lebte.

Doch obwohl Sophie Dorothea auf ein Leben in Freiheit wartete geschah nichts. Sie blieb in Lauenau weiter unter strenger Bewa-

chung. In Hannover dachte man nicht mehr an sie. Man feierte dort
wie jedes Jahr wochenlang fröhlich Karneval.

Nur als aus England die Nachricht eintraf, daß Königin Mary II.,
eine Stuart-Verwandte von Sophie, im Alter von 32 Jahren an den
Pocken gestorben war, gab es eine Unterbrechung der Feste: „Das
Tanzen ist durch diese betrübte Zeitung gehemmt worden, die zwei
Opern werden aber noch gespielt ...", teilte die Kurfürstin Sophie
am 13. Januar 1695 der Raugräfin Louise mit, und in einem Nachwort heißt es dann ganz nebenbei: „Die Ehescheidung hier ist ganz
gemacht, das Urteil lautet: daß mein Sohn wieder heiraten darf,
die Prinzessin aber nicht. Man betet nicht mehr für sie im Kirchen-
gebet (weder) zu Zelle noch in Hannover ..."

Wie sich in der Geschichte vieles wiederholt, zeigt eine dpa-Mel-
dung, die am 21.10.1996 in der „Frankfurter Allgemeine Zeitung"
veröffentlicht wurde:

„Abgeordnete beten nicht mehr für Diana

London, 20. Oktober (dpa). Nach ihrer Scheidung von Prinz
Charles wird Prinzessin Diana im traditionellen Gebet britischer
Parlamentarier für die Königsfamilie nicht mehr erwähnt. Die Änderung des Textes trat nach Angaben britischer Sonntagszeitungen
mit dem Ende der Sommerpause in der vergangenen Woche in Kraft.
Einige Abgeordnete sollen über das ,rachsüchtige' Vorgehen gegen
Diana erbost sein, berichtete die ,Mail on Sunday'. Die Änderung
sei aber von der Königin gebilligt. Künftig wird in dem Gebet vor
den Sitzungen in Oberhaus und Unterhaus nur noch auf ,Charles,
Prince of Wales' Bezug genommen – wie zu Zeiten, als der Thronfolger noch Junggeselle war."

Zwischen den schicksalhaften Ereignissen im Leben der beiden
Prinzessinnen Sophie Dorothea und Diana liegen 300 Jahre. Jedoch
es gibt erstaunliche Gemeinsamkeiten:

Ein fürstliches Paar heiratet aus Staatsraison. Die beiden passen
nicht gut zueinander. Auch durch die Geburt von zwei Kindern
wird die Ehe nicht besser. Die Erbfolge ist gesichert, doch das Paar
entfremdet sich immer mehr. Es dringt allmählich in die Öffentlichkeit, daß der Prinz eine andere Frau vorzieht. Die Prinzessin
wird immer unglücklicher und trauriger. Ihre Stellung bei Hof

wird schwieriger, denn sie hatte Liebe und Trost bei einem anderen Mann gesucht. Obwohl sie eines Tages Königin von England werden könnte, willigt sie in die Scheidung ein. Sie erhält eine reiche Apanage und ein Schloß als Wohnsitz. Ihr hoher Titel wird ihr aberkannt, es wird nicht mehr offiziell für sie gebetet. Soweit gleicht sich alles, obwohl die eine Heirat 1681, die andere 1982 und die Scheidungen jeweils 1694 und 1996 stattfanden.

Doch in unserem modernen Zeitalter wird über alles viel freier geurteilt. Eine Prinzessin wird nach der Scheidung nicht mehr gefangen gehalten, sie kann sich überall frei bewegen und mit ihren Kindern zusammen sein. Prinzessin Diana wurde durch ihre größere Freiheit auch nicht glücklicher, denn jederzeit und besonders in allen privaten Bereichen wurde sie von der Öffentlichkeit gierig beobachtet und auf Schritt und Tritt verfolgt. Auf der Flucht vor aufdringlichen Fotoreportern verunglückten sie und ihr Freund in der Nacht vom 31. August 1997 in Paris tödlich. Die Liebe zu einer Prinzessin kostete auch Dianas Freund das Leben. Weitere traurige Gemeinsamkeiten mit Sophie Dorothea sind, daß nun ihre beiden Kinder auch ohne Mutter aufwachsen müssen. Beide Prinzessinnen fanden ihre letzte Ruhestätte bei ihrer eigenen Familie auf dem Besitz ihrer Vorfahren, denn eine königliche Grabstätte stand ihnen nicht zu.

Auch wenn 300 Jahre dazwischen liegen und sich die Sitten geändert haben, die Probleme von zwei Menschen, die in einer für sie arrangierten Ehe leben müssen, sind dieselben geblieben. Ob eine Prinzessin oder Königin glücklich war oder nicht, spielte keine Rolle. Das Staatsinteresse ist vorrangig. Die Würde ihrer hohen Stellung und die Zukunft ihrer Kinder mußten an erster Stelle stehen. Sie hatten sich zurückhaltend zu benehmen, mußten sich in alles fügen und vieles erdulden.

Der Ausbruch der unglücklichen, temperamentvollen Frauen aus den strengen Konventionen erwies sich als fatal für beide und ließ sie ein trauriges Schicksal erleiden.

Die Scheidung im 17. Jahrhundert schuf einen Präzedenzfall für Charles, Prince of Wales, und zwar, daß auch ein geschiedener Prinz den englischen Thron besteigen und König sein kann. So wie es

Georg Ludwig von Hannover als Georg I. von England bereits vor ihm getan hatte.

Die Herzogin von Celle sorgte dafür, daß ihre Tochter wenigstens aus dem hannoverschen zurück ins cellesche Gebiet gebracht wurde. Sie kam im Februar 1696 „unter die Protektion ihres Vaters", wie es beschönigend ausgedrückt wurde, denn Sophie Dorothea blieb auch weiterhin eine Gefangene. Im Urteilsspruch wird mit keinem Wort erwähnt, daß sie nach der Scheidung in Gefangenschaft leben sollte. Weder Sophie Dorothea noch ihre Mutter konnten ahnen, daß das Schloß Ahlden für 32 Jahre ihr Gefängnis sein würde – lebenslänglich!

Georg Ludwig, der „unschuldig" geschiedene Ehemann, konnte hingegen wie schon in den Jahren zuvor in aller Öffentlichkeit mit seiner Maitresse und seinen unehelichen Kindern ein schönes Leben führen. Ein Mann konnte sich das eben erlauben, das Verhalten eines Mannes und das einer Frau wurde schon immer mit zweierlei Maß gemessen. Das bestätigt auch ein Brief von Liselotte, Herzogin von Orléans, den sie in dieser Zeit schrieb:

Versailles, den 13. Februar 1695
„WIE KANN DIE Herzogin von Celle glauben, daß ihre Tochter nicht unglücklich werden würde, mit solchen Maximen, nach denen sie sie erzogen hat. Denn welchen Herren findet man in der Welt, der nur allein seine Gemahlin liebt und nicht etwas anderes nebenbei hätte, seien es Maitressen oder Buben. Sollte deswegen die Ehefrau auch so übel leben, so könnte niemand mehr sicher sein, daß die Kinder die rechten Erben wären. Weiß diese Herzogin nicht, daß die Ehre der Weiber darin liegt, mit niemand Anderen, als ihren Männern zu tun zu haben, und daß es für die Männer keine Schande sei, Maitressen zu haben, wohl aber, ein Hahnrei zu sein, daß sie das also wenig leiden können, und sich die Weiber deswegen nur Unglück an den Hals ziehen, wenn sie solches unterfangen. Das Unglück ihrer Tochter wird ihr diese Wahrheiten wohl lehren."

Liselotte behauptet auch, daß Sophie Dorothea ihre Leichtfertigkeit von ihrer Mutter geerbt hätte. Wie so oft tut sie Eleonore Un-

312 recht, denn bei ihr gab es keine Untreue, keine Unmoral. Der Hof von Celle war im Gegensatz zu dem von Hannover unter ihrem Einfluß zu einem Hort von Tugend und Sittsamkeit geworden. Nach diesen Maximen und mit diesem Vorbild war Sophie Dorothea sehr sorgfältig erzogen worden. Ihr Temperament, ihr Leichtsinn und ihre Sinnlichkeit kamen wohl nicht von ihrer calvinistisch erzogenen Mutter, die vorbildlich gelebt hatte. Da brauchte man nur an die wilden Jahre ihres Vaters und seines jüngsten Bruders zu denken, um zu wissen, woher diese Charaktereigenschaften stammten.

Der Heidedichter Hermann Löns legte in seinem Gedicht „Das Lied der Prinzessin von Ahlden" aus dem Jahr 1907 der gefangenen Sophie Dorothea die Worte in den Mund: „Das welsche Blut in meinem Leib, das wollte süßen Zeitvertreib", wo es doch eigentlich richtiger „Das Welfenblut in meinem Leib" heißen sollte.

Sophie Dorothea hatte nie Gelegenheit gehabt, sich zu verteidigen und das, was in der Öffentlichkeit über sie in Umlauf gesetzt wurde, richtig zu stellen. So ist es dann über die Jahre und Jahrzehnte geblieben, die einen sind fest von ihrer Unschuld überzeugt, während die andere Seite schon aufgrund ihrer Briefe an die leidenschaftliche Liebesgeschichte mit dem Grafen Königsmarck glaubt.

„Die Zeit verrinnt unmerklich,
und schneller als man denkt."
Gottfried Wilhelm Leibniz

Kapitel 11
DIE CHRONIK DER SPÄTEREN JAHRE

Dreißig Jahre lebte Eleonore nun schon in Celle an der
Seite des Herzogs Georg Wilhelm. 1676 war sie seine Ehefrau und
damit Herzogin von Celle geworden. Sie hatte viel Gutes für ihr
Land getan. Das begann schon damit, daß der Herzog durch sie
seßhaft geworden war, daß er sich um Regierung und Verwaltung
seines Landes kümmerte und nicht mehr lange und teure Italien-
reisen unternahm. Das Schloß war durch Umbauten verschönert

worden, und man hatte ein Theater eingerichtet. Kultur und Wohlstand waren das Resultat segens-
reicher Jahre. Eleonore hatte sich
bewährt, ihre Verdienste wurden
anerkannt. Voltaire äußerte über
sie, „daß sie alle Tugenden ihres
Vaterlandes in sich vereinigte".
Sie bewirkte mit Würde, Anstand
und Taktgefühl, daß am wohlge-
ordneten Hof von Celle gute Sitten herrschten. Der Herzog hatte
sich als Heerführer bewährt. Seine
Gemahlin unterstützte seine Po-

„Eleonore Herzogin von Celle mit 46 Jahren".
Werk eines unbekannten Künstlers, um 1685

litik erfolgreich in diplomatischen Missionen. Auf einem Ölgemälde aus dem Jahr 1685 sieht man, daß Eleonores Wesen von Ernst
und Würde geprägt ist. Zum Zeitpunkt der Entstehung des Bildes
war sie 46 Jahre alt. Sie wird in einer prächtigen, braungold schim-
mernden Robe mit üppigen Spitzenärmeln dargestellt. Ihr immer noch makelloses Dekolleté ist mit einer kostbaren Perlenkette
geschmückt, dazu passend trägt sie tropfenförmige Perlohrringe.

314 Arme und Hände sind glatt und wohlgeformt, die Figur ist jedoch etwas fülliger, nicht mehr so jugendlich. Tiefschwarze Haare und starke dunkle Augenbrauen tragen zur Herbheit ihres Gesichtes bei. Die Jahre haben ihre Spuren hinterlassen; kleine Fältchen unter den Augen und der streng verschlossene Mund zeugen davon. Da ist nichts mehr von ihrer früheren Fröhlichkeit zu sehen. Zu viele Kämpfe, zu viele Schicksalsschläge haben dieses Frauenleben geprägt.

Wenn Eleonore auf ihre drei Jahrzehnte in Deutschland zurückblickte, war es für sie schwer zu entscheiden, ob Glück oder Leid überwogen. Am Anfang stand die Verzauberung durch die große Liebe, die alles überwand. Doch dann tauchten die Schwierigkeiten auf. Die Rangerhöhung für sie und ihre Tochter, die erst so verheißungsvoll erschien, mündete in die aus Staatsraison geschlossene Ehe Sophie Dorotheas, die so unglücklich wurde, daß sie Liebe und Glück bei einem anderen Mann suchte. Das Schicksal ihrer Tochter, Scheidung, lebenslängliche Gefangenschaft und Trennung von ihren Kindern, belasteten auch Eleonore schwer.

In dieser verzweifelten Lage halfen Eleonore vor allem ihre Frömmigkeit und ihr starkes Gottvertrauen. Sie hatte stets ein mildtätiges Herz und versuchte, die Not anderer Menschen zu lindern. Nach dem Widerruf des Edikts von Nantes 1685 durch König Ludwig XIV. waren viele Glaubensflüchtlinge aus Frankreich in die deutschen Lande geströmt.

Unter Eleonores Einfluß wurden ihre Landsleute und Glaubensgefährten schon sehr zeitig in Celle freundlich aufgenommen. Im höfischen Bereich der Herzogin waren fast alle Ämter an Hugenotten vergeben worden, 200 Refugiés hatten in Celle eine neue Heimat gefunden, 90 waren in den Hofdienst aufgenommen worden. Darunter sollen 69 Verwandte und Bekannte aus der Heimat der Herzogin, dem Poitou, gewesen sein. Auch in der gut ausgebildeten Armee des Herzogs gab es viele hohe Offiziere französischer Herkunft.

Eines Tages hatte der leutselige Herzog nur Gäste französischer Herkunft an seine Tafel geladen. In der heiteren Stimmung dieser Gesellschaft bemerkte einer der Gäste lachend: „Wir könnten eigent-

lich sagen, Durchlaucht, daß
Sie der einzige Ausländer hier
sind!" („Nous pourrions dire,
Monseigneur, que vous êtes la
seule personne étrangère ici!").
Dieses Bonmot machte schnell
die Runde, und es gab einige,
die Anstoß an den vielen Franzosen in Celle nahmen. Auch
die Schwägerin Sophie äußerte
einmal spitz: „Der Hof von
Celle ist ganz verfranzt!" Doch
Herzog Georg Wilhelm hatte
oft genug bewiesen, daß er den
Kaiser und das deutsche Reich
treu unterstützte. So schrieb
er bereits am 3. September 1675

*Georg Wilhelm Herzog von
Braunschweig-Lüneburg-Celle*

an den Grafen von Waldeck: „Ich bin ganz erstaunt, daß es noch
Leute gibt, die sich wegen der großen Zahl der Franzosen an meinem Hofe beunruhigen. Ich glaube, denn doch genugsam bewiesen zu haben, daß dieselben mich niemals haben abhalten können,
die Sache des Reichs zu verfechten."

Die Einwohner des Herzogtums Celle und ihr Landesvater gehörten der lutherischen Religion an. Auch die Flüchtlinge, die nun ins
Land gekommen waren, waren Protestanten, allerdings Calvinisten der Französisch-reformierten Konfession. Der Herzog hatte
ihnen in seinem Edikt Glaubensfreiheit zugesichert. Die Herzogin
förderte von Anfang an die Zusammenkünfte einer Französisch-
reformierten Gemeinde, die sich in ihren Gemächern im Schloß
regelmäßig zu Gottesdiensten versammeln konnte. Ein Verwandter Eleonores, Louis Suzannet de la Forest, war vorher Gemeinde-
pfarrer in Mauzé, dem Nachbarort von Olbreuse, gewesen. Mit
Hilfe der Herzogin konnte er nach Celle entfliehen. Er wurde vom
Konsistorium zum Pastor der am 20. Dezember 1688 gegründeten
Gemeinde gewählt. Noch immer hofften die Glaubensflüchtlinge
aus Frankreich, daß sie doch eines Tages in ihre Heimat zurückkeh-

316   ren könnten. Von 1688 bis 1697 währte der „Pfälzer Erbfolgekrieg". Die in der „Großen Allianz" verbündeten Fürsten kämpften gegen den französischen König, der als Aggressor mit seinen Truppen in die Pfalz eingefallen war und sie verheerend verwüstet hatte. Von den Friedensverhandlungen in Rijswijk am 30. 10. 1697 erhofften sich die Refugiés, daß die protestantischen Fürsten auch für sie gute Bedingungen aushandeln würden. Sie hatten eine Bittschrift aufgesetzt:

„Die durch Verfolgung auseinandergesprengten französischen Protestanten bitten um die Wiederherstellung des Edikts von Nantes, um straffreie Rückkehr und Einsetzung in ihre alten Besitztümer und Rechte." Die Honoratioren der französischen Gemeinde in Celle unterzeichneten diese „Gesamt-Petition des Refuge", die an den König von England und an die anderen protestantischen Fürsten der Allianz gerichtet war. Sie ersuchten den Herzog von Celle, dem sie noch einmal für seinen Schutz und seine Wohltaten dankten, ihr Anliegen bei den Friedensverhandlungen zu unterstützen. Ein eindeutiges „Jamais!" (Niemals!) des französischen Königs ließ alle Hoffnungen der Hugenotten zerschellen. Jetzt wurde ihnen bewußt, daß sie sich für immer in den gastlichen deutschen Ländern einrichten mußten. In Celle wandten sich die Mitglieder des Konsistoriums an die ihnen so wohlgesonnene Herzogin mit dem Gesuch, den Bau einer eigenen Kirche für die Gemeinde zu unterstützen:

„Wir erachten Eure Hochfürstliche Durchlaucht als das nächste Werkzeug, dessen der Herr sich zu unserem Trost bedient … Wir segnen den Willen des Höchsten, der Eure Hochfürstliche Durchlaucht von der hohen Stufe, auf welche die Vorsehung Sie gestellt, gleich einer anderen Esther bei Ihrem erhabenen Gemahl uns dessen Schutz erwirken ließ. Wir hegen das Vertrauen, daß die untertänige Bitte, welche wir in tiefer Erfurcht hervorzubringen wagen, nicht gemißbilligt, sondern daß unser Gesuch bei Seiner Durchlaucht dem Herrn Herzoge unterstützt werden möge." Die bibelkundigen Herren des Konsistoriums bezogen sich in ihrem Schreiben auf die altestamentarische Gestalt der Esther, die Gemahlin des persischen Königs Ahasverus (oder auch Xerxes). Sie half ihren

Glaubensgenossen, dem jüdischen Volk, einem Mordanschlag zu entgehen und Gnade zu erhalten. Eleonores Einsatz für die kleine hugenottische Gemeinde, die ihr am Herzen lag, bewährte sich. So konnte die Französisch-reformierte Kirche in Celle ihre Entstehung der Herzogin verdanken.

Der Herzog war bereit, ein Patent für die Errichtung eines Bethauses auszustellen, doch mußten alle Bedingungen vorher mit dem nicht sehr wohlmeinenden lutherischen Gemeindevorsitzenden ausgehandelt werden. Alle Angriffe auf die Lehren Luthers waren zu vermeiden, und die Gemeinde mußte dem lutherischen Landeskonsitorium unterstehen. Es wurde verlangt, daß das Kirchengebäude ohne Turm außerhalb der Stadt liegen und nicht als solches erkenntlich sein sollte. Der französische Gottesdienst durfte nur in aller Stille stattfinden. Am 4. Januar 1699 bewilligte der Herzog das Patent zur Errichtung der Kirche, und am 12. August 1699 erließ er ein „Religions-Exercitio der Reformierten", in dem der Gemeinde die freie Religionsausübung und der Kirchenbau genehmigt wur-

„Georg Ludwig Kurfürst von Hannover".
Ölgemälde von Johann Bernhard Siemering

den. Georg Wilhelm spendete 500 Reichstaler, Eleonore 400 aus ihrer Privatschatulle und später größere Summen zum Unterhalt der Pastoren. Auch andere private Spenden kamen für den Bau zusammen, der Rest wurde vom Pastor als Darlehen aufgenommen.

Am 23. Januar 1698 war der Kurfürst von Hannover, Ernst August, nach langer, schwerer Krankheit gestorben. Seine hart erkämpfte Kurwürde hatte er nur kurze Zeit genießen können. Nun übernahm sein ältester Sohn Georg Ludwig Amt und Land seines Vaters. Sophie Dorothea hätte jetzt Kurfürstin werden können, wo-

318   mit ein Wunschtraum ihres Vaters in Erfüllung gegangen wäre. Der Herzog von Celle betrauerte seinen geliebten Bruder. Aber er fühlte sich frei in seinen Entschlüssen und gab dem Drängen Eleonores nach, die schon immer die Erlaubnis, ihre Tochter zu besuchen, gefordert hatte. Er tat das in eigener Machtvollkommenheit ohne Rücksprache mit Hannover, denn er fühlte sich nur an die Absprachen mit seinem Bruder gebunden. Welch ein Lichtblick im Leben der vereinsamten Gefangenen, sich nach vier langen Jahren mit ihrer Mutter aussprechen zu können und von ihr Neuigkeiten von der Außenwelt und vor allem von ihren Kindern zu erfahren. Ein wenig Hoffnung setzte Sophie Dorothea auch auf die Gnade des neuen Kurfürsten, ihres geschiedenen Mannes, und auf die Kurfürstin-Witwe Sophie. Es ist üblich, daß anläßlich von Amtsübernahmen in hohen Positionen eine Amnestie für Gefangene erlassen wird. So schrieb die Gefangene von Ahlden zwei Kondolenzbriefe nach Hannover, in denen sie Reue und demütige Unterwerfung zeigte und flehentlich bat, ihre schmerzlich vermißten Kinder einmal wiedersehen zu dürfen:

Sophie Dorothea an ihren geschiedenen Gatten, den Kurfürsten Georg Ludwig:

29. Januar 1698

„MEIN HERR, ich gebe mir die Ehre, an Ew. Kurfürstliche Hoheit zu schreiben, um Ihnen zu versichern, daß ich aufrichtigen Anteil nehme an der Trauer, die Sie über den Tod des Herrn Kurfürsten, Ihres Vaters, empfinden. Ich bitte Gott, daß er Sie tröste und daß er Ihre Regierung mit seinen kostbaren Gnadengaben segne und Ew. Kurfürstliche Hoheit mit Glück aller Art begnade. Diese Wünsche werde ich mein ganzes Leben lang für Sie hegen, und ich werde mich niemals darüber trösten, Ihnen mißfallen zu haben. Ich beschwöre Sie, mir Verzeihung für meine früheren Vergehen zu gewähren, worum ich Sie hier noch einmal auf den Knien von ganzem Herzen bitte. Der Schmerz, den ich darüber empfinde, ist so lebhaft und so bitter, daß ich es nicht sagen kann. Die Aufrichtigkeit meiner Reue darf Verzeihung von Ew. Kurfürstlichen Hoheit erhalten, und wenn Sie mir als Gipfel Ihrer Gnade gütigst gestatten wollen, Sie zu sehen und unsere teuren Kinder zu umarmen, so würde meine Dankbarkeit für so ersehnte Gunstbeweise unbegrenzt sein, da ich nichts glühender wünsche als diese Genugtuung, worauf ich zufrieden sterben würde. Inzwischen hege ich tausend gute Wünsche für Ihre Erhaltung und Ihr Wohlergehen und bin in tiefster Unterwürfigkeit und Hochachtung Ew. Kurfürstlichen Hoheit ganz ergebene und gehorsame Dienerin *Sophie Dorothea.*"

In einem Kondolenzbrief gleichen Datums an die Kurfürstin Sophie bat Sophie Dorothea auch ihre Schwiegermutter um Verzeihung und um die Erlaubnis, ihre Kinder wiedersehen zu dürfen. Wenn man diese flehentlichen Briefe der unglücklichen jungen Frau nach so vielen Jahren liest, so können sie noch heute Rührung erwecken. Das Leid einer Mutter, die so grausam von ihren Kindern getrennt wurde, ist ergreifend, gleichgültig, wie man zur Schuld oder Unschuld der Gefangenen steht. Doch die Menschen, an die sich die Briefe richteten, blieben kalt und ungerührt. Sophie Dorothea wurde keiner Antwort gewürdigt, sie erhielt noch nicht einmal eine Absage! Georg Ludwig und seine Mutter waren sich einig. Sie waren entschlossen, die Tochter der verhaßten „d'Olbreuse" weiterhin in festem Gewahrsam zu lassen und nie mehr Kontakt zu ihren Kindern zu gestatten.

Welch ein Segen waren da die Besuche ihrer Mutter für die Unglückliche. Bei jedem Wetter unternahm Eleonore die manchmal recht beschwerlichen Kutschfahrten über die holprigen Wege der Heide. Wie viele Tränen mögen die beiden gemeinsam vergossen haben. Ein Autor aus dem 19. Jahrhundert (Neigebauer) ist der Ansicht, daß das viele Weinen Eleonores Augen schadete und Grund für ihre Fast-Erblindung im hohen Alter war. Und doch brachte es Mutter und Tochter Trost, wieder beisammen zu sein. Endlich erhielt die Prinzessin die so lang ersehnten Neuigkeiten über die Entwicklung ihrer Kinder. Sie erfuhr außerdem, daß Georg Ludwig seiner Mutter Schloß Herrenhausen als Witwensitz zugewiesen hatte. Sophie, die während der langen Krankheit ihres Gatten stark an der Regierung des Landes beteiligt war, wurde jetzt jegliche politische Einmischung untersagt. Sie durfte nur noch die Repräsentationspflichten als erste Dame des Landes ausüben. Die

320   Gräfin von Platen war vom Hof verbannt worden und hatte sich auf ihr Lustschlößchen „Monplaisir" zurückgezogen. Nur die sanfte, fügsame Ermengarda Melusine von der Schulenburg lebte noch immer an der Seite des neuen Kurfürsten, mußte aber oft auch andere Maitressen neben sich dulden.

Wie hatte Eleonore ihre Tochter im Amtshaus Ahlden vorgefunden? Die äußeren Lebensumstände sollten den Eindruck erwecken, daß die Prinzessin respektvoll und ihrem Rang entsprechend behandelt würde. Fast 80 Menschen waren ihr ständig „zu Diensten", doch sie waren wohl eher zu ihrer Beobachtung und Bewachung bestimmt. Der cellesche Oberst August Heinrich von Wackerbart stand dem gesamten Hofstaat vor und wachte streng über die strikte Einhaltung aller Regeln und Vorschriften. Das Hofpersonal war von ihrem Vater, dem Herzog, ausgewählt worden. In Ahlden wurden nur Leute seines Vertrauens angestellt. Niemand kannte Sophie Dorothea aus der Zeit vor ihrer Gefangenschaft. Es waren: 2 Hofdamen, 2 Hofdiener, 2 Kammerdiener, 2 Pagen, 14 Lakaien, 3 Köche, 1 Fleischer, 1 Bäcker und 1 Modistin. 40 Wachsoldaten vervollständigten dieses als „Hofstaat" getarnte Gefängnis. Schildwachen standen vor den Zimmern der Prinzessin, vor dem Schloß und an den Grenzen des dazugehörigen Gebietes. Jeder Brief, jedes Paket bedurfte der besonderen Erlaubnis des Herzogs. Für die wenigen Besucher, die später zugelassen wurden, wurden eigens Passierscheine ausgestellt.

Eine hoch dotierte Apanage erlaubte Sophie Dorothea, wie eine Prinzessin in ihrem goldenen Käfig zu leben. Sie konnte elegante Roben aus Paris bestellen und besaß viel wertvollen Schmuck. Küche und Keller bereiteten für sie die erlesensten Mahlzeiten. Doch in der ersten Zeit durfte sie nur eine halbe Stunde unter Aufsicht in dem kleinen Garten zwischen den Wassergräben spazieren gehen. Als ihre Gesundheit durch zu wenig Bewegung litt, wurde ihr gestattet, in der Kutsche eine kurze, vorgeschriebene Strecke bis zu einer steinernen Brücke zu fahren. Elegant gekleidet und mit Diamanten im Haar jagte sie die Pferde in rasender Fahrt das kleine Stück des Weges hin und her. Hinterdrein hetzten die Wachmannschaften mit gezogenen Säbeln. Auf Anweisung von Sophie Dorotheas geschiedenen Ehemanns wurde für die Erhaltung ihrer Gesundheit besonders gründlich gesorgt. Ständige ärztliche Kontrollen waren angeordnet. Der Grund war nicht eine besondere Fürsorge Georg Ludwigs, sondern sein Aberglaube. Eine Zigeunerin, die einen guten Ruf als Wahrsagerin hatte, prophezeite ihm, daß er seine Frau kaum ein Jahr überleben würde. So veranlaßte er aus reinem Eigennutz, daß alles getan wurde, um ihr ein langes Leben zu erhalten. Doch was war das für ein Leben als Gefangene! Schon in den beiden Kondolenzbriefen schrieb die 32jährige vom Sterben. Eine lange Krankheit hatte ihren Lebensüberdruß noch verstärkt und sie an den Rand des Grabes gebracht. Wie verzweifelt wird die Gefangene auf eine Antwort auf ihre Briefe gewartet haben, auf einen Akt der Gnade und der Menschlichkeit?

Wie wird dann die Nachricht von der gelungenen Flucht ihrer ehemaligen Hofdame aus der Gefangenschaft auf sie gewirkt haben, die ihr von ihrer Mutter eines Tages überbracht wurde? Das getreue Fräulein von dem Knesebeck war vor drei Jahren auf die hoch auf einem steilen Felsen gelegene Festung Scharzfels im Harz gebracht worden. Ohne Anklage, ohne Richterspruch war sie in eine einsame Zelle eingesperrt worden. Ihr gesamtes Vermögen hatte man konfisziert. Sie fristete dort oben ein einsames, elendes Dasein. Ihre Verwandten hatten einen Dachdecker bestochen, der die Gefangene über ein Loch im Dach aus großer Höhe über die Felsen abseilte. Da man sich nur wenig um die Gefangene kümmerte, entdeckte man erst am nächsten Tag ihre Flucht. Das Fräulein war längst über die Landesgrenze entkommen. Der streng ins Verhör genommene Festungskommandant konnte das mysteriöse Verschwinden nicht erklären und war sicher, daß das alles nur ein Werk des Teufels sein könnte. Das einzige, was die Gefangene zurückgelassen hatte, waren Inschriften, mit denen die Zellenwände über und über bedeckt waren. In Ermangelung anderer Möglichkeiten hatte sie mit Kohlestücken ihre Wut und ihre Frustration aufgezeichnet. „Die Regierung muß eine große Ungerechtigkeit begangen haben, da sie mir den Mund verschließen will. Denn wenn sie aller Welt antworten könnten darüber, was sie in der Affaire der Kurprinzessin getan haben, warum darf ich nicht sprechen? Wenn ihre richterlichen

322 Urteile rechtens wären, wie könnte ich es wagen, etwas Falsches zu
sagen. Ich, ein armes Mädchen, ein unbedeutendes Mädchen, gegen den Kurfürsten! Ist er nicht mächtig genug, 1000 Mädchen wie
mich zu unterdrücken? Bin ich so wichtig in den Augen der hannoverschen Räte, daß sie meinetwegen das 5., 7., 8., und 9. Gebot
gebrochen haben? das 5., weil sie versucht haben, meinen Körper
und meine Seele durch ihre Grausamkeit zu töten, das 7., mich meiner Freiheit zu berauben, das 8., da sie 4 falsche Anschuldigungen
von Straftaten gegen mich vorbrachten, und das 9., weil sie mein
Eigentum gestohlen haben. Doch warum stopft mir die Regierung
den Mund mit Gewalt? Was fürchten sie, das ich sagen könnte? Es
folgt daraus, daß sie eine große Ungerechtigkeit begangen haben,
so unterdrücken sie mich mit Gewalt, Unrecht und Macht, so daß
ihre Ungerechtigkeit nicht verkündet werden kann." Die schwarze
anklagende Schrift auf weißer Wand wurde für den geheimen Staatsrat kopiert und im Archiv in Hannover aufbewahrt.

Das unerklärliche Verschwinden der vertrauten Hofdame der Prinzessin beunruhigte die hannoversche Familie auf das Äußerste, so
daß man die Bewachung in Ahlden noch verstärkte. Eleonore von
dem Knesebeck fand einige Jahre Aufnahme beim Herzog von Wolfenbüttel und materielle Unterstützung von der Herzogin von Celle.
Ihre ausführlichen Erzählungen über die tragischen Ereignisse, die
sie mit der Prinzessin erlebt hatte, regten Herzog Anton Ulrich
an, einen Schlüsselroman mit dem Titel „Die Prinzessin Solana"
zu schreiben. Es war der sechste Band seines Werkes „Eine neue
Octavia", der an den europäischen Höfen mit Interesse gelesen
wurde. Es heißt, daß das Fräulein von dem Knesebeck später am
preußischen Königshof bei Sophie Dorotheas Tochter lebte. Einen
Hinweis darauf könnte das Gedicht Friedrichs II. von Preußen
„An Fräulein von Knesebeck nach ihrem kühnen Sprung aus dem
Wagen, während die Pferde durchgingen", liefern, das er im März
1773 geschrieben hatte. Sie wird in dem Buch als Hofdame der Königin, seiner Mutter, genannt. Die Gefangene von Ahlden konnte
sich einerseits für ihre Hofdame freuen, andererseits wurde auch
ihr Wunsch immer stärker, die Freiheit wieder zu erlangen. Ihre
Mutter gab die Hoffnung nicht auf und versuchte, alle Möglich-

keiten zu nutzen und gute, einflußreiche Freunde zu mobilisie-
ren.

Wilhelm von Oranien, ein langjähriger Freund der Familie, war König von England geworden. Als William III. hatte er nun viel Macht.
Im Winter 1698/99 stattete er Celle einen Besuch ab.

Eleonore hätte nur zu gern die einmalige Chance genutzt, diesen
einflußreichen, bewährten Freund um Schutz und Hilfe für ihre
Tochter zu bitten. Doch die celleschen Minister waren wachsam,
sie ahnten, was ihre Herzogin vorhatte. In weiser Voraussicht hatten sie Herzog Georg Wilhelm darüber informiert und ihn dahin-
gehend beeinflußt, daß er seinen königlichen Besucher von vornherein zu verstehen gab, daß in dieser Familienangelegenheit keine
Einmischung von außen erwünscht sei.

Am Hof von Celle war nach dem Frieden von Rijswijk wieder ein
Gesandter aus Frankreich akkreditiert, der berichtete seinem König:

Celle, den 29. September 1698

DIE FRAU HERZOGIN von Celle wird versuchen, ihn (William III.)
dafür zu gewinnen, daß er sich zu Gunsten der Prinzessin von Hannover einsetzt, aber die Minister, die weder Freunde der Mutter
noch der Tochter sind, haben den Herrn Herzog derartig dagegen
eingenommen, daß es zu befürchten ist, daß er nur dem König von
England deutlich machen wird, daß es ihm nicht gefallen würde,
wenn man sich in die Angelegenheiten dieser Prinzessin einmischen
würde …" *(Oberst du Héron an König Ludwig XIV.)*

Das wagten auch andere Fürsten nicht. Zwar sagte August der
Starke dem Gesandten von Hannover deutlich seine Meinung über
das Unrecht gegen die Prinzessin, die er für frei von Schuld hielt.
Aber eine Einmischung in die Familienaffairen eines anderen regierenden Hauses scheute er dann doch.

Niemand vermochte das Schicksal der Gefangenen von Ahlden
zu ändern. Eleonore hatte auch in diesem Fall von vornherein keine
Chance. Dagegen hatte sie in einer anderen, wichtigen Angelegenheit erfolgreich verhandeln können. Sie war gebeten worden, ihre
persönliche Freundschaft zu William III. bei seinem Besuch zu nut-

324   zen, um ihn wegen der Thronfolge des Hauses Hannover in England anzusprechen. Denn die derzeitige Thronfolgerin, Prinzessin
Anne, war oft krank und hatte sechzehn von ihren siebzehn Kindern bereits bei der Geburt verloren. Nur ein kleiner, sehr zarter
Sohn war die letzte Hoffnung, einen protestantischen Stuart auf
den englischen Thron zu bringen. Falls dieses kränkelnde, sehr umsorgte Kind, das schon den Titel Herzog von Gloucester trug, erwachsen werden sollte, hatte Eleonore vorgeschlagen, ihn dann mit
ihrer kleinen Enkelin Sophie Dorothea zu verheiraten. Sie fand
dabei Unterstützung bei William, der in dieser Verbindung eine
Stärkung der protestantischen Erbfolge in England sah. Auch die
andere Großmutter der kleinen Prinzessin, Sophie von Hannover,
war dafür. Sie hatte als Stuart-Enkelin eine besondere Vorliebe für
England und könnte selbst die nächste in der Thronfolge werden,
falls Anne und ihr einziger Sohn früh sterben sollten. Das englische
Parlament hatte am 13. Februar 1689 in der „Bill of Rights" festgelegt, daß kein katholischer König mehr über England regieren sollte.
Als William von Celle abreiste, hatte er versprochen, sich für das
Recht der Kurfürstin Sophie auf den englischen Thron einzusetzen
und ihr die Nachfolge zu sichern.

Die Bemühungen der Herzogin von Celle waren von Erfolg gekrönt
und fanden allgemeine Anerkennung. Sicherlich hatte sie sich nicht
aus Zuneigung zu der Kurfürstin und zu Georg Ludwig, ihrem ehemaligen Schwiegersohn, für deren Aufstieg in königliche Würden
eingesetzt. Es war ein weiterer taktischer Versuch, sich mit denen
gutzustellen, die die Macht hatten, das Schicksal Sophie Dorotheas
zu verbessern. Eleonore hoffte, die Hannoveraner ein wenig milder
zu stimmen – ein jedoch aussichtsloses Unterfangen.

Eleonore hatte außerdem die Weichen dafür gestellt, daß ihr gelieb-
ter Enkel eines Tages König von England werden konnte. Da das
Heiratsprojekt für ihre Enkelin bald durch den Tod des kleinen
englischen Prinzen scheiterte, hatte Eleonore in diesen Tagen den
Weg auf den Thron für Georg August vorbereitet, der 1727 als
Georg II. König von Großbritannien wurde. Doch weder seine
Großmutter noch seine Mutter haben diesen Triumph miterleben
können.

Gottfried Wilhelm Leibniz, der für den Hof von Hannover Geschichtsforschungen betrieb, hatte diese Verhandlungen mit Interesse verfolgt und unterstützt. Er schrieb Eleonore daraufhin einen anerkennenden Brief:

Hannover, den 3. Januar 1699

„Es ist das erste Mal, daß ich mir die Freiheit nehme, Eurer Durchlaucht die Wünsche zum Ausdruck zu bringen, wie es der Brauch zum Neuen Jahr erlaubt ... Ich hoffe, daß Eure Hochfürstliche Durchlaucht in Ihrer Güte ... mir die Kühnheit verzeihen wollen, über eine Angelegenheit zu schreiben, an der auch meine Wünsche großen Anteil nehmen ... Wenn den Vorverhandlungen gefolgt wird, die Eure Durchlaucht unternommen haben, indem Sie den König geneigt machten, sich so vorteilhaft zu erklären, wie er es in Celle tat, hätte man hier weniger Anlaß den Kurprinzen von Bayern zu beneiden, der, wie man sagt, zum Nachfolger des Königs von Spanien erklärt wurde. Denn das eine oder das andere der Enkelkinder von Eurer Durchlaucht und Seiner Gnaden würden die Krone Englands tragen. Es scheint mir, daß die Aussicht auf eines dieser ruhmreichen Ereignisse Eurer Durchlaucht große Freude bereiten wird. Aber ich hoffe, daß man die Verhandlungen, die so gute Fundamente haben, auf dem Fuße folgen läßt. Denn der König hat positiv der Frau Kurfürstin zugesagt, daß er das Recht auf die Erbfolge für ihre Nachfolger anerkennen wird, und es scheint mir, daß er außerordentlich mit dem Kurprinzen und der Prinzessin zufrieden war, und daß er sich das nur wünschen könnte. Was die Verhandlung der Heirat zwischen der Prinzessin und dem Herzog von Gloucester betrifft, obwohl dieser Prinz noch sehr jung ist, so zweifle ich kaum daran, daß man Sorge tragen wird, von dem Wort des Königs und seiner Neigung zu profitieren, um das Eisen zu schmieden, solange es heiß ist, um wenigstens das zu tun, was man kann in Bezug auf den einen oder anderen Punkt. Denn außerdem sollte man bedenken, die Zeit verrinnt unmerklich und schneller, als man denkt.

Ich wünsche von ganzem Herzen, daß Gott den Plänen, an denen Eure Durchlaucht so großen Anteil haben, Erfolg verleiht, und bin in Ergebenheit, Madame, Eurer Durchlaucht ...   *Leibniz.*"

326   Am 10. Januar 1699 bedankte sich die Herzogin von Celle bei Leibniz für die guten Wünsche zum neuen Jahr und schrieb abschlie-
ßend: „Ich wollte, ich könnte Ihnen größere Dienste erweisen, um
Ihnen zu zeigen, daß ich Ihre Freundin bin und Sie sehr schätze.

Eleonore …

P. S. Ich antworte nicht auf den letzten Absatz Ihres Briefes, man
sollte sich sehen, um darüber zu sprechen."

Leibniz hatte später folgende Zeilen hinzugefügt:
„Das betrifft die zukünftige Heirat des Herzogs von Gloucester
mit der Prinzessin von Hannover. Diesen Vorschlag hatte ich der
Frau Herzogin von Celle nahe gelegt, die davon mit dem König
sprach, während er 1698 in Celle war. Der König hat bezeugt, er
wolle gern dazu beitragen, ebenso wie an der Einrichtung des Rechts
der Thronfolge für die Frau Kurfürstin und ihre Nachkommen,
wovon er selbst mit der Frau Kurfürstin gesprochen und zeigte ihr
ein sehr bemerkenswertes Entgegenkommen, nachdem die Frau
Herzogin mit ihm gesprochen hatte."
Jedenfalls hatte Eleonore erfolgreich verhandelt, und es erfreute sie,
daß ihr der große Philosoph Beifall zollte, besonders da er dem
Hause Hannover und der Kurfürstin Sophie eng verbunden war.
Auch der französische König ließ der Herzogin von Celle sein Wohlwollen aussprechen und ihr huldvolle Komplimente machen, für
die sie sich respektvoll und ehrerbietig bedankte.
Der französische Gesandte in Celle, Monsieur du Héron, berichtete am 13. September 1698:
„Der Herzog von Celle hat mir mehrere Male wiederholt, daß niemand als er mehr Verehrung für Eure Majestät haben kann. Die
Frau Herzogin von Celle hat mit allem Respekt und vorstellbarer
Dankbarkeit das Beglaubigungsschreiben erhalten, das Eure Majestät mir für Sie gegeben hatten, und sie hat sich bemüht, mir mit
ihren Reden zur Kenntnis zu geben, wie hoch sie Eure Majestät
verehrt und respektiert …"
Héron hatte allerdings den Eindruck, daß Eleonore mit dem Gedanken spielte, zum Katholizismus überzutreten, was aber sicher

auf einem Mißverständnis beruhte. Er berichtete weiter über den
mächtigen Minister Bernstorff in Celle, der „derartig überragend
über die anderen an Fähigkeiten ist, daß seiner Meinung oft gefolgt
wird. Er ist außerordentlich verfeindet mit der Herzogin …
Der Herr Herzog von Celle ist trotz seines hohen Alters noch sehr
rüstig, er läuft wie ein junger Mann, er schießt sehr gut auf Flug-
wild und wenn er auf der Hirschjagd ist, führt er die Hunde sehr
waidgerecht …"
Trotz der vielen positiven Gunstbeweise von allen Seiten, war Eleonore bei dem Gedanken an ihre Zukunft verunsichert. Wie würde
es ihr ergehen, wenn ihr Schwiegersohn eines Tages das Herzogtum Celle vertragsgemäß erben würde? Ihr Gemahl war 75 Jahre alt.
Wenn er auch noch sehr aktiv und sportlich war, so übernahm er
sich manches Mal und war zu draufgängerisch für sein Alter, so daß
er einige Male vom Pferd stürzte.
Herzog Georg Wilhelm wollte seine Frau im Alter nicht seinem
kalten, unfreundlichen Nachfolger schutzlos ausliefern. Er hatte
vorsorgliche Maßnahmen getroffen, die Eleonore ein Wittum sichern sollten. In Lüneburg ließ er schon 1692 mit dem Bau eines
Schlosses als Witwensitz beginnen. Am 26. Januar 1705 setzte er zusammen mit Eleonore ein Testament zugunsten ihrer gemeinsamen
einzigen Tochter auf. Eleonore würde Sophie Dorothea nach ihrem
Tod 60 000 Taler vererben, die schon vorsichtshalber außerhalb des
Landes bei Banken in Den Haag und Amsterdam angelegt waren.
Andere Besitzungen sollten ihr ein zusätzliches Jahreseinkommen
sichern. Außerdem würde sie den Grundbesitz in Olbreuse und das
Jagdhaus in Wienhausen erben.
Sollte dieses große Vermögen dazu verhelfen, das Interesse eines einflußreichen Fürsten für Sophie Dorothea zu wecken, der, um sie
heiraten zu können, alles daran setzen würde, sie zu befreien? Denn
wozu sollte sonst der ungeheure Reichtum der von der Welt abge-
schnittenen Gefangenen nützen?
Aus Wolfenbüttel berichtete M. du Héron am 22. März 1699 zu
diesem Thema:
„Die Herzogin von Celle hat beim Herzog Anton Ulrich anfragen
lassen, ob er sie und ihre Tochter nach dem Tode des Herzogs in

328 seinem Staat aufnehmen und beschützen würde. Er hat mit so allgemeinen Worten geantwortet, daß es nicht ganz und gar eine Ablehnung war. Er hat mir vertraulich Mitteilung von diesem Begehren gemacht und mir gesagt, daß er beide nur in dem Fall aufnehmen würde, wenn Eure Majestät Mutter und Tochter Ihre Protektion zukommen ließen. Er ist überzeugt, daß es deren Plan ist, in Frankreich aufgenommen zu werden, sich dort zu ihrer Religion bekennen zu können und, ohne eine Belastung für Eure Majestät zu sein, dort zu leben. Er glaubt nicht, daß die junge Prinzessin derartig schuldig ist, man hat sich nur Mühe gegeben, ihr Ansehen zu schwärzen. Er hat für sie und ihre Mutter viel Zuneigung behalten, weil diese Prinzessin seinen Sohn heiraten wollte, der bei Philipsburg gefallen ist.

Er glaubt, es wäre eine Ungerechtigkeit des Kurfürsten von Hannover, wenn er nach dem Tode des Herzogs von Celle verhindern würde, daß sie sich dorthin wenden könnten, wohin sie es für richtig halten, denn die Macht, die er über sie hatte, hörte durch das Urteil der Auflösung der Ehe auf, das unter dem Vorwand gefällt wurde, daß sie ihren Ehemann verlassen hätte …"

Das letztere mag ja der gute Freund der Familie für richtig und gerecht halten, aber Georg Ludwig war ein ebenso absoluter Herrscher wie sein Vater. Seinem Willen war zu gehorchen. Er wollte seine geschiedene Frau nicht aus der Gefangenschaft entlassen. Darum nützte auch die Antwort des französischen Königs den beiden Frauen nichts.

Ludwig XIV. an Héron:

Versailles, den 2. April 1699

„Wenn die Herzogin von Celle und ihre Tochter, die Herzogin von Hannover, sich entscheiden würden, nach dem Tode dieses Prinzen, in mein Königreich zu übersiedeln und sich hier zur katholischen Religion bekennen würden, würde ich ihnen mit Vergnügen meinen Schutz gewähren. Außerdem können Sie dem Herzog Anton Ulrich in den guten Gefühlen bestätigen, die er für sie bezeugt hat."

Nach dem Widerruf des Edikts von Nantes und den Hugenottenverfolgungen in seinem Land konnte man vom französischen Kö-

nig nicht erwarten, daß er zwei hugenottischen Fürstinnen dort den
Aufenthalt gewähren würde. Doch für Eleonore und ihre Tochter
war ein Religionswechsel als Bedingung für die Aufnahme in Frankreich unannehmbar. Wenn ihre Not auch noch so groß war und
nur eine Konversion sie daraus befreien könnte, hielten beide in
echter Hugenottentradition auch in schweren Zeiten treu zu
ihrem Glauben.

Nach dem Tod ihrer Geschwister hatte Eleonore 1688 den Besitz
der Familie d'Olbreuse in Frankreich geerbt. Aber auch sie hatte
nun keine Aussicht mehr, eines Tages nach Frankreich zurückzukehren. Es erging ihr wie allen anderen Glaubensflüchtlingen: Nur
wer seine Religion wechselte, nur wer konvertierte und katholisch
wurde, durfte zurück auf seinen Besitz im Heimatland. Aber er
würde dort als „Neu Konvertierter" mißtrauisch beobachtet und
manchen Schikanen ausgesetzt werden.

Auch die Verwaltung ihrer Güter aus der Ferne war für die Herzogin von Celle schwierig. Es gab ständig Verdruß und Unannehmlichkeiten, obwohl sich einige entfernte Verwandte Eleonores um
das Gut kümmerten. Ein Cousin wurde inhaftiert, weil er mit Refugiés in Celle korrespondiert hatte. Über einflußreiche Bekannte
gelang es Eleonore, ihren Verwandten zu befreien. Ihr Gutsbesitz
brachte nur mäßige Erträge ein, die größtenteils für die Unterhalts-
kosten benötigt wurden. Die Herzogin ordnete an, den Rest als
mildtätige Gaben an arme Menschen in der Umgebung zu verteilen.

Trotz der Schwierigkeiten lehnte Eleonore mehrere Kaufangebote
ab. Ihrem Cousin, M. de Gagemont, der das Gut wieder verwaltete,
ließ sie „… die Freiheit, das Gut nach seinem Ermessen zu verpach-
ten …" (29.5.1700). Eleonore wollte das Erbe für ihre Familie erhalten. Das Schloß war für sie mit schönen Erinnerungen an ihre
Kindheit und Jugend verbunden.

Vielleicht bewahrte sie noch ein Fünkchen Hoffnung, eines Tages
zurückzukehren, da ihr der französische König in dieser Zeit
wohlwollende Briefe schrieb, in denen er seiner „lieben Cousine"
versicherte, daß er eine besondere Zuneigung für sie hege und immer die gleichen Gefühle für sie bewahrt habe. Später schrieb er:

330 „Daß ich Ihnen meine besondere Zuneigung zusichere ... und ich nehme mit Vergnügen die Gelegenheit war, Ihnen Beweise meiner Hochachtung zu geben. Deshalb bitte ich Gott, meine Cousine, daß er Sie unter seinen heiligen und würdigen Schutz nehmen möge."

Es ist erstaunlich, daß der katholische König in dieser Art an eine hugenottische Fürstin schrieb, von der er wußte, daß sie fest zu ihrer protestantischen Religion hielt und daß sie viele Glaubensflüchtlinge aus seinem Königreich in Celle aufgenommen hatte. Diese Briefe hatte Ludwig XIV. sicher aus diplomatischen und politischen Erwägungen geschrieben, um sich mit den Braunschweiger Herzögen gut zu stellen, da sie starke Armeen besaßen.

Als 1701 der spanische Erbfolgekrieg ausbrach, kämpften die Braunschweiger auf der Seite des Kaisers gegen Frankreich. Der Streit um das Erbe des spanischen Throns war entstanden, nachdem der als Thronfolger vorgesehene Prinz Josef Ferdinand von Bayern plötzlich jung verstarb. Nun setzte Ludwig alles daran, daß sein Enkel Philipp von Anjou spanischer König werden sollte. Doch auch die Habsburger hatten durch verwandtschaftliche Verbindungen ebenso wie die Franzosen ein Anrecht auf die begehrte Krone. Der Krieg dauerte bis 1714. Im Jahr 1713 erlangte der französische Thronanwärter die spanische Anerkennung und wurde als Philipp V. spanischer König.

Da Eleonores Gemahl gegen die Franzosen kämpfte, nahm der französische König die politische Lage zum Anlaß, den Besitz der Herzogin von Celle in Frankreich konfiszieren zu lassen. Sie war schon einige Zeit vorher gewarnt worden, daß ihr Hab und Gut beschlagnahmt werden sollte (in einem Brief vom 20. 9. 1702, des Abbé de Sainte-Hermine an den Geheimrat de Boucoeur in Celle).

Am 7. Oktober 1702 wurde die Urkunde „Acte de confiscation de la Terre d'Olbreuse" vom königlichen Rat Michel Begon* in Rochefort ausgestellt und signiert. Außerdem wurde Monsieur des Brosses eingesetzt, um die notwendigen Maßnahmen durchzuführen, die Erträge und Einkünfte zu verwalten und darzulegen, wem das Gut jetzt gehört.

---

* M. Begon erhielt ein „Denkmal" von besonderer Art. Nach ihm wurde die in dieser Zeit neu entdeckte Pflanze Begonie genannt.

Einige Zeit zuvor hatte sich die hugenottische Bevölkerung in den Cevennen aufgelehnt. Die Kamisarden, auch Partisanen oder Rebellen genannt, töteten katholische Geistliche, weil diese protestantische Gefangene gequält hatten. Häuser wurden niedergebrannt. Am 11. 9. 1702 kam es zur ersten Schlacht. Der König hatte Truppen in die rebellische Region im Süden seines Reiches gesandt. 12 000 Soldaten gegen 2 000 Kamisarden! Diese konnten aber den Vorteil nutzen, daß sie jeden Schlupfwinkel des unwegsamen gebirgigen Geländes kannten. Es gab Grausamkeiten und Terror auf beiden Seiten. 1704 wurde ein Waffenstillstand ausgehandelt. Der letzte der Hugenottenkriege ging zu Ende. Der König brauchte seine Truppen an anderer Stelle, denn er hatte Niederlagen durch den Herzog von Marlborough und Prinz Eugen einstecken müssen. In deren Truppen kämpften auch viele Hugenotten.

Der französische König hatte noch einen weiteren Grund, den Besitz einer Hugenottin in seinem Land zu beschlagnahmen. Sein Gesandter hatte ihm sicherlich von dem Kirchenbau für die Französisch-reformierte Gemeinde in Celle berichtet, und daß dessen Entstehung zum größten Teil der Herzogin Eleonore zu verdanken war. In der Westceller Vorstadt war der schlichte, gediegene Bau fertiggestellt worden. Er bestand aus Pfarrhaus, Kantorei und Lektorat. Das weiße Haus in der heutigen Hannoverschen Straße ist jetzt das Gotteshaus der Evangelisch-reformierten Gemeinde mit ca. 1 500 Gemeindemitgliedern.

Bei der Eröffnung am 19. 12. 1700 war die Französisch-reformierte Gemeinde wesentlich kleiner. Damals waren 400 Sitzplätze vorgesehen. Die vorderen Reihen waren für die Herzogin, ihr Gefolge und andere Standespersonen reserviert, obwohl ein Grundsatz der Kirchenregeln lautete: „Vor Gott gilt kein Ansehen der Person, daher sind alle Bänke für jedermann." Der Kirchenraum war, der calvinistischen Lehre folgend, schlicht gehalten und ohne Bilder. An einer Wand verkündete eine große, schwarze Tafel in Goldbuchstaben die zehn Gebote in französischer Sprache.

Herzog Georg Wilhelm bestätigte für alle drei Gebäude der Gemeinde die Abgabenfreiheit, „… solange eine reformierte Gemeinde

332 der aus Frankreich Vertriebenen hier sein und sich solcher Gebäude zu ihren Gottesdiensten bedienen wird".
Die kleine Gemeinde entwickelte eine rege Tätigkeit. Ein zweiter Prediger wurde benötigt. Eleonore steuerte zu seinem Gehalt bei und stellte ihm eine freie Wohnung in ihrem Stadthaus zur Verfügung. Auch für den Unterhalt des Pfarramtes stiftete sie 3000 Taler. Ihre große Freigebigkeit und ihr Engagement für die Kirche wurden im Protokoll des Presbyteriums vermerkt: „Die Frau Herzogin unterläßt es nie, unermüdlich unserer Herde Gutes zu tun." („Madame la Duchesse ne se lasse point de bien faire à notre troupeaux") Die Eintragung vom 17./20. April 1703 soll „ein Denkmal unserer Dankbarkeit sein für diejenigen, die uns nachfolgen werden" („un monument de notre gratitude à ceux qui nous succéderont!").
Doch auch die Gemeindemitglieder taten gute Werke. Bei einer Kollekte für die auf die Galeeren verbannten Hugenotten wurden 180 Taler gesammelt und weitergeleitet. Sie waren auch tatsächlich den armen leidenden Menschen zugute gekommen, denn es traf ein Dankschreiben vom 31.12.1705 aus Marseille in Celle ein. Allerdings unterschrieben sie aus Angst vor verschärfter Strafe mit falschen Namen.
Die Französisch-reformierten Kirchen des Landes in Celle, Hameln, Lüneburg, Bückeburg und Hannover hatten sich mit einer „Kirchen-Unions- und Vereinigungsakte" vom 18.7.1703 verbunden. Sie verpflichteten sich darin, die Reinheit des Glaubens zu erhalten und sie nach den Regeln des Glaubensbekenntnisses von La Rochelle („Confession de foi de la Rochelle") von 1571 unverbrüchlich zu bewahren. Solange die Herzogin Eleonore in Celle residierte, blieb ihre Kirche in Celle an der Spitze der Synode.
In Ahlden hatte sich inzwischen eine neue Situation ergeben: Dänische Truppen waren bis in die Nähe vorgedrungen, und Eleonore flehte ihren Gemahl an, Sophie Dorothea nach Celle in Sicherheit zu bringen. Die Gefahr war wohl nicht so groß, doch für die Herzogin war es ein willkommener Vorwand, ihre Tochter nach Hause zu holen. Ob sie ihr damit wirklich etwas Gutes tat, ist fraglich. Denn falls die Truppen die unglückliche Gefangene wirklich

mitgenommen hätten, wäre das wohl der Weg in die Freiheit gewesen.

Georg Wilhelm gab dem Drängen Eleonores trotz der Proteste seines Schwiegersohnes und des Hannover hörigen Ministers Bernstorff nach. Voraussetzung war, daß seine Tochter auch in Celle unter den gleichen Bedingungen leben mußte wie in Ahlden und daß ihr Aufenthalt auf einen Flügel des Schlosses beschränkt bleiben sollte. Außerdem weigerte sich der Herzog, seine Tochter zu sehen! Im April 1700 wurde Sophie Dorothea unter Bewachung nach Celle gebracht. Es war eine „Nacht- und Nebelaktion", niemand sollte in ihrer Heimatstadt die Ankunft der beliebten Prinzessin bemerken. Sie durfte wieder in den vertrauten Räumen ihrer Kindheit leben. Aber auch hier in ihres Vaters Besitz war sie eine Gefangene. Sie fügte sich allen Vorschriften, um niemanden zu verärgern und damit man ihr erlaubte, so lange wie möglich zu bleiben. Sie durfte nur in den Grünanlagen des Schlosses spazierengehen, entweder tief verschleiert oder mit einer Maske. In der Bevölkerung hatte sich jedoch längst herumgesprochen, daß die elegant gekleidete, geheimnisvolle Dame ihre Prinzessin war. Kleine Versuche, ihr Sympathiebeweise zu geben und für ihre Befreiung zu demonstrieren, wurden schnell unterdrückt.

Für Mutter und Tochter war es fast wieder so wie in vergangenen glücklichen Zeiten. Obwohl Hannover auf Rückkehr nach Ahlden drängte, gelang es Eleonore, Gesundheitsprobleme ihrer Tochter vorzuschieben und den Aufenthalt in Celle auf ein Jahr zu verlängern. Viele Stunden verbrachte die Herzogin mit ihrer Tochter. Sicherlich litt Georg Wilhelm darunter, aber trotz der langen Zeit, die seine Tochter in seiner Nähe lebte, war der Vater nicht zu bewegen, sie zu sehen. Seine Härte gegenüber seinem einzigen, früher doch so geliebten Kind war unverständlich und unglaublich! Was hätte der Herzog sich vergeben, wenn er mit Sophie Dorothea gesprochen hätte? Viele Mißverständnisse hätten so geklärt werden können. Durch ein besseres Verständnis der Situation wäre vielleicht ein Verzeihen möglich geworden, dem eine Versöhnung gefolgt wäre. Mit ein wenig gutem Willen und Diskretion hätte der Herzog in seinem ureigensten Bereich arrangieren können, sich un-

334 bemerkt mit seiner Tochter zu treffen. Hannover war weit, und Bernstorff war nicht zu jeder Stunde im Schloß. Ob es nicht doch ein Treffen gegeben hat, das vielleicht so heimlich und geheim stattfand, daß nie etwas davon durchsickerte?

Doch der allmächtige Minister hatte gründlich dafür gesorgt, daß keine Versöhnung und erst recht keine Befreiung stattfinden konnte. Er verstand es, den hochbetagten Herzog mit dem Argument einzuschüchtern, daß er sonst das spätere Schicksal seiner Eleonore aufs Spiel setzen würde. Wenn er gegen den Willen seines Schwiegersohnes handeln würde, könnte er dessen Wohlwollen für immer verlieren. So mußte die Prinzessin schweren Herzens in das einsame Amtshaus in Ahlden zurückkehren. Ihr einziger Trost blieb ihre Mutter, die oft zu Besuch kam. Zum Mißfallen Hannovers hielt sie sich dort manchmal Wochen und Monate auf, so daß für sie einige Räume eingerichtet wurden.

Liselotte, Herzogin von Orléans, die sich oft in ihren Briefen über andere kritisch äußerte, hatte für ihren Patenonkel Georg Wilhelm dort hohes Lob, wo ihn andere nicht begreifen konnten oder sogar verurteilten: „Ich hätte nie geglaubt, daß mein Pathe soviel Festigkeit haben würde, seine Tochter nie zu sehen und sie eingeschlossen zu halten." (An Kurfürstin Sophie, 19. 12. 94) Auch zum Aufenthalt Sophie Dorotheas im väterlichen Schloß äußerte sie sich: „Die Herzogin von Celle hat keine Zeit verloren, ihre Tochter nach Celle bringen zu lassen. Ich denke doch, daß ihr Vater dadurch sehr in Verlegenheit gebracht wird und daß es ihn traurig stimmen könnte, seine Tochter wieder fortzusenden, ohne sie gesehen zu haben. Doch die Ehre des Hauses erlaubt ihm nicht, sie in Celle zu behalten. Da ist außerdem die Furcht, daß der Kurfürst daran Anstoß nehmen könnte." (29. 7. 1700)

Am 8. August meint sie u. a. daß „die Prinzessin ein sehr zurückgezogenes Leben führt, aber immer aufs herrlichste gekleidet ist … Ich vermute, daß sie hofft, das Herz ihres Ehemannes durch ihr untadeliges Leben zu rühren, damit er sie wieder als seine Frau zurücknimmt." Am 26. 8. ebenfalls an ihre Tante: „Die Leute in Celle sind nicht zu tadeln, daß sie wegen ihrer Prinzessin lamentieren, aber ihr Vater verdient Lob, solche Festigkeit zu zeigen …"

In vielen Briefen zeigte sich immer wieder Liselottes starke Abneigung gegen Eleonore. Sie bedauerte, daß „dieser Herzog, der der beste Herr von der Welt ist, so eine Mißheirat eingegangen ist. Sie hat viel mehr Böses als Gutes gebracht und ist in jeder Weise eine Schande". Oft beschuldigte sie Eleonore, ihre Tochter falsch erzogen zu haben. Liselotte glaubte nicht an Sophie Dorotheas Unschuld, denn „… ein so junger Mensch, wie sie es

„Elisabeth Charlotte, Herzogin von Orléans", bekannt auch als Liselotte von der Pfalz, 1652—1722. Replik nach dem 1713 gemalten Original von Hyacinte Rigaud

war, der sich küssen und begreifen läßt, tut wohl alles übrige auch …" Und wenn Liselotte der Stoff zum Klatschen ausging, und sie gar nicht mehr wußte, wie sie „diese Herzogin von gar geringer Herkunft" schlecht machen konnte, griff sie auf ihre alten, unbewiesenen Behauptungen zurück, daß es vor über 40 Jahren Eleonore „eine Ehre gewesen wäre, den ersten Kammerdiener von Monsieur (ihres Gemahls) zu heiraten. Es war ihr ganzer Ehrgeiz, den zu heiraten, der sie nicht gut genug für sich fand". In mindestens fünf Briefen hatte sich Liselotte immer wieder auf die gleiche Weise über Eleonore mokiert.*

Bei dem letzten dieser Briefe war es mittlerweile 60 Jahre her, daß Eleonore für eine kurze Zeit in Paris gelebt hatte. Aber noch immer konnte die Herzogin von Orléans nicht von diesem Thema lassen, um der 81jährigen Herzogin von Celle etwas vorzuwerfen, das wahrscheinlich gar nicht stimmte.

Die Chronik der Jahre um die Jahrhundertwende hatte im näheren und weiteren Umkreis von Eleonore einige wichtige und interessante Ereignisse zu verzeichnen, die für die spätere Entwicklung ihrer Familie eine Rolle spielen sollten: Im Jahr 1700 wurde der Gelehrte

---

* Briefe vom 8. 4. 1702, 29. 4. 1702, 9. 7. 1705, 20. 10. 1714, 16. 6. 1720

336   Gottfried Wilhelm Leibniz auf Veranlassung seiner ehemaligen
Schülerin Sophie Charlotte, Kurfürstin von Brandenburg, nach
Berlin berufen. Er gründete dort die Akademie der Wissenschaf-
ten und wurde ihr erster Präsident. Am 18. Januar 1701 wurde der
Kurfürst von Brandenburg in Königsberg zum König Friedrich I.
in Preußen gekrönt.

Sophie von Hannover war stolz, daß ihre Tochter Königin geworden war. Auch für sie selbst gab es gute Aussichten auf die englische Königskrone. Als das zarte, schwächliche Kind der englischen
Prinzessin Anne verstorben war, mußte für die weitere Thronfolge
Vorsorge getroffen werden. Der aus England vertriebene ehemalige König James II. lebte mit seiner Familie im Exil. Im englischen
Königreich hatte er noch seine Anhängerschaft, die „Jacobiten", die
den Thron für ihn oder seinen Sohn zurückhaben wollten. Doch
England duldete keinen katholischen König mehr. So war Kurfürstin Sophie von Hannover die nächste protestantische Verwandte
aus dem Hause Stuart. Mit dem „Act of Succesion" vom 22. 7. 1700
wurden sie und ihre Nachfolger in die englische Thronfolge eingesetzt.

Welch ein Werdegang für Sophie! Die Stuart-Verwandtschaft durch
ihre Mutter brachte ihr diese hohe Ehre ein. Obwohl sie das elfte
Kind ihrer Eltern war, die Land und Krone verloren hatten, war
sie nun an der Reihe. Mittellos in der Emigration aufgewachsen,
war sie an der Seite ihres Mannes schon Herzogin und Kurfürstin
geworden.

1703 starb William III., König von England und Erbstatthalter der
Niederlande. Prinzessin Anne, die Schwester seiner verstorbenen
Frau, folgte ihm auf den Thron. Königin Anne war erst 37 Jahre
alt, doch sie wurde von Krankheiten gequält: Gicht und Wasser-
sucht und siebzehn unglückliche Geburten von nicht lebensfähigen
Kindern hatte sie frühzeitig altern lassen.

Die sonst so freundliche und nachgiebige Königin war ihrer neu er-
nannten Thronfolgerin gegenüber nicht besonders wohlwollend gestimmt. Auf keinen Fall wollte sie die Hannoveraner schon zu diesem Zeitpunkt in England haben. Weder Sophie noch deren Sohn
oder Enkel durften zu Besuch nach London kommen. Besonders

gegen Georg Ludwig hatte die englische Königin noch immer eine große Abneigung. Sie erinnerte sich allzu gut, wie peinlich ihr seine plumpe, ungeschickte Brautwerbung im Jahr 1680 gewesen war. Es wäre Königin Anne unangenehm gewesen, ihrer vermutlichen Nachfolgerin, der 34 Jahre älteren Sophie, zu begegnen. Da Anne ständig kränkelte, hätte sie das sehr an ihren Tod gemahnt. Sie hegte auch den Argwohn, daß man sie vielleicht absetzen könnte. Nach menschlichem Ermessen müßte sich eine 37jährige keine Sorgen machen, daß sie von einer 71jährigen überlebt werden würde. Doch die Kurfürstin von Hannover erfreute sich im Gegensatz zu Anne einer außergewöhnlichen guten Gesundheit.

Die Urkunde zum Thronfolgegesetz wurde Sophie in Hannover mit großem Pomp vom englischen Lord Macclesfield kniend überreicht. Im Leineschloß war ein Thronhimmel errichtet worden, unter dem Sophie saß, als sie das Dokument entgegen nahm. Mit königlichem Zeremoniell wurden die englischen Gesandten empfangen und reich beschenkt. Georg Ludwig erhielt den Hosenbandorden, sein Sohn wurde zum Herzog von Cambridge und Peer of England ernannt.

Sophie reiste oft und gern nach Berlin zu ihrer Tochter Sophie Charlotte, die sich nach dem Vorbild ihrer Mutter in Schloß Lietzenburg einen „Musenhof" geschaffen hatte. Dort lebte seit einiger Zeit ein junges Mädchen, eine Waise, in der Obhut des preußischen Königspaares. Caroline von Ansbach stammte aus einer Nebenlinie des Hauses Hohenzollern. Da sie einige Jahre später den Enkel von Sophie und Eleonore heiraten wird, soll ein kurzer Rückblick über ihr bisheriges Leben berichten.

Caroline wurde 1683 geboren, 1686 starb ihr Vater. Ihre Mutter Eleonore Erdmuthe Luise von Ansbach war mit Sophie Charlotte befreundet. Sie war die zweite Frau des Markgrafen. Nach dessen Tod lebte sie in großer Armut, da sie Schwierigkeiten am Hof ihres Stiefsohnes hatte, der inzwischen Markgraf geworden war. Er hatte eine Abneigung gegen seine Stiefmutter und ihre beiden Kinder. Um ihrer Freundin zu helfen, arrangierte Sophie Charlotte für sie eine Heirat mit dem Kurfürsten Johann Georg von Sachsen. Der war an dieser Ehe völlig uninteressiert. Er hätte lieber seine Geliebte

338   geheiratet. Doch seine Minister drängten den Unwilligen, denn Sachsen brauchte die Freundschaft und Unterstützung Brandenburgs. Caroline war zu dieser Zeit acht Jahre alt. Sie war ein aufgewecktes, intelligentes Mädchen und merkte bald, daß ihre Mutter am Hof von Dresden unglücklich war, da man sie spüren ließ, wie unerwünscht sie war. Der Kurfürst interessierte sich nur für seine Maitresse. Obwohl er sie zur Gräfin erhoben und mit Reichtümern überschüttet hatte, reichte ihr das nicht, und noch viel weniger ihrer ehrgeizigen Mutter. Sie wollten die Ehe und intrigierten in gefährlicher Weise gegen die neue Kurfürstin. Als diese schwer erkrankte, tauchte sofort der Verdacht einer Vergiftung auf. Dem Kind Caroline wuchsen ungeahnte Kräfte, um die Kranke zu beschützen. Sie hatte genug Dienstbotengerede gehört, um zu wissen, in welcher Gefahr sich ihre Mutter befand. Sie erreichte, daß sie sich in das kleine Schloß Pretsch außerhalb von Dresden zurückziehen konnte. So war sie erst einmal in Sicherheit, denn nun bereiteten ihr die Speisen, die ihr gereicht wurden, keine Übelkeit mehr, und sie konnte sich erholen. Doch in Dresden schlug das Schicksal zu. Die Maitresse erkrankte und starb an den Pocken, ebenso der Kurfürst, der nicht von ihrer Seite gewichen war und sich angesteckt hatte.

Sein jüngerer Bruder August wurde 1694 Kurfürst von Sachsen. Als zwei Jahre später Carolines Mutter starb, wurde das dreizehnjährige Mädchen nach Brandenburg eingeladen. Sophie Charlotte hatte eine große Zuneigung zu ihr gefaßt und sorgte für sie wie für eine Tochter. Caroline, die Sophie Charlotte liebte und verehrte, war eifrig bemüht, ebenso gebildet in Literatur, Kunst und Musik wie ihre Gönnerin zu werden. Der einzige Sohn im Hause Brandenburg, Friedrich Wilhelm, zeigte wenig Interesse am Lernen. Er war wild und ungebärdig und widersetzte sich allen Erziehungsversuchen. Er wurde für einige Zeit zu seiner Großmutter nach Hannover gesandt, um dort eine bessere Erziehung zu erhalten. Sophie fand, „daß er aussieht, wie man engelken malt", aber sich wohl kaum so benahm. Im Charlottenburger Schloß gibt es ein Jugendbild von Friedrich Wilhelm als „David mit der Schleuder" von Antoni Schoonjans (1701). Er war ein hübsches Kind mit einem ebenmäßigen Gesicht und langem lockigen Haar. Seine Mutter, die hochge-

„Kronprinz Friedrich Wilhelm in Preußen als David mit der Schleuder".
Ölgemälde von Anthoni Schoonjans, 1701

bildete Sophie Charlotte, hatte viele interessante Gelehrte und Künstler an ihren Musenhof geholt, unter ihnen auch Leibniz und Händel. Vertreter der verschiedenen Religionen kamen sich in ihrem Schloß näher und diskutierten miteinander in einer Atmosphäre der Toleranz.

Auch Leibniz hatte Freude an Gesprächen mit der aufgeweckten und wissensdurstigen Caroline. Sophie Charlotte hatte ihre guten Anlagen zur Entfaltung gebracht und sie entscheidend geprägt. Leibniz sprach zu dem jungen Mädchen von seiner Verehrung der Kurfürstin Sophie und erzählte ihr von der Geschichte des Hauses Hannover. Caroline nahm großen Anteil am Schicksal der Prinzessin von Ahlden. Sie hatte den Grafen Königsmarck am Dresdener Hof kennengelernt und war entsetzt über sein schreckliches Ende und über das traurige Los der Frau, die eines Tages ihre Schwiegermutter werden sollte.

340 Caroline zog als Lehre aus den Erfahrungen ihres jungen Lebens, daß man sich wehren muß, um nicht aus Staatsgründen mit einem ungeliebten Mann verheiratet zu werden.

Der Habsburger Erzherzog Karl warb um Caroline. Er war der Bruder von Kaiser Josef I. und Anwärter auf den spanischen Thron. Der sympathische junge Mann war etwas jünger als Caroline und hatte die besten Zukunftsaussichten. Tatsächlich wurde er im Jahr 1711 zum Kaiser Karl VI. gekrönt. Das waren großartige Chancen für eine mittellose Waise aus einer Nebenlinie. Obwohl Caroline sehr schön war, feines blondes Haar, große blaue Augen und eine zarte weiße Haut hatte und außerdem wohlerzogen und hochgebildet war, wunderte man sich, daß sie ein so hochrangiger Fürst erwählt hatte. Aber es war noch erstaunlicher, daß sie die Werbung ausschlug. Ein Grund dafür war, daß man von ihr verlangte, katholisch zu werden. Ein Bischof war bereits zu ihrer Unterrichtung und zur Vorbereitung der Konversion zu ihr gesandt. Doch Caroline wollte nicht zu einer Religion wechseln, die sie in den wesentlichen Punkten nicht billigte. Es wird vermutet, daß ein weitere Grund ihre große Anhänglichkeit an Sophie Charlotte war. Auch die Königin wollte sich nicht gern von ihr trennen und hätte sie am liebsten mit ihrem Sohn verheiratet. Aber der preußische König hatte andere Pläne mit seinem Kronprinzen und lehnte den Wunsch seiner Gemahlin ab. Für Caroline wäre der fünf Jahre jüngere Friedrich Wilhelm wohl nicht der richtige Partner gewesen. Auch Sophie von Hannover hatte die „Pflegetochter" ihrer Tochter ins Herz geschlossen und hätte gern gesehen, wenn sie mit ihrem anderen Enkel Georg August vermählt werden würde.

Im Jahr 1701 war der ehemalige englische König James II. im Exil in St. Germain bei Paris verstorben. Da sein Sohn im katholischen Glauben verharrte, ging von diesem Stuart-Prinzen für die hannoversche Erbfolge keine Gefahr aus. Sophie und ihre Umgebung waren erfüllt von dem Gedanken an die englische Krone. An ihrem Hof drängten sich ausländische Besucher, vor allem Engländer. Die arme Sophie Dorothea war in ihrer traurigen Gefangenschaft aus der Erinnerung gelöscht, obwohl ihre Mutter immer wieder versuchte, zugunsten ihrer Tochter zu wirken. Niemand in Hannover war an einer Änderung der nach der Scheidung eingeführten Regelung interessiert. Im fernen Paris glaubte die Herzogin von Orléans, die Situation klar zu erkennen, denn sie schrieb am 24. Dezember 1702 an ihre Tante: „Da die Herzogin von Ahlden oft ihre Mutter sieht und andere Damen, und außerdem ausfahren kann, ist sie wirklich nicht so sehr zu bemitleiden." Liselotte verkannte vollständig die wahre Lage der Gefangenen.

Die Herzogin von Celle, die wußte, daß Königin Anne die Hannoveraner und speziell den Kurfürsten Georg Ludwig nicht leiden konnte, appellierte an die gutherzige englische Königin, ihrer Tochter in ihrer Notlage zu helfen. Sie schrieb ihr am 20. September 1702 in einem flehentlichen Brief, sie möge doch ihren Einfluß zugunsten der gefangenen Prinzessin einsetzen. Der Briefwechsel ist nicht mehr vorhanden, aber man weiß von ihm durch Notizen des englischen Gesandten Cressett. Die Königin versprach, die Angelegenheit einer reiflichen Überlegung zu unterziehen. Daß sie zu helfen versuchte, kann man in einem Brief Liselottes nachlesen, die im November 1704 nach Hannover schrieb: „Man spricht davon in Paris, daß Lord Marlborough die Absicht hat, nach Hannover zu reisen und sein Bestes zu tun, um eine Versöhnung zwischen der Herzogin von Ahlden und dem Kurfürsten zu erreichen …"

Wenn Königin Anne sich von dieser Vermittlung erhofft haben sollte, Sophie Dorothea aus dem Gefängnis zu befreien, so hatte sie damit den falschen Weg gewählt. Denn keiner der beiden geschiedenen Eheleute war willens, jemals mit dem ehemaligen Partner wieder zusammen zu leben. Sicherlich hatte sich Eleonore eine Hilfe der Königin zur Befreiung ihrer Tochter anders vorgestellt. So blieb alles, wie es war. Als einzige Änderung zeichnete sich ab, daß der stark alternde Herzog Georg Wilhelm inzwischen milder gestimmt war und beschlossen hatte, seine Tochter wiederzusehen. Doch sein Minister Bernstorff verstand es, immer neue Hindernisse zu finden, um diesen Besuch zu verhindern. Mal war das Wetter zu schlecht, mal die Gesundheit des Herzogs zu angegriffen, und vor allem war der Zorn des Kurfürsten von Hannover zu fürchten. Der Herzog, der immer gern den leichten Weg gewählt hatte,

„Sophie Charlotte Königin in Preußen".
Gemälde von Friedrich Wilhelm Weidemann

ließ sich beeinflussen und überreden, seinen Besuch noch etwas zu verschieben. Und so fand diese versöhnliche Begegnung, die ein großer Trost sowohl für die Gefangene als auch für ihre Eltern gewesen wäre, niemals statt. Bernstorff war zu übermächtig und zu listig. Eleonores Gegenargumente verhallten unbeachtet.

Im Januar 1705 beschloß Königin Sophie Charlotte, früher als gewohnt zum Karneval nach Hannover zu reisen. Denn ihr Sohn war zu einer „Kavalierstour" aufgebrochen, und auch Caroline war nicht in Berlin. Ihr Bruder hatte sie nach Ansbach eingeladen, wo er nach dem Tod seines Stiefbruders Markgraf geworden war.

Freudig wurde Sophie Charlotte zu ihrem traditionellen Besuch in ihrer alten Heimat erwartet, denn sie war immer der charmante, anregende Mittelpunkt der Festlichkeiten. „Zum Sommer werde der strenge Winter, könnten wir sie erst begrüßen", hatte Leibniz im Vorjahr zu ihrem Empfang gedichtet. In diesem Winter war es bitter kalt. Die Königin litt schon in Berlin unter Halsschmerzen, die sie aber verschwieg, weil sie die Reise nicht verschieben wollte. Nur etwa zehn Tage blieben ihr für die Komödien, Bälle und Maskeraden, dann wurde sie so krank, daß sie bettlägerig wurde und ihre besorgte Mutter eilends Ärzte bestellte. Es heißt, sie habe einen Tumor im Hals gehabt, es wird aber auch von einer Lungenentzündung berichtet. Ihre Mutter konnte sie nicht umsorgen, sie lag selbst mit einer schweren Erkältung zu Bett.

König Friedrich I. schickte beiden Kranken seine Genesungswünsche:

Oranienburg, den 31. Januar 1705
„AUS EURER KURFÜRSTLICHEN Durchlaucht Schreiben ersehe ich zu meinem besonderen Leidwesen, daß Sie nebst der Königin nicht

wohl auf sind; ich wünsche Ihrer beider Genesung recht bald zu vernehmen … Im übrigen ist es mir lieb zu hören … daß Ihnen der Oberhofmeister Bülow Mitteilung von dem großen Edelstein gemacht hat, den ich am Ordenstage aufgehabt habe. Eure Kurfürstliche Durchlaucht werden ihn sehr schön finden, dieweil er ohne Fehl ist – und sich in der Krone bei dem Sancy (ein 34 karätiger Diamant) sehr wohl schicket. Daß aber kein anderer König mehr sei, der solches Schmuckstück hat wie ich, scheint mir doch ein Scherz von Ihnen zu sein …"

„Friedrich I. in Preußen". Gemälde von Friedrich Wilhelm Weidemann, um 1701

Die Passion Friedrich I. für schöne, wertvolle Steine war bekannt. Sophie hatte ihn oft auf besondere Stücke, die zum Verkauf standen aufmerksam gemacht. Die Erkrankung seiner Gemahlin sah er wohl mehr als eine starke Erkältung an, bei der nichts zu befürchten war. Sophie wußte noch am 1. Februar zu berichten: „Die Königin hat einen so großen Fluß am Hals gehabt, daß man Ihrer Majestät hat müssen zur Ader lassen, um Luft zu bekommen; es war nicht ohne Gefahr, aber Ihre Majestät befinden sich nach dem Aderlaß viel besser und sind ganz außer Gefahr …"

Doch einen Tag später starb Sophie Charlotte. Ihre Mutter hatte erst nachträglich auf ihrem Krankenlager erfahren, daß ihr „herzliebes Kind" gestorben war, ohne daß sie sie noch einmal gesprochen hatte. Drei Söhne hatte Sophie schon verloren; zwei waren im Krieg gefallen, einer war ertrunken. Und nun war ihr viertes Kind gestorben, ihre Tochter, die ihrem Herzen am nächsten stand. Sie war nur 37 Jahre alt geworden. Mit den Worten, „Was gar perfekt ist, wie diese Königin, bleibt selten lang auf Erden", versuchte die Liselotte ihre Tante in ihrem großen Schmerz zu trösten. (15. 2. 1705)

344 Am 2. Februar, einen Tag nach ihrem hoffnungsvollen Brief, daß ihre Tochter außer Gefahr sei, schrieb Sophie an ihren Schwiegersohn:

„Trost kann ich Eurer königlichen Majestät fürwahr nicht geben, denn ich bin selbst in einem bekümmerten Zustand, der nicht wohl zu beschreiben ist; und was mich noch mehr betrübt, ist, daß man mir verhehlt, daß bei der Krankheit Ihrer Majestät Gefahr gewesen, und daß ich mein herzliebes Kind verloren habe, ohne es noch einmal zu sehen. Mein Herz ist so voll, daß ich dem v. Ilten überlassen muß, Eurer Majestät weiter Bericht zu erstatten und Eurer Majestät zu versichern, daß ich lieber selber gestorben wäre ...“

König Friedrich an Kurfürstin Sophie ohne Datum (Anfang 1705).

„Eurer Kurfürstlichen Durchlaucht zwar angenehmes, jedoch diesmal betrübtes Handschreiben mit der Nachricht vom Tod Ihrer seligen Majestät, meiner unvergeßlichen Königin, die leider so unverhofft gekommen, habe ich durch den v. Ilten wohl empfangen. Eure Kurfürstliche Durchlaucht können leicht erachten, wie schmerzlich dies mir zugestoßene Unglück sein muß, da ich jederzeit mit Ihrer Majestät, meiner unvergleichlichen Königin, so wohl gelebt habe; jedoch ich muß bedenken, daß der höchste Gott mir solches Unglück nicht von ungefähr zugeschickt, sondern ich muß es mit aller Untertänigkeit von der Hand des Höchsten annehmen und die Rute küssen. Zugleich wünsche ich, daß Gott, der uns alle dadurch herzlich betrübt hat, uns hinwieder dermaleinst erfreuen und, wenn es sein Wille ist, zu der seligen Königin in die ewige Herrlichkeit bringen wolle, wo wir uns denn ewig mit ihr freuen werden. Amen! Indessen lege Gott Eurer Kurfürstlichen Durchlaucht von den Jahren der seligen Königin zu ...“

So nahm Friedrich den Schicksalsschlag in christlicher Demut hin und hoffte, seinen Trost bei Gott zu finden. Von den letzten Stunden Sophie Charlottes berichtete ihr Arzt voller Erstaunen, daß er noch nie einen Menschen erlebt hätte, der so in Gleichmut und ohne Furcht wie diese Königin gestorben wäre. Als der Hofprediger de la Bergerie ihr mit religiösem Trost beistehen wollte, dankte sie ihm dafür, lehnte aber mit den Worten ab: „Ich habe über Religion zwanzig Jahre lang ernstlich nachgedacht und die Bücher, die sich darauf beziehen, aufmerksam gelesen. Es bleibt mir nicht der geringste Zweifel übrig … Meine Seele ist schon bei Gott … Beklagen Sie mich nicht. Ich wollte immer meine Neugier befriedigen über ein Leben nach dem Tode. Keiner, noch nicht einmal Leibniz, konnte es mir erklären. Wenn ich jetzt gehe, werde ich es herausfinden … und ich verschaffe dem König den Anblick eines Leichenbegängnisses, der ihm Gelegenheit geben wird, alle Pracht zu entfalten." Das waren die Abschiedsworte der „gekrönten Philosophin".

In einer Beisetzungsfeier voller Pomp und Zeremonie ließ sie ihr Gemahl zu ihrer letzten Ruhestätte im Berliner Dom geleiten. Ihr vergoldeter barocker Prunksarg war von Andreas Schlüter gestaltet und mit allegorischen Figuren geschmückt worden. Alles war sehr prachtvoll, und es kostete 200 000 Taler. Diese Schulden belasteten den Hofetat noch einige Jahre.

Der zu dieser Zeit siebzehnjährige Kronprinz, der spätere Soldatenkönig, hatte schon in der Jugend eine Anlage zur Sparsamkeit. In einem Brief an seine Großmutter Sophie am 30. 5. 1705 kritisierte er die Prunksucht seines Vaters. Sinnlos erschien ihm „… der Brauch hierzulande, wo man glaubt, die Verstorbenen durch einen riesigen Geldaufwand bei ihrer Bestattung zu ehren, obwohl sie nichts mehr davon haben. Der König tut es auch nur, um einen öffentlichen Beweis seiner Liebe zu seiner verstorbenen Königin und seines Schmerzes um ihren Heimgang zu geben …"

Nicht nur der große Geldaufwand veranlaßte den Sohn zur Kritik. Es war ihm wohl nicht verborgen geblieben, daß die Ehe seiner Eltern nicht glücklich war. Zwischen ihnen herrschte kühle Distanz und Förmlichkeit. Sie hatten völlig unterschiedliche Interessen und Lebensgewohnheiten. Wann immer es möglich war, hatte sich Sophie Charlotte mit ihrem geistvollen, fröhlichen Freundeskreis nach Lietzenburg zurückgezogen. Das Schloß wurde nach ihrem Tod in „Charlottenburg" umbenannt.

346 „Ich alte Frau kann mich seit dem Verlust an nichts mehr freuen,"
klagte die Kurfürstin Sophie. Ob ihr nicht auch einmal ähnliche
Gedanken in den Sinn gekommen sind wie ihrem Schwiegersohn,
der in o. a. Brief schrieb, „… daß der höchste Gott mir ein solches
Unglück nicht von ungefähr zugeschickt …"? Ob Sophie nicht doch
manchmal Gewissensbisse darüber verspürte, wie hartherzig sie ihre
Schwiegertochter behandelt hatte und wie unchristlich ihr jahr-
zehntelanger Haß gegen „die Olbreuse" war? Müßte sie nicht auch
die Schicksalsschläge, die sie betroffen hatten, als eine Strafe Gottes für ihren Hochmut und ihre Härte ansehen? Hätte sie nicht
jetzt als schwer getroffene Mutter ein wenig mehr Verständnis für
Sophie Dorothea aufbringen können, für das Leid einer Mutter,
die niemals ihre Kinder sehen durfte? Es wäre Sophie doch möglich gewesen, etwas Milde walten zu lassen, ihrer Schwiegertochter
in ihrer Not zu helfen und sie nach zehn Jahren Gefangenschaft zu
befreien!

Mit Hilfe ihres in Vernunft geschulten Denkens versuchte die Kurfürstin, die große Trauer abzuschütteln und ihrem Leben neuen
Inhalt zu geben. Sie sah es als Vermächtnis ihrer Tochter an, sich
um Caroline von Ansbach zu kümmern, „die viel von der seligen
Königin geerbt hat". Sophie hätte es am liebsten gesehen, wenn sie
als Frau ihres Enkels an den Hof von Hannover kommen würde.
So könnten sie sich gegenseitig in ihrem Schmerz trösten und gemeinsam die Erinnerung an die geliebte Verstorbene pflegen.

Sophies Sohn, der Kurfürst von Hannover, wollte, daß erst einmal
diskret geprüft würde, ob seinem Sohn die für ihn auserwählte
Braut gefällt. So erlaubte er Georg August, mit einem Freund inkog-
nito nach Ansbach zu reisen, um Caroline kennenzulernen. Hatte
Georg Ludwig dabei an seine mißglückte Ehe gedacht? Denn er
und Sophie Dorothea waren zur Heirat gezwungen worden, obwohl sie nicht zueinander paßten und sich nicht mochten. Wollte
er seinem Sohn ein ähnliches Schicksal ersparen? Doch der verliebte
sich sofort, und auch Caroline gefiel der charmante, gut aussehende
junge Herr, und sie nahm einige Tage später die offizielle Werbung
des Kurprinzen von Hannover an. Sie hatte wieder erfreuliche Zukunftsaussichten, die ihr helfen konnten, die Trauer um ihre müt-

terliche Freundin zu überwinden. Außerdem schätzte sie die Kur-
fürstin-Mutter sehr und freute sich, am gleichen Hof wie Sophie
zu leben.

Doch der König in Preußen war verärgert. Er fühlte sich als Vor-
mund Carolines übergangen und vermutete nun, daß diese Heirat
hinter seinem Rücken schon zu Lebzeiten seiner Gemahlin in Charlottenburg eingefädelt worden war. Etwas verärgert schrieb er: „Ich
bitte doch gar sehr, mich nicht für einen Tölpel zu halten, sondern
zu glauben, daß ich über vieles hinwegsehe, obwohl ich es schon
sehe. Damit Gott befohlen!"

Anstatt in Trauer vereint Trost zu suchen, gab es Vorwürfe zwischen
den nächsten Angehörigen Sophie Charlottes. Die Querelen und
die mehr oder weniger deutlichen Seitenhiebe zogen sich über mehrere Briefe zwischen Schwiegermutter und Schwiegersohn hin.
Kurfürstin Sophie an König Friedrich I.:

Herrenhausen, den 12. August 1705

„Es befremdet mich sehr, daß Eure Majestät belieben mich zu
bitten, Sie nicht zum Narren zu haben, denn ich meinte, Eure Majestät hätten eine bessere Meinung von mir! Daß ich Ihre Liebden
die Prinzessin (Caroline), sobald ich Sie gekannt, sehr geliebt habe,
ist wohl wahr, und ebenso, daß ich Sie mir für einen von meinen Enkeln gewünscht habe, aber nimmer habe ich mit ihr davon geredet,
weil ich wohl wußte, daß mein Sohn eine ganz andere für seinen
Sohn verlangte. Dieser Plan bestand, als ich in Charlottenburg war
und noch lange danach; weil aber sein Abschluß von einer Zeit zur
anderen verschoben ward, ist man es müde geworden (weil man nur
einen Sohn hier hat) länger zu warten. Ich kann Eurer Majestät in
Wahrheit sagen, daß ich nicht wußte, wohin mein Enkel, der Kurprinz, gereist war, denn er hatte Urlaub von seinem Vater zu wählen, wo er wollte. Der Kurfürst war auch selbst verwundert, wie er
so bald ganz verliebt nach Haus kam und Erlaubnis begehrte, um
die Prinzessin von Ansbach anzuhalten. Vielleicht haben Eure Majestät selbst ein Auge darauf gehabt, was die Prinzessin nicht gewußt hat, sonst hätte mein Enkel sie wohl nicht bekommen. Inmit-
tels habe ich Ursach, mich sehr über Eurer Majestät Mißtrauen zu

348 beklagen, da Sie mir doch sonst in Ihren hochgeschätzten Schreiben so viel Gnade erweisen."

König Friedrich I. an Kurfürstin Sophie:

Tangermünde, den 18. August 1705
„Aus Eurer Kurfürstlichen Durchlaucht gnädigem Schreiben, ersehe ich, daß Sie vermeinen, ich hätte selbst ein Auge auf die Prinzessin von Ansbach geworfen und also meine unvergleichliche Königin schon vergessen, woran ich noch nicht einmal gedacht; ich gedenke auch nicht wieder zu heiraten, namentlich wenn mein Sohn nach meinem Willen heiratet. Ich hätte also wohl große Ursache, mich über Eure Kurfürstliche Durchlaucht zu beschweren; es scheint aber, daß Sie mich nur auf die Probe stellen wollen, um meine Gedanken zu erfahren, wohin sie gehen; ich versichere Ihnen, daß ich nichts darin tun werde, ehe denn ich Ihre Zustimmung erhalte ..."

In Hannover hatten die Hochzeitsvorbereitungen begonnen, als eine schwere Erkrankung des Herzogs Georg Wilhelm die Vorfreude seines Enkels überschattete.
Sophie berichtete Friedrich I. in einem Brief vom 22. 8. 1705 darüber. Doch zuerst versuchte sie, den Frieden zwischen ihnen wieder herzustellen: „Wir wollen es nun gegeneinander aufrechnen, (womit wir uns gegenseitig verdächtigten) denn die Freundschaft zwischen König und Kurfürstin muß ganz gleich sein, und ich will Eurer Majestät hierin ganz und gar nichts nachgeben, sondern hoffe, Sie werden mir allzeit gnädig sein, wie ich auch meinerseits Sie zu ehren und lieben allzeit ergeben sein und bleiben werde.
Hier werden wir eine betrübte Hochzeit haben, denn der gute Herzog von Celle liegt ohne Hoffnung. Er hat das heilige Abendmahl verlangt und mit großer Andacht empfangen, scheint auch noch zu verstehen, was man betet. Er will niemand sehen als seine Gemahlin, die Pfarrer und Doktoren. Wir sind hierüber alle sehr bestürzt; besonders mein Sohn, der Kurfürst, der sich so etwas sehr zu Herzen nehmen kann, sieht übel davon aus. Vor 14 Tagen war der Herzog auf der Hühnerjagd, aß den Sonntag darauf sehr gut und befand

sich erst Montag Morgen schlecht. Er kommt rasch von Kräften, 349
ist ohne Appetit und es scheint, daß wenig Lebensgeister mehr da
sind, denn er ist 82 Jahr, ist aber ohne Schmerzen und Fieber. Eure
Königliche Majestät wollen mir verzeihen, daß ich Ihnen so betrüb-
lichen Sachen schreibe."

Der Herzog hatte sich auf der Rebhuhnjagd erkältet. Er wollte sich
mit dem Heilwasser von Wienhausen kurieren, aber es gab ihm
keine Linderung. Der neue englische Gesandte in Celle, Poley, berichtete über den weiteren Verlauf der Erkrankung:

„Das was noch zu seiner Unpäßlichkeit beitrug war, daß er das Heilwasser auch noch im Bett zu sich nahm. Als ihm der Schweiß ausbrach, war er so ungeduldig aufzustehen und in seinem Nachthemd
das Fenster zu öffnen, wodurch er sich stark verkühlte. Er bekam
davon eine Kolik, die seinen Magen in Mitleidenschaft nahm …
Ich vergaß die schlimmeren Symptome zu erwähnen, die dem Herzog zum Beginn seiner Krankheit quälten. Er hatte fortgesetzt einen
Schluckauf, durch den er alles, was er zu sich nahm, erbrechen
mußte."

Eleonore pflegte ihren Gemahl liebevoll und aufopfernd. Er wollte
nur sie an seinem Krankenbett haben, niemand sonst sollte ihn in
seinem elenden Zustand sehen. Nach zehntägiger Krankheit verstarb der letzte Herzog von Celle am 28.8.1705 in seinem Jagdschloß in Wienhausen. Er wurde von seiner Familie und seinen Untertanen tief betrauert. Seine Witwe und seine Tochter waren nun
der Gnade des ihnen feindlich gesinnten Kurfürsten Georg Ludwig von Hannover ausgeliefert, denn mit dem Tod des Herzogs
hatte das Herzogtum Celle aufgehört zu existieren. Es war, wie vor
vielen Jahren vereinbart, dem Hause Hannover als Erbe zugefallen
und nun ein Teil des Kurfürstentums geworden. Eleonore hatte
vierzig Jahre im Schloß von Celle gelebt, jetzt mußte sie es verlassen. Ihr Schwiegersohn zog unverzüglich mit Glanz und Gloria in
sein neues Gebiet ein. Die von Trauer niedergedrückte und von der
Krankenpflege erschöpfte letzte Herzogin von Celle mußte alles,
was ihr lieb und teuer war, aufgeben und sich auf ihren Witwensitz zurückziehen. Es war eine unbarmherzige Geste eines absolu-
tistischen Herrschers, diese nun macht- und schutzlose Fürstin zu

350 vertreiben, denn das Schloß in Celle wurde weder gebraucht noch genutzt und stand lange Zeit leer. Regierungs- und Wohnsitz des Kurfürsten blieb weiterhin Hannover.

Aber es ist ja so einfach, eine Niedergeschlagene noch zu treten! Der Haß gegen „die Olbreuse" war Georg Ludwig schon in seiner Jugendzeit durch seine Mutter eingeimpft worden. Wie viele Erinnerungen waren für die 65jährige mit dem Schloß verbunden, in dem sie so viele Jahre gelebt, geliebt und gelitten hatte. Eleonore hatte als junge Frau verstanden, sich Achtung und Anerkennung zu verschaffen, schon als sie noch unverheiratet als Frau von Harburg mit dem Herzog in Liebe vereint zusammen lebte. Hier war ihre einzige Tochter geboren worden und war glücklich und behütet aufgewachsen. Hier hatte Eleonore die Genugtuung erlebt, daß sie in einen ebenbürtigen Rang erhoben wurde und eine rechtmäßige Ehe eingehen konnte. Mit wieviel Freude und Geschmack hatte sie das Schloß eingerichtet und verschönert.

Der Herzog hatte ihr zwar einen komfortablen Witwensitz bauen lassen, doch im Schloß zu Lüneburg war für die Trauernde noch alles ungewohnt und fremd. Außerdem war der Weg nach Ahlden zu ihrer Tochter jetzt weiter als von Celle. Doch das mochte ihrem hartherzigen Schwiegersohn nur recht sein, denn er hoffte, daß die trostbringenden Besuche bei seiner geschiedenen Frau deshalb nun seltener werden würden. Aber Eleonore ließ sich davon nicht beirren. Dennoch mußte sie zufrieden sein, daß ihr die Besuche nicht ganz untersagt wurden. Denn auch in Ahlden hatte es Veränderungen gegeben, so war z. B. die cellesche Wachmannschaft durch hannoversche Soldaten abgelöst worden. Ein Gesuch Sophie Dorotheas, in aller Stille und Zurückgezogenheit bei ihrer Mutter in Lüneburg leben zu dürfen, war für Hannover indiskutabel. Sie mußte weiter in der Isolation, in der Gefangenschaft bleiben und war ihrem geschiedenen Ehemann auf Gedeih und Verderb ausgeliefert. Ihr Vater hatte mit seinem Schwiegersohn ausgehandelt, daß seine Tochter nach seinem Tod die Verwaltung der zu ihrem Unterhalt vorgesehenen Ämter von Ahlden und zweier nahegelegener Orte übernehmen durfte, und daß ihr die Einnahmen aus den dazugehörigen Zöllen und Zehnten, also den Steuern, zustehen wür-

Epitaphe der Welfenherzöge im Hohen Chor der Stadtkirche Celle

den. Die Prinzessin von Ahlden durfte ihren Vater nicht mehr wiedersehen, obwohl er auf dem Krankenbett nach ihr verlangte. Die Verzögerungstaktik von Minister Bernstorff hatte sich bewährt und sich für ihn im wahrsten Sinne des Wortes ausgezahlt. Denn seit Jahren hatte der cellesche Minister im Solde Hannovers intrigiert und Geheimnisse verraten. Der Kurfürst von Hannover schätzte und belohnte seine Dienste. Er erhob ihn in den Freiherrenstand und ernannte ihn zu seinem obersten Minister.

Die Trauerfeier für Herzog Georg Wilhelm fand in der Stadtkirche von Celle statt. Dort hatte Eleonore schon 1665 in den ersten Tagen ihres Aufenthalts in Celle an der Beisetzung des ältesten Bruders ihres Gemahls teilgenommen. Damals war alles noch ungewohnt und fremd für sie. Jetzt waren vier Jahrzehnte vergangen, und sie mußte Abschied nehmen von ihrem geliebten Ehemann und dem vertraut gewordenen Ort. Pfarrer Binder hielt eine lange ausführliche Leichenpredigt zum Thema „Abrahams des Fürsten Gottes letzte und beste Glückseligkeiten." Selbst hier im Gotteshaus war zu merken, daß Eleonore nun unwichtig geworden war, eine machtlose Witwe. In der Trauerrede für ihren Gemahl wurde die Herzogin von Celle mit keinem Wort erwähnt! Glaubte der Pfarrer, sich auf diese Weise bei dem neuen Herrn des Landes beliebt zu machen, indem er unchristlich einer Trauernden nicht einmal Trost spendete und sie dadurch zutiefst kränkte?

352 Am 9. Oktober 1705 wurde der letzte Herzog von Celle in einem prunkvollen Sarg in der Gruft der Stadtkirche neben seinen Vorfahren beigesetzt. Sehr bald wurde auch die Statue Georg Wilhelms neben den Epitaphen der Celler Herzöge und ihrer Gemahlinnen im Hohen Chor der Kirche aufgestellt. Sie war nach einem Portrait des Malers Lafontaine in Den Haag aus Alabaster angefertigt worden. Ihr Preis betrug 674 Taler und 34 Groschen. Die weiße Statue steht in einer Nische und wird von zwei dunklen Marmorsäulen eingerahmt. Der Platz daneben, der für die Gemahlin des Herzogs vorgesehen war, ist bis heute frei geblieben. Unter dem Denkmal befindet sich eine schwarze Marmortafel mit einer zehnzeiligen lateinischen Inschrift in goldenen Majuskeln. Zwei weitere Grabmäler haben ähnliche Tafeln, eine zu Füßen der Eltern Georg Wilhelms und eine unter der Statue seines Bruders Christian Ludwig. Auch hier ist eine leere Nische. Denn seine Witwe hatte in zweiter Ehe den Großen Kurfürsten geheiratet und hat an dessen Seite eine würdige Ruhestätte im Berliner Dom gefunden.

Da Eleonores nachgelassene Briefe und Dokumente auf Geheiß ihres Schwiegersohnes vernichtet wurden, ist über die Beileidsschreiben, die die verwitwete Herzogin erhielt, kaum etwas bekannt. Daß ihr der preußische König kondoliert hatte, kann man ihrem Antwortschreiben entnehmen. Sie sandte „Dem Durchleuchtigsten Großmächtigsten Fürsten Herrn Friedrich Könige in Preußen …" am 23. Dezember 1705 einen Brief in deutscher Sprache, in dem sie sich für die Beileidsbezeugung des Königs zum „… sanft und seligen Tod … unseres Hochgeliebtesten Herrn Gemahls …" bedankte, „zuforderst für die Ehre dieser Abschickung und dadurch bezeigten Mitleiden ganz dienstlichen Danck, mit dem hertzlichsten Wunsch, es wolle der große Gott Ew. Koenigl. Mayest …. für allen Trauerfaellen lange Jahre bewahren …" Die Herzogin von Celle unterschrieb den Brief eigenhändig mit: „Ew. Koenigl. Maye. Dienstwilligste Trewe Muhm und Dienerin. Eleonor."

Dieser Brief in deutscher Sprache war in sehr wohlgesetzten Höflichkeitsfloskeln vermutlich von einem Sekretär geschrieben worden, denn dazu hätten Eleonores Deutschkenntnisse kaum ausgereicht. Vom gleichen Tag gibt es noch einen französisch geschriebenen Brief, in dem sich Eleonore für den großen Trost bedankte, den ihr das Wohlwollen Seiner Majestät bereitete: „Nichts kann meinen Kummer mehr mildern, als die Fortdauer Eurer Güte für mich ...“ Beide Briefe sind nur noch mit „Herzogin von Braunschweig-Lüneburg“ unterzeichnet, das vorher dazugehörende „Celle“ fiel nun fort.

Eleonore hatte sich zunächst noch eine Weile in dem nahe bei Celle gelegenen Jagdhaus Wienhausen aufgehalten. Es war ihr in Erinnerung an viele schöne gemeinsame Stunden von ihrem Gemahl vererbt worden. Als sie nach Lüneburg übersiedelte, fand sie ihren Witwensitz gut eingerichtet vor. Bei Beaucaire wurde Eleonores Besitz in einem Nachlaßverzeichnis in allen Einzelheiten vermerkt. Diese Möbelliste ermöglicht, die Ausstattung der Gemächer des Schlosses zu rekonstruieren, in denen die Herzogin-Witwe nun lebte. Es werden zehn Zimmer in drei Stockwerken mit der gesamten Einrichtung beschrieben: Zu den Räumen Eleonores im ersten Stock gehörten das graue Zimmer, das rote Damast- und das blaue Samtzimmer jeweils mit farblich abgestimmten Vorhängen, Decken und Polstern. Dazu kleine Kabinette, Vorräume, Ankleidezimmer. Das Audienzzimmer und der Speisesaal waren für fünfzehn bis sechzehn Gäste vorgesehen. Das eine war mit neun Gobelins geschmückt, im anderen zeigten wertvolle mit Gold, Silber und Seide bestickte Tapeten Bilder von den zwölf Monaten. Spiegel in großen Goldrahmen, Gemälde, Familienportraits, Leuchter und anderer wertvoller Zierrat schmückten die Zimmer. Dazu gehörten noch einige Gästezimmer, die Küche und Unterkünfte für die 33 Personen zählende Dienerschaft.

Alles in allem hatte der Herzog von Celle für seine Gemahlin gut vorgesorgt, damit sie auch ohne ihn standesgemäß und komfortabel weiterleben konnte. Mit ihrem großen Vermögen half Eleonore vielen Menschen in Not, sowohl in ihrer näheren Umgebung als auch in ihrer französischen Heimat. Außerdem unterstützte sie die Französisch-reformierte Gemeinde in Celle.

Achtzehn Jahre Witwenzeit lagen noch vor der letzten Herzogin von Celle, in der sie miterlebte, wie ihre Enkelkinder heirateten, eine Familie gründeten und ihre Urenkel geboren wurden.

Kapitel 12

Die nächsten Generationen

Die Hochzeit von Eleonores Enkel Georg August fand ungeachtet des Trauerfalls in der Familie im Herbst 1705 statt. Caroline von Ansbach war im September nach Hannover gekommen. Alles war schon seit langem vorbereitet, die geplanten Termine sollten nun eingehalten werden.

Es gibt keine Hinweise in der Literatur, ob die gerade verwitwete Herzogin von Celle an der Hochzeit ihres Enkelsohnes teilgenommen hat. Der Gefangenen von Ahlden wurde von der Hochzeit ihres Sohnes offiziell nichts mitgeteilt, sie erfuhr alles nur von ihrer Mutter. Nicht einmal schriftlich durfte sie ihrem Sohn an diesem bedeutenden Tag Glück wünschen.

Caroline, die Braut, war in Hannover sehr willkommen. Doch bald mußte sie feststellen, wie schwierig das Leben dort sein konnte. So hatte sie z. B. versäumt, die drei Maitressen ihres Schwiegervaters zu einer ihrer Gesellschaften einzuladen und ihn damit verärgert. Eines Tages erschien dann der Kurfürst mit allen dreien. Der jungen Frau blieb in dieser peinlichen Situation nichts weiter übrig, als dieses etwas merkwürdige Dreigespann mit liebenswürdiger Höflichkeit zu begrüßen. Caroline lernte sehr schnell, wie diplomatisch sie an diesem Hof sein mußte. So war es besser, vor Sophie zu verbergen, daß sie einen guten Kontakt zur Großmutter ihres Mannes, der Herzogin von Celle, hatte. Aber auch bei ihrem jungen Ehemann mußte sie sich in Unerwartetes fügen. Georg August hatte einen sehr unausgeglichenen Charakter. Er konnte sehr charmant und liebenswürdig sein, sich aber auch manchmal aus nichtigem Anlaß in einen ungeheuren Zorn hineinsteigern. Noch viele Jahre später, als er bereits König war, riß er sich bei seinen Wutanfällen die Perücke vom Kopf und stampfte auf dem Fußboden darauf herum. Er war sehr eitel und oberflächlich, man konnte ihn leicht aus der Fassung bringen. Caroline merkte recht bald, daß sie mit ihm nicht über ihre geistigen Interessen und ihre Lektüre diskutieren konnte. Sie mußte sich hüten, klüger als er zu erscheinen, was sie aber zweifellos war! In ihren späteren Ehejahren entwickelte sie die Fähigkeit, ihn davon zu überzeugen, daß ihre guten Ideen eigentlich von ihm stammten. Auf diese Weise führte sie als Königin von England jahrelang die Regierungsgeschäfte, gemeinsam mit dem ebenso geschickten und tüchtigen Minister Sir Robert Walpole.

Der junge Kurprinz von Hannover, Carolines Ehemann, hatte eine schwere Kindheit und Jugend erlebt. Die unglückliche Ehe seiner Eltern hatte sicherlich großen Einfluß auf seine charakterliche Entwicklung. Er war mit elf Jahren schon alt genug, um die verleumderischen Gerüchte über seine Mutter zu verstehen, aber auch zu begreifen, wie unglücklich sie durch die Kälte und Ablehnung ihres Ehemanns gewesen sein mußte. Auch das Verhältnis zwischen Vater und Sohn war frostig, denn sein Vater hatte immer noch Zweifel, ob er wirklich sein leiblicher Sohn war.

Als Sechzehnjähriger versuchte Georg August, seine Mutter wiederzusehen. Bei einem Jagdausflug entfernte er sich von den übrigen und ritt nach Ahlden. Doch kurz vor dem Schloß wurde er entdeckt und zur Umkehr gezwungen. Sein Vater war sehr erzürnt darüber. Auch die Ähnlichkeit zwischen Mutter und Sohn weckte bei seinem Vater schlechte Erinnerungen. Georg August war beinahe zu hübsch für einen jungen Mann, er hatte die schönen, apart geschnittenen Augen und das ebenmäßige Gesicht von seiner Mutter geerbt, ebenso ihre französische Lebensart. Man kann sich nicht vorstellen, daß die kühle Kurfürstin Sophie, die mehr vom Verstand als von Gefühlen beherrscht war, eine herzliche, warme Atmosphäre für diese Enkel schuf, die ja auch gleichzeitig eine Eleonore d'Olbreuse zur Großmutter hatten.

Eine weitere Schwierigkeit im Leben des jungen Prinzen ergab sich daraus, daß er ziemlich klein war. Er litt sehr darunter und versuchte, das mit hohen Perücken und dicken Schuhsohlen auszugleichen und zu kaschieren. Doch dieser Umstand machte ihn empfindlich und mißtrauisch. Er hätte sich so gern als Soldat im Krieg

356

„Georg August Kurprinz von Hannover".
Kupferstich von J.C. Weigel, nach 1701

bewährt, um zu beweisen, daß er ein ganzer Mann war, dem es an Mut und Tapferkeit nicht fehlte. Es hätte ihm vielleicht helfen können, seine Minderwertigkeitskomplexe zu überwinden. Doch er war zu dieser Zeit der einzige Erbe des Kurfürsten. Deshalb erlaubte ihm sein Vater nicht, an einem Feldzug teilzunehmen, solange Georg August kein Sohn geboren worden war. So wartete er ungeduldig auf einen Erben, aber Caroline wurde nicht so bald schwanger. Auch dadurch fühlte sich ihr Mann gekränkt und blamiert. Um seine Männlichkeit unter Beweis zu stellen, unterhielt er eine Maitresse. Auch für Caroline war das Leben als Kurprinzessin schwierig. Ihre Erwartungen hatten sich nicht erfüllt. Denn das Verhältnis zu Sophie hatte sich abgekühlt, weil Caroline Eleonore kennen und schätzen gelernt hatte und sich von ihrem Charme, ihrer Warmherzigkeit und Kultiviertheit angezogen fühlte.

Auch Eleonores Enkelin Sophie Dorothea sollte nun bald heiraten. Sie war eine gutaussehende, schlanke Neunzehnjährige, mit schönen blauen Augen und einem sehr zarten Teint. Sie hatte durch ihre Großmutter Sophie eine gute Erziehung genossen, deren Resultat aber auch war, daß sie sehr ehrgeizig, standesbewußt und stolz auf ihre hohe Herkunft war. An ihre Mutter konnte sie sich nicht mehr erinnern. Ihren zukünftigen Bräutigam kannte die junge Prinzessin gut. Es war ihr Cousin aus Berlin, der preußische Kronprinz Friedrich Wilhelm. Er war oft monatelang bei seiner Großmutter Sophie in Hannover zu Besuch gewesen. Die jungen Leute verstanden sich gut und wollten beide gern diese Ehe eingehen, die auch von Sophie gefördert wurde. Sophie Dorothea glaubte, mit den ungebärdigen Temperamentsausbrüchen ihres Cousins gut fertig zu werden. Sie wußte mit ihm umzugehen und ließ sich nicht aus der

Ruhe bringen. Sicherlich spielte für sie auch eine wichtige Rolle, daß „der Prinz mit dem schönen Gesicht und den schlechten Manieren" eines Tages preußischer König werden würde.

Warum hatte sich Friedrich Wilhelm allen Erziehungsversuchen so störrisch widersetzt? Hatte er nicht die richtigen Erzieher, die ihn zu nehmen und zu interessieren wußten? Hatte er sich aus Opposition zu seinem prunksüchtigen Vater so entwickelt? Hätte sich Sophie Charlotte mehr mit ihrem einzigen Kind beschäftigen sol-

„Sophie Dorothea d. J. Kurprinzessin von Hannover". Ölgemälde, es wird vermutet, daß es 1705 von Herm. Hendrik de Quiter gemalt wurde

len, anstatt an ihrem „Musenhof" zu brillieren? War sein schlechtes Benehmen eine Art „Hilfeschrei", um die Aufmerksamkeit auf sich zu lenken, damit man sich mehr um ihn kümmerte? Hatte er darunter gelitten, daß es zwischen seinen Eltern keine Liebe gab und jeder seine eigenen Wege ging?

Sophie hatte ihren Enkel gern, oft schrieb sie, daß sie Sehnsucht nach ihrem „lieben Kronprinzen" habe. Er war der Sohn ihrer geliebten, verstorbenen Tochter und ihr schon deshalb ans Herz gewachsen.

Am 25. Mai 1706 schrieb König Friedrich an die Kurfürstin Sophie u. a.: „Meinen Sohn werden Sie auch zu seinem Vorteil verändert finden; er fängt an, mit honetten Leuten umzugehen ..." Sophie bekundete ihre Freude über den angekündigten Besuch aus Berlin in ihrem Antwortschreiben vom 29. Mai 1706: „... doch kann ich nicht verschweigen, was für eine große Freude ich haben würde, Eure Majestät und meinen Kronprinzen zu umarmen, an dem mein ganzes Herz hängt ... Daß Eure Majestät so zufrieden mit meinem Kronprinzen sind, freut mich vom Grund der Seel; ich habe niemals gezweifelt, daß Eure Majestät allzeit mit ihm zufrieden sein würden."

358 Am 16. Juni 1706 traf der König mit seinem Sohn in Hannover ein. Der Vater wollte seine zukünftige Schwiegertochter, die Kurprinzessin, kennenlernen und für Friedrich Wilhelm um die Braut werben. König Friedrich I. an Kurfürstin Sophie:

Hannover, den 16. Juni 1706

„Meine Base. Da ich bei der Ehe zwischen mir und der seligen Königin, meiner liebsten, unvergeßlichen Gemahlin, so gut gefahren bin, habe ich daran gedacht, eine ähnliche zwischen dem Kronprinzen, meinem Sohne, und der Tochter meines Bruders, des Kurfürsten von Braunschweig zustande zu bringen. Meine Ankunft an diesem Ort gab mir Gelegenheit, die Vorzüge und Verdienste dieser Prinzessin zu sehen und kennen zu lernen, was mich in dieser Absicht völlig bestärkt hat. Da indessen Eure Durchlaucht als Großmutter hierin ebenfalls einwilligen müssen, bitte ich Sie darum und zweifle nicht, daß Sie es gern tun werden. Ich flehe zu Gott, daß Sie sowohl wie ich lange Jahre das Glück genießen mögen, das unfehlbar aus einer so glücklich eingeleiteten Vereinigung hervorgehen wird und versichere Ihnen, daß ich allzeit bin

Eurer Durchlaucht guter Vetter Friedrich R."

Aus einem Schreiben Eleonores kann man ersehen, daß der König wohl auch ihr geschrieben hatte, wie sehr ihm die junge Sophie Dorothea gefallen habe, und daß er der Heirat zwischen ihr und seinem Sohn zustimmen würde. Der Brief ohne Datum wird dem Sommer 1706 zugeordnet:

„Sire, ich habe mit großer Freude und Ehrerbietung von Eurer Majestät von der (geplanten) Hochzeit Ihres Sohnes des königlichen Prinzen mit der Frau Prinzessin von Hannover die Mitteilung erhalten. Nichts auf der Welt könnte mir größere Freude und Zufriedenheit verursachen wie diese erlauchte Heirat. Ich gestehe Eurer Majestät, daß ich sie mir gewünscht habe. Ich sende tausend Wünsche zum Himmel für Eure Erhaltung, Euer Wohlergehen und für das der Hochzeit und bitte Gott von ganzem Herzen, über diese Verbindung und Ihre königliche Familie seine reiche Gnade

walten zu lassen. Ich bitte Sie, mich stets mit Ihrem Wohlwollen   359
zu ehren und überzeugt zu sein, daß ich mit respektvoller Zuneigung, Sire, Eure sehr ergebene und gehorsame Dienerin bin,

Eleonore, Herzogin von Braunschweig-Lüneburg."

Friedrich I. reiste weiter nach Holland. Auch dort plante er in Briefen an Sophie den Verlauf der Hochzeitszeremonien. Er schrieb
erfreut darüber: „… daß die Herzogin von Celle zu Ihnen nach Hannover gekommen ist und die Prinzessin mit einem so schönen Ring
beschenkt hat, auch wenn sie mit mir wohl zufrieden ist; ich möchte
nur wünschen, sie mir auch fernerhin verbindlich zu machen. Inzwischen bitte ich, sie meiner ständigen Freundschaft zu versichern …" (29. Juli 1706)
Diese Freundschaft des Königs zu Eleonore bewährte sich über viele
Jahre, wie der Briefwechsel belegt. Der König ließ die Herzogin an
den Geburten ihrer Urenkelkinder teilnehmen. Sein wahrscheinlich
letzter Brief vom 24.1.1712 an Eleonore berichtete ihr ungefähr ein
Jahr vor seinem Tod von der Geburt des vierten Kindes des Kron-
prinzenpaares, des späteren Preußenkönigs Friedrich des Großen.
Doch zurück zu den Hochzeitsvorbereitungen. Wehmütig schrieb
der König aus Charlottenburg am 31. August 1706: „Leider habe ich
meine schöne Königin nicht mehr gefunden, aber was kann man
gegen Gott? Man muß sich seinem Willen ergeben und sich damit
trösten, daß nun bald die Kronprinzessin ihre Stelle ersetzen wird,
wonach mich recht herzlich verlangt. Inzwischen habe ich schon
Order gegeben, wie ihre Gemächer eingerichtet werden sollen …"
Sophie antwortete: „Euer Majestät trübe Betrachtungen bei Ihrem
Eintreffen in Charlottenburg haben mich sehr bewegt, ich habe mich
aber mit Eurer königlichen Majestät getröstet, daß Sie eine so gnädige Reflexion auf die zukünftige Kronprinzessin zu machen belieben, die sich glücklich schätzt, Eurer Majestät Gnade erworben
zu haben. Wir haben uns selber gewundert, wie sie so dreist und
doch respektvoll sich zu Eurer Majestät stellt, als wenn sie allezeit
Ihre gehorsame Tochter gewesen wäre, was sie – und dafür verbürge
ich mich – auch allzeit sein wird …" (Herrenhausen, den 4. September 1706)

Im September wurde der König bereits ungeduldig und schrieb an Sophie: „Ich muß Eurer Kurfürstlichen Durchlaucht sagen, daß mir die Zeit lang wird, ehe die Kronprinzessin nach hier kommt, und oft wünsche ich, die Kleider wären, wo der Pfeffer wächst und ich meine liebe Tochter nur hier hätte, aber was soll man sagen! Zeremonien müssen sein, und ich glaube, daß die Braut noch viel schöner mit Eurer Kurfürstlichen Kleinodien aussehen wird als meine selige Tochter (aus seiner ersten Ehe) mit den meinigen; nur fürchtete ich, daß der Bräutigam ganz schlecht dabei aussehen wird …" (Charlottenburg, den 24. September 1706)

Sophie Dorotheas Kleider für die Hochzeitsfeier wurden in Paris angefertigt, was natürlich längere Zeit in Anspruch nahm. Auch für seinen Sohn wollte der König die Kleidung dort nach dem Vorbild des Dauphins schneidern lassen. Aber der sparsame Sohn suchte sich vermutlich schlichtere Kleidung in Berlin aus, was dem Vater sichtlich mißfiel.

Die Abneigung des Kronprinzen gegen das Geldausgeben für Prunk und Pracht war wahrscheinlich nicht der einzige Grund dafür, daß er es vorzog, sich in seiner Heimat einzukleiden. Denn Preußen kämpfte zu dieser Zeit gemeinsam mit seinen Verbündeten gegen Frankreich im Spanischen Erbfolgekrieg. Da wäre es verständlich, daß Friedrich Wilhelm im gegnerischen Land keine Käufe tätigen wollte.

Wenige Tage vor der Hochzeit berichtete Sophie nach Berlin: „… Hier ist nun alles zur Hochzeit fertig, und wir hoffen, daß das Brautbett diese Woche auch hier sein wird, obschon es für diesmal nicht nötig ist (denn die Hochzeit in Hannover fand durch einen Stellvertreter, den Bruder der Braut, statt und wurde erst richtig in Berlin vollzogen). Ich hoffe aber, daß es (das ungenutzte Brautbett) im Kindbett gebraucht werden kann; mag Gott geben, daß ich dieses vor meinem Ende noch erlebe …" (Hannover, den 10. November 1706)

Friedrich I. beschrieb in einem Brief vom 12. November 1706, wie er die Trauungszeremonien in Berlin vorgesehen hatte: „Die Krone werde ich selber der Kronprinzessin aufsetzen, da sie sie von keinem, nächst Gott empfangen kann als von mir; so habe ich auch

der seligen Königin die Krone aufgesetzt. Hernach soll die Kronprinzeß durch meinen Sohn in die Kapelle zur Trauung geführt
werden, wo sie der Bischof dann nochmals beide befragen soll, ob
sie bei dem, was sie einander in Hannover versprochen, fest zu
bleiben gedenken. Dann soll der Segen gesprochen, und sollen die
Stücke (Salutschüsse) gelöst werden. Hierauf geht man zu Tafel;
nach dem Essen wird mit Fackeln getanzt und das Paar zu Bett gebracht. Ich habe den ganzen Aufputz schon angeordnet und alles
erwartet nur noch die Person (die Kronprinzessin); hernach soll
alles von hier berichtet werden, wie die Zeremonientage eingerichtet sind, die sich auf 21 belaufen …"
Eleonore konnte recht stolz sein, wie ehrenvoll und herzlich ihre
Enkelin in das preußische Königshaus aufgenommen wurde. Nachdem sie so oft wegen ihrer nicht standesgemäßen Herkunft ge-
schmäht und ihre Tochter verbannt und verfehmt worden war, war
die prunkvolle Hochzeit eine Genugtuung für die Großmutter und
auch für die gefangene Mutter der Braut. Die junge Sophie Dorothea hatte nun die Aussicht, eines Tages preußische Königin zu werden. Daß die Herzogin von Celle trotz der feindlichen Haltung
des Hofes von Hannover dort an den Trauungsfeierlichkeiten teilnahm, glaubte Beaucaire nur ihrem „unausweichlichem Pflichtge-
fühl" zuschreiben zu müssen.
Bei Carl von Malortie, der die Zeremonien am hannoverschen Hof
unter Kurfürst Ernst August in allen Einzelheiten notiert hat, findet man die Tischordnung der Hochzeit von Sophie Dorothea mit
dem Kronprinzen von Preußen am 11. November 1706. Auf der
Skizze eines ovalen Tisches ist der Platz der Herzogin von Celle
zwischen der Kurfürstin Sophie und der Kurprinzessin Caroline
vermerkt. Auch die anderen Namen lassen darauf schließen, daß
dies der Ehrentisch für die höchsten Gäste des Festes war. Denn
gegenüber saßen der Kurfürst Georg Ludwig und sein Bruder Herzog Ernst August, an der Längsseite der Kurprinz Georg August
und die Kronprinzessin Sophie Dorothea. Eleonore war als Großmutter der Braut mit vollen Ehren plaziert worden, und es waren
ihr wie allen anderen drei namentlich aufgeführte Bedienstete zugeteilt worden. Am Tisch selbst bediente der „Vorschneider Har-

362 ling" und servierte das festliche Mahl mit vielen Gängen. Dazu spielte eine Tafelmusik. Später eröffnete die Braut mit ihrem Bruder den Tanz. Ihr Bräutigam war in Berlin geblieben. Dort würden am 28. November 1706 die kirchliche Trauung und ein weiteres Hochzeitsfest stattfinden.

Über die Hochzeitsfeier in Hannover schrieb Sophie: „Man muß gestehen, daß ihr (Sophie Dorotheas) Herr Vater nichts an Pracht hat fehlen lassen, um zu zeigen, daß er sie zärtlich liebt, da er ihr noch zehntausend Taler als Taschengeld gegeben hat, wovon sie zuerst Gebrauch gemacht hat, um einige Schulden zu bezahlen …"

Letztendlich sind solche finanziellen Aufwendungen nur Äußerlichkeiten und kein Beweis von zärtlicher Vaterliebe, die man sich bei dem kalten und schroffen Georg Ludwig kaum vorstellen kann. In einem Brief vom 4. Dezember 1706 schrieb Sophie: „Ich kann Eurer Königlichen Hoheit versichern, daß ich oft für Sie darunter gelitten habe, ohne etwas zu sagen, und daß ich nun mit größter Freude sehen konnte, wie sehr Ihr Vater sie liebt – was uns seine frostige Natur bisher verhüllt hatte; aber jetzt tritt es aller Ende hervor. Er hatte Angst, daß man seine Geschenke einem anderen zuschreiben könnte, so daß er mir nicht einmal das für Sie bestimmte Geschmeide gezeigt hat."

Sophie schrieb am 20.11.1706 an Friedrich I.: „Am vergangenen Mittwoch (den 17. November) ging unsere liebe Kronprinzessin von hier; wir weinten zwar alle, wie auch die Leute auf der Gasse … aber es ist doch wohl töricht, über etwas zu weinen, was man gewünscht hat … Es ist gut, daß sie so langsam reist, denn wenn die Augen vom Weinen rot wären, würden Eure Majestät sie nicht als schöne Prinzessin bezeichnen können …" Ihr Bräutigam berichtete seiner Großmutter von der Ankunft seiner Braut in Berlin: „Sie kam am 27. November hier in vollkommener Gesundheit an; das schlechte Wetter an diesem Tage war schuld, daß der Einzug nicht in seinem vollen Glanze erschien, obwohl man mehr denn einhundert Karossen zählte. Die bunte Pracht der schönen Livreen, die große Menge der Lakaien und Handpferde, alles machte einen recht netten Eindruck und alles war sehr prächtig, denn der König wollte meine Prinzessin nach Gebühr empfangen. Ich für meine

Person kann nur immer wieder versichern, daß ich mich wirklich   363
glücklich fühle, sie zu besitzen, und von ganzem Herzen wünsche
ich, daß Gott uns lebenslang dies große Glück bewahrt …" (Berlin, den 30. November 1706).

Am gleichen Tag schrieb auch Sophie Dorothea an ihre Großmutter: „… Der König erweist mir soviel Gutes, daß ich davon ganz
verwirrt bin. Ich kann nicht dankbar genug dafür sein. Er empfing
mich in Spandau, worüber ich ein wenig überrascht war, denn auf
diese Ehre hatte ich nicht gerechnet. Der Einzug war ungemein
prächtig … Ich finde hier alles so schön, daß ich glaube, in prächtige Märchenschlösser versetzt zu sein. Ich habe alles aufschreiben
lassen, um es Ihnen zu schicken, bis zu den schönen Geschenken
aus Edelsteinen, die ich hier erhielt; es sind ihrer so viele, daß ich
wie ein Maulesel schleppen müßte, wenn ich sie alle auf einmal tragen wollte …"

Ob bei Sophie Dorothea die äußerliche Pracht und die materiellen
Dinge wichtiger waren als das Glück, das sie in ihrer jungen Ehe
empfand? Im Gegensatz zum Schreiben des Kronprinzen vermißt
man in ihrem Brief die tieferen Gefühle. War sie ganz die Tochter
ihres Vaters? Oder hatte sie die kokette Eitelkeit und die Neigung,
sich zu schmücken, von der Mutter geerbt, die selbst noch als Gefangene ständig elegante Kleider trug und viel Schmuck anlegte?

Die junge Braut erhielt dann auch eine Mahnung von ihrer Großmutter Sophie. Sie schrieb am 17.12.1706: „In allen Briefen, die ich
erhalte, sehe ich mit Vergnügen, daß der König und der Kronprinz
Sie anbeten, was ich viel höher schätze, als all die schönen Schmuckstücke und Geschenke, die Sie erhalten haben …"

Ob Eleonore von ihren Enkeln auch mit derart informativen Briefen bedacht wurde wie Sophie, läßt sich nicht nachweisen. Nur
ihrem Antwortbrief ist zu entnehmen, daß der preußische König
ihr über die Hochzeit berichtet hatte:

„SIRE, ICH ERSUCHE Eure Majestät ganz ergebenst, daß ich Ihnen
noch einmal meinen sehr ergebenen Dank sagen darf für alles Gute,
mit dem Sie mir die Ehre erwiesen bei der Hochzeit des Herrn
Kronprinzen. Ich empfinde dafür eine Dankbarkeit, die mein gan-

364 zes Leben lang andauern wird. Ich wünsche mit aller Macht, daß Eure Majestät mit der Kronprinzessin zufrieden sein möge, ich sende tausend Wünsche zum Himmel, Sire, für die Erhaltung und das Wohlergehen von Eurer Majestät für das neue Jahr, in das wir jetzt eintreten. Ich bitte zu Gott, daß er Sie mit seiner höchsten Gnade überhäufen möge, ich bitte ihn immer um einen kleinen Teil seines Wohlwollens, und ich versichere Ihnen, daß niemand respektvoller sein kann, als ich es bin und daß ich, Sire, Eurer Majestät sehr untertänige und gehorsame Dienerin bin,

Eleonore Herzogin von Braunschweig und L.

Lüneburg, den 19. Dezember 1706"

Was würde wohl ein Graphologe aus dieser Handschrift herauslesen? Sie ist erstaunlich für eine Frau, der guter Geschmack und ein Sinn für Harmonie und Ordnung nachgerühmt wird. Denn Eleonores Art zu schreiben ist alles andere als ordentlich. Schwer lesbar ist der Text nicht nur durch die ungewohnte Orthographie, mit der sie nach dem Brauch ihrer Zeit „großzügig" umging, sondern auch weil sie ihre großen Buchstaben hastig mit einem dicken Federkiel zu Papier gebracht hat. Es zeugt von einem ausgeprägten Selbstbewußtsein, daß sie solche Briefe selbst dem preußischen König schickte. Obwohl ihre Worte voller Respekt und Ehrerbietung sind, waren ihre Briefe für den Empfänger eigentlich eine Zumutung.

Ihre Schrift zeigt eine energische Persönlichkeit, die sich nicht in konventionelle Regeln pressen ließ. Eleonore wußte, was sie wollte, und setzte das mit Ausdauer und Geschick durch. Und sie erreichte ihr Ziel. 30 Jahre lang war sie die Herzogin von Celle, und nun erlebte sie den Triumph, daß ihren beiden Enkelkindern in naher Zukunft Königskronen sicher sein würden.

Eleonore lebte zurückgezogen in ihrem Witwensitz in Lüneburg. Nach dem Tod ihres Gemahls war sie einige Zeit krank gewesen. Danach empfing sie wieder ab und zu Besucher. Der treue Freund, der Herzog von Wolfenbüttel, kam mit seiner Familie. Daß auch die Kurfürstin Sophie Eleonore besuchte, empfand ihre Nichte in Frankreich als „große charitet von ma tante" und als „echte Generosität".

Sire

Sire,

Je suplie tres humbleman vostre Majesté
de trouver bon que je lui fasse encore
mes tres humble remersisman de toute la
bonté qu'elle ma fait l'honneur de me
tesmoigner au mariage de monsieur le
praince royal. Jan ay une reconessanse
qui dura autant que ma vie. Je souhaitte
avec baucoup de passion que votre majeste soit contente de madame la prain-
cesse royalle; je fes mille veus o ciel, sire,
pour la conservassion et prospérité de
vottre majeste la nouvelle ennee au nous
alon entrer. Je prie Dieu quil la conble de
toute ses plus presieuse faveurs; je lui de-
mande toujours un peu de par sa bien
veille et je lasure que personne ne sera jamais avec plus de respec que je le suis,
sire, de vottre majesté le tres humble et
tres obeissante servante.

Eléonor duchesse de Brunswic et L.

A Luneburg, le 29 desambre 1706.

*Brief der Herzogin Eleonore von Celle an
König Friedrich I. in Preußen
vom 29.12.1708*

Fünf junge Damen schrieben am 6. September 1706 aus Holland
einen Dankesbrief an die Herzogin. Sie gehörten einer Gesellschaft
für französische, protestantische weibliche Glaubensflüchtlinge (Société des demoiselles refugiés de Harlem) an, die von Eleonore jährlich mit der Summe von 1 000 Talern unterstützt wurde (Nach heu-
tiger Kaufkraft wären das ungefähr 30 000 DM). Für die Wohltaten,

die ein Segen für so viele Menschen waren, bedankten sie sich, und baten Gott für die „Hochfürstliche Durchlaucht" um ein langes Leben, Gesundheit und Wohlergehen.

Aber auch Eleonore war unerwartet etwas Gutes geschehen. Sie erhielt ihren Besitz in Frankreich zurück, der im Jahr 1702 konfisziert worden war. Es handelte sich um das Château d'Olbreuse und die dazugehörigen Ländereien. Ihr Cousin, Monsieur de Gagemont, der früher dort Eleonores Verwalter war, teilte dem Geheimen Rat de Boucoeur am 7. 4. 1707 mit:

„Ich erfahre soeben durch Briefe aus La Rochelle, daß der Herr Direktor (der zuständigen Behörde) in Rochefort gesagt haben soll, daß der König den Grundbesitz in Olbreuse an Ihre Durchlauchtigste Hoheit zurückgegeben hat und daß er den Befehl gegeben hat, daß diejenigen, die die Einkünfte eingenommen haben, sie in die Hände des Gutsbesitzers zurückerstatten sollen. Ich habe mich verpflichtet geglaubt, durch den großen Anteil, den ich an allem nehme, das Ihre Durchlauchtigste Hoheit betrifft, Ihnen diesen Hinweis zu geben und mir die Freiheit zu nehmen, Sie nach Ihren Befehlen zu fragen, indem ich Ihnen versichere, daß niemand sie mit mehr Eifer und Zuneigung ausführen wird, als ich, der ich bin, Monsieur, *Ihr sehr ergebener und sehr gehorsamer Diener Gagemont"*

Was mag Ludwig XIV. bewogen haben, nach fünf Jahren diese beschlagnahmten Güter zurückzugeben? Die erstaunliche Rückerstattung von Grundbesitz in Frankreich an eine hugenottische Herzogin soll der Fürsprache einer Verwandten der einflußreichen Madame de Maintenon, der Comtesse de Mailly, zu verdanken sein. Sie war die Schwester von Eleonores Schwägerin, die mit Alexandre d'Olbreuse verheiratet war. In den Unterlagen zur Regelung der Erbschaft des Besitzes in Olbreuse berichtete M. Chappuzeau am 3. März 1728 dem preußischen König Friedrich Wilhelm I.:

„Es ist bekannt, daß die sonst üblichen Regeln nicht für hohe Fürstlichkeiten angewandt werden, man kann annehmen, daß das in gleicher Art für diejenigen gilt, die in ihrem Namen handeln. Obwohl man (Hannover) sich zu dieser Zeit noch im Krieg mit Frankreich

befand, wurde auf Grund der Fürsprache der Comtesse de Mailly
durch eine einfache Anordnung … an M. Begon … der Erlaß der
Beschlagnahme der Güter aufgehoben und das volle Nutzungsrecht
zurückgegeben."

Im Jahr 1707 erhielt die Herzogin Eleonore in ihrem stillen Witwensitz Kunde von glücklichen Ereignissen in ihrer Familie. Sie konnte
sich über die Geburt von einem Urenkel zu Jahresbeginn in Hannover freuen und über einen zweiten im November in Preußen.

Sophie, die andere Urgroßmutter des in Hannover so sehnlich erwarteten Erbprinzen, berichtete dem preußischen König voller
Stolz: „Der v. Grote wird Eurer Majestät schon berichtet haben,
daß wir hier einen kleinen Prinzen haben, der die Ehre hat, nach
Eurer Majestät Friedrich genannt zu werden und Ludwig nach seinem Großvater, der mit mir zusammen auch Gevatter ist, sonst
niemand als wir Drei. Das Kind ist im Zimmer der Kindbetterin
ganz in der Stille getauft worden ohne Gepränge, das mein Sohn
nicht leiden kann. Es gefiel uns beiden sehr, daß das Kind so frische,
große Augen hat und den Mund aufsperrte zum Saugen. Scheint
ein frischer Gesell zu sein und daß das brandenburgische Geblüt
sich gut zu dem braunschweiger schickt. Gebe Gott, daß wir übers
Jahr Eurer Majestät zu einem Kronerben Glück wünschen können,
aber so etwas steht bei Gott …" (2.2.1707). Außer dem Aufwand,
den ihr Sohn nicht mochte, konnte er auch seine Schwiegermutter
Eleonore nicht leiden, denn es hört sich in diesem Brief so an, als
ob sie nicht zur Taufe ihres ersten Urenkels eingeladen worden war.
Ganz zu schweigen von ihrer unglücklichen Tochter, von offizieller Seite drang keine Kunde in die Einsamkeit der Gefangenen.
Ohne ihre Mutter wäre sie völlig ohne Nachricht über ihre Kinder
und Enkel geblieben.

Zwischen Vater und Sohn in Hannover herrschte keine gute Stimmung. Vielleicht war auch das der Grund, warum die Taufe ohne
den üblichen Prunk stattfand. In einem Brief an Leibniz schüttete
die Kurfürstin ihrem Vertrauten das Herz über das eigentümliche
Verhalten ihres Enkels aus:

„Der Niederkunft meiner Enkelin habe ich nicht beigewohnt, denn
ihr Mann hatte alle Türen und Gänge verbarrikadiert. Dennoch

368 war ich nicht frei von Unruhe …", da nun keine offizielle Person bei der Geburt bezeugen konnte, daß es kein untergeschobenes Kind war. „Es ist ein sehr schönes Kind. Ich hoffe, daß es mehr Verstand haben wird als sein Vater, der seiner Torheit ordentlich freien Lauf gelassen hat … Ich habe alles entschuldigt, daß es nicht seine Schuld sei … Seit vier Tagen hat er sich mit seiner Frau eingeschlossen, die erkältet ist …" Das war auch angesichts der Gratulanten eine unangenehme Situation, denn viele waren aus diesem Anlaß nach Hannover gekommen. Eleonore hätte sich ebenfalls in dieser gespannten Atmosphäre nicht wohl gefühlt. Da war es besser, daß sie in Lüneburg geblieben war.

Zuvorkommender wurde sie vom preußischen König behandelt, der sie mit Briefen auf dem laufenden hielt, von deren Existenz man nur aus Eleonores Antworten erfährt: „Sire, die vergangene Woche war eine der glücklichsten meines Lebens, denn ich habe darin zweimal den Beweis erhalten, daß ich die Ehre habe, daß Eure Majestät meiner gedenken. Meinen Glückwunsch zu dem freudigen Ereignis, welchem die Kronprinzessin entgegensieht. Ich hoffe, es möge Gott gefallen, daß er Sie noch recht oft Großvater werden läßt …"
(20. 5. 1707)

Lüneburg, den 30. November 1707
„SIRE, EURE MAJESTÄT haben mich mit Ehre überhäuft, indem Sie mir in einem Ihrer Briefe die Geburt des Prinzen, Ihres Enkels, mitteilen. Niemand auf der Welt empfindet diese Freude mehr und Niemand nimmt solchen Anteil an der Ihrigen als ich. Ich gratuliere von ganzem Herzen zu dieser Vergrößerung Ihrer königlichen Familie …"

In einem der ganz seltenen erhaltenen Briefe der Prinzessin von Ahlden an „M. R." schrieb Sophie Dorothea am 30. November 1707 an M. Ramdohr (?) am Ende eines langen Schreibens: „Außerdem danke ich Ihnen für die Anteilnahme, die Sie mir bezeugen an meiner Freude über die glückliche Niederkunft meiner Tochter. Am meisten dabei beglückt mich, daß Gott ihr die Gnade erwiesen hat, ihr einen Sohn zu schenken, und es ist gewiß, daß nichts an ihrem Glück zu fehlen scheint, und daß sie nichts mehr wün-

schen kann, als daß es weiter so fortgehen mag. Die göttliche Vorsehung, die es so gut mit meinen Kindern meint, möge auch für
die Mutter, das tun, was ihr gut erscheint, in allem was mich angeht, überlasse ich mich ihr gänzlich, man kann sich niemals besseren Händen anvertrauen …" *Unterzeichnet mit S. D.*

Ihr starkes Gottvertrauen half Sophie Dorothea, sich in ihr schwe-
res Schicksal zu fügen. Jeden Sonntag fand im Schloß Ahlden ein
Gottesdienst statt, an dem die Prinzessin regelmäßig teilnahm. Doch
niemals konnte sie an den wichtigen Ereignissen im Leben ihrer
Kinder teilnehmen, niemals würde sie ihre Enkelkinder sehen!
Anders als in Hannover wurde in Berlin eine große offizielle Tauf-
zeremonie für den Thronerben vorbereitet. Am 4. Dezember 1707
sollte er auf den Namen Friedrich getauft und zum Prinzen von
Oranien ernannt werden.
„Sonntag soll der Prinz von Oranien, will's Gott, getauft werden,
er befindet sich Gottlob recht wohl, ebenso die Kronprinzessin. Ich
möchte wünschen, die Frau Urgroßmutter könnte ihn sehen, dann
würde sie sich noch mehr erfreuen. Wir haben nun viel mit den
Taufzeremonien zu tun …", schrieb König Friedrich am 2. 12. 1707
an die Kurfürstin Sophie.
Doch die prunkvollen Begleitumstände der Feier sollen dem erst
zwölf Tage alten Säugling geschadet haben. Zu schwer wogen der
Stern des Adlerordens auf der zarten Brust und die Krone auf
dem kleinen Köpfchen. Die Salutschüsse und das Dröhnen von
700 silbernen Trommeln schreckten das Kind aus dem Schlaf,
„daß er das böse Wesen davon bekam" (Vehse). Heute würde man
das wohl einen Schock nennen. Doch das scheint sich nicht so
bald bemerkbar gemacht zu haben, wenn es überhaupt stimmte.
Fünf Tage nach der Taufe schrieb der König einen beinahe übermütigen Brief an Sophie:
„Der Prinz von Oranien empfiehlt sich seiner Urgroßmutter und
läßt sie wissen, daß er vom Hause Pfalz das Schießen ohne Pulver
geerbt hat, namentlich von seiner Urgroßmutter, die beim Spazieren einen … nach dem anderen läßt – doch ich will diesen schönen
Diskurs abbrechen …" Das geht ja auch ein bißchen zu weit ge-

370 genüber einer würdigen Kurfürstin im Alter von 77 Jahren! Doch der König wollte sich mit dieser derben Neckerei dafür revanchieren, daß Sophie ihn damit aufgezogen hatte, auf den sogenannten Goldmacher Caëtano hereingefallen zu sein. Bald war die Zeit zum Scherzen wieder vorbei. In Hannover war die Kurprinzessin lebensgefährlich an den Pocken erkrankt, ebenso ihr Mann, der nicht von ihrem Krankenlager gewichen war und sich angesteckt hatte. Sie wurden beide wieder gesund, „obschon die Blattern sie etwas entstellt haben" (Sophie). Ihr kleiner Sohn Fritzchen war von der Krankheit verschont geblieben, doch seinem preußischen Vetter war nur ein kurzes Leben beschieden. Knapp ein halbes Jahr alt starb er am 13. Mai 1708.

Als dann noch der Kronprinz in Berlin schwer erkrankte, fürchtete der König, daß er für sein von ihm geschaffenes Königreich keinen Erben haben würde. Zu dieser Zeit hatte Friedrich drei einflußreiche Minister, deren Namen alle mit „W" anfingen. Sie waren sehr unbeliebt, so daß sie im Volksmund das „dreifache große Weh" genannt wurden. Ihre Ansichten und Ratschläge waren oft nicht gut. Dazu gehörte auch die Behauptung, daß von der Kronprinzessin wegen einer physischen Unvollkommenheit kein Erbe für die Krone mehr zu erwarten sei. So entschloß sich Friedrich, mit 51 Jahren zum dritten Mal zu heiraten, und zwar die 23jährige Prinzessin Sophie Luise von Mecklenburg-Schwerin. Auch sie schenkte ihm keinen Erben, doch bei der „unfruchtbaren" Kronprinzessin meldete sich wieder Nachwuchs an. Im Lauf der Jahre bekam Sophie Dorothea insgesamt vierzehn Kinder!

Ihr Bruder in Hannover durfte nun endlich die ersehnten kriegerischen Lorbeeren ernten. Da Georg August inzwischen einen Sohn und Erben besaß, erlaubte ihm sein Vater, ins Feld zu ziehen. Er kam ebenso wie sein preußischer Vetter nach Flandern zum Heer des Herzogs von Marlborough. Bei der Schlacht von Malplaquet am 11. September 1709 bewährte sich der Kurprinz so gut, daß der Herzog als oberster Feldherr in einem Schreiben an seinen Vater, den Kurfürsten, hohes Lob über seine vorbildliche Tapferkeit aussprach. Georg August habe zum glücklichen Ausgang der Schlacht beigetragen. Sein Vorbild habe die hannoverschen Truppen ange-

feuert. Selbst als ihm das Pferd unter dem Leib weggeschossen
wurde, habe er tapfer weitergekämpft. Diese Schlacht, die 60 000
Menschenleben kostete, war eine der blutigsten des spanischen Erb-
folgekrieges. Sophie, die Großmutter des hochgelobten Helden,
hoffte, daß er sich solcher Torheit, die ihn fast das Leben gekostet
hätte, nicht mehr aussetzen würde. Aber dem Selbstbewußtsein
des klein gewachsenen Prinzen tat es gut, jetzt als großer Held da-
zustehen.

1709 kam in den Familien von Eleonores Enkeln jeweils eine Tochter zur Welt. Am 3. Juli wurde Friederike Sophie Wilhelmine in Preußen, die spätere Markgräfin von Bayreuth, geboren. Bei ihrer Taufe
waren gleich drei Könige zugegen. Der König von Polen, August
der Starke, und der dänische König Frederik waren gerade zu politischen Verhandlungen in Berlin. Gemeinsam mit ihrem Großvater
Friedrich I. hoben sie als Paten die kleine Wilhelmine aus der Taufe.
Ein eifriger Höfling verglich sie in einem Gedicht mit dem Christ-
kind und den Heiligen Drei Königen. Er erhielt von dem darüber
hoch erfreuten König ein Geschenk von 1 000 Dukaten.

Im November wurde in Hannover ein kleines Mädchen geboren,
das der englischen Königin zu Ehren Anna genannt wurde. Queen
Anne nahm die Patenschaft an und sandte Lord Rivers mit reichen
Geschenken nach Hannover. Das preußische Kronprinzenpaar kam
im November in die Heimat Sophie Dorotheas. Sie besuchten auch
die Großmutter Eleonore in Lüneburg. Ein Besuch bei ihrer Mutter in Ahlden war weder erlaubt noch vorgesehen.

Aber zu Sophie Dorotheas großer Freude erreichte sie ein Brief
ihres Schwiegersohns. Das war ein besonderes Ereignis und ein
Trost für die gefangene Prinzessin, deren Post immer kontrolliert
und oft konfisziert wurde. Man wagte wohl nicht, ein Schreiben
des preußischen Kronprinzen zurückzuhalten. Doch auch Sophie
Dorotheas Antwortbrief durfte die Zensur passieren und ist erhalten geblieben.

Ohne Datum. 1709 zugeschrieben

„MONSIEUR, ICH VERMAG Eurer Königlichen Hoheit kaum auszudrücken, welche Freude ich empfand, als ich den verbindlichen Brief
erhielt, mit dem Sie mir die Ehre erwiesen, mir zu schreiben. Ich

372 danke Ihnen dafür von ganzem Herzen und bitte Sie inständigst mir zu glauben, daß Sie mir nicht zuvorgekommen wären, wenn ich gewagt hätte, meiner Neigung zu folgen. Der unglückliche Zustand, in dem ich mich befinde, soll mir zur Entschuldigung Eurer Königlichen Hoheit gegenüber dienen. Die Güte, die Sie mir bezeigen, ist mein ganzer Trost. Ich verdiene sie aber auch, denn es gibt niemand, der Eure Königliche Hoheit so vollkommen ehren und lieben kann, wie ich es tue. Ich würde zufrieden sterben, wenn ich das Glück gehabt hätte, Ihnen alles selbst zu versichern. Ich wünschte mehr, als ich es sagen kann, einen so vollkommenen Prinzen zu sehen, der mir aus allen guten Gründen der Welt, so lieb und wert ist. Ich bitte Eure Königliche Hoheit, mir Ihre Freundschaft, die so kostbar ist, weiterhin zu bewahren. Die meine werden Ihnen alle Handlungen meines Lebens beweisen, ebenso wie meine unendliche Dankbarkeit für das Interesse, das Sie an dem was mich betrifft, beweisen. Ich verbleibe mit großem Eifer, Mon-sieur, *Eurer Königlichen Hoheit sehr ergebene und gehorsame Dienerin und liebevolle Mutter Sophie Dorothée.*"

Die Herzogin von Celle hatte in diesem Jahr ungünstige Nachrichten über ihren Besitz in Frankreich erhalten. Ein Vertrauensmann, der Erzpriester von Dey, hatte ihr mitgeteilt, daß ihr Verwalter Coupet schlecht gewirtschaftet hatte und das Gut d'Olbreuse in einem verwahrlosten Zustand war. Eleonore monierte in einem Brief an den Verwalter, daß er so ungenügend für das ihm anvertraute Gut gesorgt hatte: „Ich habe Grund, mich zu beklagen, daß Sie alle Gebäude durch das Unterlassen von Reparaturen zu Ruinen verfallen ließen. Ich sehe auch, daß Sie mir 700 livres mehr schulden, als auf der Abrechnung stehen, die Sie mir sandten ... Von der Summe, die Sie mir schuldig sind, soll das abgezogen werden, was die Bewohner meiner Ländereien Ihnen schulden. Ich möchte gern das Los der armen Leute erleichtern, um ihnen mein Wohlwollen zu zeigen, das ich für sie alle hege ..." Damit auch alles seine Ordnung habe, verlangte Eleonore, daß der Verwalter ihr die eingelösten Schuldscheine zusendet. Aber die Herzogin ließ Milde walten. Obgleich ihr sein Verhalten mißfiel, wollte sie sich mit der von ihm angegebenen Summe zufrieden geben.

Ein Vierteljahr danach war der Verwalter gestorben. Eleonore schrieb am 9. April 1709, daß sie die Angelegenheit mit der Witwe Coupet regeln möchte: „Ich will sie gütlich behandeln, wie alle, mit denen ich zu tun habe." Im Mai berichtete ihr der Erzpriester, er hätte Befehle des Königs erhalten, daß die Einwohner der Provinz Fürsorge für die Erhaltung der Armen zu treffen hätten: „Man hat mich auch wegen des Schlosses d'Olbreuse angesprochen und seiner Beteiligung daran." Durch eine großzügige Verfügung hatte die Herzogin bereits veranlaßt, daß ein Viertel der Einkünfte der Ländereien zugunsten der Armen verwendet werden sollte. So waren die Forderungen bereits weit überschritten, und eine neue Steuer wurde nicht verlangt. „Ein würdiger Beweis für Ihr gutes Herz", bestätigte der Abbé Eleonores Wohltaten.

Die Verwaltung des Guts übernahm dann wieder der Cousin der Herzogin, M. de Gagemont. Gemeinsam mit seiner Schwester drückte er seine Dankbarkeit in Briefen an Eleonore aus. Für diese war es keine leichte Aufgabe, ihren Besitz in Frankreich aus der Ferne zu verwalten. Doch durch ihre Großzügigkeit und Nachsicht wurde vieles gütlich geregelt.

Wieder konnte sich das preußische Königshaus über die Geburt eines Erben freuen. Wieder sollte das am 16. 8. 1710 geborene Kind den Namen Friedrich Wilhelm, Prinz von Oranien, erhalten. Wieder gab es das gleiche Zeremoniell bei der Taufe. Aber dieses Mal soll die schwere Krone das noch weiche Köpfchen des Neugeborenen so verletzt haben, daß es sofort ärztlich behandelt werden mußte. Der Rand der Krone hatte dunkle Flecken verursacht, ein blutender Riß mußte versorgt werden. Und so verlor das Kronprinzenpaar 1711 auch dieses Kind. Es ist unverständlich, daß die Eltern nicht verhindert hatten, daß dem Kind die Krone aufs Köpfchen gedrückt wurde. Oder hatte Friedrich I., der so stolz auf seine neue Königswürde war, erneut diese Zeremonien angeordnet, so daß das junge Elternpaar keine Möglichkeit hatte, etwas daran zu ändern? Die Situation war so schwierig, weil Vater und Sohn zerstritten waren und nicht miteinander redeten. Der Kronprinz hatte wieder-

374 holt gegen die drei unbeliebten Minister und den „Goldmacher", an den der König große Geldsummen verloren hatte, opponiert. Die Hoffnung auf eine Versöhnung bei der kirchlichen Feier hatte sich wegen des Unglücks, das dem Täufling zugestoßen war, nicht erfüllt.

Da war es schon besser, wie Amalia im Jahr 1710 als Tochter im Hause Hannover geboren zu werden. Kleine Mädchen waren in Fürstenhäusern nicht so wichtig für großartige – aber auch lebensgefährliche – Taufzeremonien!

Doch anscheinend war man inzwischen auch in Berlin vorsichtiger geworden, denn der dritte Erbprinz, der dem Hause Preußen am 24. 1. 1712 geboren wurde, sollte ein Lebensalter von 74 Jahren erreichen. Er wurde Preußens berühmtester König: Friedrich der Große. Der glückliche Großvater Friedrich I. teilte die freudige Nachricht von der Geburt des kleinen Friedrichs der Urgroßmutter Sophie noch am selben Tage mit: „Gottlob, daß ich durch diese Zeilen Eurer Kurfürstlichen Durchlaucht abermals zu einem Prinzen gratulieren kann. Der höchste Gott lasse Sie an diesem Prinzen noch viel Freude erleben, und daß wir insgesamt Ursache haben, Gott noch ferner dafür zu danken. Die Kronprinzessin befindet sich noch zur Zeit recht wohl und mein Enkel ebenfalls. Er schreit brav und ist recht fett und frisch. Adieu!"

Auch der anderen Urgroßmutter, Eleonore, zeigte der König in einem Brief die Geburt des Kindes an:

Berlin, den 26. Januar 1712

„Meine Cousine! Da ich weiß, welchen Anteil Eure Durchlaucht an allem nehmen, was mich und das Königliche Haus berührt, will ich es nicht unterlassen, Ihnen die glückliche Niederkunft der Kronprinzessin, meiner Tochter, mit einem Prinzen am Sonntag, den 24. dieses Monats mitzuteilen, und daß die Kronprinzessin in ihrem gegenwärtigen Zustand mit dem Prinzen von Preußen ... sich bei guter Gesundheit befindet."

Nach den beiden tragischen Verlusten war es verständlich, daß sich jetzt alle in der Familie besonders um die Gesundheit des Kindes sorgten. „Der Prinz ist Gottlob ein recht gesundes Kind." (Friedrich I. am 2. 2. 1712) Auch die Kurfürstin Sophie äußerte ihre Hoffnungen und Befürchtungen in einem Brief an die Raugräfin Louise:

Hannover, den 18/28. Januar 1712.

„Ich weiss, Ihr werdet Euch mit mir freuen, meine liebe Bas, daß die Kronprinzeß von Preußen einen Sohn hat. Wenn nur Gott ihm das Leben gönnt und ihn vor den Doktoren behütet! Er soll schön und stark scheinen. Die liebe Kronprinzeß ist den 24. Januar krank worden, und zwischen elf und zwölf ist das Kind dagewesen, und weil es ein groß Kind ist, hat es Ihrer Liebden doch viel Mühe gekostet; aber nun ist die Freude desto größer … Wie der Kammerherr Braun unvermutet kam und brachte uns die gute Zeitung, tranken wir alle aus großen Gläsern Gesundheiten. (Der preußische Leibarzt) Dr. Gundelsheimer soll die gute Zeitung dem König vom Preußen gebracht haben; der gute Herr soll vor Freude gezittert haben. Ich hoffe, daß dieser Prinz wird leben und glücklicher sein …"

Eleonores Urenkel zeigte zwar äußerlich keine Ähnlichkeit mit seiner Urgroßmutter, aber er hatte wohl die französische Lebensart von ihr geerbt. Sein Leben lang bekundete Friedrich II. eine besondere Vorliebe für das Französische. Durch seine Urgroßmutter Sophie war er ein Nachkomme der englischen Könige aus dem Hause Stuart, der Wittelsbacher und der Pfalzgrafen. Seine schon lange verstorbene preußische Urgroßmutter Luise Henriette (Gemahlin seines Urgroßvaters, des Großen Kurfürsten) stammte aus dem Hause Oranien. So waren in diesem Kind und seinen Geschwistern die Erbanlagen von Fürsten aus vielen europäischen Ländern vereint.

In seinem mit Diamanten bestickten Taufkleid aus Silberbrokat wurde Friedrich auf den Namen seines stolzen, glücklichen Großvaters getauft. Er erhielt den Titel: „Prinz in Preußen und Oranien". Bei der Feier mußte es dieses Mal ganz ruhig zugehen: Trommelwirbel und Salutschüsse wie bei den vergangenen Taufzeremonien waren nicht erlaubt, um das Kind nicht zu erschrecken. So blieb es gesund und „recht fett und frisch".

376 Dagegen wurde die königliche Familie in Frankreich von einem Schicksalsschlag nach dem anderen heimgesucht. Es grassierte eine fiebrige Krankheit mit roten Flecken auf dem Körper, wahrscheinlich Scharlach. 1711 war der Dauphin daran gestorben, bald danach seine Gemahlin. Des Königs Enkel und Urenkel folgten ihnen nach. Nur ein zweijähriger Urenkel blieb Ludwig XIV. als einziger direkter Nachfolger. Friedrich I. schrieb am 28. März 1712 an Sophie: „Aus Eurer Kurfürstlichen Durchlaucht Schreiben ersehe ich, daß man die Prinzen in Frankreich zur Ader gelassen hat, als die Flecken eben ausgeschlagen sind. Nun habe ich oft gehört, daß dies der gewisse Tod sei, also man kann im Exzess bisweilen auch zuviel tun, aber alles kommt von Gott, und es scheint, daß dem armen König von Frankreich dies zur Strafe geschieht, weil er gegen die armen (hugenottischen) Galeerensträflinge keine Barmherzigkeit hat; also will ihn Gott durch solche Mittel zur Vernunft bringen, und es heißt wohl mit Recht: Die Kinder müssen der Eltern Missetat tragen …"

Der französische König hatte geglaubt, bzw. sich einreden lassen, daß ihm seine Sünden vergeben würden und daß er etwas Gottgefälliges tun würde, wenn er die „Ketzer" in seinem Lande verfolgen und bekehren würde. Er sah diese tragischen Unglücksfälle in seiner Familie nicht als Gottesgericht an und ließ keine Milde gegen die verfolgten Hugenotten walten.

Auch Sophie zeigte sich besorgt um das Wohl der Glaubensflüchtlinge: „Der König von Preußen schreibt mir, er wolle seine Finanzen in Ordnung bringen; hoffentlich geht dies, ohne daß Seine Majestät die milden Gaben an die Refugiés einschränken, die ihrer mehr bedürfen als je, denn sie werden noch heute von dem König von Frankreich verfolgt; dieser ist ja so unwissend in der Religion, daß er alles glaubt, was seine Pfaffen ihm sagen. Es ist besser keinen Glauben zu haben … als einen Glauben zu haben, der Unheil stiftet …" (An Kronprinzessin Sophie Dorothea, Hannover, den 20. April 1712.)

Ebenfalls ihrer Enkelin berichtete Sophie am 3.11.1712 aus dem Jagdschloß Göhrde von einem Beisammensein mit Eleonore. Am Hubertustag wurde getanzt, „… womit die Herzogin von Celle besser zurechtkam", denn sie beherrschte noch alle Menuettschritte und -figuren. Dagegen hatte die neun Jahre ältere Sophie alles verlernt. Beide waren gealtert, doch die 82jährige Sophie war stolz auf ihre stabile Gesundheit: „… Ihre beiden Großmütter könnten sich streiten, welche sich am stärksten verändert hat. Die Herzgin von Celle finde ich, wie sie im vorigen Jahre war, und sie wird mich wohl ebenso finden, denn wir haben uns in dieser Hinsicht kaum etwas vorzuwerfen. Sie klagt gern über tausend Beschwerden und ich – denke nicht daran. Es ist ja schon genug, alt zu sein, ohne daß man sich deshalb Krankheiten einzubilden und tausend Heilmittel anzuwenden braucht …" Die robuste Sophie zeigte kein Verständnis für ihre Schwägerin, die schließlich aus dem milden Südwesten Frankreichs stammte. Das rauhe Klima Ende November in der Heide konnte ihr schon zusetzen. Früher war Eleonore dort oft mit Mann und Tochter im Jagdhaus gewesen. Inzwischen gehörte es durch die Erbschaft dem Hause Hannover und war in ein Schlößchen mit acht fürstlichen Appartements umgebaut worden. Daß die Hannoveraner das Herzogtum Celle besaßen, war schließlich der Preis dafür gewesen, daß nicht Sophie, sondern Eleonore ihr Leben an der Seite des Herzogs Georg Wilhelm verbringen konnte. Der alte Groll der Kurfürstin war immer noch zu spüren, z. B. in den Seitenhieben und Übertreibungen in ihrem Brief über Eleonores Gesundheitszustand. Nicht nur das Wetter in der Göhrde war für Eleonore kühl und ungemütlich. Kein Wunder, daß sie sich dort nicht wohl fühlte.

Ein Jahr später findet man bei Sophie den ersten Hinweis auf das Augenleiden Eleonores. Sie war später als die anderen Gäste ins Jagdschloß gekommen und hatte sich auch bald wieder zurückgezogen: „Die Herzogin von Celle hat uns soeben verlassen, denn sie ist lieber in ihrem stockfinsternen Alkoven als bei uns. Ich war auch immer in Sorge für sie wegen des Zuges in meinem Vorgemach, wo es alle sehr heiß fanden; ich habe sie mit Ofenschirmen umgeben lassen, und doch spürte sie den Zug an den Augen …"
(An Königin Sophie Dorothea am 23. 10. und 10. 11. 1713)

Von der Enkelin aus Berlin kamen gute Nachrichten. Zur glücklichen Geburt des Thronfolgers hatte der sonst so sparsame Kron-

378 prinz seiner Ehefrau das kostbare Geschmeide seiner Mutter geschenkt. König Friedrich übergab seiner Schwiegertochter das Schloß Monbijou als Geschenk. Friedrich I. und sein Sohn hatten sich wieder versöhnt. Der Vater ließ den Kronprinzen an den Regierungsgeschäften teilnehmen und stattete ihn dafür mit Vollmachten aus.

Bald darauf erkrankte der König schwer, doch unerwartet schien er wieder genesen zu sein. Sophie schrieb am 25. 2. 1713: „Daß der gute Herrscher sich erholt hat, zeigt, daß unsere heißen Gebete für sein Leben nicht unnütz waren ..." Sie ging dann noch auf die Nervenkrankheit der dritten Frau des Königs ein. Diese war sehr verwirrt und spukte wie die sagenhafte „weiße Frau der Hohenzollern" durch das Schloß. „Was die Königin angeht, so hat man Exempel, daß Leute von ihrer Tollheit geheilt werden, aber es gibt auch welche, bei denen das nicht eintritt ... Jedenfalls bin ich froh, daß der König die Königin losgeworden ist, denn anscheinend paßten sie in ihrem Wesen nicht zueinander ..." Sophie Luise war in ihre Heimat nach Mecklenburg in die Obhut ihrer Familie zurückgekehrt.

Sophie hatte nicht überwinden können, daß ihr Schwiegersohn nach dem Tod ihrer „unvergleichlichen" Tochter noch einmal geheiratet hatte. Ihr Stolz war verletzt, und sie reagierte ähnlich wie bei Eleonore. Sie wiegelte ihre Enkelin gegen diese „Stiefmutter" auf, die nun im Rang über ihr stand. Sophie verweigerte der Königin eine Zeit lang die Anrede „Majestät" und äußerte sich geringschätzig über ihr sogenanntes unmoralisches Vorleben.

Die vielen Intrigen haben sicher auch zur Gemütskrankheit dieser jungen Königin beigetragen.

Am 25. Februar 1713 verstarb König Friedrich I. in Preußen an einem Lungenleiden. Sein Sohn folgte ihm als Friedrich Wilhelm I. auf den Thron. Er ließ ganz im Sinne seines Vaters eine prunkvolle Begräbnisfeier im Berliner Dom ausrichten. Das waren die letzten kostspieligen Ausgaben des neuen Königs Friedrich Wilhelm I. für Pomp und Pracht. Nun begann er, den Rotstift anzusetzen, denn er brauchte Geld, um ein starkes Heer zur Landesverteidigung aufzubauen. Viele überflüssige Hofämter wurden gestrichen, Schmuck

und andere Wertsachen verkauft. Das Land war arm, die Schulden 379
groß. Der König ging mit gutem Beispiel voran. Sein Haushalt
wurde schlicht und bürgerlich. An der königlichen Tafel gab es nur
noch gute deutsche Hausmannskost. Ausschließlich Produkte des
eigenen Landes sollten genutzt werden. Preußisches Tuch wurde
für die Kleidung der Landeskinder angeordnet.

Doch während aus den Schlössern die Seidentapeten und aus den
Parks die Statuen verkauft wurden, verschonte Friedrich Wilhelm
Charlottenburg, das Schloß seiner Mutter. Auch ließ er seiner Frau
das Schloß Monbijou mit seiner kostbaren Einrichtung. Dorthin
zog sich Sophie Dorothea oft zurück, hielt einen kleinen exklusi-
ven Hof und feierte fröhliche Feste. Im krassen Gegensatz dazu
stand das schlichte Gebäude in Königs Wusterhausen, das ihr Mann
liebte. Dort fühlte er sich wohl mit seinem Tabakskollegium und
ließ sein Leibregiment exerzieren.

Zwischen diesen beiden Extremen wuchs der kleine Kronprinz
Friedrich auf. Bei der Mutter gab es Luxus, dort durfte er Bücher
lesen und Flöte spielen. Beim Vater, der das alles verpönte und für
seinen Sohn nicht wünschte, hieß es, exerzieren statt musizieren.
Es gab einen schlichten Soldatenrock anstatt eines eleganten Wäms-
chens aus Seide oder Brokat. Auch Perücken waren verpönt, man
trug sein eigenes Haar. Der Vater nahm Friedrich in strenge Zucht,
er wollte aus ihm einen guten Soldaten machen.

Im April 1713 endete der fast zwölfjährige „Spanische Erbfolgekrieg"
mit dem Friedensschluß von Utrecht. Bei den Verhandlungen wurden auch Länder neu verteilt. Der Preußenkönig erhielt Gebiete,
die an seinen Staat angrenzten, gab aber dafür das kleine, in Süd-
frankreich gelegene Fürstentum Orange auf. Schon zu Beginn des
Kriegs waren die vorher mit Sonderrechten ausgestatteten dort an-
sässigen Hugenotten vertrieben worden. Sie flüchteten vorwiegend
nach Brandenburg. 1705 wurde für sie in Berlin mit Hilfe von englischen Spendengeldern das „Maison d'Orange" gegründet, in dem
sie vorerst Unterkunft fanden.

Die 74jährige Eleonore war stolz, daß ihre Enkelin Königin in Preußen geworden war. Auch Sophie sandte Glückwünsche zum Regierungsantritt ihres Enkels. Am 6. März 1713 schrieb sie an Sophie

380   Dorothea: „Ich kann Eurer Majestät kaum sagen, wie sehr ich mich gefreut habe, zu vernehmen, daß Sie noch guter Hoffnung sind ... denn ich bin immer froh, wenn die Zahl meiner Enkel zunimmt ... Gott sei Dank habe ich nun keine andere Beschwerde, denn alt zu sein ... Gott wird mir wohl die Gnade erweisen, mich ausgehen zu lassen, wie eine Kerze, wenn auch so spät als möglich. ... Der Königin von England geht es gut; sie ist erst 50 Jahre alt. Ich glaube, man bittet Gott nirgends so sehr, ihr ein langes Leben zu verleihen, wie hier in Hannover, wo man seinen Fürsten nicht so bald fortziehen sehen möchte ..." (Hannover, den 6. März 1713.)

Was die 83jährige Sophie hier über Königin Anne berichtete, entsprach nicht ganz der Wahrheit. Denn Anne kränkelte seit vielen Jahren, sie hatte Gicht und Wassersucht. 17 Geburten mit tragischem Ausgang hatten ihre Spuren hinterlassen. Zeitweilig ging es ihr gesundheitlich so schlecht, daß man schon mehrmals eine Todesnachricht aus England erwartete. Annes Vater James II. war 1701 im Exil gestorben, ihren Ehemann hatte sie 1708 verloren.

Doch niemand wünschte sich so sehr, Anne zu überleben, wie die Kurfürstin von Hannover. Sophie hatte in ihrem hohen Alter nicht unbedingt den Ehrgeiz, nach England überzusiedeln und dort die Regierung zu übernehmen. Doch es war ihr Herzenswunsch, als protestantische Stuart-Erbin, Königin von England zu werden. Schon allein das Bewußtsein, daß dieser stolze Titel eines Tages auf ihrem Grabstein stehen würde, hätte sie mit Genugtuung erfüllt. Sie vertraute Leibniz ihre geheimsten Gedanken an, die Königin von England sollte sich mit dem Sterben beeilen, damit sie noch die Krone erben könnte. Sophie war noch sehr rüstig und achtete auf ihre Gesundheit. Ihre Ansicht war: „Mich sollen weder die Ärzte noch die Medizin umbringen." Doch so ganz sicher war die Krone dem Hause Hannover noch nicht. Denn Annes Halbbruder Karl Eduard beanspruchte ebenfalls den englischen Thron und ließ sich „Prince of Wales" nennen. Außerdem gab es Gerüchte, daß er protestantisch werden wollte, dann hätte er in der Tat Thronfolger werden können. Anne begann zu zweifeln, ob denn die Hannoveraner, die sie ohnehin nicht besonders leiden konnte, wirklich die richtigen Erben für ihr Königreich wären.

Kurfürst Georg Ludwig war an der Erbschaft nicht sonderlich in- 381
teressiert. Er liebte sein Land Hannover und wollte dort bleiben.
Im Gegensatz zu seinem Sohn bemühte er sich nicht, die englische
Sprache zu lernen. Doch die im „Act of Settlement" verbrieften
Rechte wollte man nicht verlieren, und so wurde vorgeschlagen, den
Kurprinzen Georg August nach England zu senden. Da ihm die Königin den Titel „Herzog von Cambridge" verliehen hatte, stand
ihm auch ein Sitz im Oberhaus zu. Die Königin war dagegen, sie
wollte absolut niemand aus dem Welfenhaus zu ihren Lebzeiten in
England haben. Sie wollte nicht ständig von ihrem Nachfolger hören oder gar einen Erben an ihrem Hof sehen, dessen Anwesenheit
sie an ihrem Tod gemahnen würde. Königin Anne war darüber so
entrüstet, daß sie schrieb, „daß man ihr nicht zumuten dürfe, sich
ihren Sarg vor Augen stellen zu lassen". Die englische Königin setzte
drei scharf formulierte Handschreiben auf, in denen sie auf gefährliche Konsequenzen für die Erbfolge der Hannoveraner hinwies.
Einer der sogenannten bösen Briefe war an die betagte Kurfürstin
gerichtet, die anderen an den regierenden Kurfürsten und an den
Kurprinzen. Anfang Juni 1714 überbrachte ein spezieller Kurier der
Königin diese Schreiben, die für viel Aufregung sorgten.
Königin Anne von England an Sophie:

St. James, den 19. Mai 1714
„Meine Frau Schwester und Tante! Seitdem erklärt ist, daß das
Sukzessionsrecht meiner Königreiche Ihnen und Ihrer Familie gehören solle, haben sich immer übel gesinnte Leute gefunden, die
aus besonderen Absichten für ihr eigenes Interesse sich in Maßnahmen eingelassen haben, um noch während meines Lebens, einen
Prinzen Ihres Geblüts in meine Staaten zu ziehen. Ich habe mir bis
jetzt nicht vorstellen können, daß dieser Plan so weit gediehen sei,
und daß er auch nur den geringsten Eindruck auf Sie habe machen können, aber da ich seit kurzem durch öffentliche Gerüchte,
die sich mit so großer Schnelligkeit verbreiten, erfahren habe, daß
Ew. Kurfürstliche Hoheit auch dieser Ansicht sind, so ist es wichtig für die Sukzession Ihrer Familie, daß ich Ihnen sage, ein solches Verhalten könnte sicherlich nachteilige Folgen für diese Suk-

382 zession haben, die nur solange in Sicherheit bestehen kann, als der Souverän, der gegenwärtig die Krone trägt, deren Rechte verteidigt …

Ich habe bei so vielen Gelegenheiten meinen Eifer für Ihre Nachfolge gezeigt, daß Sie das gerechterweise anerkennen sollten, und ich habe Sie häufig meinem Volke anempfohlen, und ich werde nichts dulden, das die Wertschätzung meiner Untertanen verringern könnte. Alles, was meinen Besitz beeinträchtigen könnte, würde die Rechtsansprüche Ihrer Familie erschweren. Ich zweifle nicht, daß Sie nach diesen Begründungen aufhören werden mit einem jeglichen solchen Anschlag …"

An den Kurfürsten Georg Ludwig, den Anne am wenigsten von der Welfenfamilie leiden konnte, schrieb sie noch schärfer als an seine Mutter.

Sophie war über ihren Brief tief gekränkt und schockiert und äußerte: „Das wird mein Tod sein, aber ich werde diesen liebenswürdigen Brief drucken lassen, um aller Welt zu zeigen, daß es nicht meine Schuld ist, wenn meine Kinder die drei Kronen verlieren."

Der englische Thron, dem Sophie sich schon so nahe glaubte, schien verloren. Nichts, was eben noch so sicher schien, hatte noch Gültigkeit. Die drei Kronen von England, Schottland und Irland sollten nun die Macht des Welfenhauses doch nicht stärken. Alle Hoffnungen schienen zerstört. Sophie fühlte auf einmal ihr Alter, und eine Schwäche überkam sie, daß sie sich niederlegen mußte.

Doch am nächsten Tag unternahm sie bereits wieder einen ihrer gewohnten Spaziergänge in den Gärten von Herrenhausen. In Begleitung ihrer Enkelin Caroline und einer Hofdame brach sie plötzlich zusammen und starb einen raschen Tod (8.6.1714). „Dieser Tod war so, wie sie ihn sich immer gewünscht hatte", schrieb Leibniz in seinem Kondolenzbrief an die Kurprinzessin Caroline und klagte, daß nicht nur er, sondern auch Hannover, England und die ganze Welt viel durch diesen Todesfall verloren hatten. Die Kurfürstin Sophie wurde in der Schloßkapelle von Hannover beigesetzt. Leibniz hatte einen Nachruf für seine verehrte Freundin verfaßt und ein Gedicht „Auf den Tod der Kurfürstin Sophie" geschrieben.

Auch ihre Nichte Liselotte, die Herzogin von Orléans, betrauerte den Tod ihrer Tante zutiefst, sie hatte „ihren einzigen Trost in mancher Betrübnis und Herzeleid" verloren. „Unser Verlust ist unendlich. Mein Weinen kann aufhören, aber niemals meine Traurigkeit. Diese liebe, selige Kurfürstin war all mein Trost in allen Widerwärtigkeiten, die mir hier so häufig zugestoßen sind. Wenn ich es Ihrer Liebden selig geklagt habe und von ihr wieder ein Schreiben empfing, war ich wieder ganz getröstet. Nun bin ich, als wenn ich ganz allein auf der Welt wäre." (24. Juni 1714)

Im Park von Herrenhausen wurde für Sophie von Hannover am Ort ihres Todes ein Denkmal aus weißem Marmor errichtet. Gelassen und würdig sitzt die Figur der Kurfürstin auf einem hohen Sockel. Sie blickt in ihren geliebten Garten, sie hält ein Buch in der Hand, und als ob sie gerade darin gelesen hätte, markiert sie die Seite mit einem Finger.

Am 10. August 1714 verstarb Königin Anne von England. Nur um knapp zwei Monate hatte Sophie die Erfüllung ihres Herzenswunsches verfehlt. Die englische Krone erbte nun ihr Sohn, Kurfürst Georg Ludwig. Am 10. August 1714 wurde der 54jährige Kurfürst von Hannover König von Großbritannien. Neugierig säumten seine neuen Untertanen den Straßenrand, als er in sein Königreich einzog. Vergeblich hielten die Leute Ausschau nach Georgs Ehefrau, der Königin. Denn da gab es doch einen Sohn in der Familie, der nun Prince of Wales wurde. Aber wo war seine Mutter? Der königlichen Kutsche folgten nur zwei Maitressen. Keineswegs jung und schön, wie es normalerweise zu erwarten wäre, sondern ältlich und unansehnlich! Ihr Anblick rief nur den Spott der Menge hervor, und bald hatten sie ihre Spitznamen: „Elephant und Maypole". Die dicke Gräfin von Kielmansegg war die Tochter der Gräfin von Platen und des Kurfürsten Ernst August, also eine Halbschwester Georgs. Sie wurde der „Elefant" genannt. Die lange, dürre Favoritin des Königs, Ermengarda Melusine von der Schulenburg, war nach der wörtlichen Übersetzung der „Maibaum", bei uns hieße das wohl „die Bohnenstange".

384   Doch die Gerüchte und Spekulationen über das Schicksal der Frau, die eigentlich Königin von England hätte werden sollen, wollten nicht verstummen. Einige vermuteten, der König wäre Witwer, andere raunten, seine Gemahlin wäre geistesgestört oder katholisch. Das letztere wäre fatal gewesen, denn im Parlamentsbeschluß von 1701 war auch bestimmt worden, daß ein englischer Souverän keinen katholischen Ehepartner haben dürfte. Doch die gegen den neuen König feindlich eingestellte Partei der „Jacobiten" sorgte dafür, daß die Wahrheit über die gnadenlose Behandlung von Sophie Dorothea bald überall bekannt wurde. Diese Haltung gegenüber seiner Gemahlin brachte dem König keine Sympathien. Ob er, wie manchmal behauptet wird, versucht hat, Sophie Dorothea an seine Seite zurückzuholen, ist unbestätigt. Sicher hätte diese immer noch schöne, elegante Prinzessin, die gute Manieren hatte, gebildet und kultiviert war, sehr zum Ansehen des Königshauses beitragen können.

Herzogin Liselotte von Orléans, die immer vorgab, bestens informiert zu sein, schrieb am 6. 9. 1714 an ihre Halbschwester:

„Die alte Zott, die Herzogin von Celle, verbreitet in Paris ein Geschrei, das mich pikiert hat, nämlich daß der Kurfürst von Braunschweig, seitdem er König ist, seine geschiedene Ehefrau Sophie Dorothea mit aller Gewalt zurückhaben will, um sie mit nach England zu nehmen, daß aber sie einen so großen Widerwillen gegen ihren König hat, daß sie ihm sagen ließ, sie wolle lieber ihr ganzes Leben in Schloß Ahlden zubringen."

Hier stellt Liselotte wohl wieder eine falsche Behauptung auf, denn keiner von den beiden ehemaligen Ehepartnern strebte eine erneute eheliche Wiedervereinigung an. Das bestätigt auch Sophie Dorotheas Ausspruch: „Bin ich schuldig, so bin ich Georgs nicht würdig, bin ich unschuldig, ist er meiner nicht würdig." Schiller griff diese Worte in seinen Dramenentwurf auf: „Entweder bin ich seiner nicht werth oder er nicht meiner." Über Georg I. bemerkte er: „Er hat eine Krone gewonnen, aber er hat ein edles Herz verloren."

An eine Amnestie der Gefangenen von Ahlden aus Anlaß der Thronbesteigung war nicht zu denken. Eleonore versuchte, ihren Schwiegersohn zu bewegen, ihre Tochter bei ihr in Lüneburg leben

Er hat eine Krone gewonnen,
aber er hat ein edles Herz verloren.
Entweder bin ich seiner nicht werth
oder er nicht meiner

Friedrich Schiller, „Die Prinzessin von Zelle".
Manuskript von eigener Hand

zu lassen. Aber er blieb hart, und die Prinzessin mußte ihr trauriges Leben in ihrem Heideschlösschen fristen.

Voller Widerspruchsgeist verkündete ihr Sohn, daß er seine Mutter sofort befreien würde, wenn er eines Tages König von England werden sollte. Der Konflikt zwischen Vater und Sohn hatte sich verschärft und war zur Rivalität ausgewachsen. Der Prinz und die Prinzessin von Wales waren jung und gut aussehend. Sie hatten vier niedliche Kinder, einen Sohn und drei kleine Töchter. Das Paar bemühte sich, Englisch zu lernen, jeder auf seine Art: Caroline hatte eine englische Hofdame eingestellt, bei der auch ihr Ehemann „Sprachstudien" betrieb; sie war seine Maitresse geworden.

König Georg fürchtete, daß dem jungen Paar in England alle Sympathien zufliegen würden und daß sie ihn in seiner ohnehin schwierigen Situation in den Schatten stellen könnten. Darum durfte die junge Familie erst später nach London nachkommen, allerdings nicht vollzählig. Der König ordnete an, daß sein Enkel Friedrich Ludwig als Vertreter des Welfenhauses in Hannover bleiben sollte. Es war eine äußerst harte Maßnahme, denn „Fritzchen" war gerade sieben Jahre alt, und es gab einen herzzerreißenden Abschied. Erst 1727 nach dem Tod des ersten Georgs durfte der Erbprinz nach England kommen. Er war inzwischen zwanzig Jahre alt geworden und seiner Familie völlig entfremdet. Mit dieser harten, gefühllosen Trennung hatte Georg I. bereits den nächsten Vater-Sohn-Konflikt vorbereitet.

Im Volk wurden diese Konflikte in der neuen königlichen Familie mit Mißfallen registriert. Man nahm Georg I. auch übel, daß er bei seinem Regierungsantritt gesagt hatte: „Ich werde mich nicht im geringsten anstrengen, ich werde meinen Ministern freie Hand lassen. Sie werden für mich einstehen, das ist ihre Sache ..." Der Führer der Stuart-Partei warf ihm vor: „Der König versteht weder die Constitution noch die englische Sprache." Dazu äußerte sich auch Minister Sir Robert Walpole: „Der König sprach nicht englisch, ich sprach weder französisch noch deutsch. Ich wärmte mein Latein auf, und wir regierten England gemeinsam mit Küchenlatein." Nach Aussagen seines Sohnes arbeitete Walpole täglich ab drei Uhr morgens, dagegen: „Der König betrinkt sich im Biere mit seiner ehrenwerthen Kletterstange (seiner Maitresse) ..." Bei Hof umgab sich der König mit seinen eigenen Landsleuten, keiner seiner Diener war Engländer. Georgs Herz hing viel mehr an seinem Kurfürstentum in Deutschland als an England. Schon im zweiten Jahr nach seiner Krönung besuchte er 1716 Hannover und blieb zwei Jahre dort. Voller Stolz soll er gesagt haben: „Ich preise mich glücklich, daß ich zwei Reiche besitze, in deren einem ich Leibniz, in dem anderen Newton meine Untertanen nennen kann." Jedoch wollte er Leibniz, sein „lebendes Lexikon", nicht mit nach England nehmen. Der sollte erst einmal die Geschichte von Braunschweig und Lüneburg zu Ende schreiben. Doch die „Annales Imperii Occidents Brunswicensis" lagerten noch 130 Jahre lang als Manuskript in der Bibliothek von Hannover, bis sie 1846 gedruckt wurden.

Leibniz war seit 1696 Geheimer Justizrat mit einer Besoldung von 1300 Talern im Jahr bei freier Wohnung und anderen Privilegien. Den Komponisten Händel behielt Georg an seinem englischen Hof und ließ sich von ihm für viele Anlässe festliche Musik komponieren.

Noch drei Mal reiste Georg nach Hannover. Auf seiner letzten Reise 1727 ist er dann verstorben und wurde in seinem geliebten Hannover begraben. In seinem Nachlaß fand man einen schriftlichen Vorschlag des Grafen Berkeley, den Prinzen von Wales, den der König nicht für seinen Sohn hielt, nach Amerika zu schaffen und dort für immer verschwinden zu lassen.

Großes Ärgernis erregte Georg I. in England, als er seine oberste Maitresse zur Herzogin von Kendall und die zweite zur Gräfin von Darlington erhob und beide mit Reichtümern überhäufte.

Das Volk beobachtete diese Könige, die nicht aus England stammten, äußerst kritisch. In den englischen Pubs kursierten die „Lampoons", die Pamphlete. Speziell die Londoner waren schnell zu Spott bereit und reagierten auf diese Art ihre Gefühle gegen die Herrscher ab, die sie noch immer als Fremde empfanden.

So hatte man später auch herausgefunden, welchen großen Anteil Königin Caroline an den Regierungsgeschäften

„Georg II. König von Großbritannien".
Ölgemälde von Bernhard Siemering

hatte. Georg II. war in seinem Stolz und in seiner Eitelkeit sehr gekränkt, als ihm ein Pamphlet in die Hände kam, in dem ihm das Volk aus den Tavernen und Kaffeehäusern Ratschläge erteilen wollte:

„Du magst noch so sehr herumstolzieren, niedlicher Georg, aber das wird alles umsonst sein!

Wir wissen, es ist Königin Caroline, nicht Du, die regiert …

Doch wenn Du möchtest, daß wir in Bewunderung vor Dir niederfallen, dann sperr Deine fette Gattin ebenso ein, wie es Dein Papa schon vor Dir tat."

Diese Pamphletisten hatten genau die wunden Punkte bei Georg II. herausgefunden. Es mußte seine Eitelkeit sehr verletzen, daß er als „niedlicher" Georg angesprochen wurde, denn er litt darunter, daß er so klein von Statur war. Wahrscheinlich bekam er, als er das Blatt gelesen hatte, einen seiner berüchtigten Wutanfälle.

Obwohl zu dieser Zeit die Mutter des Königs, Sophie Dorothea, in ihrer Gefangenschaft bereits gestorben war, scheint ihr tragisches Schicksal beim englischen Volk unvergessen.

Ihr Enkel Friedrich Ludwig wurde nicht König von England. Er starb im Jahr 1751 als Prince of Wales.

Ein Zeitgenosse hatte ein zynisches Gedicht auf Englisch verfaßt, das er als Inschrift für den Grabstein des Prinzen vorschlug:

„Friedrich der Große". Gemälde von Anton Graff, um 1781

> „Hier liegt der arme Fred begraben,
> der gelebt hat, und den wir nun verloren haben.
> Lieber sähen wir seinen Vater hier ruhn,
> doch seine Schwester würde es auch gut tun,
> auch sein Bruder wäre nicht schlecht,
> besser als jeder andere, wär' er uns recht.
> Läge hier nur die ganze Generation,
> das wäre das beste für die Nation.
> Da es nur Fred ist, der lebte und gestorben ist,
> nichts weiter mehr zu sagen ist."

Welch ein Kontrast im Nachruhm der beiden Urenkel Eleonores, die beide für die Thronfolge in ihrem Land vorgesehen waren. Auf der einen Seite der „arme Fred", der in den Geschichtsbüchern kaum noch erwähnt wird. Auf der preußischen Seite dagegen Friedrich II., der als „der Große" ruhmreich in die Geschichte eingegangen ist. Doch in mancher Biographie des großen Preußenkönigs wird man

vergebens einen Hinweis auf seine französische Urgroßmutter suchen. Umsonst schaut man ins Register, Eleonore d'Olbreuse wird
nicht erwähnt. Auch wenn die Kurfürsten von Brandenburg und
Hannover und ihre Gemahlinnen als Vorfahren verzeichnet sind,
werden die anderen Urgroßeltern, der Herzog und die Herzogin
von Celle, oft einfach weggelassen,

Der dritte Georg, der den englischen Thron bestieg, war der erste
gebürtige Engländer unter den hannoverschen Königen. Das betonte
er auch gleich im ersten Satz seiner Krönungsrede: „In diesem Lande
geboren und erzogen rühme ich mich des Namens eines Briten."
Er erhielt dafür stürmischen Applaus. Seine Schwester Karoline
Mathilde, „The Rose of England", heiratete König Christian VII.
von Dänemark. Auch zwei Urenkelinnen Eleonores waren Königinnen geworden: Marie Louise von Dänemark und Luise Ulrike von
Schweden.

Eleonore, die einstige Landadlige aus dem Poitou, konnte nicht
nur voller Genugtuung auf ihren eigenen Aufstieg zurückblicken,
sondern auch stolz auf ihre Nachkommen sein. Sie gehörten den
bekanntesten Fürstenhäusern Europas an.

Kapitel 13

Lebensabend und Vermächtnis

Eleonore war 75 Jahre alt, als ihr Schwiegersohn König Georg I. von Großbritannien wurde. Wie anders wäre ihr Leben und vor allem das ihrer Tochter verlaufen, wenn deren Ehe nicht so unglücklich gescheitert wäre. Sophie Dorothea hätte jetzt Königin werden können! Doch viel wichtiger wäre für sie gewesen, in London mit ihren Kindern und Enkelkindern ein richtiges Familienleben zu führen. Der Ruhm und die Ehre, als Königin-Mutter am Hof in London zu leben, wäre auch für Eleonore nicht so wichtig gewesen. Sie war bescheiden, und für sie wäre ein harmonisches Zusammenleben mit der Familie vorrangig gewesen.

Still und zurückgezogen lebte Eleonore auf ihrem Witwensitz in Lüneburg. Ihre Gesundheit war nicht mehr die beste, Beschwerden des Alters machten ihr zu schaffen. Trotzdem war und blieb es ihr Hauptanliegen, ihrer Tochter in der Abgeschiedenheit der Gefangenschaft beizustehen. Es fiel der alternden Fürstin immer schwerer, auf den holperigen Wegen in das einsame Heideschloß zu fahren. Darum schrieb sie auch oft an Sophie Dorothea und berichtete ihr die Neuigkeiten aus der Welt, von der die Gefangene so gut wie abgeschnitten war. Obwohl Eleonores Augen immer schwächer und deshalb ihre Schriftzüge immer größer wurden, schrieb sie ihr von den Geburten ihrer Urenkel in Berlin und London. Aber auch über Todesfälle gab es zu berichten. Nach und nach wurden die Altersgenossen, mit denen Eleonore viele Jahre ihres Lebens verbunden war, hinweggerafft.

Die unversöhnliche Liselotte nahm Eleonore sogar übel, daß sie ihre so rüstige Schwägerin Sophie überlebt hatte: „Es pikiert mich recht, daß die alte häßliche Herzogin von Celle noch am Leben ist, während unsere liebe Kurfürstin, die so viel frischer war, tot sein muß", schrieb die Herzogin von Orléans am 22. September 1714 und eine Woche später: „... denn es verdrießt mich recht, daß sie unsere liebe, selige Kurfürstin überlebt hat, das kann ich nicht verdauen."

Es traf Liselotte auch schwer, als im Jahr 1715 der von ihr zeitlebens verehrte König Ludwig XIV. verstarb. Sein einziger direkter Thronerbe war sein fünfjähriger Urenkel. Zum Regenten hatte der König noch auf dem Totenbett den stark angefeindeten Sohn Liselottes eingesetzt. In Hofkreisen mißtraute man Philipp von Orléans, denn er wäre als Prinz von Geblüt der nächste in der Thronfolge gewesen, falls das hübsche, blonde Kind, der zarte König Ludwig XV., gestorben wäre. Trotz seines schlechten Rufs und des allgemeinen Mißtrauens hatte Philipp seine Regentschaft bis zur Mündigkeit des jungen Prinzen zuverlässig geführt. Madame de Maintenon verließ nach dem Tod von Ludwig XIV. den Hof, um sich in das von ihr gegründete Mädchenheim St. Cyr zurückzuziehen. Liselotte kam als Mutter des Regenten wieder zu hohen Ehren.

1716 verlor die Welt den großen Philosophen Gottfried Wilhelm von Leibniz. Der in aller Welt berühmte Universalgelehrte war nicht nur durch seine philosophischen Werke bekannt geworden, sondern auch als Mathematiker, Physiker, Techniker, Jurist, politischer Schriftsteller, Geschichts- und Sprachforscher.

Im fernen England zeigte sich nun Eleonores königlicher Schwiegersohn gnädig und milde gegenüber seiner inzwischen 78jährigen Schwiegermutter. Auf ihr Bittgesuch hin gestattete er Eleonore, 1717 mit ihrem kleinen Hofstaat wieder in das Schloß von Celle zu ziehen. Es hatte seit 1705 leer gestanden, seitdem es Eleonore als Witwe verlassen mußte. Dort war sie ihrer Tochter wieder wesentlich näher. Die kürzere Wegstrecke war nicht so ermüdend und anstrengend, aber mit 40 km immer noch beschwerlich genug für einen älteren, kränkelnden Menschen. Aber es war von Sophie Dorotheas geschiedenem Gemahl nicht zu erreichen, daß sie Ahlden verlassen durfte, um bei ihrer Mutter zu leben. Die gefangene Prinzessin war inzwischen aktiver geworden. Sie hatte sich der Haushaltsführung und Verwaltung ihres kleinen Besitzes angenommen. Sie versuchte, sich mit dem, was sie hatte, zufrieden zu geben. So

392 nannte sie den Ort ihrer Gefangenschaft „Meine Residenz" und
bezeichnete die von ihr sehr gewissenhaft geführte Buchhaltung als
„Mein einziges Vergnügen." Einige dieser Haushaltsbücher, in sau-
berer klarer Schrift geschrieben, befinden sich noch im Archiv in
Hannover.

Wie ihre Mutter war Sophie Dorothea wohltätig, wo sie Not und
Armut bemerkte. Als 1715 ein Brand den Großteil der Häuser von
Ahlden zerstörte, ließ sie sie auf ihre Kosten wiederaufbauen. Sie
veranlaßte, daß die Straßen nun gerade angelegt wurden, auch um
selbst eine bessere Aussicht zu gewinnen. Der Kirche stiftete sie
eine Orgel und den Schulkindern Preise, wenn sie fleißig lernten.
Ihre Mutter hatte ihr oft Bücher gebracht, aber mehr als mit dem
Lesen beschäftigte sich Sophie Dorothea mit dem Schreiben. Neben zahlreichen Briefen soll sie viele Seiten mit ihrer Lebensgeschichte gefüllt haben. Diese Beschäftigung tat ihr gut, denn auf
diese Weise konnte sie ihr Schicksal verarbeiten und vor sich selbst
und der Welt Rechenschaft ablegen. Doch ihre „Memoiren", die
in deutscher und englischer Sprache erschienen sind, gelten als Fälschung. Denn nach ihrem Tod wurden die großen Mengen von Pa-
pieren, die sich in den langen Jahren ihrer Gefangenschaft ange-
sammelt hatten, von der Regierung in Hannover beschlagnahmt und
fast alle vernichtet.

Dagegen sind von der Herzogin Eleonore von Celle noch einige
Briefe im Preußischen Geheimen Staatsarchiv im Original erhalten,
z. B. ein Neujahrsglückwunsch an König Friedrich Wilhelm von
Preußen vom 22. 12. 1718. Eleonore schrieb in ihren großen Schrift-
zügen mit breiter Feder zum Abschluß: „Ich bitte Sie um die Fortdauer Ihres mir so kostbaren Wohlwollens ..." Im Gegensatz dazu
ist die Schrift des als derb und rauh bekannten Soldatenkönigs
fast zierlich und ordentlich zu nennen, als er sich bei seiner „Gnä-
digsten Frau Tante und Mutter" für die guten Wünsche für sein
Glück und Wohlergehen bedankte: „Ich bin Ihnen umso mehr dafür zu Dank verpflichtet, als ich sehr wohl weiß, daß sie aus einem
aufrichtigen Herzen kommen, das voll von Liebe für mich ist ..."
Der Gemahl von Eleonores Enkelin unterzeichnete sein Handschreiben als „Ihr Ihnen sehr zugeneigter Cousin und Sohn ..."

Für Eleonore war es ein wichtiges Anliegen, anderen Menschen Gutes zu tun. Sie selbst lebte bescheiden, aber die Gehälter ihrer Angestellten erhöhte sie in ihren letzten Lebensjahren. Wer sich in einer Notlage an die Frau Herzogin wandte, konnte damit rechnen, von ihr Hilfe zu erhalten. Stets war sie freudig bereit, Not zu lindern und zu helfen, wo sie nur konnte. Ihrem „lieben Cousin Herrn de la Taillée" gab sie, um seine schlechte Finanzlage zu verbessern, das Fünftel der Einnahmen ab, das sie zur Instandsetzung des Schlosses Olbreuse zurückbehalten hatte. Nun sollte jeder, der ein Fünftel erhalten hatte, zu eventuellen Ausbesserungen des Hauses beitragen. Eleonore begründete ihre Entscheidung: „Ich habe eine Anzahl von Refugiés in Holland ... zu unterhalten. Auch hier im Lande leben viele von meiner Unterstützung, so daß ich meiner Verwandtschaft in Frankreich nur die Einkünfte meines Gutes Olbreuse zuzuwenden vermag ..."

Eleonores Hilfsbereitschaft soll nach Meinung ihrer Tochter von einigen Bittstellern ausgenutzt worden sein. Sophie Dorothea schrieb am 29. 8. 1722 an Chappuzeau: „... man habe Mißbrauch mit der Gutmütigkeit und Freigiebigkeit meiner Frau Mutter getrieben ..."

Ab 1720 verschlechterte sich der Gesundheitszustand der 81jährigen zusehends. Ihre Tochter fürchtete, bald ihre Mutter zu verlieren und damit den einzigen Menschen, der in Treue und Liebe zu ihr hielt. Bei einem Besuch in Ahlden, zu dem sich die Kranke noch einmal mit letzter Kraft aufgerafft hatte, war beiden bewußt, daß es galt, für immer Abschied zu nehmen. Am 5. Februar 1722 ist die letzte Herzogin von Celle sanft entschlafen. Sie war 83 Jahre alt geworden. Im Kirchenbuch der reformierten Gemeinde wurde der Trauerfall mit folgenden Worten aufgezeichnet:

„Den 5. Februar 1722 um halb elf Uhr Vormittags nahm Gott der Herr Ihre Hochfürstliche Durchlaucht, die verwitwete Herzogin von Celle, zu sich; sie hat ihr Leben in höchst christlicher Weise im 85. (!) Lebensjahre beschlossen. Gezeichnet: Jodouin, Seelsorger der vorgenannten Frau Herzogin." Eleonores Alter wurde in mehreren Veröffentlichungen mit 85 Jahren angegeben. Ob es wohl einer vom anderen übernommen hat, ohne nachzurechnen? Sie war am 3. Januar 1639 geboren und am 5. Februar 1722 verstor-

394 ben, das ergibt eindeutig ein Lebensalter von 83 Jahren und einem Monat.

Eleonore hatte Wünsche und Bestimmungen für ihre Beisetzung hinterlassen. Sie sollte in aller Stille stattfinden, wie es der hugenottischen Kirchenordnung entsprach. In ihrem Appartement im Celler Schloß lag die tote Herzogin aufgebahrt. Alles war mit schwarzem Trauerflor ausgehängt. Die Bediensteten mußten Trauerkleidung anlegen. Hochrangige Hofbeamte wechselten sich bei der Ehrenwache an der Bahre ab. Auch an den Höfen von Hannover, Berlin und London war Hoftrauer angeordnet worden, um damit der letzten Herzogin von Celle noch einmal Hochachtung zu erweisen. Am 11. Februar war alles für die stille Beisetzung vorbereitet. Von ihren Hofdamen und Kammerfrauen wurde die Verstorbene in einen Eichensarg gelegt, der innen mit weißem Damast, außen mit schwarzem Samt verkleidet und an den Kanten mit goldenen Tressen verziert war. Gegen 23 Uhr wurde der Sarg von zwölf Kavalieren in den Schloßhof getragen und auf den Leichenwagen gehoben. Sechs Pferde waren davor gespannt, die mit bis zur Erde reichenden schwarzen Tüchern verhängt waren. Die Garde präsentierte das Gewehr und begleitete den Trauerzug zusammen mit zahlreichen Hofkavalieren, Grenadieren, Lakaien und acht Bürgern der Stadt Celle. Im Schein der Fackeln führten zwei Kutscher und vier Vorreiter, schwarz gekleidet mit einem Trauerflor am Hut, die Kutsche zur nahegelegenen evangelischen Stadtkirche. Dort wurde der Sarg in die Welfengruft hinabgetragen, in einen Zinksarg gesenkt und mit dem Deckel fest verschlossen. Die Pagen löschten die Fackeln, die Trauergemeinde zog sich zurück. Die Herzogin war an ihrer letzten Ruhestätte neben ihrem Gemahl angekommen. Die Kirche blieb bis zum 19. Oktober schwarz verhängt. Täglich ehrte ein Trauergeläut der reformierten Kirche in Celle das Andenken der Stifterin. Auch in Lüneburg und in den drei Wittumsämtern der Fürstin erklangen die Glocken für sie.

Am 15. Februar 1722 hielt der erste Prediger der Deutsch-reformierten Gemeinde, Johann Heinrich Schmucker, eine Gedächtnispredigt:

„Bey Gelegenheit des höchstseligsten Absterbens Ihro Hochfürstlichen Durchlauchtigkeit Eleonore, der verwittweten Herzogin von Celle."

Darin rühmte er Eleonores Tugenden und Verdienste u. a. mit den Worten: „Wahrlich, so je ein Mensch in der Welt eine Güte oder Herrlich- und Vortrefflichkeit besessen hat, so hatte dieses ohne Widerrede auch die höchst selige Frau Herzogin. Sie war nicht nur von der Natur begabt mit einer wohlgestalteten und ansehnlichen Länge, mit einer angenehmen Schönheit des Gesichts, mit einer gefälligen Beredsamkeit des Mundes und mit einer beständigen Gesundheit und Stärke des Leibes, wie sie dann in ihrem Leben wenig krank war, sondern sie war auch mit vielen Glücksgütern gekrönt. Sie war gottselig gegen Gott. Wie eifrig, wie fleißig diese treue Herzogin Gott gedient, wie inbrünstig sie ihn geliebt und kindlich gefürchtet, wissen die am besten, die die Ehre gehabt, beständig nahe um und bei ihr zu sein … Sie war gerecht gegen ihre Nebenmenschen, sie gab einem jeden, was ihm zukam, ja oft weit mehr als ihm zukam … Vor allem war sie gar barmherzig, gütig und mildtätig gegen die Armen … Hierbei hat sie die Waisen- und Armenhäuser und Kirchen nicht vergessen, zumal sie unter anderem nicht nur dieser Französisch-reformierten Gemeinde einen recht fürstlichen Fond zum ständigen Unterhalt eines Predigers ausgesetzt hatte, sondern unserer kleinen neu-angehenden deutschen Gemeinde während ihres Lebens in Gnade gewogen, so daß sie dieser jährlich mit einigen Zulagen etwas zur Hilfe gekommen war.

Sie war mäßig gegen sich selbst, haßte nichts so sehr, wie verschwenderischen Überfluß in Essen und Trinken, da sie der geheiligten Meinung war … daß es viel nützlicher und seliger zum Trost, Erquickung und Hilfe der Armen und Notleidenden angewandt werden könnte."

In der von der Herzogin gestifteten und geförderten Französisch-reformierten Kirche in Celle soll ebenfalls eine Gedenkrede für sie gehalten worden sein, wahrscheinlich von dem damaligen Seelsorger der Gemeinde François Jodouin. Sie ist nicht mehr erhalten.

Bei Beaucaire gibt es eine namentliche Aufzählung der Personen des Trauergefolges bei der Beisetzung Eleonores. Dort sucht man ver-

396 gebens die Namen ihrer Verwandten, die es sowohl in näherer Umgebung als auch in Preußen, England und Frankreich noch gab. Eleonores Geschwister waren alle schon vor ihr verstorben. Ihre Tochter war eine Gefangene, sie durfte selbst zur Beisetzung ihrer Mutter Ahlden nicht verlassen. Doch in der Nähe lebte noch ihre Schwägerin Sylvie, Witwe des ältesten Bruders Alexandre d'Olbreuse, die ehemalige Schutzpatronin der verfolgten Hugenotten im Poitou. Sie war inzwischen in zweiter Ehe mit Thomas Christian von Bülow verheiratet und wurde im Testament der Herzogin mit 2 000 Talern bedacht. Beaucaire zählt noch sieben weitere Angehörige Eleonores auf, die Summen von 1 000 bis 6 000 Taler erbten, ein Vetter erhielt zusätzlich ein Haus in Celle.

Für die fünf Verwandten in Frankreich, die sich die Einnahmen der Güter in Olbreuse teilen durften, war wohl die Reise zu weit und zu aufwendig, vielleicht waren sie auch nicht rechtzeitig genug benachrichtigt worden.

Aber warum waren Eleonores Enkelkinder nicht gekommen, um ihrer Großmutter, von der sie so viel Liebe und Zärtlichkeit erhalten hatten, die letzte Ehre zu erweisen?

An die Höfe nach London und Berlin waren doch rechtzeitig Eilkuriere abgesandt worden, und an finanziellen Mitteln für die Reise fehlte es auch nicht. Doch die preußische Königin war zu dieser Zeit im dritten Monat schwanger*. Darum wäre die weite Kutschfahrt von Berlin nach Celle im Winter zu gefährlich gewesen. Erlaubte König Georg I. seinem Sohn und seiner Schwiegertochter, die ein herzliches Verhältnis zu Eleonore gehabt hatten, nicht, nach Celle zu fahren? Hatte er noch immer die alte Abneigung gegen die in seinen Augen nicht standesgemäße Mutter seiner geschiedenen Frau? Saint-Simon schrieb in seinen Memoiren darüber anders:

„Trotz ihrer Unebenbürtigkeit, die zu verzeihen man in Deutschland so wenig geneigt ist, hatte sie (Eleonore) sich doch durch ihre Tugenden die Liebe und Achtung des gesamten Hauses Braunschweig, ihres Schwiegersohnes des Königs von England und ganz Deutschland zu erwerben gewußt." Ob er das wohl richtig sah?

In Hannover lebten der fünfzehnjährige Urenkel der Herzogin, Friedrich Ludwig, und Ernst August, der jüngste Bruder ihres

---

* Am 9. August 1722 wurde ihr elftes Kind August Wilhelm geboren.

Schwiegersohns, die es beide nicht so weit gehabt hätten. Kamen die Verwandten von nah und fern deshalb nicht, weil Eleonore in ihrem Testament vom 25. Januar 1705 geschrieben hatte: „Was unseren Leichnam betrifft, so wünschen wir, daß er ohne Zeremonie beigesetzt werden möge …"?

Im Juni wurde das Testament der Herzogin von Herrn von Malortie amtlich eröffnet. In Vertretung der Prinzessin von Ahlden wohnten die Amtsleute Chappuzeau und Ludemann der Eröffnung bei, ebenso Vertreter der Königin von Preußen und des Prinzen von Wales, der Enkelkinder der Verstorbenen.

Das Testament, das Eleonore noch zu Lebzeiten ihres Gemahls mit seiner Zustimmung aufgesetzt hatte, beginnt:

„Im Namen des Vaters, des Sohnes und des Heiligen Geistes. Amen. Wir Eleonore, von Gottes Gnaden Herzogin von Braunschweig und Lüneburg, … erklären: (nach mehreren Sätzen der Dankbarkeit und Ergebenheit zu Gott) … Da wir keine Kinder als nur die durchlauchtigste Kurprinzessin von Braunschweig, unsere sehr liebe und teure Tochter haben, aus diesem Grunde, und weil es uns so gefällt, wollen wir, wenn Gott uns von dieser Erde abberufen haben wird, daß sie in unsere Besitztümer gelangt und volle und freie Verfügung über das Kapital in Holland von 60 000 Reichstalern … haben soll … Wir geben ihr ebenfalls unseren Landbesitz in Olbreuse, im Saintonge im Königreich Frankreich gelegen, unser Haus in Wienhausen, unsere Edelsteine, Schmuckstücke, Möbel und Silberwaren, und das Appartement, das wir in Celle besitzen, dessen Möbel, Wandteppiche, Betten und Silberwaren, die wir von unserem eigenen Geld gekauft und bezahlt haben. Das, was die Rente betrifft, die wir aus den Ländereien des durchlauchtigsten Fürsten, unseres Gemahls beziehen … in Höhe von 3 000 Talern im Jahr, geben wir sie … unserer sehr lieben Tochter auf Lebenszeit, ohne daß sie über das Kapital verfügen kann, denn dieses soll nach ihrem Ableben an ihren Sohn, den Kurprinzen und an … die Prinzessin, seine Schwester gehen. Beide erhalten davon die Hälfte. Sollte einer von beiden sterben, so erhält das andere Enkelkind das gesamte Vermögen … 20 000 Reichstaler sind für die Personen reserviert, die uns treu gedient haben. Unsere geliebte Toch-

398 ter möge sie an jene verteilen, die ich mit eigener Hand notiert habe …

Ausgefertigt zu Celle in unserem Appartement, den 25. des Monats Januar des Jahres 1705.

ELEONOR, Herzogin von Braunschweig und Lüneburg".

Das Dokument ist mit einem Siegel aus rotem Wachs versehen, das in vier Felder aufgeteilt ist, die das Wappen der Herzogin, das Wappen von Braunschweig und die der Familien Desmier und Poussard zeigen.

Sophie Dorothea überwachte gewissenhaft die Ausführung des letzten Willens ihrer Mutter. Alles, was Eleonore vorher über ihr Gut in Olbreuse verfügt hatte, ließ sie unverändert. Da sie Ahlden nicht verlassen durfte, hatte sie Bevollmächtigte eingesetzt, mit denen sie in umfangreichem Schriftverkehr stand, um alles zu klären und zu regeln. Sophie Dorothea ließ an alle im Testament genannten Legate auszahlen, z. B. 3000 Taler an die Französisch-reformierte Kirche. Ähnlich große Summen erhielten auch Prediger der verschiedenen Kirchengemeinden und 342 Personen in der Stadt Celle. Im Kirchenbuch der Stadtkirche von Celle findet man folgende Eintragung:

„309 Anno 1722 Mense Febr.

11. Febr. Sind Ihro Durchl. (aucht) alß des

Höchst Seel.(igen) Verstorbenen Georg

Wilhelms Hertzog zu Brg.

und Lüneburg hinterlaßenen

Fr. Wittibe Fr. Eleonora

Seel.(ig) verblichener Cörper

des nachts gegen 12 Uhr

in aller stiller gantz (ohne?) Pomp

beygesezet worden, nach   (darunter steht gestempelt) 156"

Hier endet die Eintragung mit dem Beginn eines Nebensatzes, die übrige Seite blieb leer. Was hat der Schreiber dort weggelassen und warum? Sollte es vielleicht heißen: „nach einer christlichen Beisetzungsfeier" oder „nach einem langen, würdevollen Leben"?

Auf eine Anfrage nach der Fortsetzung des Textes teilte das Kirchenbuchamt Celle mit: „Leider ist die Eintragung nicht vollständig. Die 156 bezieht sich auf die Seite des Buches. Der Kirchenbuchschrei-

ber hat eine Lücke ge-
lassen und dann mit
der nächsten Eintra-
gung begonnen."
Der Text ist auch in
seinem Inhalt unvoll-
ständig. Es fehlen die
sonst üblichen Anga-
ben über Geburts-
und Todestag, ganz zu
schweigen vom voll-
ständigen Namen und
Titel von Eleonore.

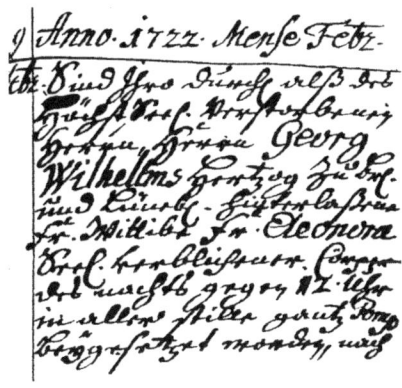

Eintragung im Kirchenbuch der Stadtkirche Celle

Auch ihr Sarg, der in der Gruft beigesetzt wurde, blieb vorerst namen-
los. Erst später wurde darauf ein kleines Schild angebracht, aber nur
mit ihrem Mädchennamen. Es hat den Anschein, daß die Erinnerung
an diese Herzogin von Celle, die im Welfenhaus als unebenbürtig
und als Emporkömmling galt, so wenig wie möglich bewahrt werden
sollte.

Ein „Nachruf der besonderen Art" wurde Eleonore von der un-
versöhnlichen Herzogin von Orléans zuteil: „Den Tod der Herzogin von Celle weiß ich schon längst mit allen Umständen. Wäre
sie vor 60 Jahren gestorben, wäre es mir lieber gewesen, denn dann
wäre viel Unglück verhütet worden." (28. 2. 1722). Im nächsten Brief
zeigte sie sich am Anfang zwar versöhnlicher, aber dann kam die
alte Abneigung wieder durch: „Die Herzogin von Celle hat einen
gar schönen Tod gehabt. Gott verleih mir die Gnade, daß der meine
auch so sein möge. Die Herzogin von Celle mag wohl viel Gutes
an sich gehabt haben, aber sie hatte etwas, wie man mir versichert,
so hier im Lande üblich ist, insbesondere bei den Damen, nämlich
falsch zu sein wie Galgenholz. Das Unglück Ihrer Frau Tochter war
bloß ihre Schuld, sie hat sie bitter übel erzogen, soll in alle ihre
amour (Liebesaffären) ihre confidentin (Vertraute) gewesen sein,
das ist abscheulich. Sie hat kein Testament gemacht …" (12. 3. 1722).
Diese letzte Behauptung zeigt, wie „gut" Liselotte immer informiert war.

400 Das Unglück der Prinzessin von Ahlden war durch den Tod ihrer Mutter noch größer geworden. Mutlos und allein saß sie sicher so manches Mal am Fenster und blickte hinaus in die öde, kalte Winterlandschaft. Nie wieder würde die vertraute Kutsche in den Hof einfahren, nie wieder würde ihre Mutter mit ihrer unerschütterlichen Liebe Trost spenden und Neuigkeiten von den Kindern bringen. 28 Jahre währte nun schon ihre Gefangenschaft, und weitere einsame Jahre lagen vor der verzweifelten, traurigen 56jährigen. Nicht auszudenken, wenn auch sie wie ihre beiden Eltern über 80 Jahre alt werden würde. Aller Lebensmut hatte sie verlassen. Was sollte sie noch kämpfen, was nützten Fluchtpläne aus dem gut bewachten Gefängnis? Und mit Begnadigung konnte sie schon gar nicht rechnen. Ein Schwerverbrecher, der zu „lebenslänglich" verurteilt ist, kann heutzutage nach fünfzehn Jahren bei guter Führung mit Haftentlassung rechnen. Was hatte die Prinzessin schon verbrochen, daß diese schwere Strafe ohne jeglichen Urteilsspruch über sie verhängt wurde? Sie hatte sich in Demut in alles gefügt und in Gottergebenheit alles hingenommen. Doch jeder, der versuchte, ihr zur Befreiung zu Hilfe zu kommen, wurde abgewiesen.

Es heißt, daß ihre Tochter, als sie preußische Königin geworden war, die getreue Hofdame ihrer Mutter, Eleonore von dem Knesebeck, zu sich nach Berlin holte. Von ihr erfuhr sie Einzelheiten über das dramatische Geschehen in Hannover. Sophie Dorothea war von der Unschuld ihrer Mutter überzeugt und wollte versuchen, sie zu befreien. Sie fand Mittel und Wege, im geheimen mit ihrer Mutter zu korrespondieren. Das war eine riskante Angelegenheit, denn sie handelte gegen die Befehle ihres Vaters und ihres Gemahls. (Diese in englischer Sprache bei Wilkins veröffentlichten Briefe sind im Geheimen Staatsarchiv Preußischer Kulturbesitz in Berlin nicht bekannt. Allerdings könnten sie noch im „Merseburger Bestand" gefunden werden. Der war im 2. Weltkrieg ausgelagert worden und nach der Wiedervereinigung Deutschlands nach Berlin zurückgekommen und ist zur Zeit noch nicht vollständig gesichtet und registriert.)

Sophie Dorothea, die Jüngere, suchte bei ihrer Mutter auch Unterstützung für die Heiratspläne für ihre beiden Ältesten. Es war eine

„Der dreizehnjährige Kronprinz Friedrich, später König Friedrich II.".
Ölbild von Antoine Pesne, um 1725

doppelte Verbindung mit dem englischen Königshaus geplant. Ihre
beiden Kinder sollten die Kinder ihres Bruders heiraten: Wilhelmine den Prinzen von Wales, der preußische Kronprinz Friedrich
die englische Prinzessin Anne. Es wurde von verschiedenen Seiten
dagegen intrigiert, und es galt, noch viele Widerstände zu überwinden. Alle vier waren Enkelkinder der Gefangenen, die das Projekt der Doppelhochzeit nicht unterstützte, obwohl ihre Tochter als
Gegenleistung versprach, sich nach dem Gelingen intensiv für ihre
Befreiung einzusetzen. Doch die Prinzessin von Ahlden machte
keine Konzessionen. Wahrscheinlich gefiel es ihr nicht, daß ihre
Tochter Bedingungen stellte und nicht aus Liebe alles tat, um ihr zu
helfen. Noch immer war Sophie Dorothea zu stolz, um sich aus
taktischen Gründen für eine Idee einzusetzen, von der sie nicht
überzeugt war, obwohl ihr dafür die Befreiung versprochen wurde.
Warum sie gegen die Verheiratung ihrer Enkelkinder untereinander war, wird nicht ganz klar. Empfand sie, daß die verwandtschaft-

lichen Beziehungen zu eng waren? Schon sie selbst hatte ihren Cousin heiraten müssen. Lehnte sie ab, immer wieder Ehen nur im engsten Familienkreis zu schließen? Sie schrieb an ihren vertrauten Bevollmächtigten, den Grafen von Bar:

(Ahlden), den 28. Juni 1725

„ICH DANKE GOTT, daß nichts in der Welt, noch nicht einmal die blendendsten und verführerischsten Aussichten den geringsten Eindruck auf mich machen oder mich zu einer niedrigen Gesinnung führen können ... es ist unmöglich für mich, jemals meine Einwilligung zu einem Heiratsplan zu geben, der meine Tochter unzweifelhaft von meinen Interessen trennen würde ... Was die ‚General-Amnestie‘ betrifft, die für absolut notwendig gehalten wird, so habe ich Ihnen bereits im letzten Jahr gesagt, was ich darüber denke. Ich füge jetzt nur noch hinzu, daß ich eine christliche Gesinnung habe, und ich bin weder unversöhnlich noch von dem würdelosen Gedanken der Rache erfüllt. Ich bin weit entfernt davon, etwas Hartes oder Grausames zu wünschen. Aber es wäre für mich sehr demütigend, wenn sich meine Erwartungen auf eine Genugtuung nach so vielen Demütigungen und Beleidigungen nicht erfüllen würden. Das kann nicht als kriminelle Revanche angesehen werden, sondern als das Bewahren meiner Würde, den Heiligen Schriften entsprechend ...“

Auf keinen Fall wollte Sophie Dorothea ihre Freiheit durch eine demütigende Unterwerfung unter Georg I. und seine Maitressen erlangen. Sie wollte vor aller Welt rehabilitiert werden und nicht nur Gnade erlangen, zumal es nicht sicher war, daß ihr geschiedener Ehemann selbst dann, wenn sie sich gedemütigt hätte, von seinem harten Kurs abgewichen wäre.

Ihre Tochter war enttäuscht, weder ideelle noch finanzielle Unterstützung von ihrer Mutter zu erhalten. Sie fand „... die Affaire in einem so schlechten Zustand, daß es unmöglich ist, weitere Schritte zu unternehmen ohne Schlimmes noch schlechter zu machen und noch mehr Unglück zu verursachen. Doch die Zeit und die Vorsehung werden alles wieder bessern“. Die Königin weigerte sich, weiterhin den Vertrauensmann ihrer Mutter in Berlin zu empfan-

gen. Sie zweifelte an den guten Absichten des Grafen von Bar und   403
an seinen Fähigkeiten, ihrer Mutter helfen zu können. Da der
Tochter eine schriftliche Botschaft zu gefährlich erschien, ließ sie
über einen Agenten eine mündliche Nachricht nach Ahlden übermitteln. Dieser Bote, der Amtmann Ludemann, hat sie aufgeschrie-
ben:

„Die Königin sendet die besten Grüße an Ihre Hoheit mit der
stärksten Versicherung ihrer Zuneigung, Respekt und töchterlicher
Ergebenheit mit der dringenden Bitte, einen Platz in der Zuneigung ihrer Mutter zu behalten …" Außerdem ließ sie von dem Vermittler ausrichten, daß jegliche Verbindung zwischen ihnen zu gefährlich sei und für einige Zeit unterbrochen werden müßte. Sie
warnte erneut vor dem Grafen, er sei ein gefährlicher Verräter. Doch
das wollte ihre Mutter nicht wahrhaben. Sie schrieb trotzdem an
ihre Tochter: „Ich erkläre meinen festen und unwandelbaren Willen, daß der Graf von Bar weiter für meine Angelegenheiten handeln soll, wie er es bisher getan hat. Ich möchte und will nicht die
behindern, die der Himmel in seiner unendlichen Gnade bestärkt
hat, mit mir Mitleid zu haben und zu meinen Gunsten und in meinem Interesse zu handeln. Aber in Zukunft soll er niemand mehr
in Berlin verärgern." (Ahlden, den 5. September 1725)
Sophie Dorothea muß über das Mißtrauen ihrer Tochter derartig
verstimmt gewesen sein, daß sie ihr schrieb, sie wolle bei nächster
Gelegenheit ihre wertvollen Geschenke wieder zurückgeben, außer
zwei Portraits, die sie behalten wollte.
Im September 1725 drang das Gerücht in das einsame Schloß in
der Heide, daß sich die Könige von Großbritannien und Preußen
in Hannover treffen würden. Auch die preußische Königin wurde
erwartet. Sophie Dorothea hatte ihre Tochter flehentlich gebeten,
die Gelegenheit zu nutzen, um sie zu besuchen, und diese hatte es
auch halb zugesagt. Sie hatten sich vor 28 Jahren zum letzten Mal
gesehen. Als Sophie Dorothea vom Hof verbannt wurde, war ihr
Kind fünf Jahre alt. Es wäre für sie ein wichtiges Zeichen gewesen,
daß sie nicht vergessen war, daß sie noch immer geliebt und respektiert würde. Alle Welt würde erfahren, daß ihre Tochter zu ihr hielt.
Aber konnte die Königin diesen Besuch riskieren?

404 In der verzweifelten Gefangenen keimte ein wenig Hoffnung auf, daß sich ihre Wünsche erfüllen würden. Voll freudiger Erwartung kleidete sich Sophie Dorothea in ihre prächtigsten Gewänder, legte ihren schönsten Schmuck an und saß tagein, tagaus in Hoffen und Bangen am Fenster und schaute sehnsüchtig auf den Weg, auf dem eine Kutsche ihre Tochter zu ihr bringen könnte. Doch die Tage vergingen ereignislos. Am 3. September 1725 wurde das Bündnis von Herrenhausen zwischen Hannover, Preußen und Frankreich geschlossen. Die Abreise der königlichen Gäste aus Hannover wurde gemeldet. Königin Sophie Dorothea hatte nicht die Erlaubnis zu diesem Besuch erhalten und auch keine Mittel und Wege gefunden, es heimlich zu tun. Ihr Ehemann hatte es ihr verboten, um seinen Schwiegervater nicht zu verärgern. Ihm waren die politischen Verhandlungen wichtiger als sentimentale Familienprobleme. Es war eine bittere Enttäuschung für die Gefangene in Ahlden, daß sie ihre Tochter, die ihr durch ihren Besuch in Hannover so nahe wie nie zuvor war, nicht sehen konnte.

Zu ihrem Kummer kam hinzu, daß sie entdecken mußte, daß ihr Vertrauensmann Ludemann sie verraten und betrogen hatte. Fast alle Menschen ihrer Umgebung waren von ihren Gegnern eingestellt worden. Sie setzte ihr Vertrauen weiter in den Grafen von Bar, trotz der Warnungen ihrer Tochter, die letzten Endes damit recht behielt. Aber auch die preußische Königin hatte nicht eine wirkungsvolle Maßnahme zur Befreiung und Rehabilitierung ihrer Mutter ergriffen. Sie hatte ihre Mutter im Stich gelassen, denn in ihren Briefen verfolgte sie eigentlich nur ihr eigenes Ziel, die Hilfe ihrer Mutter bei den Plänen zur Doppelhochzeit zu gewinnen. Ihr Bruder, der Prince of Wales, hatte kaum Möglichkeiten, unter den Augen seines ohnehin mit ihm verfeindeten Vaters etwas zu unternehmen. Er war ebenfalls mit seinen eigenen Problemen vollauf beschäftigt.

Von allen, die ihr nahestanden, im Stich gelassen, von ihren Bediensteten bespitzelt und hintergangen, war Sophie Dorothea am Ende ihrer Geduld und schmiedete verzweifelt Fluchtpläne. Am 27. September 1725 schüttete sie dem Grafen von Bar in einem Brief ihr Herz aus:

„Worte können nicht alles ausdrücken, was ich denke ... In Gottes Namen bleiben Sie für mich unverändert der Gleiche, wie auch ich es sein werde bis zu meinem letzten Atemzug ... Diese Affaire (der Verrat von Ludemann) hat mir heftigen Kummer bereitet und zeigt mir den bejammernswerten, gefährlichen Zustand, in dem ich mich befinde, ein Zustand der immer schlimmer und schlimmer wird. Ich bin von Menschen ohne Mitleid und Gerechtigkeitssinn umgeben, und ihre Zahl vermehrt sich ständig. Ich bin unaufhörlich ihren Verleumdungen, falschen Verdächtigungen und schlechten Diensten ausgesetzt. Sie haben es jetzt mehr denn je in der Macht, Worte und Handlungen zu erfinden, die sie mir zuschreiben, und sie wetteifern, mein Ansehen zu schwärzen. Ludemann, der der einzige Kanal war, durch den ich einiges erfahren konnte, und der die Möglichkeit hatte, der Gegenseite die Wahrheit über mich zu berichten, ist jetzt denen ganz ergeben.

Vor vielen Jahren fürchtete ich, vergiftet zu werden. Meine jetzigen Umstände sind derartig, daß sich meine Furcht verstärkt. Doch da mir jetzt mein Leben gleichgültig ist, würde dieser Verdacht, der zu all dem übrigen noch dazu kommt, sicherlich meine Gemütsruhe stören, wenn nicht Gott, der Allmächtige, mir den Frieden in meinem Herzen bewahrt hätte ... Sie mögen versichert sein, daß mit Hilfe dieser göttlichen Macht, nichts auf Erden mich dazu bringen wird, meine Gefühle zu ändern oder mich zu einer Handlung zu verleiten, die nur im geringsten unredlich und unwert ist ...

Die starken Ausdrücke, die ich in meinem vorangegangenen Brief benutzte, waren dazu gemeint, Ihnen eine Idee von dem großen Verdruß zu übermitteln, an dem ich in jeder Hinsicht leide. In der Tat erregt er in mir eine intensive Abneigung gegen diesen Ort und ein inbrünstiges Verlangen, ihn zu verlassen."

31 Jahre der Gefangenschaft und das Gefühl, von allen verlassen zu sein, waren einfach zu viel für Sophie Dorothea geworden. Sie konnte und wollte nicht mehr ertragen, was sie eine unerhörte Justiz und den Zorn ihrer Feinde nannte. Nachrichten, die sie „von über der See", also aus England hörte, beschäftigten ihre Gedanken. Eines Nachts, als sie nicht schlafen konnte, schrieb sie dem einzigen, den sie noch für einen zuverlässigen Freund hielt: „Gott

406 möge gewähren, daß kein Ereignis eine Verzögerung dessen bringt, was mir mehr, als ich ausdrücken kann, am Herzen liegt. Sie sind darüber, was das bedeutet, nicht in Unkenntnis. Sire, Sie kennen alle meine Gefühle. Ich sehe mich selbst zu einem Monstrum werden, das alles aus den Augen verliert ... Ich bin gänzlich unwissend von dem, was in der Welt vor sich geht, ausgenommen, was ich über die allgemeinen politischen Nachrichten erfahre. Ich werde streng überwacht, und man gibt sich mehr denn je Mühe, mich daran zu hindern, irgend etwas zu erfahren." Das war der letzte Brief an den Grafen von Bar (Ahlden, den 19. August, drei Uhr morgens).

Denn dann erreichte sie die böse Kunde, daß der letzte Mensch, dem sie noch vertraute, sie im Stich gelassen hatte, daß er es nie ernst gemeint hatte, ihr zur Flucht zu verhelfen, und daß er den größten Teil ihrer Gelder veruntreut hatte. Das nahm ihr den letzten Lebensmut und alle so mühsam bewahrten Kräfte. Sie erkrankte an einer Art Gehirnfieber. Keiner der Ärzte, die herbei eilten, konnte ihr helfen. Sie hatte keinen Lebenswillen mehr und mit ihrem unglücklichen Leben abgeschlossen.

Am 13. November 1726 starb Sophie Dorothea von Hannover, die ungekrönte Königin von England, die Mutter von Kindern, die zu königlichen Ehren aufgestiegen waren. Sie war 60 Jahre alt geworden, davon hatte sie 32 Jahre in Gefangenschaft verbringen müssen. In Preußen wurde für sie Hoftrauer angeordnet, was ihren geschiedenen Ehemann verärgerte, denn in Hannover hatte er das verboten. In England erschien in einer Zeitung eine kleine Zeile in den Gesellschaftsnachrichten, daß die Prinzessin von Ahlden verstorben sei. Wer nahm davon wohl Notiz, wer kannte sie dort schon unter diesem Namen?

König Georg I. ordnete an, daß seine ehemalige Gemahlin in aller Stille in Ahlden beerdigt werden sollte. Doch der nahende Winter und hohes Grundwasser machten es unmöglich, ein Grab für sie auszuheben. So wurde der Sarg am 24. Januar 1727 heimlich im Schutz der Nacht nach Celle überführt, und Sophie Dorothea fand ihre letzte Ruhestätte in der Gruft der Stadtkirche neben ihren Eltern. Eine religiöse Zeremonie war ihr nicht vergönnt worden. Im

Eintragung im Kirchenbuch der Stadtkirche Celle

Kirchenbuch der Evangelischen Stadtkirche in Celle wurde auf Seite 35 Anno 1727, Mens. Jan. an dritter Stelle eingetragen*:

„24. Jan. Jit Unser Allergnädigsten Fr. Hertzogin Sophie Dorothea ... welche d.13. Obr.itc. 1726 des nachts um 11 Uhr in ihrem Erlöser sanfft und selig entschlaffen, undt den 24.Jan.itc. 1727 des nachts hierher in das Fürstl. Gewölbe zu ihrer ruhestädte in aller stille eingesetzt worden, ist gestorben zu Ahlen an der Aller, hat gelebet in dieser Welt undt ihr Leben gebracht auf 60 Jahre, 3 Monate, 1 Woche, 1 Tag. cujus anima quiescat in pace (Möge ihre Seele in Frieden ruhen)."

Was hatte nur das Schicksal aus Eleonores geliebter Tochter gemacht? Sie wäre zu einem ganz anderen Leben prädestiniert gewesen. Sie war berühmt für ihre Schönheit. Ihre Eltern hatten alles

---

* Vgl. auch S. 99

408 daran gesetzt, sie mit einem hohen Rang und Titel auszustatten.
Sie galt als eine der reichsten Erbinnen Europas, war vielseitig begabt, gebildet, wohlerzogen, lebhaft und von heiterem Gemüt. Daß
sie verwöhnt, eitel, kokett und undiplomatisch war, hätte ihr in der
richtigen Umgebung auch nicht unbedingt geschadet, wäre sie nur
mit einem gut zu ihr passenden Mann verheiratet worden. Ihre Mutter hatte sie gut erzogen. Die Kritik von einigen Mißgünstigen war
unberechtigt. Im Unglück zeigte sich, daß Sophie Dorothea eine
würdige Tochter der sittsamen, frommen Eleonore war. Sie ertrug
ihr Schicksal in Demut und Gottvertrauen. Welch eine Haltung,
welche Würde spricht aus ihren letzten Briefen. Die edle Gesinnung und die geläuterte Persönlichkeit der Prinzessin sind darin
gut zu erkennen.

Die Nachricht vom Tod seiner geschiedenen Frau ließ Georg I.
gleichgültig. Aber ihn selbst beunruhigte der Gedanke an die Prophezeiung einer Wahrsagerin, die besagte, daß er Sophie Dorothea
nicht einmal um ein Jahr überleben würde. Er verließ London, um
in sein geliebtes Hannover zu reisen. Das würde ihn von den To-
desgedanken ablenken, und er würde in der Heimat seine Ruhe
wiederfinden. Von dieser Reise wird eine Episode berichtet, die
wahrscheinlich eine phantasievolle Erfindung ist. Sophie Dorothea
soll auf dem Totenbett ihrem ehemaligen Gemahl einen Brief geschrieben haben, in dem sie ihn der Grausamkeit gegen sie beschuldigte und über all das Leid klagte, das er ihr zugefügt hatte. Sie
lud ihn binnen eines Jahres vor Gottes Thron, damit der himmli-
sche Richter über Recht und Unrecht zwischen ihnen entscheiden
möge. Als dem König von einem reitenden Boten dieser Brief in
seine Kutsche geschleudert wurde, soll er nach der Lektüre an einem
Schlaganfall zusammengebrochen sein, von dem er sich nicht mehr
erholte. Tatsächlich starb er ein halbes Jahr nach seiner Frau am
11. Juni 1727 im Alter von 67 Jahren.

Als Sophie Dorotheas Sohn den englischen Thron erbte, soll eine
seiner ersten Handlungen gewesen sein, daß er ein schönes Gemälde
seiner Mutter in seinem Ankleidezimmer aufhängen ließ. Später
verbrannte er eigenhändig belastende und kompromittierende Papiere seiner Mutter. Doch seine Gegner, die Jacobiten, hatten sich

für die Geschichten über Sophie Dorothea interessiert und benutzten sie als „Waffe" gegen den hannoverschen Eindringling auf „ihrem" Stuart-Thron. Sie pflegten ihn spöttisch „den kleinen Königsmarck" zu nennen.

Am 26. Juli 1720 hatte Sophie Dorothea ein Testament aufgesetzt: „Ich habe mich entschlossen aus meinem eigenen und alleinigen Willen über meine Güter, die Gott mir gegeben hat, zu verfügen. Ich erkläre … als meine Erben meine sehr teuren und vielgeliebten Kinder, den Herrn Prinzen von Wales Georg August und die Königin von Preußen, Sophie Dorothea zu gleichen Teilen und hoffe, sie werden mit dem zufrieden sein, das ich ihnen hinterlasse, das viel beträchtlicher sein würde, wenn man mir Gerechtigkeit hätte widerfahren lassen und das Testament Seiner Durchlaucht, meines Vaters, in allen Punkten ausgeführt hätte …" Auch ihre Dienstleute werden ohne Nennung der Namen und Summen in diesem Testament bedacht. Es endet:

„Nachdem ich dies mit eigener Hand niedergeschrieben habe, habe ich selbst mein Siegel daruntergesetzt. Ausgefertigt zu Ahlden, 26. Juli 1720. *Sophie Dorothea Adam Amelung. Zeuge Christian Herbert. Zeuge.*"

Am 5. März 1727 teilte ein Bevollmächtigter namens Ludewig (auch Loudevig) dem preußischen König mit: „Wir haben ein Testament gefunden, wie Eure Majestät aus dem beigefügten Bericht ersehen wird … Wir haben unter den Briefschaften ein mit der hochsel. Königin Siegel verschlossenes Paket gefunden, worauf mit dero eigenen hohen handt geschrieben wahrt:

DISPOSITION ENTRE MES ENFANS (Verfügung für meine Kinder) unterschrieben mit den verschnörkelten Initialen *S. D.*

Ein Briefwechsel zwischen dem Soldatenkönig und dem preußischen Minister in Paris, Jean de Chambrier, befaßte sich mit der Erbschaft in Olbreuse. Er begann am 8. November 1727, und es dauerte bis zum 6. August 1729, bis diese Angelegenheit geregelt war. Der König wollte in allen Einzelheiten über die Einkünfte, die das Gut im Laufe eines Jahres einbrachte, informiert werden.

Interessant an dieser Korrespondenz ist auch, daß in mehreren Briefen Sophie Dorothea der Titel „Königin" gegeben wurde, manch-

410

„Friedrich Wilhelm I., König in Preußen".
Gemälde von Antoine Pesne, 1733

mal „Königin von England"
oder „Ihre Britische Majestät."
Während man ihr in Hanno-
ver jeglichen Titel verweigert
hatte, wurde ihr jetzt nach
dem Tod ein hoher Rang verliehen. Am preußischen Königshof wollte man wohl vermeiden, daß durchsickerte,
daß die Mutter der Königin
eine Gefangene ohne Rechte
und hohen Rang war. Schließlich war der Vater von Sophie
Dorothea junior König von
Großbritannien, also müßte
ihre Mutter die Königin sein.

Die standesbewußte Sophie Dorothea hatte auch nichts dagegen,
wenn man sie als englische Königstochter bezeichnete. Natürlich
hätte sie es lieber gesehen, wenn ihre Mutter aus der Gefangenschaft
freigekommen wäre. Das findet auch seine Bestätigung in einem
Satz aus einem Brief, den Königin Sophie Dorothea an ihren Bruder Georg II. am 29. Dezember 1728 schrieb:

„Du so wenig wie ich konntest von unserem Herrn Vater erlangen,
daß unsere Frau Mutter Ahlden verlassen durfte …" In einem französischen Text findet sich der Satz: „Der preußische Hof hatte nie
aufgehört, gegen die Unnachsichtigkeit Georg I. gegenüber seiner
Frau zu protestieren und gegen seine wiederholten Weigerungen,
ihr zu erlauben, Ahlden zu verlassen …"

Sophie Dorothea hatte ihre Freiheit nicht erlangt, sie war als Gefangene gestorben. Ihren Kindern hinterließ sie ein reiches Erbe.
Über Schloß d'Olbreuse und den Grundbesitz in Frankreich erhielt der preußische König von M. le Chambrier detaillierte Aus-
künfte:

„Das Schloß ist altertümlich gebaut und mit vielen sehr niedrigen
Gebäuden, zwei Höfen und einem großen Garten. Die Einkünfte
werden erbracht durch:

Drei Mühlen, Pachtgüter, Bauernhöfe, Ackerland, Wald, Weinberge,   411
Wiesen u. a. Die Jahreseinnahmen betragen insgesamt 2 210,–
Livres."

Eleonores Cousin, der die Güter die ganze Zeit verwaltet hatte,
wollte sie gern erwerben. Man wollte sie ihm für 40 000 Taler überlassen, es sollte aber eine „Schenkungsurkunde" aufgesetzt werden,
die nur vorgetäuscht war und Bedingungen enthielt.

Es liegt auch tatsächlich eine Schenkungsurkunde der preußischen
Königin zugunsten von M. de Gagemont vor, in der die Gutsherr-
schaft mit genauer Lagebeschreibung an M. de Gagemont mit allen Rechten zur Hälfte als Eigentum überlassen wird. Die andere
Hälfte hatte ihr Bruder König Georg II. geerbt.

Man brauchte viel Zeit, um sich zu einigen. Es gab noch eine kleine
Querele zwischen Friedrich Wilhelm I. und M. de Gagemont,
denn der König wollte ihn nicht als Cousin Eleonores und damit
als Familienmitglied anerkennen. Er fand diese Ansprüche „völlig
extravagant!" Doch M. de Gagemont bestand darauf. Er konnte
20 Briefe nachweisen, in denen ihn die Herzogin von Celle mit
„Mein lieber Cousin" anredete. M. de Chambrier dagegen unterstützte die Ansicht des Königs, indem er schrieb, daß „Ihre Britische
Majestät ihn nicht mit diesem Titel ehrte". Schließlich war man doch
einig geworden. M. de Gagemont konnte den Besitz für 40 000
Taler erwerben, die zu gleichen Teilen an die Erben gingen.

Es gibt eine Bescheinigung „Wegen Ihrer Majestät Olbreusische
Angelegenheit", in der der König am 6. Dezember 1729 die Summe
von 20 000 Talern bestätigt, die für die Königin von M. de Gagemont
für den Grundbesitz in Olbreuse eingezahlt worden waren.

Im Jahr 1737 saß Königin Sophie Dorothea dem berühmten Maler
Antoine Pesne Modell für ein großes Ölgemälde. Sie war zu dieser Zeit fünfzig Jahre alt – eine stattliche Erscheinung. Etwas füllig
war sie geworden. Vierzehn Geburten hatten ihre Spuren hinterlassen, ebenso die deftige Hausmannskost, die ihr sparsamer Gemahl dem Hof verordnet hatte.

Sophie Dorothea trägt auf dem Gemälde ein mit Hermelin besetztes hellbraunes Samtkleid. Ein silbriger Schal umrahmt ihr fri-
sches, volles Antlitz. Ihre großen blauen Augen blicken ernst und

412

„Sophie Dorothea, Königin in Preußen, im Alter von 50 Jahren". Ölgemälde von Antoine Pesne, 1737

würdevoll. Im Arm trägt sie ein mit rötlichen Blumen geschmücktes Bologneser Hündchen. Unmittelbar hinter ihr liegt auf einem Tisch die Königskrone als Zeichen ihrer Würde.

Ihr Sohn, der junge Kronprinz Friedrich, war von der lebensechten Darstellung seiner Mutter auf dem Bilde so begeistert, daß er spontan ein langes Lobesgedicht „An Antoine Pesne" verfaßte, in dem es unter anderem heißt:

Welch Wunder trifft mein Auge! ...
Des Urbilds Schönheit lebt in Deinen Bildern.
Um unsre hehre Königin zu schildern,
War kein Geringrer gut genug als Pesne.
Die Hoheit ihrer Stirn, ihr fürstlich Wesen,
Ihr sanfter Reiz, ihr Blick, der Zutraun weckt,
Dies all' ist in dem Meisterbild zu lesen ..."

Dieses Gedicht bekundet die Verehrung und Zuneigung, die der junge Prinz für seine Mutter empfand.

Ähnliche Lobpreisungen würden auch auf seine Urgroßmutter Eleonore zutreffen. Sie war eine Fürstin, die durch ihre Tugendhaftigkeit und Herzensgüte als ein herausragendes Vorbild in ihrer Zeit gelten kann. Doch Eleonores hohes Ansehen und ihr Nachruhm wurden von dem verhängnisvollen Schicksal ihrer Tochter überschattet.

Die Lebensgeschichte der letzten Herzogin von Celle zeigt, daß sich das liebenswerte „Frauenzimmerchen" an der Seite ihres Gemahls zu einer vortrefflichen Fürstin entwickelt hat.

I. Château d'Olbreuse — ganz privat

Auf den Spuren der jungen Eleonore d'Olbreuse fuhren mein Mann und ich in den Südwesten Frankreichs — dorthin wo noch heute das Schloß steht, in dem sie 1639 geboren wurde und ihre Kindheit und Jugend verbracht hatte. Im Jahr 1967 war das Schloß in ein Hotel umgewandelt worden. Im Prospekt wird das Château-Hôtel vorgestellt: Die traditionsreichen Räume sind stilvoll eingerichtet, über rauchgeschwärzten Kaminen hängt von Paneelen schimmerndes altes Kupfergeschirr. Zwölf Gästebetten werden angeboten, die Farbfotos zeigen romantische Himmelbetten. Eine einladende Speisekarte bietet Fische aus der Bucht von La Rochelle und andere Spezialitäten aus der Region an, wie ein „Nougat, glasiert mit Engelwurz aus Niort".

Das Schloß der Familie Desmier d'Olbreuse im Poitou

Das allein klingt schon verlockend, man möchte dort gern einige Tage verbringen. Für uns würde es aber mehr bedeuten. Es wäre ein besonderes Gefühl, in den Räumen zu sein, in denen Eleonore ihre Kindheit verbracht hat. Dann könnten wir uns mit ein wenig Phantasie in die Zeit vor über 300 Jahren zurückversetzen.

414 Als wir auf der Fahrt in Richtung Olbreuse an einem Département-Schild vorbeikommen, wundern wir uns, daß da nicht „Poitou" sondern „Les Deux Sèvres" steht. Sollten wir uns verfahren haben? Doch da passieren wir schon Mauzé, das uns als Nachbarort von Olbreuse bekannt ist. Dort wollte Eleonore Land kaufen, und sie hatte von Ludwig XIV. erwirkt, daß die dortige reformierte Gemeinde ihren Tempel länger als alle anderen behalten durfte.

Es geht weiter in Richtung Usseau – da zeigt ein Wegweiser inmitten von weiten, grünen Wiesen an: „Olbreuse" und „Château d'Olbreuse".

Das 300-Seelen-Dorf ist wie das Schloß etwa 500 Jahre alt. Einige der kleinen geduckten Häuser aus hellem Stein sind von freundlichen Blumengärtchen umgeben.

Wir erreichen eine sehr hohe dunkle Natursteinmauer mit einer Toreinfahrt. Zur Linken, in einem verglasten Schaukasten, der wahrscheinlich für die Speisekarte vorgesehen war, ein Hinweisschild: „Hôtel et Restaurant sont fermés définitivement." Endgültig geschlossen! Welche Enttäuschung! Hatten wir die weite Reise umsonst unternommen? Rechts neben dem Tor doch noch eine Erinnerung an das ehemalige Schloßfräulein. Hoch an der Mauer verkündet eine Marmortafel:

„Chateau d'Olbreuse
Ici naquit Eleonore Desmier D'Olbreuse (1639–1722)
Duchesse de Brunswick Lunebourg Celle
Par sa royale descendance elle merite le surnom de
‚Grandmère de 1'Europe' 1989–350. anniversaire."
(Hier wurde Eleonore Desmier d'Olbreuse geboren (1639–1722)
Herzogin von Braunschweig Lüneburg Celle.
Durch ihre königlichen Nachkommen verdient sie den Beinamen
„Großmutter Europas" 1989– 350. Geburtstag)

Wir sind an unserem Reiseziel, und nun sollen wir nicht hinein dürfen? Im Prospekt der Kreisstadt Surgères ist das Schloßhotel noch mit zwei Sternen verzeichnet. Wir schauen durch das Tor. Ein heller Kiesweg, gesäumt von Rasenflächen und hohen Bäumen, führt zum Schloß. Einige Autos stehen im Hof, und so wagen wir es auch hineinzufahren, um diesen historischen Ort zu erkunden. Kein

Mensch ist zu sehen, denn es regnet in Strömen. Endlich begegnen wir einer jungen Frau mit einem kleinen Kind auf dem Arm,
beide unter einem großen Regenschirm. Doch sie verweist uns nur
darauf, daß jetzt hier alles ganz privat sei. „Strictement priveé!" Wir
hatten hier eigentlich nichts zu suchen.

Ein wenig rührt sie doch unsere Geschichte, daß wir von Deutschland extra angereist sind, um Nachforschungen über Eleonore für
mein Buch zu betreiben. „Da gibt es in der Nähe noch ein hoch-
betagtes Ehepaar, das Ihnen vielleicht etwas von den vergangenen
Zeiten erzählen könnte. Doch sie sind sehr alt und sehr krank, aber
ich kann ja mal nachfragen", macht sie uns ein wenig Hoffnung.
Und schon eilt sie davon – zu Onkel und Tante, wie sich später
herausstellen sollte.

Nach einer Weile kommt sie mit einer Broschüre zurück – das wäre
alles, was sie für uns tun könnte. Die beiden sind wirklich nicht in
der Lage, ein Gespräch mit uns zu führen. Wie sie schon vorher gesagt hatte: „Trop vieux – trop malade." Zu schade, das war dann
wohl schon das Ende aller Recherchen. Wenigstens erlaubt mir die
freundliche junge Frau zu fotografieren. Ob die Fotos, aufgenommen im Regen unter dem Schirm hervor, gut werden, ist mehr als
zweifelhaft. Aber ich probiere es trotzdem, denn es ist wahrscheinlich die letzte Gelegenheit für mich.

Da taucht auf einmal eine zierliche ältere Dame vor dem Schloß
auf, wohlverpackt in Regenkleidung und mit großen Galoschen.
Meinen höflichen Gruß erwidernd, bejaht sie zu unserer großen
Freude die vorsichtige Frage, ob sie vielleicht die Schloßherrin sei
und bittet uns ins Schloß. Ein direkter Zugang vom Hof führt in
ein mittelgroßes, mit einer bordeaux-roten Tapete ausgestattetes
Zimmer voller Gemälde, Fotos und anderer Andenken. Ein Bild
von Eleonore ist nicht dabei und wurde uns auch später nicht in den
anderen Räumen gezeigt. Wir stellen uns der Dame vor, die Madame Maingueneau heißt. Sie und ihre Schwester sind die letzten,
die bis zu ihrer Heirat noch den Namen Desmier d'Olbreuse trugen. Sie bittet uns, Platz zu nehmen, und entschuldigt sich, daß sie
uns nicht besser empfangen könne, denn sie und ihr Mann seien
mitten im Umzug aus dem Hauptgebäude des Schlosses in die De-

416 pendance gleich neben dem Tor. Dort würde das Leben leichter für sie werden. Das Schloß würden dann ihre Nichten und Neffen bewohnen und unterhalten.

Nun geht es ans Erzählen, Fotos werden hervorgeholt, Gemälde erklärt und verwandtschaftliche Zusammenhänge erläutert. Dabei fallen so viele Namen, daß ich wohl eine kleine verzweifelte Geste machte, die Madame sofort bemerkt. Ich habe nur Schirm und Fotoapparat bei mir, aber nichts zum Mitschreiben. Ich bekomme von ihr Stift und Papier mit dem Briefkopf „Château d'Olbreuse", der Anschrift und links oben einer Zeichnung eines Weges zwischen hohen Mauern mit einem Teil vom Schloß im Hintergrund.

Stolz erzählt Madame Maingueneau von ihrem Besuch in Deutschland. Sie war 1964 zum 50. Geburtstag des Prinzen Ernst August von Braunschweig eingeladen und von diesem bestens aufgenommen worden. Sie zeigt uns Fotos von dem Ereignis und sogar eine Ehrenurkunde, die für sie ausgestellt worden war. Bei dieser Gelegenheit besuchte sie dann auch die Stätten ihrer Vorfahren: Hannover, Ahlden, Lüneburg und Celle, wo man ihr zu Ehren im Rathaus einen Empfang gab.

1989 feierte man im Schloß und im Dorf den 350. Geburtstag von Eleonore d'Olbreuse. Aus diesem Anlaß wurde die Gedenktafel aus Marmor am Eingang angebracht und eine Erinnerungsmünze geprägt. Sie ist goldfarben und hat einen Durchmesser von 8 cm, ist also relativ groß für eine Münze. Auf der einen Seite sieht man ein schönes Portrait des „Geburtstagskindes" im Relief. Es scheint dem großen, im 12. Kapitel beschriebenen Ölgemälde nachgebildet zu sein, denn auch hier trägt Eleonore ihr schönes langes Haar vorn auf beiden Schultern. Man erkennt die tropfenförmigen Ohrringe, die Perlenkette und auch die Brosche am Ausschnitt desselben Kleides wieder. Über dem Ärmel ist das Wappen der Familie d'Olbreuse zu sehen: vier Felder mit je einer stilisierten Lilie. Am Rand der Münze steht: Eleonore Desmier d'Olbreuse Duchesse de Brunswick Lunebourg Celle.

Auf der Rückseite werden verschiedene Wappentiere im Kreis dargestellt, weiter innen steht „La Grandmère de L'Europe". Im oberen Teil eines Kreises ist das Schloß von Celle, im unteren das Schloß

Gedenkmünze zum 350. Geburtstag von Herzogin Eleonore von Celle

Olbreuse abgebildet. Vom Mittelpunkt aus sendet ein Stern seine Strahlen über die gesamte Münze, die wohl symbolisieren sollen, was von Olbreuse und Celle über ganz Europa ausstrahlte.

Wie hatte sich der Tag zum Guten gewendet. Auch die Sonne schien wieder. Als wir uns verabschieden, haben wir viel dazugelernt. Wir haben eine Einladung erhalten, in einer Woche zum Aperitif zu kommen, mit dem Versprechen, uns noch viele weitere Informationen zu geben und Dokumente zu zeigen. Dann sollen wir auch Monsieur Maingueneau kennenlernen. Die liebenswürdige Schloßherrin steht am Tor und winkt uns zu. Auf dem Kopf trägt sie einen Kranz aus Zöpfen. Sie nennt ihn „ma couronne", und sie trägt diese „Krone", die so gut zu ihr paßt, schon seit 40 Jahren.

Vor unserem zweiten Besuch in Olbreuse wollen wir uns noch Vandré südlich von Surgères ansehen. Von dort stammte Eleonores Mutter Jacqueline Poussard de Vandré. Jetzt lebt niemand mehr von dieser Familie dort. Es ist ein ländlicher Ort. Zum Château führt die „Rue Eleonore d'Olbreuse". Der große alte Gebäudekomplex liegt am „Place Poussard d'Olbreuse".

Wir wagen uns durch das Tor, hinter dem eine Gänseherde aggressiv schnattert. An der Tür ein Namensschild: „Bernard Metayer". Die Dame, die auf unser Läuten öffnet, ist nicht verwandt mit der Familie Poussard. Das Haus, in dem sie wohnen, haben sie selbst gebaut. Vom alten Besitz existiert nur noch der Eingangsbereich mit dem Torbogen. Alles übrige war während der französischen Revolution zerstört worden. Im Ortsprospekt von Vandré findet sich

418 ein stolzer Hinweis in französischer und deutscher Sprache: „Altes Baronland von Saintonge, Wiege europäischer Herrscher (Heimat von Jacqueline Poussard, Mutter von Eleonore d'Olbreuse, die den Herzog Wilhelm Zell (!) von Brunswick-Luneburg heiratete)." Auch im französischen Text ist der Name genauso falsch geschrieben. Hier im ehemaligen Herzogtum Poitou sind noch überall Spuren der Hugenottengeschichte zu finden. In Surgères, wo wir noch rasch einen Blumenstrauß für Madame kaufen, heißt sogar unser Parkplatz „P. Huguenots".

In der Dependance des Schlosses Olbreuse wurden wir freundlich empfangen. Diese Einladung zum Aperitif war ganz besonders hoch einzuschätzen, denn das Paar war gerade umgezogen und noch nicht ganz fertig mit dem Einrichten. Monsieur Mainguenau begrüßte uns vor seinem Schreibtisch und einem großen Schrank voller interessanter alter Bücher und Dokumente. Über unseren Köpfen rumorten die Handwerker, doch beide nahmen sich viel Zeit für uns, die wir erst vor kurzem als Fremde voller Wißbegier in ihren Privatbereich eingedrungen waren.

Wir erfuhren viel Wissenswertes. Das Schloß befindet sich seit 500 Jahren im Familienbesitz. Seitdem es M. de Gagemont 1729 überschrieben worden war, ist es im Besitz des katholischen Zweigs der Familie. Zu der Zeit war das Schloß ein rechteckiger Bau mit je einem Turm an beiden Seiten. Im 18. Jahrhundert baute man den Seitenflügel an. Ende des 19. Jahrhunderts kam das Schloß in den Besitz der Familie Desmier d'Olbreuse. Die ehemals niedrigen Gebäude wurden aufgestockt. Einer der Türme, der zu zerfallen drohte, wurde abgerissen. Mit den Jahren geriet das Schloß in einen immer schlechteren Zustand. Es kostete viel Geld, dieses historische Gebäude zu erhalten.

In einem Brief vom 23. Mai 1941 berichtete der hannoversche Archivar Dr. Georg Schnath nach seinem Besuch des Schlosses „bei Gelegenheit einer Dienstfahrt in jene weltentlegene Gegend" über „die beiden alten Eigentümerinnen des völlig heruntergekommenen Gutes, Mme d'Olbreuse und Mme Journot d'Olbreuse, die übrigens aus einer nur sehr entfernten Seitenlinie des Geschlechts Desmier d'Olbreuse stammen und die das Gut erst seit 2 Generatio-

nen besitzt". Bis 1950 wohnte dann nur noch eine der beiden
Schwestern, Noëmi Desmier d'Olbreuse, dort. Sie vererbte den
Besitz ihren beiden Nichten. 1967 ließen Christiane und ihr Ehe-
mann Felix Maingueneau das verfallene Schloß restaurieren und
unter Denkmalschutz stellen. Von der Behörde erhielten sie Rat und
Hilfe beim Wiederaufbau. Es war nötig, die hohen Kosten durch
Einnahmen abzudecken. So wurde das Schloß als Hotel einge-
richtet, in dem auch die Besitzer wohnten.

Wir hatten diesen Zeitabschnitt versäumt, das Hotel wurde 1993
geschlossen. Jetzt wohnen die jungen Verwandten mit ihren vier
Kindern im Schloß.

Madame erinnerte sich an ein altes Hugenottenlied und begann, es
uns vorzusingen: „La mère agasse" ist eine Elster, die ihr Nest keck
in den Dachstuhl einer Kirche baut. Ihr Junges stört den katholischen Priester mitten im „Dominus", indem es von oben „Vobis-
cum" kräht. Es war ein langes Lied mit vielen Strophen, und um
die unermüdliche Sängerin nicht zu stören, wagte ich nicht, mein
kleines Aufnahmegerät einzuschalten. Doch die über 80jährige war
völlig unkompliziert und erlaubte es. Ohne Scheu vor der Technik
sang sie weiter. „Du mußt nun noch einmal ganz von vorne beginnen und viel lauter singen", meinte Monsieur. Aber wir wollten
nicht übertreiben und sie überfordern. Denn ihre Nichte hatte von
Krankheit und Altersbeschwerden berichtet. Doch die beiden waren lebhaft, heiter und interessiert und voller Wissen. Monsieur
hatte sich gerade einen Computer angeschafft, um seine Erlebnisse
in der deutschen Kriegsgefangenschaft aufzuschreiben. Seine Frau
hatte damals vergebens versucht, ihn mit Hilfe ihrer deutschen fürstlichen Verwandtschaft zu befreien.

Auf meine Frage, ob sie Sophie Dorothea des Ehebruchs für
schuldig hielten, kamen gleichzeitig zwei gegensätzliche Antworten. Von Madame ein überzeugtes „Nein", es wäre nur eine platonische Liebe gewesen. Sophie Dorothea wäre viel zu klug gewesen, um ihre Position und die ihrer Kinder aufs Spiel zu setzen.
Monsieur war da gegenteiliger Meinung, und er untermauerte
sein „Ja" für die Schuld der Prinzessin dadurch, indem er uns aus
einem Buch einer ihrer Briefe an den Grafen Königsmarck mit

420

Christiane Desmier d'Olbreuse, die spätere Madame Maingueneau

feurigen Liebesschwüren vorlas und bemerkte: „Dieses Buch, aus dem ich hier zitiere, ist sehr kostbar und sehr selten, es existieren nur noch sechs Exemplare davon. In Frankreich eins bei uns, das andere im ‚Musée de Protestantisme' in La Rochelle." (Ich habe es dann auch in Deutschland bekommen.) Das Museum hatte ich gerade einige Tage vorher besucht. Die Ausstellungsstücke sind in vergitterten Vitrinen verwahrt. Man ist stolz darauf, einmalige Originale zu besitzen und hütet sie gut gesichert im kleinen Ausstellungsraum im obe-

ren Teil des alten reformierten Gotteshauses.

Bei beiden Besuchen im Château d'Olbreuse war mir gestattet worden zu fotografieren, soviel ich wollte, auch in allen privaten Bereichen. Als ich Madame fragte, ob ich eventuell ein Foto von ihr veröffentlichen dürfte, wehrte sie temperamentvoll ab: „Oh nein, ich bin doch jetzt viel zu alt, so möchte ich nicht in Ihrem Buch erscheinen!" Eifrig suchte sie ein schönes Jugendbild heraus. Das sollte ich nehmen, und sie schrieb mir auch gleich eine Widmung auf die Rückseite. Bei diesem Anlaß bemerkten wir, daß auch sie wie Eleonore im hohen Alter fast erblindet war. Reich versehen mit Informationen, Fotos, alten Postkarten und den Namen und Anschriften von Personen, die mir weitere Informationen geben könnten, verabschiedeten wir uns von unseren hilfreichen, großzügigen Gastgebern. Vier Stunden waren wie im Fluge vergangen, doch wir hatten den Eindruck, daß auch Madame und Monsieur Maingueneau Freude daran hatten, die alten Zeiten im Gespräch mit uns wieder aufleben zu lassen.

„Das schönste Denkmal, das ein Mensch bekommen kann, steht in den Herzen
seiner Mitmenschen."
Albert Schweitzer

11. Das Spezielle an Celle

Die Stadt Celle liegt an der Aller im heutigen Niedersachsen.
327 Jahre war sie die Residenzstadt der Welfenherzöge aus dem
Hause Braunschweig-Lüneburg. Auf einer Anhöhe gelegen, kündet
das prachtvolle Schloß von diesen vergangenen Zeiten. In seiner
jetzigen Gestalt geht es auf Georg Wilhelm zurück, den letzten Herzog von Celle, der hier von 1665–1705 mit seiner Gemahlin Eleonore residierte. Nach seinem Tod lebte Eleonore auf ihrem Witwensitz in Lüneburg und verbrachte dann ihre letzten Lebensjahre von
1717–1722 wieder in Celle. So hat sie insgesamt 45 Jahre in der Stadt
gelebt und viel Gutes bewirkt. Doch ein Denkmal für sie wird man
vergeblich suchen!
Wie lebt Eleonore, Herzogin von Celle, heute in der Erinnerung
der Menschen ihrer Stadt? Welche Spuren hat sie hinterlassen?
Ein Stadtrundgang beginnt immer im bedeutendsten Gebäude von
Celle, dem herzoglichen Schloß. Bei jeder Führung wird dort die
Lebensgeschichte Eleonores erzählt. Man wird durch die prächtigen Räume geführt, in ihr Empfangs- und Arbeitszimmer und in
ihr Schlafgemach. Doch original aus ihrer Zeit sind nur noch die
kunstvollen Stuckdecken und Kamine. Die Möbel, die die junge
Eleonore mit viel Geschmack ausgesucht hatte, existieren nicht
mehr. Sie wurden durch andere aus der gleichen Epoche ersetzt.
Das Schloßtheater, das 1675 zur Unterhaltung und Belustigung des
Fürstenpaares und des Hofes errichtet wurde, ist das älteste noch
bespielte Theater Deutschlands.
Die Familienportraits der herzoglichen Familie kann man gleich gegenüber des Schlosses im Bomann-Museum besichtigen. Es gibt

422 dort unter anderem ein Gemälde der achtzehnjährigen Eleonore, das ein wechselvolles, bis heute noch nicht ganz geklärtes Schicksal erlebte. Eleonore ist darauf von einem unbekannten Meister des 17. Jahrhunderts als Hofdame der Prinzessin von Tarent gemalt worden. Das Bild hing bis zum Zweiten Weltkrieg im Schloß d'Olbreuse in Frankreich. Eine Kopie* neueren Datums befindet sich im Musée d'Agesci in Niort. Weder dort noch bei anderen französischen Stellen weiß man etwas über den weiteren Verbleib des Originalgemäldes.

Doch darüber gibt ein Schriftwechsel Auskunft, der von 1938 bis 1941 zwischen der Stadt Celle und Madame Noëmi Desmier d'Olbreuse über den Verkauf des Bildes geführt wurde. Man liest in den vielen Briefen, die da hin und her gingen, von Preisverhandlungen und Gutachten, die von Sachverständigen aus dem Louvre in Paris und dem Kaiser-Wilhelm-Museum in Berlin erstellt wurden.

Am 17. August 1938 schrieb der Celler Oberbürgermeister Meyer über seine Kaufabsichten an Madame Desmier d'Olbreuse: „Zur Ehrung der letzten Herzogin von Celle beabsichtigen wir, in einem besonders hervorragenden Teile unserer Stadt einer Straße den Namen Eleonore Straße zu geben, weil die Herzogin Eleonore eine der ausgezeichnetsten Fürstinnen dieser Zeit in Deutschland war, mit einem seltenen Seelenadel.

Durch die Vermittlung des deutschen Consulats in Bordeaux habe ich … eine Postkarte des ausgezeichneten Portraits der Eleonore D'Olbreuse im Alter von 18 Jahren … (erhalten). Ich bin schon allein von der Wiedergabe des Bildes sehr begeistert, die die wunderbare Schönheit der jugendlichen Eleonore und den Liebreiz erkennen läßt, den das Portrait in Wirklichkeit ausstrahlen muß.

Ich erlaube mir deshalb die Frage … ob wir dieses in ihrem Besitz befindliche Bildnis der Herzogin für unsere Sammlung von Gemälden der Herzogin und des Herzogs Georg Wilhelm erwerben können, die sich in unserem Herzogsschloß zu Celle befindet …"

Von Madame d'Olbreuse kam am 26. August 1938 die Antwort: „Ich bin sehr erfreut über die Ehrung, welche die Stadt Celle meiner Anverwandten, der Herzogin Eleonore d'Olbreuse, erweisen will. Um auf die Anfrage betr. des Porträts zu sprechen zu kommen,

---

* siehe Rückseite des Buchumschlags

Originalgemälde von Eleonore aus dem
Schloß d'Olbreuse, entstanden um 1662

Das 1963 restaurierte Gemälde

welches in der Tat ein wunderschönes ist, was die Malerei und die Person an sich betrifft, so werde ich eine Antwort hierauf erst geben, nachdem ich mit einem Mitglied meiner Familie darüber gesprochen habe …"

Nach drei Jahren hatte man sich auf einen Verkaufspreis von 50 000,– (ancien) Francs geeinigt, das waren damals 2 500,– Reichsmark. Ein Brief vom 12. Dezember 1941 bestätigt:

„Endlich ist das Jugendbild der Eleonore d'Olbreuse in unsere Hände gelangt. alle sind begeistert über das schöne Porträt …" Doch die Celler konnten sich nur wenige Jahre daran erfreuen; 1948 meldete die französische Besatzungsmacht Restitutionsansprüche an. Das Gemälde wurde beschlagnahmt. Die Stadtväter intervenierten bei den alliierten Behörden mit der Begründung „… daß der Ankauf seinerzeit ordnungsmässig direkt vom privaten Vorbesitzer und in den höflichsten Formen vorgenommen wurde …" (30. 4. 1948). Die Rückgabe des Bildes an das Museum erfolgte im Jahr 1954. 1963 wurde das Bild restauriert. Das Farbfoto des Bildes aus dem Bomann-Museum von 1999 zeigt, wie sehr es sich gegenüber dem Original verändert hat.

Auf dem Celler Bild ist Eleonores Haar rötlichblond, während es auf dem Original, wie auf allen bekannten Eleonorenbildern, tiefdunkelbraun ist. Auf dem Originalbild liegt nur ein wenig Haar

424 auf den Schultern, während bei der „anderen Version" lange Locken auf das Dekolleté fallen.

Inzwischen tauchte ein Foto auf, das mit den Abbildungen des Originals gut übereinstimmt. Das Gemälde, dessen Alter durch die Risse in der Ölfarbe zu erkennen ist, wurde nach Aussage des Bildarchivs Foto Marburg, 1940/44 im Château Oiron fotografiert. Dieses Schloß liegt im ehemaligen Poitou nahe Thouars, wo Eleonore zuerst bei der Mutter der Prinzessin von Tarent als Hofdame war. Es würde alles so gut zusammenpassen, aber im Château Oiron gibt es dieses Bild auch nicht mehr. Wo ist nur das Original?

Die angekündigte „Eleonore Straße" sucht man vergebens im aktuellen Straßenverzeichnis von Celle. Auch eine „Herzogin Eleonore Straße" gibt es nicht. Jedoch nach „Georg Wilhelm", „Sophie Dorothee" und „Caroline-Mathilde" wurden Straßen benannt. Ein „Herzog-Ernst-Ring" und eine „Welfenallee" erinnern ebenfalls an die herzogliche Familie. Nur Eleonore wurde vergessen, obwohl Oberbürgermeister Meyer eine Straße nach ihr benennen wollte. Nach Auskunft des Stadtarchivs Celle konnte dort nicht festgestellt werden, „… daß in den 3oer bzw. 4oer Jahren in Celle eine Straße nach Eleonore d'Olbreuse benannt wurde." Es wird vermutet, daß diese Straße in einem Neubauprojekt vorgesehen war, das erst nach dem Zweiten Weltkrieg ausgeführt wurde. Offenbar ohne „Eleonore Straße". Doch die Stadt Celle könnte ihrer letzten Herzogin diese Ehrung noch immer erweisen.

Vom Schloß führt die „Stechbahn" in die spätmittelalterliche Altstadt von Celle. Etwa 500 Fachwerkhäuser sind als Zeugen der Geschichte durch alle Kriege erhalten geblieben. Selbst der Dreißigjährige Krieg ging spurlos an diesem Kleinod vorüber. Man kann sich gut vorstellen, daß sich die heilkundige und wohltätige Eleonore ihre gesundheitsfördernden Tränklein und Elixiere in der damals schon mehr als hundert Jahre alten Löwenapotheke aus dem Jahr 1530 zubereiten ließ. Im Pflaster vor dem Hause konnte sie, wie wir auch heute noch, ein Hufeisen mit der Jahreszahl 1471 bemerken. Früher war hier ein Turnierplatz. Bei einem Wettkampf soll Herzog „Otto der Großmütige" durch einen Fehltritt seines Pferdes verunglückt sein. Dabei hatte sich das Hufeisen fest und unverrückbar in das Pflaster eingedrückt. Paradoxerweise gilt dieser letzte Zeuge eines Unfalls heute als Glücksbringer für Einheimische und Touristen. „Einmal berühren – sich etwas wünschen – nicht darüber reden!" verkündet die Fremdenführerin, und kaum jemand vermag – offen oder verstohlen – daran vorüber gehen, ohne es zu berühren. Doch auch zu Eleonores Zeit trieb der Aberglaube seltsame Blüten. So glaubte man an die Heilkraft von zu Staub zermahlenen Mumien, die so teuer waren, daß nur reiche Fürsten sie sich leisten konnten. Eleonore und ihre Schwägerin Sophie sollen sich diese „Wundermedizin" gemeinsam angeschafft haben, denn man glaubte, sie heile alle Gebrechen.

In der Celler Altstadt kann man auch lernen, warum es heißt, daß jemand „einen Schnitzer macht", wenn er einen Fehler begeht. Das beweist eine Inschrift an einem Fachwerkhaus in der Kalandgasse gegenüber der alten Lateinschule. Der Handwerker, der die Schrift in den alten Balken schnitzte, arbeitete entweder flüchtig oder war ein Analphabet, der seinen Text mechanisch übertrug. So unterlief ihm folgender vergoldeter „Schnitzer":

„Von Gottes Gnaden hier frier ich (Friedrich) Herzog zu Bravnswick." Solche sprachlichen Eigentümlichkeiten hätte die Herzogin nicht verstanden. Als gebürtige Französin hatte sie nie richtig Deutsch gelernt, da an den deutschen Fürstenhöfen ohnehin französisch gesprochen wurde.

Auf dem Querbalken eines Hauses aus dem Jahr 1534 ist ein „Dukatenmännchen" dargestellt, das glänzende Goldstücke produziert, so wie ein Huhn Eier legt. Wie gern hätte sich Eleonore die Kunstfertigkeit eines solchen Wundermännchens zunutze gemacht, um ihrer Tochter zu helfen. Wie sehr hatte sie sich im Jahr 1694 bemüht, Gelder aufzutreiben, damit Sophie Dorothea frei von ihrem ungeliebten Ehemann ein eigenes Leben ohne finanzielle Sorgen hätte verbringen können. Doch solche hübschen Wunder gab es auch nicht in der „guten, alten Zeit".

Die typischen Celler Fachwerkhäuser stehen fast alle mit dem Giebel, also mit der schmalen Seite, zur Straße. Darum fällt ein breites, palazzo-artiges Haus am „Großen Plan" besonders ins Auge. Auch dieses Gebäude hat eine besondere Geschichte, denn es wurde von

426 dem ehemaligen Betteljungen erbaut, den Herzog Georg Wilhelm aus Venedig nach Celle mitgenommen hatte. Mit Fleiß und Geschicklichkeit hatte er eine erstaunliche Karriere gemacht und hohe Staatsämter erhalten. Der Herzog soll das Bettelgewand aus Italien aufgehoben haben, um es Stechinelli, dem späteren Graf Wickenburg, ab und zu zu zeigen, damit er nicht gar zu hochmütig würde. Es wird berichtet, daß es im „Stechinelli-Haus" ein Gemälde gab, das die Bettelszene darstellte und damit den Anfang der Beziehung zwischen dem Herzoghaus und dem tüchtigen Emporkömmling. Der verstand es bestens, sich durch das Arrangieren von glanzvollen Hoffesten beliebt zu machen.

Auch ein anderer Italiener besaß ein prunkvolles Gebäude in der Westercellertorstraße. Lucas de Bucco, der „natürliche" Sohn des Herzogs aus einer venezianischen Romanze, wurde Oberstallmeister bei Hofe und erhielt 1700 ein Grundstück vom Herzog als Schenkung. Lucas besaß eine kostbare Bibliothek und eine wertvolle Gemäldesammlung mit Bildern von Rembrand, van Dyk, Holbein, Cranach, Veronese und Tintoretto. Ein Zeichen, wie gut und in welchem Wohlstand dieser außereheliche Sohn des Herzogs lebte. In seiner Ehe mit Eleonore wurde Herzog Georg Wilhelm kein Sohn geboren, nur eine Tochter blieb am Leben, während drei kleine Mädchen tot zur Welt kamen.

Eleonore hatte sich sehr für ihre Landsleute und verfolgten Glaubensgenossen aus Frankreich eingesetzt. Unter ihrem Einfluß erließ Georg Wilhelm schon 1684 ein Edikt, das den Refugiés Hilfe und Privilegien gewährte. Es kamen etwa 300 Hugenotten nach Celle, davon 69 aus dem Poitou, der Heimat Eleonores. Ihre Verwandten und Bekannten erhielten oft gute Stellungen im Hofdienst. Die Häuser und Grundstücke, die den Flüchtlingen zugeteilt wurden, lagen meist in der Westerceller Vorstadt. Bald hatte sich eine Französischreformierte Gemeinde gebildet. Der klassizistische weiße Kirchenbau von 1700 wird auch heute noch als Gotteshaus von der Evangelisch-reformierten Gemeinde genutzt, die im Jahre 2000 nach einer eingehenden Restaurierung des 300jährigen Bestehen ihrer Kirche feiert. Sie ist die älteste noch erhaltene hugenottische Kirche (temple) in Nordwestdeutschland. Die achteckige Kanzel und

Die Evangelisch-reformierte Kirche in Celle — ein typischer Hugenottentempel.
Eingeweiht als Französisch-reformierte Kirche am 19.12.1700

der Fürstenstuhl der Herzogin Eleonore von Celle sind noch im Orginal vorhanden.

Als Herzog Georg Wilhelm im Jahr 1705 verstarb, löste sich der Hof in Celle auf. Viele Höflinge, darunter auch eine größere Anzahl von Hugenotten, wechselten in den Fürstendienst nach Hannover. Die Französisch-reformierte Gemeinde schmolz immer mehr zusammen und wurde 1805 mit der Deutsch-reformierten Gemeinde zusammengelegt. Der letzte Prediger der Hugenottengemeinde, Jacques Emanuel Roques de Maumont (1727–1805), konnte der Stadt Celle in gewissem Sinne die Wohltaten vergelten, die die französischen Flüchtlinge einst von ihr empfangen hatten: Im Siebenjährigen Krieg war die Stadt in eine gefährliche Lage geraten. Sie wurde von feindlichen französischen Truppen bedrängt. Dem Prediger gelang es mit viel Mut und Durchsetzungsvermögen, in das Hauptquartier des Oberkommandierenden, des Marschalls Herzog von Richelieu*, vorzudringen. Durch seine eindringlichen Bitten und Fürsprachen erreichte der Geistliche, daß die Stadt von Plünderungen und Brandschatzungen verschont blieb. Dabei half ihm auch, daß Richelieu von Celle und seinen liebenswürdigen Einwohnern sehr angetan war, die seiner Meinung nach von der französisch-beeinflußten Hofhaltung des Celler Herzogspaares geprägt war. So lange wirkte noch Eleonores guter Einfluß zugunsten ihrer

* ein Großneffe des berühmten Kardinals Richelieu

428 Stadt nach. Das dramatische Geschehen dieser Zeit wurde für ein Theaterstück bearbeitet: „Die Belagerung von Celle" von J. Krüger, das am 20. 11. 1835 erstmals im damals „Königlichen Schloßtheater" aufgeführt wurde. Es gibt auch eine fast vergessene Oper mit dem Titel „Eleonore" über die letzte Herzogin von Celle.

Die evangelische Stadtkirche ist die Gedenk- und Ruhestätte der Celler Herzöge und ihrer Gemahlinnen. Im Halbrund um den Altar sind den in der Gruft Ruhenden von Ernst dem Bekenner bis Herzog Georg Wilhelm neun Denkmäler gesetzt. Doch auch hier suchen wir vergebens nach einem Monument oder wenigstens nach einem Hinweis darauf, daß die letzte Herzogin von Celle in der Gruft beigesetzt worden ist. Dagegen findet man in dem „Petershalle" genannten Vorraum der Kirche einen Epitaph für Eleonores Halbbruder Henri Desmier, Seigneur de Beignon. Er war 1666 zu seiner Schwester nach Celle gekommen und hatte dort das Amt des Oberstallmeisters bekommen. Er starb sehr jung an Malaria und wurde 1675 in der Stadtkirche beigesetzt. Eleonore hatte eine Gedenkplatte auf seinem mitten in der Kirche gelegenen Grab anbringen lassen. Ihr Bruder ist darauf stattlich in Ritterrüstung mit gegürtetem Schwert und einer üppigen Allonge-Perücke zu sehen. Später wurde die Platte in der Vorhalle aufgestellt. So hat wenigstens ein Familienangehöriger von Eleonore sein Denkmal in Celle.

Als wir die Stadtkirche besichtigten, waren Restaurierungsarbeiten im Gange. In die Fürstengruft durften wir nicht hinabsteigen, weil die Treppe zu unsicher war. Darum soll jetzt ein Autor die Gruft beschreiben, der vor mehr als 100 Jahren noch alles in Augenschein nehmen durfte:

„Unter den prunkenden Monumenten der Celler Fürstengruft stehen zwei schmucklose Särge aus Zinn. Kein Denkmal in dem bildwerkreichen Kirchenchore, der sich darüber wölbt, nimmt auf diese Särge Bezug, keine Inschrift kündet die Namen derer, die unter der schlichten Hülle ruhn. Nur mündliche Ueberlieferung bezeugt der Nachwelt, daß hier die letzte Herzogin von Celle und ihre Tochter, die Gemahlin des Königs von England und Kurfürsten von Hannover, Mutter einer preußischen Königin, inmitten fürstlicher Pracht so unfürstlich beigesetzt sind.

Dieser Gegensatz ist kein Werk des Zufalls. Indem der Erbe des   429
cellischen Hauses, Georg I. von England, seiner Schwiegermutter
und seiner Gemahlin die standesgemäße Ausstattung ihrer Ruhe-
stätten versagte, wollte er sie als unebenbürtige Eindringlinge kenn-
zeichnen, die dem stolzen Geschlechte, dessen Name und dessen
Gruft ihnen zu theil ward, darum doch nicht gleich zu achten
seien. In Wahrheit hat er damit nur sich selbst ein seinen Haß und
seinen Hochmuth anklagendes Denkmal gesetzt. Denn jener ge-
flissentliche Gegensatz erreicht das gerade Gegenteil der beabsich-
tigten Wirkung. Unwillkürlich drängt sich das Interesse von dem
Pompe des erlauchten Geschlechts hinweg, und haftet an den kunst-
und namenlosen Särgen der geächteten Frauen; man fragt nach
Schuld und Unschuld und verlangt authentische Aufklärung aller
Höhen und aller Tiefen ihres tragischen Geschicks." (Aus: „Die
letzte Herzogin von Celle". Von Dr. Adolf Köcher, 1889)
Aber selbst tief unten in der Gruft wurde der Fürstin nicht die
letzte Ehre erwiesen. Inzwischen ist auf Eleonores Sarg ein kleines
Schild mit dem Namen und den Geburts- und Sterbedaten angebracht worden. Auf den Fotos, die mir Pastor Andreas Flick von
der Evangelisch-reformierten Gemeinde freundlicherweise zur Verfügung stellte, ist zu erkennen, daß Eleonore der Titel Herzogin
von Celle, den sie jahrzehntelang in Ehren trug, ihr selbst hier in
ihrer letzten Ruhestätte nicht vergönnt wird.
Denn auf dem kleinen Schild auf ihrem Sarg steht nur ihr Mäd-
chenname: „Eleonore d'Olbreuse".
Auch auf einen dritten Sarg gibt es auch oben in der Kirche keinen
Hinweis. Hier ruht eine weitere Verfehmte, Caroline Mathilde, sie
war Königin von Dänemark und die Urenkelin von Sophie Dorothea. Ihr Leben weist einige Parallelen zu dem Schicksal ihrer Urgroßmutter auf.
Caroline Mathilde war die jüngste Schwester des englischen Königs
Georg III. Die kleine hübsche Prinzessin war sehr beliebt in ihrem
Heimatland, man nannte sie „The Rose of England". Mit fünf-
zehn Jahren wurde sie mit dem siebzehnjährigen Dänenkönig
Christian VII. verheiratet. Es war für die kindliche Ehefrau schwierig, mit ihrem Mann zusammenzuleben, denn er war sehr unausge-

430 glichen und litt zeitweilig unter schweren Depressionen. Andererseits führte er ein exzessives wildes Leben, war willensschwach, aber auch brutal und jähzornig. Er kümmerte sich wenig um Caroline Mathilde, verbrachte mehr Zeit mit seiner Maitresse und ging monatelang auf Auslandsreisen. Die junge Königin, die inzwischen einen Sohn geboren hatte, durfte nicht mitreisen. Aber ein tüchtiger Arzt wurde als Reisebegleiter eingestellt: Johann Friedrich Struensee.

Als der später die Königin von einer langen schweren Krankheit heilte, bekam er großen Einfluß auf sie, aber auch auf den König. Struensee machte eine steile Karriere bis zum Minister und galt als der heimliche Regent des Landes. Seine Reformen schufen ihm Feinde. Gerüchte gingen um, er wäre der Geliebte der Königin, und man verdächtigte ihn, einen Staatsstreich gegen den zeitweilig geistig verwirrten König zu planen. Die Ereignisse eskalierten: Struensee wurde abgeurteilt und hingerichtet, Caroline Mathilde kam in Festungshaft. Ein Scheidungsprozeß begann, dessen Urteil schon vorher feststand. Sie sollte bis an ihr Lebensende eingesperrt bleiben.

Doch in England empörte man sich über die Behandlung der beliebten Prinzessin. Es gab scharfe Reaktionen bis hin zur Kriegsdrohung gegen Dänemark. So kam Caroline Mathilde frei und mußte das Land verlassen. Ihre beiden Kinder durfte sie nicht mitnehmen. Sie sah sie nie wieder. Ihr Bruder, der König, erlaubte ihr nicht, nach England zurückzukehren, und wies ihr Celle als Wohnsitz zu. 1772 zog sie in das Schloß ein, freudig begrüßt von der Bevölkerung. Doch schon 1775 starb sie plötzlich und unerwartet. Sie war nur 23 Jahre alt geworden. Nun ruht die verbannte Königin von Dänemark neben der ungekrönten Königin von England und der immer noch als unebenbürtig angesehenen Herzogin von Celle. Wir suchen auch im Museum des Welfenhauses nach Erinnerungsstücken an Eleonore, Herzogin von Celle, die fast 30 Jahre mit dem Welfenherzog Georg Wilhelm verheiratet war und somit auch eine Stammutter dieses Hauses ist. Im Fürstenhaus Herrenhausen-Museum bei Hannover kann man in einer Ausstellung in zehn schönen Räumen Portraits vieler Mitglieder der Welfenfamilie und andere

Erinnerungsstücke besichtigen. Doch auch hier gehört die Herzogin
von Celle nicht dazu. Es gibt kein einziges Bild von ihr. Zwei Portraits ihrer Tochter hängen schlecht plaziert, das eine verdeckt von
einer geöffneten Tür, das andere hoch über einer anderen Tür. Im
Katalog steht bei Raum 7, Bild 16: „Sophie Dorothea (1666–1726)
Erbtochter des Herzogs Georg Wilhelm von Celle und Eleonore
d'Olbreuse (s. Raum 6, Nr. 23)". Es hängt auch tatsächlich ein Bild
einer Eleonore im Nebenraum, aber ihr Nachname lautet „von Kur-
land" und nicht d'Olbreuse!

Zur Erinnerung – Eleonore wurde: 1665 Frau von Harburg

1674 Gräfin von Wilhelmsburg

1676 Herzogin von Celle.

Selbst die feindlich gesinnten Verwandten hatten in einem Vertrag
vom 23.7.1680 den Titel „Herzogin" für Eleonore bestätigt. Warum
wird das so oft ignoriert? Warum gibt man ihr nicht den Titel, der
ihr zusteht, sondern schreibt nur ihren Mädchennamen? Ihre Tochter büßte ihre vermeintliche Schuld mit der Gefangenschaft in Ahlden. Obwohl Eleonore eine treue Ehefrau und eine gute, tugend-
hafte Landesmutter war, soll sie wohl auf diese Art und Weise aus
der Erinnerung verbannt werden. Doch es gibt auch noch in der
heutigen Zeit Orte, an denen ihrer gedacht wird und die Erinnerung an sie erhalten geblieben ist.

Die Nachforschungen über die Herzogin Eleonore führen nun
zur 700-Jahrfeier von Celle im Jahr 1992. In einer aus diesem Anlaß herausgegebenen Broschüre wird ausführlich in Wort und Bild
über die Geschichte der Stadt und auch über Eleonore berichtet.
Zum Stadtjubiläum hatte eine Schulklasse des „Ernestinum" zusammen mit einigen Lehrern eifrig nachgeforscht und ein Theaterstück verfaßt und aufgeführt: „Eleonore und Wilhelm, das letzte
Celler Herzogspaar. Ein (fast) historisches Drama". In dem Buch
gleichen Titels kann man den Text des gut gelungenen Theater-
stücks lesen und Bilder von der Aufführung betrachten. Man kann
den Eifer und die Freude nachempfinden, mit dem alle bei diesem
Werk dabei waren. Hier zeigt sich, wie lebendig und unterhaltend
Geschichte sein kann.

432 Ein weiteres Ereignis in Celle, das sich mit seiner Herzogin befaßte, war der 38. Deutsche Hugenottentag vom 8. bis 10. April 1994. Er wurde vom Deutschen Hugenottenverein* und der Evangelisch-reformierten Gemeinde Celle in Zusammenarbeit mit dem Bomann-Museum und dem Stadtarchiv veranstaltet. Die Ausstellung „Hugenotten in Celle" zeigte im Schloß in anschaulicher Weise auch die Familiengeschichte des letzten Herzogspaares von Celle und ihrer Tochter in Dokumenten und Bildern. Die Eröffnungsfeier fand in der ehemaligen großen gotischen Küche des herzoglichen Schlosses statt. Die berühmteste Hugenottin der Stadt, Eleonore, stand im Mittelpunkt vieler Vorträge. Auch bei den Schloß- und Stadtführungen wurde den Tagungsteilnehmern die letzte Herzogin von Celle nahegebracht.

In der Stadtkirche stand ich zum ersten Mal vor der leeren Nische neben dem Grabmonument von Eleonores Gemahl. Ich war erstaunt und entrüstet, daß eine Fürstin, die soeben in vielen Reden so hochgelobt worden war, noch nicht einmal durch ein Grabmal gewürdigt wird. In mir wurde das Interesse erweckt, nachzuforschen, wie und warum es dazu gekommen war.

Aus der von Eleonore gestifteten einstigen „Französisch-reformierten Kirche" wurde der Festgottesdienst über den Deutschlandfunk in viele Länder der Erde übertragen.

Die Erinnerung an Eleonore d'Olbreuse, Herzogin von Celle, lebt noch weiter fort in ihrer Stadt, im Hugenottenverein, im Schloß ihrer Väter und in Büchern und Dokumenten.

Es wäre mir eine Freude und Genugtuung, wenn für die Menschen, die mein Buch gelesen haben, die Nische in der Stadtkirche in Celle nicht mehr leer ist, sondern daß sie dort in ihrer Phantasie die Figur der jungen schönen Eleonore oder der würdigen Herzogin von Celle sehen.

---

* Seit 1998: „Deutsche-Hugenotten-Gesellschaft e. V."

III. Schlussbetrachtung

Endlich war es so weit, am 9. November 2000 fand in Celle die Vorstellung meines soeben erschienenen Buches *Ein vortreffliches Frauenzimmer* statt. Im historischen Rittersaal des herzoglichen Schlosses begrüßte mein Verleger Dieter Beuermann die zahlreich erschienenen Gäste und drückte seine Freude über die Anwesenheit des Prinzen Heinrich von Hannover aus, der auch einige Grußworte sprach. Er ist mit dem Celler Herzogspaar verwandtschaftlich verbunden: Seine Großmutter war Victoria Luise, die einzige Tochter von Kaiser Wilhelm II., sie heiratete den Welfenprinzen Ernst August von Braunschweig.

Am Ende meiner Lesung fragte ich den damaligen Oberbürgermeister der Stadt, ob es nicht an der Zeit wäre, eine Straße in Celle nach dieser vortrefflichen Herzogin zu benennen. Stürmischer Beifall bestätigte, dass viele diesem Vorschlag zustimmten. Später herrschte am Büchertisch großer Andrang, weil Prinz Heinrich mit mir gemeinsam Bücher signierte.

Die Autorin mit Prinz Heinrich von Hannover bei der Buchvorstellung im Celler Schloß

Drei Wochen danach fand in Celle eine zweite Lesung statt. Dieses Mal in der Kirche, die Eleonore im Jahr 1700 gegründet hatte. Dort ist noch ihr Fürstenstuhl erhalten, auf den ich mich eine Weile setzen durfte. Der Gastgeber Pastor Andreas Flick sprach einführende Worte. Unter der historischen Kanzel, die auch noch von 1700 erhalten geblieben ist, stellte ich an einem Predigerpult stehend mein Buch vor.

Ungefähr ein Jahr später zeigte sich der Erfolg meines Appells an den Oberbürgermeister. Im Französischen Garten wurde die *Herzogin-Eleonore-Allee* eingeweiht. An ihrem Anfang fällt ein stattliches Gebäude mit der Inschrift am Giebel ins Auge „Café Terrasse Eleonore d'Olbreuse". Am anderen Ende der Allee befindet sich das Bieneninstitut. Von dort bekam die Bildhauerin Birgit Johnson den Auftrag, eine Skulptur der Herzogin für den Garten herzustellen, der damals auf ihre Anregung angelegt worden war. Sie bearbeitete mit Säge und Meißel einen mächtigen drei Meter hohen Eichenstamm und schuf daraus die Figur der letzten Herzogin von Celle, die das sich aufbäumende Niedersachsenroß neben sich am Zügel hält. Die Künstlerin hatte die 300 Jahre alte Tradition der Figurenbeute wieder aufleben lassen. Im Rücken der hohlen Figur wird hinter einer kleinen Tür ein Bienenschwarm angesiedelt. Durch Öffnungen in der Brosche am Dekolleté von Eleonore können die kleinen Bewohner ein und aus fliegen.

Das *Vortreffliche Frauenzimmer* hat viele Freunde gewonnen. Zahlreiche Zeitungsartikel waren erschienen, ich bekam wohlwollende Briefe und Anrufe. Im Südwestfunk wurde ich interviewt und hielt Lesungen in verschiedenen Städten. Der Komponist Hans-Jürgen Neuring verfasste ein Musical mit dem Titel *Königliche Liebe*, das die traurige Liebesgeschichte von Eleonores Tochter Sophie Dorothea und dem Grafen Königsmarck schildert.

Das Schicksal der Celler herzoglichen Familie war auch ein wichtiges Thema beim Hugenottentag in Hamburg 2007. Denn Eleonore und ihre Tochter hatten im Jahre 1674 von Kaiser Leopold I. den Titel Gräfinnen von Wilhelmsburg verliehen bekommen. Das Wappen dieses Hamburger Stadtteils zeigt auf der linken Seite das Wappen von Braunschweig-Lüneburg, auf der rechten die vier

Lilien der Familie Desmier d'Olbreuse. Hier ist die Herzogin nicht vergessen. Seit 1956 gibt es einen Eleonorenweg, außerdem eine Georg-Wilhelm- und eine Sophie-Dorothea-Straße. Das „Museum der Elbinsel Wilhelmsburg" zeigt Bilder und Dokumente der Celler Herzogsfamilie. Während der gesamten Tagung war eine junge Frau in unserer Begleitung, die in einem prachtvollen Gewand aus dem Fundus des Celler Schlosses die Herzogin Eleonore darstellte. Auch in Lüneburg, wo die Herzogin Eleonore im Schloss am Markt ihren Witwensitz hatte, schlüpft eine Stadtführerin in historischen Gewändern in die Rolle der Eleonore und berichtet den interessierten Gästen über ihr Lebens und das tragische Schicksal ihrer Tochter Sophie Dorothea.

Die Liebesgeschichte der Prinzessin mit dem Grafen Königsmarck hatte auch Friedrich von Schiller angeregt, 1804 das Drama: „Die Prinzessin von Celle" zu beginnen. Es blieb wegen seiner Erkrankung, die 1805 zum Tode führte, unvollendet. Aus diesem Grund ist sein Manuskript „von eigener Hand" erhalten geblieben. Denn Schiller hatte sonst immer, wenn sein Text in Druck gegangen war, seine handschriftlichen Notizen vernichtet.

Im Gedenkjahr zu Schillers 250. Geburtstag findet in der „Gottfried Wilhelm Leibniz Bibliothek" in Hannover eine Ausstellung „Friedrich Schiller und die Prinzessin von Celle" statt. Sie zeigt in Zusammenarbeit mit dem Residenzmuseum in Celle Gemälde der historischen Personen und an Hand von Büchern aus dem Besitz der Bibliothek, wie viele Autoren seitdem den Stoff der „Königsmarck Affaire" literarisch verarbeitet haben.

In Celle berichtet 2010 eine Ausstellung mit dem Titel „Mächtig verlockend - Frauen der Welfen" über das Schicksal der Herzogin Eleonore und ihrer Tochter Sophie Dorothea. Die Darstellung ihrer bewegenden Lebenswege durch zeitgenössische Gemälde und prunkvolle Einrichtungsstücke führt die Besucher der Ausstellung im Residenzmuseum in die Welt der barocken Fürstenhöfe.

So wird die Erinnerung an Eleonores Schicksal noch an vielen Orten in Ehren gehalten. Nur in der Stadtkirche von Celle ist die Nische, die für das Grabmonument der Herzogin vorgesehen war, noch immer leer!

ANHANG

Lebenslauf der Eleonore Desmier d'Olbreuse

Herkunft: alter Landadel aus dem Poitou in Frankreich.

Seit dem 16. Jahrhundert bekennt sich die Familie zum reformierten Glauben des JOHANN CALVIN (Calvinisten).

Vater: ALEXANDRE II DESMIER D'OLBREUSE (1608–1660), CHEVALIER ET SEIGNEUR D'OLBREUSE, Ritter und Lehnsherr.

Mutter: JACQUELINE POUSSARD DE VANDRÉ, Heirat 1631, sie stirbt 1646 oder 1647.

Geschwister: ALEXANDRE, CHARLES und ANGÉLIQUE.

Stiefmutter: JEANNE BERANGER DU BEUGNON. 2. Ehe des Vaters 1648.

Halbbrüder: HENRI und JEAN.

ELEONORE DESMIER D'OLBREUSE, geboren am 9. Januar 1639 im Schloß d'Olbreuse im Poitou, in der Nähe von Usseau.

„Dame de Compagnie" der DUCHESSE DE LA TREMOUILLE am Hof von Thouars im Poitou, danach bei deren Tochter, der PRINZESSIN VON TARENT.

Mit der Familie Tarent zieht ELEONORE nach Paris an den Hof von LUDWIG XIV. Wegen ihres protestantischen Glaubens verläßt die Familie mit ELEONORE Frankreich, nachdem LUDWIG XIV. 1661 nach dem Tod MAZARINS alle Macht im Staate übernommen hatte und nur noch Menschen seines katholischen Glaubens in seinem Reich dulden will. Der PRINZ VON TARENT nimmt eine Stelle in den Niederlanden an.

Begegnung mit GEORG WILHELM, Herzog von Braunschweig Lüneburg, bei einem Besuch in Kassel im Winter 1663/64.

Vertrag für eine „Gewissensehe" am 11. November 1665 zwischen dem HERZOG GEORG WILHELM und ELEONORE D'OLBREUSE, die den Titel „Frau von Harburg" erhält. Sie lebt von nun an mit dem Herzog im Schloß von Celle.

Geburt der Tochter SOPHIE DOROTHEA am 10. September 1666, einziges Kind, drei andere Schwangerschaften enden mit Totgeburten.

Titelverleihung: 1674 verleiht der deutsche Kaiser LEOPOLD I. (1658–1705) ELEONORE den Titel „Gräfin von Wilhelmsburg, Gräfin des Heiligen Römischen Reiches". Auch ihre Tochter wird als standesgemäß anerkannt.

Offizielle kirchliche Trauung mit HERZOG GEORG WILHELM am 12. April 1676 und Verlobung SOPHIE DOROTHEAS mit AUGUST FRIEDRICH VON WOLFENBÜTTEL.

Titel: ELEONORE HERZOGIN VON BRAUNSCHWEIG-LÜNEBURG-CELLE.

Kurz nach der Verlobung war der PRINZ VON WOLFENBÜTTEL im Krieg gefallen.

Hochzeit der Tochter: Am 2. Dezember 1682 heiratet SOPHIE DOROTHEA VON CELLE GEORG LUDWIG VON HANNOVER.

Enkelkinder: GEORG AUGUST, geboren am 16. Oktober 1683.

SOPHIE DOROTHEA, geboren am 16. März 1687.

Edikt zur Aufnahme von hugenottischen Flüchtlingen von HERZOG GEORG WILHELM im Jahr 1684 unter dem Einfluß Eleonores.

1685 Aufhebung des Edikt von Nantes durch LUDWIG XIV. Viele Refugiés kommen an den Hof von Celle.

Château d'Olbreuse fällt 1688 nach dem Tod ihrer Geschwister als Erbe an ELEONORE.

Scheidung der Tochter am 28. Dezember 1694 und lebenslange Verbannung in das Wasserschloß Ahlden. 32 Jahre Gefangenschaft (Königsmarck-Affaire).

Schwiegersohn GEORG LUDWIG wird nach dem Tod seines Vaters ERNST AUGUST (1698) Kurfürst von Hannover.

Einweihung der Französisch-reformierten Kirche in Celle am 19. Dezember 1700.

Konfiskation von Château d'Olbreuse auf Anordnung des französischen Königs am 7. Oktober 1702.

Tod des Gemahls HERZOG GEORG WILHELM am 28. August 1705 im Jagdschloß Wienhausen.

Das Erbe des Herzogtums Celle fällt vertragsmäßig an den Schwiegersohn KURFÜRST GEORG LUDWIG VON HANNOVER.

Witwensitz in Lüneburg.

Hochzeiten der Enkelkinder: GEORG AUGUST heiratet 1705 CAROLINE VON ANSBACH-HOHENZOLLERN.

SOPHIE DOROTHEA heiratet am 14. November 1706 FRIEDRICH WILHELM in Preußen, den späteren „Soldatenkönig".

Rückgabe von Château d'Olbreuse an ELEONORE am 7. April 1707.

Urenkel im Hause Hannover:

1707 FRIEDRICH LUDWIG (später Prinz of Wales)

1709 ANNA (später Fürstin von Nassau)

1711 AMALIE

1713 KAROLINE ELISABETH

1721 WILHELM AUGUST (später Herzog von Cumberland)

1722 MARIE LOUISE (später Königin von Dänemark)

440 Urenkel in Preußen:

    1707 FRIEDRICH (†1708)

    1709 WILHELMINE (später Markgräfin von Bayreuth)

    1710 FRIEDRICH WILHELM (†1711)

    1712 FRIEDRICH (später „der Große", König von Preußen)

    1713 CHARLOTTE (†1714)

    1714 FRIEDERIKE LUISE (später Markgräfin von Brandenburg-Ansbach)

    1715 PHILIPPINE CHARLOTTE (später Herzogin von Braunschweig-Wolfenbüttel)

    1717 KARL (†1719)

    1719 SOPHIE (später Markgräfin von Brandenburg-Schwedt)

    1720 LUISE ULRIKE (später Königin von Schweden)

    1722 AUGUST WILHELM

    1723 AMALIE

    1726 HEINRICH

    1730 FERDINAND

Krönung des Schwiegersohns GEORG LUDWIG VON HANNOVER im Jahr 1714 zum KÖNIG GEORG I. VON GROSSBRITANNIEN.

Eleonores Tochter SOPHIE DOROTHEA hätte nun Königin werden können, aber sie blieb bis an ihr Lebensende „Die Gefangene von Ahlden".

HERZOGIN ELEONORE VON BRAUNSCHWEIG-LÜNEBURG verstarb am 5. Februar 1722 im 83. Lebensjahr. Sie wurde in der Fürstengruft der Stadtkirche in Celle neben ihrem Gemahl beigesetzt.

GENEALOGISCHE TAFELN

Die Welfen (Auszug)

WELF, Graf von Schwaben (†825)

WELF III., Herzog von Kärnten (†1045)

WELF IV., Herzog von Bayern (†1101)

WELF V., Herzog von Bayern (†1120)

HEINRICH DER STOLZE, Herzog von Bayern und Sachsen (†1139)

HEINRICH DER LÖWE, Herzog von Bayern und Sachsen (1129–1195)

OTTO IV., deutscher König und Kaiser (1177–1218)

OTTO DAS KIND, 1. Herzog von Braunschweig Lüneburg (1204–1252).

Danach verzweigen sich die Linien in viele kleine Länder: Braunschweig, Lüneburg, Göttingen, Grubenhagen, Wolfenbüttel, Calenberg, Harburg, Gifhorn, Osterode, Herzberg, Einbeck, Salzderhelden, Celle.

In Celle: HERZOG ERNST DER BEKENNER, Reformator (1497–1546), verheiratet mit HERZOGIN SOPHIE VON MECKLENBURG (1507–1541).

HERZOG WILHELM DER JÜNGERE (1535–1592), genannt „der Fromme", verheiratet mit HERZOGIN DOROTHEA VON DÄNEMARK (1546–1617), 7 Söhne und 8 Töchter.

HERZOG GEORG VON BRAUNSCHWEIG-LÜNEBURG ZU CALENBERG (1582–1641), verheiratet mit HERZOGIN ANNA ELEONORE VON HESSEN-DARMSTADT (1601–1659), 4 Söhne und 4 Töchter (davon starben 3 im Kindesalter).

SOPHIE AMALIA, verh. mit FRIEDRICH III., König von DÄNEMARK.

CHRISTIAN LUDWIG	GEORG WILHELM	JOHANN FRIEDRICH	ERNST AUGUST
(1622–1665)	(1624–1705)	(1625–1679)	(1630–1698)
verh. mit	verh. mit ELEONORE	verh. mit	verh. mit SOPHIE
DOROTHEA	d'OLBREUSE	BENEDICTA V. D.	V. D. PFALZ
V. HOLSTEIN-	1 Tochter	PFALZ	1 Tochter,
GLÜCKSBURG	Sophie Dorothea	3 Töchter	5 Söhne
kinderlos	(1666–1726)		
	Sie heiratet 1682		GEORG LUDWIG
			(1660–1727), ab
	Ihre Kinder:		1714 GEORG I. von
			Großbritannien
	GEORG AUGUST		SOPHIE DOROTHEA
	(1683–1760),		(1687–1757)
	König von Großbritannien		heiratet FRIEDRICH
	GEORG II.		WILH. in Preußen
	SOPHIE DOROTHEA VON		
	HANNOVER		
	(1687–1757)		
	Königin in Preußen		

ERNST AUGUST, Herzog von Cumberland, Herzog zu Braunschweig-Lüneburg, 1845–1923, verh. mit Thyra, Prinzessin von Dänemark

ERNST AUGUST, Herzog von Braunschweig Lüneburg, 1887–1952, verh. mit Victoria Luise, Prinzessin von Preußen

ERNST AUGUST, 1914–1987, verh. mit Ortrud Prinzessin von Schleswig-Holstein-Glücksburg

Die Welfenfamilie in unserer Zeit:

MARIE	ERNST AUGUST	LUDWIG RUDOLPH	OLGA	ALEXANDRA	HEINRICH
*1952	*1954	*1955	*1958	*1959	*1961

ERNST AUGUST verh. in erster Ehe mit CHANTAL HOCHULI, 2 Söhne

ERNST AUGUST verh. in zweiter Ehe mit CAROLINE VON MONACO, 1 Tochter

HEINRICH verh. mit THYRA VON WESTERNHAGEN, 1 Sohn

Die Wittelsbacher

Der älteste uns bekannte Wittelsbacher war OTTO I. (1117 – 1184). 1156 wurde er Pfalzgraf. 1180 belehnte ihn KAISER FRIEDRICH BARBAROSSA mit dem Herzogtum Bayern.
Das Geschlecht der Wittelsbacher teilte sich in verschiedene Linien: die Herzöge
von Bayern und die Pfalzgrafen, die sich ebenfalls weiterverzweigten. In der Kur-
pfalz wurde nach dem Tod des KURFÜRSTEN RUPRECHT III. im Jahr 1410 das Land
unter seinen vier Söhnen aufgeteilt: Der älteste Sohn, LUDWIG III. begründete
die „Alte Kurlinie", die nach 7 Generationen 1559 erlosch. Es folgte die vom jüngeren Sohn STEFAN begründete Kurlinie Pfalz-Simmern. Ab 1559 regierte KUR-
FÜRST FRIEDRICH III., genannt „der Fromme" (1515 – 1576), er war Calvinist.

KURFÜRST LUDWIG VI. VON DER PFALZ (1539 – 1583) war Lutheraner.

KURFÜRST FRIEDRICH IV. VON DER PFALZ (1574 – 1610), Calvinist, heiratete LOUISE
JULIANE VON NASSAU ORANIEN.

KURFÜRST FRIEDRICH V. VON DER PFALZ, König von Böhmen (1596 – 1632), heiratete
ELISABETH STUART, Tochter von JAKOB I. von England, 13 Kinder

KURFÜRST KARL LUDWIG VON DER PFALZ (1617 – 1680), verheiratet mit CHARLOTTE VON
HESSEN-KASSEL, 2 Kinder. 2. morganatische Ehe mit LOUISE VON DEGENFELD,
14 Kinder (Titel: Raugrafen und Raugräfinnen).

KURFÜRST KARL II. VON DER PFALZ (1651 – 1685) heiratete WILHELMINE ERNESTINE,
Tochter des Königs von Dänemark FRIEDRICH III. und SOPHIE AMALIE VON
BRAUNSCHWEIG-LÜNEBURG. Die Ehe blieb kinderlos. Damit erlosch die Linie
Pfalz-Simmern.

Berühmte Verwandte: Die Schwester FRIEDRICH V., ELISABETH CHARLOTTE, war die
Mutter des Großen Kurfürsten. Die Schwester von KARL II. war ELISABETH
CHARLOTTE (LISELOTTE) VON DER PFALZ (1652 – 1722). Sie heiratete PHILIPP I.
VON ORLÉANS, den Bruder von LUDWIG XIV. Ihr Sohn, HERZOG PHILIPP VON
ORLÉANS, war von 1715 bis 1723 Regent von Frankreich für LOUIS XV.

Die Stuarts (Auswahl)   443

Erster bekannter Vorfahr: WALTER I. FITZLAIN, gestorben 1177, war Steward
  (=Verwalter) von MALCOM IV.

JAMES IV. König von Schottland (1473–1513) heiratete MARGARET TUDOR (1483–1541),
  Schwester von KÖNIG HEINRICH VIII. V. ENGLAND.

JAMES V. (1512–1542), verheiratet mit MARIA VON GUISE.

MARIA STUART „Mary Queen of Scots" (1542–1587), Tod durch Hinrichtung.
  1. Ehe mit FRANÇOIS II VON FRANKREICH (1544–1560) 2. Ehe mit HENRY LORD
  DARNLEY (1545–1567), Sohn vom MATTHEW STUART, dem Bruder von JAKOB V.
  Ein Sohn. 3. Ehe mit JAMES 4. Earl of Bothwell (1536–1578).

JAMES VI. (1566–1625) wurde 1567 nach der Abdankung seiner Mutter als König von
  Schottland, 1603 als JAMES I. KÖNIG VON ENGLAND gekrönt. Heiratete ANNA VON
  DÄNEMARK (1574–1619), 2 Kinder:

CHARLES I. (1600–1649)* heiratete HENRIETTE MARIE (1609–1669), Tochter von
  HENRI IV von Frankreich, 4 Söhne und 5 Töchter.

MARY (1631–1660), verheiratet mit WILHELM II. VON ORANIEN, Sohn WILHELM III.

HENRIETTE ANNA (1644–1670), verheiratet mit HERZOG PHILIPP VON ORLÉANS,
  2 Töchter: MARIE LOUISE, Königin von Spanien, und ANNE MARIE, Herzogin
  von Savoyen.

CHARLES II. (1630–1685) König von England und Schottland, heiratete Katharina
  von Braganza (1636–1705), keine Kinder.

JAMES II., König von England (1633–1701), auch JAMES VIII. von Schottland, bestieg
  nach seinem Bruder den Thron 1685, regierte 3 Jahre.

MARY II. (1662–1694), Tochter JAMES II., Königin zusammen mit WILHELM VON
  ORANIEN, KÖNIG WILLIAM III. von England (1650–1702).

ANNE (1665–1714) wird nach ihrer Schwester englische Königin, heiratete GEORG
  VON DÄNEMARK (1653–1708). ANNE hatte 17 Geburten, aber keinen Erben, alle
  Kinder starben vor ihr.

Die englische Thronfolge geht an die Hannoversche Linie, da England einen katholischen Herrscher aus dem Hause Stuart ablehnt.

Im Exil in Frankreich die katholischen Stuarts:
  JAMES III. (1688–1766), „The old Pretender", verheiratet mit CLEMENTINA
  SOBIESKA (1702–1735), 2 Kinder: KARL EDUARD (1720–1788), The young
  Pretender, 1 Tochter und HEINRICH (1725–1807), Kardinal von York.

---

* Seine Schwester: ELISABETH VON DER PFALZ (1596–1662), „die Winterkönigin"
  (siehe auch Wittelsbach).

Sophie von der Pfalz und ihre Familie

Vater: FRIEDRICH DER V., Kurfürst von der Pfalz (1596 – 1632), König von Böhmen.

Mutter: ELISABETH STUART (1596 – 1662), Tochter von JAKOB I., König von England.

Geschwister:

1. HEINRICH FRIEDRICH (1614 – 1629)

2. KARL LUDWIG (1618 – 1680), später KURFÜRST KARL I. VON DER PFALZ

3. ELISABETH (1619 – 1680), Äbtissin des reformierten Stifts Herford

4. RUPRECHT „der Kavalier" (1619 – 1682)

5. MORITZ (1621 – 1652)

6. LOUISE MARIE, „Malerin Louise Hollandine" (1622 – 1709), Äbtissin des Zisterzienserklosters Maubuisson

7. LUDWIG (1623 geboren und gestorben)

8. EDUARD (1624 – 1663)

9. HENRIETTE MARIA (1626 – 1651), verheiratet mit SIGMUND FÜRST RAKOCZY VON SIEBENBÜRGEN

10. PHILIPP (1627 – 1650)

11. CHARLOTTE (1628 – 1631)

12. SOPHIE, Kurfürstin von Hannover, (1630 – 1714), heiratete ERNST AUGUST KURFÜRST VON HANNOVER

13. GUSTAV ADOLF (1632 – 1641)

Die Kinder von SOPHIE (1630 – 1714) und ERNST AUGUST, KURFÜRST VON HANNOVER (1630 – 1698):

1. GEORG LUDWIG (1660 – 1727), seit 1689 Kurfürst von Hannover, seit 1714 KÖNIG GEORG I. von Großbritannien. Heiratet 1682 SOPHIE DOROTHEA VON CELLE (1666 – 1725). 2 Kinder: GEORG AUGUST und SOPHIE DOROTHEA. Scheidung 1694

2. FRIEDRICH AUGUST (1661 – 1691)

3. MAXIMILIAN WILHELM (1666 – 1726)

4. SOPHIE CHARLOTTE (1668 – 1705) heiratet 1684 FRIEDRICH KURPRINZ VON BRANDENBURG (1657 – 1713), ab 1688 KURFÜRST FRIEDRICH III., ab 1701 FRIEDRICH I. KÖNIG IN PREUSSEN. Ein Sohn: FRIEDRICH WILHELM (1688 – 1740), der spätere „Soldatenkönig"

5. KARL PHILIPP (1669 – 1690)

6. CHRISTIAN (1671 – 1703)

7. ERNST AUGUST (1674 – 1728)

Könige und Königinnen aus dem Hause Hannover

1701 Act of Succession unter dem englischen König William III. zugunsten von
Sophie von Hannover. Sie starb 1714, einige Monate später Anne von England.

1714 wurde Georg von Hannover König Georg I. von Grossbritannien. Er war
verheiratet mit Sophie Dorothea von Celle, 2 Kinder, Scheidung 1694.

1727 Georg II. (1683–1760), verheiratet mit Caroline von Ansbach-
Hohenzollern, 10 Kinder. Ihr Sohn Friedrich Ludwig starb als Prince of
Wales. Thronfolger wird sein Sohn:

1760 Georg III. (1738–1820), verheiratet mit Charlotte von Mecklenburg-
Strelitz, 15 Kinder.

1811 wurde sein Sohn Georg Prinzregent, verheiratet mit Caroline von
Braunschweig-Wolfenbüttel. 1 Tochter.

1817 starb Charlotte Prinzessin von Wales, verheiratet mit Leopold I. von
Belgien, keine Kinder.

1820 Georg IV. (1762–1830).

1830 William IV. (1765–1837), 3. Sohn von Georg III. verheiratet mit Adelaide von
Sachsen-Coburg und Meiningen, 2 Töchter.

1837 Victoria (1819–1901), verheiratet mit Prinz Albert von Sachsen-Coburg-
Gotha, 9 Kinder.*

1901 Edward VII. (1841–1910), verheiratet mit Alexandra von Dänemark,
6 Kinder.

1910 Georg V. (1865–1936) änderte während des 1. Weltkrieges (im Juli 1917) den
deutschen Familiennamen in „House of Windsor", verheiratet mit Mary von
Teck, 6 Kinder.

1936 Edward VIII. (1894–1952), Thronbesteigung am 20. Januar 1936, Abdankung
am 11. Dezember 1936 wegen der Heirat mit einer geschiedenen Frau, verheiratet
mit Wallis Simpson, keine Kinder.

1936 Georg VI. (1895–1952), verheiratet mit Elisabeth Bowes-Lyon, 2 Töchter.

1952 Elisabeth II. (*1926), verheiratet mit Philipp Mountbatten Herzog von
Windsor, 4 Kinder. Charles, Prince of Wales (*1948), heiratete 1981 Diana
Spencer, 2 Kinder. Scheidung 1986. Tod der Prinzessin Diana 1997.

---

* Die Personalunion zwischen England und Hannover endete 1837, als Victoria den englischen Thron
bestieg, denn nach salischem Recht konnte in Hannover keine Frau die Regierung übernehmen. Daher
wurde Hannover ab 1837 ein eigenständiges Königreich unter: Ernst August (1771–1851), verheiratet
mit Friederike von Mecklenburg-Strelitz. König von Hannover von 1837 bis 1851. Georg V. (1819–
1878), verheiratet mit Marie von Sachsen-Coburg. König von Hannover von 1851 bis 1866. 1866 An-
nektion Hannovers durch Preußen. Georg V. ging ins Exil nach Paris.

446   **Die Hohenzollern – Brandenburg-Preußen**

Kurfürst Johann Sigismund (1572–1619) trat 1613 zum Calvinismus über.

Kurfürst Georg Wilhelm (1619–1640), verheiratet mit Elisabeth Charlotte von der Pfalz.

Kurfürst Friedrich Wilhelm (1620–1688), der „Große Kurfürst" von Brandenburg.

1. Ehe mit Luise Henriette von Oranien (1627–1667), ihr Sohn Friedrich wird Kurfürst und König.

2. Ehe 1668 mit Dorothea v. Holstein-Sonderburg-Glücksburg (1638–1689), verwitwete Herzogin von Braunschweig-Lüneburg, 7 Kinder.

Kurfürst Friedrich III. von Brandenburg (1657–1713), ab 1701 Friedrich I. König in Preußen. Heiratete 1679 Elisabeth Henriette von Hessen-Kassel (1661 bis 1683), 1 Tochter.

2. Ehe 1684 mit Sophie Charlotte von Hannover (1668–1705), 1 Sohn. In der 3. Ehe 1705 Sophie Louise von Mecklenburg-Grabow (1685–1735), keine Kinder.

König Friedrich Wilhelm I. (1688–1740) heiratete 1706 Sophie Dorothea von Hannover (1687–1757), 14 Kinder.

König Friedrich II., „der Große" (1712–1786), heiratete 1733 Elisabeth Christine von Braunschweig-Bevern (1715–1797), keine Kinder. Nachfolger auf dem preußischen Thron wurde der Sohn von Friedrichs Bruder August Wilhelm (1722–1758).

König Friedrich Wilhelm II. v. Preussen (1744–1797) heiratete 1765 Elisabeth von Braunschweig-Wolffenbüttel (1746–1840), 1 Tochter.

2. Ehe (1769) mit Friederike Luise von Hessen-Darmstadt, 7 Kinder.

König Friedrich Wilhelm III. von Preussen (1770–1840) heiratete 1793 Prinzessin Luise von Mecklenburg-Strelitz (1776–1810), 5 Kinder.

König Friedrich Wilhelm IV. von Preussen (1795–1861) heiratete 1823 Prinzessin Elisabeth von Bayern, keine Kinder. Auf den Thron folgte der Bruder des Königs:

König Wilhelm I. von Preussen (1797–1888), verheiratet mit Prinzessin Augusta von Sachsen-Weimar-Eisenach (1811–1890), 2 Kinder.

König Wilhelm I. wurde 1871 Deutscher Kaiser Wilhelm I.

Friedrich III., Deutscher Kaiser, König von Preussen (1831–1888), heiratete 1858 Prinzessin Victoria von Grossbritannien (1840–1890), 8 Kinder.

Wilhelm II., Deutscher Kaiser, König von Preussen (1859–1941), heiratete 1881 Prinzessin Auguste Viktoria von Schleswig-Holstein-Sonderburg-Augustenburg (1858–1921), 7 Kinder.

2. Ehe (1921) mit Prinzessin Hermine von Schönaich Carolath (1887–1947).

Literaturverzeichnis

Hugenottischer Almanach 1685 – 1985. Sickte: Verl. des Dt. Hugenottenvereins 1985.

Archives Historiques de la Saintonge et de l'Aunis. Tome XIII, 1885.

Archives Historiques du Poitou T IV, 1875 Olbreuse, E. Correspondance originale de la Duchesse de Brunswick Zell et la famille

BEAUCAIRE, HORICE DE: *Die letzte Herzogin von Celle Eleonore Desmier d'Olbreuse 1665 – 1725.* Ins Deutsche übertragen von Freiherr Emmo Grote. Hannover: Helwind 1886.

DERS.: *Une messalliance dans la maison de Brunswick. Eleonore Desmier d'Olbreuse, duchesse de Zell.* Paris 1884.

BELLEN, MADELEINE (Hrsg.): *Eleonore und Wilhelm. Das letzte Herzogspaar. Ein (fast) historisches Drama.* Celle: Schweiger & Pick 1993.

BENNINGHOVEN, FRIEDRICH, HELMUT BÖRSCH-SUPAN, ISELIN GUNDERMANN: *Friedrich der Grosse.* Ausstellung des Geheimen Staatsarchivs Preußischer Kulturbesitz anläßlich des 200. Todestages König Friedrichs von Preußen. Berlin: Nicolaische Verlagsbuchhandlung 1986

BENOIT, PIERRE: *Koenigsmark.* Paris: Michel 1934.

BERTRAND, LOUIS: *Louis XIV.* Paris: Fayard 1923.

Beschaffung der Bilder Ernst des Bekenners und Eleonore d'Olbreuse. Fotokopien aus der Akte (Sign. 1 H 80) Stadtarchiv Celle. Blatt Nr. 10 – 213 in Auswahl. 55 Seiten

BETHGE, ERHARD: *Friedrich der Große. Herrscher zwischen Tradition und Fortschritt.* München: Orbis 1991.

BEUYS, BARBARA: *Der Große Kurfürst. Der Mann, der Preußen schuf.* Reinbek: Rowohlt 1984.

BODEMANN, EDUARD: *Neue Beiträge zur Geschichte der Cellischen Herzogin Eleonore, geb. d'Olbreuse.* In: Zeitschrift des historischen Vereins für Niedersachsen. Hannover: Hahn 1887.

BOEHN, C. VON: *Das Celler Herzogsschloß.* Celle 1936.

BRANDENBURG, INGRID U. KLAUS: *Hugenotten. Geschichte eines Martyriums.* Leipzig: Edition Leipzig 1990.

Bulletin de la Société Historique et Scientifique Les Deux Sèvres: *Eleonore d'Olbreuse: 1639 – 1689.* Niort: Au Siège de la Société 1990.

CASSEL, CLEMENS: *Geschichte der Stadt Celle mit besonderer Berücksichtigung des Geistes- und Kulturlebens der Bewohner.* Bd. 1 und Bd. 2. Celle: Ströher 1930 und 1936

CASTELOT, ANDRÉ: *Almanach de l'Histoire.* Paris: France Loisirs 1962.

Celle: *700 Jahre junges Celle.* Celle: Schweiger & Pick 1991.

COSEM, MICHAEL: *Le Livre d'or de l'Occitanie.* Paris: Seghers 1997.

448   CRAMER, FRIEDRICH: *Denkwürdigkeiten der Gräfin Maria Aurora Königsmark und der Königs-markschen Familie. Nach bisher unbekannten Quellen.* Leipzig: Brockhaus 1836.

DELDERFIELD, ERIC R. (Hrsg.): *Kings and Queens of England and Great Britain.* London: Trinity Press 1975.

DOLLINGER, HANS: *Preußen. Eine Kulturgeschichte in Bildern und Dokumenten* München: Orbis 1991.

ELEONORE D'OLBREUSE: *Correspondance originale de la Duchesse de Brunswick Zell et de sa famille.* Archives historiques du Poitou. T. IV. 1875.

ERLANGER, PHILIPPE: *Ludwig XIV. Das Leben eines Sonnenkönigs.* Frankfurt a. Main: Societäts-Verlag 1976.

FLICK, ANDREAS/MAEHNERT, SABINE: *Archivbestände der Französisch-reformierten Gemeinden Lüneburg und Celle sowie der Deutsch-reformierten Gemeinde Celle.* Bad Karlshafen/Celle: Verlag des Deutschen Hugenottenvereins 1997.

DERS.: *Die Geschichte der Deutsch-reformierten Gemeinde in Celle 1709–1805.* Bad Karlshafen: Verlag des Deutschen Hugenottenvereins 1994.

DERS./HACK, ANGELICA/MAEHNERT, SABINE: *Hugenotten in Celle.* Katalog zur Ausstellung im Celler Schloß 9. April – 8. Mai 1994. Celle 1994.

FOREST DE BATAGLIA: *Friedrich der Große, ein Abkömmling französischer Hugenotten.* In: Deutsche Rundschau 5, 1932.

FRIEDRICH II. VON PREUSSEN. *Poetische Seitensprünge. Gedichte.* Berlin: Berliner Verl.-Anstalt-Union 1990.

GEERDS, ROBERT: *Die Mutter der Könige. Die Memorien und Briefe der Sophie von Hannover.* Leipzig 1913.

GREENWOOD, ALICE DRAYTON: *Lives of the Hannoverian Queens of England. Vol: 1: Sophie Dorothea of Celle, Wife of Georg I:, Caroline of Ansbach, Queen of George II.* London: Bell 1909.

GUÉRIN, DANIELLE: *Mon Village – ma passion.* Olbreuse 1994.

HAGEMANN, THEODOR: *Beytrag zur Geschichte der Princessin von Ahlden. Aus den Original= Ehe=Scheidungs=Akten gezogen und dargestellt* ... Celle 1825

HAVEMANN, WILHELM: *Geschichte der Lande Braunschweig und Lüneburg.* Göttingen: Dietrich 1857.

KLEPPER, JOCHEN: *Der Vater. Roman eines Königs.* dtv 11487.

KNOOP, MATHILDE: *Kurfürstin Sophie von Hannover.* Hildesheim: Lax 1964.

KÖCHER, ADOLF: *Denkwürdigkeiten der Herzogin Eleonore.* In: Zeitschrift des Historischen Vereins von Niedersachsen. Jg. 1877.

DERS.: *Die letzte Herzogin von Celle.* In: Preußische Jahrbücher Nr. 64, 1889.

DERS.: *Die Memorien der Herzogin Sophie, nachmals Kurfürstin von Hannover.* Leipzig 1897.

DERS.: *Die Prinzessin von Ahlden.* In: Historische Zeitschrift. Bd. 48. München u. Leipzig 1882.

KUHLMANN, HARALD: *Jesabels Rache. Komödie.* Frankfurt a. Main: Suhrkamp 1997.

LEBIGRE, ARLETTE: *Liselotte von der Pfalz. Eine Wittelsbacherin am Hofe Ludwigs XIV.* München 1988.

LEIBNIZ, GOTTFRIED WILHELM: *Allgemeiner politischer und historischer Briefwechsel 1680 – 1683.* 1. Reihe. Bd. I, 3. Berlin: Akademie Verlag 1990.

LEITNER, THEA: *Skandal bei Hof. Frauenschicksale an europäischen Königshöfen.* München: Piper 1995.

LISELOTTE VON DER PFALZ: *Briefe. Hrsg. u. eingeleitet von Helmut Kiesel.* Frankfurt a. M. 1981.

DIES.: *Briefe. Herzogin von Orléans. Hrsg. v.* C. Künzel. Ebernhausen 1923.

DIES.: *Madame am Hofe des Sonnenkönigs.* Ausstellung der Stadt Heidelberg zur 800-Jahr-Feier. 21. September 1996 – 26. Januar 1997 im Heidelberger Schloß. Hrsg. v. Sigrun Paas. (Ausstellungskatalog) Heidelberg, Winter 1996.

(MARENHOLZ, ASCHE CHRISTOPH VON): *Avanture historique, ecrite par l'Ordre Madame ✱✱✱. Sonderbahre Geschicht dieser Zeit.* Paris 1679.

MALORTIE, C. E. VON: *Der Hannoversche Hof unter dem Kurfürsten Ernst August und der Kurfürstin Sophie.* Hannover: Hahn 1884.

MARELLE, LUISE: *Eleonore d'Olbreuse.* Hamburg: Hoffmann & Campe 1936.

MAST, PETER: *Die Hohenzollern. Von Friedrich III. bis Wilhelm II..* Wien: Tosa-Verlag 1994.

MAUROIS, ANDRÉ: *Die Geschichte Frankreichs.* Zürich: Rascher 1951.

MERCIER-SIVADIJIAN, EVE (Hrsg.): *Pays et Gens des Charente et Poitou.* Paris: Larousse 1983

MEYER-RASCH, CARLA: *Alte Häuser erzählen. Von Menschen und Schicksalen. der Stadt Celle.* Celle: Schweiger & Pick 1972.

MLYNEK, KLAUS/RÖHRBEIN, WALDEMAR: *Geschichte der Stadt Hannover.* Bd. 1 u. 2. Hannover 1992 u. 1994.

MÜLLER, SIEGFRIED: *Leben in der Residenzstadt Hannover. Adel und Bürgertum im Zeitalter der Aufklärung.* Hannover: (Schlütersche Verl. Anst.) 1988.

NEIGEBAUER, I. F.: *Eleonore d'Olbreuse, die Stammmutter der Königshäuser von England, Hannover, Preußen.* Braunschweig: Leibrock 1859.

PACHER, ANDRÉ: *Les Protestants en Poitou-Charente et Vendée.* Mougon: U. C. P. C. 1994.

PLAIDY, JEAN: *The Georgian Saga.*
Book I. *The Princess of Celle.* New York 1987.
Book II. *Queen in Waiting.* New York 1987.
Book III. *Caroline the Queen.* London u. Sydney o. J.

450 PLUMB, J. H./WHELDON, HUGH: *Royal Heritage. The Story of Britain's Royal Builders.* London: BBC 1977.

PRIEUR, ROGER: *Vandré et Olbreuse. Berceau des Dynasties Européennes.* Angoulême 1986.

RALL, HANS u. MARGA: *Die Wittelsbacher von Otto I. bis Elisabeth I.* Wien: Tosa- Verl. 1986.

RANKE, LEOPOLD VON: *Englische Geschichte.* Essen: Phaidon Verlag o. J.

DERS.: *Französische Geschichte.* Essen: Phaidon Verlag

DERS.: *Preußische Geschichte.* Essen: Phaidon Verlag.

ROHR, ALHEIDIS VON: *Liebe und Mord. 1694. Statt Leichenfund ein unbekanntes Bildnis der Prinzessin Sophie Dorothea.* In: Weltkunst, Heft 19. 1. Oktober 1994.

SAINT-SIMON, LOUIS DE ROUVROY DUC DE: *Die Memoiren des Herzogs von Saint-Simon.* Hrsg. u. übers. von Sigrid von Massenbach. Frankfurt/M., Berlin, Wien: Ullstein 1977

SANDER, FERDINAND: *Eleonore Desmier d'Olbreuse.* In: Die Französische Colonie 1893.

SCHIEDER, THEODOR: *Friedrich der Große. Ein Königtum der Widersprüche.* Berlin: Ullstein 1986.

SCHILLER, FRIEDRICH VON: *Die Herzogin von Zelle.* Manuskript von Schillers eigener Hand (Kopie). In dem Verzeichnis von Schillers eigener Hand mit „5." bezeichnet. Stiftung Weimarer Klassik. Goethe- und Schiller-Archiv.

DERS.: *Die Prinzessin von Zelle.* Werke, Nationalausgabe Bd. 12: Dramatische Fragmente. Weimar: Böhlau 1982.

SCHKÖLZIGER, OTTO: *Schloß und Dorf Olbreuse.* In: Sachsenspiegel vom 8. 8. 1964.

SCHMIDT, ARNO: *Das steinerne Herz.* Historischer Roman aus dem Jahre 1954. Frankfurt: Fischer 1985.

SCHMIDT, WERNER: *Friedrich I. Kurfürst von Brandenburg – König in Preußen.* München: Diederichs 1996.

SCHNATH, GEORG: *Ernst August und Sophie.* Aus den Anfängen des Osnabrücker Residenzschlosses. Festschrift aus Anlaß der Wiederherstellung des ehemaligen fürstbischöflichen Schlosses in Osnabrück. Osnabrück 1931.

DERS.: *Geschichte Hannovers im Zeitalter der neunten Kur und der englischen Sukzession. 1674–1714.* Bd. 1–4. Hildesheim u. Leipzig: Lax 1938–1982.

DERS.: *Herzog Georg Wilhelm. Streifzüge durch Niedersachsens Vergangenheit.* Hildesheim 1968.

DERS.: *Der Königsmarck-Briefwechsel. Quellen und Darstellungen zur Geschichte Niedersachsens.* Bd. 51. Hildesheim 1952.

SCHREIBER, HERMANN: *Auf den Spuren der Hugenotten.* München: List 1983.

Schroeder, Hiltrud (Hrsg.): *Sophie & Co. Bedeutende Frauen Hannovers.* Hannover: Fackelträger 1990.

SCHUSTER, E.: *Kunst und Künstler im Fürstentum Lüneburg.* Hannoversche Geschichtsblätter Bd. VI. Heft 8, August 1904.

Sophie Charlotte und ihr Schloß; Ein Musenhof des Barock in Brandenburg-Preußen; Katalogbuch zur Ausstellung im Schloß Charlottenburg, Berlin … München, London, New York: Prestel, 1999

SOPHIE DOROTHEA VON HANNOVER: *Correspondance de Sophie-Dorothée Princesse electorale de Hanovre avec le Comte de Konigsmarck 1691–1693.* Hrsg. v. G. du Bosq de Beaumont & M. Bernos. Paris o. J.

DIES.: *Gemahlin Georg I..Memorien. Aus den geheimen Archiven von Hannover, Berlin und Wien mit einem Tagebuch über Gespräche zwischen berühmten Personen dieser Höfe.* Stuttgart: Hallberger 1847.

SOPHIE VON HANNOVER: *Briefe der Kurfürstin von Hannover an die Raugräfinnen und Raugrafen zu Pfalz.* Hrsg. v. Eduard Bodemann. Osnabrück 1966.

DIES.: *Briefwechsel der Herzogin Sophie von Hannover mit ihrem Bruder dem Kurfürsten Karl Ludwig von der Pfalz.* Hrsg. v. Eduard Bodemann. Leipzig: Hirzel 1885.

DIES.: *Briefwechsel der Kurfürstin Sophie von Hannover mit dem Preußischen Königshaus.* Hrsg. von Georg Schnath. Berlin u. Leipzig: Koehler 1927.

DIES.: *Memoiren der Herzogin Sophie nachmals Kurfürstin von Hannover.* Hrsg. von Adolf Köcher. Leipzig: Hirzel 1879

STEFFE, ALBERT MARTIN: *Die Hugenotten. Macht des Geistes gegen den Geist der Macht.* Augsburg (Weltbild Verl.) 1995.

STROHMEYER, G.: *Die Ahnen Friedrich des Großen. Vergangenheit und Gegenwart 27,* 1937.

STUBENVOLL, WILLI: *Die deutschen Hugenottenstädte.* Frankfurt: Umschau Verl. 1990.

THACKERAY, WILLIAM MAKEPEACE: *The Four Georges.* New York: Scribner's 1904.

TREMOILLE, CHARLOTTE AMÉLIE DE LA: *Das Leben der Charlotte Amélie de la Tremoille, Gräfin von Altenburg (1652–1732). Erzählt von ihr selbst.* Oldenburg u. Leipzig: Schulz 1892.

TOLLIN, HENRI: *Geschichte der hugenottischen Gemeinde Celle.* Geschichtsblätter des Deutschen Hugenottenvereins. Zehnt II., Heft 7 u. 8. Magdeburg 1893.

DERS.: *Die Hugenotten am Hofe zu Lüneburg und das Edikt Georg Wilhelms.* Magdeburg 1898.

VEHSE, CARL EDUARD: *Geschichte der Höfe des Hauses Braunschweig in Deutschland und England.* Hamburg: Hoffmann und Campe 1853.

DERS.: *Die Höfe zu Preußen. Von Kurfürst Joachim II. Hector bis König Friedrich Wilhelm I. 1535 bis 1740.* Leipzig: Kiepenheuer 1993.

WARD, ADOLPHUS WILLIAM: *The Electress Sophia and the Hannoverian Succession.* London 1903

WEDGWOOD, C. V.: *Der 30jährige Krieg.* München-Leipzig: List Verl. 1990.

WEISS, N./CLOUZOT, H.: *Les Dragonnades en Poitou. Journal de Jean Migault.* Paris 1910.

WESSLING, BERND W.: *Die Dame vom „schlechten" Poitou Adel. Über die Herkunft der Eleonore d'Olbreuse, der letzten Herzogin von Celle.* In: „Cellische Zeitung" vom 23. 3. 1963.

452 WESTERNHAGEN, DÖRTE VON: *Und also lieb ich mein Verderben.* Roman. Göttingen: Wallstein 1997.

WILHELMINE VON BAYREUTH: *Eine preußische Königstochter. Denkwürdigkeiten der Markgräfin von Bayreuth, Schwester Friedrich des Großen.* Hrsg. v. Johannes Armbruster. Ebenhausen 1910.

WILKINS, WILLIAM HENRY: *The Love of an uncrowned Queen. Sophie Dorothea, Consort of Georg I. and her Correspondence with Philipp Christopher Count Königsmarck.* (Now published from the originals) Second Edition Vol. 1+2. London: Hutchinson 1900.

ZEE, HENRI U. BARBARA: *William and Mary.* London: Macmillan 1973.

Archives Départementales, Niort

Archives Historiques de la Saintonge et de l'Aunis, Saintes

Bibliothek des Deutschen Hugenottenvereins e. V., Bad Karlshafen

Bibliothek des Oberlandesgerichts Celle

Bibliothèque Municipale La Corderie Royale, Rochefort

Bildarchiv Foto Marburg, Deutsches Dokumentationszentrum für Kunstgeschichte,

Philipps-Universität Marburg

Bomann-Museum, Celle

Château d'Olbreuse, Usseau

Fürstenhaus Herrenhausen-Museum Hannover

Anhaltinische Gemäldegalerie Dessau, Schloß Georgium

Evangelisch-reformierte Gemeinde, Celle

Niedersächsisches Hauptstaatsarchiv, Hannover

Evangelisch-Lutherischer Kirchenkreis Celle

Kulturstiftung Dessau Wörlitz, Schloß Großkühnau

Niedersächsische Landesbibliothek, Hannover

Rheinische Landesbibliothek, Koblenz

Musée Bernard d'Agesci, Niort

Musée du Protestantisme, La Rochelle

Historisches Museum am Hohen Ufer, Hannover

Deutsche Presse-Agentur, Hamburg

Schiller-Nationalmuseum, Deutsches Literaturarchiv, Marbach am Neckar

Société Géographique, Rochefort

Geheimes Staatsarchiv, Preußischer Kulturbesitz, Berlin

Hessisches Staatsarchiv, Marburg

Stadtarchiv Celle

Stadtarchiv Kassel

Stadtarchiv Stadt Lüneburg

Stiftung Preußische Schlösser und Gärten Berlin-Brandenburg, Potsdam

Stiftung Weimarer Klassik, Goethe- und Schiller-Archiv, Weimar

Vandré, Le Château du Haut-Vandré

Buchumschlag Vorderseite: Gedeon Romandeau (zugeschrieben). Eleonore d'Olbreuse, nach 1675, Privatbesitz. Foto: Karlheinz Grünke

Buchumschlag Rückseite: „Eleonore d'Olbreuse als Hofdame der Prinzessin von Tarent". Das Gemälde ist eine Kopie aus neuerer Zeit, vermutlich nach dem Ölgemälde aus dem Schloß d'Olbreuse. Im Besitz des Musée d'Agesci in Niort, Frankreich.

S. 7:   Einweihung des Europatunnels durch Präsident Mitterand und Königin Elisabeth II. Foto aus der „Frankfurter Allgemeinen Zeitung" vom 7. Mai 1994. Foto: dpa.

S. 11:   Wappen der Familie Desmier d'Olbreuse. Aus dem Prospekt „Le Château d'Olbreuse".

S. 12:   Das Schloß der Familie Desmier d'Olbreuse. Postkarte, Geschenk der Schloßherrin.

S. 19:   „Eleonore d'Olbreuse, Hofdame der Prinzessin von Tarent". Ölgemälde aus dem Schloß d'Olbreuse, seit 1941 in Celle. Bildarchiv Foto Marburg, Negativ Nr. 161.374.

S. 37:   „Georg Wilhelm, Herzog von Braunschweig-Lüneburg". Vermutlich im Alter von 38 Jahren. Stich aus dem Jahr 1652. Bomann-Museum Celle, Negativ Nr. D 207,45, Inv. Nr.: BGR 442.

S. 67:   „Sophie von der Pfalz", aus: Geerds, Robert: Die Mutter der Könige, Leipzig 1913.

S. 75:   „Allegorie des Hirtenlebens (Jungfer d'Olbreuse)". Gemälde von Jan Mijtens d. Ä., früher im Besitz des Herzogshauses Anhalt im Herzoglichen Residenzschloß zu Dessau. Seit der Zerstörung des Schlosses bei dem Luftangriff auf Dessau am 7. 3. 1945 ist der Verbleib des Gemäldes unbekannt. Foto Nr. 79.216 aus dem Bildarchiv Foto Marburg.

S. 84:   „Eleonore d'Olbreuse". Ölgemälde von Daniel Mijtens o. J. Kulturstiftung Schloß Wörlitz, Bildarchiv, Inv. Nr. I-280, Foto Heinz Fräßdorf.

S. 88:   Das Schloß in Celle. Der Herzogssitz vor dem Umbau, der nach 1837 stattfand. Bomann-Museum Celle, Negativ Nr.: D 223,29, Inv. Nr.: BGR 1376.

S. 132:   „Eleonore zur Zeit ihrer Hochzeit". Stadt Lüneburg, Stadtarchiv.

S. 133:   „Georg Wilhelm Herzog zu Braunschweig-Lüneburg-Celle". Bomann-Museum, Negativ Nr. C 3832, Inv. Nr. BM 203.

S. 167:   „Herzogin Sophie von Hannover und ihre Tochter Sophie Charlotte", die spätere Königin in Preußen. Gemälde von der Schwester der Herzogin, Luise Hollandine, wahrscheinlich 1679 gemalt. Aus: Ward, Adolphus Wilhelm: „The Electress Sophia", London 1903.

S. 171:   Das Schloß zu Hannover im 17. Jahrhundert. Historisches Museum Hannover, Negativ Nr. 160/1972.

S. 173:   „Sophia Dorothea von Celle mit 16 Jahren". Bomann-Museum Celle.

S. 184:   Brief der Herzogin Eleonore an ihren Bruder Alexander d'Olbreuse vom 9. Oktober 1682, aus: Archives historiques du Poitou, T. IV, 1875.

S. 191:   „Sophie Dorothee, Prinzessin von Braunschweig-Lüneburg". Lithografie von Jul. Giere 1837, Bomann-Museum Celle, BGR 470 – D 206.35. Foto Meyer.

S. 192:   „Georg Ludwig von Hannover". Zum Rechteck übermalt, Gemälde von Geoffrey Kneller, vermutlich 1680/81. Bomann-Museum Celle, Negativ Nr. C 3677, Inv. Nr. LN116.

S. 193:   „Sophie Dorothea Als Braut (?)". Gemälde von Henri Gascar, Venedig 1686. Sammlung von Alten, Posteholz, Fotorechte Landesmuseum Hannover.

S. 228:   Aus Schillers Manuskript von eigener Hand: „Die Herzogin von Zelle". Stiftung Weimarer Klassik, Goethe- und Schiller-Archiv, Weimar.

S. 230:   „Philipp Graf Königsmarck" nach einem alten Stich gemalt von Carl Oesterley jun. (Diese Angaben sind nicht ganz sicher.) Bomann-Museum Celle. Negativ Nr. D 203,62, Inv. Nr. BM 132.

S. 233:   „Sophie Dorothea als die Blumengöttin Flora", gemalt in Venedig von Henri Gascar 1686. Bomann-Museum Celle.

S. 256:   „Sophie Kurfürstin von Hannover", Kupferstich. Historisches Museum Hannover, Negativ Nr. 257 /1976 VM 32639.

S. 257:   „Ernst August Kurfürst von Hannover", Schabkunstblatt. Historisches Museum Hannover, Negativ Nr. 164/1971.

S. 265:   „Sophie Dorothea mit ihren Kindern", dem späteren König Georg von Großbritannien und Sophie Dorothea, der späteren Königin in Preußen. Gemälde von Jacques Vaillant (?) um 1691. Bomann-Museum Celle.

S. 289:   „Das Amtshaus von Ahlden", Ort der 32jährigen Gefangenschaft von Sophie Dorothea. Historisches Museum Hannover, Negativ Nr. 311/1982.

S. 299:   Von Schillers eigener Hand. Manuskript „Die Herzogin von Zelle". Stiftung Weimarer Klassik, s. a. o.

S. 313:   „Eleonore Herzogin von Celle mit 46 Jahren". Werk eines unbekannten Künstlers um 1685. Bomann-Museum Celle.

456

S. 315: „Georg Wilhelm, Herzog von Braunschweig-Lüneburg-Celle". Stadt Lüneburg, Stadtarchiv.

S. 317: „Georg Ludwig Kurfürst von Hannover". Ölgemälde von Johann Bernhard Siemering oder Simerding, Bomann-Museum Celle, Zug.-Nr. 1991,379, Negativ Nr. D 196, C 3844 Bo 961.

S. 335: Elisabeth Charlotte, bekannt auch als Liselotte von der Pfalz. Replik nach dem 1713 gemalten Original von Hyacinte Rigaud.

S. 339: „Kronprinz Friedrich Wilhelm von Preußen als David mit der Schleuder". Öl auf Leinwand von Antoni Schoonjans 1701. Stiftung Preußische Schlösser und Gärten Berlin-Brandenburg.

S. 342: „Sophie Charlotte Königin in Preußen". Gemälde von Friedrich Wilhelm Weidemann. Stiftung Preußische Schlösser und Gärten Berlin-Brandenburg.

S. 343: „Friedrich I. in Preußen". Gemälde von Friedrich Wilhelm Weidemann um 1701. Stiftung Preußische Schlösser und Gärten Berlin-Brandenburg.

S. 351: Epitaphe der Welfenherzöge im Hohen Chor der Stadtkirche Celle. Foto Horst Dörnbrack.

S. 356: „Georg August Kurprinz von Hannover". Kupferstich von J. C. Weigel nach 1701. Historisches Museum Hannover, Negativ Nr. 2/1973 VM.

S. 357: „Sophie Dorothea d. J. Kurprinzessin von Hannover". Ölgemälde, es wird vermutet, daß es 1705 von Herm. Hendrik de Quiter gemalt wurde. Historisches Museum Hannover, Kammer Rg. 76c A Nr. 124 .

S. 365: Brief der Herzogin Eleonore von Celle an König Friedrich I. in Preußen vom 29.12.1708. Geheimes Staatsarchiv Preußischer Kulturbesitz, Signatur Rep 45 J 19 Blatt 1 und 2.

S. 385: Von Schillers Manuskript von eigener Hand: „Die Herzogin von Zelle". Stiftung Weimarer Klassik, Goethe- und Schiller-Archiv Weimar.

S. 387: „Georg II. König von Großbritannien". Ölgemälde von Johann Bernhard Siemering oder Simerding, vermutlich 1731. Bomann-Museum Celle, BM 121, C 384.

S. 388: „Friedrich der Große". Gemälde von Anton Graff um 1781. Stiftung Preußische Schlösser und Gärten Berlin-Brandenburg.

S. 399: Eintragung im Kirchenbuch der Stadtkirche Celle. Ev.-Luth. Kirchenkreis Celle. Kreiskirchenamt. Kirchenbuchamt.

S. 401: „Der dreizehnjährige Kronprinz Friedrich, später König Friedrich II.". Ölbild von Antoine Pesne um 1725. Deutsche-Hugenotten-Gesellschaft e. v. Bad Karlshafen.

S. 407: Eintragung im Kirchenbuch der Stadtkirche Celle. Ev.-Luth. Kirchenkreis Celle. Kreiskirchenamt. Kirchenbuchamt.

S. 410: „Friedrich Wilhelm I., König in Preußen", Gemälde von Antoine Pesne, 1733. Berlin, Schloß Charlottenburg, Stiftung Preußische Schlösser und Gärten Berlin-Brandenburg.

S. 412: „Sophie Dorothea Königin in Preußen im Alter von 50 Jahren". Gemälde von Antoine Pesne, 1737. Stiftung Preußische Schlösser und Gärten Berlin-Brandenburg.

S. 413: Das Schloß der Familie d'Olbreuse im Poitou.

S. 417: Gedenkmünze zum 350. Geburtstag von Herzogin Eleonore von Celle. Gekauft im Schloß d'Olbreuse.

S. 420: Christiane Maingueneau, geb. Desmier d'Olbreuse. Das Foto wurde der Autorin zum Zwecke der Veröffentlichung geschenkt und mit einer persönlichen Widmung versehen.

S. 423: Originalgemälde von Eleonore aus dem Schloß d'Olbreuse, ca. 1662 gemalt. Bildarchiv Foto Marburg, Archivnummer Z 27.931.

S. 423: Restauriertes Gemälde von Eleonore (?). Bomann-Museum Celle, Negativ Nr. E 756,17, Inv. Nr. BM 790/St.

S. 427: Die Evangelisch-reformierte Kirche in Celle – ein typischer Hugenottentempel. Eingeweiht als Französisch-reformierte Kirche am 19. 12. 1700. Foto: Horst du Vinage.

S. 453: Die Autorin und Prinz Heinrich von Hannover bei der Buchvorstellung im Celler Schloß. Foto: Horst du Vinage.

Eleonore Desmier d'Olbreuse ⚭ Georg Wilhelm von Braunschweig-Lüneburg-Celle

1639–1722   1624–1705

Herzogin und Herzog von Celle

Ernst A

1630–

Kurfür

Sophie Dorothea von Celle ————— ⚭ ————— Georg Ludwig von Han

1666–1726   1660–1727

Kurprinzessin von Hannover   Kurprinz, ab 1698 Kurfürst vo

Gefangene von Ahlden   ab 1714 König Georg I. von Gr

Georg August von Hannover   Sophie Dorothea von Ha

1683–1760   1687–1757

ab 1727 König Georg II. von Großbritannien   ab 1706 Kurprinzessin, ab 1713 Kön

Friedrich Ludwig starb 1751 als Prince of Wales

König Georg III.

1738–1820

König Georg IV.

1762–1830

König William IV.

1765–1837

Königin Victoria

1819–1901

König Edward VII.

1841–1910

König Georg V.

1865–1936

König Edward VIII.

1894–1952

Thronbesteigung und Abdankung 1936

König Georg VI.

1895–1952

Königin Elisabeth II. *1926